**E-Book inside.**

Mit folgendem persönlichen Code erhalten Sie die E-Book-Ausgabe dieses Buches zum kostenlosen Download.

9r65p-6ujn6-01800-wv13l

Registrieren Sie sich unter
**www.hanser-fachbuch.de/ebookinside**
und nutzen Sie das E-Book auf Ihrem Rechner*, Tablet-PC und E-Book-Reader.

\* Systemvoraussetzungen:
 Internet-Verbindung und Adobe® Reader®

Badach/Rieger

**Netzwerkprojekte**

**Bleiben Sie auf dem Laufenden!**

Der Hanser Computerbuch-Newsletter informiert Sie regelmäßig über neue Bücher und Termine aus den verschiedenen Bereichen der IT. Profitieren Sie auch von Gewinnspielen und exklusiven Leseproben. Gleich anmelden unter
**www.hanser-fachbuch.de/newsletter**

Anatol Badach
Sebastian Rieger

# Netzwerkprojekte

Planung, Realisierung, Dokumentation und Sicherheit von Netzwerken

**HANSER**

Die Autoren:

*Prof. Dr.-Ing. Anatol Badach* und *Prof. Dr. Sebastian Rieger*, Hochschule Fulda

Alle in diesem Buch enthaltenen Informationen, Verfahren und Darstellungen wurden nach bestem Wissen zusammengestellt und mit Sorgfalt getestet. Dennoch sind Fehler nicht ganz auszuschließen. Aus diesem Grund sind die im vorliegenden Buch enthaltenen Informationen mit keiner Verpflichtung oder Garantie irgendeiner Art verbunden. Autoren und Verlag übernehmen infolgedessen keine juristische Verantwortung und werden keine daraus folgende oder sonstige Haftung übernehmen, die auf irgendeine Art aus der Benutzung dieser Informationen – oder Teilen davon – entsteht.

Ebenso übernehmen Autoren und Verlag keine Gewähr dafür, dass beschriebene Verfahren usw. frei von Schutzrechten Dritter sind. Die Wiedergabe von Gebrauchsnamen, Handelsnamen, Warenbezeichnungen usw. in diesem Buch berechtigt deshalb auch ohne besondere Kennzeichnung nicht zu der Annahme, dass solche Namen im Sinne der Warenzeichen- und Markenschutz-Gesetzgebung als frei zu betrachten wären und daher von jedermann benutzt werden dürften.

Bibliografische Information der Deutschen Nationalbibliothek:

Die Deutsche Nationalbibliothek verzeichnet diese Publikation in der Deutschen Nationalbibliografie; detaillierte bibliografische Daten sind im Internet über http://dnb.d-nb.de abrufbar.

Dieses Werk ist urheberrechtlich geschützt.
Alle Rechte, auch die der Übersetzung, des Nachdruckes und der Vervielfältigung des Buches, oder Teilen daraus, vorbehalten. Kein Teil des Werkes darf ohne schriftliche Genehmigung des Verlages in irgendeiner Form (Fotokopie, Mikrofilm oder ein anderes Verfahren) – auch nicht für Zwecke der Unterrichtsgestaltung – reproduziert oder unter Verwendung elektronischer Systeme verarbeitet, vervielfältigt oder verbreitet werden.

© 2013 Carl Hanser Verlag München, www.hanser-fachbuch.de
Lektorat: Brigitte Bauer-Schiewek
Herstellung: Irene Weilhart
Umschlagdesign: Marc Müller-Bremer, www.rebranding.de, München
Umschlagrealisation: Stephan Rönigk
Druck und Bindung: Kösel, Krugzell
Ausstattung patentrechtlich geschützt. Kösel FD 351, Patent-Nr. 0748702
Printed in Germany

Print-ISBN:    978-3-446-40487-8
E-Book-ISBN:   978-3-446-40803-6

# Inhalt

**1 Netzwerkprojekte: Ziele, Risiken, Vorgehensweise, Koordination ...... 1**
**1.1 Netzwerkprojekt und IT-Infrastruktur ................................................. 2**
    1.1.1 Herausforderungen bei Netzwerkprojekten ............................................. 2
    1.1.2 Stellenwert der IT im Unternehmen ....................................................... 4
**1.2 Verschiedene Aspekte der Netzwerkprojekte ...................................... 5**
    1.2.1 Netzwerk-Redesign als Migrationsprozess ............................................. 7
    1.2.2 Gründe für Netzwerkprojekte ................................................................. 9
    1.2.3 Ziele bei Netzwerkprojekten ................................................................ 12
        • Typische Kategorien der Ziele beim Netzwerk-Redesign ................. 12
        • Typische Megaziele beim Netzwerk-Design ..................................... 14
    1.2.4 Bekannte Einflussfaktoren ................................................................... 16
    1.2.5 Unvorhersehbare Einflussfaktoren ....................................................... 19
        • Risikofaktoren bei Netzwerkprojekten ............................................... 19
        • Risikomanagement – allgemeine Vorgehensweise ............................. 21
        • Neue Herausforderungen .................................................................... 22
**1.3 Strukturierte Vorgehensweise ............................................................ 23**
    1.3.1 Lebenszyklus eines Netzwerks ............................................................. 24
    1.3.2 Wesentliche Phasen bei der Netzwerkplanung .................................... 26
    1.3.3 Schritte der Planung und Realisierung von Netzwerken ..................... 27
    1.3.4 Realisierungsphase eines Netzwerks .................................................... 30
    1.3.5 Netzwerkbetrieb und eventuelle Verbesserungen ................................ 32
    1.3.6 Schweizer-Käse-Modell bei der Netzwerkplanung .............................. 34
        • Modell des Netzwerk-Designs ........................................................... 34
        • Modell des Netzwerk-Redesigns ........................................................ 35
    1.3.7 Netzwerkprojekte und Wasserfallmodell ............................................. 36
**1.4 Koordination des Netzwerkprojekts .................................................. 37**
    1.4.1 Dekomposition des Systemkonzepts .................................................... 38
    1.4.2 Modell eines Teilsystemkonzepts ......................................................... 39
    1.4.3 Spezifikation eines Teilsystemkonzepts ............................................... 43
    1.4.4 Erstellung des Projektablaufplans ........................................................ 44

| | | |
|---|---|---|
| 1.5 | **Bedeutung der Netzwerkdokumentation** ................................................ 45 | |
| | 1.5.1 Netzwerkdokumentation als Teil des Projekts ........................... 47 | |
| | 1.5.2 Prinzip der rechnergestützten Netzwerkdokumentation ............ 48 | |
| 1.6 | **Grundlegende Aspekte der Netzwerksicherheit** ..................................... 50 | |
| 1.7 | **Voraussetzungen für den Projekterfolg** .................................................. 53 | |
| 1.8 | **Prozessmodellierung in Netzwerkprojekten** .......................................... 56 | |
| | 1.8.1 Bedeutung von ITSM bei Netzwerkprojekten ........................... 56 | |
| | 1.8.2 Konzept von ITIL – Bedeutung für Netzwerkprojekte ............. 58 | |
| | 1.8.3 Einsatz von PRINCE2 ............................................................... 61 | |
| 1.9 | **Abschließende Bemerkungen** .................................................................. 64 | |

## 2  Analyse der Ist-Situation ............................................................................. 65

| | | |
|---|---|---|
| 2.1 | **Ist-Analyse – Ziele, Aufgaben, Dokumentation** ..................................... 66 | |
| | 2.1.1 Ziel und Schwerpunkte der Ist-Analyse .................................... 66 | |
| | 2.1.2 Hauptaufgaben der Ist-Analyse beim Redesign ........................ 69 | |
| | 2.1.3 Hauptaufgaben der Ist-Analyse beim Design ........................... 71 | |
| 2.2 | **Dokumentation der Ist-Analyse** .............................................................. 72 | |
| | 2.2.1 Modellierung der Ist-Analyse .................................................... 74 | |
| | • Ist-Analyse beim Netzwerk-Design ......................................... 75 | |
| | • Ist-Analyse beim Netzwerk-Redesign ..................................... 78 | |
| | 2.2.2 Spezifikation von Zielvorstellungen ......................................... 79 | |
| | 2.2.3 Spezifikation von Schwachstellen ............................................ 82 | |
| 2.3 | **Bestandsaufnahme des Ist-Zustands** ...................................................... 84 | |
| | 2.3.1 Analyse der Netzwerkdokumentation ....................................... 85 | |
| | 2.3.2 Analyse der Netzwerkstruktur ................................................... 87 | |
| | • Erhebung der Systeme ............................................................. 87 | |
| | • Erhebung von Anwendungen .................................................. 89 | |
| | 2.3.3 Funktionelle Analyse ................................................................. 89 | |
| | 2.3.4 Strategische Analyse .................................................................. 93 | |
| | • Investitionsschutzrelevante Strategien ................................... 94 | |
| | • Funktionsrelevante Strategien ................................................ 95 | |
| | 2.3.5 Organisatorische Analyse .......................................................... 97 | |
| | 2.3.6 Technische Analyse ................................................................. 101 | |
| 2.4 | **Problem- und Anforderungsanalyse** .................................................... 109 | |
| | 2.4.1 Eigenschaften von Wunschanforderungen ............................. 111 | |

|  |  |  |
|---|---|---|
|  | 2.4.2 Katalog von Wunschanforderungen | 112 |
|  | 2.4.3 Abhängigkeiten zwischen Wunschanforderungen | 113 |
|  | • Verweismatrix auf die Abhängigkeiten | 114 |
|  | • Spezifikation von Abhängigkeiten | 116 |
| **2.5** | **Zusammenstellung von Wunschanforderungen** | **117** |
|  | 2.5.1 Physikalische Netzwerkinfrastruktur – Anforderungen | 118 |
|  | 2.5.2 Anforderungen an das IP-Kommunikationssystem | 119 |
|  | 2.5.3 Wunschanforderungen an die Internetdienste | 120 |
| **2.6** | **Abschließende Bemerkungen** | **121** |
| **3** | **Soll-Analyse – Bestimmung von Projektanforderungen** | **123** |
| **3.1** | **Ziel und Aufgaben der Soll-Analyse** | **124** |
|  | 3.1.1 Soll-Analyse von Zielvorstellungen | 125 |
|  | 3.1.2 Soll-Analyse von Schwachstellen | 127 |
|  | 3.1.3 Eigenschaften der Projektziele | 129 |
|  | 3.1.4 Analyse der Realisierbarkeit | 130 |
|  | 3.1.5 Untersuchung einer Zielvorstellung | 132 |
|  | 3.1.6 Untersuchung einer Schwachstelle | 135 |
| **3.2** | **Dokumentation der Soll-Analyse** | **137** |
|  | 3.2.1 Spezifikation von Projektanforderungen | 137 |
|  | 3.2.2 Netzwerkprojekt und sein Strukturplan | 139 |
|  | 3.2.3 Katalog von Projektanforderungen | 142 |
|  | 3.2.4 Katalog von Arbeitspaketen | 144 |
|  | 3.2.5 Erfassung von Projektabhängigkeiten | 145 |
| **3.3** | **Wichtige Entscheidungen bei der Soll-Analyse** | **148** |
|  | 3.3.1 Make-or-Buy-Entscheidungen | 149 |
|  | • Analyse der strategischen Bedeutung des IT-Diensts | 150 |
|  | • Analyse der zu erwartenden Dienstqualität | 150 |
|  | • Analyse von Möglichkeiten der Dienstrealisierung | 151 |
|  | • Analyse von zu erwartenden Kosten | 152 |
|  | 3.3.2 Einsatz der SWOT-Analyse | 152 |
|  | • Idee der SWOT-Analyse | 153 |
|  | • Vorgehensweise bei der SWOT-Analyse | 155 |
|  | • Beispiel: SWOT-Analyse von VoIP-Hosting | 158 |

| | | |
|---|---|---|
| 3.4 | Zusammenstellung von Projektanforderungen | 160 |
| | 3.4.1 Physikalische Netzwerkinfrastruktur – Anforderungen | 161 |
| | 3.4.2 Anforderungen an das IP-Kommunikationssystem | 162 |
| | 3.4.3 Anforderungen an die Internetdienste | 163 |
| 3.5 | Abschließende Bemerkungen | 167 |

# 4 Grundlagen zur Entwicklung des Systemkonzepts ... 169

| | | |
|---|---|---|
| 4.1 | Komponenten des Systemkonzepts | 170 |
| 4.2 | **Physikalische Netzwerkinfrastrukturen** | 175 |
| | 4.2.1 Physikalische Netzwerkstrukturierung | 176 |
| | • Funktionsbereiche in Netzwerken | 176 |
| | • Strukturierter Aufbau eines Netzwerks | 178 |
| | • Auf mehrere Gebäude verteilte Netzwerke | 180 |
| | • Auf ein Gebäude begrenzte Netzwerke | 182 |
| | 4.2.2 Konzept der strukturierten Verkabelung | 183 |
| | • Verkabelung in einem Gebäude | 184 |
| | • Netzstruktur mit FTTD im Zusammenspiel mit VoIP | 186 |
| | • Redundante Auslegung der Verkabelung | 187 |
| | 4.2.3 Hochverfügbare Netzwerkinfrastrukturen | 188 |
| | • Negative Auswirkungen der Redundanz beim L2-Switching | 191 |
| | • Einsatz des Protokolls STP | 193 |
| | • RSTP und MSTP als Weiterentwicklung von STP | 194 |
| | • Notwendigkeit von STP/RSTP | 195 |
| | • Lösungen für Layer 2 Multipathing | 199 |
| | • Redundante Auslegung von Distribution Switches | 200 |
| 4.3 | **Design von Datacenter-Netzwerken** | 202 |
| | 4.3.1 Klassisches Design von Datacenter-Netzwerken | 203 |
| | • ToR-Architektur mit gemeinsamen Server- und Speicher-Racks | 205 |
| | • ToR-Architektur mit getrennten Server- und Speicher-Racks | 207 |
| | • EoR-Architektur in Datacentern | 208 |
| | 4.3.2 Design von Datacenter-Netzwerken mit FCoE | 211 |
| | • Partielle Konvergenz von LAN und SAN | 213 |
| | • Globale Konvergenz von LAN und SAN | 215 |
| | 4.3.3 Räumliche Strukturierung von Datacenter-Netzwerken | 216 |

| | | |
|---|---|---|
| **4.4** | **IP-Kommunikationssystem – Design-Aspekte**..................................**219** | |
| | 4.4.1 Ziele der logischen Netzwerkstrukturierung .................................219 | |
| | 4.4.2 Grundlagen der logischen Netzwerkstrukturierung.........................221 | |
| | • Bedeutung von VLAN Tagging ........................................................221 | |
| | • Bildung von VLANs in Client-LANs................................................224 | |
| | • Multilayer-Struktur vom Server-LAN mit Servervirtualisierung ...........228 | |
| | • Anbindung von virtuellen Servern an Server Access Switches ..............230 | |
| | • Bildung von VLANs im Server-LAN................................................231 | |
| | • Distribution/Aggregation-Switch-überspannende VLANs....................233 | |
| | 4.4.3 Logische Struktur des IP-Kommunikationssystems...........................235 | |
| | 4.4.4 Weitere Design-Aspekte .............................................................237 | |
| | • Einsatz von privaten IP-Adressen....................................................237 | |
| | • Einsatz des Internetprotokolls IPv6..................................................240 | |
| **4.5** | **Design-Aspekte der Sprachkommunikation**..................................**243** | |
| | 4.5.1 VoIP mit SIP: Systemkomponenten, ihre Funktionen........................244 | |
| | 4.5.2 Netzwerk mit Unterstützung von VoIP ..........................................245 | |
| | • VoIP-VLAN mit offizielen IPv4-Adressen .........................................246 | |
| | • VoIP-VLAN mit privaten IPv4-Adressen ..........................................247 | |
| | 4.5.3 Weitere VoIP-Design-Aspekte.....................................................248 | |
| | • VoIP-Leistungsmerkmale................................................................248 | |
| | • VoIP-Adressierungsaspekte ............................................................249 | |
| **4.6** | **Bereitstellung der Internetdienste** ................................................**249** | |
| | 4.6.1 Hochverfügbare Internetanbindung................................................249 | |
| | • Redundante Router-Auslegung........................................................250 | |
| | • Lastverteilung am Internatzugang ..................................................251 | |
| | • Gestalung des Internetverkehrs mit BGP-4 ......................................251 | |
| | 4.6.2 Hochverfügbare Internetdienste – Webdienst ....................................253 | |
| | • Hochverfügbare Websysteme mit Load Balancing .............................254 | |
| | • Hochverfügbare Websysteme mit Content-aware Web-Switching ........257 | |
| | 4.6.3 Hochverfügbare Internetdienste – E-Mail & Co. ................................258 | |
| | • Load Balancing für den E-Maildienst................................................260 | |
| | • Universelle Load Balancer für hochverfügbare Internetdienste .............261 | |
| | • Verbesserung des E-Maildiensts durch Filterung und Archivierung......261 | |
| **4.7** | **Vorgehensweise bei der Datensicherung**......................................**261** | |

| | | |
|---|---|---|
| 4.8 | Abschließende Bemerkungen | 262 |
| **5** | **Netzwerkdokumentation – Struktur und Bestandteile** | **265** |
| 5.1 | Grundlegendes zur Netzwerkdokumentation | 266 |
| | 5.1.1 Anforderungen an die Netzwerkdokumentation | 266 |
| | 5.1.2 Struktur der Netzwerkdokumentation | 267 |
| | 5.1.3 Netzwerkmodell hinsichtlich der Dokumentation | 271 |
| | 5.1.4 Objektorientierte Form der Netzwerkdokumentation | 275 |
| | • Objektorientiertes Netzwerkmodell | 275 |
| | • Dokumentation der Netzwerkobjekte | 276 |
| | • Dokumentation von Nachbarschaften | 278 |
| 5.2 | Dokumentation der physikalischen Netzwerkstruktur | 279 |
| | 5.2.1 Dokumentation des Client-LAN | 279 |
| | • Dokumentation von Installationsstrecken | 280 |
| | • Anbindung von Client-Rechnern an Access Switches | 281 |
| | • Anbindung von Access Switches an Distribution Switches | 282 |
| | • Anbindung des Client-LAN an das Core-Netzwerk | 283 |
| | 5.2.2 Dokumentation des Server-LAN | 284 |
| | • Anbindung des Server-LAN das Core-Netzwerk | 284 |
| | • Anbindung von Server-ASs an Aggregation Switches | 285 |
| | • Anbindung von Server an Access Switches | 285 |
| | • Dokumentation von Wirt-Servern | 286 |
| | • Anbindung von Servern an LAN und SAN | 287 |
| 5.3 | Dokumentation der logischen Struktur | 288 |
| 5.4 | Weitere Bestandteile der Dokumentation | 290 |
| | 5.4.1 Dokumentation der Sprachkommunikation | 291 |
| | 5.4.2 Dokumentation des Internetzugangs | 292 |
| | 5.4.3 Dokumentation der Datensicherung | 293 |
| 5.5 | Abschließende Bemerkungen | 294 |
| **6** | **Planung und Realisierung der Netzwerksicherheit** | **295** |
| 6.1 | Probleme der Netzwerksicherheit | 296 |
| | 6.1.1 Aspekte der Netzwerksicherheit | 296 |
| | 6.1.2 Ziele der Netzwerksicherheit | 398 |
| | 6.1.3 Sicherheitsproblembereiche in Netzwerken | 301 |

|  |  |
|---|---|
|  | 6.1.4 Einführung einer DMZ ..................................................................303 |
|  | • Sicherheitsproblembereiche bei einer DMZ und 2-stufiger Firewall......307 |
|  | • Sicherheitsproblembereiche bei einer DMZ und 1-stufiger Firewall......306 |
| **6.2** | **Phasen des Netzwerksicherheitsprozesses** ........................................**307** |
|  | 6.2.1 Netzwerksicherheitsprozess als PDCA-Zyklus .................................307 |
|  | 6.2.2 Initiierung des Netzwerksicherheitsprozesses .................................309 |
|  | • Vorgehensweise bei der Initiierung.........................................................309 |
|  | • Netzwerkstrukturanalyse ........................................................................311 |
|  | • Erhebung der Systeme............................................................................311 |
|  | • Erhebung von Anwendungen .................................................................313 |
|  | • Bildung der Sicherheitsproblembereiche................................................314 |
|  | • Festlegung der Koordinationsprinzipien.................................................315 |
|  | 6.2.3 Planung der Netzwerksicherheit.......................................................317 |
|  | • Phasen und Zustände bei der Planung ....................................................317 |
|  | • Schweizer-Käse-Modell bei der Planung ...............................................319 |
|  | 6.2.4 Realisierung der Netzwerksicherheit................................................320 |
|  | 6.2.5 Überwachung und Verbesserung der Netzwerksicherheit.................322 |
| **6.3** | **Ermittlung des Schutzbedarfs**..............................................................**325** |
|  | 6.3.1 Beschreibung der Sicherheitsschwachstelle .....................................326 |
|  | 6.3.2 Bedrohungsanalyse – Ziele und Vorgehensweise .............................327 |
|  | 6.3.3 Aussage über den Schutzbedarf .......................................................330 |
|  | 6.3.4 Risikoanalyse ...................................................................................332 |
|  | 6.3.5 Erfassung des Schutzbedarfs ............................................................334 |
| **6.4** | **Festlegung von Sicherheitsanforderungen**..........................................**336** |
|  | 6.4.1 Schutzbestimmung von Sicherheitsschwachstellen...........................336 |
|  | 6.4.2 Erfassung der Schutzbestimmung ....................................................337 |
| **6.5** | **Konzept für die Netzwerksicherheit**....................................................**338** |
|  | 6.5.1 Modell der Behebung einer Sicherheitsschwachstelle ......................339 |
|  | 6.5.2 Spezifikation von Sicherheitslösungen.............................................340 |
|  | 6.5.3 Sicherheitslösungen für die Netzwerkinfrastruktur...........................341 |
|  | • Lösungsansätze für einen sicheren Netzzugang......................................342 |
|  | • Lösungen für die Sicherheit von Remote Access Services.....................343 |
|  | • Sicherheitslösungen für externe Kommunikation...................................344 |
|  | 6.5.4 Lösungsansätze für die Sicherheit im Serverbereich.........................345 |

|  |  |  |
|---|---|---|
|  | 6.5.5 Sicherheitslösungen für den Clientbereich | 346 |
|  | • Lösungsvorschläge für die Sicherheit im Benutzerbereich | 347 |
|  | • Lösungsansätze für sichere Client-Server-Anwendungen | 348 |
| **6.6** | **Abschließende Bemerkungen** | **349** |

# 7 Analyse der Wirtschaftlichkeit von Netzwerkprojekten ... 351

| | | |
|---|---|---|
| **7.1** | **Wirtschaftlichkeit von Netzwerkprojekten – Grundlagen, Analysen** | **352** |
|  | 7.1.1 Verschiedene Aspekte der Wirtschaftlichkeitsanalyse | 352 |
|  | • Netzwerkprojekte und Verkettung der Nutzeffekte | 353 |
|  | • Netzwerkprojekte – interne und externe Effekte | 356 |
|  | • Zeitlicher Verlauf der Wirtschaftlichkeit | 357 |
|  | 7.1.2 Multidimensionale Wirtschaftlichkeitsanalyse | 358 |
|  | 7.1.3 Aufwandschätzung beim Netzwerkprojekt | 360 |
|  | • Kostenschätzung während der Netzwerkplanung | 361 |
|  | • Kostenermittlung während der Netzwerkrealisierung | 363 |
|  | 7.1.4 WiBe – eine Einführung | 364 |
| **7.2** | **Wirtschaftlichkeitsanalyse im monetären Sinne** | **366** |
|  | 7.2.1 Monetäre Wirtschaftlichkeit der Netzwerkplanung und -realisierung | 366 |
|  | 7.2.2 Monetäre Wirtschaftlichkeit des Netzwerkbetriebs | 368 |
|  | 7.2.3 TCO-Analyse und ihre Bedeutung | 369 |
| **7.3** | **Nicht-monetäre Wirtschaftlichkeitsanalysen** | **370** |
|  | 7.3.1 Analyse der Dringlichkeit von Netzwerk-Redesign | 371 |
|  | 7.3.2 Analyse der qualitativ-strategischen Wirtschaftlichkeit | 372 |
|  | 7.3.3 Analyse der Wirtschaftlichkeit infolge externer Effekte | 373 |
| **7.4** | **Abschließende Bemerkungen** | **374** |

# 8 Phasen der Netzwerkrealisierung ... 377

| | | |
|---|---|---|
| **8.1** | **Vorgehensweise bei der Netzwerkrealisierung** | **378** |
| **8.2** | **Struktur des Lastenhefts** | **379** |
| **8.3** | **Ausschreibung – Konzept und Durchführung** | **381** |
|  | 8.3.1 Festlegung von Rahmenbedingungen | 383 |
|  | 8.3.2 Ausschreibungsunterlagen | 384 |
|  | 8.3.3 Bewertung der Angebote | 385 |
|  | 3.3.4 Vertrag und Vertragszusätze | 387 |

| | | |
|---|---|---|
| 8.4 | **Pflichtenheft für die Netzwerkrealisierung**................................................**388** | |
| 8.5 | **Netzwerkinstallation und -inbetriebnahme** ......................................**389** | |
| | 8.5.1 Aktivitäten bei der Netzwerkinstallation und -inbetriebnahme ........... 391 | |
| | 8.5.2 Technische Überprüfung des Netzwerks.................................................. 393 | |
| | 8.5.3 Vorgehensweise bei der Abnahme ........................................................... 395 | |
| 8.6 | **Netzwerkbetrieb und Notfallmanagement** .........................................**396** | |
| | 8.6.1 Notfallmanagement – Ziele und Bestandteile ......................................... 396 | |
| | 8.6.2 Notfallmanagement als kontinuierlicher Prozess .................................. 398 | |
| | 8.6.3 Notfallhandbuch – Struktur und typische Angaben .............................. 401 | |
| | 8.6.4 Betriebshandbuch – Ziel, Struktur und Inhalt ........................................ 404 | |
| 8.7 | **Abschließende Bemerkungen**...............................................................**407** | |
| **9** | **Aktuelle Netzwerktechnologien und Trends** .................................**409** | |
| 9.1 | **Ethernet-Standards**...............................................................................**410** | |
| | 9.1.1 Kompatibilität von Ethernet-Generationen ............................................ 411 | |
| | 9.1.2 Klassische Ethernets mit 10 Mbit/s .......................................................... 412 | |
| | 9.1.3 Ethernets mit 100 Mbit/s ............................................................................ 414 | |
| | 9.1.4 Varianten von Gigabit Ethernets ............................................................... 414 | |
| | • Arten von 10 Gigabit Ethernets ..................................................... 416 | |
| | • 40 und 100 Gigabit Ethernets ........................................................ 418 | |
| 9.2 | **Layer-2/3-Switches – Funktionsweise, Einsatz**...................................**419** | |
| | 9.2.1 Layer-2-Switches ......................................................................................... 420 | |
| | • Weiterleitung von MAC-Frames................................................... 421 | |
| | • Betriebsarten von Layer-2-Switches............................................. 422 | |
| | 9.2.2 Layer-3-Switches ......................................................................................... 423 | |
| | • Weiterleitung von IP-Paketen ....................................................... 425 | |
| | • Generationen von Layer-3-Switches ............................................ 426 | |
| 9.3 | **Switch/Bridge Port Extension** .............................................................**428** | |
| | 9.3.1 Konzept von BPE nach IEEE 802.1Qbh ................................................. 428 | |
| | 9.3.2 Modell der BPE-basierten Netzwerke ..................................................... 429 | |
| | • Einsatz von BPE in privaten Netzwerken.................................... 431 | |
| | • Idee der Auslagerung von Ports eines L2-Switches.................... 432 | |
| 9.4 | **Konzept und Bedeutung von TRILL** ...................................................**433** | |
| | 9.4.1 Bedeutung von TRILL in Datacentern .................................................... 434 | |
| | 9.4.2 Übermittlung von Ethernet-Frames bei TRILL...................................... 435 | |

|  |  |  |
|---|---|---|
|  | 9.4.3 Bedeutung von VLAN over VLAN mit TRILL | 436 |
| 9.5 | **Idee und Einsatz von Shortest Path Bridging** | **437** |
|  | 9.5.1 Grundlegende Idee von SPB | 438 |
|  | 9.5.2 SPB-Variante SPBV | 440 |
|  | 9.5.3 SPB-Variante SPBM | 442 |
|  | 9.5.4 Einsatz von SPB in Datacentern | 443 |
| 9.6 | **VXLANs – eine besondere Art von VLANs** | **445** |
|  | 9.6.1 Vom VLAN zum VXLAN | 446 |
|  | 9.6.2 VXLANs oberhalb Layer-3-Netzwerke | 447 |
| 9.7 | **SDN – Software Defined Networking** | **449** |
|  | 9.7.1 Allgemeines SDN-Konzept | 450 |
|  | 9.7.2 Grundlegende SDN-Architektur | 453 |
|  | 9.7.3 OF-Switch – logische Struktur und Funktionsweise | 454 |
|  | 9.7.4 OF-Switch-Funktionen – auf Basis nur einer Flow Table | 456 |
| 9.8 | **IT-Outsourcing – Arten und Möglichkeiten** | **457** |
|  | 9.8.1 Realisierungsarten von IT-Outsourcing | 458 |
|  | 9.8.2 Managed Services – fremde Systembetreuung | 460 |
|  | 9.8.3 Co-Location Services | 461 |
|  | 9.8.4 Hosting Services – Bereitstellung einzelner Dienste | 462 |
|  | 9.8.5 Managed Hosting – Bereitstellung mehrerer Dienste | 465 |
|  | 9.8.6 Cloud Computing – Dienstleistung aus der Steckdose | 466 |
| 9.9 | Abschließende Bemerkungen | 468 |

**Literatur** .......................................................................................................... **469**

**Abkürzungsverzeichnis** .................................................................................. **473**

**Index** ................................................................................................................ **477**

# Vorwort

Jedes Vorhaben, mit dem man ein bestimmtes Ziel erreichen möchte, unabhängig davon, wie groß das Ziel ist, kann als Projekt angesehen werden. Das Vorhaben mit dem Ziel, ein neues Netzwerk in einem Unternehmen bzw. einer Institution einzurichten oder ein bereits bestehendes Netzwerk zu modernisieren, stellt in der Regel ein sehr komplexes Projekt dar. Damit ein derartiges Projekt erfolgreich durchgeführt werden kann, ist eine strukturierte, gut durchdachte Vorgehensweise während dessen Planungs- und Realisierungsphasen erforderlich. Bevor man aber mit der Entwicklung des Systemkonzepts für ein Netzwerk beginnt, muss zuerst, um neue Zielvorstellungen und bei der Modernisierung eines Netzwerks zusätzlich bestehende zu beseitigende Schwachstellen zu erfassen, eine umfangreiche Analyse der aktuellen Situation (*Ist-Analyse*) erfolgen. Danach folgt eine *Soll-Analyse* von erfassten Zielvorstellungen, die ermittelt, welche Ziele wie weit erreicht werden sollen. Wurden die beiden Analysen vollständig durchgeführt und übersichtlich dokumentiert, dienen sie als Grundstein zum Projekterfolg.

*Ein Netzwerk aufzubauen oder zu modernisieren ist ein komplexes Projekt*

Aufbauend auf den Ergebnissen der Soll-Analyse in Form eines Katalogs von Systemanforderungen und den zusätzlichen Erkenntnissen aus der Ist-Analyse wird das Konzept für das Netzwerk – also das *Systemkonzept* – entwickelt. Die grundlegende Voraussetzung für ein gut funktionierendes, zukunftssicheres Systemkonzept eines Netzwerks ist die Berücksichtigung neuer Entwicklungen und aktuell geltender Trends. In den letzten Jahren hat sich die „Netzwerkwelt" sehr stark verändert und verändert sich infolge neuer Entwicklungen noch weiter. Die Virtualisierung im Netzwerkbereich und die Nutzung von virtuellen Rechnern verlangt insbesondere neue Konzepte zur Gestaltung von Datacentern. Folglich sieht man sich bei Netzwerkprojekten immer neuen Herausforderungen gegenüber.

*Immer neue Herausforderungen bei Netzwerkprojekten*

Dieses Buch hat das Ziel, eine breite und fundierte Darstellung verschiedener Aspekte der Planung und Realisierung komplexer Netzwerkinfrastrukturen zu vermitteln – und geht hierbei u.a. auf die folgenden Themenbereiche ein: Vorgehensweise bei Netzwerkprojekten und deren Koordination, Durchführung der Ist- und Soll-Analyse, technische Grundlagen zur Entwicklung des Systemkonzepts, Erstellung der vollständigen, präzisen und übersichtlichen Netzwerkdokumentation, Planung und Realisierung der Netzwerksicherheit, Analyse der Wirtschaftlichkeit von Netzwerkprojekten, Vorgehensweise bei der Netzwerkrealisierung (Ausschreibung, Installation und Inbetriebnahme) und Informationen über aktuelle Trends im Netzwerkbereich.

*Ziel des Buches*

Das Buch ist so aufgebaut, dass zunächst jeweils die notwendigen Grundlagen und verschiedene Ideen dargestellt und danach praktische Anwendungen diskutiert werden. Damit eignet es sich nicht nur als Lehrbuch für Studierende und Neueinsteiger, sondern auch als Nachschlagewerk für alle Experten, zu deren Aufgabengebieten *die Entwick-*

*An wen richtet sich das Buch?*

*lung, Planung wie auch Betreuung* verschiedener Netzwerke gehören. Die praxisorientierte und mit über 250 Abbildungen illustrierte Darstellung der Inhalte sollte allen „Netzwerk-Fans" die Nutzung dieses Buches zum Selbststudium ermöglichen.

**Struktur des Buches**

Die Struktur des Buches wird am Ende des Vorworts gezeigt. Wie dort ersichtlich führt Kapitel 1 in die Komplexität der Netzwerkprojekte ein. Den technischen Aspekten der Netzwerkplanung widmen sich dann die Kapitel 2, 3, 4 und 5. Die Planung und Realisierung der Netzwerksicherheit stellt Kapitel 6 vor. Mit der in Kapitel 7 dargestellten Analyse der Wirtschaftlichkeit von Netzwerkprojekten wird die Planungsphase „beendet". Anschließend präsentiert Kapitel 8 sowohl die Vorgehensweise bei der Netzwerkrealisierung, von der Ausschreibung bis zur Inbetriebnahme, als auch die Strukturen und Inhalte von Betriebs- und Notfallhandbüchern, um den reibungslosen Netzwerkbetrieb in allen Situationen garantieren zu können. Mit der Präsentation von aktuellen Trends im Netzwerkbereich wird dieses Buch in Kapitel 9 abgerundet.

Betrachtet man die einzelnen Kapitel dieses Buches etwas detaillierter, so lassen sie sich wie folgt kurz charakterisieren:

**Kapitel 1**

Einen fundierten Überblick über die wichtigsten Aspekte von Netzwerkprojekten gibt Kapitel 1 und geht u.a. auf die folgenden Probleme ein: In welchen Schritten sollte ein Netzwerkprojekt durchgeführt werden? Welche Bedeutung hat das Schweizer-Käse-Modell für die Netzwerkplanung und wie kann dieses verwendet werden? Wie kann das Netzwerkprojekt in mehrere Teilsystemkonzepte zerlegt und wie können die einzelnen Teilsystemkonzepte für die Zwecke der Projektkoordination spezifiziert werden? Wo liegen die Herausforderungen und Risiken bei Netzwerkprojekten? Welche Bedeutung haben die Standards ITIL und PRINCE bei Netzwerkprojekten?

**Kapitel 2**

Die Ziele, Vorgehensweisen und alle Bereiche der Ist-Analyse bei Netzwerkprojekten erläutert Kapitel 2 und geht u.a. auf folgende Fragestellungen ein: Welche Aufgaben hat die Ist-Analyse beim Netzwerk-Design oder -Redesign? Wie sollte sie strukturiert durchgeführt und hierbei übersichtlich dokumentiert werden? Wie kann man Schwachstellen und Verbesserungswünsche präzise spezifizieren? Was soll während der Bestandsaufnahme des Ist-Zustands einer Netzwerkinfrastruktur besonders analysiert werden? Welche Bedeutung hat dabei die strategische, organisatorische und technische Analyse?

**Kapitel 3**

Dieses Kapitel gibt eine fundierte Darstellung der Soll-Analyse beim Design- bzw. Redesign einer Netzwerkinfrastruktur und geht auf die folgenden Probleme ein: Welche Aufgaben und Ziele hat die Soll-Analyse? Wie werden die Ergebnisse der Ist-Analyse während der Soll-Analyse untersucht? Welche Eigenschaften sollten die Projektanforderungen besitzen und wie sollte man diese spezifizieren? Welche Bedeutung hat der Strukturplan eines Netzwerkprojekts? Wie kann man einen Katalog von Projektanforderungen verfassen? Was sollte man bei Make-or-Buy-Entscheidungen analysieren? Worin besteht die SWOT-Analyse, wann und wie kann diese eingesetzt werden?

**Kapitel 4**

Wichtige Grundlagen zur Entwicklung der Systemkonzepte für Netzwerke vermittelt das Kapitel 4 und erörtert u.a. die folgenden Probleme: Welche Teilkonzepte gehören zum Gesamtkonzept eines Netzwerks und was muss bei deren Entwicklung berücksichtigt werden? Welche technischen Besonderheiten und Strategien sind bei der Konzeption der physikalischen Netzwerkstruktur zu beachten? Wie lassen sich verschiedene Konzepte von Datacentern umsetzen? Welche Möglichkeiten es gibt, große Netzwerke logisch zu strukturieren? Wie könnte das Konzept für Sprachkommunikation nach VoIP aussehen? Wie kann man die Internetdienste einrichten und welche technischen Aspekte sollte man hierbei berücksichtigen?

Das Kapitel 5 geht auf die wichtigsten Aspekte der Netzwerkdokumentation ein und erläutert u.a.: Welche Anforderungen werden an die Netzwerkdokumentation gestellt? Welche Struktur und Inhalte soll die Netzwerkdokumentation enthalten? Welche Netzwerkmodelle liegen der Dokumentation zugrunde? In welcher Form kann die physikalische und logische Netzwerkstruktur präzise und übersichtlich dokumentiert werden? Wie kann man Netzwerkfunktionen und -dienste dokumentieren, um einen effizienten und sicheren Netzwerkbetrieb gewährleisten zu können? *Kapitel 5*

Basierend auf der in den Kapiteln 2 und 3 vorgestellten Ist- und Soll-Analyse erläutert Kapitel 6 die Vorgehensweise bei der Planung und Realisierung der Netzwerksicherheit und geht u.a. auf folgende Fragen ein: Welche Sicherheitsrisiken können in Netzwerkprojekten entstehen? Wie kann man Sicherheitsschwachstellen präzise spezifizieren? Wie kann ein Sicherheitsprozess zur Reduzierung von Risiken umgesetzt werden? Welche grundlegenden Konzepte, Technologien und Werkzeuge können für die Realisierung der Netzwerksicherheit eingesetzt werden? Wie können eine kontinuierliche Überwachung und Verbesserung der Netzwerksicherheit erzielt werden? Wie können die geplanten Sicherheitsmaßnahmen präzise und übersichtlich dokumentiert werden? *Kapitel 6*

Kapitel 7 gibt eine kompakte und fundierte Darstellung der Möglichkeiten zur Analyse der Wirtschaftlichkeit von Netzwerkprojekten und erörtert u.a. die folgenden Aspekte: Welche Probleme ergeben sich bei der Wirtschaftlichkeitsanalyse von Netzwerkprojekten und warum? Welche Kosten und Nutzeffekte sind bei der Überprüfung der Wirtschaftlichkeit zu berücksichtigen? Wie wird die Wirtschaftlichkeit im monetären Sinne analysiert? Warum ist eine erweiterte Wirtschaftlichkeitsanalyse von Netzwerkprojekten im nicht-monetären Sinne notwendig und wie wird sie durchgeführt? *Kapitel 7*

Das Kapitel 8 beinhaltet eine fundierte Darstellung von allen wichtigen Aktivitäten, die nach der Entwicklung des Systemkonzepts auf dem Weg zum Netzwerkbetrieb durchgeführt werden müssen, und geht insbesondere auf die folgenden Probleme ein: Wie geht man bei der Netzwerkrealisierung vor und was ist dabei zu beachten? Welche Bedeutung und Inhalte haben Lasten- und Pflichtenheft? Wie soll eine Ausschreibung durchgeführt werden? Wie geht man bei der Installation eines Netzwerks und dessen Inbetriebnahme vor, welche Aspekte müssen dabei wie berücksichtigt werden? Welche Strukturen und Bestandteile haben Betriebs- und Notfallhandbuch? *Kapitel 8*

Wichtige Grundlagen, die man bei Netzwerkprojekten benötigt, und einen Überblick über neue Konzepte im Netzwerkbereich vermittelt das Kapitel 9 und geht u.a. auf die folgenden Probleme ein: Welche Varianten von Fast- und Gigabit-Ethernets gibt es und für welche Zwecke eignen sie sich? Wie funktionieren Layer-2- und Layer-3-Switches, *Kapitel 9* was ist bei deren Einsatz zu berücksichtigen und welche Generationen von Switches gibt es? Welche Bedeutung können bei Netzwerkprojekten die Konzepte BPE (*Bridge Port Extension*), TRILL (*Transparent Interconnection of Lots of Links*), SPB (*Shortest Path Bridging*) und VXLAN (*Virtual Extensible LAN*) haben? Worin besteht die Bedeutung von SDN (*Software Defined Networking*) in zukünftigen Netzwerken? Wann können einzelne Arten von IT-Outsourcing in Frage kommen?

**Idee für dieses Buch**

Das Fehlen eines Buches über Netzwerkprojekte mit diesen Inhalten hat man während der jahrelangen Durchführung der Lehrveranstaltung „*Netzwerkprojekte – Planung und Durchführung*" an der Hochschule Fulda im Fachbereich Angewandte Informatik gespürt. Aus dieser Notwendigkeit heraus ist die Idee für dieses Buch entstanden.

**Danksagung**

Ein solches Buch kann nicht geschrieben werden – ohne Anregungen von außen und einen entsprechenden Erfahrungsaustausch. An dieser Stelle danken wir allen Firmen und Personen, die uns mit ihren Anregungen unterstützt haben. Ein besonderer Dank gilt Herrn Charly Pützfeld, der in der Anfangsphase zur Entstehung dieses Buches beigetragen und auch mehrere Ideen geliefert hat.

Für zeitberaubendes Korrekturlesen möchten wir uns besonders bei Kati Badach, bei Herrn Bernhard Rieger und bei Herrn Georg Tuschinsky recht herzlich bedanken. Ihre Bereitschaft und erbrachte Leistung war für uns eine große Hilfe.

Für die gute Zusammenarbeit mit dem Hanser Verlag und für die uns entgegengebrachte Geduld möchten wir uns insbesondere bei Frau Margarete Metzger, Frau Brigitte Bauer-Schiewek und Frau Irene Weilhart aufrichtig bedanken.

Nicht zuletzt möchten wir auch unseren Familien für die unendliche Geduld, die sie uns während des Schreibens dieses Buches entgegenbrachten, danken.

Fulda, im August 2013

*Anatol Badach und Sebastian Rieger*

*Abschließend sei an dieser Stelle angemerkt, dass das die ganze Erde umspannende Internet zusammen mit allen daran angeschlossenen Netzwerken eine phantastische, virtuelle Welt voller Bäume bildet – genau wie unsere reale Welt.*

*Dieses Buch möchten wir daher all jenen widmen, die dank ihrer technischen Schöpfungen zur Entstehung dieser virtuellen Welt beigetragen haben, und ebenso denen, die sich dafür engagieren diese Welt weiterzuentwickeln und aufrechtzuerhalten, sodass sie uns allen nützen kann.*

# Struktur des Buches

Dieses Buch präsentiert in seinen 9 Kapiteln alle wichtigen Aspekte der Planung und Realisierung komplexer Netzwerkinfrastrukturen und kann nicht wie ein spannender Roman in einem Schlag durchgelesen werden. Es kann vielmehr von Netzwerkplanern und -administratoren in unterschiedlichen Phasen (vgl. Kapitel 1 bis 8) von Netzwerkprojekten zur Hand genommen werden. Hierbei können dann die einzelnen Kapitel iterativ gelesen und verwendet werden. Das vorliegende Bild zeigt die logische Struktur des Buches und Abhängigkeiten zwischen Inhalten einzelner Kapitel, um den Lesern eine Orientierung zu geben, aus welchen Kapiteln Kenntnisse benötig werden, um beim Lesen verschiedene, von einander abhängige Themenbereiche besser zu verstehen.

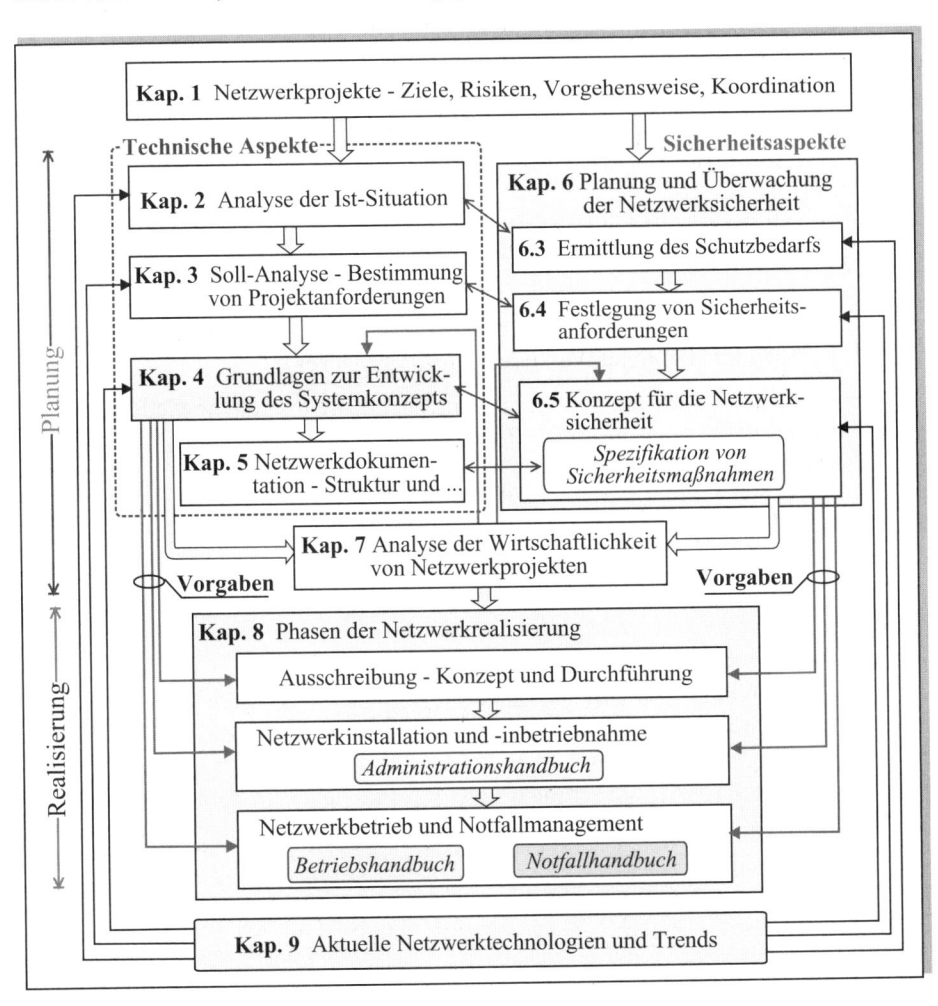

# Die Autoren

### Prof. Dr.-Ing. Anatol Badach

über 30 Jahre auf den Gebieten *Informatik* und *Telekommunikation* beruflich tätig; Promotion (1975), Habilitation (1983). Von Dezember 1985 bis August 2012 war er Professor im Fachbereich *Angewandte Informatik* an der Hochschule Fulda. Seine Schwerpunkte in Lehre und Forschung waren: *Rechnerkommunikation*, *Netzwerktechnologien* und *Multiservice Networking*. Er hat u.a. auf den Gebieten: *Netzwerktechnologien und Protokolle*, *VoIP* und *Next Generation Networking* geforscht und verfolgt mit Engagement einige wichtige Entwicklungen weiter. Prof. Badach ist Autor zahlreicher Veröffentlichungen und mehrerer Fachbücher, darunter *Voice over IP – Die Technik*, *Technik der IP-Netze* (Mitautor), *Web-Technologien* (Mitautor), *Integrierte Unternehmensnetze*, *Datenkommunikation mit ISDN*, *High Speed Internetworking* (Mitautor), *ISDN im Einsatz*. Seine Erfahrung vermittelt er weiter als Leiter/Referent bei Fachkongressen und -seminaren, Berater bei innovativen Projekten und Entwicklungen, Autor von Fachbeiträgen. Für Näheres siehe: http://www.competence-site.de/Anatol-Badach

### Prof. Dr. Sebastian Rieger

war nach seinem Studium von 2003 bis 2010 bei der *Gesellschaft für wissenschaftliche Datenverarbeitung mbH Göttingen (GWDG)*, als Hochschulrechenzentrum der Georg-August-Universität Göttingen und Rechen- und IT-Kompetenzzentrum der Max-Planck-Gesellschaft und danach bis 2012 am *Steinbuch Centre for Computing (SCC)* als Rechenzentrum des *Karlsruher Instituts für Technologie (KIT)* tätig. Im Rahmen seiner Zeit an beiden wissenschaftlichen Rechenzentren war er federführend an der Planung und Realisierung zahlreicher Netzwerkprojekte und innovativer IT-Dienste beteiligt. Darüber hinaus arbeitete er an mehreren Forschungsprojekten und der Realisierung von netzwerkbasierten Diensten in Rechenzentrumsverbünden und Forschungsnetzen (insb. DFN und BelWue). Seit Oktober 2012 hat er die Professur für *Multimediale Kommunikationsnetze* am *Fachbereich Angewandte Informatik* der *Hochschule Fulda* übernommen. Für Näheres siehe: http://www.hs-fulda.de/index.php?id=11002

# 1 Netzwerkprojekte: Ziele, Risiken, Vorgehensweise, Koordination

Die Planung und Durchführung von IT-Investitionen, die zu einem Unternehmensnetz(werk) führen sollen, ist oft ein komplexer und kontinuierlicher Prozess, in dem mehrere Stufen zu unterscheiden sind. Es gibt eine Reihe von strategischen Aspekten, die hierbei unbedingt berücksichtigt werden müssen. Unternehmensnetze basieren oft auf konvergenten Netzinfrastrukturen, in denen Sprach- und Datenkommunikation gleichzeitig unterstützt werden sollen. Das angestrebte Unternehmensnetz muss einen Investitionsschutz bieten und auch zukunftsweisend ausgelegt sein. Dabei muss die größtmögliche Sicherheit sowohl für die Netzwerkkomponenten als auch für die im Netzwerk transportierten Daten gewährleistet werden.

*Netzwerkprojekt als kontinuierlicher Prozess*

Das Systemkonzept eines Netzwerks kann auf mehrere Teilsystemkonzepte aufgeteilt werden, die hauptsächlich nur einzelne Netzwerkbereiche (wie z.B. Verkabelung, Sprachkommunikation) erfassen. Die einzelnen Teilsystemkonzepte müssen hierbei so zusammengefasst werden, dass ein Netzwerk wie ein Puzzlebild entsteht. Um die Ergebnisse der Ist-Analyse und der Soll-Analyse innerhalb von Netzwerkprojekten präzise zu spezifizieren, wird in diesem Buch ein *„Schweizer-Käse-Modell"* eingeführt.

*Teilsystemkonzepte als Puzzleteile*

Dieses Kapitel gibt einen Überblick über die wichtigsten Aspekte von Netzwerkprojekten. Nach einer Einführung in Abschnitt 1.1 geht Abschnitt 1.2 auf verschiedene Aspekte der Netzwerkprojekte ein. Eine strukturierte Vorgehensweise für Netzwerkprojekte präsentiert Abschnitt 1.3. Auf die Koordination der Projekte geht Abschnitt 1.4 ein. Die Bedeutung der Netzwerkdokumentation zeigt Abschnitt 1.5. Der Planung von Sicherheitsmaßnahmen wird Abschnitt 1.6 gewidmet. Voraussetzungen für einen Projekterfolg stellt Abschnitt 1.7 vor. Welche Bedeutung die Standards ITIL und PRINCE bei Netzwerkprojekten haben, erläutert Abschnitt 1.8. Abschließende Bemerkungen in Abschnitt 1.9 runden dieses Kapitel ab.

*Überblick über das Kapitel*

In diesem Kapitel werden u.a. folgende Fragestellungen beantwortet:

*Ziel dieses Kapitels*

- Welche Ziele sollen bei den Netzwerkprojekten verfolgt werden, und wie?
- In welchen Schritten sollte ein Netzwerkprojekt durchgeführt werden?
- Wie kann das Schweizer-Käse-Modell für die Netzwerkplanung verwendet werden?
- Wie können die einzelnen Teilsystemkonzepte für die Zwecke der Projektkoordination spezifiziert werden?
- Welche Ziele sollte man bei der Erstellung der Netzwerkdokumentation verfolgen?
- Wo liegen die Herausforderungen und Risiken bei Netzwerkprojekten?

## 1.1 Netzwerkprojekt und IT-Infrastruktur

*Netzwerk als Lebensnerv eines Unternehmens*

In der heutigen vernetzten Welt ist der reibungslose Informationsfluss ein wichtiger Faktor für den Erfolg eines Unternehmens bzw. einer Organisation. Informationen bilden ein wichtiges Kapital in unserem Zeitalter. So wie die Blutgefäße als „Ströme des Lebens" bezeichnet werden, ist der Verbund sämtlicher Rechner eines Unternehmens – also das *Netzwerk* – dessen Lebensnerv. Das Netzwerk bestimmt die sog. *IT-Infrastruktur*[1] des Unternehmens, d.h. die Art und Weise der Vernetzung aller seiner Systemkomponenten zur automatisierten Informationsverarbeitung. Die IT-Infrastruktur unterliegt – ebenso wie das Unternehmen selbst – einer kontinuierlichen Veränderung und Weiterentwicklung, da sich die Anforderungen nahezu laufend verändern. Diese Anforderungen haben große Auswirkungen auf Netzwerkprojekte.

Zwei wichtige Aspekte bei Netzwerkprojekten sollen daher in diesem Abschnitt ausführlicher betrachtet werden. Zum einen die wichtigen Herausforderungen bei Netzwerkprojekten und zum anderen der Stellenwert der IT im Unternehmen.

### 1.1.1 Herausforderungen bei Netzwerkprojekten

Da sich Unternehmen heute immer schneller weiterentwickeln, müssen Netzwerkplaner und andere Netzwerkverantwortliche auch bei der Planung und Modernisierung ihrer Netzwerke mit unterschiedlichen – und in der Regel konträren – Herausforderungen fertig werden. Dies erfolgt oft unter der Vorgabe, mit weniger Investitionen mehr Services zu erreichen, sowie gleichzeitig eine zunehmend komplexe IT-Umgebung vor einer stetig wachsenden Anzahl verschiedener Risiken zu schützen. Dadurch stehen die Netzwerkplaner vor und während der Realisierung eines Netzwerkprojekts oft unter dem „Druck" unterschiedlicher Herausforderungen. Abbildung 1.1-1 verdeutlicht dies.

*Komplexes, heterogenes IT-Umfeld*

Das IT-Umfeld vieler Unternehmen besteht heute aus sehr komplexer Vernetzung heterogener Rechnersysteme. Beispielsweise führen mehrere Web- und Applikationsserver, diverse Applikationen, Datenbanken, verschiedene Speichersysteme – ohne ein sinnvolles strategisches Konzept für die IT-Infrastruktur zu haben – zwangsläufig zu mehrfach parallelen Administrationsaufgaben und treiben die Kosten in die Höhe. Erschwerend kommt hinzu, dass hierbei meist die Kostentransparenz fehlt. Daher müssen in einem Netzwerkprojekt sämtliche Bereiche des IT-Umfelds ihre Berücksichtigung finden. Auch neue Entwicklungen und Anwendungen – wie z.B. VoIP (*Voice over IP*), WLANs (*Wireless LAN*), VPNs (*Virtual Private Network*), Video-on-Demand etc. – müssen berücksichtigt werden. Zudem muss das gesamte Netzwerk so ausgelegt werden, dass weder die Struktur noch die verwendeten aktiven und passiven Systemkomponenten das IT-Umfeld einschränken bzw. irgendwie negativ beeinflussen.

---

[1] Die Abkürzung IT steht für Informationstechnologie (*Information Technology*). Oft wird unter IT auch *Information und Telekommunikation* verstanden.

## 1.1 Netzwerkprojekt und IT-Infrastruktur

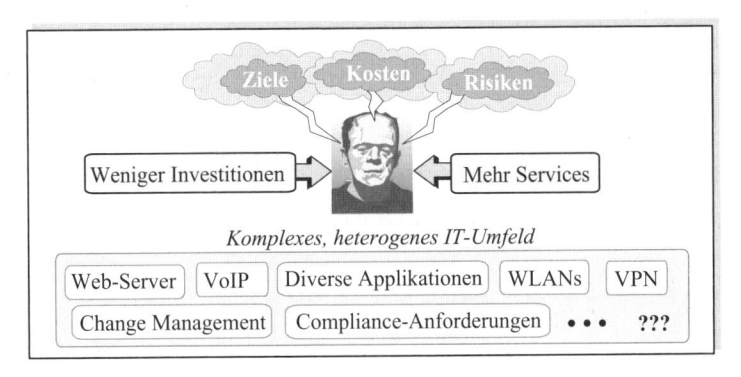

**Abb. 1.1-1:** Typische Herausforderungen bei Netzwerkprojekten

Die IT-Infrastruktur – und damit auch das Netzwerk als dessen Kern – beeinflusst in vielen Unternehmen den Ablauf der Geschäftsprozesse und muss als geschäftskritischer Faktor angesehen werden. Daher kommt dem reibungslosen Funktionieren dieser Infrastruktur eine immense Bedeutung zu; *eine robuste IT-Infrastruktur muss als Voraussetzung für den Erfolg vieler Unternehmen betrachtet werden*. Durch ein gut geplantes Netzwerk können bestehende Schwachstellen bzw. verschiedene Engpässe beseitigt werden. Damit werden die Unternehmen in die Lage versetzt, ihre Zielvorstellungen zu erreichen, potenzielle Bedrohungen zu reduzieren, nach Unterbrechungen schnell einen betriebsfähigen Zustand von Systemen wiederherzustellen und tägliche Geschäftsabläufe effizient zu verwalten. Daher dürfen heute die relevanten Geschäftsprozesse bei jedem Netzwerkprojekt nicht außer Acht gelassen werden.

*Netzwerkprojekt und Geschäftsprozesse*

Das Einrichten eines Netzwerks – als Basis einer IT-Infrastruktur – kostet viel Geld. Daher sollte jede Netzwerkinvestition gut durchdacht werden. Bei jeder Netzwerkinvestition versucht man, einerseits die gesamten Aufwendungen für das Netzwerk – als *Investitionskosten* – zu minimieren, andererseits wünscht man sich, dass das Netzwerk seine Aufgaben richtig und effizient erfüllt, d.h., dass seine *Wirksamkeit* hoch ist. Diese beiden Hauptkriterien – also Investitionskosten und Wirksamkeit (Effizienz) des Netzwerks – können als treibende „Kräfte" von Netzwerkprojekten betrachtet werden, die leider in entgegengesetzte Richtungen „ziehen". Abbildung 1.1-2 soll das Zusammenspiel von Investitionskosten und Wirksamkeit des Netzwerks veranschaulichen.

*Investitionskosten und Netzwerkwirksamkeit*

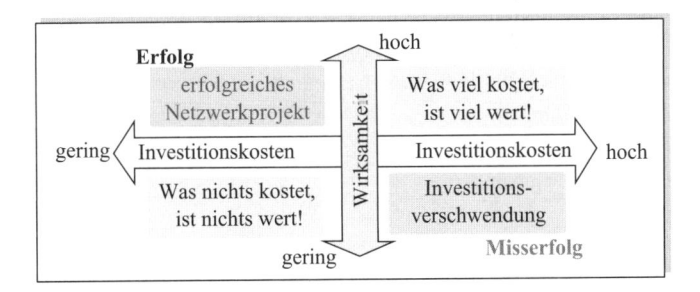

**Abb. 1.1-2:** Investitionskosten kontra Wirksamkeit des Netzwerks

**Erfolg und Misserfolg beim Netzwerkprojekt**

Erreicht man mit geringen Investitionen eine hohe Wirksamkeit des Netzwerks, so kann in Bezug auf das Netzwerkprojekt von einem *Erfolg* gesprochen werden. Im Gegensatz dazu kann ein Netzwerkprojekt zur *Investitionsverschwendung* – also zu einem *Misserfolg* – führen. Dies ist dann der Fall, wenn trotz hoher Investitionen nur eine geringe Wirksamkeit des Netzwerks erreicht wird.

Bei Netzwerkprojekten kommen zusätzlich die folgenden zwei Fälle vor:

- *Geringe Investitionen und geringe Netzwerkwirksamkeit*
  Dies würde der Situation entsprechen, in der die Investition so gering ist, dass es nicht möglich ist, ein Netzwerk einzurichten, das die ihm gestellten Aufgaben erfüllen kann. Dann ist die Investition zu gering und führt zu dem Ergebnis „*Was nichts kostet, ist nichts wert*".

- *Hohe Investitionen und hohe Netzwerkwirksamkeit*
  Mit einer hohen Investition kann – theoretisch – immer ein Netzwerk eingerichtet werden, das die ihm gestellten Aufgaben erfüllt. In dieser Situation, in der das Motto „*Was viel kostet, ist viel wert*" gilt, kann aber trotzdem nicht von einem erfolgreichen Netzwerkprojekt gesprochen werden, da das gleiche Ergebnis immer auch mit geringeren Investitionen zu erreichen ist.

## 1.1.2 Stellenwert der IT im Unternehmen

Die Ziele, die man bei jedem Netzwerkprojekt verfolgen sollte und die zum Erfolg des betreffenden Unternehmens beitragen sollten, müssen das Profil des Unternehmens berücksichtigen. Diese Ziele sind daher vom Profil des Unternehmens abhängig. Je nach der gegenwärtigen und zukünftigen Bedeutung der Informationstechnologie (IT) im Unternehmen kann man unterschiedliche Unternehmen zu entsprechenden Profilklassen einteilen, um damit die Formulierung der strategischen Ziele beim Netzwerkprojekt zu erleichtern. Abbildung 1.1-3 zeigt eine derartige Einteilung.

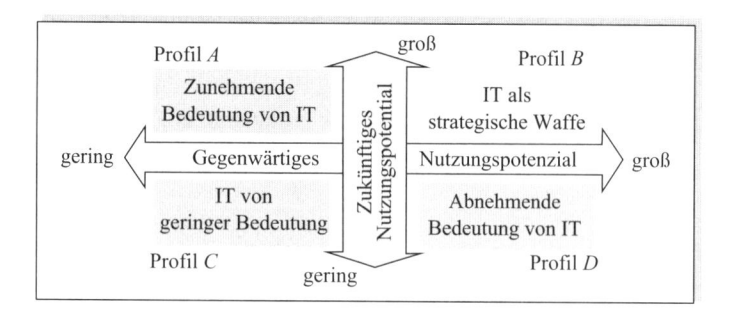

**Abb. 1.1-3:** Stellenwert der IT in Unternehmen mit verschiedenen Profilklassen

Im Allgemeinen könnte man zwischen Unternehmen mit folgenden Profilklassen unterscheiden:

- Profil A: *Zunehmende Bedeutung der IT*
  In Unternehmen mit diesem Profil hat die IT gegenwärtig einen geringen Stellenwert. In der Zukunft wird die IT aber die strategischen und die administrativen Aufgaben unterstützen und somit im Unternehmen von großer Bedeutung sein.

- Profil B: *IT als strategische Waffe*
  Die IT ist entscheidend für die Unternehmensstrategie sowohl gegenwärtig als auch zukünftig, sodass das Erreichen der Unternehmensziele ohne eine gute IT-Infrastruktur *unmöglich* ist. Daher kann die IT als strategische „Waffe" des Unternehmens angesehen werden.

- Profil C: *IT von geringer Bedeutung*
  Die IT hat gegenwärtig und zukünftig eine relativ geringe Bedeutung für das Erreichen der Unternehmensziele und dient hauptsächlich der Bewältigung administrativer Aufgaben.

- Profil D: *Abnehmende Bedeutung der IT*
  Die IT hat im Unternehmen gegenwärtig, beispielsweise wegen eigener individueller IT-Entwicklungen, eine große Bedeutung für das Erreichen seiner Ziele. In der Zukunft wird die IT jedoch – nach dem Verzicht auf eigene IT-Entwicklungen z.B. zu Gunsten von standardisierten IT-Lösungen – hauptsächlich zur Unterstützung von administrativen Aufgaben dienen.

Abbildung 1.1-3 illustriert, dass die IT in Unternehmen manchmal – vgl. Profil *C* – nur einen reinen Unterstützungscharakter hat. Die IT kann im Gegenteil jedoch auch einen der entscheidenden Faktoren für den Erfolg des Unternehmens – wie z.B. mit dem Profil *B* – bilden. Als klassisches Beispiel für letzteres Extrem können hierbei Unternehmen aus dem Bereich *E-Business* genannt werden.

In vielen Unternehmen machen die Ausgaben für die IT einen großen Anteil an den Gesamtkosten aus. Unter anderem sind beispielsweise für Banken die IT-Kosten inzwischen einer der größten Posten in der Gewinn- und Verlustrechnung. Daher können einerseits die erfolgreich durchgeführten Netzwerkprojekte hohe Gewinne bringen und andererseits Misserfolge bei Netzwerkprojekten – etwa durch das Setzen auf veraltete Technologien – zur Verschwendung der getätigten Investitionen führen. Damit ein Netzwerkprojekt nicht zum „Glücksspiel" wird, ist eine durchdachte Planung und Durchführung für jedes Netzwerkprojekt – als Voraussetzung für den Erfolg – unabdingbar.

*Netzwerkprojekt sollte kein „Glücksspiel" sein*

## 1.2 Verschiedene Aspekte der Netzwerkprojekte

Das Netzwerk in einem Unternehmen – als Basis seiner IT-Infrastruktur und damit sein Lebensnerv – ist ein komplexes Gebilde. Ein *Netzwerkprojekt*, das zur Entstehung eines neuen Netzwerks führen soll oder sich auf die Modernisierung eines bestehenden bezieht, ist ein dynamischer Prozess, der durch bestimmte Gründe veranlasst wurde

*Netzwerkprojekt als dynamischer Prozess*

und mit dem bestimmte Ziele erreicht werden sollen. Einen derartigen Prozess beeinflussen einerseits Faktoren, die bereits während der Durchführung des Projekts bekannt bzw. voraussehbar sind. Andererseits sollte man aber auch immer mit zufälligen – also mit unvorhersehbaren – Auswirkungen rechnen. Daher sind mit jedem Netzwerkprojekt verschiedene Aspekte verbunden, die Abbildung 1.2-1 zeigt. Im weiteren Verlauf dieses Abschnitts werden diese Aspekte detaillierter erläutert.

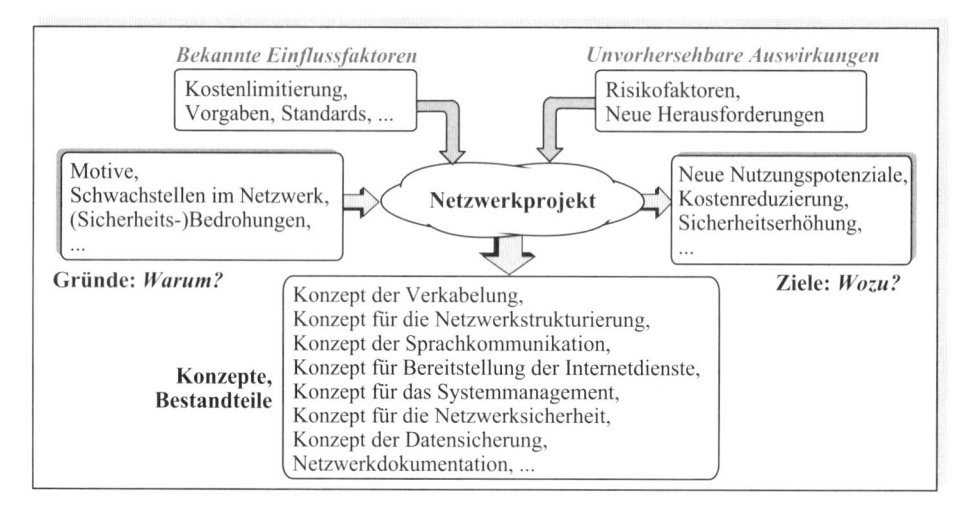

**Abb. 1.2-1:** Verschiedene Aspekte eines Netzwerkprojekts

Gründe für ein Netzwerkprojekt

In der Regel gibt es mehrere Gründe, ein Netzwerkprojekt zu initiieren. Die Gründe, die eine Antwort auf die Frage „*Warum ist ein Netzwerkprojekt nötig?*" geben, müssen klar spezifiziert werden. Diese können u.a. sein:

- *verschiedene Motive*: Diese können z.B. wirtschaftlicher (Reduzierung der Netzwerkbetriebskosten) bzw. technischer (Erhöhung der Netzwerkzuverlässigkeit) Natur sein.

- *verschiedene Schwachstellen im Netzwerk*: Diese können beispielsweise einige unerwünschte Effekte verursachen oder zu hohen Betriebskosten führen.

- *verschiedene (Sicherheits-)Bedrohungen*: Diese können u.a. dadurch entstehen, dass das Netzwerk nicht genügend gegen böswillige Angriffe geschützt ist. Die sog. *Sicherheitsschwachstellen* können zu hohen Risiken wie z.B. zum Verlust von sensiblen Daten führen.

Auf die Gründe für ein Netzwerkprojekt geht Abschnitt 1.2.2 noch näher ein.

Ziele eines Netzwerkprojekts

Bei jedem Netzwerkprojekt müssen bestimmte Ziele verfolgt werden, die zu bestimmten *erwarteten Nutzeffekten* führen sollen. Hierbei ist zwischen allgemein formulierten „großen Zielen" – als *Megazielen*, die in der Regel eine strategische Bedeutung für das Unternehmen haben – und den „kleinen Zielen" – den technisch bzw. organisatorisch realisierbaren *Zielvorstellungen* – zu unterscheiden. In der Regel wird ein Megaziel auf mehrere Zielvorstellungen aufgeteilt, die durch entsprechende technische oder organisatorische Lösungen erreicht werden können. Beispielsweise könnte ein Megaziel eines Unternehmens die „*Erhöhung der Wettbewerbsfähigkeit*" sein, die erst durch das Erreichen mehrerer Zielvorstellungen (wie schneller und gesicherter Internetzugang, geringe Netzwerkbetriebskosten) erreicht werden kann. Den Megazielen bei Netzwerkprojekten wird Abschnitt 1.2.3 gewidmet. Die Erfassung der Ziele bei Netzwerkprojekten ist Bestandteil der sog. *Ist-Analyse*. Hierauf geht Kapitel 2 genauer ein.

Bei der Planung und Durchführung eines Netzwerkprojekts müssen verschiedene *Einflussfaktoren* berücksichtigt werden, die auf das Netzwerkprojekt einwirken können und bereits während der Durchführung des Projekts bekannt bzw. vorhersehbar sind. Dazu zählen u.a. finanzielle Einschränkungen (Investitionsbudget), personelle Einschränkungen oder rechtliche Rahmenbedingungen (z.B. in Bezug auf den Datenschutz). Diese müssen während der sog. *Soll-Analyse* bei der Netzwerkplanung berücksichtigt werden. Die Soll-Analyse wird in Kapitel 3 detaillierter dargestellt.

*Bekannte Einflussfaktoren*

Bei einem Netzwerkprojekt ist auch mit einigen zufälligen Einflüssen zu rechnen, die vorher weder bekannt noch vorhersehbar waren. Dazu zählen Risikofaktoren (wie z.B. unerwartete technische Entwicklungen), die man nicht unterschätzen sollte, und verschiedene Arten neuer Herausforderungen, die sich während der Durchführung des Netzwerkprojekts ergeben können. Diesen Aspekten widmet sich Abschnitt 1.2.5.

*Unvorhersehbare Einflüsse*

Bei jedem Netzwerkprojekt muss ein Konzept für das gesamte Netzwerk entwickelt werden, das sogenannte *Systemkonzept*. Netzwerke von Unternehmen sind aber ein so komplexes Gebilde, dass es sinnvoll ist, das gesamte Netzwerk zuerst auf mehrere Funktionsbereiche aufzuteilen und für jeden dieser Bereiche ein Konzept zu erstellen. Somit setzt sich das Systemkonzept für ein ganzes Netzwerk in der Regel aus mehreren *Teilkonzepten* zusammen. Die Entwicklung eines Teilkonzepts stellt ein *Teilprojekt* dar. Ein komplexes Netzwerkprojekt kann daher auf mehrere Teilprojekte aufgeteilt werden. Man spricht hierbei auch von der *Dekomposition eines Systemkonzepts*. Darauf geht Abschnitt 1.4.1 näher ein.

*Teilkonzepte als Teilprojekte*

## 1.2.1 Netzwerk-Redesign als Migrationsprozess

Nicht in jedem Netzwerkprojekt geht es um die Erstellung eines vollkommen neuen Netzwerks. Eine *Migration* zu einer neuen Netzwerkinfrastruktur, d.h. eine Modernisierung der bereits bestehenden Netzwerkinfrastruktur, führt ebenfalls zu einem Netzwerkprojekt. Eine derartige Migration wird im Weiteren als *Netzwerk-Redesign* bezeichnet. Abbildung 1.2-2 veranschaulicht den Ablauf eines Netzwerk-Redesign.

*Was ist Netzwerk-Redesign?*

Ein Netzwerk-Redesign kann unterschiedlich durchgeführt werden. Im Allgemeinen ist hierbei zu unterscheiden zwischen

*Arten der Migration*

- einer sanften Migration und
- einer harten Migration.

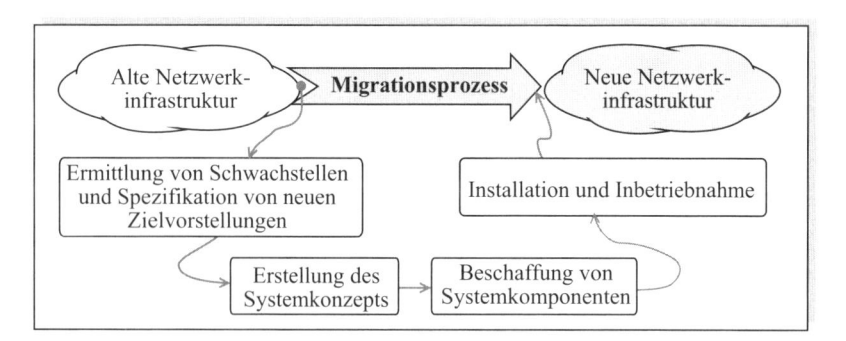

**Abb. 1.2-2:** Netzwerk-Redesign als Migrationsprozess zu einer neuen Netzwerkinfrastruktur

Sanfte Migration

Unter einer *sanften Migration* versteht man eine langsame Umwandlung einer bestehenden Infrastruktur in eine neue. Vorhandene Komponenten bleiben dabei solange in Gebrauch, bis sie nach und nach durch neue Komponenten abgelöst werden. Soll zum Beispiel eine vorhandene TK-Anlage durch ein VoIP-System ersetzt werden, so kann das neue VoIP-System aufgebaut und in Betrieb genommen werden, ohne die alte TK-Anlage abzubauen. Die Systeme werden miteinander gekoppelt und stellen so den Nutzern mindestens die gewohnte Funktion weiter bereit. Nun kann im Rahmen des Netzwerkprojekts nach und nach Abteilung für Abteilung und Arbeitsplatz für Arbeitsplatz umgerüstet werden. Auf diese Weise lässt sich zum Beispiel die vor einigen Jahren getätigte Investition in eine herkömmliche TK-Anlage schützen. Eine sanfte Migration ist somit dadurch gekennzeichnet, dass *keine radikalen Veränderungen* in der bereits bestehenden Netzwerkinfrastruktur während des Redesign durchgeführt werden.

Harte Migration

Eine *harte Migration* führt dagegen zu radikalen Veränderungen im Netzwerk. Anhand des Beispiels der Einführung eines VoIP-Systems würde eine harte Migration im Allgemeinen wie folgt verlaufen: Das neue VoIP-System wird mit allen zugehörigen Komponenten an allen Arbeitsplätzen und Abteilungen aufgebaut, getestet und zu einem festgelegten Zeitpunkt in Betrieb genommen. Gleichzeitig wird die vorhandene alte TK-Anlage abgebaut.

Je nach Aufgabenstellung für das Netzwerk-Redesign kann man die geeignete Vorgehensweise anwenden. Der Austausch von „100-Mbit-Komponenten" in einem Netzwerk gegen „Gigabit-Komponenten" oder noch schnellere kann im Rahmen einer sanften Migration geschehen. Der Ersatz eines alten Token-Ring-Netzwerks jedoch sollte in einer harten Migration erfolgen, da hier eine sanfte Migration wegen unterschiedlichen Netztechnologien – Ethernet und Token Ring; also technisch bedingt – nicht möglich ist.

Beim Netzwerk-Redesign – während der Zeit der Umstellung auf neue Systemkomponenten und Konsolidierung des Netzwerks – muss die Arbeitsfähigkeit des Unternehmens gewährleistet werden. Einschränkungen des Netzwerkbetriebs sollten hierbei auf das Minimum reduziert werden.

## 1.2.2 Gründe für Netzwerkprojekte

Wie bereits in Abbildung 1.2-1 zum Ausdruck gebracht wurde, muss zuerst die Frage beantwortet werden: *Warum ist ein Netzwerkprojekt nötig?* Es müssen also die Gründe für das Netzwerkprojekt genannt werden. Falls ein Projekt zum Aufbau eines neuen Netzwerks in einem neuen Unternehmen – quasi wie auf einer „grünen Wiese" – führten soll, handelt es sich um ein *Netzwerk-Design*. Der Grund für ein derartiges Netzwerkprojekt ist offensichtlich. Das Netzwerk in einem Unternehmen ist die Grundlage seiner IT-Infrastruktur und damit dessen Lebensnerv. Daher ist ein Netzwerk als glatte Selbstverständlichkeit notwendig. Es müssen aber unbedingt die Ziele spezifiziert werden, die im Unternehmen durch das Einrichten des Netzwerks erreicht werden sollen. Diesen Aspekten widmet sich Abschnitt 1.2.3.

Die Gründe für ein Netzwerk-Redesign können dagegen sehr unterschiedlich sein. Abbildung 1.2-3 zeigt, zu welchen Kategorien sich typische Gründe zusammenfassen lassen. Diese Kategorien können als „*Megagründe*" angesehen werden. Diese Megagründe, die allgemein formuliert sind, führen zu entsprechenden *Megazielen* (s. Abb. 1.2-4) und müssen demzufolge im nächsten Schritt – in der Regel – in mehrere technisch bzw. organisatorisch realisierbare Zielvorstellungen umgesetzt werden.

Gründe für Netzwerk-Redesign

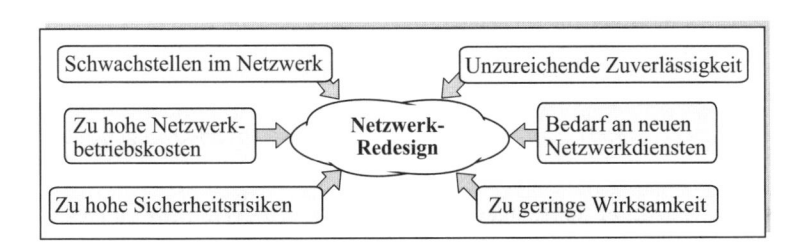

**Abb. 1.2-3:** Typische Kategorien von Gründen für ein Netzwerk-Redesign

Die Gründe für die Durchführung eines Netzwerk-Redesign lassen sich zu den folgenden Kategorien zusammenfassen:

***Schwachstellen im Netzwerk:*** Ein wichtiger Grund für ein Netzwerk-Redesign ist die Beseitigung von *Schwachstellen* im Netzwerk, die unerwünschte Effekte verursachen. Die Beseitigung von bestehenden Schwachstellen kann einen wichtigen Grund für ein Netzwerk-Redesign darstellen. Schwachstellen in einem Netzwerk können z.B. sein:

Schwachstellen

- *Unzureichende (Daten-)Übertragungsrate*: Die bestehende Verkabelung garantiert keine ausreichende Übertragungsrate. Somit ist die Bandbreite[2] der Übertragungs-

---

[2] Jedes reale Übertragungsmedium – und damit jede physikalische Leitung – ermöglicht es, die Signale als Datenträger nur in einem bestimmten Frequenzband z.B. zwischen den Frequenzen $f_1$ und $f_2$ zu übertragen und die Breite $B = f_1 - f_2$ dieses Frequenzbandes stellt die *Bandbreite des Mediums* dar. Diese bestimmt seine Qualität wie folgt: *Je größer die Bandbreite eines Medium ist, desto größere Übertragungsraten sind möglich.* Daher wird die Bandbreite eines Mediums oft mit seiner Qualität gleichgesetzt.

medien im Netzwerk zu gering, sodass eine Neuverkabelung notwendig ist, um eine ausreichende Übertragungsrate zu gewährleisten. Als Zielvorstellung für das Netzwerk-Redesign sollte daher gelten: *„Garantie einer ausreichenden Übertragungsrate"*.

- *Keine Benutzermobilität*: Das Netzwerk unterstützt die Mobilität von Benutzern nicht, um beispielsweise auf dem freien Gelände im Unternehmen von einem tragbaren Rechner auf das Internet zuzugreifen. Eine Zielvorstellung beim Netzwerk-Redesign sollte in diesem Fall sein: *„Netzwerkerweiterung um WLAN-Komponenten für die Unterstützung der Benutzermobilität"*.

**Unzureichende Zuverlässigkeit**

***Unzureichende Zuverlässigkeit des Netzwerks:*** Falls im Netzwerk wichtige Systemkomponenten – wie z.B.: Router am Internetanschluss, Webserver bzw. VoIP-Server – nicht redundant ausgelegt sind, können deren Ausfälle sich sehr negativ auf die Bereitstellung der wichtigen Netzwerkdienste (E-Mail, IP-Telefonie, ...) auswirken. Ein Grund für ein Netzwerk-Redesign ist folglich die zu geringe Verfügbarkeit wichtiger Systemkomponenten, die sog. *Single Points of Failure* im Kernbereich darstellen, und damit eine unzureichende Zuverlässigkeit des Netzwerks verursachen. Die Ursachen für unzureichende Zuverlässigkeit können beispielsweise sein:

- *Zu geringe Verfügbarkeit des Internetzugangs:* Daher könnte „Redundante Auslegung der Router am Internetzugang" als Zielvorstellung beim Netzwerk-Redesign – bezogen auf diese Netzwerkschwachstelle – gelten.

- *Zu geringe Verfügbarkeit des Webservers:* Um diese Situation zu verbessern, sollte „Redundante Auslegung des Webservers" eine Zielvorstellung beim Netzwerk-Redesign sein.

**Hohe Netzwerkbetriebskosten**

***Zu hohe Netzwerkbetriebskosten:*** Ein Netzwerk-Redesign kann notwendig werden, weil die Ausgaben für den Netzwerkbetrieb, die durch den Einsatz von veralteten Technologien verursacht werden, in keiner Relation zu der Wirksamkeit des Netzwerks – also zu der Art und Weise der Erfüllung seiner Aufgaben – stehen. Ursachen hierfür könnten z.B. sein:

- *Zu teuere Netzwerkadministration*: Das bestehende Netzwerk ist schlecht dokumentiert, sodass die Fehlersuche viel Zeit kostet und sich damit auch die Netzwerkadministration verteuert. Die hohen Kosten für Pflege und Verwaltung des Netzwerks sollen beispielsweise wegen unzureichender zentraler Planung und Kontrolle reduziert werden. Ein Netzwerk-Redesign u.a. mit dem Ziel *„Gut strukturierte und rechnergestützte Netzwerkdokumentation"* soll diese Situation verbessern.

- *Zu hohe Kosten des Netzwerkmanagements*: Im bestehenden Netzwerk erfüllt das Netzwerkmanagement-System seine Aufgaben nicht vollständig. Dies führt dazu, dass beispielsweise bestimmte Veränderungen im Netzwerk nicht erfasst werden können und manuell durchgeführt werden müssen. Die Ziele beim Netzwerk-Redesign sollten in diesem Fall z.B. sein: *„Leicht bedienbares und wirkungsvolles Netzwerkmanagement-System"* und *„Virtualisierung des Netzwerks"*.

**Bedarf an neuen Netzwerkdiensten:** Das bestehende Netzwerk verfügt nicht über Systemkomponenten, die man für die Bereitstellung einiger neuer Dienste braucht. Hierbei kann es sich beispielsweise handeln um:

*Neue Netzwerkdienste*

- *Einführung der IP-Telefonie*: Die Funktionen, die durch klassische TK-Anlagen zur Verfügung gestellt wurden, genügen heute nicht mehr. Neue Funktionen werden benötigt, um Prozessabläufe im Unternehmen noch besser zu unterstützen. Hierzu gehören u.a. die Funktionen zur Unterstützung von CTI (*Computer Telephony Integration*) oder die Integration der Sprachkommunikation mit Webanwendungen. Diese neuen Funktionalitäten lassen sich besser durch die IP-Telefonie erreichen. Insbesondere lassen sich dadurch einige Dienste – wie etwa Unified Communications – flexibler gestalten. Die wesentlichen Ziele bei der Einführung der IP-Telefonie könnten daher lauten: *„Prozessunterstützung durch Sprach-Daten-Integration und Einführung von Unified Communications"*.

- *Unterstützung der Telearbeit*: Die Mobilität von Mitarbeitern ist wichtig und wird immer häufiger in verschiedenen Unternehmen und Organisationen gefordert. Nicht jede Geschäftsreise ist aber auch „effizient". Eine bessere „Work-Life-Balance" kann oft durch Telearbeit erreicht werden. Das Ziel kann hier somit lauten: *„Verringerung von Reisekosten und Reisezeit durch Telearbeit"*.

**Zu geringe Wirksamkeit des Netzwerks:** Beispielsweise verursacht die Kombination inkompatibler oder veralteter Technologien im bestehenden Netzwerk unnötige Komplexität, sodass das Netzwerk seine Funktion nicht vollständig erfüllen kann. Die Ursachen hierfür könnten sein:

*Geringe Wirksamkeit*

- *Fehlende Interoperabilität*: Die vollständige TK- und DV-Integration ist in der heutigen Netzwerkstruktur nicht möglich. Die Ziele beim Netzwerk-Redesign in diesem Fall könnten neben anderen sein: *„TCP/IP als einzige Protokollfamilie im Netzwerk"* und *„Migration zu VoIP"*.

- *Schlechte Netzwerkstrukturierung*: Das bestehende Netzwerk besteht – historisch bedingt – aus mehreren Erweiterungen, die als Gesamtheit keine sinnvolle – weder physikalische noch logische – Strukturierung aufweisen. Beispielsweise kommt oft ein historisch bedingtes „flaches" – also unstrukturiertes – IP-Adresskonzept in großen Netzwerken vor. Um eine derartige Lage zu verbessern, können beim Netzwerk-Redesign z.B. folgende Ziele: *„Gute physikalische Netzwerkstrukturierung"* und *„Gute logische Netzwerkstrukturierung"* formuliert werden. Eine gute logische Netzwerkstrukturierung ist u.a. durch ein gut durchdachtes IP-Adresskonzept zu erreichen.

**Zu hohe Sicherheitsrisiken:** Das bestehende Netzwerk ist gegen verschiedene böswillige Angriffe durch fremde Angreifer oder eigene Mitarbeiter, die zu hohen Sicherheitsrisiken führen können, nicht gerüstet. Daher müssen dagegen technische und auch organisatorische Maßnahmen ergriffen werden. Die typischen Ursachen für hohe Sicherheitsrisiken sind:

*Hohe Sicherheitsrisiken*

- *Unzureichende Firewall-Funktion am Internetzugang*: In größeren Unternehmen kann es vorkommen, dass die Infrastruktur noch aus Zeiten stammt, in denen weniger Wert auf Sicherheit gelegt wurde. Manchmal beanspruchen auch Mitarbeiter von Entwicklungsabteilungen offene Internetzugänge für „Entwicklungszwecke". Mitunter werden diese Anschlüsse wiederum mit dem Firmennetz verbunden, ohne dass die IT-Abteilung davon Kenntnis erlangt. Ebenso kann es vorkommen, dass die eingesetzten Firewalls nicht dem aktuellen Stand der Technik entsprechen und neue Angriffstechniken nicht berücksichtigen. Ein Ziel könnte daher lauten: „*Sicherung des Unternehmensnetzes gegen innere und äußere Angriffe*". Ein anderes Ziel könnte sein: „*Sicherung der Infrastruktur ohne die täglichen Prozesse zu stark einzuschränken*".

- *Keine Filterung von empfangenen E-Mails*: Das Aufkommen von Spam und sog. *Malware* ist in den letzten Jahren deutlich gestiegen. Der Schaden, der durch Malware entstehen kann, ist leicht nachzuvollziehen. Rechner können hierbei unberechtigt fremd benutzt, E-Mails in Massen (Spam) verschickt und Daten ausgespäht werden. Folglich wird die Sicherheit des Unternehmens gefährdet. Insbesondere der massenhafte Versand von Spam verursacht Schäden. Spam-E-Mails werden über Internet übertragen, beanspruchen dabei teure Übertragungsmedien und führen zusätzlich zu einer echten Arbeitsbehinderung. Dies bedeutet für das Unternehmen den Verlust von Arbeitsleistung durch Lesen und Bearbeiten von Spam-Nachrichten. Eine Zielvorstellung beim Netzwerkprojekt könnte also lauten: „*Verhinderung von Malware und Spam bei der Übertragung von Mails*".

### 1.2.3 Ziele bei Netzwerkprojekten

Bei jedem Netzwerkprojekt – wie dies Abbildung 1.2-1 zum Ausdruck bringt – muss nicht nur die Frage „*Warum ist das Netzwerkprojekt nötig?*" beantwortet werden, sondern auch „*Wozu sollte das Netzwerk eigentlich dienen?*" – also präziser „*Welche Ziele sollen beim Netzwerkprojekt verfolgt werden?*". Diese Frage lässt sich dann detailliert beantworten, wenn man die beiden Fälle Netzwerk-Design und Netzwerk-Redesign getrennt betrachtet.

**Typische Kategorien der Ziele beim Netzwerk-Redesign**

Die Ziele, die man beim Netzwerk-Redesign verfolgt, ergeben sich direkt aus den Gründen für das Netzwerkprojekt. Die charakteristischen Gründe für ein Netzwerk-Redesign wurden bereits in Abbildung 1.2-3 aufgelistet. Darauf aufbauend zeigt Abbildung 1.2-4 die typischen Kategorien von Zielen beim Netzwerk-Redesign.

Die typischen Kategorien von Zielen beim Netzwerk-Redesign, die als *Megaziele* zu betrachten sind, lassen sich wie folgt zusammenfassen:

- *Beseitigung von Schwachstellen im Netzwerk*
Falls es mehrere Schwachstellen im Netzwerk gibt und diese ein Grund für das Netzwerk-Redesign sind, so ist es selbstverständlich, dass ihre Beseitigung als ein Megaziel im betreffenden Netzwerkprojekt gelten sollte. Dieses Megaziel wird während der Ist-Analyse – also während einer „aktuellen Aufnahme" des Netzwerkzustands – auf mehrere technisch bzw. organisatorisch realisierbare Zielvorstellungen „dekomponiert". Darauf wird in Kapitel 2 näher eingegangen.

Beseitigung von Schwachstellen

```
        Beseitung von Schwachstellen        Erhöhung der Zuverlässigkeit
        Reduzierung von                     Bereitstellung neuer
        Netzwerkbetriebskosten  Netzwerk-   Netzwerkdienste
                                Redesign
        Reduzierung von Sicherheitsrisiken  Verbesserung der Wirksamkeit
```

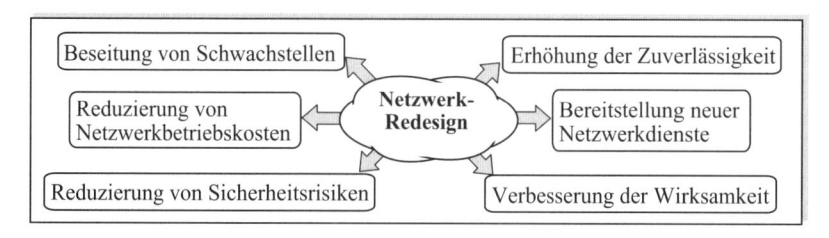

**Abb. 1.2-4:** Typische Kategorien von Zielen bei Netzwerkprojekten – als Megaziele

- *Erhöhung der Zuverlässigkeit des Netzwerks*
Ist die unzureichende Zuverlässigkeit des Netzwerks ein Grund für das Netzwerk-Redesign, so ist ihre Erhöhung – natürlich – ein Megaziel des Netzwerkprojekts. Da die unzureichende Zuverlässigkeit als Folge von mehreren „kleineren" Ursachen entsteht, muss daher dieses Megaziel während der Ist-Analyse auf mehrere Zielvorstellungen, die alle zusammen zur Erhöhung der Zuverlässigkeit des Netzwerks führen sollen, abgebildet werden. „*Redundante Router-Auslegung am Internetzugang*" könnte beispielsweise eine Zielvorstellung in dieser Situation sein.

Erhöhung der Zuverlässigkeit

- *Reduzierung von Netzwerkbetriebskosten*
Falls die zu hohen Kosten des Netzwerkbetriebs ein Grund für das Netzwerk-Redesign sind, ist ihre Reduzierung ein Megaziel des Netzwerkprojekts. Wie dieses Megaziel aber technisch und organisatorisch umgesetzt werden soll, muss noch näher spezifiziert werden. Dies führt zur Festlegung mehrerer Zielvorstellungen, die entsprechend technisch und organisatorisch realisierbar sind und zur Reduzierung von Netzwerkbetriebskosten beitragen.

Reduzierung von Netzwerkbetriebskosten

- *Bereitstellung neuer Netzwerkdienste*
Ermöglicht das bestehende Netzwerk die Bereitstellung einiger neuer Dienste nicht, ist aus diesem Grund ein Netzwerk-Redesign nötig. Die Bereitstellung neuer Netzwerkdienste kann daher als Megaziel für das Netzwerkprojekt gelten. Während der Ist-Analyse müssen aber die neuen Netzwerkdienste genau festgelegt werden, sodass dieses Megaziel in der Form mehrerer – *technisch realisierbarer* – Zielvorstellungen näher spezifiziert werden sollte.

Neue Netzwerkdienste

- *Verbesserung der Wirksamkeit des Netzwerks*
Erfüllt das bestehende Netzwerk seine Funktionen nicht ausreichend, kann die Verbesserung der Wirksamkeit ein Megaziel des Netzwerkprojekts sein. Ein so

Verbesserung der Wirksamkeit

formuliertes Megaziel ist aber technisch noch nicht ausreichend präzise spezifiziert, daher muss dieses Megaziel bei der Ist-Analyse auf mehrere Zielvorstellungen abgebildet werden, die sich technisch präzise spezifizieren und auch realisieren lassen.

*Reduzierung von Sicherheitsrisiken*

> Reduzierung von Sicherheitsrisiken

Gibt es im bestehenden Netzwerk mehrere Sicherheitsschwachstellen, mit denen hohe Sicherheitsrisiken verbunden sind, so müssen diese Sicherheitsschwachstellen oft vollkommen oder teilweise beseitigt werden, um die mit ihnen verbundenen Sicherheitsrisiken zu reduzieren. Daher kann Reduzierung von Sicherheitsrisiken ein Megaziel des Netzwerkprojekts sein. Dieses Megaziel muss aber während der Ermittlung des Schutzbedarfs (s. Abschnitt 6.3) – also de facto während der Ist-Analyse der Netzwerksicherheit – sehr detailliert spezifiziert werden. Diese Spezifikation enthält eine Auflistung von Sicherheitsschwachstellen, die mithilfe entsprechender Sicherheitsmaßnahmen beseitigt werden sollen. Auf diese Probleme geht Kapitel 6 detailliert ein.

## Typische Megaziele beim Netzwerk-Design

Falls ein Projekt zum Aufbau eines neuen Netzwerks führen soll, handelt es sich um ein *Netzwerk-Design*. Hierbei werden in der Regel mehrere Megaziele, von denen einige als strategische Ziele gelten, verfolgt. Abbildung 1.2-5 zeigt eine Zusammenstellung typischer Megaziele beim Netzwerk-Design, die auch als *10 Gebote* angesehen werden können. Es sei hervorgehoben, dass jedes dieser Megaziele aber noch auf mehrere Zielvorstellungen, die sich technisch bzw. auch organisatorisch realisieren lassen, abgebildet werden muss. Dies ist u.a. die Aufgabe der Ist-Analyse (s. Kapitel 2).

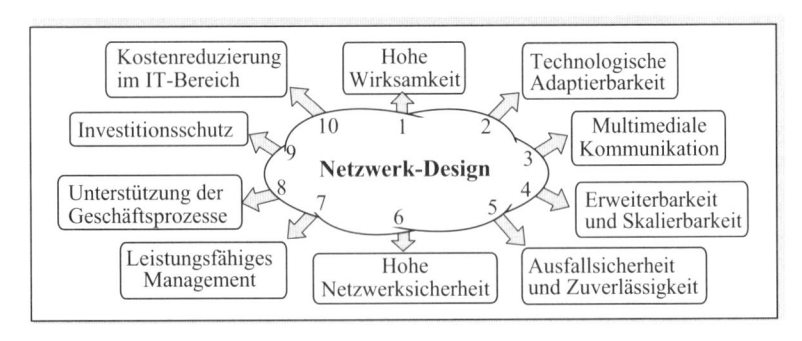

**Abb. 1.2-5:** Typische strategische Megaziele beim Netzwerk-Design

Die typischen Megaziele beim Netzwerk-Design sind:

Anpassungsfähigkeit an neue Technologien

1. *Hohe Wirksamkeit*
   Jedes Netzwerk sollte die ihm gestellten Aufgaben und die von ihm erwarteten Dienste einwandfrei und effizient erfüllen. Daher erwartet man vom neuen Netzwerk eine hohe Wirksamkeit.

2. *Technologische Adaptierbarkeit*
   Die technologische Adaptierbarkeit bedeutet, dass die existierende Netzwerkinfrastruktur sich so modifizieren lässt, dass sie an zukünftige Standards bzw. Anforderungen ohne großen Investitionsaufwand angepasst werden kann. Die Voraussetzung hierfür ist die Berücksichtigung der neuesten technologischen Entwicklungen und der Einsatz von auf den Standards basierenden Systemkomponenten. Damit wird auch die Zukunftssicherheit des Netzwerks gewährleistet. Ein Megaziel beim Design eines Netzwerks sollte daher die technologische Adaptierbarkeit sein.

3. *Multimediale Kommunikation*
   Die Hauptaufgabe eines zukunftssicheren Netzwerks ist die Übermittlung aller Informationsarten, was man als multimediale Kommunikation (bzw. Multimedia-Kommunikation) bezeichnet. Hierzu gehört insbesondere die gleichzeitige Sprach- und Datenübermittlung. Die Voraussetzung für die Unterstützung der multimedialen Kommunikation in IP-Netzen ist vor allem der Einsatz der VoIP-Technologie.

   Übermittlung aller Informationsarten

4. *Erweiterbarkeit und Skalierbarkeit*
   Das Netzwerk eines Unternehmens muss – bis zur nächsten Generation von Systemkomponenten – mit steigenden Anforderungen entsprechend wachsen können. Diese Eigenschaft wird als Skalierbarkeit bezeichnet und ist nur dann zu erreichen, wenn sich das Netzwerk – dem Bedarf entsprechend – einfach erweitern lässt. Daher kann die Erweiterbarkeit als Voraussetzung für die Skalierbarkeit angesehen werden. Zusätzliche Systemkomponenten und Netzwerkarbeitsplätze sollten immer ohne große Umkonfiguration und Umbauten einbeziehbar sein. Zudem sollten Möglichkeiten für eine Migration zu neuen Technologien offen stehen. Ein wirklich skalierbares Netzwerkkonzept ermöglicht dies mit minimalen zusätzlichen Kosten.

   Anpassungsfähigkeit an aktuellen Bedarf

5. *Ausfallsicherheit und Zuverlässigkeit*
   Negative Auswirkungen im Fehlerfall sollten möglichst begrenzt oder vermieden werden. Beispielsweise dürfen Fehler sich nur lokal, aber nicht über das ganze Netzwerk ausbreiten. Die Redundanz von zentralen Systemkomponenten, speziell im Core- und im Distributionsbereich des Netzwerks, sowie rekonfigurierbare Topologien im Core-Bereich sind hierfür erforderlich – vgl. hierzu Abb. 4.2-9.

   Redundanz von zentralen Systemkomponenten

6. *Hohe Netzwerksicherheit*
   In jedem Netzwerk müssen alle sicherheitsrelevanten Aspekte berücksichtigt werden – s. Abb. 6.1.1. Das Netzwerk ist insbesondere gegen unbefugtes Eindringen mittels Firewalls abzusichern. Es sollen bestimmte Maßnahmen und Lösungen für die Sicherstellung der Datenintegrität ergriffen werden. Ebenfalls von großer Bedeutung ist hierbei die Erstellung von netzwerkweiten Backup-Konzepten.

7. *Leistungsfähiges Netzwerk- und Systemmanagement (NSM)*
   Eine wichtige Voraussetzung für den reibungslosen Betrieb einer IT-Infrastruktur stellt ein leistungsfähiges NSM dar. Mithilfe eines NSM sollen im Wesentlichen drei Klassen von Funktionen erbracht werden:
   - Protokollierung von Ereignissen und Leistungsdaten der IT-Infrastruktur,

   Bedeutung von NSM

- Erkennen und Signalisieren relevanter Ereignisse (z.B. bösartiger Angriffe),
- Unterstützung bei der Dokumentation der IT-Infrastruktur durch Bereitstellung von Mitteln zur Visualisierung von IT-Komponenten und relevanten Konfigurationsparametern – Stichwort CMDB *(Configuration Management Database)*.

8. *Unterstützung der Geschäftsprozesse*
Beim Netzwerk-Design ist besonders darauf zu achten, dass alle für den Unternehmenserfolg relevanten Geschäftsprozesse optimal unterstützt werden. Das Netzwerk sollte auf seine Art und Weise zur Erhöhung der Wettbewerbsfähigkeit des Unternehmens beitragen. Insbesondere ist dies im Rahmen von E-Commerce und E-Business von großer Bedeutung, wo eine schnelle Reaktionsfähigkeit, optimaler Service und hohe Verfügbarkeit wichtige Merkmale für die Wettbewerbsfähigkeit des Unternehmens sind. Daher sollte die Unterstützung der Geschäftsprozesse als ein Megaziel beim Design eines Netzwerks gelten.

**Herstellerunabhängigkeit und Zukunftssicherheit**

9. *Investitionsschutz*[3]
Durch die strikte Einhaltung von Standards und Berücksichtigung von Entwicklungstrends für das gesamte Netzwerk und seine Komponenten sowie durch die Ausbaufähigkeit können die Herstellerunabhängigkeit und die Zukunftssicherheit garantiert werden. Dieser Investitionsschutz kann nur dann erreicht werden, wenn das Internet-Protokoll – also IP – als einheitliches Kommunikationsprotokoll eingesetzt wird. Zusätzlich soll die vollständige DV- und TK-Integration erfolgen, hierzu gehört u.a. die gleichzeitige Unterstützung der Sprach- und Datenkommunikation, was den Einsatz der VoIP-Technologie voraussetzt.

**IT-Kostenreduzierung**

10. *Kostenreduzierung im IT-Bereich*
Weil die IT-Infrastruktur in einem Unternehmen in der Regel über einen langen Zeitraum genutzt wird, sollte das geplante Netzwerk sich reduzierend auf die gesamten Kosten im IT-Bereich auswirken. Ein gutes Netzwerk-Design unterstützt einen reibungslosen Betrieb der IT-Infrastruktur und hilft somit zu einem späteren Zeitpunkt die Betriebskosten zu reduzieren. Auf der anderen Seite berücksichtigt gut ausgeführtes Netzwerk-Design mögliche zukünftige Änderungen und trägt demzufolge zur Kostenreduzierung beim Netzwerk-Redesign bei.

## 1.2.4 Bekannte Einflussfaktoren

In Abbildung 1.2-1 wurde bereits zum Ausdruck gebracht, dass mehrere bekannte Einflussfaktoren auf ein Netzwerkprojekt einwirken können. Welche Einflussfaktoren das sind, zeigt Abbildung 1.2-6.

---

[3] Unter *Investitionsschutz* im Netzwerkbereich versteht man organisatorische und technische Konzepte, die garantieren sollen, dass eine getätigte Investition, z.B. in ein System, über eine festgelegte Zeitdauer – als *Nutzungsdauer des Systems* – seine Funktion erfüllt und dabei auch gewünschte Anpassungen ermöglicht, aber gegen unerwünschte Außeneinflüsse unempfindlich sein sollte. So wird etwa bei der Investition in ein System eine Nutzungsdauer festgelegt, um eine sinnvolle Planung von Amortisation, ROI *(Return on Investment)* und Abschreibung durchführen zu können.

## 1.2 Verschiedene Aspekte der Netzwerkprojekte

```
Technologische Entwicklung          Compliance-relevante
                                    Rahmenbedingungen
Standards, Normen,
Richtlinien           Netzwerk-     Kostenlimitierung
                      projekt
Sicherheitsanforderungen            Bandbreitenbedarf
                      Datenschutz-
Verfügbarkeitsanforderungen  vorgaben  Interoperabilitätsanforderungen
```

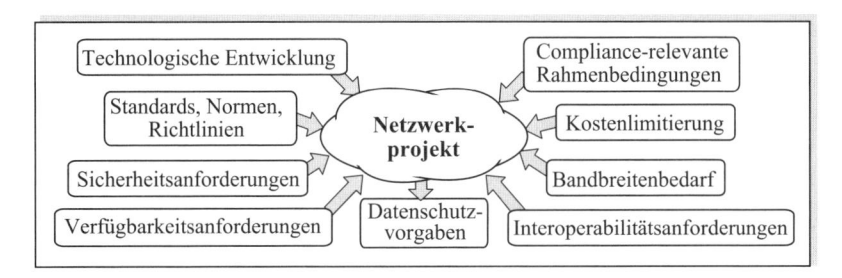

**Abb. 1.2-6:** Typische und im Voraus bekannte Einflussfaktoren auf Netzwerkprojekte

Sehen wir uns diese Einflussfaktoren nun näher an:

- *Technologische Entwicklung*
  Da ein Netzwerk in der Regel für einen Zeitrahmen von 5 bis 10 Jahren geplant wird, sind alle aktuellen und zukünftigen Technologien – soweit diese bereits bekannt bzw. voraussehbar sind – zu berücksichtigen. Dies stellt eine schwierige Aufgabe für Beteiligte am Netzwerkprojekt dar und bildet gleichzeitig ein großes Risiko für das Scheitern des Projekts. Im Rahmen der Planung muss daher abgeschätzt werden, welche Technologien sich zukünftig durchsetzen werden und welche keine Zukunft haben.

  *Entwicklung als Unsicherheitsfaktor*

- *Compliance-relevante Rahmenbedingungen*
  Unter dem Begriff *IT-Compliance* werden nicht nur gesetzliche Rahmenbedingungen, sondern ebenso sowohl allgemeine als auch ethische Forderungen und Rahmenbedingungen an die IT im Unternehmen zusammengefasst.[4] Die Einhaltung von Compliance-relevanten Rahmenbedingungen stellt für Unternehmen gerade in der IT nicht nur eine "Belastung" dar, sondern kann auch einige Vorteile mit sich bringen. So kann z.B. das Einhalten der gesetzlichen Bestimmungen zu Datenschutz und Datensicherheit das Ansehen eines Unternehmens nachhaltig positiv beeinflussen. Auch Bestimmungen von Banken und Versicherungen im Bezug auf Verfügbarkeit und Redundanz (Ausfallsicherheit) führen oft dazu, dass z.B. Versicherungsprämien gesenkt oder Zinssätze für Kredite reduziert werden. Die Einhaltung von Compliance-relevanten Rahmenbedingungen verlangt aber, dass ein Konzept für Compliance-Management entwickelt und in die Tat umgesetzt werden muss.

  *Verschiedene Forderungen und Rahmenbedingungen*

- *Standards, Normen und Richtlinien*
  Bei den Netzwerkprojekten müssen – damit man u.a. den Investitionsschutz garantieren kann – zahlreiche technische Standards, Normen und Richtlinien berücksichtigt werden. Beispielhaft seien an dieser Stelle hervorgehoben: die Europäische Norm EN 50173 für strukturierte Verkabelung, die Standards IEEE 802.x für Netzwerktechnologien sowie die die elektromagnetische Verträglichkeit betreffende Europäische Norm EN 55 022.

---

[4] Für Näheres über *IT-Compliance* siehe z.B.: http://de.wikipedia.org/wiki/IT-Compliance

| | |
|---|---|
| Limitierungen im Budget | ■ *Kostenlimitierung*<br>Finanzielle Ressourcen sind in der Regel nicht so reichlich vorhanden, dass man beliebig teure Lösungen konzipieren kann. Die Limitierungen im Budget zwingen gerade dazu, effiziente Lösungsalternativen zu entwickeln und umzusetzen. Die damit verbundenen möglichen Einschränkungen im technischen Bereich müssen immer ins Verhältnis zum geplanten Nutzen gesetzt werden. Es kann vorkommen, dass Budget-Limits zu einer Einschränkung der technischen Lösung führen. |
| Sicherheit | ■ *Sicherheitsanforderungen*<br>Gerade die Anforderungen im Sicherheitsbereich können mit den Forderungen nach Arbeitserleichterung und Verbesserungen der Geschäftsprozesse gegenläufig sein. Hier gilt es genau abzuwägen, welcher Teil überwiegt – also das Sicherheitsbedürfnis oder die Effizienz. Gegebenenfalls muss ein Kompromiss gefunden werden, der eine Vereinbarkeit der Netzwerkanforderungen mit den Sicherheitsanforderungen ermöglicht. |
| Bandbreite | ■ *Bandbreitenbedarf*<br>Der Bedarf an die Übertragungsrate von im Netzwerk einzusetzenden Übertragungsmedien – salopp gesagt der Bandbreitenbedarf[5] – in einem Unternehmen, in einer Niederlassung oder zu einem einzelnen Arbeitsplatz ist von vornherein nicht einfach abzuschätzen. Nicht immer lässt sich genau ermitteln, welche Applikation und welches Arbeitsplatzprofil welchen Bandbreitenbedarf haben. So reicht beispielsweise einem Mitarbeiter im Marketing, der an einem normalen Arbeitstag einige E-Mails je Stunde sendet, dass sein Rechner über eine Leitung mit geringer Bandbreite an das Netzwerk angeschlossen wird. Während einer Kampagne oder monatlichen Newsletter-Aktion kann jedoch auch für diesen Arbeitsplatz der Bandbreitenbedarf rapide ansteigen. Um die Arbeitsergebnisse einer Konstruktionsabteilung auf dem zentralen Speichersystem im Unternehmen fast kontinuierlich sichern zu können und diese auch vor dem „Abhören" durch böswillige Angreifer zu schützen, sind sogar separate Leitungen mit hoher Bandbreite und eine verschlüsselte Übertragung sinnvoll. |
| Verfügbarkeit | ■ *Verfügbarkeitsanforderungen*<br>Eine wichtige Frage bei Netzwerkprojekten ist die Frage nach der Verfügbarkeit[6] von Systemkomponenten, Netzwerkdiensten und Anwendungen. Es gilt der Grundsatz, dass eine höhere Verfügbarkeit auch höhere Kosten verursacht. Beispielsweise bedeutet die Verfügbarkeit eines Internetanschlusses von 97,5%, dass dieser Anschluss bis zu 11 Tagen im Jahr ausfallen kann, ohne dass die Verfügbarkeitszusage „gebrochen" wird. Eine Verfügbarkeit von 99% bedeutet noch eine Ausfallzeit von |

---

[5] Siehe die Fußnote auf der Seite 9.
[6] Die Verfügbarkeit (*Availability*) z.B. einer Systemkomponente ist ein Maß dafür, dass diese die an sie gestellten Anforderungen erfüllt. Ihre Verfügbarkeit $A$ im Gesamtzeitraum $T$ kann ermittelt werden als $A = (T-T_{Aus})/T\ [\%]$, wobei $T_{Aus}$ die Gesamtausfallzeit im Zeitraum $T$ darstellt. Ist $T$ sehr lang, kann $A$ als Wahrscheinlichkeit dafür angesehen werden, dass die Systemkomponente die Anforderungen erfüllt.

insgesamt 3,6 Tagen im Jahr. Eine höhere Verfügbarkeit kann nur durch den Einsatz zusätzlicher Redundanz erreicht werden – im genannten Beispiel durch eine redundante Internetanbindung.

Die Entscheidung, mit welchen Mitteln welche Verfügbarkeit erreicht werden soll, ist vom Nutzen und vom potenziellen Schaden durch Nichtverfügbarkeit abhängig. Die Nichterreichbarkeit eines gut besuchten Online-Shops eines Versandhauses in der Vorweihnachtszeit kann beispielsweise schnell Millionenschäden hervorrufen, während der Außendienstmitarbeiter gut auf seinen DSL-Anschluss zu Hause mehrere Tage verzichten kann, wenn er seine E-Mails im Büro ebenso bearbeiten kann.

- *Interoperabilitätsanforderungen*
  Integration bestehender Systeme ist ein weiterer Faktor, der im Rahmen von Netzwerkprojekten zu berücksichtigen ist. Die IT-Landschaft in großen Unternehmen oder Organisationen besteht selten aus einer homogenen Infrastruktur. Im Verlauf des Projekts ist daher zu klären, welche Integrationsanforderungen besonders in einer heterogenen Netzwerkumgebung zu berücksichtigen sind – wie z.B. das Weiterbetreiben einer gewachsenen Server-Applikation, die sehr spezifische und „veraltete" Netzwerkprotokolle voraussetzt.

Interoperabilität

- *Datenschutzvorgaben*
  Das Grundrecht der Menschen auf informationelle Selbstbestimmung muss auch im Rahmen von Netzwerkprojekten berücksichtigt werden. Daher ist hierbei das Thema *Datenschutz* von großer Bedeutung. Die Einhaltung des Bundesdatenschutzgesetzes (*BDSG*) ist dabei nur ein Faktor. Die Datenschutzaspekte werden in Kapitel 6 etwas tiefer beleuchtet – s. hierzu Abschnitt 6.3-2.

Datenschutz

## 1.2.5 Unvorhersehbare Einflussfaktoren

Bei der Durchführung von Netzwerkprojekten muss man mit unvorhersehbaren Einflussfaktoren – wie etwa neuen technologischen Entwicklungen – rechnen, die zu Beginn des Projekts weder bekannt noch vorhersehbar sind. Solche unvorhersehbaren Einflussfaktoren sind als *Risikofaktoren* zu betrachten und müssen als solche bei Netzwerkprojekten berücksichtigt werden. Während der Durchführung von Netzwerkprojekten können auch unerwartete Situationen vorkommen, die als *neue Herausforderungen* angesehen werden können. Wie bereits in Abbildung 1.2-1 zum Ausdruck gebracht wurde, sollten diese Risikofaktoren und Herausforderungen nicht unterschätzt werden.

Risikofaktoren, neue Herausforderungen

### Risikofaktoren bei Netzwerkprojekten

Die Risikofaktoren werden bei einem Netzwerkprojekt oft teilweise und manchmal auch vollkommen unterschätzt. Deshalb ist ein geeignetes *Risikomanagement* von großer Bedeutung. Risiken haben viele Dimensionen und Ausprägungen. Es ist sinnvoll, das Risikomanagement nicht allein auf die Vergabe von Passwörtern bzw. Sicherheitsmaßnahmen zu reduzieren, sondern auch andere Risikofaktoren – wie z.B. die

Risikomanagement

Folge der „unerwarteten" Verfügbarkeit einer neuen Technologie – in Betracht zu ziehen. Eine Zusammenstellung von bedeutenden Risikofaktoren bei Netzwerkprojekten zeigt Abbildung 1.2-7.

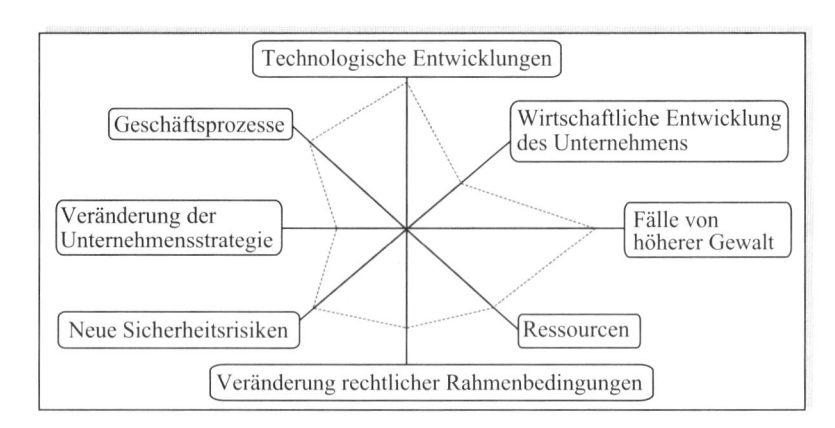

**Abb. 1.2-7:** Risikofaktoren bei Netzwerkprojekten und ihre Wichtigkeit

Zu den wesentlichen Risikofaktoren bei Netzwerkprojekten zählen insbesondere folgende:

- *Technologische Entwicklungen*
  Im Verlauf des Projekts taucht „plötzlich" eine neue nicht eingeplante Technologie auf oder eine der geplanten Technologien setzt sich am Markt – entgegen der ursprünglichen Erwartung – nicht durch. Die Hersteller von im Systemkonzept geplanten Hardware-Komponenten verschwinden vom Markt noch während der Durchführung des Projekts. Von Produktanbietern zugesagte Leistungsfähigkeit von wichtigen Systemkomponenten stellt sich später als falsch heraus. Solche unerwünschten Situationen sind daher als Risikofaktoren im Projekt entsprechend zu berücksichtigen.

- *Wirtschaftliche Entwicklung des Unternehmens*
  Sowohl eine positive als auch eine negative Entwicklung des Unternehmens – möglicher (stellenweise) erhöhter Bandbreitenbedarf im Netzwerk, mehr Arbeitsplatzrechner als geplant etc. – können sich negativ auf das Netzwerkkonzept auswirken. Ein Unternehmen kann „plötzlich" übernommen werden, sodass einige der Ziele des Netzwerks nicht mehr relevant sind. Auch kann der Zukauf von neuen Firmen die Anforderungen an die IT schlagartig verändern. Derartige wirtschaftliche Entwicklungen gelten als Risikofaktoren bei Netzwerkprojekten.

- *Geschäftsprozesse*
  Ein wichtiges Megaziel fast jedes Netzwerkprojekts ist die Unterstützung der Geschäftsprozesse – s. Abb. 1.2-5. Sollte sich später die Gestaltung der Geschäftsprozesse ändern, besteht ein Risikofaktor darin, dass das Netzwerk einige dieser neuen Prozesse nicht richtig unterstützen kann.

- *Veränderung der Unternehmensstrategie*
  Die Unternehmensstrategie kann sich noch während der „Lebenszeit" des Netzwerks – z.B. im Zeitraum von ca. zehn Jahren – unerwartet ändern. Der Risikofaktor besteht hier darin, dass das Netzwerkkonzept – beispielsweise die eingesetzte Betriebssystem- oder Hardwareplattform – nicht mehr zur neuen Unternehmensstrategie passt. Ein derartiges Risiko sollte man nicht außer Acht lassen.

- *Fälle von höherer Gewalt*          Notfallplan
  Wie Strom- und Wasserleitungen gehören auch Netzwerke – insbesondere das Internet – inzwischen zu den öffentlichen Infrastrukturen, ohne die das private und berufliche Leben beinahe zum Stillstand kommen kann. Bei jedem Netzwerkprojekt müssen daher bestimmte Fälle von höherer Gewalt – wie Brand, Wasserleitungsbruch etc. – als Risikofaktoren Berücksichtigung finden. Um die Folgen dieser Risiken zu reduzieren, muss ein *Notfallplan* während des Netzwerkprojekts entwickelt werden. Darauf geht Abschnitt 8.6 näher ein.

- *Neue Sicherheitsrisiken*
  Ein wichtiger Bestandteil jedes Netzwerkprojekts ist das Konzept der Netzwerksicherheit – s. hierzu Kapitel 6. Bei diesem Konzept müssen aber bestimmte Möglichkeiten zugelassen werden, um später geeignete Sicherheitsmaßnahmen gegen neue Bedrohungsarten zu ergreifen und damit neue Sicherheitsrisiken reduzieren zu können.

- *Ressourcen*
  Ein wichtiger Risikofaktor kann darin bestehen, dass die im Projekt eingeplanten Ressourcen finanzieller, technologischer oder personeller Art nach dem Projektabschluss – aber noch während der Lebenszeit des Netzwerks – nicht ausreichend zur Verfügung stehen. Ebenso kann es vorkommen, dass sich im Rahmen des Projekts herausstellt, dass die anfänglich geplanten Ressourcen für den Betrieb des Netzwerks zu klein bemessen waren.

- *Veränderung rechtlicher Rahmenbedingungen*
  Einige rechtliche Rahmenbedingungen – z.B. in Bezug auf den Datenschutz – können sich nach dem Projektabschluss so ändern, dass einige geplante Funktionen nicht mehr umgesetzt werden können.

## Risikomanagement – allgemeine Vorgehensweise

Die eben erwähnten Risikofaktoren dürfen bei Netzwerkprojekten nicht außer Acht gelassen werden. Um sie entsprechend zu berücksichtigen, kann nur ein auf das Netzwerkprojekt bezogenes *Risikomanagement* helfen. Dieses sollte in ein gesamtunternehmerisches Risikomanagementkonzept eingebunden sein und kann nach den in Abbildung 1.2-8 gezeigten Schritten erfolgen.

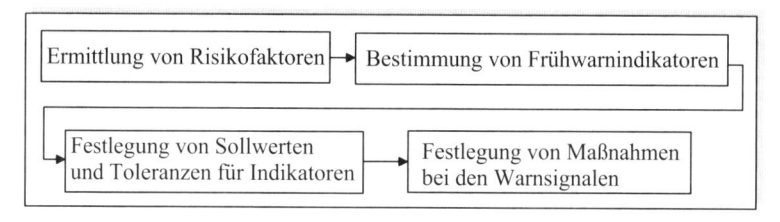

```
┌─────────────────────────────┐    ┌──────────────────────────────────┐
│ Ermittlung von Risikofaktoren │──▶│ Bestimmung von Frühwarnindikatoren │
└─────────────────────────────┘    └──────────────────────────────────┘
           ▲                                        │
           │                                        ▼
┌─────────────────────────────┐    ┌──────────────────────────────────┐
│ Festlegung von Sollwerten    │◀──│ Festlegung von Maßnahmen          │
│ und Toleranzen für Indikatoren│   │ bei den Warnsignalen              │
└─────────────────────────────┘    └──────────────────────────────────┘
```

**Abb. 1.2-8:** Allgemeine Vorgehensweise beim Risikomanagement

*Frühwarn-indikatoren*

Wie aus dem hier gezeigten Ablauf hervorgeht, sollte man die Risikofaktoren durch eine ausführliche Ermittlung früh genug erkennen. Danach müssen Frühwarnindikatoren spezifiziert werden, sodass bestimmte Ereignisse als „Warnsignale" wahrgenommen werden können. Abschließend müssen die geeigneten Maßnahmen definiert werden, um schnell auf Warnsignale reagieren zu können und die Risiken zumindest zu reduzieren. Mittels geeigneter NSM-Plattformen (*Netzwerk- und Systemmanagement*) können die ermittelten Indikatoren erfasst und dauerhaft überwacht werden.

## Neue Herausforderungen

Das Netzwerk eines Unternehmens als Basis für seine IT-Infrastruktur muss sich ab und zu – unerwartet – *neuen Herausforderungen* stellen. Diese Herausforderungen können in verschiedenen Bereichen liegen. Abbildung 1.2-9 bringt dies zum Ausdruck.

```
┌──────────────────────────────────────────────────┐
│ ┌──────────────────────┐                          │
│ │ Neue Herausforderungen │                         │
│ └──────────────────────┘                          │
│         ├── Herausforderungen im Projektumfeld    │
│         ├── Technologische Herausforderungen      │
│         ├── Herausforderungen im Applikationsumfeld│
│         └── Sonstige Herausforderungen            │
└──────────────────────────────────────────────────┘
```

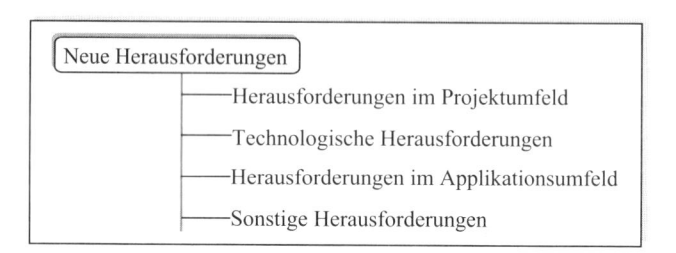

**Abb. 1.2-9:** Wichtige Herausforderungen bei Netzwerkprojekten

*Herausforderungen im Projektumfeld*

Beispiele für Herausforderungen aus dem Projektumfeld sind:

- Kritische Situationen – z.B. knappe Termine, fehlende Motivation, unzureichendes Fachwissen – müssen bei der Umsetzung des Netzwerkprojekts gemeistert werden.
- Das Netzwerkprojekt soll trotz mangelnder Ressourcen zum Erfolg geführt werden.
- Ein neues Konzept – z.B. ein Security und/oder Disaster Recovery Konzept – muss unerwartet realisiert werden.

*Technische Herausforderungen*

Beispiele für technische Herausforderungen können sein:

- Im Unternehmen hat man bisher keine Erfahrung mit einer Technologie, die eingesetzt werden soll.

- In der neuesten Technik, die eingesetzt werden soll, werden – überraschend – neue Änderungen in Standards vorgesehen.
- Die Realisierung der Konvergenz der Netze erfordert ein breites Fachwissen über verschiedene TK-Technologien.
- Eine Hochverfügbarkeit aller kritischen Netzwerkkomponenten muss gewährleistet werden.
- Neue Standards waren nicht bekannt bzw. wurden nicht berücksichtigt.
- Neue Themen und Technologien müssen integriert werden wie z.B. Voice over IP, Wireless LANs, (G)MPLS, IT Virtualisierung und Mobile Computing.

Herausforderungen im Applikationsumfeld können sein:

*Herausforderungen im Applikationsumfeld*

- Neue Applikationen – z.B. ERP (*Enterprise Resource Planning*), Data Warehouse, Business Intelligence – sollen zum Einsatz kommen.
- Ein neues System- und Netzwerkmanagementprodukt soll geplant und eingesetzt werden.
- Herkömmliche Applikationen – die sog. *Legacy-Applikationen* – müssen in neue Applikationen integriert werden.

## 1.3 Strukturierte Vorgehensweise

Die Planung und technische Realisierung des Netzwerks in einem Unternehmen bzw. in einer anderen Organisation stellt ein komplexes Projekt dar. Der gesamte Ablauf bei der Durchführung eines Netzwerkprojekts kann auf mehrere Teilschritte aufgeteilt werden, die in einer definierten Reihenfolge durchgeführt werden müssen. Man bezeichnet diese Teilschritte auch als *Projektphasen*.[7] Dies deutet darauf hin, dass eine strukturierte Vorgehensweise bei der Durchführung jedes Netzwerkprojekts unabdingbar ist. In Abschnitt 1.3.2 wird dies noch detaillierter begründet.

*Mehrere Phasen im Netzwerkprojekt*

Wurde ein Netzwerkprojekt erfolgreich abgeschlossen und das neue Netzwerk in Betrieb genommen, so stellt das Netzwerk seine Dienste nicht auf Ewigkeit, sondern nur über einen bestimmten Zeitraum (in der Regel ca. 5-10 Jahre) zur Verfügung. Diesen Zeitraum kann man als *Lebenszeit des Netzwerks* bezeichnen.

*Lebenszeit eines Netzwerks*

Geht die Lebenszeit eines Netzwerks zu Ende, weil die Netztechnologie, auf der es basiert, nicht länger dem aktuellen Stand der Technik entspricht, muss das Netzwerk modernisiert werden. Das damit verbundene Redesign führt wiederum zu einem neuen Netzwerkprojekt und die Netzwerkplanung beginnt von vorn. Hierdurch entsteht ein geschlossener Ring, der als Kreislauf eines Netzwerks angesehen werden kann. Man

*Kreislauf eines Netzwerks?*

---

[7] In diesem Zusammenhang spricht man auch von *Projekt-Milestones* bzw. von *Projektmeilensteinen*, um somit auf besonders wichtige Ereignisse im Projekt zu verweisen.

spricht in diesem Zusammenhang auch vom *Lebenszyklus eines Netzwerks*. Abschnitt 1.3.1 erläutert diese Aspekte näher.

**Schweizer-Käse-Modell**

Beim Design eines neuen Netzwerks hat man gewisse *Zielvorstellungen*, die technisch und/oder organisatorisch realisierbar sind und die man nach Inbetriebnahme des Netzwerks erreichen möchte. Eine Zielvorstellung entspricht bestimmten Bedürfnissen, die mit bestimmten Netzwerkdiensten „abgedeckt" werden sollen. In einem bestehenden Netzwerk hat man in der Regel gewisse Schwachstellen, die in Folge eines Redesigns beseitigt werden sollen. Daraus ergeben sich ebenfalls gewisse Zielvorstellungen. Um eine systematische Analyse und Spezifikation von Schwachstellen bzw. von neuen Zielvorstellungen auf einheitliche Art und Weise durchführen zu können, präsentiert Abschnitt 1.3.3 ein Modell, das an einen Schweizer Käse erinnert und deshalb auch *Schweizer-Käse-Modell* genannt wird. Es ermöglicht, die Dokumentation der ersten zwei Phasen bei der Netzwerkplanung (Ist-Analyse und Soll-Analyse), einheitlich, transparent und anschaulich durchzuführen und ihre Ergebnisse präzise zu erfassen.

### 1.3.1 Lebenszyklus eines Netzwerks

**Netzwerkprozess**

Der Erfolg bei der Durchführung eines Netzwerkprojekts kann nur durch ein geplantes und organisiertes Vorgehen aller am Projekt Beteiligten gewährleistet werden. Die Voraussetzung hierfür ist die vollständige Umsetzung des gut durchdachten Systemkonzepts und eine kontinuierliche Überwachung des Netzwerkbetriebs, sodass einige notwendige Verbesserungen im Netzwerk – noch während seiner Lebenszeit – vorgenommen werden können. Dies führt zu einem kontinuierlichen Prozess, der als *Netzwerkprozess* angesehen werden kann. In diesem Prozess unterscheidet man mehrere Phasen, die in einer Reihenfolge verlaufen und einen Zyklus bilden, sodass man hier vom *Lebenszyklus eines Netzwerks* sprechen kann.

**PDCA-Zyklus**

Wie Abbildung 1.3-1 illustriert, folgen nach der Initiierung des Netzwerkprojekts vier Phasen, die einen sog. *PDCA-Zyklus* (*Plan-Do-Check-Act*) darstellen. Als PDCA-Zyklus werden verschiedene Managementsysteme dargestellt. Wie in Kapitel 6 gezeigt wird, kann das Management der Netzwerksicherheit ebenso als PDCA-Zyklus dargestellt werden – vgl. hierzu Abb. 6.2-1.

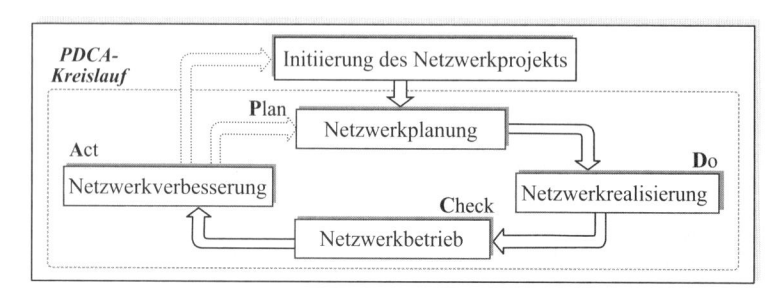

**Abb. 1.3-1:** Lebenszyklus eines Netzwerks als PDCA-Kreislauf

Mit einem Netzwerkprojekt kann man ohne Vorbereitung nicht beginnen. Daher müssen bestimmte Aufgaben erledigt werden, bevor man mit einem Netzwerkprojekt starten kann. In diesem Zusammenhang spricht man von der *Initiierung des Netzwerkprojekts*. Zu den Aufgaben, die während Initiierung des Netzwerkprojekts durchgeführt werden müssen, gehört u.a. die Festlegung des Projektteams, Angabe der allgemeinen Projektziele, Festlegung der Termine und die Vergabe von Aufgaben an die Mitglieder des Projektteams. Auf die Initiierung des Netzwerkprojekts wird in Abschnitt 1.3.3 etwas näher eingegangen.

*Initiierung des Netzwerkprojekts*

Nach der Initiierung des Netzwerkprojekts folgt die Planung des Netzwerks. Diese Phase beginnt mit der *Analyse der Ist-Situation* – also mit der sog. *Ist-Analyse*, in der die Schwachstellen im Netzwerk – nur beim Netzwerk-Redesign – und die neuen Ziele erfasst werden. Hierfür erfolgt zuerst eine Analyse von Gründen für das Netzwerkprojekt und danach eine Erfassung von daraus resultierenden Megazielen, die im weiteren Schritt der Ist-Analyse in Form von technisch bzw. auch organisatorisch realisierbaren Zielvorstellungen spezifiziert werden – vgl. Abb. 1.2-1. Die Ergebnisse dieser Ist-Analyse stellen die Grundlage für die endgültige Feststellung von Anforderungen an das Systemkonzept des gesamten Netzwerks dar.

*Netzwerkplanung*

Nach der Erstellung des Systemkonzepts folgen die Beschaffung von Systemkomponenten, die Installation, die Abnahme und die Inbetriebnahme des Netzwerks. In diesem Zusammenhang spricht man von *Netzwerkrealisierung*. In dieser Phase wird das entwickelte Systemkonzept umgesetzt.

*Netzwerkrealisierung*

Um die hohe Wirksamkeit im laufenden Netzwerkbetrieb aufrechtzuerhalten, ist eine ständige Überwachung des Netzwerkbetriebs nötig. In dieser Phase erfolgt die kontinuierliche Überwachung der Wirksamkeit des umgesetzten Systemkonzepts. Hierfür muss ein geeignetes *Monitoringsystem* eingerichtet werden, welches fehlerhafte Situationen erkennt und sie entsprechend weitermeldet. Das wichtigste Instrument der Überwachung stellen regelmäßige *Audits* dar. Für das Monitoring kann auch das System für Netzwerkmanagement eingesetzt werden.

*Netzwerkbetrieb*

Während des Netzwerkbetriebs sollte man immer versuchen, die Wirksamkeit des Netzwerks – sobald dies erforderlich ist – zu verbessern. Diese Verbesserung der Netzwerkwirksamkeit stellt die letzte Phase im PDCA-Zyklus dar. Dies bedeutet, dass eine ständige Kontrolle der Netzwerkwirksamkeit – d.h., ob das Netzwerk die von ihm erwarteten Funktionen erfüllt – durchgeführt werden muss. Dies ist eine von mehreren Voraussetzungen, um eine hohe Netzwerkwirksamkeit garantieren zu können.

*Netzwerkverbesserung*

Nach dem Ablauf der Lebenszeit des Netzwerks muss mit einem Redesign begonnen werden. Dies führt zu einem neuen Netzwerkprojekt, das erneut entsprechend zu initiieren ist. Hiermit schließt sich der Lebenszyklus des Netzwerks.

## 1.3.2 Wesentliche Phasen bei der Netzwerkplanung

*Wozu brauchen wir das Netzwerk?*

Soll ein neues Netzwerk eingerichtet werden, so versucht man zuerst alle Megaziele – und danach daraus resultierende und technisch oder organisatorisch realisierbare Zielvorstellungen – zu formulieren und diese auf eine bestimmte Art und Weise zu erfassen. Damit soll die Frage beantwortet werden: *Wozu brauchen wir das Netzwerk?* Ein bestehendes Netzwerk wird nur dann modernisiert, wenn es die gestellten Anforderungen nicht mehr richtig erfüllt bzw. seine Wirksamkeit zu gering ist. Daher wird das bestehende Netzwerk modernisiert, sobald es gewisse Schwachstellen hat oder neue Anforderungen gestellt werden.

*Wo stehen wir?*

Bevor man mit der Modernisierung eines Netzwerks beginnt, muss man wissen, welche Schwachstellen beseitigt werden sollen. Die erste Phase beim Design eines neuen Netzwerks bzw. beim Redesign eines bestehenden Netzwerks ist die vollständige Erfassung von Zielvorstellungen bzw. von Schwachstellen. Dies bedeutet de facto eine Analyse der Ist-Situation. Daher wird diese Phase als *Ist-Analyse* bezeichnet und sie gibt die Antwort auf die Frage: *Wo stehen wir?* Die Ist-Analyse stellt somit die erste Phase bei der Planung eines Netzwerks dar. Abbildung 1.3-2 illustriert dies.

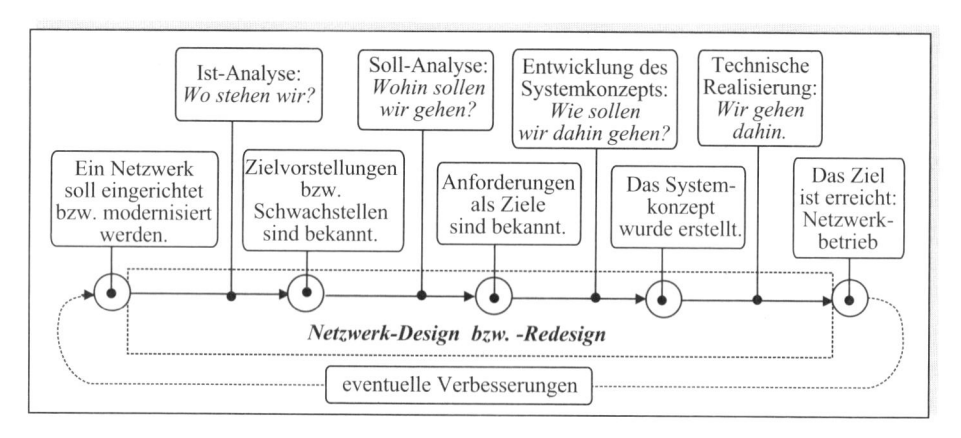

**Abb. 1.3-2:** Wesentliche Phasen bei der Planung eines Netzwerks

*Wohin sollen wir gehen?*

Nach der Erfassung von Zielvorstellungen und Schwachstellen während der Ist-Analyse sollen im nächsten Schritt die Anforderungen an das Konzept des Netzwerks präzise formuliert werden. Da diese Anforderungen den Soll-Zustand des Netzwerks beschreiben, spricht man hierbei von *Soll-Analyse*. Sie stellt die zweite Phase des Netzwerkprojekts dar und gibt die Antwort auf die Frage: *Wohin sollen wir gehen?*

*Wie sollen wir dahin gehen?*

Sind die Anforderungen an das Netzwerkkonzept – als ein *Anforderungskatalog* – bereits bekannt, kann man mit der Entwicklung des Netzwerkkonzepts beginnen. Ein Netzwerk ist in der Regel ein so komplexes Gebilde, dass es sinnvoll ist, das ganze Systemkonzept auf mehrere Teilkonzepte als *Teilprojekte* aufzuteilen. Darauf wird in

Abschnitt 1.4 näher eingegangen. Mit der Entwicklung des Netzwerkkonzepts wird die Frage beantwortet: *Wie sollen wir dahin gehen?*

Wurde das Netzwerkkonzept erstellt, kann man mit der technischen Realisierung des Netzwerks beginnen. Diese Projektphase setzt sich wiederum aus mehreren Schritten zusammen – vgl. Abb. 1.3-3. Die technische Realisierung des Netzwerks bedeutet daher: *Wir gehen dahin*. Wurde das Ziel reibungslos erreicht, d.h., das Netzwerk ist im Betrieb und erfüllt seine Funktionen einwandfrei, wurde damit das Netzwerkprojekt abgeschlossen.

*Wir gehen dahin.*

### 1.3.3 Schritte der Planung und Realisierung von Netzwerken

In den bisherigen Überlegungen (s. Abb. 1.3-2) wurde von den wesentlichen Phasen bei der Planung eines Netzwerks gesprochen. Stillschweigend wurde hierbei aber angenommen, dass es sich um ein großes Netzwerk handelt. Die Größe eines Netzwerks und damit die Größe des Netzwerkprojekts bestimmt die Art und Weise der Planung.

Wenn ein kleines Netzwerkprojekt von z.B. fünf oder noch weniger Teammitgliedern betreut wird und eine Laufzeit beispielsweise von maximal 3 Monaten hat, so kann es als kleines Netzwerkprojekt angesehen werden. Dann lässt sich die Planung vereinfachen. Hier reicht die sog. *4-W-Planung*. Eine solche „kleine" Planung kann zu den folgenden vier Schritten zusammengefasst werden:

4-W-Planung

1. **W**er (Ausführender) macht
2. **w**as (Aufgaben im Projekt)
3. bis **w**ann (Abgabetermin) und
4. mit **w**elchem Ergebnis (wurden die Projektziele erreicht)?

Das vierte W ist eines der wichtigsten, weil es beschreibt, welche Ergebnisse vom jeweiligen Projektziel erwartet werden können. Je genauer die Definition des geplanten Ergebnisses ist, umso besser ist auch seine Kontrollierbarkeit.

Ein weiteres und damit das fünfte W wäre noch: **W**ozu? Damit wird einerseits festgelegt, wozu das Ergebnis einer Aufgabe im Netzwerkprojekt gebraucht wird. Andererseits wird damit auch beantwortet, welche Ziele damit erreicht wurden und ob alle Gründe für das Netzwerkprojekt im Endeffekt erfüllt sind. Das fünfte W ist besonders wichtig, wenn ein Projekt in mehrere Teilschritte zerlegt werden soll und damit festgelegt werden muss, für welche späteren Teilschritte die Ergebnisse von einzelnen bereits erledigten Aufgaben benötigt werden.

Im Weiteren wird davon ausgegangen, dass ein Netzwerkprojekt eine größere Dimension hat, sodass eine 4-W-Planung ungeeignet ist. Abschließend ist aber hervorzuheben, dass die 4-W-Planung als Sonderfall einer strukturierten Vorgehensweise bei großen Netzwerkprojekten betrachtet werden kann.

## 1 Netzwerkprojekte: Ziele, Risiken, Vorgehensweise, Koordination

**Vorgehensweise**

Um Netzwerke ab einer bestimmten Größe zu planen und einzurichten, ist eine klar strukturierte Vorgehensweise unabdingbar. Diese wollen wir uns näher ansehen. Einen Überblick darüber zeigt Abbildung 1.3-3.

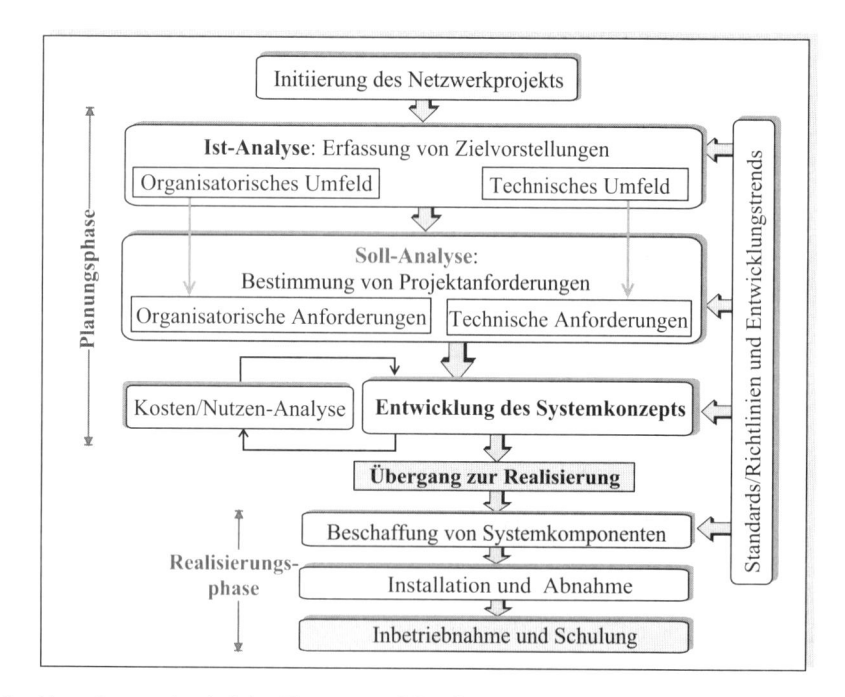

**Abb. 1.3-3:** Vorgehensweise bei der Planung und Realisierung eines Netzwerks

**Initiierung des Projekts**

Bevor man mit der Ist-Analyse beginnt, um die Zielvorstellungen für das vorgesehene Netzwerkprojekt zu erfassen, müssen bestimmte „Vorbereitungsarbeiten" erledigt werden. Diese Phase wird oft als *Initiierung des Projekts*, in unserem Fall als *Initiierung des Netzwerkprojekts* bezeichnet. In dieser Phase müssen die Aufgaben erledigt werden, um das Projekt starten zu können. Dazu zählen:

- *Festlegung des Projektteams und Benennung des Teamleiters*: Wer ist an der Netzwerkplanung beteiligt und wer soll die Aktivitäten der einzelnen Teammitglieder koordinieren?

- *Allgemeine Festlegung der Projektziele*: Welche Megaziele sollen beim Projekt verfolgt werden und wie werden die Projektziele überwacht?

- *Festlegung der Art und Weise der Teamarbeit*: Wie wird die Projektarbeit gesteuert und wie soll die Teamarbeit funktionieren?

- *Festlegung der Rahmenbedingungen*: Wann und wie startet das Projekt? Welche Termine müssen eingehalten werden? Welche finanziellen und personellen Ressourcen stehen zur Verfügung?

- *Pflichtenheft für die Planungsphase*: Eine Zuordnung von Aufgaben zu den einzelnen Mitgliedern des Projektteams für die Planungsphase mit den Angabe der Termine und der Festlegung ihrer Verantwortlichkeiten.

Um die Basis für die Planung und das Einrichten eines neuen Netzwerks zu schaffen, ist es zunächst erforderlich, die aktuelle Situation hinsichtlich der Sprach- und Datenkommunikation im Unternehmen präzise zu analysieren. Diese Projektphase wird üblicherweise *Ist-Analyse* genannt. Das Einrichten eines neuen Netzwerks bzw. das Redesign des alten Netzwerks sollte die aktuelle IT-Infrastruktur im Unternehmen verbessern und so zur Steigerung der Effizienz der Geschäftsprozesse und der anderen wichtigen organisatorischen Abläufe führen. Deswegen bezieht sich die Ist-Analyse sowohl auf das organisatorische als auch auf das technische Umfeld im Unternehmen. Während der Ist-Analyse werden die technisch und/oder organisatorisch realisierbaren Zielvorstellungen, die durch das Einrichten des Netzwerks erreicht werden können, präzise erfasst. Auf die Ist-Analyse geht Kapitel 2 detailliert ein.

<small>Ist-Analyse</small>

Nach der Ist-Analyse erfolgt die Soll-Analyse. Während der Soll-Analyse werden die einzelnen Zielvorstellungen unter der Berücksichtigung von verfügbaren Ressourcen bzw. von anderen Rahmenbedingen (z.B. Compliance-Relevanz, Datenschutz) analysiert, um festzulegen, wie weit die einzelnen Zielvorstellungen verfolgt werden sollen. Also handelt es sich um „politische" bzw. „strategische" Entscheidungen. Als Ergebnis der Soll-Analyse entsteht ein Katalog von Systemanforderungen, die an das einzurichtende Netzwerk als System gestellt werden sollen. Es handelt sich hierbei – ebenso wie bei der Ist-Analyse – sowohl um organisatorische als auch um technische Anforderungen. Der Soll-Analyse widmet sich Kapitel 3.

<small>Soll-Analyse</small>

Das Ergebnis der Soll-Analyse – d.h. ein *Katalog von Systemanforderungen* – dient als Basis für die *Erstellung des Systemkonzepts*. Nach der Soll-Analyse erfolgt daher die Entwicklung des Systemkonzepts. Das Netzwerk eines Unternehmens ist in der Regel ein sehr komplexes Gebilde, sodass sich dessen Systemkonzept aus mehreren Komponenten, die als *Teilkonzepte* angesehen werden können, zusammensetzt. Die wesentlichen Grundlagen zur Entwicklung des Systemkonzepts werden in Kapitel 4 dargestellt. Da die Netzwerksicherheit eine wichtige Rolle spielt, beschäftigt sich das ganze Kapitel 6 mit der Entwicklung des Konzepts für die Netzwerksicherheit.

<small>Entwicklung des Systemkonzepts</small>

Eine zwingende Aufgabe beim Aufbau jeder Netzwerkinfrastruktur ist ihre Dokumentation. Die Arbeiten an der Dokumentation sollten bereits in der Planungsphase beginnen und im Rahmen der Netzwerkinstallation und -inbetriebnahme fortgesetzt und beendet werden. Insbesondere sind die Verkabelung und sämtliche zu installierende Hardware- und Software-Komponenten im Rahmen der Netzwerkdokumentation entsprechend zu beschreiben. Da ein unternehmensweites Netzwerk ein sehr komplexes Gebilde ist, sollte die Netzwerkdokumentation in einer strukturierten und rechnergestützten Form erstellt werden. Die grundlegenden Konzepte für die Netzwerkdokumentation werden in Kapitel 5 dargestellt.

<small>Netzwerkdokumentation</small>

| | |
|---|---|
| Kosten/Nutzen-Analyse | Da finanzielle Möglichkeiten in der Praxis immer limitiert sind, ist eine kontinuierliche Kosten/Nutzen-Analyse während der Entstehung des Systemkonzepts notwendig. Diese Analyse führt in der Regel zu einem iterativen Prozess der Verbesserung des Systemkonzepts. Eine Kosten/Nutzen-Analyse mit dem Vergleich monetärer Ergebnisse ist zwar oft ein wichtiger Faktor bei der Auswahl der richtigen Systemlösung, aber auch die nicht monetär bewertbaren Nutzungspotentiale sind manchmal von entscheidender Bedeutung. Auf die Aspekte der Kosten/Nutzen-Analyse geht Kapitel 7 ein. |
| Netzwerk-realisierung | Wurde das Konzept des Netzwerks erstellt, wird damit die Planungsphase beendet. Nun muss ein Übergang zur nächsten Phase – also zur Realisierung des Netzwerks – erfolgen. An dieser Stelle erfolgt die *Initiierung der Netzwerkrealisierung* und ein Pflichtenheft für die Realisierungsphase muss erstellt werden. In diesem Pflichtenheft wird u.a. dokumentiert, wie die Aufgaben bei der technischen Realisierung des Netzwerks verteilt werden. Das Pflichtenheft ist ein Dokument, in dem die Aufgaben, die bei der Realisierung des erstellten Systemkonzepts erledigt werden müssen, in der Reihenfolge ihrer Erledigung/Bedeutung und mit der Angabe der zuständigen Person(en) vollständig aufgelistet sind. Auf Aufgaben und die Vorgehensweise bei der Netzwerkrealisierung und damit die Inhalte eines Pflichtenheftes geht Abschnitt 8.4 näher ein. |
| Standards und Richtlinien | Ein wesentlicher Gesichtspunkt bei der Planung und Durchführung eines komplexen Netzwerkprojekts ist die Berücksichtigung von geltenden Standards und Richtlinien sowie Entwicklungstrends, die insbesondere die Systemanforderungen, das Systemkonzept und die zu beschaffenden Systemkomponenten beeinflussen. Aus diesem Grund werden die Trends und aktuellen Technologien in Kapitel 9 kurz zusammengefasst. Hierbei werden auch damit verbundene Standards und Richtlinien in einer komprimierten Form kurz dargestellt. |

### 1.3.4 Realisierungsphase eines Netzwerks

| | |
|---|---|
| Realisierungsphase | Wie bereits in Abbildung 1.3-3 gezeigt wurde, setzt sich die Realisierungsphase eines Netzwerks aus folgenden „Etappen" zusammen: |

- *Beschaffung von Systemkomponenten*
- *Installation und Abnahme* von diesen Systemkomponenten
- *Inbetriebnahme und Schulung* von Mitarbeitern

Wie in Abschnitt 1.4.2 noch detaillierter dargestellt wird, müssen bestimmte Vorgaben für die Realisierung des Netzwerks bereits während der Entwicklung des Systemkonzepts präzise erfasst werden. Abbildung 1.3-4 soll dies näher veranschaulichen.

| | |
|---|---|
| Vorgaben für: | Während der Erstellung des Systemkonzepts sollen im Allgemeinen folgende Vorgaben präzise spezifiziert werden: |
| Beschaffung | *1. Vorgaben für die Beschaffung*<br>Hier handelt es sich um eine Auflistung von Anforderungen an die zu beschaffen- |

den Systemkomponenten sowie eine Erfassung von wichtigen Besonderheiten, auf die man insbesondere bei der Beschaffung achten muss.

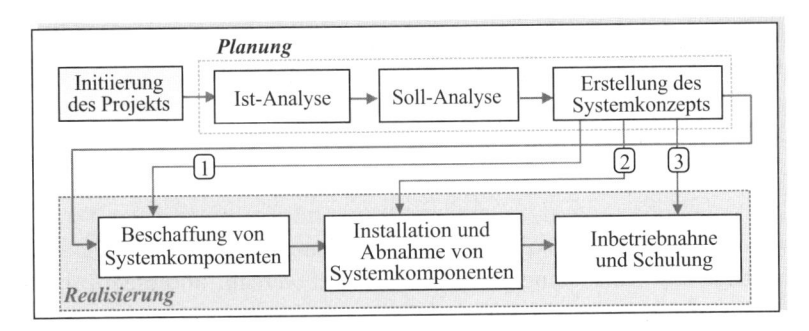

**Abb. 1.3-4:** Bestimmung der Realisierung eines Netzwerks durch verschiedene Vorgaben

2. *Vorgaben für die Installation und Abnahme*
   Während der Erstellung des Systemkonzepts müssen die Angaben bzw. die vorab festgelegten Werte wichtiger Konfigurationsparameter von zu installierenden Systemkomponenten entsprechend spezifiziert werden. Eine derartige Spezifikation der Werte von Installationsparametern stellt eine Liste von *Konfigurationsvorgaben* dar. Insbesondere verschiedene Adressierungspläne – hierzu zählen: IP-Adressierungs- und Telefonrufnummernpläne – müssen berücksichtigt werden.  Installation

   Zu Beginn des Projekts sollten die *Abnahmekriterien* definiert werden. Die Liste von Kriterien, die bei der Abnahme des Netzwerks erfüllt werden müssen, ist wichtig, da mit ihr die Erwartungshaltung der Auftraggeber des Projekts fixiert wird. Während der Erstellung der Liste von Abnahmekriterien können Wünsche und Forderungen bestimmt und vor allem Unklarheiten beseitigt werden.  Abnahme

3. *Vorgaben für die Inbetriebnahme und Schulung*
   Beim Netzwerkbetrieb können gewisse unvorhergesehene Ereignisse – z. B. Ausfall von Komponenten, Stromausfall oder gar ein Brand – vorkommen, die sich schnell zu Notfällen entwickeln können. Um die hohen Risiken in derartigen Situationen möglichst zu vermeiden, müssen bestimmte Maßnahmen, die einen sog. *Notfallplan* darstellen, in der Planungsphase vorgesehen werden. Die Vorgaben für den Notfallplan sollen bereits bei der Erstellung des Systemkonzepts spezifiziert werden.  Notfallplan

   Um die Dienste des neuen Netzwerks effektiv nutzen zu können, müssen die Mitarbeiter eventuell geschult werden. Auf welche technischen und organisatorischen Besonderheiten bzw. Einzelheiten hierbei zu achten ist, sollte man bereits während der Erstellung des Systemkonzepts in der Form von Vorgaben für die Schulung hervorheben – hierzu gehören u.a. Angaben zu: dem übergeordneten Zweck des Netzwerks, dessen Dokumentation sowie über die technischen Zusammenhänge und die wesentlichen Notfallkonzepte.  Schulung

| | |
|---|---|
| Beschaffung von Systemkomponenten | Nach der Erstellung des Konzepts des Netzwerks und des Pflichtenhefts für die Realisierungsphase erfolgt die Beschaffung von Systemkomponenten. Hierfür ist eine Auflistung aller notwendigen Systemkomponenten mit deren Anzahl und den eventuellen Bemerkungen bzw. den konkreten Anforderungen nötig. Die Vorgaben für die Beschaffung müssen berücksichtigt werden. Die Beschreibung der einzelnen Komponenten sollte so ausführlich sein, dass kein Zweifel über die geplante Funktionsfähigkeit bleibt. Wurden die notwendigen Systemkomponenten spezifiziert, kann deren Beschaffung erfolgen. Außer der Liste der notwendigen Systemkomponenten müssen weitere Details für die Anbieter präzisiert werden. Dieser Thematik widmet sich Abschnitt 8.3. |
| Installation und Abnahme | Nach der Beschaffung von Systemkomponenten erfolgt deren Installation und Abnahme. Hierbei sind alle Vorgaben für Installation, Test und Abnahme zu berücksichtigen. Nachdem die Systemkomponenten installiert, konfiguriert und alle Sicherheitsdienste eingerichtet wurden, erfolgt in einem ausgiebigen Test die Überprüfung der Funktionsweisen und somit die Vorbereitung der Abnahme. Die wichtigsten Aspekte dieses Themenkomplexes werden näher in Abschnitt 8.5 behandelt. |
| Inbetriebnahme und Schulung | Die Migration zu einem neuen Netzwerk endet mit dessen Inbetriebnahme und oft auch mit einer Schulung von Mitarbeitern, sodass diese in die Lage versetzt werden, das ganze System effektiv zu nutzen. Während der Installation von Netzwerksystemkomponenten soll die Netzwerkdokumentation entsprechend den gestellten Anforderungen vervollständigt werden, um damit die ständig geforderte Verfügbarkeit des Netzwerkbetriebs garantieren zu können. Auf die Probleme bei der Inbetriebnahme eines Netzwerks geht Abschnitt 8.5 detailliert ein. |

### 1.3.5 Netzwerkbetrieb und eventuelle Verbesserungen

| | |
|---|---|
| Überwachung des Netzwerkbetriebs | Um den Netzwerkbetrieb auf dem erforderlichen Niveau zu halten, ist dessen kontinuierliche Überwachung notwendig. Hierbei müssen alle verdächtigen Anomalien aufmerksam registriert werden, die auf eventuelle Verluste der Netzwerkfunktion und/oder -wirksamkeit hindeuten. Beispielsweise müssen einige Vorgaben bereits bei der Erstellung des Systemkonzepts erarbeitet werden, die festlegen, wie die Wirksamkeit des Netzwerks überhaupt überwacht und eventuell verbessert werden soll. Abbildung 1.3-5 zeigt, welche Funktionen man für die Überwachung des Netzwerkbetriebs einführen sollte und welche Vorgaben bei der Erstellung des Systemkonzepts zur Unterstützung des Netzwerkbetriebs und für eventuelle Verbesserungen gemacht werden müssen. |
| Vorgaben für: | Wie in Abbildung 1.3-5 ersichtlich ist, sind die Funktionen *Protokollierung*, *Monitoring* und *Auditing* einzuplanen, damit die Netzwerkadministration den Netzwerkbetrieb kontinuierlich überwachen kann. Insbesondere sollte das Netzwerk in Bezug auf seine Wirksamkeit ständig so überwacht werden, dass eventuell sinnvolle Verbesserungen eingeführt werden können. Um dies zu erreichen, sollten die Vorgaben für Protokollierung, Monitoring und Auditing bereits bei der Erstellung des Systemkonzepts für das ganze Netzwerk definiert werden. Hierbei ist Folgendes hervorzuheben: |

1. *Protokollierung* – Speicherung relevanter Ereignisse
   Die Protokollierung dient hauptsächlich der Erfassung relevanter Ereignisse, die eine Aussage über die Erfüllung von Netzwerkfunktionen ermöglichen sollen. Diese Ereignisse sollen in einer Datenbank aufbewahrt werden. Verschiedene Netzwerkmanagementsysteme erfassen aktiv und passiv Ereignisse, schreiben diese in geeignete Datenbanken und ermöglichen die Zusammenfassung der Informationen über relevante Ereignisse in der Form von Reports.

   Einige Ereignisse, die mit dem Thema *Sicherheit* zusammenhängen und zur Überprüfung der Einhaltung der Grundsätze der Ordnungsmäßigkeit dienen können, müssen sogar – entsprechend ihrer großen Bedeutung bei einem eventuellen Strafverfahren – möglichst ausführlich protokolliert werden – s. Abschnitt 6.2.5.

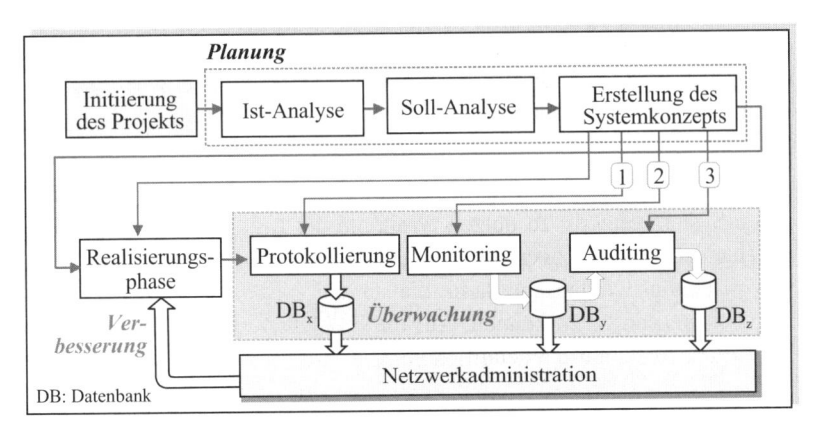

**Abb. 1.3-5:** Vorgaben für die Unterstützung des Netzwerkbetriebs und eventuell notwendige Verbesserungen

2. *Monitoring* – Anzeige relevanter Ereignisse
   Im Rahmen des Monitoring wird unter anderem auf die bei der Protokollierung gespeicherten Informationen zurückgegriffen. Diese Ereignisse werden durch die Netzwerkadministration bewertet und bilden damit die Grundlage für eventuelle Verbesserungen des Netzwerkbetriebs. Einige Ereignisse können auch für das Auditing relevant werden. Das Monitoring ist insbesondere für die Überwachung der Netzwerksicherheit von großer Bedeutung (s. Abschnitt 6.2.5).

3. *Auditing* – Abnahme des Netzwerkbetriebs
   Unter Auditing wird eine Überprüfung verstanden, um festgelegte Toleranzgrenzen in bestimmten Zeitabständen zu kontrollieren. Hierzu werden die Qualitätsparameter, die im Rahmen der Konzeption bestimmt werden, verwendet. Mithilfe eines Audits wird daher regelmäßig quasi eine „Abnahme des Netzwerkbetriebs" durchgeführt. Gute Werkzeuge für Netzwerkmanagement führen eine permanente Überprüfung des Netzwerks auf Veränderungen durch und unterstützen auf diese Art und Weise das Auditing. Die hier gewonnenen Informationen sollen ermöglichen, eventuell notwendige Verbesserungen im Netzwerk zu erkennen. Mithilfe eines *Se-*

*curity Auditing* wird z.B. eine Bestandsaufnahme der Netzwerksicherheit gemacht – s. Abschnitt 6.2.5.

### 1.3.6 Schweizer-Käse-Modell bei der Netzwerkplanung

**Zielvorstellung bzw. Schwachstelle als Loch**

Die Zielvorstellungen beim Netzwerk-Design bzw. auch die Beseitigung von Schwachstellen beim Netzwerk-Redesign können als Bedarf angesehen werden, der durch die Netzwerkdienste abgedeckt werden muss. Wie später genauer erläutert wird (vgl. Abb. 2.2-2), ist mit einer Schwachstelle im Netzwerk ein Problem oder Nachteil – oft auch ein Risiko – verbunden. Daher könnte man einen bestimmten Bedarf im Netzwerk als Anforderungslücke bzw. als Loch anschaulich darstellen. Eine Anforderung, einen bestimmten Bedarf vollkommen abzudecken, könnte man sich in diesem Fall wie das Abdecken dieses Loches vorstellen. Da ein Netzwerk in der Regel nicht nur eine einzige Schwachstelle, sondern mehrere „Löcher", hat, kann man es anschaulich mit einem Schweizer Käse vergleichen – der nebenbei auch noch gut schmeckt und allgemein bekannt ist. Aus diesem Grund könnte man beim Netzwerk-Design bzw. beim Netzwerk-Redesign auf ein *Schweizer-Käse-Modell*[8] (*Swiss Cheese Model*) zurückgreifen.

### Modell des Netzwerk-Designs

Abbildung 1.3-6 soll das Schweizer-Käse-Modell beim Netzwerk-Design näher veranschaulichen. Hier repräsentiert ein Loch im Käse eine Zielvorstellung bzw. Schwachstelle, die ausgefüllt werden soll.

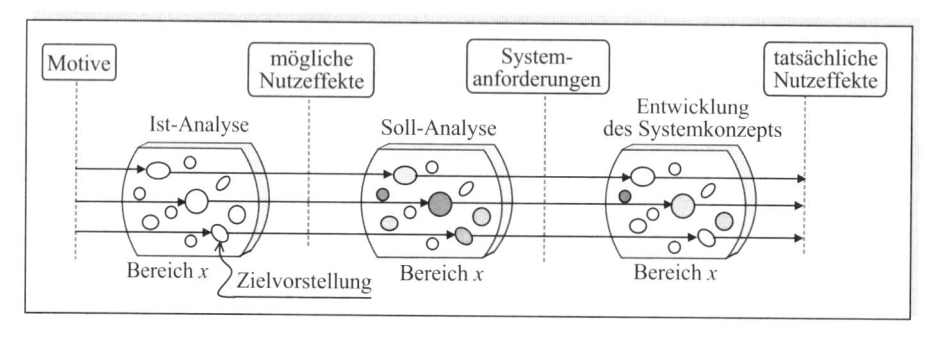

**Abb. 1.3-6:** Schweizer-Käse-Modell vom Netzwerk-Design – Netzwerkbereich

**Netzwerkbereich als Stückchen Käse**

Wie in Abschnitt 1.4 gezeigt sein wird, kann das ganze Systemkonzept eines Netzwerks in mehrere Teilsystemkonzepte aufgeteilt werden. Ein Teilsystemkonzept betrifft nur einen Netzwerkbereich (wie etwa physikalische Netzwerkstruktur, Sprachkommu-

---

[8] Dieses Modell – auch als *Swiss Cheese Model* bezeichnet – wurde von Jim Reason in 1990 für die Unterstützung des Risikomanagements in der Gesundheits- und Krankenpflege eingeführt. Das hier gezeigte Modell ist aber vollkommen anders und hat eine andere Bedeutung – siehe z.B. `http://www.skybrary.aero/index.php/James_Reason_HF_Model`

nikation etc.). Um die Zielvorstellungen, die zu verwirklichen sind, oder die Schwachstellen, die beseitigt werden sollen, anschaulich darzustellen, kann jeder Netzwerkbereich als Teilstück eines Schweizer Käses dargestellt werden.

> **Beispiel:** Die typischen Bereiche (s. Abb. 1.4-1) bei der Planung eines Netzwerks sind: *Verkabelung, Netzwerkstrukturierung, Sprachkommunikation, Bereitstellung der Internetdienste, Systemmanagement, Datensicherung und Netzwerksicherheit*. Für jeden dieser Bereiche muss ein Konzept entwickelt werden. Dies kann als *Teilsystemkonzept* angesehen werden.

Beim Netzwerk-Design repräsentiert ein Loch im Käse eine Zielvorstellung, die auf eine bestimmte Art und Weise verwirklicht werden muss. Hinter jeder Zielvorstellung stecken wiederum bestimmte Motive. Mit der Verwirklichung jeder Zielvorstellung erwartet man auch gewisse Nutzeffekte. Man kann dies auch in umgekehrter Richtung betrachten. Um bestimmte Nutzeffekte zu erreichen, ist eine Zielvorstellung bei der Netzwerkplanung nötig. Die Motivation, gewisse Nutzeffekte zu erzielen, führt daher zur Entstehung einer Zielvorstellung. Diese Zusammenhänge soll das in Abbildung 1.3-6 dargestellte Schweizer-Käse-Modell vom Netzwerk-Design verdeutlichen. Die Analyse und Erfassung von Zielvorstellungen beim Netzwerk-Design wird während der Ist-Analyse durchgeführt – s. Kapitel 2.

*Ist-Analyse*

Nach der Ist-Analyse folgt die Soll-Analyse. Während der Soll-Analyse werden die Anforderungen an das Systemkonzept (kurz *Systemanforderungen*) präzise spezifiziert. Jede Anforderung beim Netzwerk-Design bezieht sich nur auf eine Zielvorstellung und spezifiziert, wie weit die betreffende Zielvorstellung verwirklicht werden soll. Nach dem Schweizer-Käse-Modell würde eine Systemanforderung besagen, wie weit ein Loch im Käse gefüllt werden soll. In Abbildung 1.3-6 ist ein vollkommen gefülltes Loch schwarz und ein nur teilweise gefülltes Loch grau dargestellt. Anschaulich betrachtet, führt die Soll-Analyse eines Netzwerkbereichs zur Aussage, wie weit die einzelnen Löcher im Teilstück des Käses gefüllt – also zugedeckt – werden sollen.

*Soll-Analyse*

Nach der Soll-Analyse, während der die Anforderungen an das zu entwickelnde Systemkonzept – die sog. *Systemanforderungen* – spezifiziert wurden, folgt die Entwicklung des Systemkonzepts. Das System soll die gestellten Anforderungen erfüllen. So lässt sich der Wunsch nach der Soll-Analyse kurz zusammenfassen. Die tatsächlichen Nutzeffekte können aber von den erwarteten, also geplanten Nutzeffekten abweichen. Betrachtet man nur einen Netzwerkbereich, würde dies nach dem Schweizer-Käse-Modell bedeuten, dass einige Löcher im Teilstück vom Käse nicht so weit gefüllt werden, wie dies in der Soll-Analyse gefordert wurde; die Graustufen in der Abbildung 1.3-6 sollen dies symbolisieren.

*Entwicklung des Systemkonzepts*

## Modell des Netzwerk-Redesigns

Abbildung 1.3-7 illustriert den Einsatz des Schweizer-Käse-Modells, um die Planungsphasen beim Netzwerk-Redesign anschaulich darzustellen. Ein Netzwerkbereich wird hier als Teilstück des Käses dargestellt. In diesem Fall repräsentiert ein Loch im Teilstück des Käses eine Schwachstelle in einem bestehenden Netzwerkbereich, die beseitigt werden soll, oder eine neue Zielvorstellung, die realisiert werden muss.

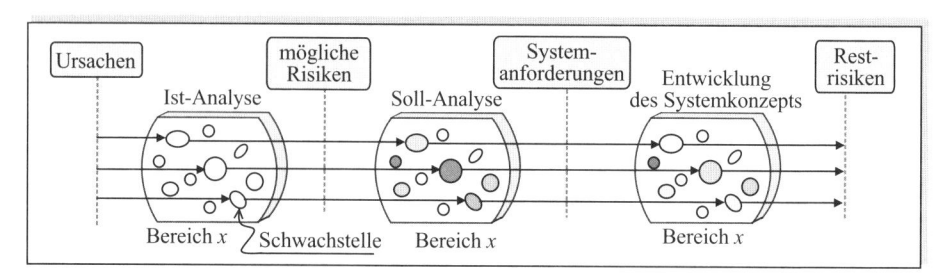

**Abb. 1.3-7:** Schweizer-Käse-Modell vom Netzwerk-Redesign

Ist-Analyse
Jede Schwachstelle im Netzwerk hat einerseits individuelle Ursachen. Andererseits kann sie zu negativen Folgen bzw. hierbei entstehenden Risiken führen. Analyse und Erfassung von Schwachstellen beim Netzwerk-Redesign werden während der Ist-Analyse durchgeführt.

Soll-Analyse
Während der Soll-Analyse werden beim Netzwerk-Redesign - wie beim Netzwerk-Design – die Anforderungen an das Systemkonzept präzise spezifiziert. Eine Systemanforderung beim Netzwerk-Redesign kann entweder eine Schwachstelle im Netzwerk oder eine neue Zielvorstellung betreffen. Sie spezifiziert, wie weit die Schwachstelle beseitigt oder die Zielvorstellung verwirklicht werden soll. Das Schweizer-Käse-Modell wird auch hier wie beim Netzwerk-Design angewendet.

Entwicklung des Systemkonzepts
Nach der Soll-Analyse folgt beim Netzwerk-Redesign analog zum Netzwerk-Design die Entwicklung des Systemkonzepts. Das System soll die gestellten Anforderungen erfüllen. Da das nicht immer gelingt, sind die erwarteten Nutzeffekte nicht durchgängig erreichbar und folglich bleiben eventuell gewisse Restrisiken von Schwachstellen übrig.

## 1.3.7 Netzwerkprojekte und Wasserfallmodell

Die in Abbildung 1.3-3 dargestellte allgemeine Vorgehensweise bei der Planung und Realisierung eines Netzwerks setzt voraus, dass der Übergang zur nächsten Projektphase dann erfolgt, wenn die vorherige Projektphase bereits vollständig und einwandfrei abgeschlossen wurde. Bei dieser Vorgehensweise – insbesondere beim Übergang von einer Projektphase zur nächsten – wird stillschweigend angenommen, dass in der nächsten Projektphase nichts Unvorhersehbares geschieht und sie abgeschlossen werden kann.

Rückschritt zur vorherigen Projektphase
In der Realität ist das aber häufig anders. So können wichtige Erkenntnisse erst im Laufe des Projekts gewonnen werden. Es kann sich beispielsweise erst während der Soll-Analyse ergeben, dass einige Angaben aus der Ist-Analyse nicht vollständig sind, weshalb die Ist-Analyse eventuell noch einmal präzisiert werden muss. Bei der Entwick-

lung des Systemkonzepts kann es sich zeigen, dass einige Systemanforderungen nicht erfüllbar oder nicht präzise genug spezifiziert sind und entsprechend geändert werden müssen.

Diese Beispiele verdeutlichen, dass man bei Netzwerkprojekten manchmal auch kurz zur vorherigen Projektphase zurückkehren muss, um in den während dieser Projektphase verfassten Vorgaben einige Veränderungen vorzunehmen. Dieser Fall wird in der in Abbildung 1.3-8 gezeigten Aufeinanderfolge von Projektphasen in der Form eines sog. *Wasserfallmodells* berücksichtigt.

Warum Wasserfallmodell?

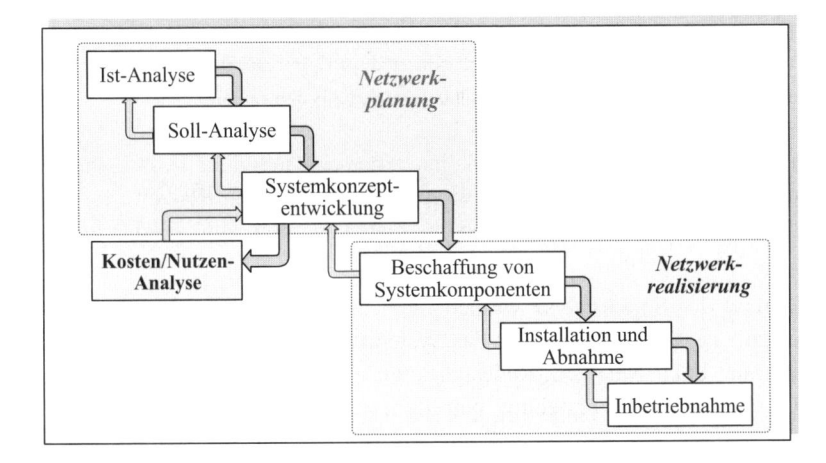

**Abb. 1.3-8:** Ablauf eines Netzwerkprojekts in der Form eines Wasserfallmodells

Es ist hervorzuheben, dass das Wasserfallmodell[9] – als Kaskade von angeordneten Projektphasen – oft verwendet wird, um die Aufeinanderfolge von Phasen bei der Softwareentwicklung darzustellen. Den Namen „*Wasserfall*" verwendet man, um bildlich auszudrücken, dass die Ergebnisse aus der vorherigen Projektphase – wie bei einem Wasserfall – immer als bindende Vorgaben für die nächste, tiefere Projektphase gelten. Im Wasserfallmodell kann auch einfach sichtbar gemacht werden, dass ein Rückschritt zur vorherigen Projektphase – *nur sofern erforderlich* – gegebenenfalls vorgenommen werden kann.

## 1.4 Koordination des Netzwerkprojekts

Das Netzwerk in einem großen Unternehmen stellt eine komplexe Infrastruktur dar. Das Design bzw. Redesign eines großen Netzwerks stellt dementsprechend ein großes Netzwerkprojekt dar. Bei der Entwicklung des Systemkonzepts in einem großen Netzwerkprojekt ist es daher sinnvoll, das ganze Systemkonzept auf mehrere *funktionelle*

Dekomposition des Systemkonzepts

---

[9] Siehe z.B. http://de.wikipedia.org/wiki/Wasserfallmodell

*Netzwerkbereiche* und damit auf *Teilsystemkonzepte* aufzuteilen. Man kann hierbei auch von der *Dekomposition des Systemkonzepts* sprechen.

**Koordinationsaspekte**
Ein großes Netzwerkprojekt wird in der Regel von einem Team betreut, das sich aus mehreren Netzwerkspezialisten zusammensetzt. Daher muss einerseits genau geklärt werden, welche Aufgaben jeder Projektbeteiligte zu erledigen hat und dies muss andererseits allen anderen Projektbeteiligten in einer verständlichen und nachvollziehbaren Form bekannt gemacht werden. Eine klare Zuteilung von Aufgaben ist eine von mehreren Voraussetzungen für eine funktionierende Teamarbeit. Zudem müssen die Projektbeteiligten so zusammenarbeiten, dass alle Aufgaben erledigt werden und keine davon unnötig „doppelt" realisiert wird. Dies bedeutet, dass ein großes Netzwerkprojekt auf eine gut durchdachte Art und Weise koordiniert werden muss. Dieser Abschnitt liefert hierfür einige Ideen.

### 1.4.1 Dekomposition des Systemkonzepts

**Warum Dekomposition?**
Wie bereits erwähnt wurde, ist es sinnvoll, das ganze Systemkonzept in einem großen Netzwerkprojekt in mehrere Teilsystemkonzepte aufzuteilen. Dies bringt Struktur in das gesamte Projekt. Es ist offensichtlich, dass einige Teilsystemkonzepte stark voneinander abhängig sind. Werden die einzelnen Teilsystemkonzepte durch verschiedene Netzwerkspezialisten realisiert, muss dafür gesorgt werden, dass am Ende alle Teilsystemkonzepte zueinander passen und ein fehlerfrei funktionierendes Netzwerk entsteht. Um diese anspruchsvolle Herausforderung zu erfüllen, muss das ganze Systemkonzept nach bestimmten Prinzipien in mehrere Teilbereiche zerlegt – also *dekomponiert* – werden. Um die Prinzipien der Dekomposition des Systemkonzepts anschaulich darzustellen, wird hier das *Puzzleprinzip* angewendet. Durch das Verständnis des Projekts als Puzzle lassen sich einige Probleme bei der Koordination von großen Netzwerkprojekten näher zum Ausdruck bringen – und schließlich auch vermeiden.

**Warum Puzzleprinzip?**
Ein Teilsystemkonzept entspricht in der Regel einem Netzwerkbereich, mit dem ein „großes" Ziel erreicht werden soll, beispielsweise die „Bereitstellung der Internetdienste". Daher könnte man das Konzept für die Bereitstellung der Internetdienste als ein Teilsystemkonzept betrachten. Die einzelnen Teilsystemkonzepte in einem Netzwerkprojekt sollte man aber so spezifizieren, dass sie möglichst parallel entwickelt werden können. Dies kann jedoch das nicht zu unterschätzende Risiko mit sich bringen, dass die einzelnen Teilsystemkonzepte nicht richtig zueinander passen und als Folge dessen das ganze Netzwerk nicht richtig funktionieren kann. Daher ist es notwendig, ein Prinzip festzulegen, mit dem man garantieren kann, dass die einzelnen Teilsystemkonzepte zueinander passen, sodass das ganze Netzwerk richtig funktioniert. Dieser Gedanke führt zu dem in Abbildung 1.4-1 dargestellten *Puzzleprinzip*.

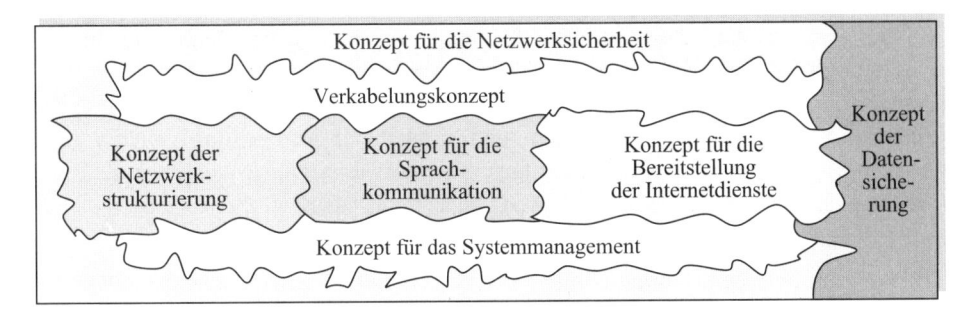

**Abb. 1.4-1:** Dekomposition des Systemkonzepts bei einem großen Netzwerkprojekt

Mit dem Puzzleprinzip soll hervorgehoben werden, dass die Schnittstellen zwischen den einzelnen Teilsystemkonzepten präzise spezifiziert werden müssen. Die Schnittstellen zwischen Teilsystemkonzepten können dadurch beschrieben werden, dass bei der Erstellung jedes Teilsystemkonzepts die Anforderungen – als eine Art Vorgabe, an andere Teilsystemkonzepte – präzise spezifiziert werden (s. auch Abb. 1.4-2). Dies ist für die Koordination eines großen Netzwerkprojekts von großer Bedeutung und stellt die Voraussetzung für den Projekterfolg dar. Die einzelnen Teilsystemkonzepte, ausgenommen das Konzept für die Netzwerksicherheit, werden in Kapitel 4 detaillierter erläutert. Dem Konzept der Netzwerksicherheit widmet sich Kapitel 6.

*Schnittstellen zwischen Teilsystemkonzepten*

### 1.4.2 Modell eines Teilsystemkonzepts

Die einzelnen Teilsystemkonzepte müssen so genau zueinander passen, dass ein fehlerfrei funktionierendes Netzwerk entsteht. Dies ist zwar eine Wunschvorstellung, dennoch sollte man dies in der Praxis immer anstreben. Dieses Ziel kann nur dann erreicht werden, wenn sich die einzelnen Teilsystemkonzepte quasi zu einem Puzzle zusammenfügen lassen. Abbildung 1.4-2 zeigt das Modell eines Teilsystemkonzepts aus Sicht des Projektmanagements.

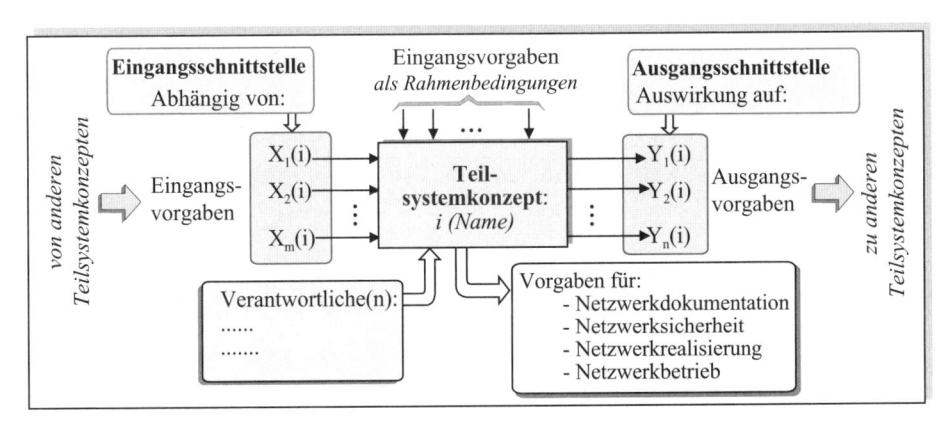

**Abb. 1.4-2:** Modell eines Teilsystemkonzepts aus Sicht des Projektmanagements

| | |
|---|---|
| Eingangs-vorgaben | Das hier gezeigte Modell soll anschaulich zum Ausdruck bringen, wie die Schnittstellen zwischen den einzelnen Teilsystemkonzepten möglichst präzise spezifiziert werden können. Ein Teilsystemkonzept wird nach bestimmten Vorgaben realisiert. Diese Vorgaben beeinflussen das Systemkonzept und werden demzufolge im Weiteren *Eingangsvorgaben* genannt. Sie können aufgeteilt werden in „Eingangsvorgaben als Rahmenbedingungen" und „Eingangsvorgaben von anderen Teilsystemkonzepten". |
| Eingangs-vorgaben als Rahmen-bedingungen | Ein Netzwerkprojekt wird in der Regel unter bestimmten *Rahmenbedingungen* – wie z.B. Kostenlimitierung, Terminvorgabe etc. – realisiert. Diese Rahmenbedingungen sind entscheidende Faktoren bei der Soll-Analyse und haben somit große Auswirkungen auf einzelne Teilsystemkonzepte quasi als „Teilprojekte". Beispielsweise muss das für das ganze Projekt verfügbare Budget auf die einzelnen „Teilprojekte" aufgeteilt werden. Daher wird jedes Teilsystemkonzept – ebenso wie das ganze Projekt – unter gewissen Vorgaben als Rahmenbedingungen erstellt. Diese Vorgaben können als Eingangsvorgaben betrachtet werden. Zu den Rahmenbedingungen gehören beispielsweise folgende Vorgaben: |

- *Leistungs- und Qualitätsvorgaben*
  Es handelt es sich hier um die Angabe der zu erbringenden Leistung und der erwarteten Qualität. Beispiel: Die sog. *Layer-2-Switches* (s. Abschnitt 9.2-1) im Benutzeranschlussbereich müssen pro Port eine Bitrate von 100 Mbit/s zur Verfügung stellen (*Leistungsvorgabe*). Es muss eine Ausfallsicherheit von 99,99 % gewährleistet werden (*Qualitätsvorgabe*).

- *Kostenvorgaben*
  Um für das Gesamtprojekt die Kosten in vorgegebenen Grenzen halten zu können, müssen natürlich pro Teilsystem die Kosten ermittelt und ein entsprechender Kostenrahmen vorgegeben werden.

- *Terminvorgaben*
  Da die einzelnen Teilsysteme voneinander abhängig sind, müssen präzise Terminvorgaben für jedes Teilsystemkonzept definiert werden.

| | |
|---|---|
| Ausgangs-vorgaben **zu** anderen Teilsystem-konzepten | Bei der Erstellung jedes Teilsystemkonzepts werden die Anforderungen an andere Teilsystemkonzepte ausführlich spezifiziert. Wie in Abbildung 1.4-2 ersichtlich ist, können diese Anforderungen als *Ausgangsvorgaben* zu den anderen Teilsystemkonzepten angesehen werden. Die Ausgangsvorgaben eines Teilsystemkonzepts bilden dessen *Ausgangsschnittstelle* – also eine strukturierte Liste von Vorgaben zu den anderen Teilsystemkonzepten. Beispielsweise spezifizieren die Ausgangsvorgaben vom Teilsystemkonzept *i* die Art und Weise, wie die anderen Teilsystemkonzepte vom Teilsystemkonzept *i* abhängig sind. |
| Eingangsvor-gaben **von** anderen Teilsystem-konzepten | Bei der Erstellung jedes Teilsystemkonzepts müssen die von anderen Teilsystemkonzepten stammenden Anforderungen als Vorgaben, die als *Eingangsvorgaben* zu betrachten sind, erfüllt werden. Dies soll Abbildung 1.4-2 auch zum Ausdruck bringen. Die Eingangsvorgaben anderer Teilsystemkonzepte stellen bei einem Teilsystemkonzept seine *Eingangsschnittstelle* dar – also eine strukturierte Liste von Vorgaben aus |

## 1.4 Koordination des Netzwerkprojekts

den anderen Teilsystemkonzepten. Die Eingangsvorgaben z.B. vom Teilsystemkonzept *i* beschreiben dessen Abhängigkeit von anderen Teilsystemkonzepten.

> **Beispiel:** Betrachtet man beispielsweise das Teilsystemkonzept „*Bereitstellung der Internetdienste*" (s. Abb. 1.4-1), so kommen hier u.a. folgende Ausgangsvorgaben in Frage:
> – an das Teilsystemkonzept „*Netzwerkstrukturierung*": Eine DMZ (*DeMilitarisierte Zone*) als IP-Subnetz soll mit zwei Firewall-Stufen eingerichtet werden – s. Abb. 6.1-5.
> – an das Teilsystemkonzept „*Netzwerksicherheit*": Im Router am Internetzugang muss eine Firewall eingerichtet werden.
>
> Die Eingangsvorgaben für die „*Bereitstellung der Internetdienste*" können sein:
> – vom Teilsystemkonzept „*Netzwerkstrukturierung*": Dem Router am Internetzugang soll die IP-Adresse `a.b.c.d` zugeteilt werden.
> – vom Teilsystemkonzept „*Sprachkommunikation*": Da IP-Telefone zu einem IP-Subnetz mit privaten IP-Adressen gehören, muss zusätzlich eine NAT (*Network Address Translation*) im Router am Internetzugang realisiert werden.

Jedes Teilsystemkonzept muss daher die von den anderen Teilsystemkonzepten stammenden Eingangsvorgaben so erfüllen, dass durch die Zusammensetzung einzelner Teilsystemkonzepte ein gut funktionierendes Netzwerk entsteht. Dies soll die in Abbildung 1.4-1 gezeigte Dekomposition anschaulich verdeutlichen.

Für die Erstellung eines Teilsystemkonzepts können in großen Projekten einige Netzwerkspezialisten verantwortlich sein. Sie müssen mit der präzise formulierten Angabe ihrer Aufgaben – wie in Abbildung 1.4-2 gezeigt – entsprechend aufgelistet werden. Dadurch kann jeder aus dem Projektteam direkt erfahren, wer wofür zuständig ist. Dies trägt zu besserer Koordination des Projektablaufs bei. *(Verantwortlichkeiten)*

Die Entwicklung des Systemkonzepts gehört normalerweise zur Planungsphase. Danach kommt die technische Realisierung des Netzwerks. Während der Erstellung eines Teilsystemkonzepts sollten relevante Vorgaben spezifiziert werden: *(Vorgaben für:)*

***Vorgaben für die Netzwerkdokumentation:*** Es handelt sich hier um eine Auflistung von Angaben: Was soll/muss unbedingt in der Netzwerkdokumentation und eventuell an welcher Stelle entsprechend dokumentiert werden? Auf die Struktur der Netzwerkdokumentation und ihre Bestandteile geht Kapitel 5 detaillierter ein – s. Abb. 5.1-2. *(Netzwerkdokumentation)*

***Vorgaben für die Netzwerksicherheit:*** Darunter werden alle Vorgaben gefasst, die unbedingt bei der Erstellung des Konzepts für die Netzwerksicherheit berücksichtigt werden müssen. *(Netzwerksicherheit)*

***Vorgaben für die Netzwerkrealisierung:*** Wie in Abschnitt 1.3.4 dargestellt wurde (s. Abb. 1.3-4), sollen folgende Kategorien von Vorgaben für die Unterstützung der Netzwerkrealisierung bereits bei der Erstellung des Systemkonzepts gemacht werden: *(Netzwerkrealisierung:)*

- *Vorgaben für die Beschaffung* *(Beschaffung)*
  Es handelt sich hier um eine Auflistung folgender Angaben: Worauf muss man bei der Beschaffung von Systemkomponenten (wie z.B. Router, Switches) achten? Weitere Vorgaben dieser Art findet man in Abschnitt 8.3.

| | |
|---|---|
| Installation | ■ *Vorgaben für die Installation*<br>Das sind die Listen mit der Spezifikation der Werte von wichtigen Installationsparametern – z.B. IP-Adressen von zentralen Systemkomponenten. Weitere Information darüber enthält Abschnitt 8.5. |
| Abnahme | ■ *Vorgaben für die Abnahme*<br>Bereits bei Erstellung des Systemkonzepts sollen einige Angaben – u.a. die Anforderungen an die Verkabelung und zentrale Netzwerkkomponenten (Switches, Router am Internetzugang, etc.) und ihre Parameter – gemacht werden, welche ihre Berücksichtigung in verschiedenen Abnahmeprotokollen finden sollen. Insbesondere sollte man eindeutig vorgeben, welche Verkabelungsparameter – die die Geschwindigkeit und die Qualität der Übertragung im Netzwerk bestimmen – bei der Abnahme der Verkabelung überprüft werden müssen. |
| Notfallplan | ■ *Vorgaben für den Notfallplan*<br>Es handelt sich hier um Angaben, die festlegen, wie in Notfällen (z.B. Brandfall) schnell gehandelt werden soll. Abschnitt 8.6 geht darauf näher ein. |
| Schulung | ■ *Vorgaben für die Schulung*<br>Ein Netzwerk wird oft von mehreren Personen (Administratoren) betreut. Mit der Aufbauphase eines Netzwerks sind aber häufig nur einige dieser Administratoren beschäftigt. Um es anderen Personen ebenso zu ermöglichen, das Netzwerk zu pflegen und zu betreiben, sollten Vorgaben für die Schulungen gemacht werden. Dazu zählen unter anderem Schulungsinhalte, -ziele und Voraussetzungen der Teilnehmer (Bildungsstand) für die Schulung.<br><br>Bereits bei der Entwicklung des Systemkonzepts ist darauf zu verweisen, über welche Besonderheiten, Eigenschaften und sicherheitsrelevanten Nutzungsaspekte des Netzwerks seine Benutzer – während einer Schulung bzw. in einer ähnlichen Form – informiert werden sollten, um sie damit sowohl vor einer unbedachten Handhabung, die den Netzwerkbetrieb beeinträchtigen könnte, zu warnen als auch für bestimmte Ereignisse – insbesondere solche, die auf unerwünschte Zustände im Netzwerk hinweisen – zu sensibilisieren. |
| Netzwerk-<br>betrieb: | **Vorgaben für den Netzwerkbetrieb:** Wie bereits in Abschnitt 1.3.5 gezeigt wurde (s. Abb. 1.3-5), sollen folgende Kategorien von Vorgaben für die Unterstützung des Netzwerkbetriebs und eventuelle Verbesserungen bereits während der Erstellung des Systemkonzepts gemacht werden: |
| Protokollierung | ■ *Vorgaben für die Protokollierung*<br>Diese Vorgaben enthalten die Auflistung der Ereignisse, die während des Netzwerkbetriebs protokolliert werden sollen bzw. müssen. Dazu können zum Beispiel Syslog-Messages oder Reports über Auslastungen von wichtigen Übertragungsstrecken gehören. |
| Monitoring | ■ *Vorgaben für das Monitoring*<br>Es handelt sich hier um die Auflistung der Ereignisse, die während des Netzwerkbetriebs angezeigt werden müssen. |

- *Vorgaben für das Auditing*
  Dies ist die Auflistung von Ereignissen, die für Audit-Zwecke erfasst werden sollen – z.B. von sicherheits- und leistungsrelevanten Ereignissen.

Auditing

### 1.4.3 Spezifikation eines Teilsystemkonzepts

Das in Abbildung 1.4-2 gezeigte Modell eines Teilsystemkonzepts aus Sicht des Projektmanagements soll in erster Line eine Vorstellung davon vermitteln, wie ein Teilsystemkonzept zu spezifizieren ist, um seine Ein- und Ausgangsschnittstellen von/zu anderen Teilsystemkonzepten möglichst einheitlich und übersichtlich zu spezifizieren. Die Spezifikation von Ein- und Ausgangsschnittstellen eines Teilsystemkonzepts und der vom ihm „generierten" Vorgaben kann in einer tabellarischen Form erfolgen. Die aus dem Bild 1.4-2 abgeleitete Tabelle 1.4-1 zeigt, wie dies aussehen könnte.

Tabellarische Form

**Tab. 1.4-1:** Spezifikation eines Teilsystemkonzepts aus Sicht des Projektmanagements
Doku: Dokumentation, Sicher: (Netzwerk-)Sicherheit, Reali: (Netzwerk-)Realisierung

| Teilsystemkonzept: | | **Bereitstellung der Internetdienste** |
|---|---|---|
| | | Name, Spezifikation bzw. Bemerkung |
| Verantwortliche | 1 | *Erika Mustermann* – Aufgabe: Einrichten einer DMZ mit 2-stufiger Firewall |
| | ... | ...... |
| | k | *Felix Muster* – Aufgabe: Bereitstellung der E-Maildienste |
| Abhängig von | $X_1(i)$ | *Netzwerkstrukturierung* – Der Router am Internet (vor der DMZ) hat die IP-Adresse a.b.c.d; ... |
| | ... | ...... |
| | $X_m(i)$ | ...... |
| Auswirkung auf | $Y_1(i)$ | *Netzwerkstrukturierung* – DMZ mit 2-stufiger Firewall gefordert; ... |
| | ... | ...... |
| | $Y_n(i)$ | *Netzwerksicherheit* – 2-stufige Firewall am Internetzugang gefordert; ... |
| Vorgaben für | Doku | Die IP-Adressen von Routern am Internetzugang sind zu dokumentieren; ... |
| | Sicher | Ein zentraler Virenscanner für den aus dem Internet ankommenden E-Mail-, Web- und FTP-Verkehr ist einzurichten, ... |
| | Reali | Installation: Der Router am Internet (vor der DMZ) hat die IP-Adresse a.b.c.d; ... |
| | Betrieb | Schulung: Alle Benutzer der Internetdienste sind über Konsequenzen der Verletzung der Datenschutzgesetze zu informieren; ... |

Es ist darauf zu verweisen, dass Tabelle 1.4-1 nur als Beispiel dienen soll und lediglich eine Möglichkeit zeigt. Die zusammenhängenden Gruppen von Vorgaben für Netzwerkdokumentation und -sicherheit sowie für Netzwerkrealisierung und -betrieb können auch in getrennten Tabellen spezifiziert werden.

Hervorzuheben ist hierbei auch, dass die Vorgaben für Beschaffung, Installation und Abnahme sowie für den Notfallplan und die Schulung in den Vorgaben für die Netzwerkrealisierung enthalten sein können. Die Vorgaben für den Netzwerkbetrieb können sich wiederum aus den Vorgaben für Protokollierung, Monitoring und Auditing zusammensetzen. Jede Art von diesen Vorgaben kann auch in einer getrennten Tabelle übersichtlich aufgelistet werden.

### 1.4.4 Erstellung des Projektablaufplans

*Zeitlicher Ablaufplan*

Um Termine und andere zeitliche Vorgaben im Rahmen eines Projekts kontrollieren und insbesondere sowohl die Dauer des gesamten Projekts als auch seiner einzelnen Phasen abschätzen zu können, empfiehlt sich die Erstellung einer *Ablaufplanung*. Diese sollte die zentralen Fragen der Art „*Was soll wann getan werden?*" klären. Eine grafische Erfassung dieser Planung bildet einen *zeitlichen Ablaufplan* oder *Terminplan*. Ein Ablaufplan stellt eine zeitliche Abfolge der einzelnen Aktivitäten bei der Realisierung des Projekts in der Form eines Zeitdiagramms dar. Zur Darstellung eines Ablaufplans werden sehr häufig sog. *Gantt-Diagramme* verwendet, die mit entsprechenden Tools (z.B. Microsoft Project oder Visio) erstellt werden können.

*Arten der Ablaufpläne*

Abbildung 1.4-3 illustriert – in Form eines vereinfachten Gantt-Diagramms – die Idee und die Bedeutung von Ablaufplänen bei Netzwerkprojekten. Wie hier zum Ausdruck gebracht wurde, kann ein Ablaufplan auf verschiedenen Levels erstellt werden, also je nachdem, was ermittelt werden soll: die Dauer des gesamten Projekts, die Dauer einer Phase oder beispielsweise die notwendige Zeit für die Entwicklung eines Teilsystemkonzepts (Verkabelung, Netzstrukturierung, usw.).

*Arten der Ablaufpläne*

Bei Netzwerkprojekten lassen sich u.a. folgende Arten von Ablaufplänen einsetzen:

- *Projektablaufplan* – als Ablaufplan von einzelnen Projektphasen
  Wird ein Diagramm erstellt, das nur die zeitliche Abfolge einzelner Projektphasen mit der Darstellung des Zeitaufwands für ihre Realisierung illustriert, handelt es sich um einen Ablaufplan auf Projektlevel. Er kann auch als (allgemeiner) *Projektablaufplan* angesehen werden.

- *Phasenablaufplan* – als Ablaufplan von Aktivitäten innerhalb einer Projektphase
  Ein Diagramm kann auch nur die zeitliche Abfolge von einzelnen Projektaktivitäten in einer Projektphase darstellen – z.B. in der Phase der Entwicklung des Systemkonzepts. Ein solches Diagramm wird als *Phasenablaufplan* bezeichnet.

- *Ablaufplan eines Teilsystemkonzepts*
  Um den zeitlichen Aufwand für die Erstellung eines Teilsystemkonzepts – z.B. des Konzepts für Sprachkommunikation, für Netzwerksicherheit etc. – ermitteln zu können, ist es sinnvoll, ein Diagramm zu erstellen, das nur die zeitliche Abfolge der Projektaktivitäten bei der Erstellung des betrachteten Teilsystemkonzepts darstellt.

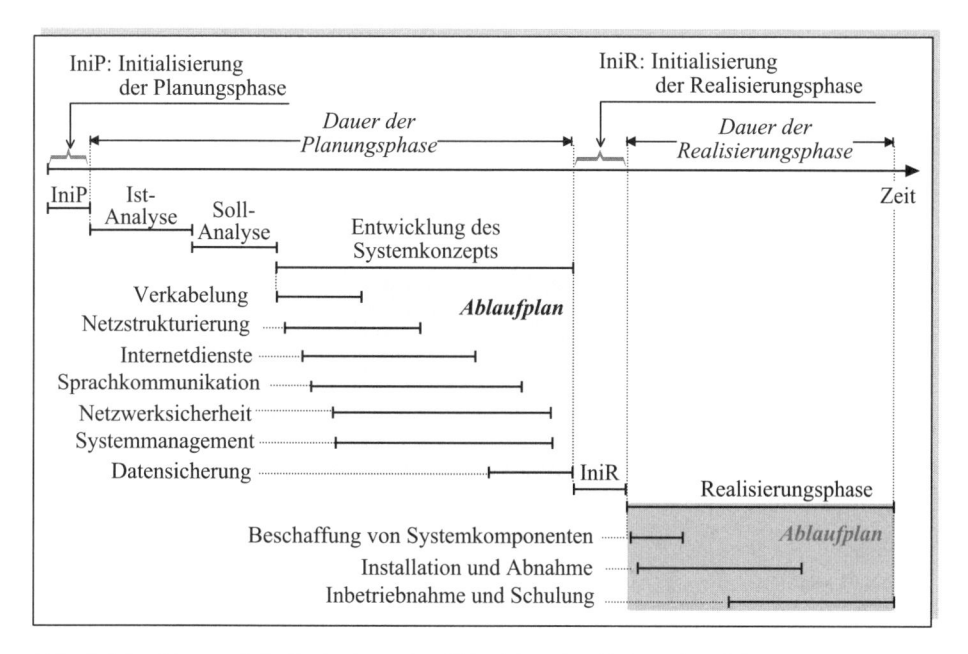

**Abb. 1.4-3:** Idee und die Bedeutung des Ablaufplans bei Netzwerkprojekte

Wie Abbildung 1.4-3 zeigt, kann mithilfe eines Ablaufplans – durch die zeitliche Anordnung mit Abbildung der Dauer von einzelnen Projektphasen und von Aktivitäten in den einzelnen Phasen – die *Zeitplanung* für das Projekt erstellt werden. Auf Basis der *Zeitplanung* eines Netzwerkprojekts können sowohl verschiedene Zeitvorgaben bestimmt als auch die Personalkosten des Projekts ermittelt werden. Die Zeitplanung ist bei der Erstellung eines Soll-Konzepts von großer Bedeutung. Darauf wird auch Kapitel 3 eingehen.

Zeitplanung für das Projekt

## 1.5 Bedeutung der Netzwerkdokumentation

Eine zwingend notwendige Aufgabe bei der Realisierung eines Netzwerkprojekts ist die Dokumentation. Die Arbeiten an der Dokumentation des Netzwerks sollten bereits in der Planungsphase beginnen und bei der Netzwerkinstallation und -inbetriebnahme fortgesetzt und beendet werden. Insbesondere sind die Verkabelung und sämtliche zu installierende Hardware- und Software-Komponenten im Rahmen der Netzwerkdokumentation entsprechend zu beschreiben. Bei der Erstellung der Dokumentation des Netzwerks müssen oft unterschiedliche Faktoren berücksichtigt werden. Die wesentlichen werden in Abbildung 1.5-1 aufgelistet.

Die wesentlichen Einflussfaktoren auf die Netzwerkdokumentation sind:

Einflussfaktoren auf die Netzwerkdokumentation

- *Form und Aktualität der momentanen Netzwerkdokumentation*
  Ohne geeignete Softwareunterstützung ist es oft nicht möglich, die Dokumentation

aktuell zu halten. Es existieren verschiedene auf Open Source basierende System- und Netzwerkmanagementwerkzeuge, die sich – neben anderen Systemen – als Lösung eignen.

```
                    ┌─────────────────┐
                    │ Kostenlimitierung│
                    └─────────┬───────┘
                              ⇓
┌──────────────────────┐           ┌──────────────────────┐
│ Form und Aktualität  │⇒ ┌──────┐ ⇐│ Größe und Komplexität│
│ der momentanen Dok.  │  │Netz- │  │ des Netzwerks        │
└──────────────────────┘  │werk- │  └──────────────────────┘
                          │doku- │
┌──────────────────────┐  │menta-│  ┌──────────────────────┐
│ Anforderungen an die │⇒ │tion  │ ⇐│ Organisation der     │
│ Handhabung und Aktua.│  └──────┘  │ Netzwerkadministr.   │
└──────────────────────┘      ⇑     └──────────────────────┘
               ┌────────────────────────────────┐
               │Sicherheits- und Datenschutzbest.│
               └────────────────────────────────┘
```

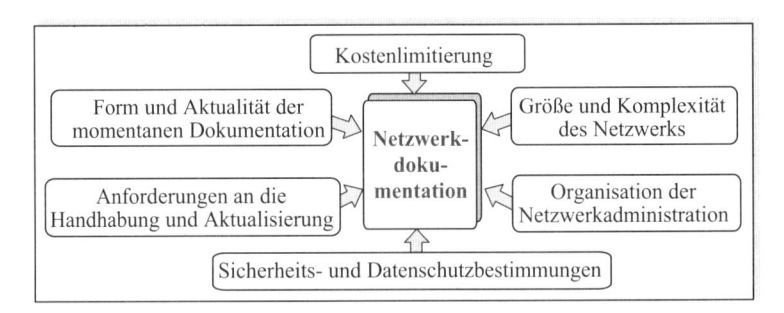

**Abb. 1.5-1:** Wichtige Einflussfaktoren auf die Netzwerkdokumentation

- *Größe und Komplexität des Netzwerks*
  Die Anzahl der Liegenschaften, der Endgeräte und der betroffenen Bereiche bestimmt die Komplexität eines Netzwerks. Mindestens ebenso wichtig sind aber die Arten von Kopplungen der Systemkomponenten untereinander. Insbesondere wird dies durch die Bildung von geschlossenen Rechnergruppen als sog. VLANs (*Virtual LAN*) bestimmt, die oft als IP-Subnetze eingerichtet werden und sorgfältig dokumentiert werden müssen. Je nach Komplexität können unterschiedliche Formen der Dokumentation gewählt werden – s. Kapitel 5.

Wer, was und in welcher Form?

- *Organisation der Netzwerkadministration*
  Nicht zuletzt spielt die Aufgabenverteilung intern und extern (Organisationsform) bei der Planung eines Netzwerks und dessen Realisierung eine große Rolle. Es muss festgelegt und auch kontrolliert werden, wer zu welcher Zeit was und in welcher Form dokumentiert. Die Klare Zuordnung von Zuständigkeitsbereichen hilft dabei ungemein.

- *Anforderungen an die Handhabung und Aktualisierung*
  Von Zeit zu Zeit müssen einige Systemkomponenten ausgetauscht oder neue hinzugefügt werden. Weil nicht jeder Austausch von Hardware oder jedes Aktualisieren einer Software-Komponente ein Netzwerkprojekt ist, sollten Regelungen für diese Fälle getroffen werden. Die Dokumentation sollte auch in solchen Fällen aktuell gehalten werden.

- *Kostenlimitierung*
  Bei geeigneter Netzwerkplanung sollte es möglich sein, den Aufwand für die Dokumentation nach Ende des Projekts gering zu halten. Während oder noch vor dem Projekt kann aber der Aufwand für die Dokumentation relativ hoch eingeschätzt werden. Einsparungspotenziale ergeben sich erst dann, wenn anhand einer guten Dokumentation Änderungen oder Fehlerbeseitigungen während des Netzwerkbetriebs schnell und unkompliziert durchgeführt werden können.

## 1.5 Bedeutung der Netzwerkdokumentation

- *Sicherheits- und Datenschutzbestimmungen*
  Nicht zu vergessen sind Datenschutz- und Sicherheitsbestimmungen; sie sind im Rahmen der Dokumentation ebenfalls zu berücksichtigen. Wird im Netzwerk mit personenbezogenen Daten gearbeitet, ist in der Netzwerkdokumentation dem Datenschutz unbedingt ein spezielles „Kapitel" zu widmen. Auch die Sicherheit der personenbezogenen Daten (Schutz vor Ausspähung, ungewollter Veränderung oder Verlust) ist entsprechend zu dokumentieren.

Weil ein unternehmensweites Netzwerk ein sehr komplexes System ist, sollte die Netzwerkdokumentation in strukturierter und rechnergestützter Form erstellt werden. Für die Erstellung der Netzwerkdokumentation werden spezielle Software-Tools angeboten. Die Art und Weise der Gestaltung der Netzwerkdokumentation hängt aber von mehreren Gegebenheiten ab.

### 1.5.1 Netzwerkdokumentation als Teil des Projekts

Die Erstellung einer detaillierten Netzwerkdokumentation wird sehr gerne an das Ende eines Netzwerkprojekts geschoben und dann sehr häufig gar nicht oder nur oberflächlich durchgeführt – was sich jedoch meist als fataler Fehler entpuppt. Dies kann z.B. dazu führen, dass man nicht genau weiß, wo Kabeltrassen verlaufen. Es kommt in der Praxis häufiger vor, dass ein teuer eingekaufter Kabelscanner einen Kabelbruch anzeigt, aber keiner weiß, wo die Kabelstrecke nun genau verläuft. Eine fortlaufende Dokumentation des Netzwerks ist also, wie dieses Beispiel verdeutlicht, absolut wichtig.

Demzufolge sollte man, wie Abbildung 1.5-2 zeigt, mit der Erstellung der Netzwerkdokumentation bereits während des Netzwerkprojekts beginnen.

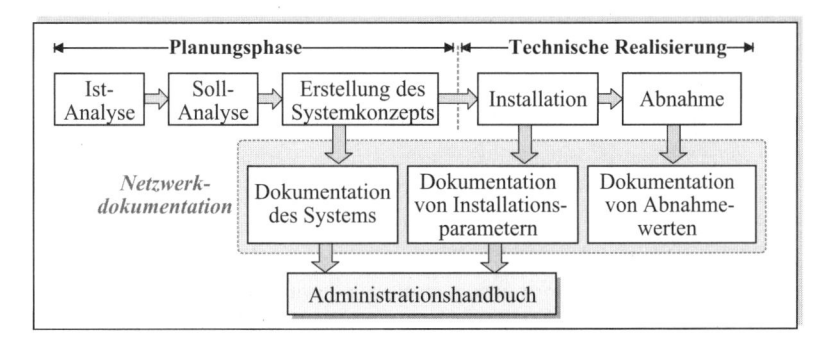

**Abb. 1.5-2:** Erstellung der Netzwerkdokumentation bereits während des Netzwerkprojekts

Die Netzwerkdokumentation sollte u.a. folgende Bereiche umfassen – s. Abb. 5.1-2:

*Was ist zu dokumentieren?*

- *die Dokumentation des gesamten Systems* – hierzu gehört u.a. (s. Abb. 5.1-2): Wie sind die Systemkomponenten im Netzwerk miteinander vernetzt (*Dokumentation der Netzwerktopologie*)? Wie verlaufen die Kabelstrecken und deren Parameter

(*Dokumentation der Verkabelung*)? Dokumentation der physikalischen und logischen Netzwerkstruktur, der Internetanbindung usw.

- *die Dokumentation von wichtigen Installationsparametern* – hierzu gehören u.a. wichtige IP-Adressen (z.B. von Routern, Servern), und

- die Dokumentation von Abnahmewerten – hierzu gehören insbesondere die Parameter von wichtigen Übertragungsstrecken (s. hierzu Abbildung 5.2-2) wie z.B. Dämpfung, NEXT, FEXT, die während der Verlegung der Verkabelung gemessen wurden.

*Administrationshandbuch und dessen Bedeutung*

Aus der Netzwerkdokumentation sollte man die wichtigsten und notfallrelevanten Angaben und Parameter zu einem *Administrationshandbuch* zusammenfassen. Ein solches Handbuch stellt für jeden Netzwerkadministrator die Voraussetzung dafür dar, dass er in Notsituationen wichtige Konfigurationsparameter schnell und im laufenden Netzbetrieb überprüfen und den Netzwerkbetrieb schnell wieder in einen fehlerfreien Zustand bringen kann.

Ein Administrationshandbuch in Papierform vorliegen zu haben, ist sehr nützlich. In großen Netzwerken sollte es den Administratoren aber auch in einer elektronischen Form – z.B. link-basiert – zur Verfügung stehen.

## 1.5.2 Prinzip der rechnergestützten Netzwerkdokumentation

*Visualisierung der Netzwerkdokumentation*

Weil eine Netzwerkdokumentation einige Bestandteile enthält, die sehr umfangreich sind, ist es wünschenswert, die gesamte Netzwerkdokumentation irgendwie zu visualisieren. Eine Möglichkeit der Visualisierung der Netzwerkdokumentation mithilfe eines rechnergestützten Tools stellt Abbildung 1.5-3 dar. Die hier dargestellten Prinzipien können mithilfe populärer Anwendungs-Software (wie z. B. Microsoft Visio oder diversen Office-Paketen) erstellt werden. Hervorzuheben ist aber, dass es sich hier nur um eine grundlegende Idee handelt. Wie diese in der Praxis verwirklicht werden kann, wird in Kapitel 5 ausführlicher dargestellt.

Eine unternehmensweite Netzwerkinfrastruktur verbindet mehrere Netzwerkteile miteinander, die oft in unterschiedlichen Gebäuden untergebracht werden. Ein Gebäude enthält mehrere Räume und in jedem Raum werden wiederum mehrere Netzwerksteckdosen installiert, an denen individuelle Endsysteme (Endeinrichtungen) – in der Regel Rechner – von Benutzern angeschlossen sein können (vgl. Abb. 5.1-6).

*Beschriftung der Netzwerksteckdose: Wohin führt die Installationsstrecke?*

Durch das Anklicken eines Raums auf dem Bildschirm können in einem Fenster sämtliche Netzwerksteckdosen, die in diesem Raum installiert sind, angezeigt werden. Hier könnte man die bereits belegten Netzwerksteckdosen und die noch unbelegten entsprechend farbig (etwa belegte Netzwerksteckdosen mit Rot und freie mit Grün) markieren. Die einzelnen Netzwerksteckdosen könnte man so beschriften, dass das andere Ende

## 1.5 Bedeutung der Netzwerkdokumentation

der Installationsstrecke angegeben wird[10] – s. Abb. 5.2-1. Auch Kabel können entsprechend etikettiert werden. Damit ist direkt ersichtlich, zu welcher Anschlussdose, auf welchem Patchpanel – auch als *Patchfeld* bezeichnet – und in welchen Verteilerschrank jede Installationsstrecke führt.

```
Gebäude    R3.1  R3.2  ...  R3.k       Raum R2.1
   X       R2.1  R2.2  ...  R2.j    c/d   c/d   ...  c/d  ····· belegt
           R1.1  R1.2  ...  R1.i    c/d   c/d   ...  c/d  ····· frei
```

| Endeinrichtung | Benutzer | Adressen | Installationsstrecke | Netzwerkkomponente |
|---|---|---|---|---|
| Spezifikation der Endeinrichtung: <br> - Hardware <br> - Software | Benutzerprofil: <br> - Rechte <br> - ... | Adresse: <br> IP-Adresse <br> bzw. Tel.-Nr. | Angaben wie: <br> - Kabeltyp <br> - Parameter, ... | Angaben wie: <br> - Funktion <br> - Parameter, ... |

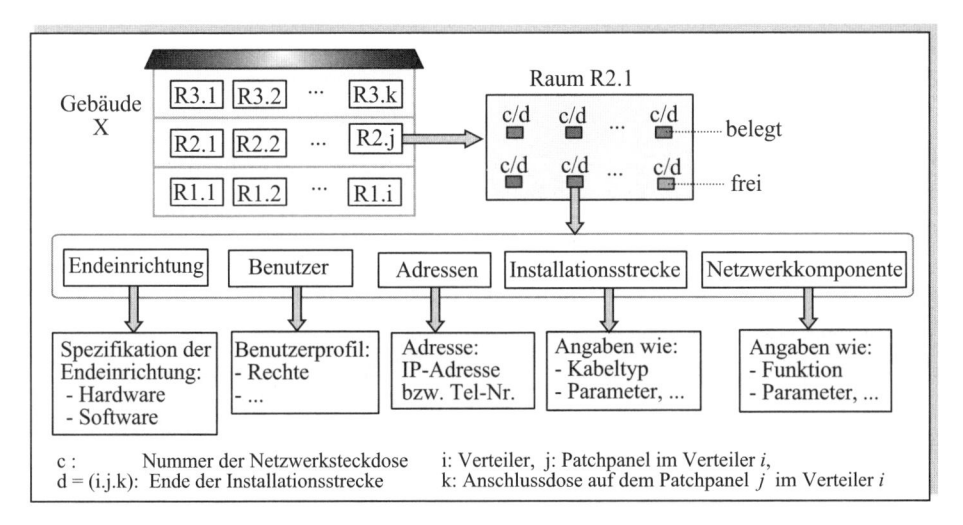

c : Nummer der Netzwerksteckdose  
d = (i.j.k): Ende der Installationsstrecke  
i: Verteiler, j: Patchpanel im Verteiler *i*,  
k: Anschlussdose auf dem Patchpanel *j* im Verteiler *i*

**Abb. 1.5-3:** Prinzip der rechnergestützten Netzwerkdokumentation

Durch das Anklicken einer belegten Netzwerksteckdose können außerdem folgende Felder angezeigt werden:

*Netzwerksteckdose betreffende Angaben zur Administration*

- *Endeinrichtung* – Welche Besonderheiten hat die Endeinrichtung?  
  Dieses Feld enthält die Beschreibung der an der betreffenden Netzwerksteckdose angeschlossenen Endeinrichtung (z.B. Rechner eines Benutzers, sein IP-Telefon). Insbesondere kann hier die Hardware-Konfiguration, installierte Software und deren Konfiguration etc. angegeben werden. Dies gehört zur Dokumentation von individuellen Endsystemen und zur Dokumentation der Software.

- *Benutzer* – Wer nutzt die Endeinrichtung?  
  Dieses Feld enthält die Beschreibung der Profile des Benutzers, der die an die betreffende Netzwerksteckdose angeschlossene Endeinrichtung nutzt. Hier kann angegeben werden, auf welche zentralen Endsysteme (Server) der Benutzer zugreifen darf und welche Rechte er auf diesen Systemen hat. Dies gehört zur *Dokumentation der Benutzerprofile*.

---

[10] Eine *Installationsstrecke* stellt eine Kabelstrecke dar und verbindet eine Netzwerksteckdose mit einer Anschlussdose auf einem Patchpanel in einem Etagenverteiler (Standortverteiler) mit aktiven Netzwerkkomponenten. Die hier gezeigte Beschriftung von Netzwerksteckdosen, d.h. die Angabe des Ziels der Installationsstrecke, ist bei der Fehlersuche sehr hilfreich und wird empfohlen – s. http://www.lrz.de/services/netz/Vorgaben_fuer_Datennetzinstallationen.pdf

- *Adresse(n)* – Welche Adressen hat die Endeinrichtung?
  Hier wird die Adresse der individuellen Endeinrichtung angegeben wie Tel-Nummer oder MAC-Adresse und Subnetz-Identifikation sowie IP-Adresse (falls sie permanent ist). Dies gehört zur *Dokumentation der logischen Netzwerkstruktur* und zum *Adressierungsplan*.

- *Installationsstrecke* – Welche „Qualität" hat die Installationsstrecke?
  Hier können das eingesetzte Kabel auf der Installationsstrecke und deren relevante Parameter (Qualität, Streckenführung) angegeben werden. Dies ist ein Bestandteil der *Dokumentation von Installationsstrecken* – s. hierzu Abschnitt 5.2.1.

- *Aktive Netzwerkkomponente* – am Ende Installationsstrecke?
  Dieses Feld enthält aus Sicht des Benutzers die Besonderheiten und die Angaben von relevanten Parametern der aktiven Netzwerkkomponente, an die die individuelle Endeinrichtung angeschlossen ist. Dies gehört zur Dokumentation der Anbindung von Benutzerrechnern an Access Switches.

Die Netzwerkdokumentation ist besonders bei größeren Netzwerken ein unentbehrliches Arbeitsmittel des Netzwerkadministrators und sollte daher einerseits unbedingt in Papierform vorhanden sein. Andererseits sollte man die Netzwerkdokumentation mithilfe eines rechnergestützten Tools auf einem Datenträger aufbereiten, sodass sie dem Netzwerkadministrator entsprechend visualisiert werden kann. Dies kann beispielsweise nach den in Abbildung 1.5-3 dargestellten Prinzipien erfolgen. Darüber hinaus existieren verschiedene Werkzeuge wie z.B. *IP-Adressmanagement* (IPAM) und *Computer-Aided Facility Management* (CAFM), die neben den Plattformen für System- und Netzwerkmanagement für die Unterstützung der Netzwerkdokumentation eingesetzt werden. Eine derartige *rechnergestützte Netzwerkdokumentation* bietet u.a.:

- Eine detaillierte Beschreibung einzelner Bestandteile des Netzwerks,
- Zeitgewinn bei der Administration und bei der Fehlersuche während des laufenden Netzwerkbetriebs.

## 1.6 Grundlegende Aspekte der Netzwerksicherheit

*Keine 100-prozentige Sicherheit*

Jeder, der im professionellen Bereich ein Netzwerk betreut, administriert und konfiguriert, kennt die Problematik der IT- und Netzwerksicherheit. Dabei hat er bestimmt schon zumindest eine schlaflose Nacht mit mehr oder weniger erfolgreichen Rettungsversuchen erlebt. Viele Unternehmen erwarten die absolute Netzwerksicherheit. Eine *100-prozentige Netzwerksicherheit gibt es aber nicht!*

Um ein hohes Maß an Netzwerksicherheit zu gewährleisten, müssen verschiedene Aspekte berücksichtigt werden. Abbildung 1.6-1 bringt diese in kompakter Form zum

## 1.6 Grundlegende Aspekte der Netzwerksicherheit

Ausdruck und verweist gleichzeitig auf die Komplexität dieser Problematik. Auf die „Planung der Netzwerksicherheit"[11] geht Kapitel 6 ausführlich ein.

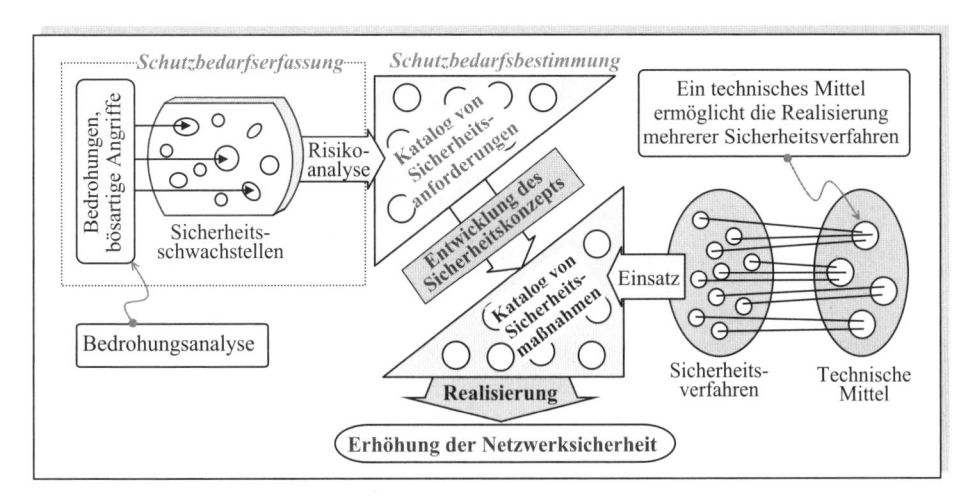

**Abb. 1.6-1:** Wichtige Aspekte der Netzwerksicherheit und wie diese zusammenhängen

Die Netzwerksicherheit kann nur durch die Vermeidung von Risiken, die beim Netzwerkbetrieb auftreten können, erhöht werden. Deshalb ist es unentbehrlich, zuerst eine *Bedrohungsanalyse* durchzuführen, um existierende bzw. potentielle *Sicherheitsschwachstellen* im Netzwerk zu entdecken und mit ihnen verbundene Risiken zu analysieren – also eine *Risikoanalyse* durchzuführen. Auf diese Art und Weise kann der *Schutzbedarf* im Netzwerk erfasst werden. In diesem Zusammenhang spricht man von *Schutzbedarfserfassung* oder von *Schutzbedarfsfeststellung*.

*Schritte zur Erfassung des Schutzbedarfs*

Wurde der Schutzbedarf erfasst, so müssen nun die vorhandenen Mittel und andere Ressourcen analysiert werden, um feststellen zu können, wie weit der Schutzbedarf „abgedeckt" werden kann. Diese Analyse kann als *Schutzbestimmung* angesehen werden. Sie führt zur Festlegung der *Sicherheitsanforderungen*. Die Vermeidung von Risiken kann durch die Realisierung unterschiedlicher *Sicherheitsmaßnahmen* erreicht werden und damit den Schutz des Netzwerks garantieren. Beispielsweise könnten vertrauliche Daten während der Übertragung durch Dritte abgehört werden. Die Sicherheitsmaßnahme für diesen Fall besteht in der Verschlüsselung der zu übertragenden Daten.

*Schutzbestimmung*

---

[11] Der Begriff „Planung der Netzwerksicherheit" hat sich bereits in der „Netzwerkwelt" etabliert und wird auch in diesem Buch verwendet. Er ist aber unpräzise, und zwar: Die Netzwerksicherheit wird durch unvorhersehbare, oft bösartige Angriffe – folglich (mathematisch betrachtet) durch zufällige Prozesse – bestimmt, deren Auswirkungen man nicht planen, sondern nur Maßnahmen zu deren Bekämpfung entwickeln kann. In diesem Buch wird somit unter dem Begriff „Planung der Netzwerksicherheit" die „Planung von Maßnahmen zur Erhöhung der Netzwerksicherheit" verstanden.

| | |
|---|---|
| Katalog von Sicherheitsanforderungen | In der Praxis kommen oft viele Sicherheitsmaßnahmen in Frage, mit denen Risiken auf unterschiedliche Art und Weise vermieden werden können. Diese Maßnahmen müssen in Form von entsprechenden *Sicherheitsanforderungen* spezifiziert werden. Hierfür sollte man einen *Katalog von Sicherheitsanforderungen* erstellen. Dieser entsteht als Ergebnis der nach der Risikoanalyse – unter Berücksichtigung verfügbarer Ressourcen, finanzieller Mittel und verschiedener Rahmenbedingungen – durchgeführten Analyse von Möglichkeiten der Schutzbestimmung. |
| Katalog von Sicherheitsmaßnahmen | Jede Sicherheitsanforderung kann durch die Realisierung entsprechender Sicherheitsmaßnahmen erfüllt werden. Diese technischen und/oder organisatorischen Maßnahmen müssen während der Entwicklung des Sicherheitskonzepts geplant werden. Auf Basis des Katalogs von Sicherheitsanforderungen muss daraufhin ein entsprechender *Katalog von Sicherheitsmaßnahmen* erarbeitet und präzise verfasst werden. Die Realisierung von Sicherheitsmaßnahmen aus diesem Katalog führt zur Erhöhung der Sicherheit. |
| Sicherheitsverfahren | Um die Sicherheitsmaßnahmen konkret umzusetzen, verwendet man verschiedene in der Regel mathematische Verfahren, die als *Sicherheitsverfahren* bezeichnet werden. Beispielsweise können zur Verschlüsselung zu übertragender Daten unterschiedliche Verschlüsselungsverfahren eingesetzt werden, um ihre Vertraulichkeit zu garantieren – wie z.B. das asymmetrische Verfahren RSA (*Rivest-Shamir-Adleman*) oder das symmetrische Verfahren AES (*Advanced Encryption Standard*).[12] |
| | Eine Sicherheitsmaßnahme führt zum Einsatz eines oder mehrerer Sicherheitsverfahren. Dabei müssen für die Realisierung von einzelnen Sicherheitsmaßnahmen die jeweils am besten geeigneten Sicherheitsverfahren ausgewählt werden. |
| Technische Mittel | Um die Netzwerksicherheit zu erhöhen, werden in der Praxis bestimmte technische Mittel eingesetzt. Hierzu gehören unterschiedliche Software- und Hardware-Komponenten (wie z.B. Firewalls), Sicherheitsprotokolle (wie z.B. TLS, DTLS, IPsec, SRTP) und Zertifikate beim Einsatz eines asymmetrischen Kryptosystems (vgl. Public-Key-Infrastrukturen). Durch deren Einsatz werden in der Regel mehrere Sicherheitsverfahren gleichzeitig realisiert. |
| | Abbildung 1.6-1 zeigt auch, dass die Sicherheitsverfahren, mit denen die Sicherheitsmaßnahmen realisiert werden, indirekt auch die technischen Mittel bestimmen, die zum Einsatz kommen. |
| Schritte zur Sicherheitserhöhung | Die Erhöhung der Netzwerksicherheit kann im Allgemeinen nur durch die Erledigung mehrerer voneinander abhängiger und in einer bestimmten Reihenfolge durchgeführten Aufgaben erreicht werden. Diese Aufgaben lassen sich wie folgt charakterisieren: |

- *Erfassung von Sicherheitsschwachstellen* – eine bezüglich der Sicherheit durchgeführte Analyse der Ist-Situation im Netzwerk mit dem Ziel, alle sowohl existierenden als auch denkbaren (potenziellen) Sicherheitsschwachstellen zu erfassen.

- *Risikoanalyse* – eine Analyse von allen Sicherheitsschwachstellen, um die mit ihnen verbundenen Risiken abzuschätzen und den Schutzbedarf zu erfassen.

---

[12] Für Näheres über diese Verfahren siehe [Ecke 11].

- *Schutzbestimmung* – eine Analyse von Möglichkeiten (u.a. auf Basis der verfügbaren Ressourcen, finanziellen Mittel und unter Berücksichtigung von verschiedenen Rahmenbedingungen) mit dem Ziel, festzustellen, wie weit die einzelnen, bereits erfassten Sicherheitsschwachstellen beseitigt werden sollen. Diese Analyse führt zur Erstellung eines *Katalogs von Sicherheitsanforderungen*.
- *Erarbeitung von Sicherheitsmaßnahmen* – Um die im Katalog von Sicherheitsanforderungen aufgelisteten Anforderungen zu erfüllen, müssen sowohl technische als auch organisatorische *Sicherheitsmaßnahmen* entwickelt bzw. erarbeitet werden. Mit dem Einsatz von technischen Sicherheitsmaßnahmen sind in der Regel noch folgende Aufgaben verbunden:
  - Auswahl von Sicherheitsverfahren, *die für die Realisierung von einzelnen Sicherheitsmaßnahmen am besten geeignet sind*.
  - Auswahl von technischen Mitteln, *mit denen die ausgewählten Sicherheitsverfahren am günstigsten realisiert werden können*.
  - Einsatz von ausgewählten technischen Mitteln, *sodass alle Sicherheitsmaßnahmen beim Netzwerkbetrieb umgesetzt werden können*.

Bei der Planung der Netzwerksicherheit – während Design bzw. Redesign eines Netzwerks – sollten daher alle notwendigen Aufgaben ausführlich beschrieben werden, die man erledigen muss, um die Netzwerksicherheit zu erhöhen bzw. zumindest eine geforderte Stufe der Sicherheit zu garantieren. Auf die Planung und Überwachung der Netzwerksicherheit geht Kapitel 6 detaillierter ein.

## 1.7 Voraussetzungen für den Projekterfolg

Entscheidend bei der Planung und Realisierung eines Netzwerkprojekts sind bestimmte Voraussetzungen, die zum Projekterfolg führen. Die wichtigsten von ihnen können zu 10 Geboten zusammengefasst werden. Abbildung 1.7-1 stellt diese dar. Hier wurde auch versucht, auf die Wichtigkeit der einzelnen Gebote zu verweisen.

10 Gebote und ihre Wichtigkeit

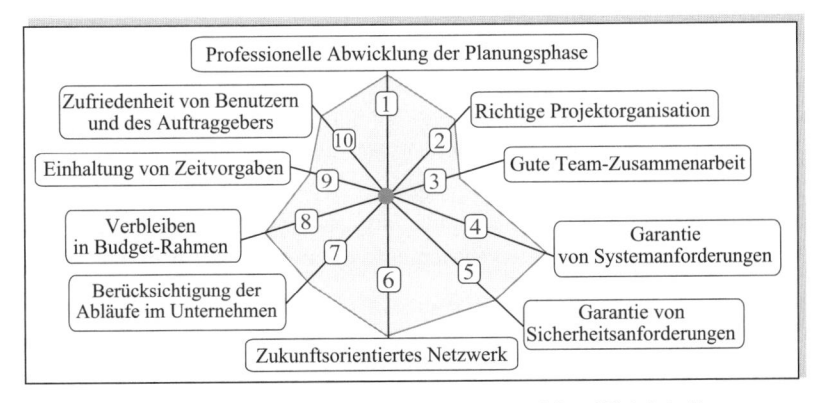

**Abb. 1.7-1:** 10 Gebote für den Erfolg beim Netzwerkprojekt – und ihre Wichtigkeit

Die wichtigen Voraussetzungen für den Projekterfolg lassen sich wie folgt kurz charakterisieren:

*Einhaltung von Prinzipien des Projektmanagements*

1. *Professionelle Abwicklung der Planungsphase*
   Die gute Koordination unterschiedlicher „Komponenten" eines Netzwerkprojekts – insbesondere einzelner Teilsystemkonzepte (s. Abschnitt 1.4.1) – ist eine wesentliche Voraussetzung für den Erfolg. Die Einhaltung von Prinzipien des Projektmanagements[13] und ebenso der Einsatz der richtigen Methodik erleichtern die Koordination jedes Netzwerkprojekts – s. hierzu Abb. 1.4-2. Insbesondere müssen in der Planungsphase alle notwendigen Veränderungen der Rahmenbedingungen mit dem Auftraggeber abgestimmt werden.

2. *Richtige Projektorganisation*
   Die Durchführung von Netzwerkprojekten erfordert den Einsatz von gut bekannten Methoden des Projektmanagements. Nur durch die gute Organisation eines Projekts ist gewährleistet, dass seine Komplexität beherrschbar bleibt, die unterschiedlichen Teilsystemkonzepte wohl abgestimmt und die im Projekt festgelegten Termine nicht überschritten werden. Eine wichtige Voraussetzung für die gute Projektorganisation ist auch ein gutes Management von Projektressourcen – d.h. ein gutes *Ressourcenmanagement*.

*Ressourcenmanagement*

Bei Netzwerkprojekten geht es insbesondere um folgende Formen von Ressourcen:
- *Personalressourcen,* die sich auf die Verfügbarkeit der Projektbeteiligten beziehen, da Urlaubs-, Krankheits- bzw. andere Fehlzeiten einen erheblichen Einfluss auf den Projektverlauf haben können.
- *Anlagen- und Sachressourcen* als Ressourcen, auf die im Projektverlauf zugegriffen werden muss. Hierzu gehören sowohl die Nutzung u.a. von Besprechungsräumen, von verschiedenen Arbeitsplatzrechnern und Servern als auch die Verfügbarkeit z.B. von Softwarelizenzen für die Projektbeteiligten.

*Kommunikationsmanagement*

3. *Gute Team-Zusammenarbeit*
   Als Voraussetzung für den Projekterfolg gilt auch die gute Zusammenarbeit zwischen allen Beteiligten am Projekt. Die Schaffung eines positiven Arbeitsklimas – innerhalb des Projektteams und zum Auftraggeber – trägt zum Erfolg bei. Hierzu gehört auch das *Kommunikationsmanagement* im Projekt, sodass alle Zuständigen und Interessenten, die sog. *Stakeholder*[14], notwendige Informationen – in Form von Berichten, Protokollen, Listen von Ergebnissen usw. – über den Projektablauf erhalten.

4. *Garantie von Systemanforderungen*
   Die gesetzten Projektziele können nur dann erreicht werden, wenn alle während der Soll-Analyse festgelegten Systemanforderungen erfüllt werden – siehe hierfür Ab-

---

[13] Für kompakte Informationen über das Projektmanagement wird auf folgende Webadresse verwiesen: http://www.projektmanagementhandbuch.de/cms/
[14] Als *Stakeholder* wird hierbei sowohl eine natürliche Person (als Mensch) oder auch eine juristische Person (als Institution) bezeichnet, die ein Interesse am Verlauf und am Ergebnis des Projekts hat.

bildung 3.2-1. Es ist daher wichtig, eventuelle Abweichungen von den gestellten Anforderungen, die im Projektverlauf entstehen können, in übersichtlicher Form zu erfassen, sodass im Notfall eine entsprechend kontrollierte *Neuplanung* veranlasst werden kann. Dabei kann der Projektleiter hierfür bestimmten, vorher definierten Kennzahlen als Leistungs- und Zielindikatoren analysieren und bekannte Controlling-Methoden – u.a. *Balanced Scorecard* [15] – in Anspruch nehmen.

5. *Garantie von Sicherheitsanforderungen*
   Um die gesetzten Sicherheitsziele im Netzwerkprojekt erreichen zu können, müssen die festgelegten Sicherheitsanforderungen – s. hierfür Abbildung 1.6-1 – durch die entsprechenden Sicherheitsmaßnahmen umgesetzt werden. Die Garantie von Sicherheitsanforderungen stellt eine wichtige Voraussetzung für den Erfolg jedes Netzwerkprojekts dar.

6. *Zukunftsorientiertes Netzwerk*
   Von einem zukunftsorientierten Netzwerk kann nur dann gesprochen werden, wenn es auf allen relevanten Standards, Normen, nationalen Richtlinien und aktuellen Entwicklungstendenzen beruht und seine Systemkomponenten (sowohl Hardware als auch Software) auf dem neusten Stand der Technik sind. Daher müssen alle „zukunftsrelevanten Aspekte" bei der Planung – insbesondere bei der Entwicklung des Systemkonzepts – und bei der Realisierung berücksichtigt werden – siehe z.B. Abbildung 1.3-3.

7. *Berücksichtigung der Abläufe im Unternehmen*
   Ein Netzwerk wird nicht für sich alleine eingerichtet, sondern hat die Aufgabe, wichtige Abläufe im Unternehmen – insbesondere relevante Geschäftsprozesse – zu unterstützen. Aus diesem Grund sollen alle wesentlichen Abläufe im Unternehmen bei jedem Netzwerkprojekt berücksichtigt werden. Dieses lässt sich u.a. erreichen durch eine entsprechende Strukturierung des Netzwerks (insbesondere durch die Bildung von VLANs und IP-Subnetzen) oder eine Integration der Sprachkommunikation (nach VoIP) mit wichtigen Geschäftsprozessen.

8. *Einhalten des Budget-Rahmens*
   Der dem Projekt vorgegebene Budget-Rahmen darf nicht überschritten werden. Um den Kostenverlauf übersichtlich und präzise zu erfassen und folglich die zugeordneten Ressourcen effizient ausnutzen zu können, sollte man auf die bekannten Prinzipien des *Kostenmanagements* zurückgreifen. Ist mit einer Überschreitung des Budget-Rahmens zu rechnen, sind gegebenenfalls Gegenmaßnahmen einzuleiten.
   
   *Kostenmanagement*

9. *Einhaltung von Zeitvorgaben*
   Wichtige Projekttermine müssen als definierte Zeitvorgaben eingehalten werden. Um diese übersichtlich zu erfassen, stehen verschiedene rechnergestützte Tools für das sog. *Zeitmanagement* zur Verfügung. Die Nutzung von Gantt-Diagrammen ist hierbei ebenfalls eine Möglichkeit – s. hierfür Abb. 1.4-3.
   
   *Zeitmanagement*

---

[15] Unter http://www.controllingportal.de/Fachinfo/BSC/Balanced-Scorecard.html findet man weitere Informationen über Balanced Scorecard.

*10. Zufriedenheit von Benutzern und des Auftraggebers*
Alle Benutzer und Auftraggeber müssen sowohl mit dem Ablauf des Netzwerkprojekts als auch mit der „Leistung" und Sicherheit des Netzwerks während dessen Betriebs voll zufrieden sein. Sowohl die gewünschte Qualität als auch die gewünschte Leistung müssen nach Abschluss des Projekts – und nach der Inbetriebnahme des Netzwerks – vorhanden sein.

## 1.8 Prozessmodellierung in Netzwerkprojekten

**IT-Infrastruktur erbringt IT-Services**

Für den nachhaltigen Betrieb von IT-Infrastrukturen werden insbesondere in großen Umgebungen verschiedene Werkzeuge für ein *IT-Servicemanagement* (ITSM) eingesetzt. Hierbei werden die von einer IT-Infrastruktur erbrachten Leistungen und Funktionen als *IT-Services* (*IT-Dienste*) spezifiziert und oft kurz als *Services (Dienste)* bezeichnet. Hierbei spricht man z.B. von E-Mail-Service, Web-Service usw.

**Lebenszyklus eines IT-Service**

Beim ITSM wird ein IT-Service über seinen gesamten Lebenszyklus – ausgehend von dessen Planung, über die Realisierung und eventuell Anpassungen während des Betriebs bis zur Abschaltung – als Prozess angesehen und in Form eines *Prozessmodells* definiert. Ein IT-Service wird somit als Prozess modelliert – und folglich spricht man von *Prozessmodellierung*. Beim ITSM hat jeder IT-Service einen Lebenszyklus – *(IT) Service Lifecycle* genannt (s. Abb. 1.8-2). Der Lebenszyklus eines IT-Service entspricht weitgehend dem in Abbildung 1.3-1 gezeigten Lebenszyklus eines Netzwerks. Da Netzwerke eingerichtet werden, um u.a. verschiedene IT-Services zu erbringen, sollten die Ansätze der Prozessmodellierung und somit auch des ITSM bei Netzwerkprojekten nicht außer Acht gelassen werden.

### 1.8.1 Bedeutung von ITSM bei Netzwerkprojekten

**Netzwerkprojekte und ITSM**

Es stellt sich direkt die Frage: *Welche Bedeutung hat ITSM bei Netzwerkprojekten und wie kann es dabei berücksichtigt werden*? Um diese Frage zu beantworten, möchten wir zuerst die Zusammengänge zwischen einem IT-Service und Netzwerkfunktionen zeigen. Abbildung 1.8-1 illustriert diese und zeigt, dass ein IT-Service in Form eines „Zwiebelmodells" dargestellt werden kann.

**Einrichten eines IT-Service = Megaziel**

Ein Netzwerk wird in jedem Unternehmen eingerichtet, um bestimmte IT-Services zu erbringen. Demzufolge bestimmt das Management des Unternehmens, welche IT-Services eingerichtet werden sollen und stellt die Anforderungen an diese IT-Services. Diese Anforderungen müssen dann von Projektbeteiligten während des Netzwerkprojekts entsprechend umgesetzt werden. Das Einrichten eines IT-Service soll daher als *Megaziel* im Netzwerkprojekt betrachtet werden.

## 1.8 Prozessmodellierung in Netzwerkprojekten

```
┌─────────────────────────────────────────────────────────────────┐
│  Unternehmens-    Strategische         Ziel: Ein bestimmter IT-Service │
│  management      IT-Serviceanforderungen   soll eingerichtet werden │
│                                                                 │
│  IT-Service      IT-Servicemanagement (ITSM)                    │
│                     ⇅      ← K&M der Netzwerkdienste            │
│                  Systemmanagement                               │
│  Netzwerkdienste    ⇅      ← K&M der Netzwerkfunktionen         │
│                  Netzwerkmanagement                             │
│  Netzwerkfunktionen  ⇅     ← K&M von Netzwerkkomponenten        │
│                  Netzwerkkomponenten                            │
└─────────────────────────────────────────────────────────────────┘
```

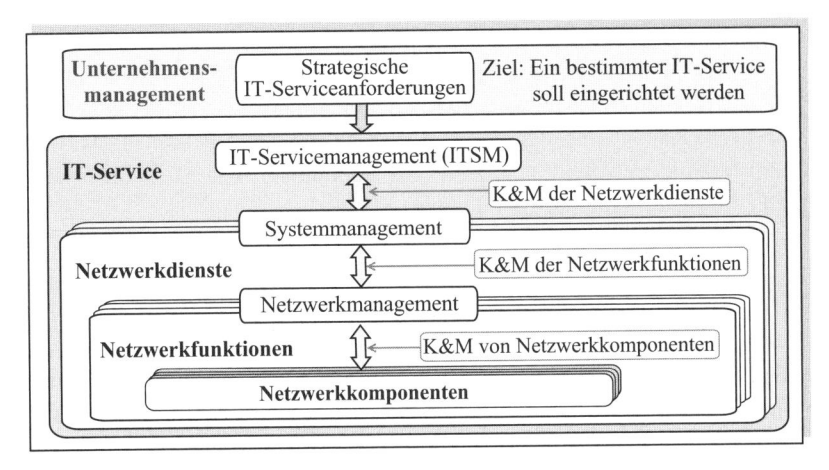

**Abb. 1.8-1:** Zwiebelmodell eines IT-Service – zeigt: Wie wird ein IT-Service erbracht?
K&M: Konfiguration und Management

Um das Megaziel „*Einrichten des IT-Service X*" – z.B. des Web-Service – zu verwirklichen, müssen mehrere Netzwerkdienste in Anspruch genommen werden, wozu u.a. die Datenübermittlung und -speicherung gehören. Zusätzlich muss auch das Konzept für das Management des einzurichtenden IT-Service erstellt werden. Dies umfasst de facto das *IT-Servicemanagement*. Wie Abbildung 1.8-1 zum Ausdruck bringt, wird ein IT-Service in der Regel durch die Inanspruchnahme mehrerer Netzwerkdienste und mithilfe eines geeigneten IT-Servicemanagement erbracht.

*IT-Service basiert auf mehreren Netzwerkdiensten*

Dies führt dazu, dass das Megaziel „*Einrichten des IT-Service X*" im Netzwerkprojekt nur durch das Erreichen von mehreren „kleineren Zielen" realisiert werden kann. Es bedeutet auch, dass ein Megaziel im Netzwerkprojekt auf mehrere *Zielvorstellungen* „aufgeteilt" werden muss, wobei jede Zielvorstellung durch die Realisierung eines Netzwerkdiensts verwirklicht werden kann. Ein Netzwerkdienst wird dann durch mehrere Netzwerkfunktionen (Switching, Routing u.Ä.) in verschiedenen Netzwerkkomponenten erbracht. Abbildung 1.8-1 zeigt dies und illustriert zusätzlich die Bedeutung des System- und Netzwerkmanagements.

*Netzwerkdienst basiert auf mehreren Netzwerkfunktionen*

Die IT-Services innerhalb eines Unternehmens unterstützen analog zum Netzwerk primär die Geschäftsprozesse des jeweiligen Unternehmens – s. Abb. 1.2-5. Das ITSM umfasst die Planung, Steuerung, Überwachung und kontinuierliche Verbesserung von IT-Services bzw. den gesamten Lebenszyklus von IT-Services. Es sei hervorgehoben, dass der Lebenszyklus eines IT-Service, wie auch aus den Abbildungen 1.3-1 und 1.8-2 hervorgeht, weitgehend dem Lebenszyklus eines Netzwerks entspricht. Daraus folgt, dass ein Netzwerk ebenso wie ein IT-Service als kontinuierlicher Prozess modelliert werden kann. Da es mehrere ITSM Frameworks[16] gibt, in denen verschiedene IT-Services als kontinuierliche Prozesse modelliert werden, können diese Frameworks bei Netzwerkprojekten von Bedeutung sein.

*ITSM Frameworks als Hilfe bei Netzwerkprojekten*

---

[16] Diese Frameworks (Rahmenwerke) können als Referenzmodelle für IT-Services angesehen werden.

## 1 Netzwerkprojekte: Ziele, Risiken, Vorgehensweise, Koordination

**ITIL und ISO/IEC 20000 de facto ITSM-Standards**

Unter den ITSM Frameworks, die als Referenzmodelle für ITSM gelten, haben sich de facto ITIL (*IT Infrastructure Library*) und ISO/IEC 20000[17] als Standards für das Servicemanagement in IT-Infrastrukturen etabliert. ITIL wird im Abschnitt 1.8.1 kurz vorgestellt. Es bietet neben „good-practices" für den Betrieb von IT-Infrastrukturen auch Schnittstellen zur Anpassung der IT an Geschäftsprozesse des Unternehmens, in dem die IT-Services bereitgestellt und betrieben werden sollen.

**Weitere ITSM Frameworks**

Hervorzuheben sind aber auch weitere ITSM Frameworks – insbesondere: COBIT (*Control Objectives for Information and related Technology*), eTOM (*enhanced Telecom Operations Map*) sowie herstellerspezifische Frameworks wie z.B. MOF (*Microsoft Operation Framework*) und PRM-IT (*Process Reference Model für IT von IBM*). Letztere orientieren sich ihrerseits weitgehend an ITIL.

**Framework für IT-Projektmanagement PRINCE2**

Neben den auf der Prozessmodellierung basierenden Ansätzen und Werkzeugen für IT-Servicemanagement wurden auch ähnliche Konzepte für das IT-Projektmanagement entwickelt – die sog. *Projektmanagement Frameworks*. Diese können auch bei Netzwerkprojekten verwendet werden. Als Projektmanagement Framework, welches auch in Kombination mit ITIL verwendet werden kann, hat sich PRINCE2 (*Projects in Controlled Environments*) etabliert. Dieses Framework hat bereits das Prädikat „best-practice" erreicht und wird daher in Abschnitt 1.8.2 kurz vorgestellt.

### 1.8.2 Konzept von ITIL – Bedeutung für Netzwerkprojekte

**Entwicklung von ITIL**

ITIL (*IT Infrastructure Library*) gilt mittlerweile als de facto Standard für ITSM (*IT-Service Management*) und wird in vielen Unternehmen erfolgreich umgesetzt. In diesem Abschnitt wird das Referenzmodell von ITIL in der Version 3 (*ITIL V3*) kurz vorgestellt.[18] Darüber hinaus werden die Schnittstellen von ITIL und deren Bedeutung für die Planung und Durchführung von Netzwerkprojekten erläutert. ITIL bietet eine Sammlung von „good-practice"-Lösungen für ITSM. Diese können für ein projektspezifisches Qualitätsmanagement in Form bestehender Erfahrungen in die Realisierung von Netzwerkprojekten einbezogen werden.

**ITIL Service Lifecycle und seine Bedeutung**

ITIL liefert Ansätze zur Anpassung von IT-Services an die Geschäftsprozesse und ermöglicht es dadurch, eine kontinuierliche und systematische Verbesserung von IT-Services zu erreichen. Bei ITIL wird der gesamte Lebenszyklus von IT-Services so betrachtet, sodass man dabei von *Service Lifecycle* spricht. Die einzelnen Abschnitte im Service Lifecycle – die gewissermaßen die einzelnen *Lebensphasen* eines IT-Service umfassen – bilden den Kern von ITIL und werden im Weiteren kurz vorgestellt.

---

[17] Siehe z.B.: http://wiki.de.it-processmaps.com/index.php/ISO_20000
[18] Eine Beschreibung von ITIL V3 bieten [Elsä 06] und [Bött 10]. Unter http://www.itil.co.uk findet man weitere Informationen über die Entwicklung von ITIL. In Deutschland wird die Entwicklung von ITIL durch das IT Service Management Forum (itSMF) vorangetrieben – s. hierfür http://www.itsmf.de

Abbildung 1.8-2 illustriert den typischen Lebenszyklus (Lifecycle, Kreislauf) eines IT-Service – nach ITIL V3 – und zeigt eine Auflistung von wesentlichen Funktionen, die in den einzelnen Lebensphasen des IT-Service erbracht werden sollen oder können. Ein derartiges, hier gezeigtes Prozessmodell von IT-Services stellt ein Referenzmodell für deren Modellierung in Form von kontinuierlichen Prozessen dar. Es kann beim Management aller IT-Services verwendet werden und somit auch bei umfangreichen Netzwerkprojekten von großer Bedeutung sein.

*Referenzmodell von IT-Services*

**Service Strategy:**
- Definition of Bussiness Service Requirements
- Determination of IT Policies and Strategies
- Service Portfolio Management
- Demand Management
- Financial Management

**Service Design:**
- Service Catalogue Management
- Service Level Management
- Capacity Management
- Availability Management
- IT Continuity Management
- Information Security Management

**Service Transition:**
- Change Management
- Service Asset and Configuration Management
- Release and Deployment Management
- Knowledge Management

**Service Operation:**
- Event Management
- Incident Management
- Request Fulfilment
- Problem Management
- Access Management

*Continual Service Improvement*

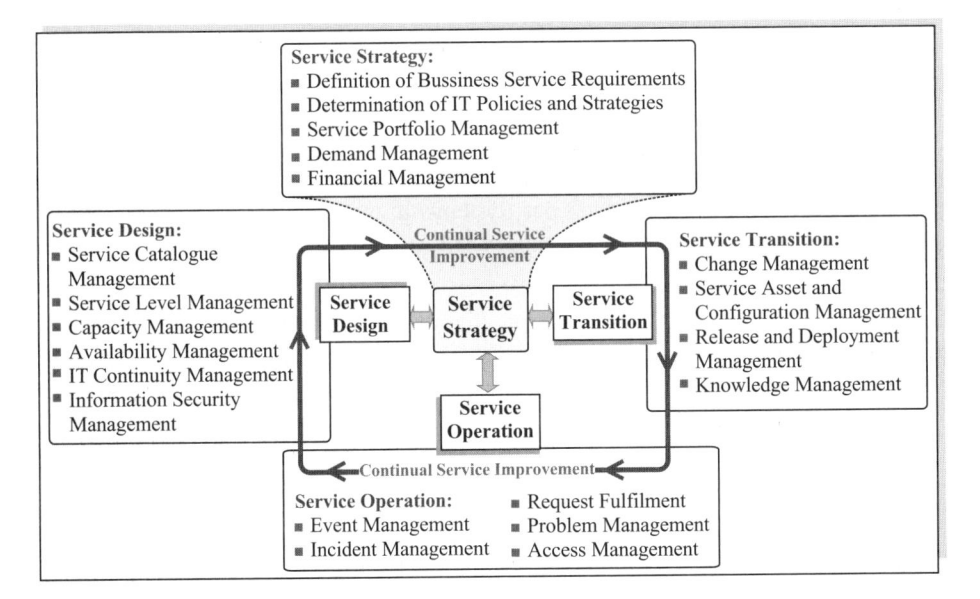

**Abb. 1.8-2:** Referenzmodell für IT-Services – Service Lifecycle nach ITIL V3

An dieser Stelle sei hervorgehoben, dass der Service Lifecycle in Abbildung 1.8-2 vollkommen dem Lebenszyklus sowohl eines Netzwerks (Abb. 1.3-1) als auch eines Netzwerksicherheitsprozesses (Abb. 6.2-1) entspricht. Vergleicht man nur den Lebenszyklus eines Netzwerks mit dem Service Lifecycle bei ITIL, so entspricht weitgehend das Service Design der Netzwerkplanung, Service Transition der Netzwerkrealisierung und Anpassung z.B. beim Redesign, Service Operation dem Netzwerkbetrieb und Continual Service Improvement der Netzwerkverbesserung. Die eben genannten funktionellen Entsprechungen dieser beiden Referenzmodelle – d.h. vom Netzwerk und vom IT-Service – belegen eindeutig, dass viele Ideen und Konzepte von ITIL auch bei Netzwerkprojekten gelten und angewandt werden können.

*Service Lifecycle versus Lebenszyklus eines Netzwerks*

Die einzelnen Funktionskomponenten des Referenzmodells für IT-Services können wie folgt kurz zusammengefasst werden:

Die ITIL-Komponente *Service Strategy* spezifiziert verschiedene Themen, die als strategische Anforderungen an das Servicemanagement – ausgehend vom Management des Unternehmens wie in Abb. 1.8-1 dargestellt – betrachtet werden können. Dabei steht

*Service Strategy*

die Ausrichtung auf die Anforderungen von Managern im Vordergrund. Enthalten sind hier u.a. die Themen: *Service Requirements*, *Service Portfolio Management*[19], *Demand Management*[20] und *Financial Management*. Im Hinblick auf Netzwerkprojekte können die Inhalte der ITIL-Komponente *Service Strategy* von Bedeutung sein: bei der Ist-Analyse (Kap. 2) – insbesondere während der Problem- und Anforderungsanalyse (s. Abb. 2.4-1 und -2), um die Wunschanforderungen beim Netzwerk-Design bzw. -Redesign zu erfassen – sowie bei der Soll-Analyse (Kap. 3) während der Spezifikation von Projektanforderungen.

**Service Design**

Die Beschreibung der Managementprozesse zur Planung von IT-Services liefert der ITIL-Block *Service Design*, welcher u.a. beschreibt: *Service Catalogue Management*, *Service Level Management*, *Capacity Management*, *Availability Management* und *Information Security Management*.[21] Die hier enthaltenen Ideen sowie verschiedene organisatorische und technische Ansätze können beim Netzwerk-Design bzw. -Redesign vor allem während der Entwicklung des Systemkonzepts (Kap. 4) – insbesondere des Sicherheitskonzepts (Kap. 6) – angewendet werden.

**Service Transition**

Den Übergang vom *Service Design* zur *Service Operation* – also quasi die Inbetriebnahme eines IT-Service – sowie die Durchführung von Veränderungen am IT-Service beschreibt der ITIL-Block *Service Transition*. Dieser liefert verschiedene Ansätze, um eventuelle Anpassungen des IT-Service an die aktuellen Gegebenheiten im Unternehmen sowie dessen kontrollierte Inbetriebnahme zu ermöglichen. Hierzu gehören u.a.: *Change Management*, *Asset and Configuration Management* und *Release and Deployment Management*.[21] Die hier gelieferten Ideen und Ansätze können während der Netzwerkrealisierung (Kap. 8) eine Hilfe sein.

**Service Operation**

Der ITIL-Block *Service Operation* bezieht sich auf den Service-Betrieb und beschreibt die Managementprozesse, um u.a. die Nutzbarkeit und Effizienz von betriebenen IT-Services zu gewährleisten. Hierzu gehören u.a. die folgenden Managementprozesse: *Event Management*, *Incident Management*, *Request Fulfilment* und *Problem Management*.[21] Da die Service Operation im Lebenszyklus eines Netzwerks dem Netzwerkbetrieb entspricht, wie dies aus den Abbildungen 1.3-1 und 1.8-2 hervorgeht, können einige Managementprozesse aus dem Block *Service Operation* für den Netzwerkbetrieb bedeutsam sein.

**Continual Service Improvement**

Um eine kontinuierliche und systematische Verbesserung von IT-Services, basierend auf aktuellen Anforderungen sowie neuen technischen und organisatorischen Entwicklungen, zu erleichtern, spezifiziert ITIL einen kontinuierlichen Verbesserungsprozess – *Continual Service Improvement*. Dieser Verbesserungsprozess begleitet und umfasst al-

---

[19] *Service Portfolio Management* innerhalb eines Unternehmens bzw. einer anderen Organisation steuert den Investitionsfluss in das ITSM – http://wiki.de.it-processmaps.com/index.php/Service_Portfolio_Management

[20] *Demand Management* bezeichnet die Ermittlung des Bedarfs der Geschäftsprozesse an IT-Services – http://wiki.de.it-processmaps.com/index.php/ITIL_Demand_Management

[21] Für eine kurze Erklärung dieser Managementfunktionen siehe: http://www.uni-oldenburg.de/itdienste/ueber-uns/itil-prozesse-des-it-service-managements/

le Lebensphasen von IT-Services – und dies verdeutlicht die Abb. 1.8-2. Vor allem wird hierbei ein kontinuierliches Service Reporting und Measurement empfohlen. Dies ist mit der Überwachung des Netzwerkbetriebs vergleichbar – s. hierzu Abb. 1.3-5, sodass einige der Ideen sowie organisatorischen und technischen Ansätze des Continual Service Improvement auch während des Netzwerkbetriebs umgesetzt werden können.

Für das Netzwerkmanagement existieren bereits verschiedene Plattformen, die eine Unterstützung von ITIL Ansätzen erlauben. Beispiele hierfür bilden die bereits im Abschnitt1.8.1 genannten Management-Frameworks von Microsoft (*MOF*) und IBM (*PRM-IT*). Ähnliche Funktionen bieten existierende Netzwerkmanagement-Lösungen von Herstellern von Netzwerkkomponenten – z.B. von HP, Cisco und Brocade. Darüber hinaus existiert ein Vielzahl von Werkzeugen, die eine ITIL-konforme Umsetzung von Netzwerkprojekten ermöglichen zu denen auch frei verfügbare Lösungen wie u.a. OTRS::ITSM[22] und i-doit[23] gehören.

ITIL Werkzeuge

### 1.8.3 Einsatz von PRINCE2

Bedeutung von PRINCE2 bei Netzwerkprojekten

PRINCE (*PRojects IN Controlled Environments*) ist ein weit verbreitetes Rahmenwerk für das IT-Projektmanagement. Ebenso wie ITIL wird es auch vom OGC (*Office of Government Commerce*) weiterentwickelt.[24] Während ITIL sich überwiegend auf das IT-Servicemanagement konzentriert, umfasst PRINCE2 „best-practices" für den gesamten Ablauf eines Projekts. Die Verwendung von PRINCE2 bietet sich daher für Netzwerkprojekte insbesondere von der Planung bis zur Durchführung an. Ab der Durchführung sowie bei späteren Änderungen (Redesign) kann dann während des Betriebs auf ITIL aufgebaut werden. PRINCE2 definiert Prozesse, Komponenten und Techniken für das Projektmanagement. Im Folgenden werden die Anknüpfungspunkte der in diesem Buch vorgestellten Techniken für ein Management von Netzwerkprojekten an PRINCE2 erläutert.

PRINCE2 setzt voraus, dass ein Projekt eine zeitlich begrenzte und entsprechend organisierte Tätigkeit mehrerer Personen darstellt, um einige vordefinierte Ziele nach einem festen Zeitplan und mit fest definierten Ressourcen zu erreichen. Ausgehend davon werden bei PRINCE2 mehrere Projektmanagementprozesse beschrieben und die gegenseitigen Abhängigkeiten zwischen ihnen sowie eine Art *Schnittstelle* zwischen den einzelnen Prozessen spezifiziert. Abbildung 1.8-3 zeigt die funktionelle Struktur von PRINCE2. Es sei hier angemerkt, dass dabei das Unternehmensmanagement – analog zum Modell eines IT-Service in Abbildung 1.8-1 – den übergeordneten Rahmen bildet. Damit wird bei PRINCE2 zum Ausdruck gebracht, dass besonders ein Netzwerkprojekt wie jedes IT-Projekt den Unternehmenszielen dienen muss.

PRINCE2-Prozesse

---

[22] OTRS::ITSM findet man kostenfrei unter http://www.otrs.com/de/software/otrs-itsm/
[23] Diese kostenfreie Lösung steht unter http://www.i-doit.org/ zur Verfügung.
[24] Für Näheres darüber siehe: http://www.prince-officialsite.com/

```
┌─────────────────────────────────────────────────────────────┐
│           Unternehmens- oder Programm-Management            │
│                           ↕                                 │
│                  Lenken eines Projekts                      │
│     ↕         ↕          ↕           ↕          ↕           │
│ Vorbereiten  Initiieren  Steuern   Managen der  Abschließen │
│ eines       eines       einer      Phasen-      eines       │
│ Projekts    Projekts    Phase      übergänge    Projekts    │
│                           ↕                                 │
│                      Managen der                            │
│                    Produktlieferung                         │
│                  Planen eines Projekts                      │
└─────────────────────────────────────────────────────────────┘
```

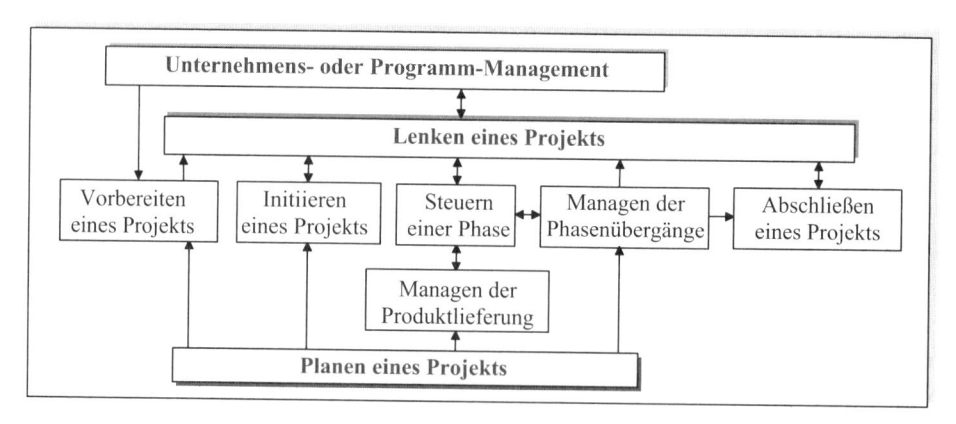

**Abb. 1.8-3:** Funktionelle Struktur von PRINCE2 – in Anlehnung an [Ebel 07]

Die einzelnen Projektmanagementprozesse bei PRINCE2, auf die während der Netzwerkprojekte zugegriffen werden kann, lassen sich kurz wie folgt charakterisieren:

**Planen eines Projekts**
Ein Projekt muss selbstverständlich zunächst geplant werden. Hierbei sind bei PRINCE2 einige Aufgaben zu „erledigen". Diese werden zum Modul *Planen eines Netzwerks* zusammengefasst. Dazu gehören u.a.: Definition eines Zeitplans, Abhängigkeiten zwischen Projektphasen sowie Risiko- und Aufwandsabschätzung.

**Vorbereiten eines Projekts**
Wurde ein Projekt geplant, muss es anschließend vorbereitet werden. Die hierfür gemäß PRINCE2 erforderlichen Aufgaben und deren Abhängigkeit beschreibt das Modul *Vorbereiten eines Projekts*. In Bezug auf Netzwerkprojekte kann dieses Modul vor allem während der Analyse der Ist-Situation – d.h. bei der Erfassung von Zielvorstellungen (s. Abb. 2.1-2 und -3) – sowie bei der Schutzbedarfsermittlung bei der Planung der Netzwerksicherheit (s. Abschnitt 6.3) behilflich sein. Zusätzlich können aktuelle technische und organisatorische Entwicklungen – in Kapitel 9 dargestellt – für die Vorbereitung des Projekts nach PRINCE2 herangezogen werden.

**Lenken eines Projekts**
Damit man die Kontrolle der Ausrichtung des Projekts auf die Ziele des Unternehmens wie auch deren Anpassung an die Geschäftsprozesse ermöglichen kann, beschreibt PRINCE2 im Modul *Lenken eines Projekts* die hierzu gehörenden Funktionen. Die Lenkung des Projekts erfolgt parallel zu den restlichen Projektmanagementprozessen. Eine entsprechende Kontrolle kann durch regelmäßige Berichte über den Zustand des Projekts sowie die Einbeziehung von erforderlichen Verantwortlichen im Unternehmen (z.B. Abstimmung mit Datenschutz- und IT-Sicherheitsbeauftragten) erreicht werden.

**Initiieren eines Projekts**
Nachdem das Projekt geplant und vorbereitet sowie die Lenkung des Projekts definiert wurde, kann das Projekt durch das Modul *Initiieren eines Projekts* begonnen werden. Hierbei erfordert PRINCE2 die Festlegung der zu erzielenden Qualität sowie die Betrachtung etwaiger Risiken. Diese können in Netzwerkprojekten insbesondere aus der Soll-Analyse aus Kapitel 3 sowie den Sicherheitsanforderungen aus Kapitel 6 abgeleitet werden. Für die Kommunikation innerhalb des Projekts sieht das Modul zusätzlich die Realisierung gemeinsamer Projektablagestrukturen sowie die Erstellung eines Projektleitdokuments vor. Diese können als Basis das in Kapitel 4 vorgestellte Systemkon-

## 1.8 Prozessmodellierung in Netzwerkprojekten

zept verwenden. Darüber hinaus ist eine zeitnahe und enge Verzahnung mit der Netzwerkdokumentation – wie in Kapitel 5 erläutert – sinnvoll, um einen einheitlichen Kenntnisstand über das Projekt bei allen Beteiligten zu unterstützen.

Für die Kontrolle des Projekts während der Realisierung beinhaltet PRINCE2 das Modul *Steuern einer Phase*. Dieser umfasst die Definition von Arbeitspaketen, die Überwachung des Fortschritts, die Adressierung von offenen Punkten sowie die Einleitung eventueller Korrekturmaßnahmen. Die Ergebnisse der Steuerung des Projekts sind in Form von Berichten an die Lenkung des Projekts sowie einzubeziehende Gremien zu kommunizieren. Dies ist auch für Netzwerkprojekte ein wesentlicher Erfolgsfaktor und sollte durch regelmäßige Berichte realisiert werden. Innerhalb von Netzwerkprojekten werden im Systemkonzept – wie in Kapitel 4 beschrieben – sowie im Sicherheitskonzept – gemäß Kapitel 6 – Funktionen für die Steuerung definiert.

*Steuern einer Phase*

In der Regel liefert ein Projekt ein bestimmtes Produkt (z.B. ein neu realisiertes oder überarbeitetes Netzwerk). Ein Produkt besteht dabei aus Arbeitspaketen als Teilergebnissen des Projekts. Die Annahme, Ausführung und Abgabe von Arbeitspaketen beschreibt das Modul Produktlieferung, das analog zum vorherigen Modul auf das System- und Sicherheitskonzept aufbauen kann.

*Managen der Produktlieferung*

Die einzelnen Phasen eines nach PRINCE2 durchgeführten Projekts können unterschiedliche Übergänge aufweisen. Bei einem Übergang können z.B. eventuelle Anpassungen des Projektplans, des Business Cases (bzw. Anwendungsfälle des Projekts bezüglich der Geschäftsprozesse) erforderlich sein. Auch für eventuelle neue oder geänderte Risiken definiert das Modul *Managen von Phasenübergängen* entsprechende Berichte an das Lenkungsgremium. Die kontinuierliche Überwachung des Projektfortschritts und der Phasenübergänge bilden auch einen wesentlichen Baustein für die in Kapitel 8 beschriebenen Phasen der Netzwerkrealisierung.

*Managen von Phasenübergängen*

Wie eingangs erläutert bildet ein Projekt in der Regel eine zeitlich begrenzte Tätigkeit mit vordefiniertem Ziel. Entsprechend müssen nach Ablauf dieser Zeit die Auflösung des Projekts, Identifikation von Folgearbeiten und eine Projektbewertung erfolgen. Hierfür sieht PRINCE2 das Modul *Abschließen eines Projekts* vor. Diese Aufgaben werden auch von der in Kapitel 8 beschriebenen letzten Phase innerhalb der Netzwerkrealisierung erfüllt. Das Netzwerk geht hierbei am Ende des Projekts in den Regelbetrieb über. Für die Gewährleistung eines effizienten, unterbrechungsfreien und leistungsfähigen Betriebs des Netzwerks ist eine enge Verzahnung mit den im vorherigen Abschnitt genannten IT-Servicemanagement Werkzeugen empfehlenswert.

*Abschließen eines Projekts*

Eine detaillierte Beschreibung von PRINCE2 sowie der enthaltenen Komponenten und Techniken des Projektmanagements kann in [Ebel 07] sowie [Köhl 06] nachgelesen werden. Die in diesem Buch vorgestellten Techniken für das Management von Netzwerkprojekten können sowohl basierend auf den genannten PRINCE2-Prozessen als auch als eigenständige Ansätze oder in Kombination mit einem IT-Servicemanagement oder System- und Netzwerkmanagement unterstützt werden. Auch unabhängig davon können die in diesem Buch vorgestellten Ansätze und Lösungen als „best-practices" für die Realisierung von Netzwerkprojekten verwendet werden. Dies ist beispielsweise

*Netzwerkprojekte mit PRINCE2*

dann sinnvoll, wenn für das IT-Projektmanagement nach PRINCE2 bzw. ITSM nach ITIL innerhalb des Unternehmens noch keine Frameworks – ggf. mangels verfügbarer personeller Ressourcen – umgesetzt wurden.

## 1.9 Abschließende Bemerkungen

Die Anforderungen an IT-Infrastrukturen und deren Komplexität nehmen ständig zu, sodass Netzwerkprojekte immer komplexer werden. Um eine Führungshilfe über verschiedene, mit Netzwerkprojekten verbundenen Problemen zu vermitteln, wurde in diesem Kapitel eine Übersicht über wichtige Themenbereiche des Netzwerk-Design und -Redesign dargestellt. Abschließend möchten wir die in diesem Kapitel präsentierten Inhalte zu den folgenden Punkten zusammenfassen:

*Schweizer-Käse-Modell als Vorgehensmodell*

**Strukturierte Vorgehensweise:** Der gesamte Ablauf eines Netzwerkprojekts sollte auf mehrere *Projektphasen* aufgeteilt werden, die in einer definierten Reihenfolge durchgeführt werden müssen; dies ist bei der Durchführung jedes Netzwerkprojekts unabdingbar. Alle Zielvorstellungen und sämtliche Aktivitäten sollte man auf einheitliche Art und Weise erfassen und dokumentieren. Um dies zu erleichtern, wurde ein Modell, das an einen Schweizer Käse erinnert, in Abschnitt 1.3.3 eingeführt. Dieses Modell soll erleichtern, u.a. die Ist- und die Soll-Analyse auf eine einheitliche Art und Weise durchzuführen und deren Ergebnisse präzise und übersichtlich zu dokumentieren.

*Koordinationsmodell*

**Koordination von Netzwerkprojekten:** Netzwerke in großen Unternehmen bzw. Institutionen stellen komplexe Infrastrukturen dar. Das Design bzw. Redesign solcher Netzwerke führt zu großen Netzwerkprojekten, an denen häufig große Teams arbeiten. Um solche Projekte zum Erfolg zu führen, muss genau geklärt werden, welche Aufgaben jeder Projektbeteiligte zu erledigen hat. Dies muss auch allen anderen Projektbeteiligten verständlich und nachvollziehbar bekannt gemacht werden. Alle Ergebnisse müssen in einheitlicher Form formal dokumentiert werden – s. hierzu Abschnitt 1.4.

*Garantie von Anforderungen und Zukunftsorientierung*

**Voraussetzungen für den Projekterfolg:** Man wünscht sich, dass jedes Projekt zum Erfolg geführt wird. Entscheidend für die Erfüllung dieses Wunschs sind bestimmte Voraussetzungen. Diese haben wir in Abschnitt 1.7 zu den 10 Geboten zusammengefasst. Die Garantie von Anforderungen – insbesondere von System-, Sicherheitsanforderungen und von gesetzlichen Anforderungen – sowie die Zukunftsorientierung möchten wir an dieser Stelle nochmals hervorheben.

*V-Modell XT*

**Referenzmodelle:** Für die Unterstützung der Projekte im IT-Bereich werden verschiedene Referenzmodelle – u.a. auf den Prinzipien der Prozessmodellierung – entwickelt. Abschnitt 1.8 präsentiert mit ITIL und PRINCE2 zwei Beispiele hierfür. Wir möchten hier zusätzlich auf das sog. V-Modell XT (*eXtreme Tailoring*) verweisen. Dieses Vorgehensmodell wurde zwar zur Unterstützung der Entwicklung von Softwaresystemen im öffentlichen Bereich entwickelt, kann aber auch „einiges" zur Unterstützung der Netzwerkprojekte in der freien Wirtschaft leisten. Für weitere Informationen darüber siehe http://www.bit.bund.de bzw. http://www.microtool.de/instep/de.

# 2 Analyse der Ist-Situation

Zu Beginn der Modernisierung einer Netzwerkinfrastruktur, also beim Netzwerk-Redesign, ist es erforderlich, das aktuell vorhandene, bereits „veraltete" Netzwerk zu analysieren, um damit die Wünsche, die man mit dem modernisierten Netzwerk erreichen möchte, präzise zu erfassen. Der erste Schritt bei der Planung und Durchführung einer IT-Investition, die zu einer zukunftssicheren Netzwerkinfrastruktur führen soll, ist daher eine Analyse des aktuellen Netzwerkzustands, im Weiteren kurz *Ist-Analyse* genannt. Ihr Ziel sollte es sein, einerseits alle *Schwachstellen* innerhalb der bestehenden Netzwerkinfrastruktur zu ermitteln, die behoben werden sollen, andererseits Verbesserungswünsche als *Zielvorstellungen* zu erfassen und eventuell eine Wunschliste innovativer Netzwerkdienste und -anwendungen zu erstellen.

*Bedeutung der Ist-Analyse*

Während der Ist-Analyse wird zuerst eine fundierte Bestandsaufnahme des aktuellen Netzwerkzustands vorgenommen. Hierfür müssen organisatorische, technische, funktionelle, strategische und sicherheitsrelevante Aspekte analysiert werden. Aufgrund der Erkenntnisse aus der Bestandsaufnahme kann dann eine Problem- und Anforderungsanalyse erfolgen, um Schwachstellen, die behoben werden müssen, und neue Zielvorstellungen, die man zu erreichen wünscht, präzise zu spezifizieren. Bei der Erfassung von Möglichkeiten, wie man mit einer neuen Netzwerkinfrastruktur die gewünschten Ziele erreichen möchte, müssen auch Lösungen auf der Basis von IT-Outsourcing berücksichtigt werden.

*Schwerpunkte der Ist-Analyse*

Dieses Kapitel erläutert die Ziele, Vorgehensweisen und die wichtigsten Schwerpunkte der Ist-Analyse, sowohl beim Design einer neuen als auch beim Redesign einer veralteten Netzwerkinfrastruktur. Nach der Darstellung der Ziele und Aufgaben der Ist-Analyse in Abschnitt 2.1 zeigt Abschnitt 2.2, wie die Ergebnisse dokumentiert werden können. Die Abschnitte 2.3 und 2.4 beschreiben die Bestandsaufnahme des Netzwerkzustands und die danach folgende Problem- und Anforderungsanalyse. Die Erfassung der Ergebnisse der Ist-Analyse in Abschnitt 2.5 und abschließende Bemerkungen in Abschnitt 2.6 runden dieses Kapitel ab.

*Überblick über das Kapitel*

Dieses Kapitel geht u.a. auf folgende Fragestellungen ein:

*Ziel dieses Kapitels*

- Welche Aufgaben hat die Ist-Analyse beim Netzwerk-Design oder -Redesign und wie soll sie durchgeführt werden?
- Wie kann man Schwachstellen und Verbesserungswünsche präzise spezifizieren?
- Was soll während der Bestandsaufnahme des Ist-Zustands einer Netzwerkinfrastruktur analysiert werden? Welche Bedeutung hat hierbei die strategische, die organisatorische und die technische Analyse?
- Wie sollte man die Problem- und Anforderungsanalyse durchführen?
- In welcher Form sollte man die Ergebnisse der Ist-Analyse dokumentieren?

## 2.1 Ist-Analyse – Ziele, Aufgaben, Dokumentation

Nach der Initiierung eines Netzwerkprojekts – s. Abbildung 1.3-3 – folgt als nächste Phase die sog. *Ist-Analyse*. Während der Ist-Analyse wird beim Netzwerk-Redesign normalerweise der aktuelle Zustand des zu modernisierenden Netzwerks aufgenommen. Beim Design eines neuen Netzwerks dagegen gibt es noch kein Netzwerk, das analysiert werden könnte. Schon aus diesem Grund muss man bei der Ist-Analyse unterscheiden, um welche Art von Netzwerkprojekt es sich handelt.

*Was soll während der Ist-Analyse geklärt werden?*

Bei der Ist-Analyse geht es u.a. um die folgenden Fragen:

- Wie sollte man während der Ist-Analyse vorgehen?
- Was soll während der Ist-Analyse vor allem analysiert werden?
- Was soll durch die Ist-Analyse erreicht werden?

Die Antworten auf diese Fragen hängen ebenfalls davon ab, ob es um das Redesign einer bestehenden Netzwerkinfrastruktur oder um das Design einer vollkommen neuen Netzwerkinfrastruktur geht. Diese beiden Fälle müssen daher teilweise getrennt betrachtet werden. Die wesentlichen Ziele der Ist-Analyse in diesen Fällen werden in den Abschnitten 2.1.2 und 2.1.3 näher erläutert.

### 2.1.1 Ziel und Schwerpunkte der Ist-Analyse

*Ziel der Ist-Analyse*

Das wesentliche Ziel der Ist-Analyse beim Redesign einer bestehenden Netzwerkinfrastruktur besteht in der Ermittlung und Spezifikation von bereits existierenden und potenziellen Schwachstellen, die als Ursachen für *Probleme im Netzwerk* gelten und behoben werden sollen. Darüber hinaus bildet die Erhebung und Spezifikation von Verbesserungswünschen und Wunschvorstellungen – also *von neuen Anforderungen* – in Form von Zielvorstellungen, die man mit der modernisierten Netzwerkinfrastruktur erreichen möchte, ein weiteres Ziel. Im Falle der Ist-Analyse beim Design einer vollkommen neuen Netzwerkinfrastruktur geht es zuerst um die Erhebung von Anforderungen und dann um die Festlegung von Zielvorstellungen sowie um die Ermittlung von *potenziellen* Schwachstellen[1], die in Zukunft denkbar sind.

*Arten von Schwachstellen*

Die Ermittlung von Schwachstellen, *die zu Problemen im Netzwerk führen*, klingt zwar simpel, eine unternehmensweite Netzwerkinfrastruktur bildet allerdings ein komplexes Gebilde, sodass die „Suche" nach Schwachstellen häufig nicht einfach ist. Zudem kann es sich um Schwachstellen verschiedener Natur handeln (s. Abb. 2.1-1). Diese umfassen u.a.:

---

[1] Als *potenzielle Schwachstellen* werden hier vor allem solche Schwachstellen verstanden, die infolge von zufälligen, Systemausfälle verursachenden Ereignissen (⇨ *Verringerung der Systemverfügbarkeit*) bzw. von bösartigen und zu Sicherheitsrisiken führenden Angriffen (⇨ *Verringerung der Systemsicherheit*) entstehen können.

## 2.1.1 Ziel und Schwerpunkte der Ist-Analyse

- *strategische Schwachstellen* – wenn z.B. die Realisierung eines Netzwerkdienstes nicht den aktuell geltenden Netzwerkstrategien entspricht
- *technische Schwachstellen* – falls am Internetzugang keine Redundanz vorhanden ist, wodurch die Verfügbarkeit der Internetanbindung zu gering ist
- *organisatorische Schwachstellen* – wenn z.B. die Netzwerkdokumentation nicht aktuell sowie nicht fehlerfrei ist, und sofern kein Disaster-Recovery-Plan[2] existiert
- *funktionelle Schwachstellen* – z.B. die unzureichende Unterstützung eines Geschäftsprozesses[3]

Ebenso können die Verbesserungswünsche und Wunschvorstellungen als *Zielvorstellungen*, die sowohl beim Redesign einer bestehenden Netzwerkinfrastruktur oder beim Design einer neuen erreicht werden sollen, funktioneller, strategischer, organisatorischer oder technischer Natur sein. Hervorzuheben ist in diesem Zusammenhang auch, dass die Behebung einer Schwachstelle gegebenenfalls als Verbesserungswunsch und folglich als Zielvorstellung angenommen werden kann.

Arten von Zielvorstellungen

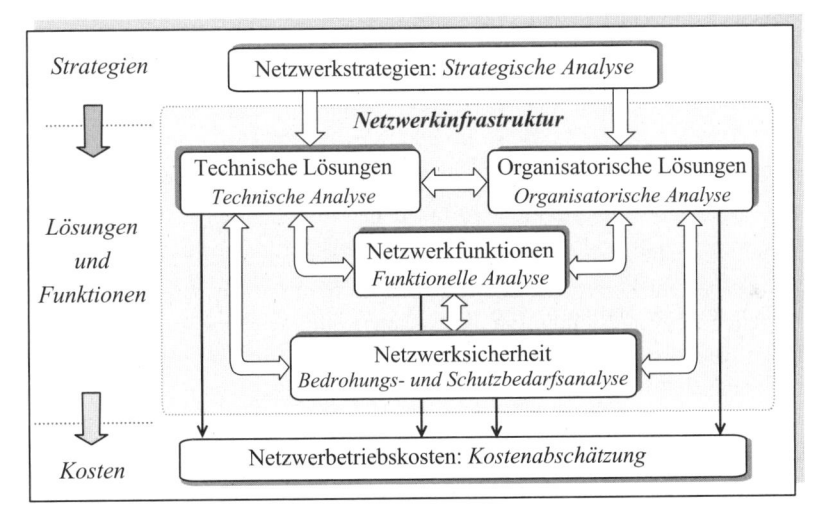

**Abb. 2.1-1:** Wesentliche Schwerpunkte der Ist-Analyse einer Netzwerkinfrastruktur

Hierbei stellt sich direkt die Frage: *Was sollte man während der Durchführung einer Ist-Analyse überhaupt analysieren?* Im Folgenden werden einige hilfreiche Ansätze vorgestellt werden. Insbesondere ist die Aufteilung der gesamten Ist-Analyse auf einige Schwerpunkte bzw. Bereiche von Vorteil. Darauf gehen wir als Erstes ein.

---

[2] Ein Not- bzw. Katastrophenfall, oft als *Disaster* bezeichnet, soll durch einen *Disaster Recovery Plan* adressiert werden, der es ermöglicht, den Netzwerkbetrieb nach jedem Notfall wiederherzustellen.
[3] Unter einem *Geschäftsprozess* werden einige zusammenhängende und meistens in einer festgelegten Reihenfolge ausführbare Aktivitäten verstanden, um bestimmte Unternehmensziele zu erreichen.

## 2 Analyse der Ist-Situation

**Schwerpunkte der Ist-Analyse**

Um eine einheitliche Vorgehensweise für die Ermittlung von Zielvorstellungen und Schwachstellen beim Redesign bzw. Design einer Netzwerkinfrastruktur darstellen zu können, sollte man zuerst die wesentlichen Schwerpunkte der Ist-Analyse festlegen. In Abbildung 2.1-1 wurde gezeigt, um welche Schwerpunkte es sich hierbei handeln kann. Diese können auch als Bestandteile der Ist-Analyse einer Netzwerkinfrastruktur angesehen werden.

**Strategische Analyse**

Um eine zukunftsorientierte, effiziente und kostengünstige Netzwerkinfrastruktur einzurichten, sollten zuerst die aktuell vorherrschenden Trends auf dem Netzwerkgebiet genau unter die Lupe genommen werden. Weil diese Trends die aktuell geltenden *Netzwerkstrategien* bestimmen, handelt es sich hierbei um eine *strategische Analyse*. Die aktuellen Netzwerkstrategien beeinflussen hauptsächlich die technischen Lösungen, die beim Aufbau der Netzwerkinfrastruktur realisiert werden sollen. Eine strategische Analyse wird daher mit dem Ziel durchgeführt, einige strategische Zielvorstellungen zu verwirklichen, um ein *zukunftssicheres Netzwerk* einrichten zu können. Auf die strategische Analyse wird in Abschnitt 2.3.4 näher eingegangen.

**Technische und organisatorische Analyse**

Sowohl die technischen Lösungen – wie z.B. die Systemlösung für die Sprachkommunikation – als auch die organisatorischen Lösungen – wie etwa die Organisation der Netzwerkadministration – sollte man genau analysieren. Demzufolge entstehen zwei weitere Schwerpunkte der Ist-Analyse, nämlich die *organisatorische Analyse* und die *technische Analyse*. Die Schwerpunkte der organisatorischen Analyse werden in Abschnitt 2.2.5 und die der technischen Analyse in Abschnitt 2.3.6 präsentiert.

**Funktionelle Analyse**

Eine Netzwerkinfrastruktur wird mit dem Ziel eingerichtet, bestimmte Funktionen als Netzwerkdienste und -anwendungen für ein Unternehmen bzw. für eine andere Organisation zu erbringen. Welche Funktionen diese wie und *in welcher Qualität* erbringen sollen, um Geschäftsprozesse oder Organisationsabläufe gut zu unterstützen, muss ebenfalls gründlich analysiert werden. Dies stellt eine *funktionelle Analyse* dar und ihr widmet sich Abschnitt 2.3.3.

**Sicherheitsanalyse**

Während der Ist-Analyse dürfen die Sicherheitsaspekte nicht außer Acht gelassen werden. Die Durchführung einer Sicherheitsanalyse, um alle *Bedrohungen*[4] zu erfassen (s. *Bedrohungsanalyse* in Abschnitt 6.3.2) und um den Schutzbedarf ermitteln zu können, ist daher unabdingbar. Die Entwicklung eines Konzepts für die Netzwerksicherheit verlangt insbesondere, dass alle Bereiche, in denen bestimmte Sicherheitsprobleme (Sicherheitslücken bzw. *Sicherheitsschwachstellen*) entstehen können, analysiert werden. Auf die Planung der Netzwerksicherheit geht Kapitel 6 ausführlich ein.

**Abschätzung von Netzwerkbetriebskosten**

Während der Ist-Analyse sollte man auch die laufenden Kosten des Netzwerkbetriebs erfassen. Diese werden dann als eine Art von „Eingangswerten" für die Soll-Analyse dienen. Wie auch Abbildung 2.1-1 zum Ausdruck bringt, sollte man in der Lage sein,

---

[4] Als *Bedrohung* in einem Netzwerk gilt jede denkbare, unberechtigte Aktion sowohl von Innen – d.h. von einem *Innentäter* – wie auch von Außen – d.h. von einem *Außentäter*, z.B. über das Internet – in beabsichtigter bzw. unbeabsichtigter Weise, wodurch die Sicherheit im Netzwerk beeinträchtigt werden kann.

nach der Bestandsaufnahme des Ist-Zustands des Netzwerks dessen Betriebskosten abzuschätzen. Es empfiehlt sich, die laufenden Netzwerkbetriebskosten während der organisatorischen Analyse zu untersuchen – siehe hierfür Abschnitt 2.3.5.

## 2.1.2 Hauptaufgaben der Ist-Analyse beim Redesign

Abbildung 2.1-2 veranschaulicht die Hauptaufgaben der Ist-Analyse und zeigt, in welcher Reihenfolge diese durchgeführt werden sollen.

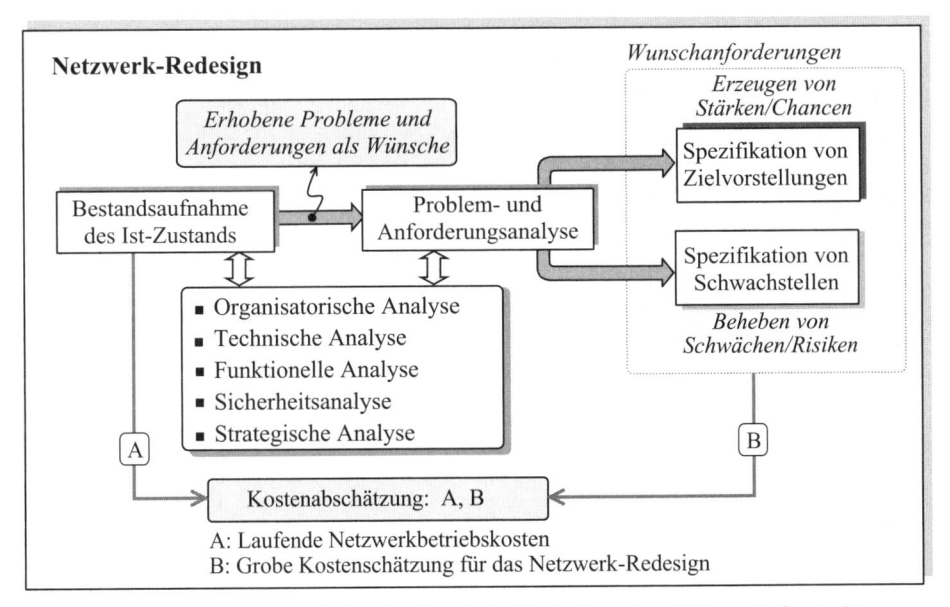

**Abb. 2.1-2:** Hauptaufgaben der Ist-Analyse beim Redesign einer Netzwerkinfrastruktur

Beim Redesign einer bereits existierenden Netzwerkinfrastruktur, die ihre Funktion nicht vollkommen oder in unzureichender Qualität erbringt, also einige Schwachstellen besitzt, sind folgende Hauptaufgaben zu erledigen:

- *Bestandsaufnahme des aktuellen Netzwerkzustands* – also des Ist-Zustands
  Für die Bestandsaufnahme sollte zuerst der aktuelle Zustand des Netzwerks gründlich untersucht werden. Hierfür führt man am besten eine funktionelle, eine strategische, eine organisatorische und eine technische Analyse sowie eine Sicherheitsanalyse durch (s. Abb. 2.1-1). Auf diese Analysen wird im Weiteren noch detaillierter eingegangen. Während der Bestandsaufnahme des aktuellen Netzwerkzustands sollte man u.a. folgendes ermitteln:
  
  *Was soll untersucht werden?*
  
  – Wo sind die Probleme im Netzwerk und worin bestehen sie? Kurz gesagt: Welche *Schwachstellen* im Netzwerk gibt es?

- Welche neuen Anforderungen/Wünsche an das Netzwerk bzw. *Zielvorstellungen* gibt es?

Der Bestandsaufnahme des aktuellen Netzwerkzustands widmet sich Abschnitt 2.3.

- *Problem- und Anforderungsanalyse*
  Wie aus Abbildung 2.1-2 hervorgeht, werden – *während der Bestandsaufnahme des aktuellen Netzwerkzustands* – sowohl Probleme bzw. Schwachstellen im Netzwerk als auch die zur Verbesserung der Netzwerkinfrastruktur führenden Anforderungen und andere Wunschvorstellungen als Zielvorstellungen erhoben. Dabei wird zwischen verschiedenen Arten von Problemen und Anforderungen wie z.B. funktionellen, strategischen, organisatorischen und technischen Anforderungen unterschieden. Die Aufgabe der Problem- und Anforderungsanalyse besteht nun in einer einheitlichen Spezifikation von Schwachstellen und Zielvorstellungen, sodass diese als Wunschanforderungen[5] beschrieben werden können.

  Auf die Problem- und Anforderungsanalyse geht Abschnitt 2.4 detaillierter ein.

- *Spezifikation von Schwachstellen*
  Hier werden einerseits die bereits *bestehenden Schwachstellen* und andererseits Unsicherheiten, die eventuell entstehen können – als *potenzielle Schwachstellen* – präzise und einheitlich spezifiziert. Abbildung 2.2-4 illustriert, in welcher Form dies erfolgen sollte. Das Beheben von Schwachstellen im Netzwerk soll dazu führen, dass sowohl bestehende als auch potenzielle Schwächen des Netzwerks bzw. die dadurch entstehenden Risiken verringert werden können.

- *Spezifikation von Zielvorstellungen*
  Hier werden die neuen Zielvorstellungen, die nach dem Redesign des Netzwerks angestrebt werden, kurz spezifiziert – siehe Abbildung 2.2-3. Durch die Umsetzung von Zielvorstellungen während des Netzwerkprojekts sollen neue Stärken des betreffenden Unternehmens und eventuell neue Chancen geschaffen werden.

- *Kostenabschätzung*
  Da die Ist-Analyse die Angaben für die Soll-Analyse liefert, während derer sozusagen „politische" Entscheidungen – bspw. über das Systemkonzept und somit auch über die Finanzierung des Netzwerkprojekts – getroffen werden, sollte eine Kostenabschätzung bereits aus der Ist-Analyse hervorgehen. Insbesondere ist hier eine Aussage über die aktuellen laufenden Netzwerkbetriebskosten und eine grobe Kostenabschätzung für das zu realisierende Netzwerk-Redesign empfehlenswert. Letztere kann auf Grundlage der Spezifikation sowohl von Schwachstellen als auch von Zielvorstellungen vorgenommen werden.

**Bemerkung:** Eine Schwachstelle kann nur dann behoben werden, wenn es dafür zumindest eine denkbare Lösung gibt. Genauso kann eine Zielvorstellung nur dann verwirklicht werden,

---

[5] Die während der Ist-Analyse verfassten Wunschanforderungen werden während der Soll-Analyse noch auf ihre Realisierbarkeit untersucht und erst dann auf dieser Basis die Projektanforderungen definiert – siehe z.B. Abbildung 3.1-1.

wenn dies überhaupt möglich ist. Aus diesem Grund sollte mindestens eine denkbare Lösung in der Spezifikation jeder Schwachstelle vorgeschlagen werden, um sie beheben zu können – siehe Spezifikation einer Schwachstelle (Abb. 2.2-4). Das Gleiche betrifft auch jede Zielvorstellung – siehe Spezifikation einer Zielvorstellung (Abb. 2.2-3).

## 2.1.3 Hauptaufgaben der Ist-Analyse beim Design

Beim Design einer vollkommen neuen Netzwerkinfrastruktur sozusagen auf der „grünen Wiese" kann naturgemäß keine Bestandsaufnahme des aktuellen Netzwerkzustands vorgenommen werden. Daher besteht beim Design die Aufgabe der Ist-Analyse zuerst in der Erhebung von Anforderungen, auf deren Basis dann eine Spezifikation der Zielvorstellungen und *potenziellen Schwachstellen* erfolgt, die eventuell während des Netzwerkbetriebs entstehen können. Abbildung 2.1-3, die aus Abbildung 2.1-2 abgeleitet wurde, bringt dies anschaulich zum Ausdruck.

*Ziel der Ist-Analyse beim Design*

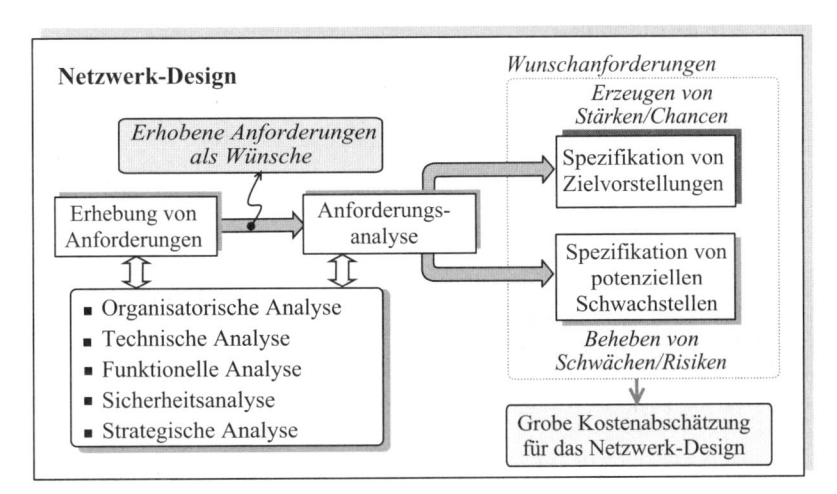

**Abb. 2.1-3:** Hauptaufgaben der Ist-Analyse beim Design eines Netzwerks

Während der Ist-Analyse beim Netzwerk-Design sind somit die folgenden drei Hauptaufgaben zu „meistern":

*Was soll untersucht werden?*

- *Erhebung von Anforderungen* – als Wunschvorstellungen
  Während dieser Phase sollte man u.a. Folgendes klären: Welche Geschäftsprozesse sollen auf welche Art und Weise durch die Netzwerkdienste und -anwendungen unterstützt werden? Welche Anforderungen gibt es als *Wunschvorstellungen* an das Netzwerk? Welche Netzwerkstrategien sollte man verfolgen? Genauso wie beim Netzwerk-Redesign sollte man hierfür eine funktionelle, strategische, organisatorische und technische Analyse sowie eine Sicherheitsanalyse durchführen.

- *Anforderungsanalyse*
  Während der Anforderungsanalyse werden die erhobenen Anforderungen an die

neue Netzwerkinfrastruktur genau untersucht, um eventuelle Ungenauigkeiten bzw. Unklarheiten zu beheben und folglich die Zielvorstellungen sowie die potenziellen Schwachstellen korrekt, einheitlich und präzise spezifizieren zu können.

- *Spezifikation von Zielvorstellungen und potenziellen Schwachstellen*
  Als Ergebnis der Anforderungsanalyse entsteht eine Spezifikation von Zielvorstellungen, die nach dem Einrichten des Netzwerks erreicht werden sollen, und eine Spezifikation von potenziellen Schwachstellen, die im Netzwerk denkbar sind und verlangen, dass bestimmte technische oder organisatorische Maßnahmen ergriffen werden, um sie zukünftig zu vermeiden.

  Es handelt sich hier eigentlich um die Spezifikation von *Wunschanforderungen*, die noch während der Soll-Analyse auf ihre Realisierbarkeit überprüft werden müssen – siehe hierfür Abbildung 3.1-1. Nur dann, wenn eine Wunschanforderung realisierbar ist, kann eine entsprechende Projektanforderung bestimmt werden, um die Wunschanforderung zu verwirklichen – s. Abbildung 3.2-1.

- *Kostenabschätzung*
  Wie schon beim Netzwerk-Redesign sollte die Ist-Analyse beim Netzwerk-Design eine grobe Aussage über die zu erwartenden Kosten für die Verwirklichung der gestellten Anforderungen als Basis für die darauffolgende Soll-Analyse liefern.

## 2.2  Dokumentation der Ist-Analyse

*Erfassung von Zielen der Ist-Analyse*

Bei der Ist-Analyse stellt sich aber die folgende, grundlegende Frage: *Wie kann man eine Schwachstelle oder eine Zielvorstellung möglichst kurz und gleichzeitig präzise spezifizieren?* Um diese Frage zu beantworten, wird in Abschnitt 2.2.2 das logische Modell einer Zielvorstellung eingeführt – siehe hierzu Abbildung 2.2-3. Dieses Modell soll zeigen, wie eine Zielvorstellung während der Ist-Analyse aussehen kann, um diese möglichst fundiert zu spezifizieren. Im gleichen Sinne wird in Abschnitt 2.2.3 das logische Modell einer Schwachstelle dargestellt – vgl. dazu Abbildung 2.2-4. Auf der Basis von diesen Modellen können *Schwachstellen* und *Zielvorstellungen* einheitlich spezifiziert werden. Ihre Spezifikation dient dann während der Soll-Analyse als Grundlage zur Festlegung von Projektanforderungen.

> **Bemerkung:** Es ist selbstverständlich, dass die Behebung einer Schwachstelle im Netzwerk als Zielvorstellung angesehen werden kann. Daher könnte man nur von Zielvorstellungen sprechen. Die Unterscheidung zwischen Schwachstellen und Zielvorstellungen – insbesondere beim Netzwerk-Redesign – ermöglicht uns aber, verschiedene Sachverhalte besser zu erläutern. Dies ist insbesondere bei der Planung der Netzwerksicherheit der Fall (s. Kapitel 6).

Bei Netzwerkprojekten kann es unterschiedliche Zielvorstellungen – je nach deren Bedeutung und „Größe" – geben. Diese werden im Folgenden näher betrachtet. Wie bereits im Abschnitt 1.4.1 zum Ausdruck gebracht wurde, ist es sinnvoll, bei Projekten, die größere Netzwerkinfrastrukturen betreffen, das ganze Systemkonzept in mehrere

Teilkonzepte zu zerlegen. Wie Abbildung 2.2-1 veranschaulicht, führt dies dazu, dass man ein Netzwerk auf mehrere funktionelle Bereiche aufteilen und dann die einzelnen Bereiche – vor allem *während der Ist-Analyse* – getrennt untersuchen kann. Die hier dargestellte Aufteilung eines Netzwerks ermöglicht uns, die Ergebnisse der Ist-Analyse übersichtlich und für einzelne Netzwerkfunktionsbereiche getrennt zu erfassen.

*Netzwerkfunktionsbereiche*

- Netzwerksicherheit
- Physikalische Netzwerkinfrastruktur
- IP-Kommunikationssystem, Sprachkommunikation, Internetdienste
- Netzwerk- und Systemmanagement
- Datensicherung

*Gewünschte Megaziele*

| Netzwerkfunktionsbereich | => | *Megaziel* |
|---|---|---|
| Physikalische Netzwerkinfrastruktur | => | Erweiterbare, modulare und betriebssichere physikalische Netzwerkinfrastruktur |
| IP-Kommunikationssystem | => | Flexibles, betriebs- und zukunftssicheres IP-Kommunikationssystem |

*Zielvorstellungen im Netzwerkbereich:*

*Internetdienste*

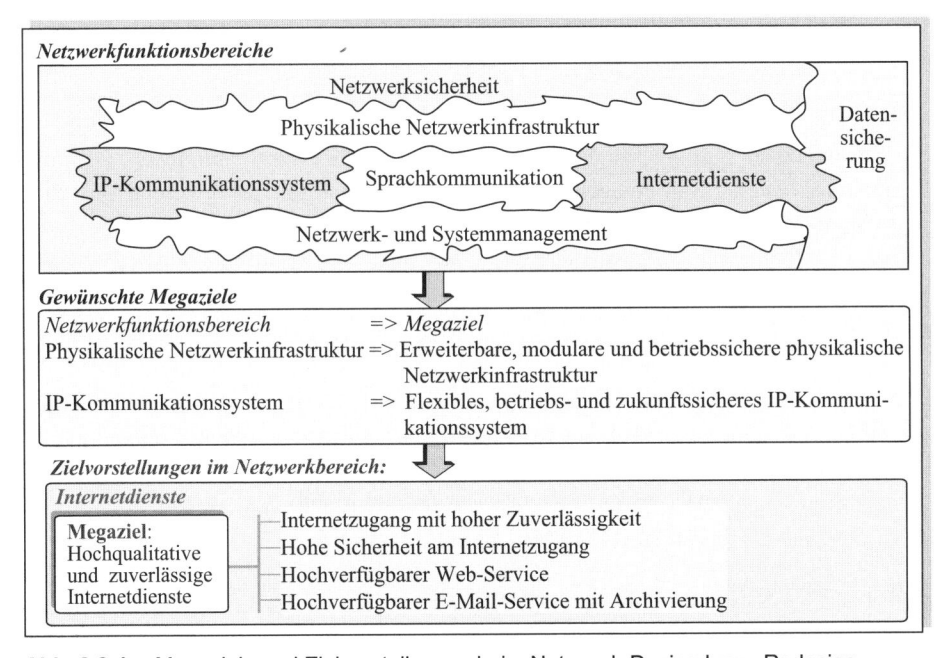

Megaziel: Hochqualitative und zuverlässige Internetdienste
- Internetzugang mit hoher Zuverlässigkeit
- Hohe Sicherheit am Internetzugang
- Hochverfügbarer Web-Service
- Hochverfügbarer E-Mail-Service mit Archivierung

**Abb. 2.2-1:** Megaziele und Zielvorstellungen beim Netzwerk-Design bzw. -Redesign

Die Entwicklung eines Teilkonzepts – wie z.B. des Konzepts der physikalischen Netzwerkinfrastruktur – stellt ein großes Ziel eines Netzwerkprojekts dar. Ein solches Ziel wird im Weiteren als *Megaziel* bezeichnet. Um ein Megaziel zu erreichen, müssen in der Regel mehrere „kleinere" Aufgaben erfüllt werden. Mit deren Erfüllung werden demzufolge zunächst mehrere kleinere Ziele – und schließlich auch das gesamte Megaziel – erreicht. Wie Abbildung 2.2-1 zum Ausdruck bringt, kann das Hauptziel der Entwicklung eines Teilsystemkonzepts als Megaziel bezeichnet werden. Die während der Entwicklung verfolgten kleineren Ziele lassen sich dann als Zielvorstellungen auffassen.

Megaziel als Bündelung mehrerer Zielvorstellungen

Eine derartige Betrachtung von Megazielen und Zielvorstellungen einerseits sowie andererseits die hier eingeführten logischen Modelle sowohl für eine Schwachstelle als auch für eine Zielvorstellung im Netzwerk sollen helfen, die wesentlichen Ziele der Ist-Analyse auf eine einheitliche Art und Weise zu spezifizieren und damit die gesamte Analyse einheitlich und präzise zu dokumentieren.

Nach der in Abbildung 2.2-1 dargestellten Idee können die beim Design bzw. Redesign eines Netzwerks verfolgten Megaziele in einer Tabelle übersichtlich aufgelistet werden. Tabelle 2.2-1 ist ein Beispiel hierfür.

**Tab. 2.2-1:** Typische Megaziele beim Netzwerk-Design bzw. -Redesign

| Systemkonzept für: | Kurze Beschreibung des Megaziels |
|---|---|
| Physikalische Netzwerkinfrastruktur | erweiterbare, modulare und betriebssichere physikalische Netzwerkinfrastruktur |
| IP-Kommunikationssystem | flexibles, betriebs- und zukunftssicheres IP-Kommunikationssystem |
| Sprachkommunikation | hochqualitatives und zuverlässiges VoIP-basiertes System |
| Internetdienste | hochqualitative und zuverlässige Internetdienste |
| Netzwerk- und Systemmanagement | integriertes, zuverlässiges und leistungsfähiges Netzwerk- und Systemmanagement |
| Netzwerksicherheit | hohe, vollständige und kontrollierbare Netzwerksicherheit |
| Datensicherung | schnelles, skalierbares Datensicherungssystem mit Disaster Recovery |

Das in Abbildung 2.2-1 vorgestellte Prinzip der Betrachtung der Ziele beim Netzwerk-Redesign bzw. beim -Design kann dazu benutzt werden, die Ist-Analyse innerhalb eines Netzwerbereiches in Form eines Modells zu veranschaulichen. In diesem Zusammenhang kann von einer *Modellierung der Ist-Analyse* gesprochen werden.

## 2.2.1 Modellierung der Ist-Analyse

*Einsatz des Schweizer-Käse-Modells*

In Abschnitt 1.3.4 wurde das *Schweizer-Käse-Modell* eingeführt, das es erlaubt, einerseits die Vorgehensweise bei der Netzwerkplanung anschaulich darzustellen und andererseits die Netzwerkplanung präzise zu spezifizieren. Nach diesem Modell kann ein Netzwerkbereich – siehe hierfür Abbildung 1.4-1 – während der Ist-Analyse als Stückchen Schweizer-Käse modelliert werden. Hierbei kann ein Loch im Käse entweder eine Zielvorstellung oder eine Schwachstelle darstellen. Um die Schwachstelle getrennt von den Zielvorstellungen analysieren und damit auch spezifizieren zu können, sollte man je ein getrenntes Stückchen Schweizer-Käse für die Darstellung von Zielvorstellungen und für die Darstellung von Schwachstellen nehmen.

*Logik der Ist-Analyse*

In Anlehnung an die Abbildungen 2.1-2 und -3 illustriert Abbildung 2.2-2 die Vorgehensweise bei der Ist-Analyse und zeigt gleichzeitig deren fundamentale Logik. Aus dem hier gezeigten Modell der Ist-Analyse lassen sich ein Modell für Zielvorstellungen sowie ein Modell für Schwachstellen ableiten, die unabdingbar sind, um die ganze Ist-Analyse präzise zu spezifizieren. Die Abbildungen 2.2-3 und -4 zeigen diese Modelle.

Abbildung 2.2-2 verdeutlicht, dass die während einer Bestandsaufnahme ermittelten und danach während der Problem- und Anforderungsanalyse (s. die Abbildungen 2.4-1 und 2) einheitlich verfassten Probleme und Anforderungen – in Form von *Wunschanforderungen* – an einen Netzwerkbereich besagen nämlich, welche Zielvorstellungen innerhalb dieses Netzwerkbereichs verfolgt und welche Schwachstellen behoben werden sollen, um das für den betrachteten Netzwerkbereich geltende Megaziel zu erreichen.

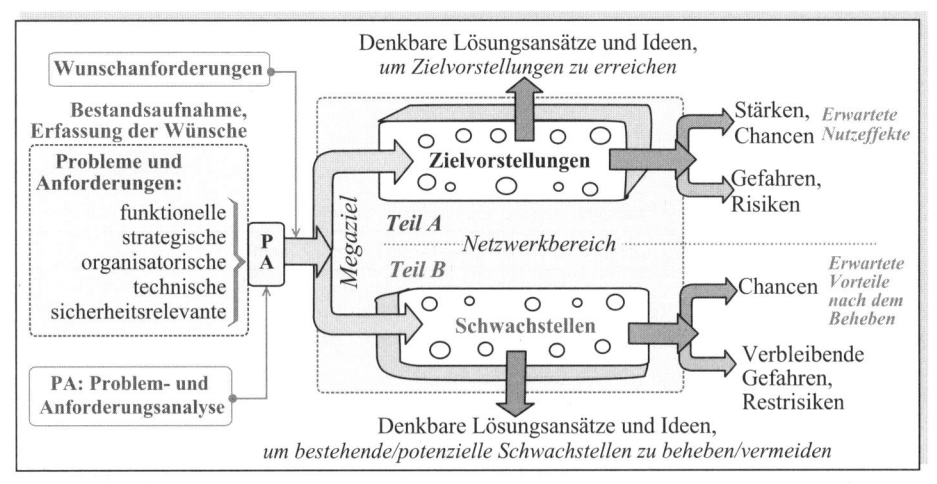

**Abb. 2.2-2:** Modell der Ist-Analyse beim Design- bzw. Redesign eines Netzwerkbereichs

Die Ist-Analyse beim Design einer Netzwerkinfrastruktur kann zwar nach dem gleichen Schema wie die Ist-Analyse beim Redesign verlaufen, aber ihre Ziele unterscheiden sich deutlich.[6] Diese Unterschiede werden nun näher erläutert.

## Ist-Analyse beim Netzwerk-Design

Das Ziel der Ist-Analyse beim Design einer neuen Netzwerkinfrastruktur ist eine ausführliche Spezifikation von allen wichtigen Zielvorstellungen, die mit der neuen Netzwerkinfrastruktur erreicht werden sollen. Diese Zielvorstellungen für jeden Netzwerkbereich werden hauptsächlich während der Problem- und Anforderungsanalyse ermittelt, und zwar unter Berücksichtigung von Ergebnissen vorher durchgeführter organisatorischer, technischer, funktioneller und strategischer Analysen sowie der Sicherheitsanalyse (vgl. Abb. 2.1-3). Die für einen Netzwerkfunktionsbereich ermittelten Zielvorstellungen können dann im Teil A der Ist-Analyse als Löcher vom Schweizer-Käse anschaulich dargestellt werden. Abbildung 2.2-2 illustriert dies und bringt auch zum Ausdruck, dass sich mit der Verwirklichung der Ziele einerseits bestimmte Nutzeffekte in einem Unternehmen infolge der Erhöhung von Stärken und Chancen[7] ergeben, andererseits manchmal aber auch Gefahren und Risiken auftreten können.

Was zeigt das Modell der Ist-Analyse?

---

[6] An dieser Stelle sei angemerkt, dass beim Design eines vollkommen neuen Netzwerks keine bestehenden Probleme ermittelt werden, sondern nur Anforderungen an das neue Netzwerk als Wünsche.
[7] Als Stärken für ein Unternehmen, die sich infolge der Verwirklichung eines Netzwerkziels ergeben können, kann z.B. die Steigerung der Produktivität oder die Verbesserung einiger Geschäftsprozesse

Beim Einrichten einer völlig neuen Netzwerkinfrastruktur muss man auch damit rechnen, dass zukünftig sowohl gewisse, insbesondere von außen stammende Gefahren (z.B. verschiedene bösartige Angriffe) entstehen können, dass während des Netzwerkbetriebs aber auch einige Ausfälle von Systemkomponenten denkbar sind. Diese sollte man bei der Ist-Analyse in Betracht ziehen und als *potenzielle (zukünftig denkbare) Schwachstellen* erfassen. Entsprechend interpretierte potenzielle Schwachstellen können dann – im Teil B der Ist-Analyse (s. Abb. 2.2-2) – ebenso als Löcher im Schweizer-Käse anschaulich dargestellt werden.

**Behebung potenzieller Schwachstellen als Zielvorstellung**

Hervorzuheben ist hierbei, dass die Behebung einer potenziellen Schwachstelle auch als Zielvorstellung betrachtet werden kann. Demzufolge könnte man bei der Ist-Analyse nur von Zielvorstellungen sprechen. Die Unterscheidung zwischen Zielvorstellungen und Schwachstellen ist aber vorteilhaft, weil damit das betrachtete Problem besser erklärt werden kann. Bei der Planung der Netzwerksicherheit ist es beispielsweise sinnvoller, von Schwachstellen – genauer gesagt von *Sicherheitsschwachstellen* – zu sprechen.

**Teil A der Ist-Analyse**

Wie aus Abbildung 2.2-2 ersichtlich ist, bestehen im Teil A die Aufgaben der Ist-Analyse beim Design einer neuen Netzwerkinfrastruktur darin, alle Zielvorstellungen innerhalb jedes Netzwerkbereichs (vgl. auch Abb. 2.2-1) zu ermitteln sowie präzise und einheitlich zu spezifizieren. Die eben genannten Aufgaben lassen sich zu den folgenden Schwerpunkten zusammenfassen:

**Wie sollte man Zielvorstellungen spezifizieren?**

- Alle Anforderungen, die zu wichtigen Zielvorstellungen führen, sollen während der Problem- und Anforderungsanalyse erfasst werden. Die Zielvorstellungen sollte man dann möglichst kurz betiteln. Es muss ersichtlich sein, welche Anforderungen zu welchen Zielvorstellungen führen.

   **Beispiel 2.2-1:** Um das Megaziel „*Hochqualitative und zuverlässige Internetdienste*" in einem Unternehmen der E-Commerce-Branche zu erreichen, sollte u.a. eine redundante Internetanbindung realisiert werden. In Anlehnung an Abbildung 2.2-2 könnte man dies wie folgt spezifizieren:
   - *Anforderung*: Die Internetanbindung sollte möglichst ständig verfügbar sein, um die Kommunikation nach außen (wie z.B. E-Mail-Übermittlung, Webabfragen etc.) fast ununterbrochen garantieren zu können.
   - *Zielvorstellung*: Hohe Zuverlässigkeit des Internetzugangs
   - *Erwartete Nutzeffekte*: Geringe Einnahmeverluste dank der kontinuierlichen Verfügbarkeit des Internetzugangs
   - *Gefahren, Risiken*: Vom Internet können verschiedene bösartige Schadprogramme (Viren, Trojaner, ...) in das Netzwerk eingeschleust werden. Der Internet Service Provider, über den der Internetzugang erfolgt, kann darüber hinaus insolvent werden.

---

betrachtet werden. Chancen, die insbesondere von außen einwirken, können z.B. eine bessere Kundenzufriedenheit oder bessere Positionierung auf dem Markt sein.

- Alle wichtigen Zielvorstellungen, die man mit der neuen Netzwerkinfrastruktur verwirklichen will, sollen aufgelistet werden. Hierzu gehört u.a. eine Wunschliste von innovativen Netzwerkanwendungen. Als Zielvorstellungen gelten auch alle Verbesserungsvorschläge für die Kommunikation etc.

- Denkbare Lösungsansätze, mit deren Hilfe die einzelnen Zielvorstellungen erreicht werden können, sollen aufgelistet werden. Hierbei sollte man auch die in Abschnitt 9.8 dargestellten Möglichkeiten von IT-Outsourcing berücksichtigen.

*Erfassung denkbarer Lösungsansätze*

  **Beispiel 2.2-2:** Um die Zielvorstellung „*Hohe Zuverlässigkeit des Internetzugangs*" zu verwirklichen, sind denkbare Lösungsansätze u.a.:
  - Zugang über einen ISP und eine redundante Auslegung der Router am Internetzugang; hierbei kann das Protokoll HSRP (*Hot Standby Router Protocol*) oder VRRP (*Virtual Router Redundancy Protocol*) eingesetzt werden.
  - Zugang über zwei ISPs; bei dieser Variante der Internetanbindung kommen mehrere Möglichkeiten in Frage, den Internetverkehr zu gestalten.[8]

- Die erwarteten Nutzeffekte, die infolge der Stärken und Chancen erzielt werden können, sowie denkbare Gefahren und Risiken sollen allgemein erfasst werden. Aussagen über Nutzeffekte sowie über mögliche Risiken werden dann als „Eingangswerte" für die danach folgende Soll-Analyse dienen. Die in Abbildung 1.3-6 dargestellte allgemeine Vorgehensweise bei Projekten verdeutlicht dies.

Um die festgelegten Zielvorstellungen präzise spezifizieren (dokumentieren) zu können, ist ein Modell der Zielvorstellung – siehe hierfür Abbildung 2.2-3 – sehr hilfreich. Auf die Spezifikation von Zielvorstellungen geht Abschnitt 2.2.2 genau ein.

Im Teil B der Ist-Analyse bestehen die Aufgaben, wie Abbildung 2.2-2 zeigt, beim Design einer neuen Netzwerkinfrastruktur darin, alle *potenziellen* Schwachstellen zu ermitteln und diese präzise und einheitlich zu spezifizieren. Ausführlicher können die eben genannten Aufgaben wie folgt zusammengefasst werden:

*Teil B der Ist-Analyse*

- Alle Anforderungen, die dazu führen, möglichst alle Ursachen für verschiedene Schwachstellen innerhalb jedes Netzwerkbereiches auszuschließen[9] oder denkbare Schwachstellen beheben zu können, sollten entsprechend erhoben werden. Die Schwachstellen sollten kurz und zutreffend betitelt werden.

  **Beispiel 2.2-3:** Um möglichst viele bösartige Angriffe aus dem Internet vermeiden zu können, sollte man den Internetzugang als Sicherheitsschwachstelle betrachten, die wie folgt grob erfasst werden kann:
  - *Anforderung*: Man darf nicht zulassen, dass bösartige Schadprogramme (Viren, Trojaner, ...) vom Internet in das Netzwerk eingeschleust werden können.
  - *Sicherheitsschwachstelle*: Internetanbindung (insbesondere Router)

*Erfassung von Ursachen für Schwachstellen*

---

[8] Dies lässt sich mit Hilfe des Protokolls BGP-4 in der Kooperation mit VRRP oder HSRP erreichen. Für detaillierte Informationen sei verwiesen auf [BaHo 07].
[9] Dies ist wichtig, da die beste Lösung, um eine Schwachstelle zu beheben, darin besteht, bereits ihre Ursache auszuschließen.

- *Risiken*: Verlust der Vertraulichkeit, weil einige Daten abgehört werden könnten; Verlust der Datenintegrität, weil einige Daten gezielt verändert werden könnten; Verlust der Systemverfügbarkeit, weil ein Server durch DoS-Angriffe lahm gelegt werden kann; ...

- Denkbare Lösungsansätze, mit deren Hilfe die einzelnen Schwachstellen behoben oder vermieden werden können, sollten aufgelistet werden.
- Eventuelle negative Folgen bzw. Risiken, die mit den einzelnen Schwachstellen verbunden sind, müssen erfasst werden.

Um die ermittelten Schwachstellen präzise spezifizieren zu können, ist ein Modell der Schwachstelle nötig – siehe hierfür Abbildung 2.2-4. Der Spezifikation von Schwachstellen widmet sich Abschnitt 2.2.3.

### Ist-Analyse beim Netzwerk-Redesign

*Was soll erfasst werden?*

Das Ziel der Ist-Analyse beim Redesign einer bereits bestehenden Netzwerkinfrastruktur – wie dies aus Abbildung 2.2-2 hervorgeht – ist eine ausführliche Spezifikation

- sowohl von Zielvorstellungen, die mit der modernisierten Netzwerkinfrastruktur erreicht werden sollen,
- als auch von bereits existierenden oder potenziellen Schwachstellen, die bei der Migration zur neuen Netzwerkinfrastruktur zu beheben oder zu vermeiden sind.

Beim Redesign und auch beim Design eines Netzwerks müssen alle Unsicherheiten und besonders von außen drohende Gefahren beim Netzwerkbetrieb ermittelt werden. Diese sollte man bereits während der Ist-Analyse als potenzielle Schwachstellen erfassen.

*Ergebnisse der Ist-Analyse beim Redesign*

Wie Abbildung 2.2-2 zeigt, setzen sich die Ergebnisse der Ist-Analyse beim Redesign und genauso beim Design einer bestehenden Netzwerkinfrastruktur aus folgenden zwei Teilen zusammen:

- dem Teil A mit der Spezifikation von Zielvorstellungen, der nach den gleichen Prinzipien wie beim Design einer neuen Netzwerkinfrastruktur erfasst wird.
- dem Teil B, der eine Spezifikation von Schwachstellen repräsentiert. Beim Redesign handelt es sich im Gegensatz zum Design sowohl um bestehende als auch um potenzielle Schwachstellen. Abgesehen von dieser Abweichung verläuft dieser Teil genauso wie beim Design eines neuen Netzwerks.

Nachdem in diesem Abschnitt die der Ist-Analyse zugrunde liegende Logik erläutert wurde, soll in den kommenden Abschnitten 2.2.2 und 2.2.3 dargestellt werden, wie man die Zielvorstellungen und die Schwachstellen spezifizieren kann.

## 2.2.2 Spezifikation von Zielvorstellungen

Um eine Zielvorstellung während der Ist-Analyse kurz und fundiert spezifizieren zu können, führen wir wieder ein Modell ein – s. Abbildung 2.2-3. Es sei angemerkt, dass es sich hier nur um ein Modell einer Zielvorstellung im Hinblick auf die Ist-Analyse handelt. Mit diesem Modell wird daher nur gezeigt, wie man sich eine Zielvorstellung bei der Ist-Analyse des aktuellen Zustands eines Netzwerks vorstellen kann.

*Modell einer Zielvorstellung bei der Ist-Analyse*

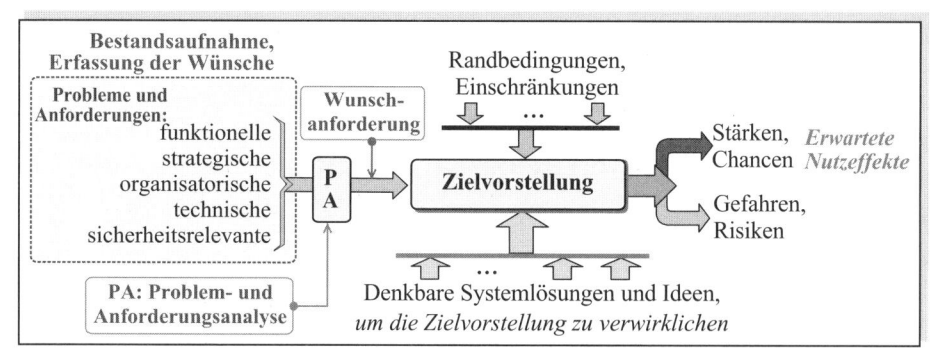

**Abb. 2.2-3:** Modell einer Zielvorstellung bei der Ist-Analyse – *eine Wunschanforderung bestimmt eine Zielvorstellung*

Jeder Zielvorstellung sollte ein zutreffender *Leitsatz* zugeordnet werden, mit dem sie möglichst präzise bezeichnet werden kann. Zu jeder Zielvorstellung sollten weiter folgende Angaben gemacht werden:

*Angaben zur Spezifikation einer Zielvorstellung*

- *Die Wünsche, die zu einer Wunschanforderung gehören und eine Zielvorstellung bestimmen.* Die erfassten Probleme und Anforderungen werden als *Wünsche* während der Bestandsaufnahme des Netzwerks ermittelt und während der Problem- und Anforderungsanalyse analysiert sowie einheitlich festgehalten – s. Abschnitt 2.4.

- *Angaben über denkbare Systemlösungen und eventuell auch über Ideen, wie sich die Zielvorstellung verwirklichen lässt.* Die in Abschnitt 9.8 dargestellten Möglichkeiten eines IT-Outsourcings dürfen hier nicht außer Acht gelassen werden. Mit jeder Systemlösung sind gewisse – feste oder auch laufende – Kosten verbunden. Diese sollte man grob abschätzen und dann entsprechend dokumentieren – siehe Tabelle 2.2.4. Zu den Aufgaben der Ist-Analyse gehört somit auch eine grobe Abschätzung der Kosten für das Netzwerk-Design bzw. -Redesign.

- *Die Auflistung aller Randbedingungen und Einschränkungen, die einen Einfluss auf die Realisierung der betreffenden Zielvorstellung bereits haben oder haben können.*

- *Die Abschätzung von zu erwartenden Nutzeffekten als Folgen von Stärken und Chancen, die nach der Verwirklichung der Zielvorstellung erreicht werden können, sowie von Gefahren und Risiken, mit denen man darüber hinaus rechnen muss.*

*Abschätzung von Nutzeffekten, Gefahren und Risiken*

**Beispiel 2.2-4:** Die Zielvorstellung „*Hohe Zuverlässigkeit des Internetzugangs*" kann wie folgt spezifiziert werden:
- *Zielvorstellung:* Hohe Zuverlässigkeit des Internetzugangs
- *Anforderungen als Wünsche:* Die Internetanbindung sollte möglichst ständig verfügbar sein, um die externe Kommunikation fast ununterbrochen garantieren zu können.
- *Denkbare Lösungsansätze:*
    - Zugang über einen ISP und eine redundante Auslegung von Routern am Internetzugang; hierbei kann das Protokoll VRRP oder HSRP verwendet werden.
    - Zugang über zwei ISPs; bei dieser Variante der Internetanbindung kommen mehrere Möglichkeiten in Frage, den Internetverkehr zu gestalten (s. Abschnitt 4.6.1).
- *Erwartete Nutzeffekte*: Weniger Einnahmeverluste dank hoher Verfügbarkeit des Internetzugangs.
- *Gefahren, Risiken*: Vom Internet können verschiedene bösartige Schadprogramme in das Netzwerk eingeschleust werden. Der ISP, über den der Internetzugang erfolgt, kann darüber hinaus insolvent werden.
- *Randbedingungen, Einschränkungen:* Der Internetanschluss ist wegen der Sicherheit nur über eine terrestrische Verbindung zu realisieren (keine Funkverbindung!). Der Internetanschluss soll mit einer Ethernet-Schnittstelle mit minimal 1 Gbit/s erfolgen.

*Erfassung von Zielvorstellungen aus einem Netzwerkbereich*

Beim Design eines neuen Netzwerks bzw. beim Redesign eines bereits bestehenden sollte man die Zielvorstellungen entsprechend dokumentieren. Hierbei ist es vorteilhaft, alle Zielvorstellungen, die nur einen Netzwerkbereich betreffen, in Form einer separaten Tabelle zu erfassen. Tabelle 2.2-2, die aus dem in Abbildung 2.2-3 dargestellten Modell einer Zielvorstellung abgeleitet wurde, kann hierfür als Mustertabelle dienen.

**Tab. 2.2-2:** Beispiel für Zielvorstellungen im Netzwerkfunktionsbereich *Internetdienste*

| Netzwerkbereich: **Internetdienste** | | | | |
|---|---|---|---|---|
| Megaziel: *Hochqualitative und zuverlässige Internetdienste* | | | | |
| Zielvorstellungen | Wünsche | Stärken, Chancen | Gefahren, Risiken | Randbedingungen, Einschränkungen |
| Internetzugang mit hoher Zuverlässigkeit | Ständige Verfügbarkeit, Außenkommunikation sollte immer möglich sein | Effizientere Geschäftsabläufe | Insolvenz des ISP | Anschluss mit Ethernet-Schnittstelle; min. 1 GE |
| Hohe Sicherheit am Internetzugang | Einrichten einer DMZ mit Firewalls, Spam-Filter und Virenscanner | Geringere Chancen für Wirtschaftsspionage | Restliche Risiken durch bösartige Viren | Keine Funkübertragungsstrecke für Internetzugang zulässig |
| Hochverfügbarer Webdienst | Ständige Verfügbarkeit des Webdiensts wird gefordert | Bessere Wettbewerbsfähigkeit | Missbrauch, Haftungsrisiken | Web-Filtering ist einzusetzen, um Missbrauch zu reduzieren |
| Hochverfügbarer E-Mail-Service mit Archivierung | Ständige Verfügbarkeit des E-Mail-Service ist gewünscht | Effizientere Verwaltung, bessere Kundenbetreuung | Schadprogramme, datenschutzrechtliche Risiken | Die Anforderungen von IT-Compliance erfüllen; den Datenschutz beachten |

Denkbare Systemlösungen, die zur Realisierung von Zielvorstellungen aus einem Netzwerkbereich in Frage kommen und somit zum Erreichen eines Megaziels führen (s. Abb. 2.1-1), können ebenfalls in einer tabellarischen Form übersichtlich aufgelistet werden. Tabelle 2.2-3 zeigt, wie dies erfolgen kann.

**Tab.2.2-3:** Erfassung von denkbaren Systemlösungen für Zielvorstellungen aus dem Netzwerkfunktionsbereich *Internetdienste*

| Netzwerkbereich: *Internetdienste* | | | |
|---|---|---|---|
| Megaziel: *Hochqualitative und zuverlässige Internetdienste* | | | |
| Zielvorstellungen | Lösung 1 | Lösung 2 | Lösung 3 |
| Internetzugang mit hoher Zuverlässigkeit | Anbindung über einen Router und einen ISP | Anbindung über redundante Router und einen ISP | Anbindung über redundante Router und zwei ISPs |
| ... | ... | ... | ... |

Nachdem gezeigt wurde, wie man die Besonderheiten von Zielvorstellungen eines Netzwerkbereichs spezifiziert (Tab. 2.2-2) und denkbare Systemlösungen erfasst (Tab. 2.2-3), bietet Tabelle 2.2-4 ein Muster, nach dem man die möglichen Lösungen für eine Zielvorstellung in einer kurzen Form dokumentieren kann.

**Tab.2.2-4:** Beispiel für die Spezifikation von denkbaren Lösungen für eine Zielvorstellung

| Netzwerkbereich: *Internetdienste* | | | | | | |
|---|---|---|---|---|---|---|
| Zielvorstellung: *Internetzugang mit hoher Zuverlässigkeit* | | | | | | |
| Denkbare Systemlösungen und Ideen | | | | | | |
| Nr. | Lösung, Idee | S: Stärken, C: Chancen | Gefahren, Risiken | Kosten | | Randbedingungen, Bemerkungen |
| | | | | fest | lauf. | |
| 1 | Anbindung über einen Router und einen ISP | Keine besonderen Stärken/Chancen dieser Lösung sind erkennbar | Router-Ausfall oder ISP ist insolvent ⇨ kein Internetzugang | ... | ... | 1 GE- Anschluss |
| 2 | Anbindung über redundante Router und einen ISP | S: Router-Ausfall ist tolerierbar | ISP ist insolvent ⇨ kein Internetzugang | ... | ... | 1 GE- Anschluss je Router; für weitere Informationen über diese Lösung siehe ... |
| 3 | Anbindung über redundante Router und zwei ISPs | S: Router-Ausfall ist tolerierbar C: ISP-Insolvenz ⇨ relativ geringe Auswirkungen | Minimales Restrisiko: beide ISPs sind insolvent | ... | ... | 1 GE- Anschluss je Router und ISP; für weitere Informationen über diese Lösung siehe ... |

Die hier vorgestellten Tabellen 2.2-2, -3 und -4 zur Spezifikation von Zielvorstellungen können, wie der nächste Abschnitt zeigen wird, beinahe unverändert auch zur Spezifikation von Schwachstellen verwendet werden.

## 2.2.3 Spezifikation von Schwachstellen

Um eine Schwachstelle während der Ist-Analyse kurz und fundiert spezifizieren zu können, wird hierfür in Abbildung 2.2-4 ein Modell der Schwachstelle eingeführt. Dieses Modell zeigt, wie man sich jede Schwachstelle während der Ist-Analyse des aktuellen Zustands eines Netzwerks vorstellen kann.

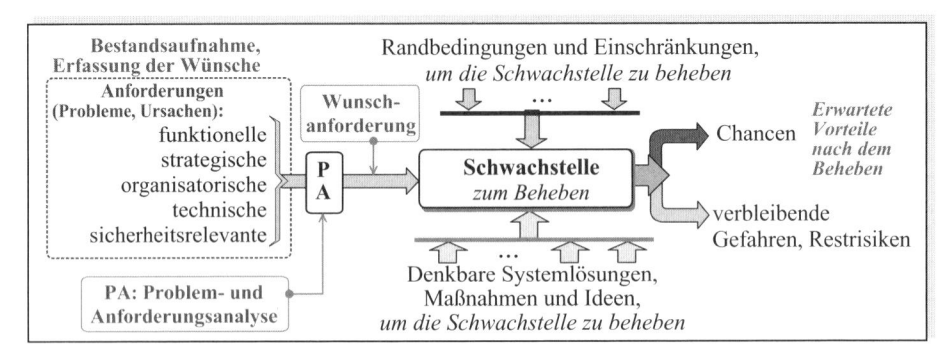

**Abb. 2.2-4:** Modell einer Schwachstelle bei der Ist-Analyse – *eine Wunschanforderung führt zum Beheben einer Schwachstelle*

Modell einer Schwachstelle bei der Ist-Analyse

Vergleicht man die Abbildungen 2.2-3 und -4, so ist direkt erkennbar, dass die Modelle einer Zielvorstellung und einer Schwachstelle weitgehend identisch sind. Und das ist kein Zufall, sondern die Folge dessen, dass die Behebung einer Schwachstelle im Netzwerk gegebenenfalls als eine Zielvorstellung betrachtet werden kann. Wie bereits erwähnt wurde, ist es aber sinnvoll, bei einem Netzwerkprojekt während der Ist-Analyse zwischen Zielvorstellungen und Schwachstellen zu unterscheiden, insbesondere bei der Planung der Netzwerksicherheit.

Angaben zur Spezifikation einer Schwachstelle

Jeder Schwachstelle sollte man einen *Leitsatz* zuordnen, mit dem sie möglich zutreffend bezeichnet werden kann. Wie aus Abbildung 2.2-4 hervorgeht, sollte bei der Spezifikation jeder Schwachstelle Folgendes festgehalten werden:

- *Angaben über Probleme bzw. Ursachen, die zur Wunschanforderung gehören, diese Schwachstelle zu beheben.* Ebenso wie bei der Spezifikation von Zielvorstellungen (s. Abb. 2.2-3) werden auch die Anforderungen, eine bestimmte Schwachstelle zu beheben, während der Problem- und Anforderungsanalyse spezifiziert – siehe Abschnitt 2.4.

- *Angaben sowohl über erwartete Stärken und Chancen – als erwartete Nutzeffekte*, die durch das Beheben der Schwachstelle erreicht werden können – als auch über die nach dem Beheben eventuell noch verbleibenden Gefahren und Restrisiken.

- *Angaben über denkbare Systemlösungen, organisatorische und technische Maßnahmen und eventuell auch Ideen, mit deren Hilfe sich die Schwachstelle beheben lässt.* Jede Systemlösung, auch jede Maßnahme zur Behebung einer Schwachstelle, verursacht in der Regel gewisse fixe oder auch laufende Kosten. Diese sollte man grob abschätzen und dokumentieren. Eine grobe Abschätzung von Kosten für das Netzwerk-Design bzw. -Redesign gehört auch zu den Aufgaben der Ist-Analyse – siehe Abbildungen 2.1-2 und -3.

- *Angaben über alle Randbedingungen und Einschränkungen*, die einen Einfluss auf das Beheben der betreffenden Schwachstelle bereits haben oder haben können.

**Beispiel 2.2-5:** In jedem Netzwerk gilt der *Internetzugang* als Schwachstelle – insbesondere als Sicherheitsschwachstelle. Diese Schwachstelle kann wie folgt spezifiziert werden,

*Internetzugang – eine Sicherheitsschwachstelle*

- *Schwachstelle:* Internetzugang
- *Anforderungen:* Die Internetanbindung sollte möglichst sicher und zuverlässig sein, um u.a. nicht zuzulassen:
  - dass verschiedene bösartige Schadensprogramme in das Netzwerk eingeschleust werden können und
  - dass es keinen Internetzugang gibt, nachdem der Router am Internetzugang ausgefallen ist oder der ISP Insolvenz angemeldet hat.

  Die Schwachstelle *Internetzugang* zu beheben, würde bedeuten, dass die hier zitierten Anforderungen erfüllt werden müssen.
- *Denkbare Systemlösungen:* Um die Schwachstelle *Internetzugang* zu beheben, sind u.a. folgende Systemlösungen denkbar:
  - Das Einrichten einer DMZ mit Firewalls, einem zentralen Spam-Filter und mit einem zentralen Virenscanner.
  - Der Zugang erfolgt über einen ISP und über eine redundante Auslegung von Routern am Internetzugang; hierbei kann das Protokoll HSRP oder VRRP eingesetzt werden.
  - Der Zugang erfolgt über zwei ISPs; bei dieser Variante der Internetanbindung kommen mehrere Möglichkeiten in Frage, den Internetverkehr zu gestalten (s. Abschnitt 4.6.1).
- *Randbedingungen, Einschränkungen:* Aus Sicherheitsgründen sollte der Internetanschluss nur über eine terrestrische Verbindung erfolgen.
- *Erwartete Nutzeffekte*: Nach der Erfüllung der hier gestellten Anforderungen kann man z.B. mit weniger Einnahmenverlusten dank der kontinuierlichen Verfügbarkeit und Sicherheit des Internetzugangs rechnen.
- *Verbleibende Gefahren, Restrisiken*: Man sollte davon ausgehen, dass mit gewissen, verbleibenden Gefahren und Restrisiken weiterhin gerechnet werden muss, weil es keine 100%-ige Sicherheit geben kann.

Wie bereits hervorgehoben wurde, kann das Beheben einer Schwachstelle als Zielvorstellung betrachtet werden. Beispiel 2.2-6 soll dies näher erläutern. Es zeigt, durch welche Zielvorstellungen die in Beispiel 2.2-5 dargestellte Schwachstelle *Internetzugang* behoben werden kann.

**Beispiel 2.2-6:** Die im Beispiel 2.2-5 dargestellte Schwachstelle *Internetzugang* kann durch die Verwirklichung der in Beispiel 2.2-4 spezifizierten Zielvorstellung „Hohe Zuverlässigkeit der Internetanbindung" und der folgenden Zielvorstellung behoben werden:

*Zielvorstellung: Hohe Zuverlässigkeit der Internetanbindung*

- *Zielvorstellung:* Hohe Sicherheit am Internetzugang

- *Anforderungen als Wünsche:* Die Internetanbindung sollte möglichst sicher sein, um u.a. nicht zuzulassen, dass verschiedene bösartige Schadprogramme in das Netzwerk eingeschleust werden können.
- *Denkbare Systemlösungen:* Die Schwachstelle *Internetzugang* kann weitgehend durch das Einrichten einer DMZ mit Firewalls, einem zentralen Spam-Filter und mit einem zentralen Virenscanner sowie Intrusion Detection/Prevention Systemen behoben werden.
- *Erwartete Nutzeffekte*: Nach der Erfüllung der hier gestellten Anforderungen kann man z.B. mit weniger Einnahmeverlusten dank der nahezu unterbrechungsfreien Verfügbarkeit des Internetzugangs rechnen.
- *Verbleibende Gefahren, Restrisiken*: Da eine 100%-ige Sicherheit am Internetzugang nicht erreicht werden kann, ist mit verbleibenden Gefahren und Restrisiken zu rechnen.

Für die Spezifikation von Schwachstellen lassen sich die Tabellen 2.2-2, -3 und -4 nahezu unverändert verwenden.

## 2.3 Bestandsaufnahme des Ist-Zustands

Beim Redesign eines Netzwerks, welches seine Funktion nicht vollkommen bzw. nur in unzureichender Qualität erfüllt und folglich modernisiert werden muss, sollte zu Beginn der Ist-Analyse die Bestandsaufnahme des aktuellen Zustands vorgenommen werden, wie Abbildung 2.1-2 zeigt. Damit erhält man die Grundlage für eine Problem- und Anforderungsanalyse, in deren Rahmen verschiedene Anforderungen an das modernisierte Netzwerk in Form von Zielvorstellungen und zu behebenden Schwachstellen spezifiziert werden können. Abbildung 2.3-1 zeigt, welche Analysen in welcher Reihenfolge durchgeführt werden sollen, um eine Bestandsaufnahme des aktuellen Netzwerkzustands vorzunehmen.

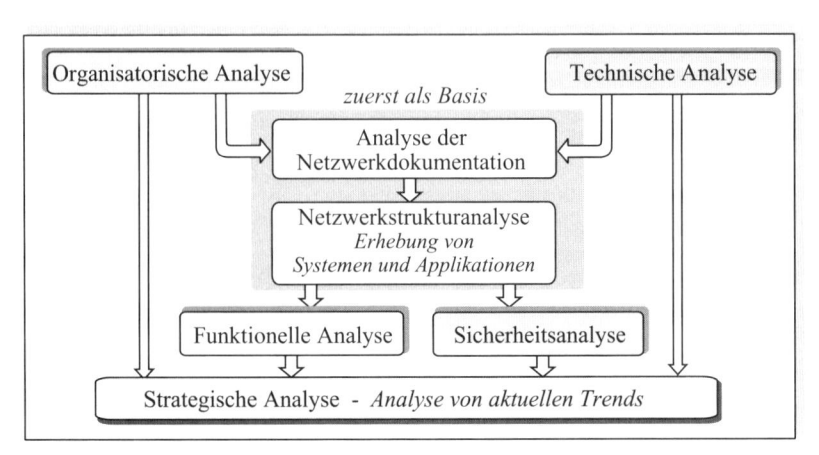

**Abb. 2.3-1:** Analysen für Bestandsaufnahme des Ist-Zustands beim Netzwerk-Redesign

## 2.3 Bestandsaufnahme des Ist-Zustands

Im Einzelnen empfiehlt es sich, für eine Bestandsaufnahme des aktuellen Netzwerkzustands die folgenden Analysen durchzuführen:

*Was sollte analysiert werden?*

- *Analyse der Netzwerkdokumentation,* um zu überprüfen, ob wichtige Bestandteile der Netzwerkdokumentation wie Netzwerktopologieplan, Adressierungspläne, Installations- und Konfigurationspläne aktuell und vollständig sind (s. Abb. 5.1-2).

  Im Zuge der Analyse der Aktualität der Netzwerkdokumentation sollte man direkt versuchen, alle Inhalte auf den aktuellen Stand zu bringen, da die Netzwerkdokumentation die Grundlage für die Netzwerkstrukturanalyse bildet.

- *Netzwerkstrukturanalyse,* um relevante Netzwerkkomponenten zu erheben und zu überprüfen, ob sie eventuell als Schwachstellen im Netzwerk gelten oder zu bestimmten Unsicherheiten führen können.

- *Organisatorische Analyse,* um organisatorische Strukturen und Abläufe, die das analysierte Netzwerk betreffen, mit dem Ziel zu untersuchen, eventuelle Schwächen zu erkennen und diese beim Netzwerk-Redesign zu beheben.

- *Technische Analyse,* um technische Aspekte wie z.B. die Bereitstellung der Netzwerkdienste zu untersuchen, damit Schwachstellen entdeckt und beim Netzwerk-Redesign behoben werden können.

- *Funktionsanalyse,* um zu überprüfen, ob alle wichtigen Geschäftsprozesse zufriedenstellend durch die IT-Services bzw. Netzwerkdienste unterstützt werden und ob es betreffende Schwachstellen gibt, die beim Netzwerk-Redesign behoben werden müssen – vgl. hierzu Abbildung 1.8-1.

- *Sicherheitsanalyse, als Bedrohungs- und Schutzbedarfsanalyse*
  Diese Analyse soll mit dem Ziel durchgeführt werden, zu untersuchen, ob es Sicherheitsprobleme (*Sicherheitsschwachstellen*) gibt, wodurch die Netzwerksicherheit beeinträchtigt werden könnte. Hierbei sollen zuerst alle möglichen Bedrohungen analysiert werden (⇨ *Bedrohungsanalyse*), die diese Sicherheitsprobleme verursachen, danach sollte man untersuchen, wo Schutzbedarf besteht (⇨ *Schutzbedarfsanalyse*). Auf die Sicherheitsanalyse wird in Kapitel 6 detailliert eingegangen.

- *Kostenanalyse,* um die gesamten Netzwerkkosten abzuschätzen und um eventuell Stellen zu erkennen, an denen Kosten entstehen, die sich beim Netzwerk-Redesign abbauen lassen, wodurch die gesamten Netzwerkkosten reduziert werden können.

Für einen ersten Überblick kann man die folgenden Abschnitte überspringen und mit Abschnitt 2.4 fortfahren.

### 2.3.1 Analyse der Netzwerkdokumentation

Als Grundlage zur Analyse des aktuellen Netzwerkzustands dient u.a. die Dokumentation des Netzwerks. Während der *Analyse der Netzwerkdokumentation* sollte man ins-

*Anforderungen*

besondere folgende wichtige Bestandteile der Dokumentation auf die Aktualität, Vollständigkeit und Fehlerfreiheit überprüfen – s. hierzu auch Abbildung 5.1-2:

- Netzwerktopologieplan,
- Dokumentation der Verkabelung, der physikalischen und der logischen und Netzwerkstruktur, der Sprachkommunikation,
- Dokumentation der Internetanbindung und -dienste,
- Dokumentation der Datensicherung (u.a. Datensicherungsplan, Notfallplan, Disaster Recovery Plan).

**Ist der Netzwerktopologieplan aktuell?**

Als erstes sollte man überprüfen, ob der *Netzwerktopologieplan,* der die Vernetzung von zentralen Netzwerkkomponenten darstellt, auf dem aktuellen Stand und vollständig ist. Da der Netzwerktopologieplan eine wichtige Grundlage für das Netzwerk-Redesign darstellt, ist es angebracht, ihn während der Ist-Analyse mit der tatsächlich existierenden Netzwerkstruktur abzugleichen und ihn dann gegebenenfalls zu aktualisieren.

**Dokumentation der logischen Netzwerkstruktur**

Ein Netzwerk mit dem Internet-Protokoll (IP) stellt ein *IP-Netzwerk* dar, das sich aus einer Vielzahl von *IP-Subnetzen* zusammensetzt. Die Art und Weise der Aufteilung des gesamten IP-Netzes auf die einzelnen IP-Subnetze bildet seine *logische Struktur*. Sie sollte detailliert dokumentiert werden. Diese *Dokumentation der logischen Netzwerkstruktur* ist ein wichtiger Bestandteil der Netzwerkdokumentation, der unbedingt folgende Angaben enthalten muss:

- Auflistung von VLANs und IP-Subnetzen mit der Angabe von Subnetzmasken und IP-Adressen,
- Grafische Darstellung der Kopplung der einzelnen IP-Subnetze – d.h., welche IP-Subnetze mit welchen verbunden sind und wie die einzelnen Layer-3-Switches bzw. Router hierbei eingesetzt werden,
- Auflistung wichtiger Angaben zur Konfiguration von einzelnen Routern.

**Ist der IP-Adressierungsplan aktuell?**

Die logische Strukturierung des Netzwerks hat Auswirkungen auf den sog. *IP-Adressierungsplan*, der eine Auflistung der belegten IP-Adressen und deren Zuordnung zu den Netzwerkkomponenten (wie z.B. Router) und einzelnen Endsystemen – also von Rechnern – darstellt. Daher sollte die Dokumentation der logischen Netzwerkstruktur unbedingt einen Adressierungsplan beinhalten. Während der Analyse des aktuellen Netzwerkzustands empfiehlt sich eine Überprüfung, des IP-Adressierungsplans hinsichtlich aktuellem Stand und Vollständigkeit. Ist dies nicht der Fall, sollte man ihn bei dieser Gelegenheit aktualisieren.

**Installations- und Konfigurationspläne**

Die Installation und Konfiguration von relevanten Netzwerkkomponenten – z.B. zentrale Router, zentrale Server, insbesondere DNS-Server – sollte präzise und übersichtlich dokumentiert werden. Diesen wichtigen Teil der Netzwerkdokumentation bezeichnet man als *Installations- und Konfigurationsplan*. Er ist nach dem Eintritt eines Not- oder Katastrophenfalls – d.h. bei Bedrohungsszenarien wie Feuer, Wassereinbruch, Stromausfall, Kabelbruch oder Bombendrohung – von enormer Bedeutung. Die Installations- und Konfigurationspläne sollen so verfasst werden, dass eine Wiederherstellung (Recovery) des Netzwerkbetriebs – zumindest in einem begrenzten Rahmen – unter allen Umständen möglich ist.

Der *Installations- und Konfigurationsplan* mit der Dokumentation von Konfigurationsparametern wichtiger Netzwerkkomponenten – wie etwa vom Router am Internetzugang – stellt außerdem die Grundlage dafür dar, eventuell notwendige Veränderungen im Netzwerk mit geringerem Aufwand durchführen zu können und so das *Change Management* im Netzwerk zu unterstützen.

Change Management

Weil ein Not- oder Katastrophenfall als *Desaster* (auf Englisch *Disaster*) bezeichnet wird, spricht man von *Disaster Recovery* oder von *Notfallwiederherstellung*. Um den Netzwerkbetrieb nach jedem *Desaster* wiederherstellen zu können, sollte ein *Disaster Recovery Plan (Notfallwiederherstellungsplan)* vorhanden sein. Zusätzlich muss dieser immer aktuell, fehlerfrei und übersichtlich gehalten werden – s. hierzu Abschnitt 8.6.2.

Disaster-Recovery-Plan

Stellt sich während der Ist-Analyse heraus, dass der Installations- und Konfigurationsplan oder der Disaster-Recovery-Plan nicht aktuell oder fehlerhaft ist, sollte man dies als gravierende Schwachstelle betrachten, die im Laufe des Netzwerkprojekts unbedingt behoben werden muss.

## 2.3.2 Analyse der Netzwerkstruktur

Zur Analyse der Netzwerkstruktur gehört eine Erhebung bereits eingesetzter Systemkomponenten und bestehender Abläufe im Netzwerk. Die *Netzwerkstrukturanalyse* sollte u.a. Antworten auf folgende Fragestellungen geben:

- Aus welchen Netzwerkkomponenten (Switches, Router, ...) besteht die existierende Netzwerkinfrastruktur?
- Welche Endsysteme sind als Client und welche als Server im Netzwerk vorhanden?
- Wie sieht die aktuelle Netzwerktopologie aus? Wo sind ihre Schwachstellen und wie könnten diese gegebenenfalls verbessert werden?
- Welche Betriebssysteme werden eingesetzt und wo?

### Erhebung der Systeme

Einige Systeme im Netzwerk (z.B. Router am Internetzugang, E-Mailserver) könnten nicht auf dem aktuellen Stand der Technik oder auf andere Art und Weise gefährdet sein. Solche Systeme stellen Sicherheitsschwachstellen im Netzwerk dar. Im Hinblick auf die später durchzuführende Planung der neuen, zukunftsorientierten und gegen Gefährdungen robusten Netzwerkinfrastruktur sollte eine Auflistung der vorhandenen Systeme im Netzwerk in tabellarischer Form erstellt werden, was besonders die funktionell veralteten oder sicherheitsrelevanten betrifft. Der Begriff *System* umfasst dabei nicht nur Rechner als Server, sondern auch aktive Netzwerkkomponenten (Switches, Router), TK-Anlagen etc.

Vor allem sollten dabei Systeme erfasst werden,

Welche Systeme sind zu erheben?

- die bereits funktionell veraltet sind oder zukünftig sein können und entsprechend durch neue Systeme ersetzt werden sollten.

- die bereits unzuverlässig sind oder zukünftig sein können. Es handelt sich hier um alle Systeme, deren Verfügbarkeit zu gering ist, oder um solche, bei denen Ausfälle nicht tolerierbar sind. Zu dieser Gruppe gehören u.a. Dateiserver, Router und E-Mailserver.
- auf denen Daten, Nachrichten, Software, Programme mit dem höchsten Bedarf an Geheimhaltung (Vertraulichkeit) bzw. an Korrektheit und Unverfälschtheit (Integrität) verfügbar sind. Zu dieser Gruppe gehören verschiedene Server wie Dateiserver, E-Mailserver, Applikationsserver.
- deren wichtige Konfigurationsparameter (wie etwa IP-Adressen) den höchsten Bedarf an Geheimhaltung haben. Zu dieser Gruppe gehören einige Router und Server.

**Angaben zu Systemen**

Zu diesen Systemen sollten folgende Informationen angegeben werden:

- Eindeutige Bezeichnung (z.B. Hostname bzw. eine Identifikationsnummer),
- Funktion des Systems (z.B. Router, Dateiserver, VoIP-Server),
- Systemplattform (Hardware-Plattform, Betriebssystem),
- Art der Netzwerkanbindung (Ethernet, ...) und (MAC-/IP-)Adressen,
- Standort des Systems: Gebäude und Raum,
- Anwender/Administrator des Systems.

Unter den Systemen sind folgende Typen zu unterscheiden: Server, Clients (d.h. Rechner als Clients), Netzwerk- (Switches, Router) und TK-Komponenten (TK-Anlagen, IP-Telefone).

Alle Systeme sollten entsprechend identifiziert und durchnummeriert werden. Hierfür könnte man den Typ des Systems wie folgt mit einem vorangestellten Buchstaben kennzeichnen: S = Server, C = Client, N = Netzkomponente, T = TK-Komponente. Die Erhebung der Systeme vom gleichen Typ kann dann in tabellarischer Form dokumentiert werden, etwa wie in Tabelle 2.3-1.

Tab. 2.3-1: Beispiel für die Erhebung der Systeme vom Typ *Server*

| Übersicht über: **Server** | | | | | |
|---|---|---|---|---|---|
| ID | Bezeichnung | Plattform | Standort | Benutzer/Administrator | Bemerkungen |
| S1 | Dateiserver | Windows 2012 | Geb. A, Serverraum | alle Benutzer und Administratoren | in Betrieb |
| S2 | DB-Server | ... | ... | ... | ... |
| ... | ... | ... | ... | ... | ... |

Die Informationen über die Systeme im Netzwerk können direkt aus der Netzwerkdokumentation abgelesen werden, falls diese nach den in Abschnitt 1.5.2 dargestellten Prinzipien erstellt wurde – s. auch Kapitel 5, insb. Abbildung 5.1-8.

## Erhebung von Anwendungen

Ebenso wie Systeme können auch Anwendungen im Netzwerk Schwachstellen sein. Daher sollten die vorhandenen bzw. geplanten Netzwerkanwendungen, die Schwächen aufweisen oder sicherheitsrelevant sind, in tabellarischer Form erfasst werden.

Bei der Erhebung der (Netzwerk-)Anwendungen in einer Organisation ist vor allem die Erfassung der Daten und Programme wichtig,

- die ihre Funktion mangelhaft und nicht zufriedenstellend erfüllen,
- die wegen Ausfällen nicht betriebssicher sind,
- die höchsten Bedarf an Geheimhaltung (Vertraulichkeit), Korrektheit oder Unverfälschtheit (Integrität) haben.

*Welche Anwendungen sind zu erheben?*

Alle Anwendungen sollten identifiziert und durchnummeriert werden. Dafür kann man sie mit dem vorangestellten Buchstaben A kennzeichnen. Es wird angeraten, alle erhobenen Anwendungen den „beteiligten" Systemen (Clients (C), Server (S), Netzwerkkomponenten (N) und TK-Komponenten (T)) zuzuordnen. Wie Tabelle 2.3-2 zeigt, kann auch die Erhebung der Anwendungen in tabellarischer Form dokumentiert werden.

**Tab. 2.3-2:** Beispiel für die Erhebung der Anwendungen
Net-Komp: Netzwerkkomponente, TK-Komp: TK-Komponente

| Anwendung | | Zuordnung zu | | | | Personenbezogene Daten |
|---|---|---|---|---|---|---|
| ID | Bezeichnung | Servern | Clients | Net-Komp | TK-Komp | |
| A1 | Personaldatenverarbeitung | S1, S3 | C5, ..., C30, C33, ..., C48 | N1, N4 | | ja |
| A2 | Systemmanagement | S2, S4 | | | T1 | nein |
| A3 | E-Mail | S5 | alle Clients | N1, N2, N3, N4 | | ja |
| ... | ... | | | | | |

## 2.3.3 Funktionelle Analyse

Eine Netzwerkinfrastruktur in einem Unternehmen oder in einer Organisation wird nicht zum Selbstzweck eingerichtet, sondern um den Benutzern bestimmte Funktionen in Form von Netzwerkdiensten und -anwendungen – wie Datenbankanwendungen, Internetdienste – zu erbringen und auch wichtige Geschäftsprozesse zu unterstützen. Die verschiedenen Netzwerkfunktionen müssen u.a. im Hinblick auf die Qualität und Verfügbarkeit analysiert werden, um beim Redesign die existierenden Schwachstellen zu ermitteln und relevante Zielvorstellungen festzulegen. Dies stellt die *Analyse von Netzwerkfunktionen* bzw. die *funktionelle Analyse* dar.

*Aufgabe der funktionellen Analyse*

2 Analyse der Ist-Situation

Aber um welche Netzwerkfunktionen handelt es sich? Diese Frage lässt sich anhand des in Abbildung 2.3-2 dargestellten 5-Schichten-Netzwerkmodells beantworten.[10] Dieses *funktionale Netzwerkmodell* illustriert die grundlegenden Netzwerkfunktionen.

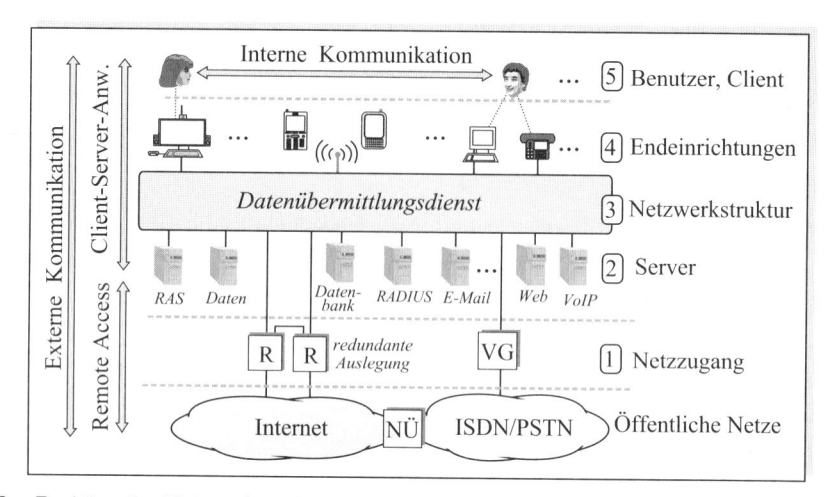

**Abb. 2.3-2:** Funktionales Netzwerkmodell – grundlegende Netzwerkfunktionen
NÜ: Netzübergang, R: Router, RAS: Remote Access Service
RADIUS: Remote Authentication Dial In User Service, VG: VoIP-Gateway

Grundlegende Netzwerkfunktionen

Wie das Netzwerkmodell zeigt, werden mit dem Einrichten eines Netzwerks folgende vier Möglichkeiten der Kommunikation, die als *grundlegende Netzwerkfunktionen* zu betrachten sind, zur Verfügung gestellt:

- *Interne Kommunikation,*
- *Externe Kommunikation,*
- *Client-Server-Anwendungen,*
- *Remote Access (Service)* aus dem Internet.

Diese Netzwerkfunktionen sind allgemein bekannt und verlaufen weitgehend in allen Unternehmen nach dem gleichen Muster. In der Regel hat ein Netzwerk die Aufgabe, durch die Bereitstellung von IT-Services bestimmte Geschäftsprozesse im Unternehmen zu unterstützen. Daher sollte man die *Unterstützung der Geschäftsprozesse* auch als grundlegende Netzwerkfunktionen betrachten, die allerdings stark vom jeweiligen Unternehmen abhängig ist – s. hierzu die Abbildungen 1.8-1 und 7.1-1.

Während der funktionellen Analyse ist zu untersuchen, inwieweit das Netzwerk seine grundlegenden Funktionen erfüllt und in welcher Qualität diese verfügbar sind.

---

[10] Ein ähnliches Netzwerkmodell – ebenso mit fünf Schichten – wird auch in Kapitel 6 zur Analyse der Netzwerksicherheit eingeführt.

## 2.3 Bestandsaufnahme des Ist-Zustands

Die zuverlässige interne Kommunikation im Unternehmen ist eine essenzielle Netzwerkfunktion und erweist sich als Voraussetzung dafür, das Unternehmen erfolgreich zu führen. Diese Netzwerkfunktion ist aber von vielen Faktoren abhängig. Deshalb ist es eine anspruchsvolle Aufgabe, während der funktionellen Analyse die Schwächen der internen Kommunikation zu erkennen und Vorschläge zu erarbeiten, wie sich die erkannten Schwächen beheben lassen. In diesem Zusammenhang sollte man u.a. untersuchen:

*Analyse interner Kommunikation*

- Wie kann die Sprachkommunikation (Telefonie) verbessert werden? Welche Leistungsmerkmale[11] sind bei der Migration zu VoIP erforderlich und für welche Benutzer soll VoIP eingerichtet werden?
- Welche Schwächen hat die interne E-Mail-Kommunikation? Sind Instant Messaging Services von Bedeutung?
- Welcher Bedarf besteht an Collaboration Services?
- Welche Strategie für Unified Communications sollte man als eventuelle Zielvorstellung verfolgen?
- Wie wird die Mobilität der Benutzer während der Kommunikation unterstützt? Besteht Bedarf, Smartphones als Kommunikationsendgeräte zu verwenden? Falls ja – welche Systemlösungen sind hierfür denkbar?
- Welcher Bedarf besteht, die interne Kommunikation in Hinblick auf die Garantie der Sicherheit – vor allem der Vertraulichkeit[12] – zu verbessern?

Wie die interne Kommunikation ist auch die externe Kommunikation für jedes Unternehmen von essenzieller Bedeutung. Sie ist ebenfalls von vielen Faktoren abhängig. Während der funktionellen Analyse empfiehlt es sich, die Schwächen der externen Kommunikation zu erfassen und Verbesserungsvorschläge zu erarbeiten. Bei dieser Analyse sollten weitgehend die gleichen Fragestellungen wie bei der Analyse der internen Kommunikation untersucht werden.

*Analyse externer Kommunikation*

In jedem Netzwerk, ab einer bestimmten Größe, werden in der Regel mehrere Server mit unterschiedlichen Funktionen – wie etwa Dateiserver, Datenbankserver, Webserver – installiert, um den Benutzern an sog. *Clients* Zugriff auf die auf den Servern befindlichen Daten zu geben. Dies führt zu den sog. *Client-Server-Anwendungen*. Während der funktionellen Analyse sollte man insbesondere die Schwächen der Kommunikation zwischen Clients und verschiedenen Servern erkennen und Vorschläge erarbeiten, wie die erkannten Schwächen behoben werden können. Insbesondere ist es in diesem Zusammenhang ratsam, u.a. folgende Aspekte zu untersuchen:

*Analyse von Client-Server-Anwendungen*

- Weil jeder Server als potenzielle Sicherheitsschwachstelle anzusehen ist, muss überprüft werden, ob er gegen Missbrauch sowie vor bösartigen Angriffen ausreichend gesichert ist, ob

---

[11] Hierbei kann es sich um folgende Leistungsmerkmale auf der Basis von VoIP handeln: Call Forwarding (Anrufweiterleitung), Call Transfer (Anrufübergabe), Call Hold (Anruf halten), Call Parking (Anruf parken), Call Pickup (Anrufübernahme) oder Call Queuing (Anruf auf Warteliste) – siehe z.B. [Bada 10].

[12] Hierfür kommen verschiedene Verschlüsselungsverfahren in Frage. Die Vertraulichkeit der IP-Telefonie könnte beispielsweise durch den Einsatz der Protokolle SIPS (*Secure Session Initiation Protocol*) und SRTP (*Secure Real-time Transport Protocol*) erreicht werden.

also z.B. die Authentifizierung von Benutzern ausreichend ist? Dies führt zur Erfassung des Schutzbedarfs jedes Servers. Diese Aspekte werden in Kapitel 6 ausführlich betrachtet.

- Weil mehrere Benutzer oft gleichzeitig auf einen Server zugreifen, sollte man überprüfen, ob die Bandbreite des Serveranschlusses ausreichend ist. Ist das nicht der Fall, so lässt sich die Situation verbessern, indem man den Server über mehrere Netzwerkadapterkarten – bzw. Ethernetkarten – anschließt.[13]

- Wie erfolgt die Kommunikation zwischen Benutzern und dem E-Mailserver – über das Protokoll POP3 oder bereits über das Protokoll IMAP4? Sollte noch POP3 im Einsatz sein, ist zu untersuchen, ob es nicht besser wäre, auf IMAP4 inkl. SSL/TLS umzusteigen.

**Analyse von Remote Access**

In jedem Unternehmen sollte die Möglichkeit bestehen, dass ein Außendienstmitarbeiter, ein Telearbeiter und auch bestimmte Mitarbeiter nach der Arbeit von zu Hause auf bestimmte Server im Unternehmen über das Internet zugreifen dürfen, was vor allem E-Mailserver betrifft. In diesem Zusammenhang spricht man von *Remote Access Service* (*RAS*). Beim RAS handelt es sich um eine Client-Server-Anwendung, bei der ein Client über ein öffentliches Netz auf den Server zugreift, was meistens über das Internet erfolgt.

Während der funktionellen Analyse von Remote Access sollte man sich mit den gleichen Fragestellungen befassen, die auch bei internen Client-Server-Anwendungen gelten. Zusätzlich muss man, weil die Benutzer über ein öffentliches Netz auf den Server zugreifen, die Sicherheitsaspekte beim Zugriff genau untersuchen. Vordringlich ist zu analysieren:

- Ob die Authentifizierung von externen Benutzern beim Zugriff vom Internet auf den Server – vor allem auf den sog. *RAS-Server*, der quasi als „Eingangstür" zum Netzwerk fungiert – ausreichend sicher ist. Sollte das nicht der Fall sein, muss untersucht werden, welches Authentifizierungsprotokoll[14] am geeignetsten wäre, um böswillige Angriffe aus dem Internet wie z.B. Hijacking und Spoofing nicht zuzulassen.

- Ob die Übermittlung von Daten zwischen Remote-Benutzern und internen Servern gegen bösartige Angriffe so geschützt ist, dass insbesondere der Verlust von Vertraulichkeit und Datenintegrität ausgeschlossen werden kann. Ist das nicht der Fall, so handelt es sich um eine Sicherheitsschwachstelle, die unbedingt behoben werden muss. Eine denkbare technische Maßnahme für die Absicherung wäre:

    - für verbindungsorientierte TCP-Applikationen wie etwa Webanwendungen, File-Transfer oder E-Mail-Übermittlung, das Sicherheitsprotokoll TLS (*Transport Layer Security*) einzusetzen.

---

[13] In diesem Zusammenhang spricht man auch von *Portbündelung* (*Port Trunking*) bzw. von *Link Aggregation*. In der Regel unterstützen die professionellen Layer-2/3-Switches diese Techniken.

[14] Als Authentifizierungsprotokoll kommt z.B. in Frage CHAP (*Challenge Handshake Authentication Protocol*) oder EAP (*Extensible Authentication Protocol*).

– für verbindungslose UDP-Applikationen wie z.B. VoIP-Anwendungen das Sicherheitsprotokoll DTLS (*Datagram Transport Layer Security*) zu verwenden.[15]

Während dieser funktionellen Analyse sollten alle Geschäftsprozesse erfasst werden, die auf diesen Netzwerkdiensten basieren. Aus der funktionellen Analyse eines Netzwerks sollte u.a. Folgendes hervorgehen:

*Analyse der Geschäftsprozesse*

- Welche IT-Services, Netzwerkdienste und -anwendungen werden im Unternehmen am häufigsten genutzt? Sind hier Verbesserungen notwendig?
- Welche Geschäftsprozesse laufen im Unternehmen ab und welche IT-Services und Netzwerkdienste nutzen sie? Besteht hier Handlungsbedarf?
- Insbesondere müssen IT-Services und Applikationen analysiert werden, die bestimmte Auswirkungen auf den Verlauf der Geschäftsprozesse im Unternehmen haben. Hierzu gehört vornehmlich die Erfassung des Kommunikationsbedarfs. Dabei sollten auch die Anforderungen des Verkaufs-, des Servicebereichs sowie der Marketingabteilung erfasst werden. Möglicherweise sollte man Folgendes klären:
    – Welche CTI-Lösungen (*Computer Telephony Integration*) werden gewünscht?
    – Soll ein *IP-basiertes Contact Center* für die Kundenbetreuung und die Unterstützung der E-Commerce-Prozesse eingerichtet werden?
    – Wie weit soll die Mobilität von Teilnehmern unterstützt werden?

### 2.3.4 Strategische Analyse

Im Anschluss an die funktionelle Analyse wird sinnvollerweise eine strategische Analyse durchgeführt (s. Abb. 2.3-1). Beim Netzwerk-Design bzw. -Redesign müssen sowohl aktuell vorherrschende Trends als auch globale Anforderungen an Netzwerke beachtet werden, um eine zukunftsorientierte, effiziente und kostengünstige Netzwerkinfrastruktur einrichten zu können. Aus diesem Grund sollte man aktuelle Netzwerkstrategien unter die Lupe nehmen, um zu untersuchen, welche für das anstehende Netzwerkprojekt relevant sind und verwirklicht werden sollten. Diesen Teil der Analyse nennt man *strategische Analyse*.

*Bedeutung der strategischen Analyse*

Während der strategischen Analyse werden alle wichtigen Netzwerkstrategien untersucht, um zu entscheiden, wie weit diese im Netzwerksystemkonzept ihre Berücksichtigung finden sollen. Abbildung 2.3-3 zeigt eine Liste aktueller Netzwerkstrategien. Wie hier ersichtlich ist, kann man zwischen zwei Gruppen von Strategien unterscheiden, und zwar:

*Gruppen von Strategien*

- *investitionsschutzrelevanten Strategien,* die für Investitionsschutz[16] sorgen

---

[15] Hervorzuheben ist, dass TLS und DTLS – aus Sicherheitssicht betrachtet – sehr „mächtige" Protokolle sind. Mit ihnen lassen sich alle Sicherheitsziele – u.a. die Garantie der Vertraulichkeit, der Datenintegrität und auch die Authentifizierung von Benutzern – erreichen.

[16] Siehe Fußnote 3 (Seite 16) in Kapitel 1.

**94**  2 Analyse der Ist-Situation

- *funktionsrelevanten Strategien*, die zur Verbesserung der Funktionalität des Netzwerks führen

*Trend: IT-Outsourcing*

Bei einer strategischen Analyse ist vorrangig der seit einigen Jahren zu beobachtende Trend zu berücksichtigen, dass IT-Dienstleistungen und damit auch Netzwerkdienstleistungen von externen Dienstleistern bezogen, also gekauft oder gemietet werden. Dieses sog. *IT-Outsourcing* kann als Netzwerkstrategie betrachtet werden, die sowohl einen Investitionsschutz als auch eine Verbesserung der Funktionalität ermöglichen kann. Systemlösungen auf der Basis von IT-Outsourcing sollten bereits bei der Spezifikation von Zielvorstellungen als eine denkbare Systemlösung in Betracht gezogen werden. Aus diesem Grund und wegen der strategischen Bedeutung von IT-Outsourcing beim Netzwerk-Design bzw. -Redesign erläutert Abschnitt 9.8 kurz entsprechende Realisierungsmöglichkeiten.

```
                          ┌─ Zukunftssicherheit
                          ├─ Technologische Adaptierbarkeit
           Investitions-  ├─ Strukturierter Netzwerkaufbau
           schutz         ├─ Erweiterbarkeit
                          └─ Skalierbarkeit
Netzwerk-
strategien
                          ┌─ IT-Outsourcing
                          ├─ Hohe Netzwerksicherheit
                          ├─ Hohe Zuverlässigkeit der Netzwerkdienste
           Funk-          ├─ Mobilität von Benutzern
           tionalität     ├─ Multimediale Kommunikation
                          ├─ Unified Communications
                          └─ Leistungsfähiges Netzwerk- und Systemmanagement
```

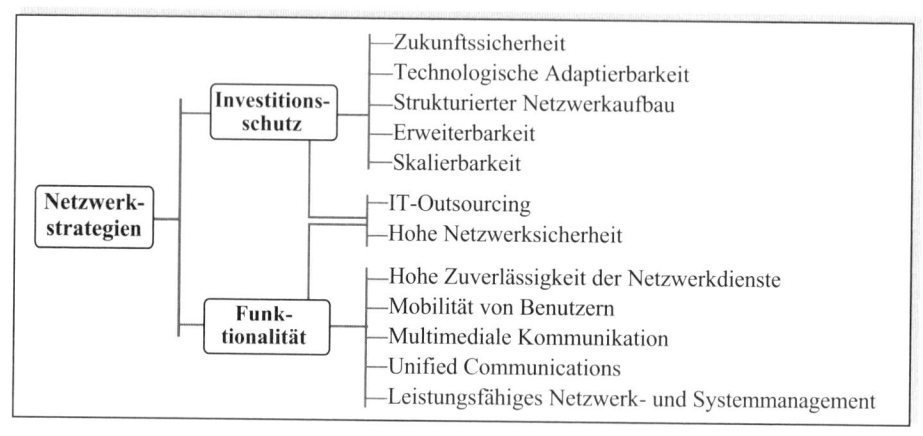

**Abb. 2.3-3:** Netzwerkstrategien als Gebote bei der Planung jeder Netzwerkinfrastruktur

Sollte eine Netzwerkstrategie in einem Netzwerkprojekt verwirklicht werden, so kann dies in Form einer oder mehrerer Zielvorstellungen beim Design bzw. Redesign einer Netzwerkinfrastruktur spezifiziert werden.

### Investitionsschutzrelevante Strategien

Die einzelnen investitionsschutzrelevanten Strategien lassen sich wie folgt charakterisieren:

*Wann ist ein Netzwerk zukunftssicher?*

*Zukunftssicherheit:* Nur bei einer strikten Einhaltung von Standards, Entwicklungstrends und aktuellen Netzwerkstrategien kann man damit rechnen, dass das Netzwerk über seine Nutzungsdauer hinweg und eventuell auch darüber hinaus seine Dienste in gewünschter Qualität erbringen wird, d.h. *zukunftssicher* ist. Unter Zukunftssicherheit versteht man im Netzwerkbereich daher, dass ein Netzwerk nach seiner Inbetriebnahme über die bei der Planung festgelegte Nutzungsdauer[17] und eventuell auch darüber hinaus seine Dienste zufriedenstellend erbringt.

Die Garantie der Zukunftssicherheit muss für jedes Netzwerkprojekt das oberste Gebot sein und durch die Realisierung von mehreren Zielvorstellungen umgesetzt werden, damit der Investitionsschutz garantiert werden kann.

*Technologische Adaptierbarkeit:* Die existierende Netzinfrastruktur muss sich so modifizieren lassen, dass sie an zukünftige Standards bzw. Anforderungen ohne großen Investitionsaufwand angepasst werden kann. Die Voraussetzung hierfür ist die Berücksichtigung der neuesten technologischen Entwicklungen und der Einsatz von standardisierten Systemkomponenten. Die technologische Adaptierbarkeit stellt somit eine wichtige Voraussetzung für den Investitionsschutz dar und soll bei Netzwerkprojekten in Form von entsprechenden Anforderungen umgesetzt werden.

<small>Anpassungsfähigkeit an zukünftige Standards und Anwendungen</small>

*Strukturierter Netzwerkaufbau:* Diese Netzwerkstrategie ist ein oberes Gebot beim Netzwerk-Design und besagt, dass ein Netzwerk in mehrere hierarchische Ebenen bzw. Einheiten – oft als *Subnetze* bzw. als *Segmente* bezeichnet – unterteilt werden soll. Dies setzt u.a. eine strukturierte Verkabelung voraus (s. Abschnitt 4.2.2). Die Erfüllung dieser Netzwerkstrategie ist unabdingbar, um vor allem die *Erweiterbarkeit und Skalierbarkeit* des Netzwerks zu gewährleisten, und muss daher bei jedem Netzwerkprojekt entsprechend umgesetzt werden.

<small>Strukturierter Netzwerkaufbau als Voraussetzung für Erweiterbarkeit</small>

*Erweiterbarkeit (Skalierbarkeit):* Jedes Netzwerk sollte so konzipiert werden, dass es (bis zur nächsten Generation von Systemkomponenten) mit den steigenden Anforderungen proportional wachsen kann – es muss somit *erweiterbar* (*ausbaufähig*) sein. Zusätzliche Systemkomponenten und Netzwerkarbeitsplätze müssen ohne große Umkonfiguration und Umbauten – also ohne den ganzen Netzwerkbetrieb stilllegen zu müssen – einbezogen werden können. Zudem sollten immer Migrationswege zu neuen Technologien offen stehen. Die *Erweiterbarkeit* ist daher eine wichtige Netzwerkeigenschaft. Als Synonym von Erweiterbarkeit wird der Begriff *Skalierbarkeit* verwendet. Die Erweiterbarkeit des Netzwerks ist eine wichtige Voraussetzung für den Investitionsschutz und darf bei keinem Netzwerkprojekt außer Acht gelassen werden.

<small>Ausbaufähigkeit</small>

## Funktionsrelevante Strategien

Zu den funktionsrelevanten Strategien zählen die folgenden:

*Hohe Zuverlässigkeit der Netzwerkdienste:* Mit dieser Strategie bringt man zum Ausdruck, dass man sich immer auf alle eingerichteten und damit erwarteten Netzwerkdienste (wie z.B. Web-, E-Maildienste, Client-Server-Anwendungen) und damit auch auf das Netzwerk selbst verlassen kann. Die Netzwerkdienste sollen also immer verfügbar sein. Eine hohe Zuverlässigkeit garantiert somit auch eine hohe Verfügbarkeit.

<small>Garantie hoher Zuverlässigkeit</small>

Eine hohe Zuverlässigkeit der Netzwerkdienste muss als Ziel in mehreren Teilsystemkonzepten verfolgt werden, insbesondere bei der Strukturierung des Netzwerks und der Internetanbindung. Hohe Zuverlässigkeit verlangt aber auch, dass einige zentrale Systemkomponenten – wie Server,

---

[17] Beispielsweise über die Zeitdauer, die man für die Abschreibung der in die Netzwerkinfrastruktur getätigten Investitionen angenommen hat.

Router und wichtige Switches – redundant ausgelegt werden müssen. Demzufolge müssen die Zuverlässigkeitsanforderungen bei jedem Netzwerkprojekt entsprechend umgesetzt werden.

*Unterstützung der Mobilität von Benutzern*

**Mobilität von Benutzern:** Mobile Rechner mit Internetanschluss wie Notebooks, Netbooks, Tablets etc. mit WLAN-Adaptern werden immer beliebter, daher ist diese Strategie in allen Netzwerken von großer Bedeutung. Aus diesem Grund werden Konzepte benötigt, mit denen man die Mobilität von Benutzern in Netzwerken unterstützen kann. Beispielsweise sollte ein mobiler Rechner während einer bestehenden Verbindung seinen Standort im Unternehmen wechseln können, ohne dass die aktuell „laufenden" Anwendungen neu gestartet oder bestehende Verbindungen zu anderen Rechnern unterbrochen werden müssen.[18] Der Bedarf an Unterstützung der Mobilität von Benutzern sollte bei jedem Netzwerkprojekt untersucht werden.

*Bedeutung der multimedialen Kommunikation*

**Multimediale Kommunikation:** Jede Netzinfrastruktur sollte die Übermittlung aller Informationsarten (Daten, Sprache, Video) garantieren, was man als *multimediale Kommunikation* bzw. *Multimedia-Kommunikation* bezeichnet. Dies wird mit der Strategie *„Multimediale Kommunikation"* zum Ausdruck gebracht.[19] Beispielsweise stellt die gleichzeitige Sprach- und Datenübermittlung eine Art multimedialer Kommunikation dar. Eine wichtige Voraussetzung für die Realisierung multimedialer Kommunikation ist VoIP. Auf VoIP basieren die folgenden zwei Arten multimedialer Kommunikation, die immer mehr an Bedeutung gewinnen:

- *geographisch verteilte Konferenzen*
- *Collaboration-Applikationen*[20] – auch Kollaborationsanwendungen genannt

Die Untersuchung des Netzwerks im Hinblick auf die Realisierung multimedialer Kommunikation darf somit während der Ist-Analyse nicht vernachlässigt werden.

*Integration der Kommunikationsdienste*

**Unified Communications (UC):** UC bedeutet die Zusammenführung aller Kommunikationsdienste – z.B. Telefonie, Datenkommunikation, E-Maildienste, Faxdienst, Unified Messaging, ... – und ihre Integration mit sog. *Presence Services* (Präsenzdiensten), um die Erreichbarkeit von Kommunikationspartnern während verteilter Zusammenarbeit – d.h. beim Einsatz einer Collaboration-Applikation – zu verbessern und auf diese Art und Weise die Geschäftsprozesse zu unterstützen. Den Bedarf an Unified Communications sollte man vor allem dann untersuchen, wenn es beim Netzwerkprojekt um die Vernetzung mehrerer Standorte eines Unternehmens geht.

*Leistungsfähiges NSM unabdingbar in komplexen Netzwerken*

**Leistungsfähiges Netzwerk- und Systemmanagement:** Unter *Netzwerk- und Systemmanagement* (*NSM*) wird das Management von komplexen Netzwerkinfrastrukturen verstanden. Die Strategie *Leistungsfähiges NSM* deutet darauf hin, dass eine komplexe Netzwerkinfrastruktur nur mit einem leistungsfähigen NSM-System verwaltet werden kann. Für die Verwaltung jeder verteilten Netzwerkinfrastruktur sind die grundlegenden Funktionen des Netzwerkmanagements – wie Konfigurations-, Fehler-, Performance-, Accounting- und Sicherheits-Management – von großer Bedeutung. Das NSM-System sollte eine einfache Eingliederung neuer Netzkomponenten wäh-

---

[18] Dies ist z.B. beim Einsatz des Protokolls MIP (*Mobile Internet Protocol*) möglich. Hierbei ist zwischen MIPv4 (beim Einsatz von IPv4) und MIPv6 (beim Einsatz von IPv6) zu unterscheiden.
[19] Eine Informationsart wird auch als *Kommunikationsmedium*, kurz *Medium* (*Media*), bezeichnet.
[20] Collaboration-Applikationen ermöglichen die Zusammenarbeit mehrerer Personen oder Gruppen von Personen über ein Netzwerk – und insbesondere über das Internet.

rend des Netzwerkbetriebs ermöglichen und auch die Netzwerkdokumentation unterstützen. Es wird angeraten, die Anforderungen an das NSM-System während der Ist-Analyse gründlich zu untersuchen, damit ein leistungsfähiges NSM-System konzipiert werden kann.

*Hohe Netzwerksicherheit:* Diese Strategie bringt zum Ausdruck, dass ein Netzwerk so eingerichtet und konfiguriert werden muss, dass alle Sicherheitsziele mit hoher Wahrscheinlichkeit erfüllt werden. Wegen der enorm großen Bedeutung der Sicherheitsgarantie werden in Kapitel 6 alle relevanten Aspekte der Planung von Netzwerksicherheit ausführlich behandelt.

*Hohe Netzwerksicherheit ist ein Muss*

## 2.3.5 Organisatorische Analyse

Die Struktur und die Funktionalität des einzurichtenden Netzwerks sollte an die existierenden organisatorischen Strukturen und Abläufe des Unternehmens – insbesondere an dessen Geschäftsprozesse – angepasst werden. Demzufolge müssen innerhalb einer Netzwerkinfrastruktur verschiedene organisatorische Systemlösungen – wie Organisation der Netzwerkbetreuung, Organisation der Datensicherung usw. – ergriffen werden. Die organisatorischen Lösungen müssen auch bei der Ist-Analyse einer Netzwerkinfrastruktur ihre Berücksichtigung finden. Während der *organisatorischen Analyse* werden verschiedene organisatorische Aspekte untersucht werden, die man in Netzwerkprojekten berücksichtigen sollte und die in Abbildung 2.3-4 aufgelistet sind.

*Analyse von organisatorischen Lösungen*

```
                        ├─ Analyse der Netzwerkbetreuung
                        ├─ Analyse der Netzwerkdokumentation
                        ├─ Analyse der Netzwerksicherheit
Organisatorische        ├─ Analyse der Datensicherung
Analyse            ─────┤
                        ├─ Analyse der Internetdienste
                        ├─ Analyse der Datenschutzaspekte
                        ├─ Analyse laufender Netzwerkbetriebskosten
                        └─ Analyse organisatorischer Randbedingungen
```

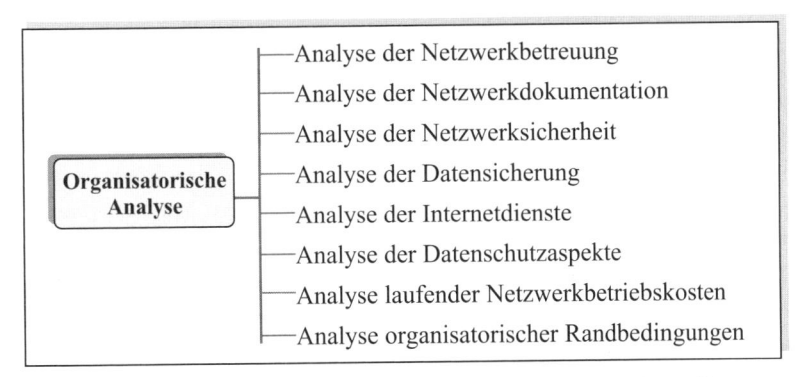

**Abb. 2.3-4:** Schwerpunkte der organisatorischen Analyse einer Netzwerkinfrastruktur

Die einzelnen Schwerpunkte der organisatorischen Analyse eines Netzwerks sind:

*Analyse der Netzwerkbetreuung:* Um die Verfügbarkeit der Netzwerkdienste auf einem hohen Niveau zu ermöglichen, ist eine Analyse der Netzwerkbetreuung unabdingbar. Hierunter fallen alle Tätigkeiten und Abläufe, die im Unternehmen nötig sind, um einen zuverlässigen Netzwerkbetrieb zu garantieren. Im Rahmen der Analyse können auch Vorschläge für die Betreuung des neuen Netzwerks erarbeitet werden. Daher sollte man u.a. Folgendes untersuchen und eventuell Verbesserungsvorschläge als organisatorische Zielvorstellungen spezifizieren:

*Netzwerkbetreuung*

- *Pflege von Konfigurationsdaten*: Wie werden die Konfigurationsdaten (z.B. Konfigurationsangaben von Servern oder Leistungsmerkmale der VoIP-basierten TK-Anlage) gesichert und was könnte man hierbei verbessern?

- *Vorgehensweise bei Störungen bzw. bei Notfällen:* Wie wird die Vorgehensweise bei Störungen bzw. bei Notfällen organisiert? Wer ist für was zuständig? Was könnte man hierbei verbessern? – s. hierzu Abschnitt 8.6.3 über das Notfallhandbuch.

**Netzwerkdokumentation**

*Analyse der Netzwerkdokumentation* – aus organisatorischer Sicht: Wie bereits in Abbildung 2.3-1 zum Ausdruck gebracht wurde, sollte die Analyse des aktuellen Zustands eines Netzwerks immer mit der Analyse der Netzwerkdokumentation beginnen. Während der organisatorischen Analyse sollte man eventuell versuchen, Vorschläge für die Betreuung der Netzwerkdokumentation aus organisatorischer Sicht zu erarbeiten. Hierfür ist u.a. Folgendes zu klären:

- *Organisation der Netzwerkdokumentation*: Wie kann man gegebenenfalls die Organisation der Netzwerkdokumentation verbessern? In welcher Form sollte sie verfasst werden?

  Auf die Möglichkeiten der Gestaltung der Netzwerkdokumentation geht Kapitel 5 ausführlicher ein.

- *Betreuung der Netzwerkdokumentation*: Ist die Betreuung der Netzwerkdokumentation verbesserungswürdig, ist es ratsam zu versuchen, einen Verbesserungsvorschlag zu erarbeiten.

**Netzwerksicherheit**

*Analyse der Netzwerksicherheit* – organisatorische Aspekte: Um die Netzwerksicherheit auf einem hohen Niveau garantieren zu können, müssen zahlreiche sowohl organisatorische als auch technische Maßnahmen erarbeitet, eingeführt und dann strikt umgesetzt werden. Während der organisatorischen Analyse sollte man daher alle geltenden organisatorischen Sicherheitsmaßnahmen untersuchen und bestrebt sein, Vorschläge zur Verbesserung der organisatorischen Aspekte der Netzwerksicherheit zu spezifizieren. Der Planung von Netzwerksicherheit widmet sich Kapitel 6. Dort wird auch die Analyse der Netzwerksicherheit ausführlich dargestellt.

**Datensicherung**

*Analyse der Datensicherung* – organisatorische Aspekte: Zum Konzept für die Realisierung der Datensicherung in einem Netzwerk – also zum Backup-Konzept – gehören sowohl organisatorische Maßnahmen als auch technische Lösungen. Die organisatorischen Maßnahmen sollten während der organisatorischen Analyse überprüft und gegebenenfalls Vorschläge zur Verbesserung der organisatorischen Aspekte der Datensicherung spezifiziert werden. Hierbei sollte man u.a. auf folgende Aspekte eingehen:[21]

- Organisation der Datensicherung:

  **Welche Daten sichern?**
  – *Festlegung der zu sichernden Daten*: Zu den Daten, die gesichert werden sollen, gehören insbesondere die Anwendungs- und Betriebssoftware, die Systemdaten (z.B. Konfigurationsdaten, Passwortdateien, Zugriffsrechte), Protokolldaten (z.B. Login-Dateien). Man sollte vor allem untersuchen, ob alle Daten gesichert werden, die man benötigt, um eine Wiederherstellung (Recovery) des Netzwerkbetriebs im Notfall – zumindest im akzeptierten Umfang – gewährleisten zu können.

---

[21] Für weitere Informationen ist auf die Studie vom BSI zu verweisen – siehe hierfür BSI IT-Grundschutz-Kataloge: B1.4 Datensicherungskonzept

## 2.3 Bestandsaufnahme des Ist-Zustands

- *Häufigkeit der Datensicherung*: Es muss festgelegt werden, welche Daten wann und in welchen Zeitabständen (Tag, Woche) gesichert werden sollen. Beispielsweise gibt es Anwendungen, bei denen sich (vgl. Lohnbuchhaltung zum Monatsende) Datenänderungen nur zu bestimmten Terminen ergeben, sodass eine Datensicherung dann auch zu solchen Terminen sinnvoll ist. — Wie häufig?

- *Festlegung des Schutzbedarfs*: Bei der Organisation der Datensicherung soll festgelegt werden, welche Daten wie geschützt werden sollen, um ihre Vertraulichkeit und Integrität zu garantieren. Bei der Datensicherung soll man dafür sorgen, dass einerseits die Daten von Unbefugten nicht gelesen werden dürfen (*Garantie der Vertraulichkeit*) und andererseits die Daten integer gespeichert werden, damit sie während der Aufbewahrung nicht von Unbefugten böswillig verändert werden können (*Garantie der Integrität*). Man muss daher untersuchen, ob die Maßnahmen gegen Missbrauch der Backup-Daten ausreichend sind. — Schutzbedarf?

- *Verpflichtung von Benutzern*: Die Organisation der Datensicherung muss festlegen, welche Benutzer oder Benutzergruppen auf welche Art und Weise verpflichtet sind, welche Daten zu sichern. — Benutzerverpflichtung

- ■ *Dokumentation der Datensicherung*: Diese Dokumentation muss vor allem die Art und Weise der Wiederherstellung eines Datensicherungsbestandes beschreiben. Sie muss daher u.a. die erforderliche Hard- und Software, die benötigten Parameter sowie auch die Vorgehensweise spezifizieren, die man benötigt, um die Datenrekonstruktion erfolgreich durchführen zu können. Geht aus der Dokumentation der Datensicherung nicht hervor, wie die Daten rekonstruiert werden, ist dies als eine gravierende Schwachstelle einzustufen, die dringend behoben werden sollte. — Dokumentation

**Analyse der Internetdienste** – organisatorische Aspekte:[22] Um den reibungslosen Netzwerkbetrieb gewährleisten zu können, müssen entsprechende organisatorische Maßnahmen und Vorkehrungen bei der Nutzung von Internetdiensten – insbesondere von E-Mail- und Webdiensten – gelten. Im Hinblick darauf sollte man u.a. auf Folgendes eingehen: — Internetdienste

- ■ Das Herunterladen ausführbarer Programme und Dateien aus dem Internet sollte man auf den Arbeitsplatzrechnern nicht zulassen.
- ■ Werden beim E-Maildienst alle IT-Compliance-Anforderungen[23] erfüllt? Sind z.B. organisatorische Maßnahmen ausreichend, um:
    - eine eventuelle, nachträgliche Überprüfung von E-Mails in Bezug auf ihre Zulässigkeit zu ermöglichen? Die Voraussetzung dafür ist eine Archivierung von E-Mails. Hierbei sind insbesondere die Anforderungen der IT-Compliance zu beachten.
    - den Schutz gegen Gefährdungen durch eingehende E-Mails möglichst zu garantieren?

---

[22] Hierfür sind insbesondere die von BITKOM verfassten Leitfäden zu empfehlen. Diese findet man unter: http://www.bitkom.org/de/publikationen/38336_50372.aspx

[23] Unter IT-Compliance (*Erfüllung, Befolgung, Einhaltung*) wird die Einhaltung aller gesetzlich, behördlich oder aufsichtsrechtlich vorgeschriebenen Anforderungen, die von der IT eines Unternehmens beachtet werden müssen, beschrieben. Neben nationalen Gesetzen wie z.B. TKG und BDSG kommen hierbei auch europäische Richtlinien und Vorschriften zum Tragen.

- die versehentliche oder absichtliche Preisgabe vertraulicher Informationen durch ausgehende E-Mails auszuschließen?

**Datenschutzaspekte**

*Analyse der Datenschutzaspekte:*[24] Innerhalb jeder Netzwerkinfrastruktur müssen organisatorische Maßnahmen und Vorkehrungen getroffen werden, um den Missbrauch von personenbezogenen Daten – d.h. von Daten über persönliche oder sachliche Verhältnisse einer Person – und die Verletzung von Persönlichkeitsrechten auszuschließen. In diesem Zusammenhang sollte man u.a. überprüfen:

- Sind die Vorkehrungen ausreichend, sodass der Datenschutz gemäß dem Bundesdatenschutzgesetz (BDSG) – vornehmlich bei der Nutzung der E-Mail- und der Webdienste – gewährleistet ist? Diese Vorkehrungen stellen eine Voraussetzung hierfür dar, die eben genannten IT-Compliance-Anforderungen erfüllen zu können.

- Werden eventuell Persönlichkeitsrechte bei der Protokollierung von Benutzeraktivitäten im Netzwerkbereich verletzt?[25]

**Netzwerkbetriebskosten**

*Analyse laufender Netzwerkbetriebskosten:* Während der Ist-Analyse beim Netzwerk-Redesign sind alle laufenden Kosten des Netzwerkbetriebs zu erfassen – meist betrifft das die folgenden Kostenkategorien:

- Personalkosten für Netzwerkbetreuung und Administration,

- Gebühren und Verbindungsentgelte: Internetzugang (in der Regel Flatrate), Telefongebühren und -verbindungsentgelte, ...

- Sonstige Kosten, z.B. Software-Lizenzen, Stromkosten, ..

**Randbedingungen**

*Analyse organisatorischer Randbedingungen:* Bei jedem Netzwerkprojekt sollen verschiedene organisatorische Randbedingungen berücksichtigt werden. Hierzu gehören insbesondere folgende Aspekte:

- Notfallpläne, Vorgehensweise bei einem Netzwerk-Desaster,

- personelle Randbedingungen (Einschränkungen),

- bestehende bzw. geplante Gebäudestruktur,

- finanzieller und zeitlicher Rahmen des Netzwerkprojekts.

Die organisatorischen Randbedingungen sollte man während der organisatorischen Analyse in kompakter Form zusammenstellen, um damit die Vorgaben für die während der Soll-Analyse zu treffenden Entscheidungen zu liefern.

---

[24] Für wichtige Datenschutzaspekte siehe z.B. [Münc 03] und [WüEm 07].
[25] Unter der *Protokollierung* beim Netzwerkbetrieb ist die Erstellung von Aufzeichnungen zu verstehen, aus denen sich beantworten lässt: Wer hat wann auf welche Daten zugegriffen? Wer hat von wann bis wann welche Zugriffsrechte gehabt? – Das allgemeine Datenschutzrecht und bereichsspezifische Regelungen bestimmen die Art und den Umfang von Protokollierungen.

## 2.3.6 Technische Analyse

*Analyse von technischen Lösungen*

Eine Netzwerkinfrastruktur ist ein komplexes Gebilde, in dem verschiedene technische Systemlösungen – wie z.B. Lösung für die Sprachkommunikation, Internetdienste usw. – miteinander kooperieren müssen. Beim Netzwerk-Design bzw. -Redesign müssen diese technischen Lösungen sowie deren Vor- und Nachteile genau analysiert werden, um Schwachstellen zu ermitteln und die Zielvorstellungen festzulegen, damit man neue Nutzeffekte erreichen kann. Dies kann als *Analyse von technischen Lösungen* oder *technische (Ist-)Analyse*[26] betrachtet werden.

*Warum technische Analyse?*

Bei der Einführung eines neuen Netzwerks in einem Unternehmen handelt es sich um eine konvergente Netzstruktur für die Sprach- und Datenkommunikation. Daher müssen hierbei beide Netze, d.h. das bestehende Netzwerk für Datenkommunikation und das Sprachnetz, das eventuell noch auf der Basis einer TK-Anlage aufgebaut wurde, entsprechend unter die Lupe genommen werden. Ihre Analyse sollte vor allem dazu beitragen, alle Schwachstellen des heutigen technischen Umfelds aufzulisten sowie eine Liste von Verbesserungsvorschlägen und eine Liste von gewünschten innovativen IT-Services, Netzwerkdiensten und -applikationen zu erstellen, und zwar als Zielvorstellungen, die nach Möglichkeit während des Netzwerkprojekts umgesetzt werden sollen. Die technische Analyse sollte die in Abbildung 2.5-1 aufgelisteten technischen Schwerpunkte berücksichtigen.

```
                    ├─ Analyse der Netzwerkdokumentation
                    ├─ Analyse des IP-Kommunikationssystems
                    ├─ Analyse der Sprachkommunikation
                    ├─ Analyse der Internetdienste
  Technische        ├─ Performance-Analyse von Netzwerkanwendungen
  Analyse           ├─ Analyse des Netzwerk- und Systemmanagements
                    ├─ Analyse der Netzwerksicherheit
                    ├─ Analyse der Datensicherung
                    └─ Analyse technischer Randbedingungen
```

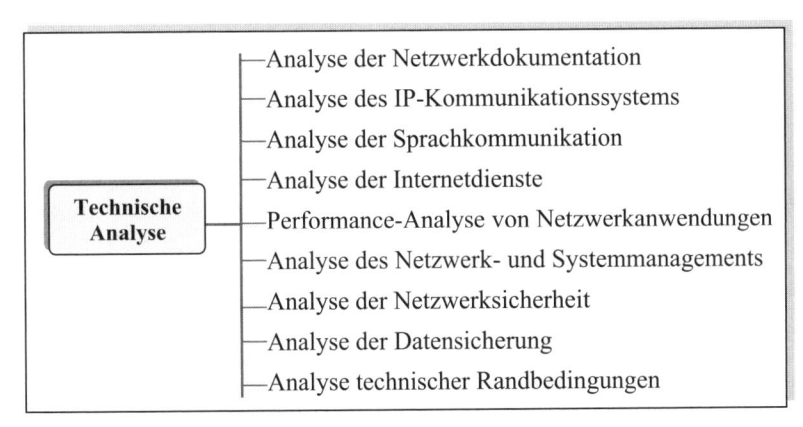

**Abb. 2.3-5:** Schwerpunkte der technischen Analyse einer Netzwerkinfrastruktur

Die einzelnen Schwerpunkte der technischen Analyse eines Netzwerks lassen sich wie folgt charakterisieren:

---

[26] Beim Design einer neuen Netzwerkinfrastruktur hat man – salopp gesagt – eine „grüne Wiese", d.h. technisch und organisatorisch gesehen hat man nichts. In einem solchen Fall ist es manchmal sinnvoller, von einer *Analyse der Ziele der geplanten Netzwerkinfrastruktur* – und nicht von einer *Ist-Analyse* – zu sprechen.

## 2 Analyse der Ist-Situation

**Netzwerkdokumentation**

***Analyse der Netzwerkdokumentation*** – aus technischer Sicht: Während der technischen Analyse sollte man versuchen, die eventuell vorliegenden Vorschläge für die Verbesserung der Netzwerkdokumentation auszuarbeiten. In diesem Zusammenhang ist auf Kapitel 5 zu verweisen, in dem die Möglichkeiten der Netzwerkdokumentation ausführlich dargestellt werden.

**IP-Kommunikationssystem**

***Analyse des IP-Kommunikationssystems:*** Die Netzwerke in Unternehmen sind oft mit ihnen über viele Jahre hinweg gewachsen und daher an ihre Strukturen und Organisation angepasst. Aus diesem Grund ist es wichtig, das ganze Netzwerk – insbesondere seine aktuelle physikalische und logische Strukturierung – als *IP-Kommunikationssystem* zu untersuchen, um eventuelle Verbesserungsvorschläge in Form von bestimmten Zielvorstellungen zu erfassen. Die Analyse des IP-Kommunikationssystems hinsichtlich der Einrichtung einer konvergenten Netzwerkinfrastruktur für Sprach- und Datenkommunikation muss die Migration zum VoIP-Einsatz berücksichtigen. Während dieser Analyse sollte man auf folgende Fragestellungen eingehen:

**physikalische Struktur**

- *Analyse der physikalischen Struktur*: Wie wird das Netzwerk physikalisch strukturiert (Topologie)? Wie eignet sich die bestehende physikalische Struktur für die Einführung von VoIP? Welche Auswirkungen hat die Topologie auf das einzurichtende VoIP-System? Haben die eingesetzten Netzwerkkomponenten (Layer-2/3-Switches, Router) eine QoS-Unterstützung (*Quality of Service*)? Wie weit können Verkabelungsstandards – wie EN 50173-1:2011 – berücksichtigt werden?

**Logische Struktur**

- *Analyse der logischen Struktur*: Wie wird das Netzwerk logisch strukturiert – also, wie werden IP-Subnetze gebildet und untereinander vernetzt (Subnetting)? Kann ein Sprach-VLAN (*Virtual LAN*) bei der Migration zu VoIP eingerichtet werden? – siehe hierfür z.B. [Bada 10].

**Bedarf an IPv6**

- *Analyse des Bedarfs an IPv6*: Hauptsächlich wegen der Adressknappheit, aber auch wegen Problemen, die sich im Laufe der Zeit beim klassischen Internetprotokoll IPv4 gezeigt haben, wurde das neue Internetprotokoll IPv6 für das Internet der neuen Generation entwickelt (siehe z.B. [BaHo 07]). Neben der langfristigen Lösung des Adressraumproblems bietet IPv6 gegenüber IPv4 zahlreiche neue Möglichkeiten und Anwendungen. Hervorzuheben ist hier u.a. die Autokonfiguration – als *Plug&Play* bezeichnet – für eine breite Palette von Endgeräten, was vor allem das Netzwerkmanagement erleichtert. In diesem Zusammenhang sollte man auch auf folgende Fragestellungen eingehen: Kann beim Einsatz von IPv4 die Adressierung von Rechnern langfristig garantiert werden oder sollte man den Einsatz von IPv6 einplanen? Wäre es eventuell sinnvoll, eine „hybride" Adressierung basierend auf IPv4 und teilweise auch auf IPv6 anzustreben, um Erfahrungen mit IPv6 zu sammeln und die Möglichkeit für die Kommunikation mit „fremden" IPv6-Systemen zu schaffen?

**Zuverlässigkeit**

- *Analyse der Zuverlässigkeit*: Ist die Netzwerkstruktur genügend zuverlässig und damit gegen Ausfälle von Netzwerkkomponenten wie Switches und Router weitgehend unempfindlich? Welche Auswirkungen hat der Ausfall von Netzwerkkomponenten auf die Verfügbarkeit der Netzwerkdienste, insbesondere der Internetdienste? Wie kann eventuell die Zuverlässigkeit des IP-Kommunikationssystems durch eine redundante Auslegung von zentralen Systemkomponenten – wie z.B. von DNS- und DHCP-Servern – verbessert werden?

## 2.3 Bestandsaufnahme des Ist-Zustands

*Analyse der Sprachkommunikation:* Während dieser Analyse sollte man auch versuchen, Vorschläge zur Verbesserung der Sprachkommunikation aus technischer Sicht als technische Anforderungen zu erfassen. Das betrifft u.a. folgende Aspekte:

Sprachkommunikation:

- *Analyse der Dienstmerkmale*: Welche besonderen Dienstmerkmale (Anrufumleitung, Parken und Anrufwiederaufnahme, Dreierkonferenz etc.) bietet das vorhandene Sprachkommunikationssystem und welche Dienstmerkmale werden vom zukünftigen VoIP-System verlangt?

Dienstmerkmale

- *Analyse der Sprach- und Datenintegration*: Man sollte auch klären, welche integrierten Sprach- und Datenlösungen (z.B. Call Center) vorhanden sind und welche Unterstützung hierbei vom VoIP-System zu erwarten wäre. Welcher Bedarf besteht, die VoIP-basierte Kommunikation mit Webanwendungen zu integrieren?[27]

Sprach- und Datenintegration

- *Analyse der Funktionalität von Endgeräten*: Welche Arten der Telefonapparate sind zurzeit im Einsatz, mit welcher Funktionalität und in welcher Form – als Hardware-IP-Telefone, Soft-IP-Telefone oder als Smartphones – werden die Telefonapparate von Mitarbeitern gewünscht bzw. gefordert?

Endgeräte

- *Analyse der Mobilität*: Wie wird die Mobilität von Teilnehmern aktuell im Netzwerk unterstützt und welche Art der Mobilität soll das VoIP-System später ermöglichen? Hervorzuheben ist auch, dass ein Teilnehmer bei VoIP u.a. folgende Möglichkeiten haben kann:

Mobilität

   - Er kann einen tragbaren Rechner mit einem Soft-IP-Telefon an jeder Netzwerksteckdose seines Unternehmens mit der gleichen Telefonnummer nutzen, die auch an seinem „Stamm"-Arbeitsplatz gilt;
   - Er kann einen fremden Rechner in einer anderen Abteilung, in der er sich vorläufig aufhält, als sein vorläufiges IP-Telefon mit der Telefonnummer von seinem „Stamm"-Arbeitsplatz nutzen;
   - Er kann sich mit einem Smartphone frei im Unternehmen bewegen und sowohl abgehende Anrufe initiieren als auch ankommende Anrufe empfangen. Dies setzt aber eine entsprechende WLAN-Infrastruktur im Unternehmen voraus.

*Analyse der Internetdienste:* Hierbei sind sowohl die bestehenden Systemlösungen zur Erbringung der Internetdienste als auch alle technischen und diese Dienste betreffenden Maßnahmen zu untersuchen, um insbesondere feststellen zu können, ob die Qualität, Verfügbarkeit und Sicherheit der Internetdienste – insbesondere E-Mail- und Webdienst – zufriedenstellend sind. Wenn dies nicht der Fall ist, sollte man dann untersuchen, welche technischen Möglichkeiten es gäbe, die Situation zu verbessern. Insbesondere ist zu überprüfen:[28]

Internetdienste:

- *die Zuverlässigkeit und Sicherheit des Internetzugangs*: Kann der Internetzugang eine hohe Verfügbarkeit der Internetdienste garantieren? Welche Sicherheitsgarantie liefert das Fire-

---

[27] Die Integration von VoIP mit dem Webdienst bietet neue Möglichkeiten. Beispielsweise kann das angerufene IP-Telefon auf eine Webseite verweisen, die automatisch vom anrufenden Soft-IP-Telefon abgerufen wird und auf der man dem Anrufer wichtige Angaben zur Verfügung stellen kann – z.B., dass er die initiierte Verbindung an eine andere Rufnummer umleiten soll.

[28] Hierfür sind die Leitfäden von BITKOM zu empfehlen – diese können heruntergeladen werden unter: http://www.bitkom.org/de/publikationen/38336_50372.aspx

wall-System am Internetzugang? Wird ein zentraler Virenscanner am Internetzugang eingesetzt und welche Sicherheitsstufe kann er gewährleisten?

- *die Erfüllung der IT-Compliance-Anforderungen:* Wie weit werden die Anforderungen von IT-Compliance durch die bestehenden Systemlösungen für die Erbringung der Internetdienste erfüllt? Welcher Handlungsbedarf besteht hier?

Im Hinblick auf den E-Maildienst und verschiedene Webdienste ist Folgendes hervorzuheben:

E-Maildienst
- *Analyse des E-Maildiensts*: Man sollte hierbei insbesondere aus technischer Sicht analysieren, ob der Schutz vor Spam, Phishing und anderen Bedrohungen in eingehenden E-Mails ausreichend ist. Besteht aus Sicht von Benutzern der Bedarf, das Protokoll IMAPv4 zu nutzen, um damit die E-Mail-Nutzung seitens der Benutzer zu verbessern?

Webdienste
- *Analyse der Webdienste*: Wegen der großen Bedeutung dieser Dienste sollte man aus technischer Sicht in erster Linie noch folgende Aspekte untersuchen:
  - Wenn externe Web-Services in Geschäftprozesse integriert werden, was muss dann technisch unternommen werden, um die Zuverlässigkeit und Sicherheit der betreffenden Geschäftsprozesse zu gewährleisten?
  - Besteht aus der Sicht der Benutzer mit mobilen Rechnern (wie Netbooks, Smartphones) der Bedarf, Remote Access Service auf der Basis von WebVPN[29] zu realisieren? Falls ja, welche technische Lösung käme hierfür in Frage?

- *Analyse sonstiger Internetdienste*: Auf die im Folgenden aufgelisteten Internetdienste sollte man während der technischen Analyse eingehen und untersuchen: Welcher Bedarf besteht, diese zu nutzen? Was wird vorausgesetzt, um diese zu realisieren? Zu diesen Diensten gehören:

Instant Messaging
  - *Instant Messaging*, mit dem Senden und Empfangen von Nachrichten quasi in Echtzeit möglich ist. Instant Messaging ist nicht nur auf Textaustausch eingeschränkt, sondern ermöglicht es auch, Sprache, Video usw. zwischen mehreren Personen zu übermitteln.

Presence Services
  - *Presence Services*, mit denen man u.a. Informationen über die Erreichbarkeit und den Aufenthaltsort von Teilnehmern, über den Zustand von Endeinrichtungen (z.B. eingeschaltet, ausgeschaltet) verschicken bzw. abrufen kann. Mit Presence Services können verschiedene Überwachungssysteme – z.B. Sicherheits-, Raumtemperaturüberwachung etc. – realisiert werden.

Collaboration Services
  - *Collaboration Services* ermöglichen den Aufbau „digitaler Teams" auf der Basis von multimedialer Echtzeitkommunikation über Unternehmensgrenzen hinweg.

Unified Communications
  - Schon lange hat man im Netzwerkbereich davon geträumt, über eine einzige Technologie zu verfügen, mit der man alle relevanten TK-Dienste – wie Telefonie oder Telefax – und verschiedene Internetdienste – insbesondere E-Mail – auf eine einheitliche Art und Weise den Benutzern zugänglich machen könnte. Mit Hilfe von *Unified Communications* lässt sich dieser Traum nun realisieren.

---

[29] Bei *WebVPN* – auch *SSL-VPN* bzw. *TLS-VPN* genannt – wird das Sicherheitsprotokoll TLS/SSL verwendet, so dass man mit WebVPN weltweit von jedem beliebigen Arbeitsplatz per Webbrowser auf Webseiten im Netzwerk – z.B. eines Unternehmens – zugreifen kann, die sonst nur innerhalb des Unternehmens zugänglich sind.

## 2.3 Bestandsaufnahme des Ist-Zustands

*Performance-Analyse von Netzwerkanwendungen:* Netzwerkanwendungen für Unternehmen dienen heute als essenzielle Grundlage, um Geschäfte tätigen zu können. Daher ist ihre Performance von enormer Bedeutung. Bei gleichzeitigem Zugriff von vielen Anwendern als Clients auf einen Server kann eine client/server-basierte Netzwerkanwendung unter Umständen nicht zufriedenstellende Antwortzeiten bieten. In diesem Fall hat man mit einer *Performance-Schwachstelle* im Netzwerk zu tun. Um alle möglichen Arten von Performance-Schwachstellen zu entdecken und diese in einer übersichtlichen Form zu erfassen, sollte man eine Performance-Analyse der Netzwerkanwendungen durchführen und die Situation ggf. verbessern. Während dieser Analyse sollte man u.a. folgende Untersuchungen durchführen:

Performance von Netzwerkanwendungen

- *Performance-Analyse geschäftskritischer Anwendungen*: Um alle geschäftskritischen Anwendungen bestimmen zu können, sollte man ermitteln, welche Geschäftsprozesse von welchen Netzwerkanwendungen abhängig sind. Danach ist zu untersuchen, ob das Antwortzeitverhalten dieser Anwendungen zufriedenstellend ist. Auf diese Art und Weise lässt sich feststellen, wo Handlungsbedarf besteht und wo sich Performance-Schwachstellen möglicherweise beheben lassen.

Geschäftskritische Anwendungen

- *Ermittlung von Performance-Engpässen*: Um zu erkennen, wo es Performance-Engpässe im Netzwerk gibt, sollte man Netzwerkanwendungen, welche den Erwartungen von Benutzern nicht entsprechen, im Hinblick auf Performance überprüfen.

Performance-Engpässe

*Analyse des Netzwerk- und Systemmanagements:* Unter *Netzwerk- und Systemmanagement (NSM)* sind sämtliche Aktivitäten zu verstehen, die zur Gewährleistung des sicheren und effektiven Betriebs einer Netzwerkinfrastruktur dienen. Dazu gehören die Verfahren und Hardware- und Software-Werkzeuge zur Konfiguration, Steuerung, Überwachung, Fehlerbehebung und Verwaltung des Netzwerkes und seiner Endsysteme (u.a. Server, Arbeitsplatzrechner).[30] Das Spektrum der Aufgaben von NSM ist sehr breit. Während der Analyse des NSM müssen seine wichtigen Aufgaben unter die Lupe genommen werden, hierzu gehört vor allem:

Netzwerkmanagementdienste

- *Analyse des Monitoring und Event-Managements*: Eine wichtige Aufgabe von NSM besteht in der Überwachung von Netzwerkkomponenten (z.B. Router, Switches), Endsystemen und Netzwerkdiensten und -anwendungen, um dadurch einen reibungslosen, effizienten Netzwerkbetrieb und hierbei auch eine möglichst hohe Netzwerk-Performance zu gewährleisten. Die Voraussetzung hierfür ist die Anzeige von allen wichtigen Ereignissen (Events) im Netzwerk – also ein umgangreiches Monitoring.[31] Bei der Analyse von NSM sollte man u.a. Folgendes untersuchen:

Monitoring und Event-Management

  – Können alle zentralen Netzwerkkomponenten, Server – z.B. E-Mailserver, Dateiserver, Datenbankserver – ausreichend überwacht werden? Ist es im Falle eines unerwünschten Ereignisses möglich, Gegenmaßnahmen mit Hilfe des NSM-Systems einzuleiten, um das Problem zu beheben?

---

[30] NSM wird insb. durch das Protokoll SNMP (*Simple Network Management Protocol*) unterstützt.
[31] Für weitere Informationen siehe z.B. Literatur [Bart 08] und [Lauß 09].

- Welche Monitoring-Funktionalität stellt das bestehende NSM-System zur Verfügung, um die Internetdienste zu überwachen[32] und bei Bedarf Gegenmaßnahmen einzuleiten? Worin bestehen hier die Schwächen des NSM-Systems?
- Inwieweit es möglich, den Netzwerk-Status von jedem Ort aus über den Webbrowser zu kontrollieren; bestehen hier Verbesserungswünsche? Es gibt heute bereits Möglichkeiten, die Monitoring-Ereignisse per Internet – als SMS oder als E-Mail – auf Handy oder auf Smartphones zu übermitteln.

■ *Analyse des Konfigurations- und Änderungsmanagements*: Je komplexer ein Netzwerk ist, desto schwieriger ist es, die einwandfreie Konfiguration von Komponenten sicherzustellen. Eine wichtige Funktion jedes NSM-Systems besteht daher in der Unterstützung der Konfiguration von Systemkomponenten wie Netzwerkkomponenten, Endsystemen, Netzwerkdiensten und -anwendungen. Hierbei spricht man von *Konfigurationsmanagement*.[33] Dazu kommt noch ein Problem. In großen Netzwerkinfrastrukturen variieren einige Konfigurations- und Zugriffsdateien von Systemkomponente zu Systemkomponente, von Hersteller zu Hersteller und auch im Laufe der Zeit. Um diese Änderungen in den Griff zu bekommen, verlangt man vom NSM-System bestimmte Funktionen, mit denen man das sog. *Änderungsmanagement (Change Management)* realisieren kann. Im Hinblick auf die Unterstützung von Konfigurations- und Änderungsmanagement sollte man u.a. analysieren:

- Unterstützt das NSM-System das Konfigurationsmanagement und Änderungsmanagement ausreichend? Falls nein, welche Verbesserungen sind gewünscht?
- Ist die Hilfe seitens des NSM-Systems bei der Planung und Durchführung von Konfigurationsänderungen der Systemkomponenten ausreichend? Wie werden die Konfigurationsänderungen angezeigt (Reporting-Funktion), dokumentiert und gegen bösartige Angriffe abgesichert? Was soll in diesem Fall verbessert werden?
- Welche Unterstützung bietet das bestehende NSM-System bei der Einhaltung von IT-Compliance-Anforderungen? Ist beispielsweise die Verwaltung von Prüfpfaden für alle Konfigurationsänderungen zur Sicherstellung der Nachverfolgbarkeit und Nachweisfähigkeit möglich?

User Management

■ *Analyse der Benutzerverwaltung:* Ein NSM-System sollte auch die Benutzerverwaltung (*User Management*) unterstützen, d.h. die Aufgaben, die ein Netzwerkadministrator erledigen muss, damit Benutzer die vom Netzwerk erbrachten Dienste und Anwendungen nur so nutzen dürfen, wie es ihre Berechtigung erlaubt. Die Arbeiten umfassen u.a. die Bereitstellung und Verwaltung von Benutzerkonten (*User Account Management*) sowie Rechte für die Nut-

---

[32] Es handelt sich vor allem um die Überwachung von DNS-Server, Webserver (HTTP, HTTPS), FTP-Server und vom E-Mailserver (IMAP-, POP3-, SMTP-Server).

[33] Unter *Konfigurationsmanagement im IT-Bereich* versteht man im Allgemeinen eine Managementdisziplin, welche technische und administrative Regeln festlegt, die man benötigt, um konfigurierbare Einheiten (Hardware- und Software-Systeme, Netzwerkkomponenten, Netzwerkdienste etc.) zu identifizieren, ihre physikalischen und funktionellen Eigenschaften zu dokumentieren, die Änderungen ihrer Eigenschaften aufzuzeichnen und zu steuern sowie die Erfüllung von gestellten Anforderungen zu überprüfen. Für weitere Informationen siehe z.B. [WeVe 02].

zung von Netzwerkdiensten und -anwendungen (*Identitätsmanagement*[34] oder *Identity Management*). Bei der Analyse der Benutzerverwaltung sollte man u.a. auf folgende Aspekte eingehen:

- Welche Unterstützung liefert das NSM-System beim Identitätsmanagement und ist diese ausreichend? Welche zusätzlichen Funktionen werden hier eventuell noch gewünscht?
- Kann man z.B. einem Benutzer an zentraler Stelle einen Satz von digitalen Identitäten zuordnen, mit denen er sich beim Zugriff auf Netzwerksysteme, -ressourcen, -dienste und -anwendungen eindeutig authentifizieren kann? Lassen sich digitale Identitäten von Benutzern automatisch erzeugen, sodass man ein *Single Sign-On* verwirklichen kann?

■ *Analyse des Performance-Managements:* Eine wichtige Aufgabe der Analyse des Netzwerkmanagements ist es, die Anforderungen an das Netzwerkmanagement zu erfassen, um eine Verbesserung der Netzwerk-Performance zu erreichen. Eine hohe Netzwerk-Performance ist nur durch das enge und anforderungsgerechte Zusammenspiel von technischen Systemen und Services zu erreichen. In diesem Zusammenhang sollte man auch auf folgende Fragestellungen eingehen: [Performance-Management]

- Verfügen die Funktionen, die man zur Steigerung der Netzwerk-Performance benötigt – etwa für die Messung, das Monitoring und zur Verbesserung der Performance – im NSM-System über ausreichende „Qualität"? Wo besteht eventuell Verbesserungsbedarf?
- Welche relevanten Netzwerkleistungsindikatoren können vom heutigen NSM-System überwacht und gegebenenfalls verbessert werden? Ist dies zufriedenstellend?
- Können mit dem bestehenden NSM-System alle wichtigen Netzwerkstellen, an denen oft Engpässe entstehen (Internet-, Serverzugang etc.) überwacht und notfalls Verbesserungsmaßnahmen eingeleitet werden?

■ *Analyse des Security-Managements*: Zu den Aufgaben eines NSM-Systems gehört auch die Unterstützung von Security-Management. In Bezug darauf sollte man u.a. untersuchen: [Security-Management]

- Welche Unterstützung liefert das bestehende NSM-System, um sowohl bei externen als auch bei internen missbräuchlichen Zugriffen diverse Sicherheitsschwächen (Schwachstellen) zu ermitteln?
- Wird die Überwachung der Erfüllung von IT-Compliance-Anforderungen mit dem bestehenden NSM-System sichergestellt und was soll eventuell verbessert werden?
- Welche Unterstützung bietet das bestehende NSM-System bei der Sicherheitsüberwachung von VoIP-basierten Diensten und Anwendungen? Welche neuen Anforderungen kommen hinzu?

---

[34] Als *Identitätsmanagement* im IT-Bereich bezeichnet man die Verwaltung von Benutzerdaten, die den einzelnen Benutzern zugeordnet sind, um sie eindeutig zu identifizieren. Als *Identität* – auch *digitale Identität* genannt – wird daher eine Sammlung von personenbezogenen Attributen wie Benutzername und Passwort verstanden, die einem Benutzer zugewiesen werden, um ihn beim Zugriff auf Netzwerksysteme, -ressourcen, -dienste und -anwendungen eindeutig zu authentifizieren. Ein Benutzer kann im Netzwerk dabei durchaus mehrere Identitäten besitzen, z.B. eine für den Zugang auf E-Mailserver und eine andere für den Zugang auf Datenserver. User Account Management gehört daher zu Identity Management. Für weitere Informationen siehe [Mezl 07], [Rieg 07], [Rich 08] und [Wind 05].

| | 2 Analyse der Ist-Situation |
|---|---|
| Netzwerksicherheit | *Analyse der Netzwerksicherheit* – technische Aspekte: Unter *Netzwerksicherheit* sind alle organisatorischen und technischen Maßnahmen zur Planung, Ausführung und Überwachung der Sicherheit in Netzwerken zu verstehen, um ein definiertes Grundschutzniveau im Netzwerk herzustellen. Die vorrangigen Ziele der Netzwerksicherheit bestehen vor allem in der Garantie von: |

- *Vertraulichkeit (confidentiality)* als Schutz sensibler Daten vor nicht autorisiertem Zugriffen;
- *Integrität (integrity)* als Schutz sensibler Daten vor gezielten bösartigen Veränderungen;
- *Authentizität (integrity)* als Schutz gegen Vortäuschung der Identität einer Person, einer Nachricht bzw. eines Objekts. Die Überprüfung der Identität bezeichnet man als *Authentifizierung* (Authentication).[35]
- *Verfügbarkeit (availability)*, um sicherzustellen, dass Daten, Systemkomponenten sowie Netzwerkdienste und -anwendungen immer verfügbar sind, wenn man sie braucht.

Deshalb sollte man während der Analyse der Netzwerksicherheit untersuchen, inwieweit die genannten Ziele der Netzwerksicherheit erreicht werden können und wo was verbessert werden muss. Wie diese Analyse systematisch und möglichst lückenlos durchgeführt werden kann, zeigt Abschnitt 6.3.3.

| Datensicherung – Backup & Recovery | *Analyse der Datensicherung* – technische Aspekte: Zum Konzept für die Realisierung der Datensicherung in einem Netzwerk und die Wiederherstellung im Notfall – d.h. zum sog. *Backup&Recovery-Konzept* (*B&R-Konzept*) – gehören nicht nur organisatorische Maßnahmen und Lösungen, sondern auch technische Lösungen, um aufbewahrungspflichtige Daten automatisch zu speichern, zu löschen und nach einem Notfall wieder rekonstruieren zu können. Bei der Analyse des B&R-Konzeptes sollte man somit u.a. Folgendes untersuchen: |
|---|---|

- *Zuverlässigkeit des B&R-Systems*: Als Speichermedien für die Backup-Daten werden oft spezielle *Backup-Server* verwendet, von denen „100%-tige Verfügbarkeit" gefordert wird. Die Backup-Server müssen daher entsprechend redundant ausgelegt werden. Infolgedessen müssen die Transportwege von Daten in das Backuparchiv redundant sein. Um die geforderte Verfügbarkeit von Backup-Daten zu garantieren, muss jedes B&R-System eine hohe Zuverlässigkeit garantieren. Dieser Aspekt muss untersucht werden.
- *Deduplizierung von Backup-Daten*: Um die „100%-tige Verfügbarkeit" von Daten zu gewährleisten, müssen diese redundant als Backup-Daten gespeichert werden. Weil redundante Daten vorliegen, müssen hierbei bestimmte Mechanismen eingesetzt werden, um darüber hinaus redundante und unnötige Daten zu identifizieren und entsprechend bei Bedarf zu eliminieren, um diese somit nicht erneut speichern zu müssen. Man bezeichnet diesen Prozess als *Deduplizierung von Backup-Daten*.[36] Durch die Deduplizierung werden die Backup-

---

[35] Als Synonyme für Authentifizierung werden folgende Begriffe verwendet: Authentifikation, Authentisierung, Identitätsprüfung bzw. Identitätsüberprüfung.
[36] Mit *Deduplizierung* kann die für Backup-Daten benötigte Speicherkapazität drastisch reduziert werden. Die Idee der Deduplizierung besteht hauptsächlich darin, mit ausgefeilten Algorithmen identische Bitmuster innerhalb von Dateien zu erkennen und jedes Bitmuster nur einmal speichern zu lassen. Wird ein zweites, identisches Bitmuster erkannt, wird dieses nicht erneut gespeichert, sondern es wird einfach auf das erste Bitmuster verwiesen. Beispielsweise kann die Deduplizierung im Rahmen der Backup-Technik CDP (*Continuous Data Protection*) realisiert werden.

Daten auf das „Wesentliche" reduziert. Wie weit dieser Prozess vom bestehenden B&R-System unterstützt wird, sollte man auch analysieren.

- *Zukunftssicherheit des B&R-Systems*: Es muss geklärt werden, ob das B&R-System zukunftssicher ist, ob es also ermöglicht, Daten neuer Netzwerkdienste und -anwendungen wie VoIP- und Collaboration-Services zu sichern und auch wiederherzustellen.

*Analyse technischer Randbedingungen:* Bei der Migration zu einer neuen Netzwerkinfrastruktur sind auch bestimmte technische Randbedingungen zu berücksichtigen. Hierzu gehören u.a.:

*Technische Randbedingungen*

- die Einhaltung von technischen Richtlinien und Standards und
- die Berücksichtigung von Störquellen aus der elektromagnetischen Umgebung. Man sollte untersuchen, ob irgendwelche elektromagnetischen Störquellen (Funksender, Hochspannungsleitungen etc.) den Netzwerkbetrieb beeinflussen können, bevor man sich auf bestimmte aktive und passive Verkabelungskomponenten festlegt.
- Alarm- und Störungsmeldungen: Wie werden die Störungen und Alarme gemeldet und was könnte hier das VoIP-System leisten? Kann das VoIP-System (z.B. mit Hilfe von SIP) für das Gebäudemanagement eingesetzt werden

## 2.4 Problem- und Anforderungsanalyse

Nachdem bereits während der Bestandsaufnahme des Ist-Zustands beim Netzwerk-Redesign die Wünsche, bestehende Probleme im Netzwerk zu beheben, und Verbesserungswünsche – quasi als „grobe" Anforderungen an das modernisierte Netzwerk – erhoben wurden, sollte man alle solche Anforderungen mit dem Ziel analysieren, eventuelle Unkorrektheiten und Unvollständigkeiten zu bereinigen. Es empfiehlt sich also, eine Problem- und Anforderungsanalyse durchzuführen, um die erfassten Anforderungen als Wünsche in Form von *Wunschanforderungen*[37] möglichst einheitlich und präzise zu erfassen. Abbildung 2.4-1 bringt dies näher zum Ausdruck.

*Problem- und Anforderungsanalyse beim Netzwerk-Redesign*

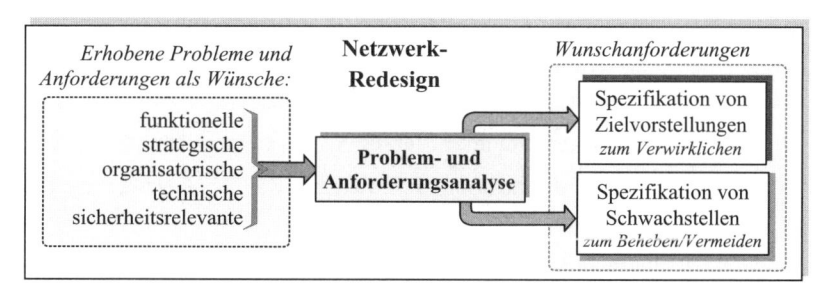

Abb. 2.4-1: Ziele der Problem- und Anforderungsanalyse beim Netzwerk-Redesign

---

[37] Die Wunschanforderung wird während der Soll-Analyse auf ihre Realisierbarkeit unter Berücksichtigung vorhandener Ressourcen und anderer Einschränkungen überprüft. Erst wenn sie realisierbar ist, wird eine Projektanforderung definiert, die besagt, wie und in welchem Umfang das der analysierten Wunschanforderung entsprechende Projektziel verwirklicht werden soll.

110   2   Analyse der Ist-Situation

Die Aufgabe der Problem- und Anforderungsanalyse[38] beim Netzwerk-Redesign ist es, das Beheben von Schwachstellen und Verwirklichen von Zielvorstellungen so zu definieren, dass diese als *Wunschanforderungen* gelten und damit die Grundlage für die nachfolgende Soll-Analyse liefern– s. dazu Abb. 3.1-1.

*Anforderungsanalyse beim Netzwerk-Design*

Anders als beim Netzwerk-Redesign gibt es beim Netzwerk-Design noch kein Netzwerk und damit auch noch keine Netzwerkprobleme. Wie in Abbildung 2.1-3 gezeigt wurde, werden beim Netzwerk-Design zuerst die Anforderungen an das einzurichtende Netzwerk erhoben und danach während der Anforderungsanalyse als Zielvorstellungen einheitlich und präzise spezifiziert. Wie Abbildung 2.4-2 veranschaulicht, ist es beim Netzwerk-Design daher sinnvoll, anders als beim Netzwerk-Redesign nur von Anforderungsanalyse zu sprechen.

Die Aufgabe dieser Anforderungsanalyse ist es, die Wunschanforderungen als Zielvorstellungen[39] zum Verwirklichen wie auch als potenzielle Schwachstellen[39] zum Vermeiden einheitlich und präzise zu spezifizieren. Die auf diese Art und Weise gestellten Wunschanforderungen dienen als Grundlage für die nachfolgende Soll-Analyse.

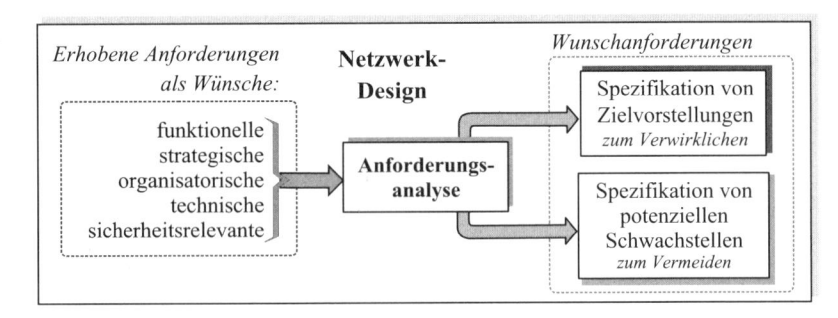

**Abb. 2.4-2**: Ziele der Anforderungsanalyse beim Netzwerk-Design

*Anforderung gleich nicht Anforderung*

Hervorzuheben ist aber, dass Anforderung nicht gleich Anforderung ist. Dies ist insbesondere aus den Abbildungen 2.4-1 und -2 ersichtlich. Einerseits hat man die Anforderungen, die bereits während der Bestandsaufnahme des Ist-Zustands der Netzwerkinfrastruktur lediglich erhoben wurden. Sie stellen die erhobenen, reinen Verbesserungswünsche dar und zwar

- als Zielvorstellungen, um neue Stärken /Chancen erreichen zu können, und
- als Bestrebungen, um bestimmte Schwachstellen der Netzwerkinfrastruktur zu beheben bzw. zu vermeiden.

*Wunschanforderungen*

Andererseits hat man auch solche Anforderungen (s. Abb. 2.1-2), die erst während der Anforderungsanalyse erfasst wurden, welche der Bestandsaufnahme des Ist-Zustands

---

[38] Besonders bei Software-Projekten spricht man von *Requirements Engineering* bzw. von *Requirements Management* statt von Anforderungsanalyse – siehe z.B. [Rupp 07] und [PoRu 09].
[39] Es handelt sich hier insbesondere um denkbare Unsicherheiten – also um potenzielle Sicherheitsschwachstellen, mit denen man zukünftig im Netzwerk rechnen sollte.

der Netzwerkinfrastruktur folgt. Diese besitzen bestimmte Eigenschaften und müssen (s. Abschnitt 2.4.1) eine nach den geltenden Prinzipien der Projekte verfasste präzise Spezifikation sowohl von zu verwirklichenden Zielvorstellungen als auch zu behebenden bzw. zu vermeidenden Schwachstellen darstellen. Da die Anforderungen dieser Art in der Regel bei der Realisierung des Netzwerkprojekts erfüllt werden sollen und damit die Grundlage für die anschließende Soll-Analyse bilden, werden sie im Weiteren als *Wunschanforderungen* bezeichnet – s. Abbildungen 2.2-3 und -4.

## 2.4.1 Eigenschaften von Wunschanforderungen

Für die Verwirklichung von während der Ist-Analyse erhobenen Wunschanforderungen sind immer gewisse Ressourcen wie z.B. personelle Ressourcen und somit finanzielle Budgets nötig, welche nicht immer reichlich vorhanden sind. Demzufolge müssen Wunschanforderungen in der Regel während der Soll-Analyse auf ihre Realisierbarkeit geprüft werden. Im Abschnitt 3.1.4 wird gezeigt, wie dies erfolgen soll. Nur realisierbare Wunschanforderungen werden dann als Projektanforderungen angenommen und damit auch die Projektziele festgelegt. Die Projektziele müssen bestimmte Eigenschaften besitzen, die häufig mit SMART charakterisiert werden – s. Abschnitt 3.1.4.

Weil jede realisierbare Wunschanforderung meistens zu einem Projektziel führt, muss sie bereits bestimmte Voraussetzungen erfüllen. Daher sollte man bei der Spezifikation von Wunschanforderungen insbesondere darauf achten, dass die Anforderungen folgende Eigenschaften besitzen:

Eigenschaften

- *Jede Wunschanforderung muss übersichtlich, eindeutig und präzise spezifiziert werden.*
  Jede Wunschanforderung muss eindeutig formuliert werden, damit kein Interpretationsspielraum mehr bleibt. Insbesondere sollte man alle Wunschanforderungen einheitlich spezifizieren. Vor allem aus diesem Grund haben wir die Modelle für die Spezifikation von Zielvorstellungen und Schwachstellen eingeführt – siehe hierfür die Abbildungen 2.2-3 und -4.

eindeutig und präzise spezifiziert

- *Jede Wunschanforderung muss realisierbar sein.*
  Bei jeder Wunschanforderung muss zumindest eine denkbare Systemlösung in Frage kommen, um damit die betreffende Anforderung erfüllen zu können. Die hier eingeführten Modelle für die Spezifikation von Zielvorstellungen und Schwachstellen berücksichtigen diese Eigenschaft ebenfalls.

realisierbar

- *Die Erfüllung jeder Wunschanforderung muss nachvollziehbar sein.*
  Bei jeder Wunschanforderung muss es möglich sein, eine qualifizierte Aussage zu treffen, ob die Anforderung erfüllt worden ist oder nicht. Daher müssen die Anforderungen entweder *messbar* oder *binär entscheidbar* (*erfüllt* oder *nicht erfüllt*) sein.

nachvollziehbar

## 2.4.2 Katalog von Wunschanforderungen

Alle Wunschanforderungen sollte man als *Katalog von Wunschanforderungen* möglichst strukturiert, einheitlich und präzise spezifizieren. Dies kann in Form eines hierarchisch organisierten Dateiverzeichnissystems erfolgen. Für diese Zwecke brauchen wir eine strukturierte Zuordnung von Wunschanforderungen zu den einzelnen Netzwerkfunktionsbereichen. Eine solche Zuordnung lässt sich gut mit dem in Abbildung 2.4-3 dargestellten Strukturplan veranschaulichen.

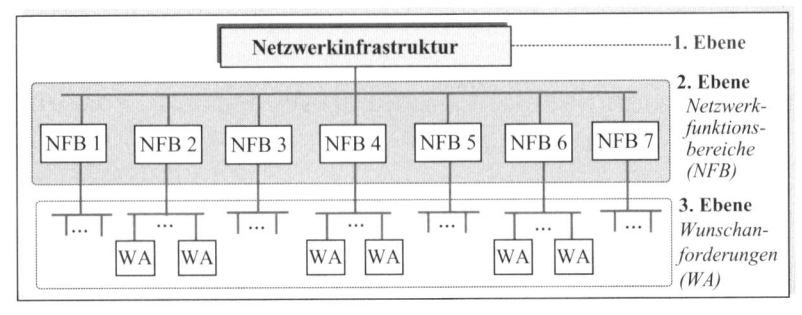

**Abb. 2.4-3**: Strukturplan – Wunschanforderungen in einzelnen Netzwerkfunktionsbereichen

Dieser Strukturplan zeigt eine über drei Ebenen verteilte, hierarchische Baumstruktur und beantwortet die Frage: *Welche Netzwerkfunktionsbereiche enthält eine Netzwerkinfrastruktur und welche Wunschanforderungen betreffen die einzelnen Netzwerkfunktionsbereiche?*

Weil jedes Dateiverzeichnis auch eine hierarchische Baumstruktur besitzt, kann ein so strukturierter Katalog von Wunschanforderungen als Dateiverzeichnis erfasst werden. Nummeriert man fortlaufend zuerst die einzelnen Netzwerkfunktionsbereiche auf der zweiten Ebene und dann einzelne Wunschanforderungen (auf der dritten Ebene) in den Netzwerkfunktionsbereichen, kann dieser Strukturplan auf ein baumartiges Dateiverzeichnis abgebildet werden.[40] Abbildung 2.4-4 zeigt diese Möglichkeit.

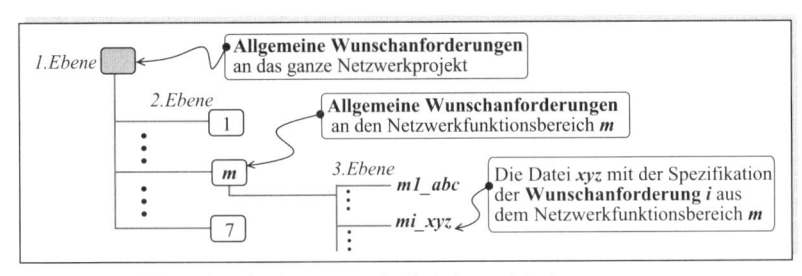

**Abb. 2.4-4**: Katalog von Wunschanforderungen als Dateiverzeichnis

---

[40] Diese Nummerierung der Netzwerkfunktionsbereiche auf der zweiten Ebene entspricht der Nummerierung in Tabelle 2.2-1 und wird auch bei der Erstellung des Katalogs von Projektanforderungen gelten – siehe Abschnitt 3.2.2.

Auf der ersten Ebene im hier dargestellten Dateiverzeichnis könnte man allgemeine Wunschanforderungen z.B. in Form einer Datei an das ganze Netzwerkprojekt abspeichern. Die Unterverzeichnisse innerhalb der zweiten Ebene werden den einzelnen Netzwerkfunktionsbereichen zugeordnet und enthalten die Dateien – als dritte Ebene bezeichnet – mit der Beschreibung der zu ihnen gehörenden Wunschanforderungen.

Auf diese Weise kann ein Dateiverzeichnis für die Speicherung der Beschreibungen von Wunschanforderungen angelegt werden. Dank der baumartigen Strukturierung des Katalogs ist es möglich, auf die Spezifikationen einzelner Wunschanforderungen schnell zuzugreifen.

## 2.4.3 Abhängigkeiten zwischen Wunschanforderungen

Eine Netzwerkinfrastruktur stellt eine komplexe technische und organisatorische Einheit dar. Deswegen wurde in Abschnitt 1.4.1 vorgeschlagen, die Netzwerkinfrastruktur in ihre Funktionsbereiche zu zerlegen und diese getrennt zu analysieren. Die Netzwerkfunktionsbereiche sind aber voneinander stark abhängig. Daraus ergeben sich auch Abhängigkeiten zwischen Wunschanforderungen aus verschiedenen Netzwerkfunktionsbereichen. Diese Abhängigkeiten müssen erfasst werden.

> **Beispiel 2.4-1**: Nehmen wir noch einmal den Netzwerkfunktionsbereich *Internetdienste* als Beispiel. Betrachten wir aus Tabelle 2.2-2 die Zielvorstellung „*Internetzugang mit hoher Zuverlässigkeit*". Die Art und Weise der Verwirklichung dieser Zielvorstellung hat Auswirkungen u.a. auf die folgenden Netzwerkfunktionsbereiche:
> – *Physikalische Netzwerkinfrastruktur*: Hier muss u.a. berücksichtigt werden, welche Übertragungsbitrate am Internetzugang garantiert werden soll, was eine Auswirkung auf die Verkabelung hat, und ob der Internetzugang über einen oder über mehrere Internet Service Provider erfolgt. Dies beeinflusst die physikalische Netzwerkstruktur insbesondere im Kernbereich (s. Abb. 4.3-1).
> – *IP-Kommunikationssystem*: Hier muss auch berücksichtigt werden, ob der Internetzugang über einen oder über mehrere Internet Service Provider erfolgt. Davon ist u.a. die logische Netzwerkstruktur und somit auch der IP-Adressierungsplan abhängig.
> – *Netzwerksicherheit*: Die Art der Internetanbindung beeinflusst die Systemlösungen für die Garantie der Sicherheit am Internetzugang und besonders die Lösung für die Überwachung der Sicherheit.
>
> Weil jede Zielvorstellung als Wunschanforderung spezifiziert wird, führen die hier aufgelisteten gegenseitigen Auswirkungen zu Abhängigkeiten zwischen den Wunschanforderungen.

Die Abhängigkeiten zwischen den Wunschanforderungen können in Form einer Abhängigkeitsmatrix erfasst werden, wie Abbildung 2.4-5 zeigt.

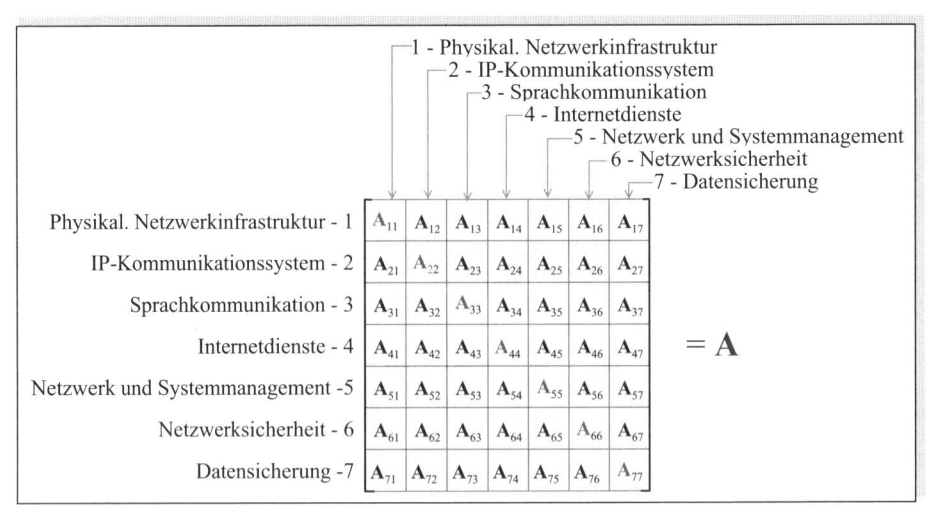

**Abb. 2.4-5:** Abhängigkeitsmatrix von Wunschanforderungen aus verschiedenen Netzwerkfunktionsbereichen

Die Elemente $A_{mn}$ der Gesamtmatrix $A$, die als *Abhängigkeitsmatrix von Wunschanforderungen* bezeichnet werden kann, repräsentieren die *Abhängigkeitsmatrizen von Wunschanforderungen* aus den Netzwerkfunktionsbereichen $m$ und $n$. Die hier eingeführte Abhängigkeitsmatrix erlaubt uns,

- einerseits auf alle bestehenden Abhängigkeiten zu verweisen und
- andererseits die einzelnen Dateien z.B. im doc- oder im xls-Format mit der Beschreibung von Abhängigkeiten in einem Dateiverzeichnissystem als *Katalog von Abhängigkeiten* zu identifizieren (s. Abb. 2.4-8).

## Verweismatrix auf die Abhängigkeiten

Zuerst wird gezeigt, wie die Matrix $A_{mn}$ mit den Elementen 0 und 1 als eine Verweismatrix auf die Abhängigkeiten dienen kann. Hierfür bezeichnen wir die Anzahl von Wunschanforderungen in Netzwerkfunktionsbereichen $m$ und $n$ entsprechend mit $Im$ und $In$. Das Element $a_{nm}(i,j)$ der Matrix $A_{mn}$ kann verwendet werden, um auf folgendes zu verweisen:

$a_{nm}(i,j) = 1$: Es besteht eine Abhängigkeit zwischen der Anforderung $i$ *(i = 1, ..., Im)* aus dem Netzwerkfunktionsbereich $m$ und der Anforderung $j$ *(j = 1, ..., Jn)* aus dem Netzwerkfunktionsbereich $n$

$a_{nm}(i,j) = 0$: Es besteht keine Abhängigkeit

Die Matrix $A_{mn}$ mit entsprechend definierten Elementen stellt eine *Verweismatrix* bzgl. der Auswirkung von Wunschanforderungen aus dem Netzwerkfunktionsbereich $m$ auf Wunschanforderungen aus dem Netzwerkfunktionsbereich $n$ dar. Eine Verweismatrix kann auch in Form eines Pyramidenmodells dargestellt werden. Abbildung 2.4-6 illustriert dies am Beispiel der Matrix $\mathbf{A}_{41}$, wobei hier die Nummerierung der Netzwerkfunktionsbereiche aus der Tabelle 2.2-1 übernommen wurde.

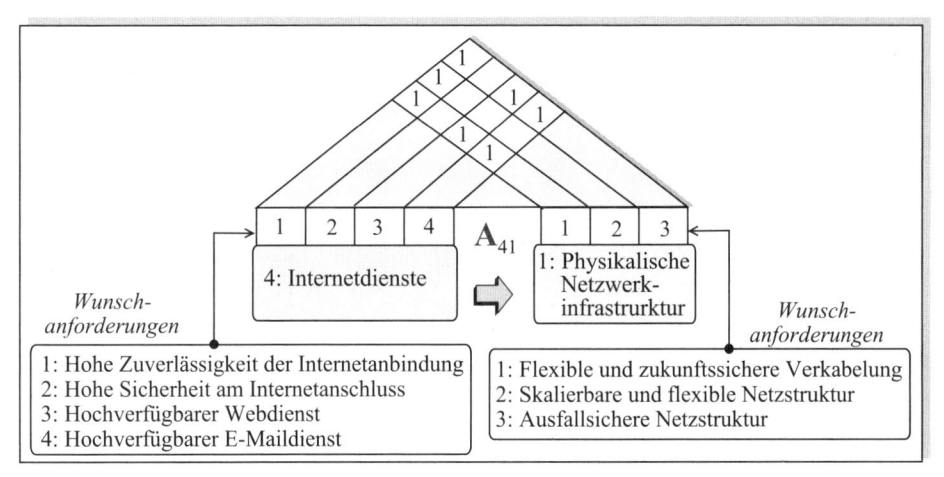

**Abb. 2.4-6**: Verweismatrix $\mathbf{A}_{41}$ als Pyramidenmodell – die Auswirkung der Internetdienste auf physikalische Netzinfrastruktur

Hervorzuheben ist aber, dass es sich in der Verweismatrix $\mathbf{A}_{mn}$ nur um gerichtete – und nicht um gegenseitige – Auswirkungen von Anforderungen aus dem Netzwerkfunktionsbereich $m$ auf Anforderungen im Netzwerkfunktionsbereich $n$ handelt.[41] Abbildung 2.4-6 bringt dies zum Ausdruck.

Die Verweismatrix $\mathbf{A}_{mn}$ kann auch als Graph dargestellt werden. Abbildung 2.4-7 zeigt beispielsweise den Graph für die Matrix $\mathbf{A}_{41}$.

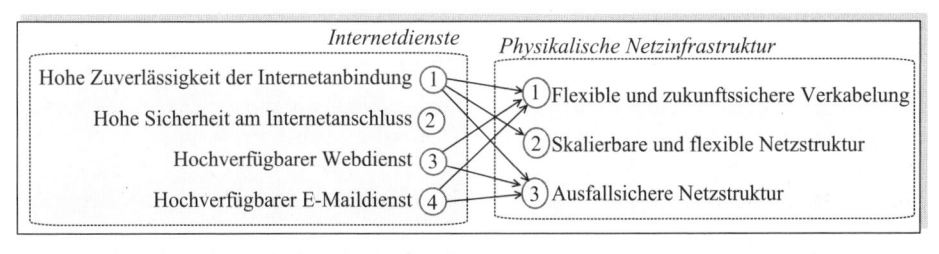

**Abb. 2.4-7**: Verweismatrix $\mathbf{A}_{41}$ als ein Graph

Die hier eingeführte Verweismatrix stellt eine Variante der *Design Structure Matrix* (DSM) dar, die zur Modellierung von Abhängigkeiten zwischen Prozessen vornehmlich bei der Softwareentwicklung erfolgreich verwendet wird.[42]

---

[41] Die Matrix $\mathbf{A}_{mm}$ zeigt die Auswirkungen zwischen Anforderungen des Netzwerkfunktionsbereichs $m$. Das Element $a_{ii}$, das auf der Diagonalen der Matrix liegt (vgl. Abb. 2.4-5), hat keine Bedeutung.

[42] Unter der Adresse http://de.wikipedia.org/wiki/Design_Structure_Matrix bzw. http://www.dsmweb.org/ findet man weitere Informationen darüber.

## Spezifikation von Abhängigkeiten

Die Teilmatrizen $\mathbf{A}_{mn}$ der in Abbildung 2.4-5 gezeigten Abhängigkeitsmatrix $\mathbf{A}$ kann man auch verwenden, um eine *Spezifikation von Abhängigkeiten* zwischen den Wunschanforderungen auf der Basis eines Dateiverzeichnissystems zu erstellen. Wie bereits zuvor bezeichnen wir die Anzahl der Wunschanforderungen in den Netzwerkfunktionsbereichen $m$ und $n$ entsprechend mit $Im$ und $In$. Die Bedeutung des Elements $a_{nm}(i,j)$ in der Verweismatrix $\mathbf{A}_{mn}$ kann für die Spezifikation von Abhängigkeiten zwischen Wunschanforderungen wie folgt definiert werden:

- Ist $a_{nm}(i,j) = 1$, dann gibt $a_{nm}(i,j)$ den Namen – z.B. $nm\_ij$ – der Datei an, die Informationen über die Auswirkung der Anforderung $i$ $(i = 1, ..., Im)$ aus dem Netzwerkfunktionsbereich $m$ auf die Anforderung $j$ $(j = 1, ..., Jn)$ aus dem Netzwerkfunktionsbereich $n$ enthält.
- Ist $a_{nm}(i,j) = 0$, dann ist $a_{nm}(i,j)$ bedeutungslos.

Um zu zeigen, wie die Spezifikation von Abhängigkeiten erfolgen kann, greifen wir auf den in Abbildung 2.4-3 dargestellten Strukturplan zurück. Bei diesem Plan handelt es sich um eine Baumstruktur. Eine derartige Struktur besitzt auch jedes Dateiverzeichnissystem. Diese Analogie ermöglicht uns, die Spezifikation von Abhängigkeiten zwischen Wunschanforderungen in Form eines Dateiverzeichnissystems zu erstellen. Nummeriert man fortlaufend zuerst die einzelnen Netzwerkfunktionsbereiche auf der zweiten Ebene[43] und dann einzelne Wunschanforderungen (auf der dritten Ebene), kann der Strukturplan als baumartiges Dateiverzeichnis abgebildet werden. Abbildung 2.4-8 illustriert, wie man diese Idee realisieren kann.

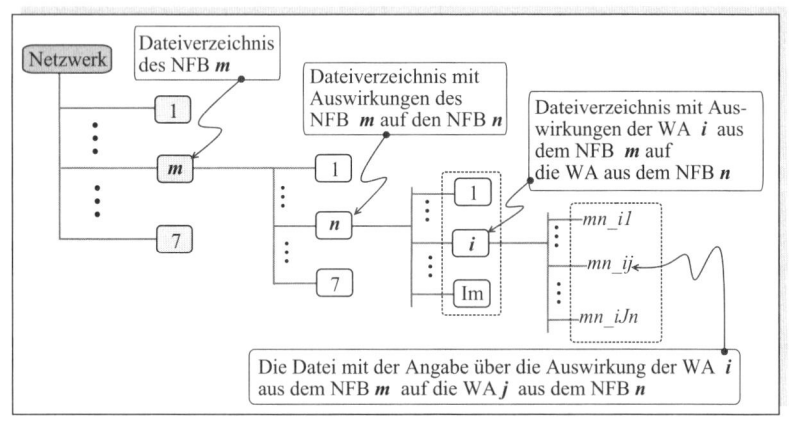

**Abb. 2.4-8**: Dateiverzeichnis für die Spezifikation von Abhängigkeiten – in Anlehnung an den Strukturplan in Abbildung 2.4-3
NFB: Netzwerkfunktionsbereich

---

[43] Diese Nummerierung der Netzwerkfunktionsbereiche entspricht der Nummerierung in Tabelle 2.2-1 und auch der Nummerierung im in Abbildung 2.4-3 gezeigten Strukturplan.

Die Spezifikation von Abhängigkeiten in Form eines Dateiverzeichnissystems bietet die Möglichkeit, beliebige Dateiformate (z.B. doc-Dateien) für die Beschreibung von Abhängigkeiten zu verwenden, ergänzende Angaben – als separate Dateien – zu den Informationen über Abhängigkeiten in entsprechenden Verzeichnissen abzulegen und vor allem auf die Informationen über einzelne Abhängigkeiten schnell zuzugreifen.

Abschließend ist hervorzuheben, dass die einzelnen, während der Ist-Analyse verfassten Wunschanforderungen normalerweise noch auf ihre Realisierbarkeit bei der Soll-Analyse geprüft werden. Aus den realisierbaren Wunschanforderungen werden dann die Projektanforderungen definiert. Diese müssen präzise spezifiziert werden. Die Spezifikation von Abhängigkeiten zwischen Wunschanforderungen kann daher entsprechend modifiziert und für die Spezifikation von Abhängigkeiten zwischen Projektanforderungen übernommen werden – siehe hierzu Abschnitt 3.2.5.

## 2.5 Zusammenstellung von Wunschanforderungen

Die Ergebnisse der Ist-Analyse, die hier als Wunschanforderungen bezeichnet werden, sollte man in einheitlicher Form und präzise spezifizieren. Das Ziel dieses Abschnittes ist es daher, einige Beispiele für eine kompakte Darstellung typischer Wunschanforderungen zu geben. Dabei werden die einzelnen Netzwerkfunktionsbereiche getrennt betrachtet.[44] Abbildung 2.5-1 bringt zum Ausdruck, dass die Spezifikationen von Wunschanforderungen aus einzelnen Netzwerkfunktionsbereichen quasi zu einer „Einheit" zusammengeführt werden können. Hierbei sollten schließlich eventuelle Unkorrektheiten bzw. Unzulänglichkeiten behoben werden.

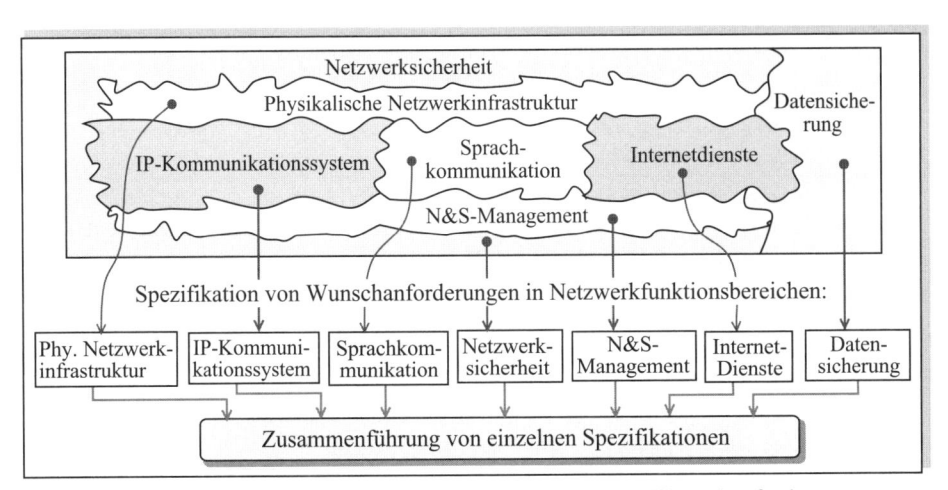

**Abb. 2.5-1:** Netzwerkfunktionsbereiche – die Spezifikation von Wunschanforderungen
N&S: Netzwerk und System

---

[44] Einen besonderen Stellenwert hat der Bereich *Netzwerksicherheit*. Aufgrund der Komplexität dieses Problems wird die Planung der Netzwerksicherheit im Kapitel 6 getrennt behandelt.

Auf Basis der während der Ist-Analyse verfassten Wunschanforderungen werden im nächsten Schritt, d.h. während der Soll-Analyse, die Projektanforderungen spezifiziert – s. Abschnitte 3.2.1 und 3.4.

### 2.5.1 Physikalische Netzwerkinfrastruktur – Anforderungen

Die erste und wichtigste Aufgabe beim Aufbau einer Netzinfrastruktur ist die Verlegung einer universellen Verkabelung. Diese bildet das Fundament für das entstehende Netzwerk und kann als *passive Netzwerkinfrastruktur* angesehen werden. Weil die Verkabelung dazu dient, die physikalischen Netzwerkkomponenten zu verbinden, muss die physikalische Netzwerkstruktur bereits bekannt sein, bevor man beginnt, eine Verkabelung zu verlegen. Daher ist die Verlegung einer Verkabelung eine Teilaufgabe beim Aufbau der physikalischen Netzinfrastruktur. Bei der Dekomposition von Aufgaben beim Netzwerk-Design wurde die physikalischen Netzinfrastruktur als ein Netzwerkfunktionsbereich definiert (s. Abb. 2.2-1). Tabelle 2.5-1 zeigt eine Auflistung von typischen Wunschanforderungen an diesen Netzwerkfunktionsbereich.

**Tab. 2.5-1:** Typische Wunschanforderungen an die physikalische Netzwerkinfrastruktur

| Netzwerkbereich: *Physikalische Netzwerkinfrastruktur* | | |
|---|---|---|
| Megaziel: *skalierbare, flexible und ausfallsichere physikalische Netzwerkinfrastruktur* | | |
| Zielvorstellungen | Erhobene Anforderungen als Wünsche | Randbedingungen, Einschränkungen |
| Flexible und zukunftssichere Verkabelung | - Flexibilität bei der Belegung von Räumen,<br>- Unterstützung genormter Netzwerktechniken und aller Dienste,<br>- Reserven bei der Übertragungskapazität einplanen,<br>- Skalierbarkeit durch hierarchische Strukturierung,<br>- Kupferkabel sind im Tertiärbereich vorzuziehen (aus Gründen der Wirtschaftlichkeit), Lichtwellenleiter im Sekundär- und Primärbereich<br>- Garantie der Unempfindlichkeit gegen äußere Störeinflüsse,<br>- Übertragungsbitraten bis in den Gbit/s-Bereich. | - 100 Mbit/s am Arbeitsplatz und n*1 Gbit/s am Server<br>- gemäß der Norm EN50173:1:2011<br>- Sicherstellung der elektromagnetischen Verträglichkeit |
| Skalierbare und flexible Netzwerkstruktur | - um Skalierbarkeit (Erweiterbarkeit) zu garantieren, soll die Netzwerkstruktur hierarchisch ausgebaut werden,<br>- modularisierter Aufbau, Einsatz zukunftssicherer Komponenten<br>- Integration von WLANs für Unterstützung der Mobilität,<br>- alle Server sind in einem Datacenter zu installieren,<br>- redundante und unterbrechungsfreie Stromversorgung. | - Multilayer-Struktur (Access-Layer, Distribution-Layer und Kernbereich) ist zu realisieren |
| Ausfallsichere Netzwerkstruktur | - redundante Switches im Distributions- und im Core-Bereich,<br>- hohe Verfügbarkeit und Betriebssicherheit von zentralen Servern,<br>- ein SAN ist einzurichten, um hohe Datenverfügbarkeit zu sichern,<br>- redundante und unterbrechungsfreie Stromversorgung. | - Loops bei redundanter Auslegung von Layer-2-Switches sind zu unterbinden |

Auf der Grundlage von hier aufgelisteten Wunschanforderungen werden in Abschnitt 3.4.1 während der Soll-Analyse die Projektanforderungen an die physikalische Netzwerkinfrastruktur gestellt – vgl. Tabelle 3.4-1.

## 2.5.2 Anforderungen an das IP-Kommunikationssystem

Basierend auf der Realisierung der physikalischen Netzwerkinfrastruktur erfolgt die Realisierung von Systemen für die IP-Kommunikation. Diese können auch Systeme für die Sprachkommunikation (vgl. VoIP-Systeme) beinhalten. Aufgrund des vorrangigen Einsatzes von IP-basierten Netzwerkdiensten bildet das IP-Kommunikationssystem somit die Grundlage für nahezu alle späteren Netzwerkanwendungen.

Tabelle 2.5-2 zeigt eine Zusammenstellung typischer, während der Ist-Analyse erhobener Wunschanforderungen für den Netzwerkfunktionsbereich „*IP-Kommunikationssystem*", um z.B. das Megaziel „*skalierbares, flexibles und ausfallsicheres IP-Kommunikationssystem*" erreichen zu können.

**Tab. 2.5-2:** Typische Wunschanforderungen an das IP-Kommunikationssystem

| Netzwerkbereich: *IP-Kommunikationssystem* | | |
|---|---|---|
| Metaziel: *skalierbares, flexibles und ausfallsicheres IP-Kommunikationssystem* | | |
| Zielvorstellungen | Erhobene Anforderungen als Wünsche | Randbedingungen, Einschränkungen |
| Flexible und zukunftssichere Netzwerkdienste | - Adaptierbarkeit zukünftiger technologischer Entwicklungen und neuer Netzwerkanwendungen und -dienste (sowohl für verbleibende IPv4 als auch neue IPv6 Anwendungen) zur Unterstützung der Geschäftsprozesse<br>- universelle Verwendung des IP-Kommunikationssystems für unterschiedliche Netzwerkdienste und multimediale Kommunikation (z.B. Storage, VoIP, Video)<br>- Steigerung der Wirksamkeit und Leistungsfähigkeit der IP-Kommunikation (Content-centric Networking, Caches, WAN Optimierung etc.), ggf. in Verbindung mit der Senkung der Kosten<br>- Realisierung von einheitlichen und skalierbaren Basisdiensten des IP-Kommunikationssystems (vgl. DNS, DHCP)<br>- Trennung von Funktionsbereichen und Erhöhung der Netzwerk-Sicherheit (z.B. Isolation der IP-Kommunikation) | - Verfügbarkeit und Akzeptanz IP-basierter Technologien<br>- gesetzliche Rahmenbedingungen für den Betrieb von Kommunikationsnetzen insb. in Bezug auf die IT-Sicherheit und Datenschutz |
| Skalierbare IP-Netze | - Planung, Reservierung und Aufteilung des erforderlichen IP-Adressraums, flexible Vergabe von Adressen (z.B. inkl. Betrieb von DNS, DHCP etc. mittels IP-Adressmanagement (IPAM)<br>- Lastverteilung und Skalierbarkeit der IP-Netze, ausreichende Dimensionierung der Komponenten des IP-Kommunikationssystems (insb. Router) | - Adressbereich von verfügbaren öffentlichen und privaten IP-Adressen |
| Hohe Ausfallsicherheit | - redundante aktive Netzwerkkomponenten (Router, Switches) z.B. durch den Einsatz von Netzwerk-Virtualisierungslösungen<br>- physikalische Trennung sensibler Funktions- und Netzwerkbereiche | - Hohe Kosten für erhöhte Redundanz und physik. Trennung |

Auf der Basis von hier dargestellten Anforderungen an das IP-Kommunikationssystem werden in Abschnitt 3.4.2 die Projektanforderungen zur Systemrealisierung gestellt – siehe hierzu Tabelle 3.4-2.

### 2.5.3 Wunschanforderungen an die Internetdienste

Das im vorherigen Abschnitt beschriebene IP-Kommunikationssystem bildet die Grundlage für die Wunschanforderungen an Internetdienste, die darauf aufbauen. Im Folgenden werden exemplarisch einige typische Wunschanforderungen an Internetdienste genannt.

Tabelle 2.5-3 zeigt eine Zusammenstellung typischer während der Ist-Analyse erhobener Wunschanforderungen für den Netzwerkfunktionsbereich „*IP-Kommunikationssystem*", um das Megaziel „*hochqualitative und zuverlässige Internetdienste*" erreichen zu können.

**Tab. 2.5-3:** Typische Wunschanforderungen an die Internetdienste

| Netzwerkbereich: *Internetdienste* | | |
|---|---|---|
| Megaziel: *hochqualitative und zuverlässige Internetdienste* | | |
| Zielvorstellungen | Erhobene Anforderungen als Wünsche | Randbedingungen, Einschränkungen |
| Hohe Zuverlässigkeit der Internetanbindung | - möglichst ständige Verfügbarkeit der Internetanbindung,<br>- Übertragungsbitrate im Gbit/s-Bereich | - die Anbindung über zwei ISPs gewünscht,<br>- Ethernet-Schnittstelle |
| Hohe Sicherheit am Internetanschluss | - keine bösartigen Programme (keine Viren) aus dem Internet dürfen ins Netzwerk eingeschleust werden,<br>- sichere Authentifizierung von Benutzern beim Zugriff auf das Netzwerk über das Internet (z.B. beim Abruf von E-Mails).<br>- keine Angriffe aus dem Internet sollten zugelassen werden, es sollten möglichst alle Risiken ausgeschlossen werden[45] | - 2-stufiges Firewallsystem gewünscht,<br>- Remote-Access über Internet (z.B. für Telearbeit) ermöglichen |
| Hochverfügbarer Webdienst | - möglichst unterbrechungsfreier Zugriff auf externe und interne Webdienste (Web-Sicherheitslösung, Web Application Firewalls usw.)<br>- Lastverteilung und Fehlertoleranz (Caching, Load Balancing) | - Kosten für Ausfallsicherheit, Disaster Recovery und Sicherheitskomponenten der Webserver |
| Hochverfügbarer E-Maildienst | - möglichst unterbrechungsfreie Verwendung der E-Mail-Kommunikation (redundante Auslegung von E-Maileingangs- und Ausgangsservern)<br>- E-Mail Filterung gegen Spam, Viren, Malware, Phishing-Angriffe etc. | - Kosten für Ausfallsicherheit, Disaster Recovery und Sicherheitskomponenten der E-Mailserver |

Auf der Grundlage der hier dargestellten Anforderungen an die Internetdienste werden in Abschnitt 3.4.3 die Projektanforderungen zur Systemrealisierung gestellt – siehe hierzu die Tabellen 3.4-3, -4, -5 und -6.

---

[45] Die wesentlichen Risiken sind hier: Verlust der Vertraulichkeit (Abhören von Daten), Verlust der Datenintegrität (bösartige Veränderung von Daten), Verlust der Systemverfügbarkeit (Lahmlegung einer Systemkomponente, z.B. durch einen DoS-Angriff).

## 2.6 Abschließende Bemerkungen

Jedes Netzwerkprojekt, bzw. jedes IT-Projekt allgemein, muss mit einer Phase beginnen, während der die existierenden Probleme und Schwachstellen sowie Anforderungen als Wünsche erfasst werden können, die während der Durchführung des Projekts behoben und erfüllt werden sollen. Hierfür muss eine gut durchdachte Analyse der aktuellen Situation, eine sog. *Ist-Analyse*, durchgeführt werden, um den „eigentlichen Bedarf" an das Netzwerkprojekt zu erfassen; dieser Bedarf muss strukturiert, präzise und übersichtlich dokumentiert werden.

Abschließend möchten wir die in diesem Kapitel präsentierten Ziele, Vorgehensweisen und Schwerpunkte der Ist-Analyse kurz zusammenfassen:

**Ziele und Schwerpunkte der Ist-Analyse:** Eine Ist-Analyse, als Analyse der aktuellen Situation, ist notwendig, um einerseits alle Probleme/Schwachstellen, die durch das Netzwerkprojekt gelöst werden sollen, und andererseits alle Anforderungen an das Projekt als neue Wünsche/Ziele erfassen zu können. Hierbei stellt sich die zentrale Frage: *Was sollte man überhaupt analysieren?* – und die Antwort lautet: *alle strategischen, technischen, organisatorischen, funktionellen und sicherheitsrelevanten Aspekte*. Dadurch kann die Ist-Analyse auf mehrere Teilbereiche – wie die Abschnitte 2.1.1 und 2.1.2 zeigen, „aufgeteilt" werden. Die erfassten Probleme und Anforderungen müssen anschließend noch analysiert werden, sodass eine *Problem- und Anforderungsanalyse* nötig ist, damit diese in einer einheitlichen Form als *Wunschanforderungen*[46] an das *Projekt* dokumentiert werden können – s. hierzu Abb. 2.1.2.

*Erfassung von Wunschanforderungen*

**Dokumentation der Ist-Analyse:** Damit man die Ergebnisse der Ist-Analyse einheitlich, präzise und übersichtlich dokumentieren kann, ist ein Referenzmodell hilfreich. Ein solches Modell der Ist-Analyse beim Design- bzw. Redesign eines Netzwerkbereichs wurde in Abschnitt 2.2.1 eingeführt. Als Ergänzung zu diesem Referenzmodell wurden zwei weitere Modelle in den Abschnitten 2.2.2 und 2.2.3 eingeführt – und zwar: „*Modell einer Zielvorstellung*" und „*Modell einer Schwachstelle*". Diese beiden Modelle illustrieren, welche Angaben man benötigt, um eine neue Zielvorstellung bzw. eine bestehende Schwachstelle einheitlich und präzise zu beschreiben bzw. zu dokumentieren. Wurden alle Wunschanforderungen – oft durch verschiedene Personen getrennt – erfasst, so sollten diese noch abschließend auf eventuelle Unkorrektheiten bzw. andere Unzulänglichkeiten überprüft und dann einheitlich spezifiziert werden.

*Referenzmodelle zur Dokumentation der Ist-Analyse*

**Bestandaufnahme des Ist-Zustands:** Der Schwerpunkt der Ist-Analyse ist eine breite Bestandaufnahme des Ist-Zustands – also der aktuellen Situation. Um diese Bestandaufnahme durchzuführen, ist eine strukturierte Vorgehensweise nötig – und in Abbildung 2.3.1 wurde hierfür ein Referenzmodell vorgestellt. Es sei darauf verwiesen, dass, falls es sich beim Projekt um ein Netzwerk-Redesign handelt, als Grundlage zur Analy-

*Schritt 1: Bestandaufnahme des Ist-Zustands*

---

[46] Es sei hervorgehoben, dass eine *Wunschanforderung* sowohl eine neue Zielvorstellung bedeuten (s. Abb. 2.2-3) als auch zum Beheben einer bestehenden Schwachstelle, zur Lösung eines existierenden Problems, führen kann (s. Abb. 2.2-4).

se des aktuellen Netzwerkzustands die Dokumentation des Netzwerks dienen sollte. Daher muss, als allererste Aufgabe bei der Bestandaufnahme eines Netzwerks, dessen Dokumentation auf ihre Aktualität überprüft werden. Ist die Netzwerkdokumentation aktuell, kann man mit der Bestandaufnahme des Ist-Zustands im Netzwerk beginnen – d.h. zuerst mit der Erhebung aller Systeme und Anwendungen und anschließend mit funktionellen, strategischen, organisatorischen und technischen Analysen. Wie die Bestandaufnahme des Ist-Zustands durchgeführt wird und was hierbei analysiert werden soll, wurde in Abschnitt 2.3 erläutert.

**Schritt 2: Problem- und Anforderungsanalyse**

**Problem- und Anforderungsanalyse:** Die Bestandaufnahme des Ist-Zustands in einem Netzwerk führt einerseits zur Erhebung existierender Probleme und bestehender Schwachstellen, die bei der Durchführung des Netzwerkprojekts behoben werden sollen, und andererseits zu einer Erfassung von neuen Anforderungen als Wünschen, die mit dem Netzwerkprojekt verwirklicht werden sollen. Die erhobenen Probleme/Schwachstellen und die erfassten Wünsche werden oft „grob" und nicht einheitlich beschrieben. Aus diesem Grund sollte anschließend eine Problem- und Anforderungsanalyse (s. Abschnitt 2.4) durchgeführt werden, um erhobene Probleme/Schwachstellen und neue Wünsche möglichst einheitlich und präzise zu beschreiben sowie diese als Wunschanforderungen an das Projekt zu spezifizieren. Anzunehmen ist, dass die *Wunschanforderungen* während der nach der Ist-Analyse folgenden Soll-Analyse noch auf ihre Realisierbarkeit unter Berücksichtigung vorhandener Ressourcen und anderer Randbedingungen überprüft werden müssen.

**Schritt 3a: Spezifikation von Wunschanforderungen**

**Spezifikation von Wunschanforderungen:** Die während der Problem- und Anforderungsanalyse verfassten Wunschanforderungen müssen in einer einheitlichen Form als „*Katalog von Wunschanforderungen*" spezifiziert werden. Dieser Katalog sollte übersichtlich und gut strukturiert sein. Wie in Abschnitt 2.4.2 gezeigt wurde, kann der Katalog von Wunschanforderungen in Form eines Strukturplans dargestellt werden (s. Abb. 2.4-3). Eine derartige Form des Katalogs hat zwei große Vorteile. Nämlich kann so aus dem Strukturplan mit Wunschanforderungen während der Soll-Analyse der Strukturplan für das ganze Netzwerkprojekt abgeleitet werden – vgl. auch die Abbildungen 2.4-3 und 3.2-2. Zusätzlich lässt sich der Katalog von Wunschanforderungen in Form eines Strukturplans einfach in einem baumartigen Dateiverzeichnis abbilden, sodass er mit jedem PC übersichtlich dokumentiert werden kann (s. Abb. 2.4-4).

**Schritt 3b: Auflistung von Abhängigkeiten zwischen Wunschanforderungen**

**Abhängigkeiten zwischen Wunschanforderungen:** Einige Wunschanforderungen und dadurch auch einige Projektziele können voneinander abhängig sein, d.h., sie können sich gegenseitig beeinflussen. Um Wunschanforderungen und folglich die auf deren Basis definierten Projektziele zu verwirklichen, werden zuerst Projektaufgaben bestimmt und diese danach den einzelnen am Projekt beteiligten Personen zugeteilt. Dies führt jedoch dazu, dass die Abhängigkeiten zwischen Wunschanforderungen die Abhängigkeiten zwischen den einzelnen Teilaufgaben bestimmen und somit auch die Koordination der Ausführung einzelner Aufgaben im Laufe des Projekts sehr stark beeinflussen. Somit müssen die Abhängigkeiten zwischen Wunschanforderungen bereits während der Ist-Analyse erfasst und übersichtlich aufgelistet werden (s. Abschnitt 2.4.3), um eine Grundlage für die Koordination von Projektaufgaben zu liefern.

# 3 Soll-Analyse – Bestimmung von Projektanforderungen

Nach der in Kapitel 2 dargestellten Ist-Analyse folgt im Netzwerkprojekt die Soll-Analyse. Während dieser werden auf Basis der Ergebnisse der Ist-Analyse die sog. *Projektanforderungen* definiert und präzise verfasst. Dabei handelt es sich sowohl um organisatorische als auch um technische Anforderungen. Als Ergebnis der Soll-Analyse entsteht ein *Katalog von Projektanforderungen*, der als Grundlage für das in der nächsten Projektphase zu entwickelnde Systemkonzept dient.

*Aufgabe der Soll-Analyse*

Während der Soll-Analyse müssen verschiedene Entscheidungen getroffen werden. Insbesondere wird die Entscheidung getroffen, welche Wunschanforderungen in welchem Umfang als Projektanforderungen spezifiziert werden sollen. Dabei werden die verfügbaren Ressourcen (Investitionsbudget, personelle Ressourcen etc.), räumliche und zeitliche Einschränkungen sowie gesetzliche Anforderungen berücksichtigt. Jede Wunschanforderung wird daher auf ihre Realisierbarkeit untersucht und nur realisierbare Wunschanforderungen in Form von Projektanforderungen spezifiziert und zur Realisierung übergeben.

*Prüfung der Realisierbarkeit von Wunschanforderungen*

Dieses Kapitel gibt eine fundierte Darstellung der Soll-Analyse beim Design - bzw. Redesign einer Netzwerkinfrastruktur. Die Ziele und Aufgaben der Soll-Analyse erläutert Abschnitt 3.1. In welcher Form die Dokumentation der Ergebnisse der Soll-Analyse erfolgen kann, zeigt Abschnitt 3.2. Auf sog. *Make-or-Buy-Entscheidungen* geht Abschnitt 3.3 ein und erläutert, wie hierbei die *SWOT-Analyse* verwendet werden kann. Typische Projektanforderungen präsentiert Abschnitt 3.4. Abschließende Bemerkungen in Abschnitt 3.5 runden dieses Kapitel ab.

*Überblick über das Kapitel*

In diesem Kapitel werden u.a. folgende Fragen beantwortet:

*Ziel dieses Kapitels*

- Welche Aufgaben und Ziele hat die Soll-Analyse?
- Wie werden die Wunschanforderungen während der Soll-Analyse untersucht?
- Welche Eigenschaften sollten die Projektanforderungen besitzen und wie sollten diese spezifiziert werden?
- Welche Bedeutung hat der Strukturplan eines Netzwerkprojekts?
- Wie kann ein Katalog von Projektanforderungen verfasst werden?
- Was sollte man bei Make-or-Buy-Entscheidungen berücksichtigen und analysieren?
- Worin besteht die SWOT-Analyse? Wann und wie kann diese eingesetzt werden?

## 3.1 Ziel und Aufgaben der Soll-Analyse

**Ziel der Soll-Analyse**

Die Wunschanforderungen, die das Ergebnis der Ist-Analyse darstellen, werden während der Soll-Analyse auf ihre Realisierbarkeit hin geprüft. Ziel der Soll-Analyse ist es, wie Abbildung 3.1-1 zum Ausdruck bringt, Anforderungen an das Projekt – die sog. *Projektanforderungen* – zu definieren und diese möglichst präzise in Form eines *Katalogs von Projektanforderungen* zu spezifizieren (s. Abschnitt 3.2.1). Dabei müssen verschiedene einschränkende Faktoren berücksichtigt werden wie z.B. verfügbare Ressourcen, geltende Bestimmungen und andere Randbedingungen.

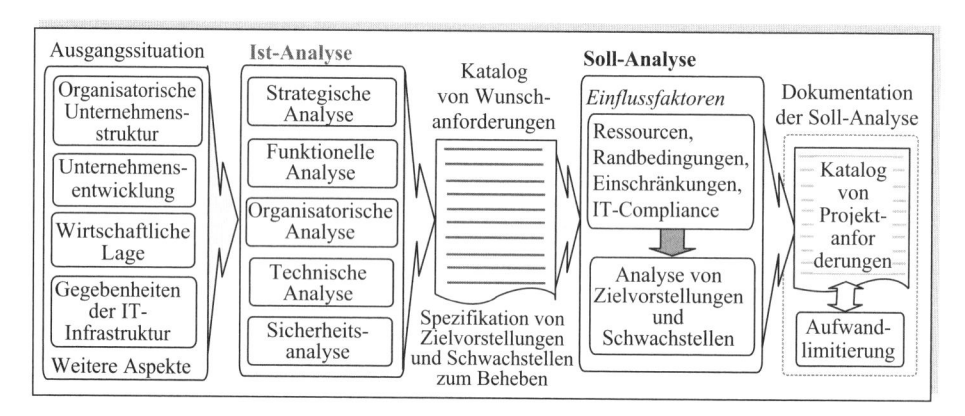

**Abb. 3.1-1:** Aufgabe der Soll-Analyse: das Bestimmen von Projektanforderungen

**Katalog von Projektanforderungen**

Den größten Einfluss auf die Realisierbarkeit von Wunschanforderungen haben die verfügbaren Ressourcen, zu diesen zählen hauptsächlich personelle und finanzielle Ressourcen (Investitionsbudget). Als Einschränkungen können auch räumliche und zeitliche Einschränkungen in Betracht kommen. Unter den rechtlichen Bestimmungen sind insbesondere Datenschutzbestimmungen und verschiedene Anforderungen von IT-Compliance zu nennen. Alle Einschränkungen, Einflussfaktoren und Randbedingungen stellen die sog. *Projektrandbedingungen* dar[1], unter denen das Projekt durchgeführt werden soll. Die Projektrandbedingungen müssen im *Katalog von Projektanforderungen* aufgelistet und beschrieben werden, um auf diese Weise alle Faktoren zu erfassen, die zum Erfolg oder Misserfolg eines Netzwerkprojekts beitragen können.

**Lastenheft**

Im Katalog von Projektanforderungen wird vor allem aus der Sicht des Projektgebers angegeben, *was* zu lösen ist und *wofür* dies gemacht wird. Weil hier die Anforderungen an die zu erbringenden Leistungen während der Systementwicklung spezifiziert werden, bezeichnet man den Katalog von Projektanforderungen oft auch als *Lastenheft* (Requirements Specification) für die Systementwicklung. Das während der Soll-

---

[1] Die Projektrandbedingungen werden manchmal auch als *Projektrahmenbedingungen* bezeichnet.

Analyse erstellte Lastenheft spezifiziert somit alle an das zu entwickelnde System seitens des Projektgebers verbindlich gestellten Anforderungen.

Auf der Basis des Katalogs von Projektanforderungen für das ganze Projekt wird während der Soll-Analyse auch bereits die erste *Aufwandschätzung* – insbesondere eine Kosten- und Zeitaufwandschätzung – vorgenommen. Diese Aufwandschätzung wird als Vorgabe bei den späteren Projektbetrachtungen herangezogen. Aus diesem Grund sollte diese Schätzung möglichst sorgfältig durchgeführt und im Hinblick auf mögliche Risiken genau abgewogen werden.

*Aufwandschätzung*

Um das Ziel und die Aufgaben der Soll-Analyse anschaulich darstellen zu können, möchten wir an dieser Stelle kurz auf das in Abbildung 2.2-2 gezeigte Modell der Ist-Analyse beim Design- bzw. Redesign eines Netzwerkbereichs zurückgreifen. Dieses Modell bringt insbesondere zum Ausdruck, dass man in jedem Netzwerkprojekt einerseits bestimmte Zielvorstellungen verwirklichen möchte und andererseits dafür sorgen muss, dass gegebenenfalls Schwachstellen behoben werden. Demzufolge sollte man während der Soll-Analyse sowohl die zu verwirklichenden neuen Zielvorstellungen als auch die zu behebenden Schwachstellen untersuchen. Beginnen wir mit der Untersuchung von Zielvorstellungen.

### 3.1.1 Soll-Analyse von Zielvorstellungen

Um darüber zu entscheiden, wie das Projekt realisiert werden soll, müssen die einzelnen Zielvorstellungen auf ihre Realisierbarkeit (Machbarkeit) untersucht werden. Wie dies erfolgen kann, wollen wir mit Hilfe von Abbildung 3.1-2 näher erläutern, in der die Aufgaben der Soll-Analyse bei der Untersuchung von Zielvorstellungen aus einem Netzwerkfunktionsbereich als Stückchen Schweizer-Käse modelliert werden (vgl. Abb. 1.3-6). Hervorzuheben ist an dieser Stelle aber noch, dass die Wunschanforderungen aus der Ist-Analyse de facto die Spezifikation von Zielvorstellungen nach dem in Abbildung 2.2-3 gezeigten Modell darstellen (vgl. auch Abb. 3.1-1).

*Modellierung von Zielvorstellungen*

Weil die Ressourcen – insbesondere das für das Projekt zur Verfügung stehende Budget – in der Regel begrenzt sind, können nicht alle Zielvorstellungen in vollem Umfang, so wie man es sich gewünscht hätte, verwirklicht werden. *Deshalb muss vor allem die Realisierbarkeit jeder Zielvorstellung geprüft werden.*[2] Man kann in diesem Zusammengang vom *Realisierungsumfang* einer Zielvorstellung sprechen. Während der Soll-Analyse kann sich also ergeben, wie Abbildung 3.1-2 zeigt, dass einige Zielvorstellungen sogar ganz gestrichen oder nur teilweise erfüllt werden.[3]

*Untersuchung der Realisierbarkeit von Zielvorstellungen*

---

[2] In der Literatur zum Projektmanagement spricht man auch von der Prüfung der Machbarkeit.
[3] In welchem Umfang jede Zielvorstellung verwirklicht werden soll, wird in Abbildung 3.1-2 durch verschiedene Graustufen der Löcher im Schweizer Käse symbolisiert; hierbei symbolisiert ein schwarz gefülltes Loch die Realisierung einer Zielvorstellung im vollen Umfang, ein grau gefülltes Loch verweist darauf, dass die Zielvorstellung nicht vollständig erreicht wird. Die Soll-Analyse von Zielvorstellungen trifft also eine Aussage, wie weit die einzelnen Löcher im Teilstück des Käses ge-

## 3 Soll-Analyse – Bestimmung von Projektanforderungen

**Projektziele**

Die Zielvorstellungen, die im Laufe des Projekts verwirklicht werden sollen, stellen die *Projektziele* dar. Ein Projektziel stellt bestimmte Ergebnisse bzw. andere Effekte dar, die im Projekt erreicht werden sollen. Die Projektziele werden in Form von *Projektanforderungen* spezifiziert.

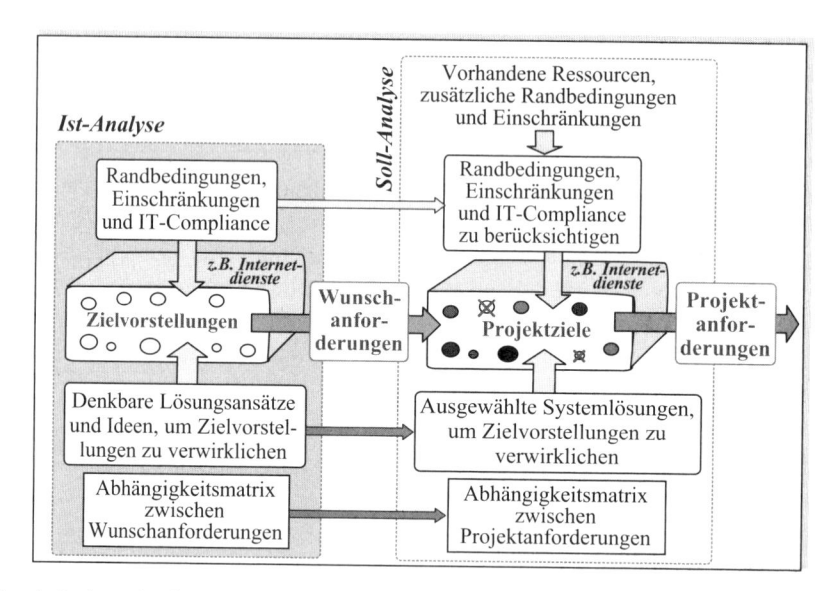

**Abb. 3.1-2:** Aufgaben der Soll-Analyse bei der Untersuchung von Zielvorstellungen

**Systemanforderungen**

Bei jeder Zielvorstellung wird – vor allem auf der Basis der in ihrer Spezifikation angegebenen, denkbaren Lösungsansätze (s. Abb. 2.2-3) – auch untersucht, welche Lösung unter Berücksichtigung der Projektrandbedingungen und eventuell zusätzlichen anderen Gründen[4] geeignet ist. Wenn mehre Lösungen in Frage kommen, wird entschieden, welche von ihnen in der nächsten Phase bei der Entwicklung des Systemkonzepts untersucht werden sollen. Die Anforderungen, die sich daraus an das Netzwerk als System ergeben, werden als *Systemanforderungen* bezeichnet. Folglich sind mit jedem Projektziel bestimmte Systemanforderungen verbunden. Weil man die Projektziele in Form von *Projektanforderungen* spezifiziert, müssen somit die Systemanforderungen in der Spezifikation von Projektanforderungen angegeben werden (s. Abb. 3.2-1).

Die beiden Aufgaben – die Analyse der Realisierbarkeit von Zielvorstellungen und die Bestimmung von Systemanforderungen – sind die Kernaufgaben der Soll-Analyse. Daneben sind noch weitere Aufgaben zu erledigen, die in Abschnitt 3.1.3 detailliert

---

füllt werden sollen. Auf gleiche Weise könnte man sich die Soll-Analyse der zu behebenden Schwachstellen vorstellen. Dies veranschaulicht Abbildung 3.1-3.

[4] Neben politischen und Sicherheitsgründen kommen auch die Bevorzugung einer eigenen Entwicklung oder Herstellerpräferenzen in Betracht.

präsentiert werden. Dort wird auch erläutert, was bei jeder Zielvorstellung insbesondere analysiert werden soll.

Während der Soll-Analyse werden somit die einzelnen während der Ist-Analyse spezifizierten Zielvorstellungen als *Wunschanforderungen* unter Berücksichtigung aktuell vorhandener Ressourcen, geltender Randbedingungen sowie verschiedener Einschränkungen untersucht. Dann werden diese konkretisiert, damit sie mit den aktuell vorhandenen technischen und organisatorischen Möglichkeiten realisierbar (machbar) werden. Die in diesem Sinne konkretisierten Wunschanforderungen gelten dann als *Projektanforderungen* und müssen bei der Realisierung des Projekts erfüllt werden. Auf die Spezifikation von *Projektanforderungen* geht Abschnitt 3.2.1 detaillierter ein.

*Wunschanforderungen führen zu Projektanforderungen*

Eine Netzwerkinfrastruktur wird durch die Realisierung von vielen Projektanforderungen umgesetzt. Die Projektanforderungen beeinflussen sich gegenseitig und weisen untereinander vielfältige Abhängigkeiten auf. Daher muss das ganze Projekt als ein komplexes Geflecht aus vielen zusammenhängenden Projektanforderungen betrachtet werden. Die Abhängigkeiten und Wechselwirkungen lassen sich in Form einer *Abhängigkeitsmatrix von Projektanforderungen* darstellen. In der Literatur spricht man hierbei manchmal auch von *Einflussmatrix*.

*Abhängigkeit und Wechselwirkung der Projektziele*

Bereits während der Ist-Analyse wurde die Abhängigkeitsmatrix eingeführt, um die Abhängigkeiten zwischen den einzelnen Wunschanforderungen zu erfassen (s. Abschnitt 2.4.3). Die *Abhängigkeitsmatrix zwischen Wunschanforderungen* dient nun als Grundlage für die Abhängigkeitsmatrix zwischen den Projektanforderungen. In dieser wird beschrieben, welche Projektanforderung von welcher anderen abhängig ist und welche anderen sie beeinflusst. Die Abhängigkeitsmatrix zwischen Projektanforderungen dient während der Erstellung des Systemkonzepts als Basis für die einheitliche Beschreibung der Abhängigkeiten zwischen den einzelnen Teilkonzepten – im Sinne des in Abbildung 1.4-2 dargestellten Modells, um das Projektmanagement zu unterstützen.

Die Ergebnisse der Untersuchung der Zielvorstellungen werden in Form von Projektanforderungen spezifiziert. Diese definieren die *Projektziele* – bzw. kurz *Ziele* – und dienen in der nächsten Projektphase als Grundlage für die Entwicklung des Systemkonzepts. Eine Zusammenstellung von Projektanforderungen, mit denen man die Verwirklichung der Projektziele bestimmt, stellt der *Katalog der Projektanforderungen* dar.

*Erfassung von Projektanforderungen*

Das Hauptziel der Soll-Analyse besteht also in der Erstellung eines Katalogs von Projektanforderungen, einerseits um Zielvorstellungen zu verwirklichen und andererseits um Schwachstellen zu beheben. Auf die Untersuchung von Schwachstellen gehen wir im Folgenden ein.

## 3.1.2 Soll-Analyse von Schwachstellen

Ebenso wie die Untersuchung von Zielvorstellungen lässt sich auch die Untersuchung von Schwachstellen eines Netzwerkfunktionsbereichs mit Hilfe eines Schweizer-Käse-Modells anschaulich darstellen. Wie bereits erwähnt, kann das Beheben einer

*Modellierung von Schwachstellen*

Schwachstelle auch als Zielvorstellung betrachtet werden. Die Unterscheidung zwischen Zielvorstellungen und Schwachstellen ermöglicht uns jedoch, in einigen Situationen – insbesondere bei der Planung und Realisierung der Systemsicherheit (s. Kapitel 6) – bestimmte Sachverhalte besser zum Ausdruck zu bringen. In Anlehnung an Abbildung 3.1-2 veranschaulicht Abbildung 3.1-3 die Aufgaben der Soll-Analyse bei der Untersuchung von Schwachstellen aus einem Netzwerkfunktionsbereich – wie z.B. Internetdienste. Es sei hervorgehoben, dass hier die Wunschanforderungen aus der Ist-Analyse die Spezifikation von Schwachstellen gemäß dem in Abbildung 2.2-4 gezeigten Modell darstellen.

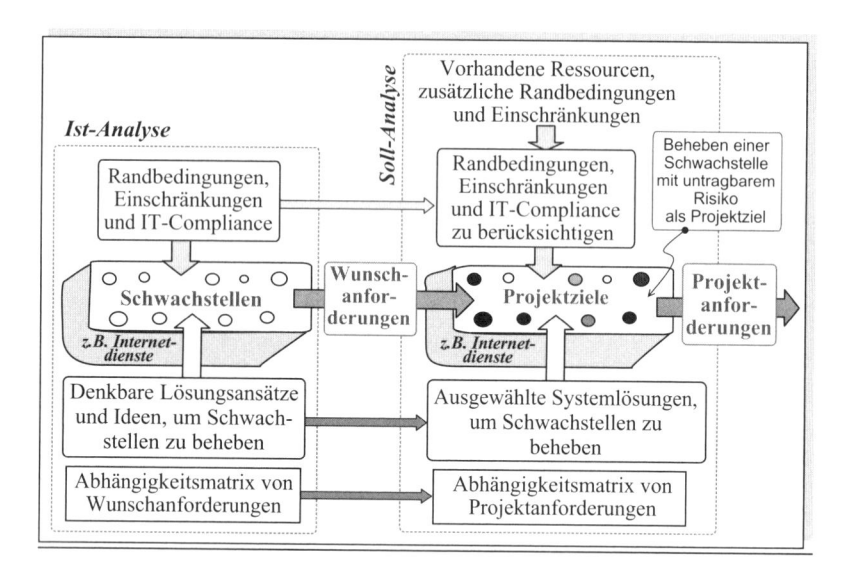

**Abb. 3.1-3:** Aufgaben der Soll-Analyse bei der Untersuchung von Schwachstellen

Abschätzung von Risiken

Bei der Analyse von Schwachstellen sind zwei Aspekte zu berücksichtigen. Einerseits sind die Risiken und Gefahren nicht bei allen Schwachstellen im Netzwerk gleich hoch. Da die für das Projekt verfügbaren Ressourcen in der Regel begrenzt sind, können oft nicht alle Schwachstellen so behoben werden, wie man es sich wünschen würde. Daher sollten zuerst die mit einzelnen Schwachstellen verbundenen Risiken grob abgeschätzt[5] werden, um zu ermitteln, ob diese noch *tragbar* sind.[6] Es ist demzufolge sinnvoll, Schwachstellen mit untragbaren Risiken, die unbedingt behoben werden sollen, und Schwachstellen mit tragbaren Risiken, die notfalls belassen werden können, zu unterscheiden.

---

[5] An dieser Stelle ist hervorzuheben, dass die während der Ist-Analyse verfasste Spezifikation einer Schwachstelle eine grobe Abschätzung von Risiken und Gefahren enthalten sollte (s. Abb. 2.2-4).

[6] Es handelt sich hierbei um die sog. *Risikoanalyse*. Sie ist von grundlegender Bedeutung bei der Planung und Überwachung der Sicherheit. Auf die Risikoanalyse geht Abschnitt 6.3.3 näher ein.

Sind die Schwachstellen entsprechend charakterisiert, so lässt sich entscheiden, welche Schwachstellen in welchem Umfang behoben werden können. Dies erfolgt natürlich unter Berücksichtigung der vorhandenen Ressourcen, geltenden Randbedingungen sowie verschiedener Einschränkungen. Dabei kann sich ergeben, dass einige Schwachstellen mit tragbarem Risiko (s. Abschnitt 6.3.3) nicht behoben und somit im Projekt nicht weiter beachtet werden. Abbildung 3.1-3 bringt dies so zum Ausdruck, dass Schwachstellen, die nicht weiter beachtet werden, „weiß" und solche, die unterschiedlich „weit" behoben werden sollen, mit verschiedenen Graustufen markiert sind.

*Umfang der Behebung von Schwachstellen*

Jede Schwachstelle, mit der ein untragbares Risiko verbunden ist, sollte im Laufe des Projekts behoben werden. Um die während der Ist-Analyse erfassten Schwachstellen mit untragbaren Risiken zu beseitigen, werden während der Soll-Analyse entsprechende *Projektziele* definiert. Ein zu einer Schwachstelle gehörendes Projektziel sollte daher bestimmen, mit welchen organisatorischen oder auch technischen Maßnahmen diese Schwachstelle im Laufe des Projekts zu beheben ist. Wie dies erfolgen sollte, spezifiziert man in Form einer Projektanforderung – s. hierzu Abbildung 3.2-1.

*Beheben einer Schwachstelle mit untragbarem Risiko als Projektziel*

Für jede Schwachstelle wird – auf der Basis der in der Spezifikation angegebenen, denkbaren Lösungsansätze (s. Abb. 2.2-4) – auch untersucht, welche Lösung unter Berücksichtigung der aktuell vorhandenen technischen und organisatorischen Möglichkeiten am besten geeignet ist. Falls mehrere Lösungen in Frage kommen, wird entschieden, welche bei der Entwicklung des Systemkonzepts untersucht werden sollen. In diesem Fall wird erst während der Entwicklung des Systemkonzepts entschieden, welche von ihnen ausgewählt und realisiert werden soll. Die Anforderungen, die sich daraus ergeben, werden als *Systemanforderungen* bezeichnet und müssen in der Beschreibung der Projektanforderung (s. Abb. 3.2-1) – eine bestimmte Schwachstelle zu beheben – angegeben werden.

*Systemanforderungen*

Ebenso wie die Ergebnisse der Untersuchung von Zielvorstellungen werden auch die Ergebnisse der Untersuchung von Schwachstellen zwecks deren Behebung in derselben Form von Projektanforderungen verfasst, die in der nächsten Projektphase als Grundlage für die Entwicklung des Systemkonzepts dienen. Welche Angaben eine Schwachstelle betreffende Projektanforderung enthalten sollte, wird in Abschnitt 3.1.6 erläutert.

Als Ergebnis der Soll-Analyse entsteht ein *Katalog von Projektanforderungen*, die durch das einzurichtende Netzwerk als System zu erfüllen sind. Hervorzuheben ist, dass die Projektanforderungen sowohl technischer als auch organisatorischer Natur sein können.

## 3.1.3 Eigenschaften der Projektziele

Wie bereits dargestellt, werden während der Soll-Analyse aus den bei der Ist-Analyse verfassten und zu verwirklichenden Zielvorstellungen sowie aus den zu behebenden Schwachstellen die Projektziele definiert und präzise spezifiziert. Die Projektziele müssen aber bestimmte Eigenschaften besitzen, damit das Projekt einerseits realistisch ist

*SMART-Eigenschaft*

und andererseits erfolgreich durchgeführt werden kann. Welche Eigenschaften das sind, wollen wir jetzt kurz erläutern. In der Literatur zum Thema *Projektmanagement* spricht man oft von der *SMART-Eigenschaft*[7] der Projektziele. Dabei steht das Akronym SMART im Deutschen für „*Spezifisch, Messbar, Anspruchsvoll, Realistisch, Terminiert*" oder im Englischen für „*Specific, Measurable, Ambitious, Realistic, Timed*"[8].

Übertragen auf Netzwerkprojekte lassen sich die SMART-Eigenschaften wie folgt interpretieren:

Spezifisch
- *Das Projektziel sollte spezifisch sein*. Es soll somit eindeutig und möglichst präzise spezifiziert werden. Abschnitt 3.2.1 beschreibt diese Spezifikation detailliert.

Messbar
- *Das Projektziel muss messbar*[9] *und binär bewertbar – also erfüllt oder nichterfüllt – sein*, damit seine Erfüllung überprüft werden kann. Jedes Projektziel sollte daher bei Bedarf in seiner Spezifikation *Abnahmevorgaben* enthalten, um damit die Art und Weise der Überprüfung seiner Erfüllung zu konkretisieren.

Anspruchsvoll, Attraktiv
- *Das Projektziel sollte anspruchsvoll und attraktiv sein*. Diese Eigenschaft soll das Projektteam motivieren, sein Bestes zu geben, um das Projektziel zu erreichen. Anspruchsvolle und attraktive Projektaufgaben stellen interessante Herausforderungen für jedes Projektteam dar.

Realistisch
- *Das Projektziel muss realistisch sein*. Dies bedeutet, dass es auch bei unvorhergesehenen „Hindernissen" stets erreichbar sein muss. Daher muss bei jedem Projektziel die Frage geklärt werden, ob es unter den gegebenen Bedingungen, vor allem hinsichtlich der Kosten und Termine realistisch erreichbar ist.

Terminiert
- *Das Projektziel muss terminiert sein*, was bedeutet, dass verschiedene Termine wie Zwischen- und Endtermin für die Zielerfüllung klar definiert werden sollen.

Erfüllt ein Projektziel die SMART-Kriterien, kann von einem „*smarten*" *Projektziel* gesprochen werden.

### 3.1.4 Analyse der Realisierbarkeit

Während der Soll-Analyse muss jede bei der Ist-Analyse verfasste Zielvorstellung daraufhin untersucht werden, ob sie überhaupt oder in welchem Umfang unter der Berücksichtigung von geltenden Projektrandbedingungen realisierbar ist. In diesem Zusammenhang spricht man von der *Analyse der Realisierbarkeit* oder auch von der *Analyse der Machbarkeit*. Nur realisierbare Zielvorstellungen werden als Projektziele definiert. Die Realisierbarkeit der Projektziele wird während der Konzeptionsphase – d.h. wäh-

---

[7] Siehe beispielsweise http://en.wikipedia.org/wiki/SMART_criteria
[8] Hervorzuheben ist aber, dass das Akronym SMART ab und zu in verschiedenen Ausprägungen, die insbesondere vom Projekttyp abhängig sind, dargestellt wird wie z.B. „*Specific, Measurable, Achievable, Relevant, Timely*"
[9] „Messbar" bedeutet hier, dass man in irgendeiner Form erkennen kann, ob das Ziel erfüllt worden ist oder nicht.

rend der Entwicklung des Systemkonzepts – noch einmal ausführlich analysiert, um nochmals zu überprüfen, ob das Projektziel unter den gegebenen Randbedingungen zu erreichen ist.

Bei der Realisierbarkeitsanalyse einer Zielvorstellung sollte man unter den gegebenen Projektrandbedingungen möglichst folgende Aspekte berücksichtigen:

Realisierbarkeitsanalyse

- *Funktionelle und wirtschaftliche Aspekte* – Die Analyse im Hinblick auf diese Aspekte geht u.a. auf folgende Fragen ein:
    - Kann die gewünschte Funktion bzw. der gewünschte Dienst unter den geltenden Projektrandbedingungen erbracht werden?
    - Welche Vorteile (Stärken/Chancen) ergeben sich nach Verwirklichung der Zielvorstellung und welche Nachteile (Risiken/Gefahren) sind damit verbunden?
    - Wie könnte sich das Kosten/Nutzen-Verhältnis gestalten? Ist die geforderte Funktion wirtschaftlich realisierbar?
    - Würde die Verwirklichung der Zielvorstellung zu positiven Auswirkungen auf die Geschäftsprozesse führen?
- *Technische und fachliche Aspekte* – Diese Untersuchung geht vornehmlich auf folgende Fragen ein:
    - Sind die technischen Vorstellungen sowie die fachlichen Annahmen und Anforderungen realistisch?
    - Ist die technische Realisierbarkeit im vorgegebenen Zeitrahmen denkbar?
    - Kann die Zielvorstellung technisch und fachlich verwirklicht werden?
    - Kommt eine Make-or-Buy-Entscheidung[10] in Frage?
- *Organisatorische Aspekte* – Die Überlegungen zur organisatorischen Realisierbarkeit umfassen hauptsächlich folgende Fragestellungen:
    - Ist die Zielvorstellung organisatorisch realisierbar? Können die geforderten Termine/Zeitpläne eingehalten werden?
    - Welche organisatorischen Maßnahmen sind für die Realisierung der Zielvorstellung nötig?
    - Zu welchen organisatorischen und personellen Veränderungen würde die Verwirklichung der Zielvorstellung führen?
- *Wettbewerbliche Aspekte* – Die Überlegungen zur Realisierbarkeitsanalyse umfassen hier im Wesentlichen folgende Fragen:
    - Welche neuen Geschäftschancen eröffnen sich durch die Verwirklichung der Zielvorstellung?
    - Könnte sich die eigene Positionierung auf dem IT-Markt nach der Verwirklichung der Zielvorstellung verbessern?

---

[10] Auf Make-or-Buy-Entscheidungen geht Abschnitt 3.3.1 detaillierter ein.

- Lässt sich eventuell ein Produkt während der Realisierung der Zielvorstellung entwickeln, das man später vermarkten könnte?
- *Sicherheitsrelevante Aspekte* – Hierbei sollte man u.a. folgende Fragestellungen analysieren:
  - Wo liegen die Sicherheitsrisiken? Können sie vermieden bzw. behoben werden?
  - Lassen sich alle Sicherheitsrisiken abschätzen?
- *Gesetzliche Aspekte* – Im Hinblick darauf sollte man auch Folgendes analysieren:
  - Können die gesetzlichen Anforderungen erfüllt werden?
  - Welche Kosten sind mit der Erfüllung gesetzlicher Anforderungen zu erwarten?

Die hier dargestellten Aspekte sind am besten bei der Untersuchung der Realisierbarkeit von Zielvorstellungen aller Arten zu berücksichtigen – also auch bei denen, die mit dem Beheben von Schwachstellen verbunden sind.

### 3.1.5 Untersuchung einer Zielvorstellung

Modell der Untersuchung einer Zielvorstellung

Nachdem wir bereits die wesentlichen Hauptaufgaben der Soll-Analyse kennengelernt haben, wollen wir jetzt ausführlicher erläutern, worauf man bei der Untersuchung einer Zielvorstellung achten sollte. Diese Erläuterungen werden mit dem in Abbildung 3.1-4 gezeigten Modell veranschaulicht. Dieses Modell illustriert, wie eine Zielvorstellung während der Soll-Analyse untersucht wird.[11]

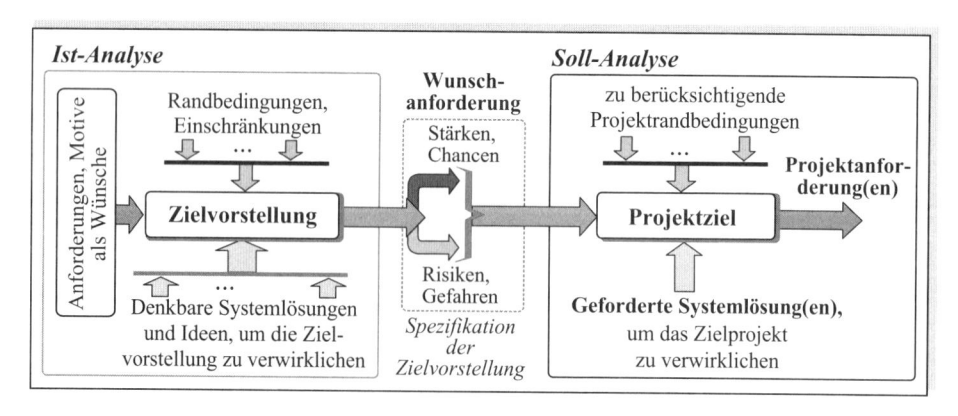

**Abb. 3.1-4:** Modell der Untersuchung einer Zielvorstellung bei der Soll-Analyse

Eingangsvorgaben

Weil die Soll-Analyse direkt nach der Ist-Analyse folgt, dient die während Ist-Analyse erstellte Spezifikation der Zielvorstellungen (*Wunschanforderungen*) als Eingangsvorgabe für die Untersuchung der Zielvorstellungen. Die Spezifikation der Zielvorstellung

---

[11] Dieses Modell wurde aus dem Modell zur Betrachtung einer Zielvorstellung während der Ist-Analyse abgeleitet (s. Abb. 2.2-3).

sollte sowohl Angaben über Nutzeffekte – d.h. über Stärken und Chancen, die man durch die Verwirklichung der Zielvorstellung erreichen könnte – enthalten, als auch Aussagen über die damit verbundenen Risiken und Gefahren liefern. Gerade die Informationen über Stärken/Chancen und Risiken/Gefahren sind bei der Prüfung der Realisierbarkeit von Zielvorstellungen von grundlegender Bedeutung.

Bei der Untersuchung einer Zielvorstellung aufgrund ihrer Spezifikation aus der Ist-Analyse und unter Berücksichtigung geltender Randbedingungen sowie Einschränkungen z.B. finanzieller Art sollte Folgendes bestimmt werden:

- *In welchem Umfang soll die Zielvorstellung verwirklicht werden?*
  Es handelt sich hier um die Prüfung der Realisierbarkeit der Zielvorstellung. Welche Aspekte dabei zu berücksichtigen sind, wurde bereits in Abschnitt 3.1.3 dargestellt. Man muss hauptsächlich prüfen, ob die Zielvorstellung *überhaupt* realisiert werden kann. Hierfür werden insbesondere sowohl Vorteile (Stärken/Chancen) als auch Nachteile (Risiken/Gefahren), die mit der Verwirklichung der Zielvorstellung zu erwarten sind, analysiert. Sind die Vorteile im Vergleich zum erwartenden Aufwand (etwa geschätzte Realisierungskosten) und zu den potenziellen Risiken/Gefahren zu gering, sind die Voraussetzungen für Realisierbarkeit nicht gegeben. Dies kann zur Entscheidung führen, die betreffende Zielvorstellung im weiteren Verlauf des Projekts nicht mehr zu beachten und sie quasi zu „streichen". Aus finanziellen Gründen kann beispielsweise auch entschieden werden, die Zielvorstellung nicht im vollen Umfang zu realisieren, sondern eine „reduzierte Fassung" zu verwirklichen.

  *Analyse der Realisierbarkeit*

  Wie aus Abbildung 3.1-4 hervorgeht, wird eine Zielvorstellung, die realisiert werden soll, zu einem *Projektziel* umgewandelt. Ein Projektziel wird in der Regel als Projektanforderung oder bei Bedarf auch in Form mehrerer Projektanforderungen spezifiziert.

  *Zielvorstellung führt zum Projektziel*

- *Auf welche Art und Weise soll das Projektziel erreicht werden?*
  Hierfür werden alle denkbaren Lösungsansätze und Ideen, die das Erreichen einer Zielvorstellung ermöglichen, sowie die zu erwartenden Kosten[12] analysiert. Wie aus Abbildung 3.1-4 ersichtlich ist, sind die denkbaren Lösungsansätze und Ideen bereits in der Spezifikation der Zielvorstellung aus der Ist-Analyse enthalten. Sie werden jetzt weiter untersucht, um zu bestimmen, auf welche Art und Weise das Projektziel erreicht werden soll.

  *Systemanforderungen*

  Während der Soll-Analyse wird insbesondere bestimmt, welche Systemlösung(en) die geeignetste ist/sind, um die untersuchte Zielvorstellung zu verwirklichen, und die folglich zum Erreichen des Projektziels gefordert werden soll(en).[13] Diese Be-

---

[12] Es ist hervorzuheben, dass die Spezifikation einer denkbaren Lösung aus der Ist-Analyse auch eine grobe Schätzung der mit dieser Lösung verbundenen Kosten – falls dies möglich ist – enthalten sollte. Siehe hierzu beispielsweise Tabelle 2.2-4.
[13] Falls während der Soll-Analyse entschieden wird, dass mehrere Systemlösungen aus der „Liste" der denkbaren Lösungen in Frage kommen, werden diese bei der Entwicklung des Systemkonzepts wei-

stimmungen stellen die sog. *Systemanforderungen* dar. Die Zusammenstellung von Systemanforderungen, die zum Erreichen aller Projektziele führen, stellt den *Katalog von Systemanforderungen* dar.

- ■ *Welche Qualitätsanforderungen sollen garantiert werden?*

Qualitätsanforderungen

Die Qualität, in der eine Funktion mit dem Erreichen eines Projektziels umgesetzt wird, kann selbstverständlich unterschiedlich sein. Ist die Qualität einer Funktion bzw. einer Dienstleistung von Bedeutung, sollte bestimmt werden, welches Qualitätsniveau garantiert werden soll. Bei der Realisierung von einigen Projektzielen müssen daher bestimmte *Qualitätsanforderungen* erfüllt werden.

- ■ *Welche Sicherheitsanforderungen sollen beachtet werden?*

Sicherheitsanforderungen

Mit dem Erreichen eines Projektziels sind manchmal auch Risiken und Gefahren verbunden. Diese sollte man analysieren, um bestimmte technische und organisatorische Gegenmaßnahmen einleiten zu können, die am besten in Form von *Sicherheitsanforderungen* spezifiziert werden.

- ■ *Welche sonstigen Anforderungen sollen erfüllt werden?*

Sonstige Anforderungen

Zu den sonstigen mit einem Projektziel verbundenen Anforderungen können beispielsweise die Anforderungen an Zuverlässigkeit, Performance oder an die Dokumentation gehören.

Die Untersuchung von Zielvorstellungen während der Soll-Analyse führt zur Festlegung der Projektziele und ihrer Beschreibung in Form von Projektanforderungen (s. Abb. 3.2-1). Eine wesentliche Komponente jeder Projektanforderung ist die Systemanforderung mit der Festlegung, *in welchem Umfang* und *auf welche Art und Weise* das Projektziel erreicht werden soll.

Eine Zusammenstellung von Projektanforderungen, die zum Erreichen von allen Projektzielen führen, stellt einen *Katalog von Projektanforderungen* dar (vgl. Abb. 3.1-1).

**Beispiel 3.1-1:** Die Projektanforderung, um das Projektziel „*Internetzugang mit hoher Zuverlässigkeit*" – siehe auch das Beispiel 2.2-4, Seite 80 – zu erreichen, kann beispielsweise kurz wie folgt spezifiziert werden (vgl. Abb. 3.2-1):

- *Projektziel:* Internetzugang mit hoher Zuverlässigkeit
- *Funktionelle Anforderung:* Die Internetanbindung soll – als *IP over Ethernet* – über eine Ethernet-Schnittstelle mit 1 Gbit/s erfolgen.
- *Systemanforderungen:* Der Internetzugang soll über einen ISP erfolgen. Eine redundante Auslegung von Routern am Internetzugang ist zu realisieren, wobei noch während der Entwicklung des Systems zu untersuchen ist, welches Protokoll (z.B. HSRP oder VRRP) hierfür besser geeignet wäre.
- *Qualitätsanforderungen:* Es soll eine Verfügbarkeit des Internetzugangs zumindest in der Höhe von 99.98% garantiert werden. Damit wird eine durchschnittliche Nichtverfügbarkeit von bis zu 2 Stunden pro Jahr toleriert.

---

ter analysiert; erst nach der Kosten/Nutzen-Analyse wird die „beste Systemlösung" ausgewählt und für die Realisierung bestimmt.

- *Gesetzliche Anforderungen:* Alle Anforderungen des Datenschutzes gemäß des Bundesdatenschutzgesetzes und der IT-Compliance sind am Internetzugang zu erfüllen.
- *Sicherheitsanforderungen:* Da verschiedene bösartige Schadprogramme in das Netzwerk eingeschleust werden können, soll am Internetzugang sowohl ein 2-stufiges Firewall-System als auch ein zentraler Virenscanner eingesetzt werden. Beispielsweise soll das Herunterladen ausführbarer Programme aus dem Internet ausgeschlossen werden.
- *Sonstige Anforderungen*: Für den VoIP-Verkehr soll eine Bandbreite von 200 Mbit/s immer am Internetanschluss verfügbar sein.
- *Randbedingungen:* Wegen der Sicherheit soll der Internetanschluss nur über eine terrestrische Verbindung erfolgen (keine Funkverbindung!).
- *Bemerkungen*: Es besteht das Restrisiko, dass bei Insolvenz des ISP kein Zugang zum Internet besteht und damit die Qualitätsanforderungen nicht erfüllt werden.

## 3.1.6 Untersuchung einer Schwachstelle

Auf die gleiche Art und Weise wie die Untersuchung einer Zielvorstellung lässt sich auch die Untersuchung einer Schwachstelle während der Soll-Analyse mit Hilfe eines (Schweizer-Käse-)Modells – s. hierzu Abbildung 1.3-7 – anschaulich darstellen. Abbildung 3.1-5 zeigt das Modell, welches die Aufgaben der Soll-Analyse bei der Betrachtung einer Schwachstelle verdeutlicht.

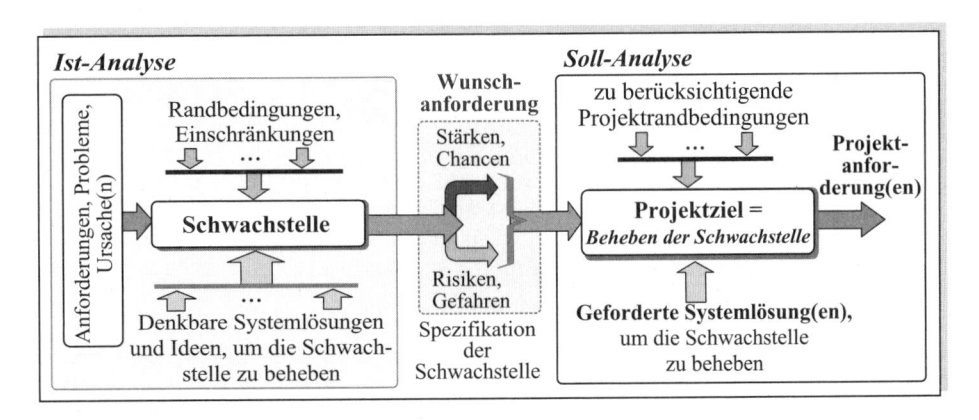

**Abb. 3.1-5:** Betrachtung einer Schwachstelle bei der Soll-Analyse

Hierbei ist hervorzuheben, dass eine während der Ist-Analyse verfasste Wunschanforderung, eine Schwachstelle zu beheben, als „Eingangsvorgabe" zur Untersuchung der Schwachstelle während der Soll-Analyse angesehen werden kann. Nach dem in der Abbildung 2.2-4 gezeigten Schema enthält die Spezifikation einer Wunschanforderung sowohl Angaben über die Nutzeffekte (Stärken/Chancen), die man nach dem Beheben der Schwachstelle erreichen kann, als auch Aussagen über die damit verbundenen Risiken und Gefahren.

Da das Beheben einer Schwachstelle als Zielvorstellung angesehen werden kann, entspricht das Modell in Abbildung 3.1-5 weitgehend dem Modell, wie eine Zielvorstellung bei der Soll-Analyse betrachtet wird – vgl. hierzu siehe Abbildung 3.1-4. Deswegen gehen wir auf die Untersuchung einer Schwachstelle nur kurz ein.

Während der Soll-Analyse einer Schwachstelle wird gemäß ihrer Spezifikation aus der Ist-Analyse und unter Berücksichtigung von geltenden Projektrandbedingungen u.a. Folgendes bestimmt:

- *Wie weit soll die Schwachstelle behoben werden?*

*Analyse der Behebbarkeit einer Schwachstelle*

Hierbei werden insbesondere positive Effekte (Stärken/Chancen) und negative Effekte (Risiken/Gefahren), die nach dem Beheben der Schwachstelle weiterhin zu erwarten sind, untersucht. Sind die positiven Effekte im Vergleich zum erwarteten Aufwand und zu den restlichen Risiken und Gefahren zu gering, kann dies zu der Entscheidung führen, die untersuchte Schwachstelle als *tolerierbar* einzustufen und sie im weiteren Verlauf des Projekts nicht mehr zu beachten. Ist die Schwachstelle *untolerierbar*, muss unter der Berücksichtigung geltender Projektrandbedingungen bestimmt werden, wie weit die Schwachstelle behoben werden soll. Somit muss ihre Behebbarkeit analysiert werden.

*Beheben einer Schwachstelle ⇨ Projektziel*

Abbildung 3.1-4 soll verdeutlichen, dass das Beheben einer Schwachstelle als *Projektziel* angesehen werden kann. Wie jedes andere Projektziel wird es in Form einer Projektanforderung spezifiziert. Die Analyse der Behebbarkeit einer Schwachstelle entspricht somit der Analyse der Realisierbarkeit eines Projektziels, weshalb bei dieser Analyse auch die in Abschnitt 3.1.4 aufgelisteten Aspekte berücksichtigt werden sollten.

- *Auf welche Art und Weise soll die Schwachstelle behoben werden?*

*Systemanforderungen*

Um dies zu bestimmen, werden alle denkbaren und während der Ist-Analyse ermittelten Lösungsansätze und Ideen, die das Beheben der betreffenden Schwachstelle ermöglichen, und die jeweils zu erwartenden Kosten analysiert. Auf Basis dieser Analyse wird dann bestimmt, welche Systemlösung(en) die geeignetste ist/sind und folglich zur Realisierung übernommen werden soll(en). Diese Bestimmungen stellen die *Systemanforderungen* für das Beheben der betreffenden Schwachstelle dar.

Die weitere Untersuchung einer Schwachstelle während der Soll-Analyse erfolgt nach dem gleichen Schema wie die Untersuchung einer Zielvorstellung. Für weitere Schwerpunkte der Untersuchung, um z.B. Qualitäts-, Sicherheitsanforderungen und sonstige Anforderungen zu bestimmen, wird somit auf die Erläuterungen in Abschnitt 3.1.5 verwiesen.

Abschließend stellt sich noch die Frage: *Wie kann man sämtliche Projektanforderungen auf eine einheitliche Art und Weise sowie möglichst präzise verfassen, um damit einen Katalog von Projektanforderungen zu erstellen?* Damit beschäftigt sich der folgende Abschnitt.

## 3.2 Dokumentation der Soll-Analyse

Wie bereits aus Abbildung 3.1-1 hervorgeht, besteht das Hauptziel der Dokumentation der Soll-Analyse darin, die festgelegten Projektziele in Form von Projektanforderungen auf eine einheitliche Art und Weise zu spezifizieren. In der Spezifikation von Projektanforderungen müssen auch verschiedene Randbedingungen wie Zeitvorgaben, Kostenlimitierung etc. präzise beschrieben werden. Mit der Dokumentation der Soll-Analyse werden somit wichtige Voraussetzungen für das ganze Projekt und das Projektmanagement geschaffen.

*Was ist zu dokumentieren?*

Um die Vorgehensweise bei der Dokumentation der Soll-Analyse zu erläutern, wird zuerst in Abschnitt 3.2.1 gezeigt, wie die Spezifikation von Projektanforderungen erfolgen sollte, und dann in Abschnitt 3.2.2 erklärt, wie die Projektziele in Form eines hierarchischen Projektstrukturplans übersichtlich zusammengestellt werden können.

### 3.2.1 Spezifikation von Projektanforderungen

Um ein komplexes Netzwerkprojekt erfolgreich und reibungslos durchführen zu können, müssen die Projektanforderungen übersichtlich und präzise spezifiziert werden. Weil es nicht einfach ist, die Projektanforderungen mit Worten zu beschreiben, wird hier gezeigt, wie die Spezifikation von Projektanforderungen in einer strukturierten Form erfolgen kann. Um ein Projektziel möglichst übersichtlich und präzise zu definieren, ist eine strukturierte Beschreibungsform unabdingbar. Abbildung 3.2-1 zeigt eine solche Form und veranschaulicht auch, welche Bestandteile die Spezifikation jeder Projektanforderung enthalten sollte.

Die Spezifikation einer Projektanforderung sollte folgende Angaben beinhalten:

- *Projektziel* – Hier soll eine kurze Beschreibung des Ziels eingetragen werden. Dem Projektziel kann auch eine kurze *Identifikation*[14] zugeordnet werden, um die Verwaltung von Projektanforderungen zu erleichtern. Man sollte auch eintragen, zu welchem Teilprojekt – d.h. zu welchem Netzwerkfunktionsbereich (s. Abb. 2.2-1) – dieses Ziel zugeordnet werden soll, damit man dieses Ziel im Projektstrukturplan (s. Abb. 3.2-2) eindeutig positionieren kann.

    *Beschreibung des Projektziels*

- *Verantwortlicher/Stakeholder*[15] – Zu jeder Projektanforderung sollte angegeben werden, wer – d.h. welche Person, Abteilung oder welche Organisation als sog.

    *Quelle der Anforderung*

---

[14] Eine entsprechende Art der Identifikation des Projektziels ermöglicht es, den Katalog von Projektanforderungen in Form eines Dateisystems zu organisieren – siehe hierzu Abbildung 3.2-3.
[15] *Stakeholder* ist ein wichtiger Begriff in der Betriebswirtschaft. Darunter wird eine natürliche (der Mensch) oder eine juristische Person (z.B. eine Institution) bezeichnet, die ein Interesse am Verlauf oder am Ergebnis z.B. eines Projekts oder der wirtschaftlichen Entwicklung eines Unternehmens hat. Ein Stakeholder im Sinne der Norm DIN 69901-5 ist eine Person, eine Personengruppe oder eine Organisation, die aktiv am Projekt beteiligt ist und sowohl den Projektverlauf als auch das Projektziel beeinflussen kann.

*Stakeholder* – für dieses Projektziel verantwortlich ist bzw. Interesse daran hat und folglich die Projektanforderung beeinflussen kann. Diese Angabe ist bei eventuellen Änderungen im Laufe des Projekts von großer Bedeutung. Jede Veränderung muss selbstverständlich mit dem Verantwortlichen abgestimmt werden.

---

**Projektziel** ..... *kurze Beschreibung des Ziels*
    **Identifikation/kurze Bezeichnung** .....
    **Teilprojekt**.... *z.B. die Angabe des Netzwerkfunktionsbereichs*

**Verantwortlicher/Stakeholder** .........

**Funktionelle Anforderungen** .....*Welche Funktionen sind zu erbringen?*

**Systemanforderungen** ....u.a..*Was soll die Systemlösung erfüllen?*

**Qualitätsanforderungen** ......
    **Zuverlässigkeit** .....*Welche Verfügbarkeit soll garantiert werden?*
    **Performance/Effizienz**.....*Welche Engpässe sind zu vermeiden?*

**Gesetzliche Anforderungen** .....*Welche gesetzlichen Bestimmungen sind einzuhalten?*

**Sicherheitsnforderungen** ......*Welche Sicherheitsziele sind zu garantieren?*

**Sonstige Anforderungen** ......
    **Abhängigkeit** *von anderen Projektteilaufgaben* ......
    **Dokumentation** ......

**Randbedingungen** ......
    **Zeitvorgaben/Termine** .....
    **Kostenlimitierung** ...........

**Bemerkungen** ......

---

**Abb. 3.2-1:** Spezifikation einer Projektanforderung – typische Angaben
(Vergleiche Beispiel 3.1-1 in Abschnitt 3.1.5)

- *Funktionelle Anforderungen* – Mit dem Erreichen eines Ziels in einem Netzwerkprojekt wird in der Regel eine Netzwerkfunktion, ein Netzwerkdienst oder ein IT-Service erbracht (s. Abb. 1.8-1). Welche weitere besondere Funktionalität dabei erreicht werden soll, kann an dieser Stelle eingetragen werden.

- *Systemanforderungen* – Hier wird angegeben, welche Systemlösung, mit der das Projektziel erreicht werden soll, verlangt wird und welche Besonderheiten diese besitzen muss.

- *Qualitätsanforderungen* – Sollte beispielsweise mit dem Erreichen eines Projektziels eine Funktion oder ein Dienst erbracht werden, dann ist eventuell auch die gewünschte Qualität in der Projektanforderung festzulegen. Die Qualitätsanforderungen können u.a. Zuverlässigkeit, Performance oder Effizienz betreffen.

- *Gesetzliche Anforderungen* – Oft müssen mit dem Erreichen eines Projektziels bestimmte gesetzliche Auflagen erfüllt werden. In der Spezifikation der Projektanforderung muss daher eingetragen werden, welche gesetzlichen Bestimmungen hierbei zu erfüllen sind.
- *Sicherheitsanforderungen* – Falls man mit bestimmten Risiken oder Gefahren nach dem Erreichen eines Projektziels rechnen muss, sollte man in der Spezifikation der Projektanforderung entsprechende Sicherheitsanforderungen festlegen wie z.B. was unternommen werden soll, um eine bestimmte Sicherheitsstufe zu garantieren.
- *Sonstige Anforderungen* – Als sonstige Anforderungen können beispielsweise die Abhängigkeiten von anderen Projektteilaufgaben, organisatorische Anforderungen, einige Anforderungen an die Dokumentation der Systemlösung oder an die Bedienbarkeit des Systems spezifiziert werden. Hier können auch die zur Gewährleistung des Datenschutzes verlangten Vorkehrungen eingetragen werden.
- *Randbedingungen* – Hier sind besonders verschiedene Einschränkungen wie Zeitvorgaben und Termine sowie Angaben zur Kostenlimitierung aufzulisten.
- *Bemerkungen* – Als Bemerkungen könnte man beispielsweise Anforderungen an die Schulung von Mitarbeitern oder Ereignisse für Revisionszwecke eintragen, die z.B. beim Missbrauch des Systems protokolliert werden sollen.

Die in Abbildung 3.2-1 dargestellte Spezifikation einer Projektanforderung kann auch in tabellarischer Form verfasst werden. Wie Abschnitt 3.2.2 zeigt, können mittels eines Projektstrukturplans die Tabellen mit der Spezifikation von Anforderungen zu allen Projektzielen so verknüpft werden, dass sich eine baumförmige Verzeichnisstruktur mit allen Projektanforderungen und somit ein Katalog von Projektanforderungen ergibt – siehe Abbildung 3.2-3.

## 3.2.2 Netzwerkprojekt und sein Strukturplan

Bei der Entwicklung des Systemkonzepts für ein großes Netzwerk ist es vorteilhaft, das ganze Netzwerk auf mehrere funktionelle Netzwerkbereiche aufzuteilen und dann die Systemkonzepte für einzelne Funktionsbereiche getrennt zu entwickeln. Weil die einzelnen Netzwerkfunktionsbereiche in der Regel voneinander abhängig sind, müssen ihre Abhängigkeiten während der Entwicklung der Systemkonzepte für einzelne Netzwerkbereiche berücksichtigt werden. Diese Idee wurde bereits in Abschnitt 1.4.1 dargestellt und führt zur Dekomposition des Systemkonzepts nach dem Puzzleprinzip. Sie erlaubt es, das Netzwerkprojekt in Form eines sog. *Projektstrukturplans*[16] darzustellen. Abbildung 3.2-2 illustriert einen für Netzwerkprojekte typischen Projektstrukturplan.

*Idee des Projektstrukturplans*

---

[16] Siehe z.B. http://de.wikipedia.org/wiki/Projektstrukturplan für weitere Informationen über Projektstrukturpläne.

140    3   Soll-Analyse – Bestimmung von Projektanforderungen

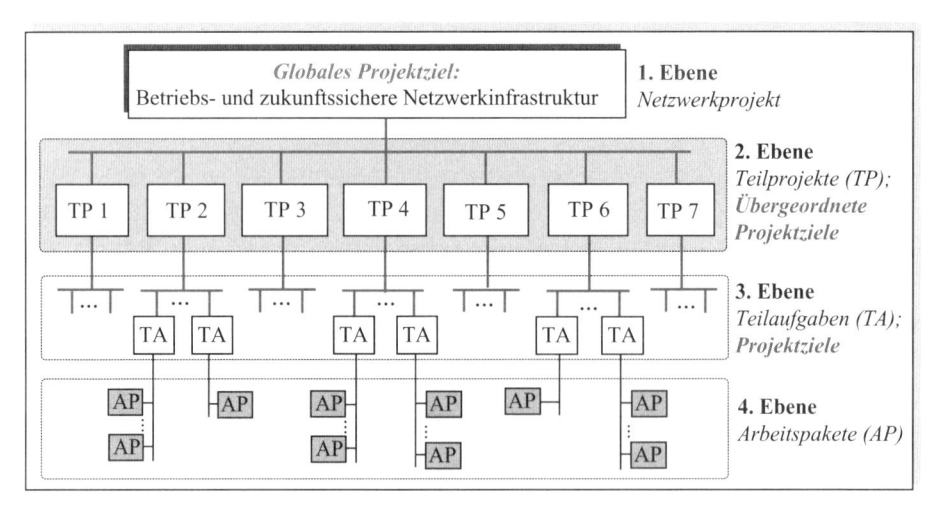

**Abb. 3.2-2:** Strukturplan eines Netzwerkprojekts – Dekomposition eines Netzwerkprojekts

Bedeutung des Projektstrukturplans

Der Projektstrukturplan (englisch: *work breakdown structure*) stellt eine hierarchische und über mehrere Ebenen verteilte Zerlegung eines Projekts in Teilprojekte und anschließend der Teilprojekte in kontrollierbare Teilaufgaben dar. Damit lässt sich veranschaulichen: *Was ist in einem Projekt zu tun und wie hängen die einzelnen Projektaufgaben zusammen?* Projektstrukturpläne werden z.B. in den Projektmanagement-Normen DIN 69900 und DIN 69901 definiert.[17]

Mit Hilfe eines Projektstrukturplans kann das Netzwerkprojekt graphisch als eine hierarchische Struktur – bestehend aus den Teilprojekten, Teilaufgaben und Arbeitspaketen – dargestellt werden. Der Projektstrukturplan wird oft für die Projektablauf-, Termin- und Kostenplanung sowie für das Projektcontrolling verwendet.

Aufteilung des Projekts auf Teilprojekte

Wie Abbildung 3.2-2 zeigt, bildet das ganze Netzwerkprojekt mit dem globalen Projektziel wie z.B. *„Betriebs- und zukunftssichere Netzwerkinfrastruktur"* die erste Ebene. Das Netzwerkprojekt wird im Beispiel in sieben Teilprojekte (TP) aufgeteilt. Diese gehören zur zweiten Ebene und repräsentieren die von uns eingeführten folgenden sieben Netzwerkfunktionsbereiche – siehe die Abbildungen 1.4-1 und 2.2-1:

1. Physikalische Netzwerkinfrastruktur,
2. IP-Kommunikationssystem,
3. Sprachkommunikation,
4. Internetdienste,
5. Netzwerk- und Systemmanagement,
6. Netzwerksicherheit und
7. Datensicherung.

---

[17] Für Näheres über die DIN 69901 siehe: http://de.wikipedia.org/wiki/DIN_69901

Tabelle 3.2-1, die von der Tabelle 2.2-1 abgeleitet wurde, zeigt als Beispiel eine Auflistung typischer Ziele von einzelnen Teilprojekten der 2. Ebene.

*Übergeordnete Projektziele*

**Tab.3.2-1:** Übergeordnete Projektziele – als Megaziele von einzelnen Teilprojekten (TP)

| TP | Übergeordnete Projektziele – als Megaziele |
|---|---|
| TP1 | Skalierbare, flexible und ausfallsichere physikalische Netzwerkinfrastruktur |
| TP2 | Skalierbares und betriebssicheres IP-Kommunikationssystem |
| TP3 | Hochqualitatives und zuverlässiges VoIP-basiertes Sprachkommunikationssystem |
| TP4 | Hochqualitative und zuverlässige Internetdienste |
| TP5 | Integriertes, zuverlässiges und leistungsfähiges Netzwerk- und Systemmanagement |
| TP6 | Hohe, möglichst vollständige und kontrollierbare Netzwerksicherheit |
| TP7 | Schnelles, skalierbares Datensicherungssystem mit Disaster Recovery |

Mit der Realisierung eines Teilprojekts aus der zweiten Ebene wird ein sog. *Megaziel* verfolgt, das oft auf mehrere „kleinere" Ziele aufgeteilt werden kann, sodass diese einzelnen „kleineren" Ziele aus dem Teilprojekt durch die Realisierung von Teilaufgaben erreicht werden können. Dieser Gedanke führt dazu, dass jedes Teilprojekt aus der zweiten Ebene in mehrere Teilaufgaben zerlegt werden kann. Die Teilaufgaben gehören demzufolge zur dritten Ebene. Durch ihre Realisierung werden die einzelnen *Projektziele* gemäß dem Katalog von Projektanforderungen verwirklicht.

*Aufteilung eines Teilprojekts auf Teilaufgaben*

Tabelle 3.2-2 zeigt beispielhaft, in welche Teilaufgaben das Teilprojekt 4 mit dem übergeordneten Projektziel „*Hochqualitative und zuverlässige Internetdienste*" untergliedert werden kann und welche Projektziele durch die Realisierung einzelner Teilaufgaben erreicht werden sollen.

**Tab.3.2-2:** Teilaufgaben im Teilprojekt *Internetdienste* und ihre Projektziele

| Teilprojekt: **Internetdienste** | |
|---|---|
| Übergeordnetes Projektziel: *Hochqualitative und zuverlässige Internetdienste* | |
| Teilaufgabe | Projektziel |
| Internetzugang | Internetzugang mit hoher Zuverlässigkeit |
| Sicherheit am Internetzugang | Hohe, möglichst vollständige und kontrollierbare Sicherheit am Zugang zum Internet |
| Webdienste | Hochverfügbarer Webdienst |
| E-Maildienste | Hochverfügbarer E-Maildienst mit Archivierung |

*Arbeitspakete*

Die Aufgaben, die bei der Realisierung des Projekts zu erledigen sind, um alle Projektanforderungen zu erfüllen, werden in Form von sog. *Arbeitspaketen* verfasst. Daher können bei Bedarf Teilaufgaben aus der dritten Ebene auf mehrere Arbeitspakete aufgeteilt werden, die der vierten Ebene zuzuordnen sind. Es kann aber auch vorkommen, dass ein Teilprojekt nicht auf mehrere Teilaufgaben, sondern direkt auf mehrere Arbeitspakete aufgeteilt wird. In einem solchen Fall wird in einem Netzwerkfunktionsbereich nur ein Projektziel als Megaziel verfolgt und dieses soll durch die Realisierung mehrerer Arbeitspakete erreicht werden.

*Spezifikation eines Arbeitspakets*

Die Arbeitspakete der vierten Ebene im Projektstrukturplan sollen durch die zuständigen Stellen auf Veranlassung der Projektleitung erstellt werden. Bei der Spezifikation eines Arbeitspakets ist insbesondere Folgendes zu beachten:

- Für jedes Arbeitspaket sollte es einen – und nur einen – Verantwortlichen geben.
- Enthalten sollte jedes Arbeitspaket vor allem eine klare Spezifikation von
  - Aufgaben mit dem Bezug auf die entsprechende Projektanforderung, deren Erfüllung auch überprüft werden kann;
  - Zeitvorgaben (Zwischen- und Endtermin), die eingehalten werden müssen;
  - Angaben, über die Abhängigkeiten zu anderen Arbeitspaketen, um eine Grundlage für die Kommunikation zwischen den am Projekt Beteiligten zu liefern und somit die Koordination von Projektaufgaben besser zu unterstützen.
- Falls einige Projektarbeiten von externen Mitarbeitern durchgeführt werden müssen, sollte man diese Projektarbeiten als getrennte Arbeitspakete spezifizieren.

Alle Arbeitspakete können im *Katalog von Arbeitspaketen* spezifiziert werden.

### 3.2.3 Katalog von Projektanforderungen

*Mögliche Formen des Katalogs*

Die Erfassung von Projektanforderungen sollte in einer strukturierten Form erfolgen, die auf dem Projektstrukturplan basiert. Es kommen hier zwei Möglichkeiten in Frage, den Katalog von Projektanforderungen zu gestalten, und zwar

- eine dateibasierte Form oder
- eine linkbasierte Form.

Wie Abbildung 3.2-2 illustriert, zeigt der Projektstrukturplan, welchen Projektteilen die einzelnen Projektteilaufgaben und die mit ihnen erreichbaren Projektziele zugeordnet werden. Der Projektstrukturplan besitzt genau wie jedes Dateiverzeichnis eine baumartige Struktur. Nummeriert man fortlaufend zuerst die einzelnen Projektteile auf der 2. Ebene und dann einzelne Teilaufgaben auf der 3. Ebene in den Projektteilen, kann der Projektstrukturplan in einem baumartigen Dateiverzeichnis abgebildet werden. Abbildung 3.2-3 illustriert diese Möglichkeit.

*Dateibasierter Katalog von Projektanforderungen*

Weil die Spezifikation einer Projektanforderung ein Projektziel betrifft, welches durch die Realisierung einer Projektaufgabe zu erreichen ist, kann man dem Ziel der Projektaufgabe $j$ im Projektteil $n$ die Identifikation $nj$ zuordnen (vgl. Abb. 3.2-1), um darauf zu verweisen, dass die Projektanforderung für das Projektziel mit der Identifikation $nj$ im Verzeichnis $nj$ der 3. Ebene – z.B. als eine Excel-Tabelle – abgespeichert wird. Auf diese Art und Weise lässt sich ein Dateiverzeichnis für die Abspeicherung von Projektanforderungen anlegen. Ein derartiges Dateiverzeichnis stellt daher einen dateibasierten

Katalog von Projektanforderungen dar, mit dessen Hilfe man auf einzelne Projektanforderungen direkt zugreifen kann.

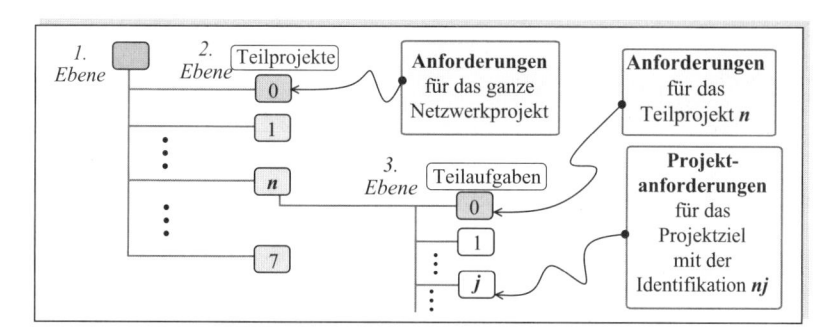

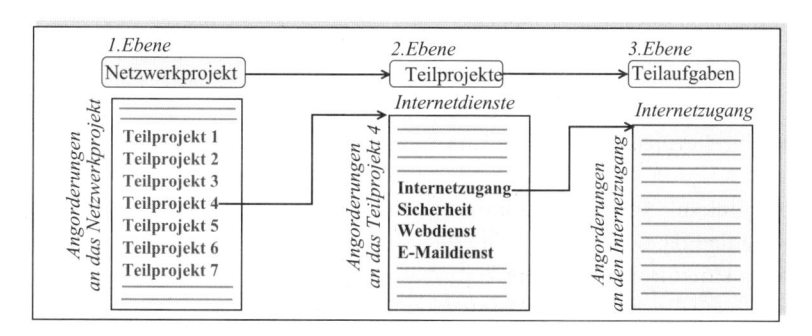

**Abb. 3.2-3:** Katalog von Projektanforderungen – eine dateibasierte Form

Der Katalog von Projektanforderungen als Dateiverzeichnis bietet zusätzlich folgende Möglichkeiten:

- Die globalen Anforderungen[18], die alle Projektteile – also das ganze Projekt – betreffen, kann man im Unterverzeichnis *0* der zweiten Ebene abspeichern.
- Die Anforderungen, die einen Projektteil betreffen, kann man in dem diesen Projektteil entsprechenden Unterverzeichnis *0* der dritten Ebene ablegen.

Es ist aber auch möglich, einen Katalog von Projektanforderungen in Form eines Hypertextsystems[19] zu verfassen, in dem die einzelnen Textteile mit Hilfe von sog. *Hyperlinks* – kurz *Links* genannt – untereinander verknüpft sind. Wie Abbildung 3.2-4 zum Ausdruck bringt, handelt es sich hierbei um eine webbasierte Lösung.

Linkbasierter Katalog von Projektanforderungen

**Abb. 3.2-4:** Katalog von Projektanforderungen – eine linkbasierte Form

---

[18] Die globalen Anforderungen können insbesondere Terminvorgaben enthalten, die somit die Koordination der Projektdurchführung unterstützen.

[19] Beim Hypertext wird der ganze Text in mehrere Teile aufgeteilt. Zwischen den Teilen werden Verweise, sog. *Hyperlinks*, definiert. Die Verweise werden vom normalen Text hervorgehoben, typisch durch Unterstreichen oder Fettdruck. Aktiviert man einen Link durch Anklicken mit der Maus, wird der Textteil angezeigt, auf den dieser Link verweist.

## 3 Soll-Analyse – Bestimmung von Projektanforderungen

Um einen Katalog von Projektanforderungen in einer linkbasierten Form zu erstellen, braucht man im Grunde nur einen HTML-Editor. Aber auch verschiedene Projekt-Management-Tools bieten die hier dargestellten Möglichkeiten zur Dokumentation und Verwaltung von Projektanforderungen anhand des Projektstrukturplans. Eine besonders häufig in diesem Umfeld eingesetzte Form der Dokumentation bilden Wikis wie z.B. DokuWiki und Informationssysteme wie z.B. Microsoft SharePoint.

### 3.2.4 Katalog von Arbeitspaketen

Um ein Netzwerkprojekt effektiv realisieren zu können, sollte man auch die auszuführenden Arbeitspakete übersichtlich und präzise als *Katalog von Arbeitspaketen* erfassen. Für die Erstellung eines solchen Katalogs kann man auch den Projektstrukturplan nutzen. Hierfür eignet sich erneut eine dateibasierte Form. Abbildung 3.2-5 zeigt das Prinzip, nach dem ein Katalog von Arbeitspaketen als Dateiverzeichnis organisiert werden kann.

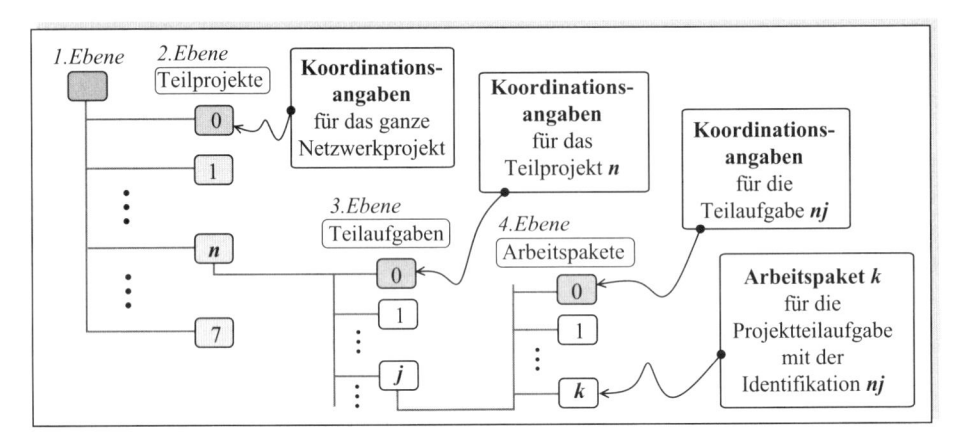

**Abb. 3.2-5:** Dateibasierte Form des Katalogs von Arbeitspaketen

Abspeicherung von Arbeitspaketen

Weil die Arbeitspakete zur vierten Ebene gehören, kann man die Beschreibungen der Arbeitspakete einer Projektteilaufgabe im Unterverzeichnis der vierten Ebene speichern. Beispielsweise kann die Beschreibung des Arbeitspakets $k$ für die Projektteilaufgabe $ij$ im Unterverzeichnis $k$ abgespeichert werden. Ein so organisiertes Dateiverzeichnis zur Abspeicherung der Arbeitspakete ermöglicht es, auf einzelne Arbeitspakete direkt zuzugreifen. Voraussetzung dafür ist aber, dass sie gemäß dem Projektstrukturplan bezeichnet (identifiziert) werden.

Abspeicherung von Koordinationsangaben

Es bietet sich an, im Katalog von Arbeitspaketen als Dateiverzeichnis zusätzlich die Koordinationsangaben,

- die das ganze Projekt betreffen, im Unterverzeichnis *0* der zweiten Ebene abzuspeichern;

- die mit den einzelnen Teilprojekten verbunden sind, in die Unterverzeichnisse *0* der dritten Ebene abzulegen;
- die mit den einzelnen Teilaufgaben verbunden sind, in die Unterverzeichnisse *0* der vierten Ebene abzuspeichern.[20]

Neben Koordinationsangaben können auch Angaben über Abhängigkeiten zwischen einzelnen Teilprojekten sowie zwischen Teilaufgaben in Teilprojekten gemacht werden. Im folgenden Abschnitt wird erläutert, wie sich Abhängigkeiten angeben lassen.

### 3.2.5 Erfassung von Projektabhängigkeiten

In Abschnitt 2.4.3 wurde darauf verwiesen, dass zwischen den während der Ist-Analyse spezifizierten Wunschanforderungen Abhängigkeiten bestehen. Es wurde auch gezeigt, dass man diese in Form einer sog. *Abhängigkeitsmatrix* dokumentieren kann. Da realisierbare Wunschanforderungen während der Soll-Analyse zu Projektanforderungen werden, entstehen demzufolge auch Abhängigkeiten sowohl zwischen den Teilprojekten als auch zwischen den Teilaufgaben. Diese Abhängigkeiten sind bei der Ausführung von einzelnen Arbeitspaketen (s. Abb. 3.2-2) und somit für die Koordination des ganzen Netzwerkprojekts von großer Bedeutung. Sie müssen deshalb während der Soll-Analyse erfasst und möglichst vollständig dokumentiert werden.

Das in Abschnitt 1.4.2 eingeführte Modell eines Teilsystemkonzepts bringt die Abhängigkeit eines Teilprojekts von anderen Teilprojekten durch die Ein- und Ausgangsschnittstellen zum Ausdruck. Wir möchten jetzt unter Berücksichtigung des in Abbildung 3.2-2 dargestellten Strukturplans eines Netzwerkprojekts zeigen, wie sich die Abhängigkeiten – und somit auch die in Abbildung 1.4-2 gezeigten Schnittstellen – zwischen verschiedenen Teilprojekten dokumentieren lassen.

Eine grobe Erfassung von Projektabhängigkeiten kann beispielsweise – wie dies Abbildung 3.2-6 illustriert – mithilfe eines *Pyramidenmodells* dargestellt werden. Es handelt sich hier um eine übersichtliche, visuelle Darstellung mit der Möglichkeit, auch den Abhängigkeitsgrad zum Ausdruck zu bringen. Der Nachteil des Pyramidenmodells ist aber, dass man keine Angaben machen kann, wie sich die einzelnen Projektteilaufgaben gegenseitig beeinflussen.

*Pyramidenmodell von Abhängigkeiten*

Um zu erfassen, von welchen Teilaufgaben die Projektteilaufgabe $nj$ abhängig ist und auf welche Teilaufgaben sie eine Auswirkung hat, ist eine Verweismatrix auf die Abhängigkeiten nötig – hier kurz *Abhängigkeitsmatrix* genannt.

Die Abhängigkeiten zwischen den einzelnen Teilprojekten – d.h. zwischen den Teilprojekten $TP_1, ..., TP_7$ (s. Abb. 3.2-2) – lassen sich in Form der Abhängigkeitsmatrix **S** mit den Teilmatrizen $S_{mn}$ (m = 1, ..., 7, n = 1, ... 7) als Elemente darstellen. Die Matrix **S** hat die gleiche Struktur wie die in Abschnitt 2.4.2 gezeigte Abhängigkeitsmatrix **A** zwi-

*Abhängigkeitsmatrix*

---

[20] Hier können die von anderen Teilaufgaben stammenden Eingangsvorgaben, die bei der Realisierung der betreffenden Teilaufgabe – z.B. in Abbildung 3.2-5 der Teilaufgabe $nj$ – erfüllt werden müssen.

146   3   Soll-Analyse – Bestimmung von Projektanforderungen

schen den Wunschanforderungen. Die Matrizen **A** und **S** haben zwar die gleiche Struktur, aber ihre Teilmatrizen – d.h. $S_{mn}$ von **S** und $A_{mn}$ von **A** – sind nicht gleich.

Abhängigkeitsgrad:
**1**: gering
**2**: mittel
**3**: hoch

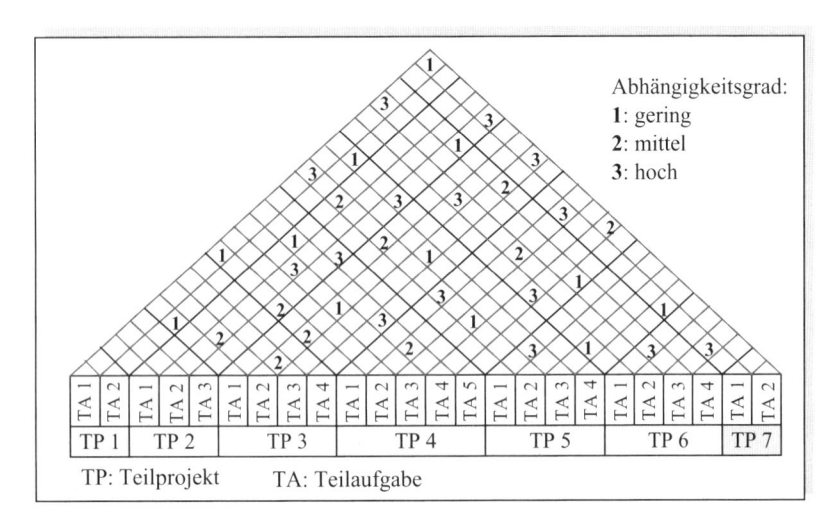

TP: Teilprojekt   TA: Teilaufgabe

**Abb. 3.2-6:** Pyramidenmodell von Abhängigkeiten zwischen Projektteilaufgaben

Struktur der Abhängigkeitsmatrix

Die Elemente $S_{mn}$ der Matrix **S** repräsentieren die *Abhängigkeitsmatrizen zwischen Teilaufgaben* der Teilprojekte *m* und *n*. Weil diese Abhängigkeiten vollkommen den Abhängigkeiten zwischen den an die Teilprojekte *m* und *n* gestellten Projektanforderungen entsprechen, können sie auch als *Abhängigkeitsmatrizen zwischen Projektanforderungen* an die Teilprojekte *m* und *n* betrachtet werden. Demzufolge stellt die Matrix **S** die Abhängigkeiten zwischen Projektanforderungen – und folglich auch zwischen Teilaufgaben (Abb. 3.2-2) – für das ganze Netzwerkprojekt dar. Auf diese Abhängigkeitsmatrix verweisen u.a. die Abbildungen 3.1-2 und -3, in denen die Aufgabe der Soll-Analyse anschaulich dargestellt wurde.

Abbildung 3.2-7 zeigt die Struktur der Abhängigkeitsmatrix $S_{mn}$ zwischen den Teilprojekten *m* und *n*.[21]

Interpretation von Elementen der Abhängigkeitsmatrix

Das Element $s_{mn}(i,j)$ der Matrix $S_{mn}$ könnte man wie folgt nutzen:

$s_{mn}(i,j) = x$:   Die Teilaufgabe *j* im Teilprojekt *n* hängt von der Teilaufgabe *i* im Teilprojekt *m* ab. Wie „stark" diese Abhängigkeit ist, bringt der Wert *x* zum Ausdruck. Daher kann *x* als Abhängigkeitsgrad – z.B. *x* = *1* (niedrig), *2* (mittel), *3* (hoch) – angesehen werden.

$s_{mn}(i,j) = 0$:   Es besteht keine Abhängigkeit.

---

[21] Beispielsweise ermöglicht die $S_{14}$ – siehe hierfür den in Abbildung 3.2-2 gezeigten Strukturplan des Netzwerkprojekts – die Erfassung von Abhängigkeiten zwischen Projektanforderungen aus den Projektteilen „*physikalische Netzwerkstruktur*" und „*Internetdienste*".

## 3.2 Dokumentation der Soll-Analyse

```
Schnittstellenmatrix      ┌─ 1 - Teilaufgabe
                          ├─ 2 - Teilaufgabe      Teilprojekt n
       S_mn                ├─ 3 - Teilaufgabe
     zwischen                     ...
 den Teilprojekten m und n       ┌─ N - Teilaufgabe
```

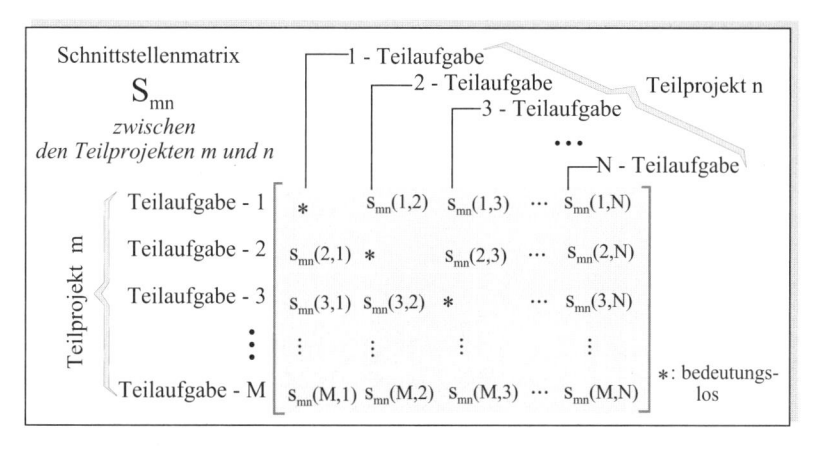

Abbildung einer Matrix mit Zeilen Teilaufgabe-1 bis Teilaufgabe-M (Teilprojekt m) und Spalten mit Elementen $s_{mn}(i,j)$; Diagonale mit $*$: bedeutungslos.

**Abb. 3.2-7:** Abhängigkeitsmatrix zwischen Projektanforderungen der Teilprojekte *m* und *n*

Das Element $s_{mn}(i,j)$ kann man daher als Identifikation bzw. als Bezeichnung einer Datei – z.B. im doc- oder xls-Format – mit der folgenden Beschreibung nutzen: Wie beeinflusst die Teilaufgabe *i* aus dem Teilprojekt *m* die Teilaufgabe *j* aus dem Teilprojekt *n*? Die Elemente der Teilmatrizen $\mathbf{S}_{mn}$ (m = 1, ..., 7, n = 1,..., 7) aus der Abhängigkeitsmatrix **S** dienen somit als Verweise auf Projektabhängigkeiten.

Interpretiert man auf diese Weise die Elemente der Matrix $\mathbf{S}_{mn}$, so liefern beispielsweise die Dateien mit den Identifikationen $s_{mn}(2,1), ..., s_{mn}(M,1)$ – d.h. aus der ersten Spalte in der Matrix $\mathbf{S}_{mn}$ – die Information darüber, welche Vorgaben aus den einzelnen Teilaufgaben *1, ..., M* im Teilprojekt *m* bei der Realisierung der Teilaufgabe *1* im Teilprojekt *n* erfüllt werden sollen. Dementsprechend liefern die Dateien mit den Identifikationen $s_{mn}(1,2), ..., s_{mn}(1,N)$ – d.h. aus der ersten Zeile in der Matrix $\mathbf{S}_{mn}$ – die Information darüber, welche Vorgaben aus der Teilaufgabe *1* bei der Realisierung von einzelnen Teilaufgaben *1, ..., N* im Teilprojekt *n* erfüllt werden sollen.

*Interpretation von Elementen der Matrix $\mathbf{S}_{mn}$*

Hält man sich jetzt vor Augen, dass das in Abbildung 1.4-2 dargestellte Modell eines Teilsystemkonzepts der Realisierung einer Teilaufgabe entspricht, so ergeben sich bei der Realisierung der Teilaufgabe *nj* – also der Aufgabe *j* aus dem Teilprojekt *n* – folgende zwei Fragen:

1. Wo sind in der Abhängigkeitsmatrix **S** die Verweise auf die Informationen über die Vorgaben *von* anderen Teilaufgaben, die bei der Realisierung der Teilaufgabe *nj* zu erfüllen sind – d.h. wo sind die *Eingangsvorgaben*?

*Wo sind die Eingangsvorgaben?*

Die Informationen über die Eingangsvorgaben, die bei der Realisierung der Teilaufgabe *nj* erfüllt werden sollen, enthalten die Dateien mit den Identifikationen, die den Elementen jeweils in der j-ten Spalte in den Matrizen $\mathbf{S}_{1n}, ..., \mathbf{S}_{7n}$ entsprechen. Diese Angaben könnte man – wie Abbildung 3.2-5 zeigt – in dem der Teilaufgabe *nj* entsprechendem Unterverzeichnis *0* auf der vierten Ebene im dateibasierten Katalog von Arbeitspaketen als entsprechende Dateien abspeichern.

**Wo sind die Ausgangsvorgaben?**

2. Wo sind in der Abhängigkeitsmatrix die Verweise auf die Informationen über die Vorgaben von der Teilaufgabe *nj zu* anderen Teilaufgaben – d.h. wo sind die *Ausgangsvorgaben*?

Die Informationen über die Ausgangsvorgaben, die bei der Realisierung der Teilaufgabe *nj* entstehen und von anderen Teilaufgaben erfüllt werden sollen, enthalten die Dateien mit den Identifikationen, die den Elementen jeweils in der j-ten Zeile in den Matrizen $S_{n1}$, ..., $S_{n7}$ entsprechen. Wie aus Abbildung 3.2-5 hervorgeht, könnte man die Auswirkungen der Teilaufgabe *nj* im Unterverzeichnis *0* auf der dritten Ebene im Katalog von Arbeitspaketen in Form von mehreren Dateien abspeichern. Um diese „Auswirkungen" als Eingangsvorgaben den einzelnen Teilaufgaben zuzuordnen, sollte man auch die einzelnen Dateien – gemäß ihren Identifikationen aus der Abhängigkeitsmatrix $S$ – zu den entsprechenden Unterverzeichnissen *0* auf der vierten Ebene kopieren.

**Unterstützung der Koordination**

Die Abhängigkeitsmatrix von Projektanforderungen entsteht während der Soll-Analyse auf Basis der Abhängigkeitsmatrix von Wunschvorstellungen aus der Ist-Analyse. Sie wird während der nächsten Projektphase (Entwicklung des Systemkonzepts) aktualisiert und eventuell ergänzt. Auf diese Weise werden die Abhängigkeiten zwischen den einzelnen Teilaufgaben der dritten Ebene im Projektstrukturplan – und somit auch zwischen den einzelnen Teilsystemkonzepten – spezifiziert. Diese Spezifikation von Abhängigkeiten dient als Grundlage, um die Koordination des Projekts gemäß dem in Abbildung 1.4-2 dargestellten Modell zu unterstützen.

## 3.3 Wichtige Entscheidungen bei der Soll-Analyse

**IT-Outsourcing und Soll-Analyse**

Während der Soll-Analyse müssen oft auch Entscheidungen von strategischer Bedeutung getroffen werden. Dabei handelt es sich insbesondere um Entscheidungen, die mit IT-Outsourcing verbunden sind. Wie Abschnitt 9.8 zeigt,[22] ist die Palette von Möglichkeiten, Netzwerkdienste von externen Dienstleistern zu beziehen bzw. diese „einzukaufen", sehr breit; entsprechend sind die Angebote attraktiv und vielversprechend.

Um die Entscheidung *„für oder gegen IT-Outsourcing eines IT-Diensts (IT-Service) bzw. eines Netzwerkdiensts"* (s. Abb. 1.8-1) möglichst fundiert treffen zu können, müssen verschiedene Aspekte berücksichtigt werden, die in Abschnitt 3.3.1 erläutert werden. Die Entscheidung, einen Netzwerkdienst von einem externen Dienstleister zu „kaufen", muss gründlich durchdacht und auch in Form einer Projektanforderung spezifiziert werden. Um solche strategische Entscheidungen möglichst von allen Seiten zu beleuchten, kann man nach der SWOT-Analyse (*Strengths, Weaknesses, Opportunities and Threats*) vorgehen; diese möchten wir in Abschnitt 3.3.2 kurz erläutern.

---

[22] Der Abschnitt 9.8 erläutert kurz alle Arten und Möglichkeiten von IT-Outsourcing.

## 3.3.1 Make-or-Buy-Entscheidungen

Wie in Abschnitt 9.8 zum Ausdruck gebracht werden wird, handelt es sich bei den Überlegungen in einem Unternehmen, ob IT-Outsourcing in Anspruch genommen werden sollte, um eine sog. *Make-or-Buy-Entscheidung (Make-or-Buy-Decision)*, d.h. um die Entscheidung, ob die gewünschte Dienstleistung in einem Unternehmen mit internen und eigenen Mitteln (*Make*) oder durch einen externen Dienstleister (*Buy*) erbracht werden soll. Die Möglichkeiten von IT-Outsourcing sind in den letzten Jahren attraktiv geworden. Sie versprechen sowohl wirtschaftliche (Kostenreduzierung) als auch technische Vorteile (flexible und zukunftsorientierte Lösungen), sodass diese Möglichkeiten bei Netzwerkprojekten entsprechend zu berücksichtigen sind.

Make-or-Buy-Entscheidung

Ob eine IT-Dienstleistung zu einem spezialisierten Anbieter ausgelagert werden soll oder nicht, ist sowohl für jedes Unternehmen als auch für jede öffentliche Institution eine strategische Entscheidung, die grundlegend analysiert werden muss.

Abbildung 3.3-1 veranschaulicht mit Hilfe eines Radardiagramms einerseits, welche Kriterien bei dieser Analyse berücksichtigt werden sollen, und zeigt andererseits, welche Kombinationen von Werten einzelner Kriterien für eine Entscheidung zugunsten von Outsourcing sprechen.

Kriterien bei Make-or-Buy-Entscheidungen

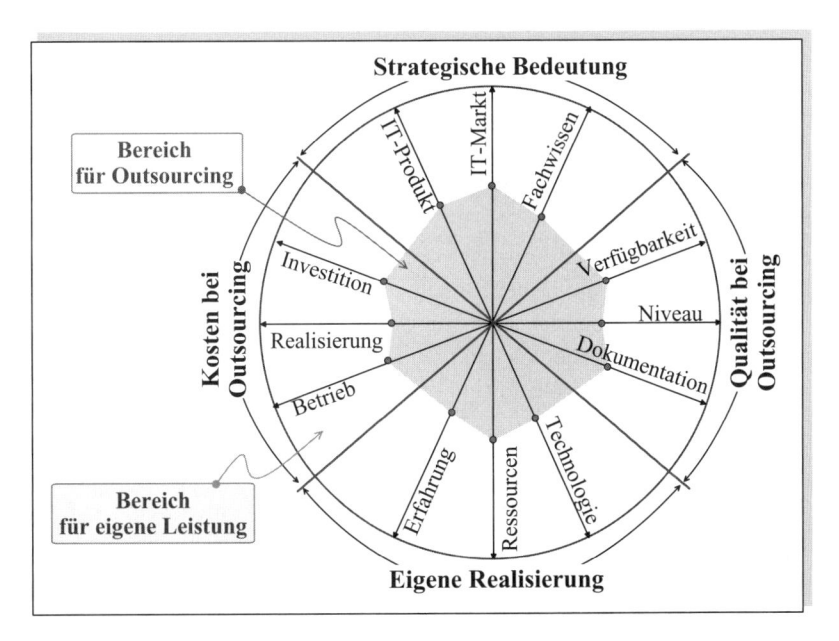

**Abb. 3.3-1:** Radardiagramm mit Kriterien der IT-Outsourcing betreffenden Entscheidungen

Wie in Abbildung 3.3-1 ersichtlich ist, führt die Analyse von sämtlichen Kriterien, die man in jedem Unternehmen beim eventuellen Outsourcing eines IT-Diensts berücksichtigen soll, zu den folgenden Schwerpunkten:

- Analyse der strategischen Bedeutung des IT-Diensts für das Unternehmen,
- Analyse der zu erwartenden Dienstqualität,
- Analyse von eigenen Möglichkeiten der Dienstrealisierung,
- Analyse der zu erwartenden Kosten.

Welche Kriterien bei diesen Schwerpunkten berücksichtigt werden sollen, möchten wir jetzt erläutern.

### Analyse der strategischen Bedeutung des IT-Diensts

Bei der Analyse der strategischen Bedeutung des geplanten IT-Diensts in einem Unternehmen sollte man die folgenden Aspekte berücksichtigen:

*Eigenes Fachwissen (Know-how)*

- *Ist eigenes Fachwissen vorhanden oder nicht?*
  In diesem Zusammenhang müssen die folgenden Fragestellungen erwogen werden:
  - Ist im Unternehmen überhaupt das theoretische und praktische Fachwissen vorhanden, womit das Unternehmen in der Lage wäre, die betreffende IT-Dienstleistung selbst zu erbringen? Falls ja, ist zu klären:
  - Würde die Erbringung der IT-Dienstleistung in eigener Regie für das Unternehmen zu einer „technischen Bereicherung" wie etwa zu einer Erweiterung seines Fachwissens führen?

  Ist die Erbringung der IT-Dienstleistung von großer strategischer Bedeutung, spricht dies für „Make". Beispielsweise würde ein Anbieter von VoIP-Services nie in Erwägung ziehen, die von ihm benötigten VoIP-Services von einem externen Dienstleister in Anspruch zu nehmen.

*Situation auf dem IT-Markt*

- *Ist eine eigene Positionierung auf dem IT-Markt denkbar?*
  Im Hinblick darauf stellt sich die folgende Frage: Ist der IT-Dienst so innovativ, dass es für das Unternehmen nach dessen Realisierung in eigener Regie möglich ist, das selbst erlangte Fachwissen so zu erweitern, dass man sich auf dem IT-Markt – beispielsweise als Beratungsunternehmen – positionieren könnte? Je deutlicher diese Frage mit „Ja" beantwortet wird, desto mehr spricht das für „Make".

*Eigenes IT-Produkt*

- *Ist die Entwicklung eines Produkts möglich?*
  Bei der Analyse dieses Aspektes stellt sich u.a. die folgende Frage: Lässt sich während der Realisierung des IT-Diensts ein Produkt entwickeln – z.B. weil man eine eigene Erfindung gemacht hat? Ist dies der Fall, würde dies für „Make" sprechen.

Bei einer entsprechend großen strategischen Bedeutung des IT-Diensts für das Unternehmen sollte man sich für die Realisierung in Eigenregie entscheiden.

### Analyse der zu erwartenden Dienstqualität

Bei der Analyse der zu erwartenden Qualität des IT-Diensts sollte man insbesondere die folgenden Aspekte untersuchen:

- *Wie weit können die an den IT-Dienst gestellten Anforderungen wie z.B. Dienstgüte, Sicherheitsgarantie von beiden „Parteien" erfüllt werden?* [Niveau der IT-Diensterbringung]
  Hierbei sind auch folgende Fragestellungen zu untersuchen:
  - Auf welchem Niveau könnte man den IT-Dienst im Eigenbetrieb erbringen?
  - Mit welchem Niveau der Diensterbringung kann beim externen Dienstleister gerechnet werden?
  
  Welches Niveau der Diensterbringung für „Make" und welches für „Buy" spricht, hängt vom konkreten Fall ab.

- *Welche Verfügbarkeit des IT-Diensts ist zu erwarten?* [Verfügbarkeit des IT-Diensts]
  Bei der Analyse der Verfügbarkeit müssen die beiden Möglichkeiten Eigenbetrieb und Outsourcing wie folgt untersucht werden:
  - Wie hoch könnte die Verfügbarkeit des IT-Diensts beim Eigenbetrieb sein?
  - Welches Niveau der Verfügbarkeit ist beim externen Dienstleister zu erwarten?
  
  Die Make-or-Buy Entscheidung sollte man davon abhängig machen, welche Variante eine deutlich höhere Verfügbarkeit garantieren kann.

- *In welcher Qualität ist die Dokumentation des IT-Diensts zu erwarten?* [Dokumentation des IT-Diensts]
  Bei der Betrachtung dieses Aspektes müssen die folgenden zwei Fragestellungen untersucht werden:
  - In welcher Qualität kann der IT-Dienst beim Eigenbetrieb dokumentiert werden und reicht diese Qualität aus?
  - Kann die Qualität der Dokumentation von externen Dienstleistern besser (ausführlicher und übersichtlicher) sein?
  
  Ist die Qualität der Dokumentation des IT-Diensts beim Eigenbetrieb größer, ist die Make-Entscheidung vorzuziehen, andernfalls die Buy-Entscheidung. Wo genau die Grenze auf der Qualitätsskala liegt, hängt vom konkreten Fall ab.

## Analyse von Möglichkeiten der Dienstrealisierung

Bei der Analyse von Möglichkeiten der Dienstrealisierung sollte man insbesondere Folgendes überdenken:

- *Analyse von technologischen Möglichkeiten* [Technologie]
  In diesem Zusammenhang ist u.a. zu analysieren, in welchem Maß das Unternehmen über die Technologie (z.B. technische Ausstattung, spezielle Software) verfügt, um den IT-Dienst selbst zu erbringen.

- *Analyse von vorhandenen Ressourcen* [Ressourcen]
  Bei der Analyse, ob der Dienst in eigener Regie realisiert werden soll, müssen auch die benötigten Ressourcen abgeschätzt werden, und zwar: In welchem Umfang verfügt das Unternehmen über die Ressourcen (z.B. Personal, finanzielle Mittel), den IT-Dienst selbst zu erbringen?

Erfahrung
- *Analyse des Erfahrungswissens*
  Es muss auch untersucht werden, ob das Erfahrungswissen im Unternehmen (z.B. aus in der Vergangenheit durchgeführten ähnlichen Projekten) vorhanden und ausreichend ist, um den betreffenden IT-Dienst selbst zu realisieren.

Die Ergebnisse der Analyse dieser Aspekte können entsprechend im Radardiagramm (s. Abb. 3.3-1) markiert werden. Wo genau die Grenze zwischen Make und Buy verläuft, hängt vom konkreten Fall ab.

### Analyse von zu erwartenden Kosten

Bei der Analyse der Kosten für die Erbringung des IT-Diensts sind folgende drei Kategorien zu untersuchen:

Investitionskosten
- Bei der Analyse von Investitionskosten muss untersucht werden, welche Investitionen – wie z.B. Hardware-, Software-Beschaffung und evtl. neue Räumlichkeiten – man benötigt, um mit der Realisierung des IT-Diensts beginnen zu können. Hierbei sollte man abschätzen, wie hoch die Kosten für die benötigten Investitionen sind.

Realisierungskosten
- Die Realisierung und Einführung des IT-Diensts (also seine Entwicklung und Inbetriebnahme) verursachen ebenfalls Kosten – die sog. *Realisierungskosten* –, die ebenfalls grob einkalkuliert werden müssen.

Betriebskosten
- Sollte ein Unternehmen einen IT-Dienst selbst erbringen, müssen die hierbei zu erwartenden Betriebskosten – z.B. Dienstbetreuung als Personalkosten, Stromkosten, eventuell laufende Gebühren etc. – abgeschätzt werden.

Aus diesen drei Kostenarten ergeben sich die Gesamtkosten für die Erbringung des IT-Diensts in Eigenregie. Sind die Kosten einer eigenen IT-Dienstleistung kleiner als beim Outsourcing, spricht dies für „Make". Hierbei muss auch die Analyse der anderen beschriebenen Kriterien berücksichtigt werden.

## 3.3.2 Einsatz der SWOT-Analyse

Strategische Entscheidungen bei Netzwerkprojekten

Bei den strategischen Entscheidungen während der Soll-Analyse ist besonders im Hinblick auf IT-Outsourcing darauf zu achten, möglichst alle wichtigen Aspekte zu prüfen (s. Abb. 3.3-1) und alle notwendigen Informationen zu erfassen, um eine fundierte Entscheidungsgrundlage zu haben. Um welche Informationen es sich hierbei überhaupt handelt und wie diese bei derartigen Entscheidungen berücksichtigt werden können, wird in diesem Abschnitt kurz erläutert.

SWOT-Analyse als Entscheidungshilfe

Beim strategischen Management und insbesondere bei der strategischen Unternehmensplanung ist die sog. *SWOT-Analyse*[23] (*Strengths, Weaknesses, Opportunities and Threats*) ein wichtiges Werkzeug. Weil auch die Planung einer Netzwerkinfrastruktur, die als Nervensystem jedes Unternehmens angesehen werden kann, eine strategische

---

[23] Siehe z.B. http://www.ita-kl.de/inprodi/download/M_Swot.pdf

Planung ist, empfiehlt es sich in großen Netzwerkprojekten, die SWOT-Analyse in Betracht zu ziehen, insbesondere im Zusammenhang mit Make-or-Buy-Entscheidungen.

## Idee der SWOT-Analyse

Mit Hilfe der SWOT-Analyse können bei der Planung einer neuen bzw. der Modernisierung einer vorhandenen Netzwerkinfrastruktur sowohl die *internen Stärken und Schwächen* (*Strengths and Weaknesses*), die sich nach der Verwirklichung einer Netzwerkstrategie im Unternehmen ergeben können, als auch die *externen Chancen und Gefahren* (*Opportunities and Threats*), die von außen auf das Unternehmen Einfluss haben können, ermittelt werden. So können wichtige Netzwerkstrategien einheitlich und systematisch untersucht werden, um mit ihnen verbundene „positive Effekte" zu erreichen und „negative Effekte" zu vermeiden sowie auf diese Weise entsprechende *Projektziele* festzulegen. Insbesondere ist es sinnvoll, die wichtigsten aktuellen Netzwerkstrategien[24] nach dem SWOT-Prinzip zu analysieren.

Bedeutung der SWOT-Analyse

Jede aktuelle Netzwerkstrategie wie etwa die „*Unterstützung der Benutzermobilität*" hat sowohl ihre positive Seite – als *interne Stärken und Chancen* – als auch ihre negative Seite – durch *externe Schwächen und Gefahren*. Abbildung 3.3-2 illustriert dies und zeigt gleichzeitig die grundlegende Idee der SWOT-Analyse am Beispiel der Analyse einer Netzwerkstrategie.

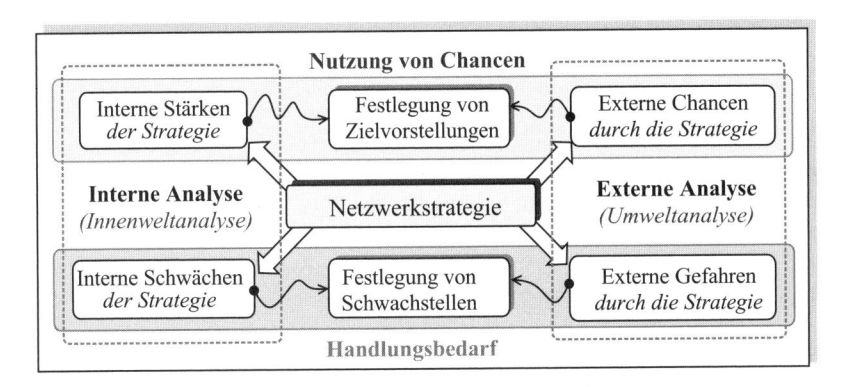

**Abb. 3.3-2:** Idee der SWOT-Analyse – am Beispiel der Analyse einer Netzwerkstrategie

Hervorzuheben hierbei ist, dass die internen Stärken und Schwächen einer Strategie sich aus der Bewertung der betrachteten Netzwerkinfrastruktur ergeben, also aus dem internen Netzwerkbetrieb. Daher handelt es sich bei der Betrachtung von internen Stärken und Schwächen um eine *interne Analyse* der Netzwerkinfrastruktur; diese Analyse wird auch als *Innenweltanalyse* bezeichnet.

Interne Analyse

---

[24] An dieser Stelle sei hervorgehoben, dass alle wichtigen Möglichkeiten von IT-Outsourcing als Netzwerkstrategien betrachtet werden sollen. Bei wichtigen Make-or-Buy-Entscheidungen im Hinblick auf IT-Outsourcing kann ebenfalls die SWOT-Analyse hilfreich sein.

**Beispiel 3.3-1:** Betrachtet man die Netzwerkstrategie *„Unterstützung der Benutzermobilität"*, so ergeben sich als Folge der internen Analyse u.a. folgende interne Stärken und Schwächen:

- *interne Stärken als positive Nutzeffekte*: Bessere Erreichbarkeit von Benutzern, flexible Gestaltung der Geschäftsprozesse, flexible Zuordnung von Mitarbeitern zu Arbeitsplätzen;

- *interne Schwächen als negative Effekte*: Sicherheitsanforderungen steigen.

**Externe Analyse**

Im Gegensatz zu internen Stärken und Schwächen kommen die externen Chancen und Gefahren als Folge bestimmter Veränderungen von außen zustande, d.h. diese ergeben sich aus den technologischen, sozialen oder organisatorischen Veränderungen außerhalb der betrachteten Netzwerkinfrastruktur bzw. außerhalb des betreffenden Unternehmens. Daher führt die Betrachtung von Chancen und Gefahren zu einer *externen Analyse* der Netzwerkinfrastruktur; diese Analyse wird auch *Umweltanalyse* genannt.

**Beispiel 3.3-2:** Betrachtet man die Netzwerkstrategie *„Unterstützung der Benutzermobilität"*, so ergeben sich aus der externen Analyse u.a. folgende externe Chancen und Gefahren:

- *Chancen als positive Effekte*: Nomadische Nutzung des Internet und insbesondere von VoIP im Außendienst;

- *Gefahren als negative Effekte*: Ausspähen von geschäftsrelevanten Daten durch Dritte; z.B. beim Einsatz von WLANs die Gefahr der Verletzung der Europäischen EMV-Richtlinie, was schadenersatzpflichtig bzw. strafbar sein kann.[25]

**Steigerung von Nutzeffekten**

Wie in Abbildung 3.3-2 zum Ausdruck gebracht wurde, soll die Bewertung von internen Stärken der konzipierten Netzwerkinfrastruktur und externen Chancen durch die externe Analyse dazu führen, bestimmte Projektziele so zu definieren, dass die externen Chancen durch die internen Stärken möglichst besser genutzt werden können, um *positive Nutzeffekte* zu erreichen.

**Reduzierung von Risiken**

Andererseits soll die Bewertung von internen Schwächen der konzipierten Netzwerkinfrastruktur und von Gefahren von außen durch die externe Analyse dazu führen, den Handlungsbedarf festzustellen und damit bestimmte Schwachstellen zu ermitteln, um die Risiken durch interne Schwächen und externe Gefahren möglichst vermeiden zu können, also *negative Effekte* zu verringern.

Die SWOT-Analyse einer Netzwerkstrategie kann in einer tabellarischen Form – vgl. Tabelle 3.3-1 – als sog. *SWOT-Matrix* dargestellt werden. In der SWOT-Matrix können auf übersichtliche Art und Weise alle wesentlichen Projektziele bzw. andere denkbaren Lösungsansätze kurz spezifiziert werden, die man im Weiteren beim Design bzw. Redesign einer Netzwerkinfrastruktur verfolgen sollte.

---

[25] So wie jeder Hausbesitzer bei Glatteis die Pflicht hat, Passanten möglichst auf seinem Grundstück vor Stürzen zu bewahren, müssen auch die Unternehmen gewisse Vorkehrungen treffen, um Dritte vor Gefahren zu schützen, die durch elektromagnetische Strahlung ihrer Rechner und verschiedener Netzwerkkomponenten – z.B. Access Points bei WLANs – ausgehen.

**Tab. 3.3-1:** Matrix der SWOT-Analyse – hier am Beispiel einer Netzwerkstrategie

| Netzwerk-strategie ... | | Interne Analyse | |
|---|---|---|---|
| | | Strengths/Stärken<br>1. ...<br>2. ... | Weaknesses/Schwächen<br>1. ...<br>2. ... |
| **Externe Analyse** | Opportunties/Chancen<br>1. ...<br>2. ...<br>3. ... | Stärken/Chancen- Analyse, SO-Analyse:<br>– Wie können externe Chancen interne Stärken verbessern?<br>– Wie kann man interne Stärken einsetzen, um externe Chancen besser auszunutzen? | Schwächen/Chancen- Analyse, WO-Analyse:<br>– Wie kann man externe Chancen ausnutzen, um interne Schwächen zu reduzieren? |
| | Threats/Gefahren<br>1. ...<br>2. ... | Stärken/ Gefahren- Analyse, ST-Analyse<br>– Wie kann man interne Stärken einsetzen, um externe Gefahren zu verringern? | Schwächen/Gefahren-Analyse, WT-Analyse:<br>– Wie können interne Schwächen und externe Gefahren verringert werden? |

## Vorgehensweise bei der SWOT-Analyse

Die allgemeine Vorgehensweise bei der SWOT-Analyse bezogen auf eine Netzwerkstrategie kann man mit den in Abbildung 3.3-3 gezeigten Schritten erklären.

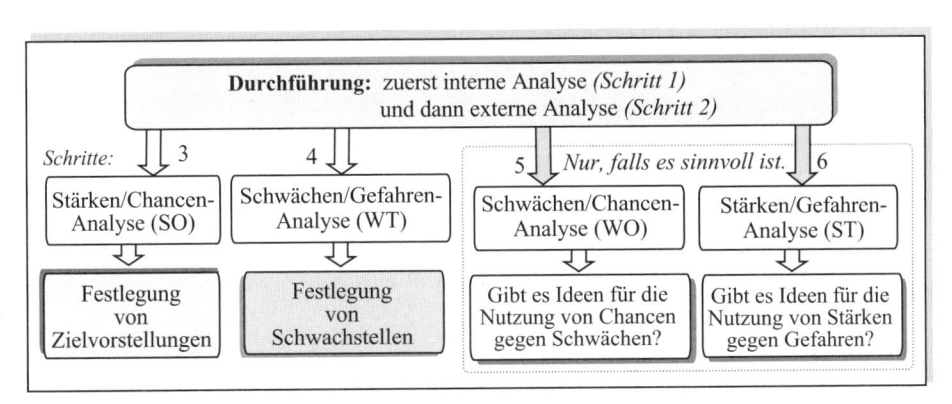

**Abb. 3.3-3:** Allgemeine Vorgehensweise bei der SWOT-Analyse

Die Schritte der SWOT-Analyse im Einzelnen:

1. *Interne Analyse – Die Ermittlung von internen Stärken und Schwächen eines Unternehmens*: Durch die interne Analyse sollen die *internen Stärken und Schwächen* des Unternehmens im Hinblick auf die analysierte Netzwerkstrategie ermittelt werden – s. Beispiel 3.3-1. Diese Stärken und Schwächen können dann in kurzer Form in einer SWOT-Matrix wie in Tab. 3.3-1 aufgelistet werden.

*Interne Analyse*

## 3 Soll-Analyse – Bestimmung von Projektanforderungen

**Externe Analyse**

2. *Externe Analyse – Die Ermittlung von externen Chancen und Gefahren für ein Unternehmen*: Durch die externe Analyse sollen die *externen Chancen und Gefahren* für das betreffende Unternehmen ermittelt werden, die sich durch die analysierte Netzwerkstrategie ergeben, z.B. als Folge von marktwirtschaftlichen oder gesellschaftlichen Entwicklungen oder durch externe bösartige und zur Verringerung der Sicherheit führende Angriffe; s. hierzu Beispiel 3.3-2. Diese können auch in der SWOT-Matrix aufgelistet werden.

**Ermittlung von Projektzielen**

3. *Stärken/Chancen-Analyse (SO-Analyse) – Steigerung von Nutzeffekten*: Falls einige interne Stärken und externe Chancen festgestellt wurden, sollte man die Realisierung der analysierten Netzwerkstrategie ggf. als Projektziel definieren, um die positiven Effekte, die sich daraus ergeben, ausnutzen zu können.

   **Beispiel 3.3-3 – Stärken/Chancen-Analyse:** Betrachtet man die Netzwerkstrategie „*Unterstützung der Benutzermobilität*",
   - ergeben sich aus der internen Analyse (s. Beispiel 3.3-1) als interne Stärken folgende positive Nutzeffekte: bessere Erreichbarkeit von Benutzern, flexible Gestaltung der Geschäftsprozesse, flexible Zuordnung von Mitarbeitern zu Arbeitsplätzen;
   - ergibt sich aus der externen Analyse (s. Beispiel 3.3-2) als positiver Nutzeffekt folgende Chance: Nomadische Internetnutzung durch Mitarbeiter im Außendienst.

   Diese Stärken und Chancen überzeugen, dass es wichtig ist, die „*Unterstützung der Benutzermobilität*" als Ziel beim Netzwerkprojekt festzulegen. Dies könnte man in diesem Fall auch als Ergebnis der Stärken/Chancen-Analyse betrachten.

**Ermittlung von Schwachstelle(n)**

4. *Schwächen/Gefahren-Analyse (WT-Analyse) – Reduzierung von Risiken*: Falls sich bei der Verwirklichung einer Netzwerkstrategie im Unternehmen interne Schwächen ergeben und folglich mit einigen externen Gefahren gerechnet werden muss, sollte man dies dann während der WT-Analyse (s. Tab. 3.3-1) als eine bzw. mehrere Schwachstellen, die zu Risiken für das Unternehmen führen könnten, spezifizieren. Die Beseitigung bzw. Nichtzulassung dieser Schwachstellen zielt auf die Reduzierung der potenziellen Risiken.

   **Beispiel 3.3-4 – Schwächen/Gefahren-Analyse:** Betrachtet man die Netzwerkstrategie „*Unterstützung der Benutzermobilität*", so
   - ergibt sich aus der internen Analyse (s. Beispiel 3.3-1) als negativer Effekt folgende Schwäche: Die Sicherheitsanforderungen im Unternehmen steigen drastisch;
   - ergeben sich aus der externen Analyse (s. Beispiel 3.3-2) als negative Effekte folgende Gefahren: das Ausspähen von geschäftsrelevanten Daten durch Dritte sowie beim Einsatz von WLANs u.a. die Gefahr der Verletzung der Europäischen EMV-Richtlinie, was schadenersatzpflichtig bzw. strafbar sein kann.

   Um negative Effekte zu reduzieren, sollte man daher bei der Verwirklichung der Netzwerkstrategie „*Unterstützung der Benutzermobilität*" folgende Schwachstellen spezifizieren:
   - „*Unsicherheit beim WLAN-Einsatz*" – Daraus ergibt sich die Zielvorstellung „*Garantie der Sicherheit beim WLAN-Einsatz*";
   - „*Verletzung der Europäischen EMV-Richtlinie*" – Daraus kann eventuell die Zielvorstellung „*Einhaltung der Europäischen EMV-Richtlinie*" in Erwägung gezogen werden.

Das Bestreben, die Auswirkungen dieser beiden Schwachstellen möglichst weitgehend zu beseitigen, lässt sich als Ergebnis der Schwächen/Gefahren-Analyse betrachten.

5. *Schwächen/Chancen-Analyse (WO-Analyse) – Nutzung von externen Chancen zur Verringerung von internen Schwächen*: Falls die Verwirklichung einer Netzwerkstrategie zu einigen internen Schwächen im Unternehmen führen sollte und hierbei gleichzeitig mit einigen externen Chancen gerechnet werden könnte, ist es vorteilhaft, eine Schwächen/Chancen-Analyse durchzuführen (s. Tab. 3.3-1). Während dieser Analyse empfiehlt es sich, eine oder mehrere Ideen zu entwickeln, wie man die internen Schwächen der betrachteten Netzwerkstrategie im Unternehmen durch die potenziellen externen Chancen möglichst überwinden kann. Gibt es dafür keine Idee, sollte man, um die Entscheidung „*Verwirklichung der Netzwerkstrategie: ja oder nein*" besser treffen zu können, untersuchen, wie weit interne Schwächen durch externe Chancen verringert (ausgeglichen) werden können.

   *Nutzung von Chancen gegen Schwächen*

   **Beispiel 3.3-5 – Schwächen/Chancen-Analyse:** Betrachtet man die Netzwerkstrategie „*Unterstützung der Benutzermobilität*", so ergibt sich

   - aus der internen Analyse (s. Beispiel 3.3-1) die Schwäche: Sicherheitsanforderungen im Unternehmen steigen drastisch;
   - aus der externen Analyse (s. Beispiel 3.3-2) die Chance: nomadische Internetnutzung durch Mitarbeiter im Außendienst.

   Ob die Chance der nomadischen Internetnutzung durch Mitarbeiter im Außendienst im Vergleich zu den gestiegenen Sicherheitsanforderungen überwiegt oder nicht, hängt vom Profil des Unternehmens ab. In Unternehmen, in denen etwa die Mehrheit der Mitarbeiter im Außendienst tätig ist, steht zu erwarten, dass die nomadische Internetnutzung so viele Chancen bietet, dass die gestiegenen Sicherheitsanforderungen in Kauf genommen werden.

6. *Stärken/Gefahren-Analyse (ST-Analyse) – Verwendung von internen Stärken gegen externe Gefahren*: Falls sich einige interne Stärken bei der Verwirklichung einer Netzwerkstrategie ergeben und hierbei gleichzeitig mit einigen externen Gefahren gerechnet werden muss, sollte man eine Stärken/Gefahren-Analyse durchführen (s. Tab. 3.3-1). Während dieser Analyse sind alle denkbaren Ideen zu erfassen, die dabei helfen können, die eventuellen externen Gefahren durch die Verwendung von internen Stärken infolge der Realisierung der betrachteten Netzwerkstrategie möglichst zu vermeiden bzw. auszuschließen. Gibt es solche Ideen jedoch nicht, sollte man untersuchen, wie weit sich externe Gefahren durch interne Stärken verringern lassen, damit die Entscheidung über die Verwirklichung der analysierten Netzwerkstrategie besser getroffen werden kann.

   *Verwendung von Stärken gegen Gefahren*

   **Beispiel 3.3-6 – Stärken/Gefahren-Analyse:** Betrachtet man weiterhin die Netzwerkstrategie „*Unterstützung der Benutzermobilität*", so ergeben sich

   - aus der internen Analyse (s. Beispiel 3.3-1) die Stärken: bessere Erreichbarkeit von Benutzern, flexible Gestaltung der Geschäftsprozesse, flexible Zuordnung von Mitarbeitern zu Arbeitsplätzen,

- aus der externen Analyse (s. Beispiel 3.3-2) die Gefahren: Ausspähen von geschäftsrelevanten Daten durch Dritte; beim Einsatz von WLANs u.a. die Gefahr der Verletzung der Europäischen EMV-Richtlinie, was schadenersatzpflichtig bzw. strafbar sein kann.

Durch die Verwirklichung bei Netzwerkprojekten der beiden bereits aus der Schwächen/Gefahren-Analyse (s. Beispiel 3.3-2) hervorgegangen Ziele „*Garantie der Sicherheit beim WLAN-Einsatz*" und „*Einhaltung der Europäischen EMV-Richtlinie* " können ebenfalls potenzielle externe Gefahren ausgeschlossen werden. Aus der Stärken/Gefahren-Analyse ergeben sich in diesem Fall keine neuen Erkenntnisse.

## Beispiel: SWOT-Analyse von VoIP-Hosting

Bei der Migration zum VoIP-Einsatz in Unternehmen besteht die Möglichkeit, die VoIP-Dienste eines externen IT-Dienstleisters so zu nutzen, dass eine IP-TK-Anlage auf Basis eines VoIP-Servers bei diesem Dienstleister als *virtueller VoIP-Server* zur Verfügung gestellt wird. Abbildung 3.3-4 zeigt eine derartige Lösung – sie wird auch als *VoIP Hosting* bezeichnet. Hier wird der VoIP-Server eines Unternehmens, der hauptsächlich als sog. *SIP-Proxy* dient, bei einem externen IT-Dienstleister in Form eines virtuellen VoIP-Servers realisiert. Für die Kommunikation zwischen dem Unternehmen und dem virtuellen VoIP-Server beim IT-Dienstleister wurde ein VPN quasi als virtuelle Standleitung eingerichtet.[26]

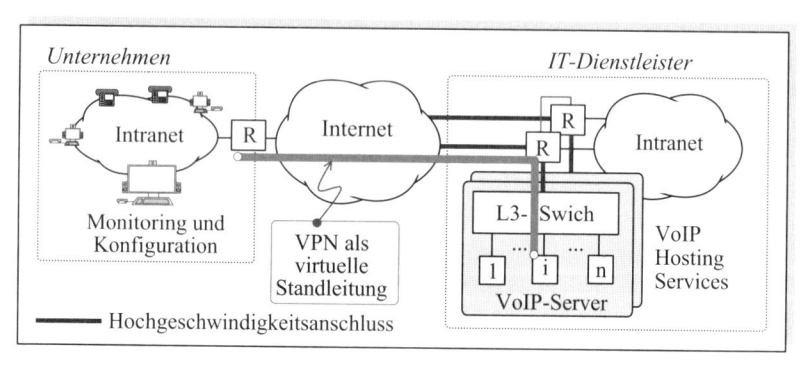

**Abb. 3.3-4:** Beispiel für den Einsatz von VoIP Hosting – Outsourcing eines VoIP-Servers
L3: Layer 3, R: Router

Nach der Einführung von VoIP und beim Einsatz eines VoIP-Hosting hat das Unternehmen keine eigenen VoIP-Server mehr und damit keine Probleme mit deren aufwändiger Konfiguration und Wartung. Als Basis für die Make-or-Buy-Entscheidung (*VoIP-Hosting: ja oder nein*) sollte man zuerst eine ausführliche SWOT-Analyse vornehmen. Typische Ergebnisse einer derartigen Analyse wollen wir jetzt zeigen.

---

[26] Die Möglichkeit eine TK-Anlage auszulagern ist bereits seit vielen Jahren als *Centrex* (*Central Office Exchange*) bekannt. Erst durch VoIP wurde Centrex in den letzten Jahren neu belebt und ist attraktiv geworden. Bei VoIP spricht man von *IP-Centrex* bzw. von einer *virtuellen IP-TK-Anlage*.

## 3.3 Wichtige Entscheidungen bei der Soll-Analyse

Die SWOT-Analyse von VoIP-Hosting gemäß den in Abbildung 3.3-3 gezeigten Schritten lässt sich am Beispiel eines mittelständischen Unternehmens ohne große IP-Kompetenzen wie folgt zusammenfassen (s. auch Tabelle 3.3-1):

*Verlauf der Analyse:*

1. *Interne Analyse* als Ermittlung von internen Stärken und Schwächen – Die Tabelle 3.3-2 zeigt entsprechende Ergebnisse.

*Interne Analyse*

**Tab. 3.3-2:** Interne Analyse von VoIP-Hosting

| *Interne Analyse* – **Ermittlung von internen Stärken und Schwächen** ||
|---|---|
| interne/eigene Stärken | interne/eigene Schwächen |
| - Vereinfachung der Netzwerkinfrastruktur<br>- einfachere VoIP-Administration<br>- Reduzierung von Investitionskosten<br>- Senkung von Betriebskosten<br>- Entlastung eigener IT-Organisation<br>- keine 24/7-Rufbereitschaft<br>- Konzentration auf Kernkompetenzen | - Fachwissen über VoIP nicht verfügbar<br>- Sicherheitsbedenken bei Monitoring und Konfiguration des VoIP-Servers über das Internet |

2. *Externe Analyse* als Ermittlung von externen Chancen und Gefahren – Tabelle 3.3-3 zeigt die Ergebnisse dieser Analyse.

*Externe Analyse*

**Tab. 3.3-3:** Externe Analyse von VoIP-Hosting

| *Externe Analyse* – **Ermittlung von externen Chancen und Gefahren** ||
|---|---|
| externe Chancen | externe Gefahren |
| - hohes Fachwissen beim externen Dienstleister<br>- VoIP-Server am hochverfügbaren Internetanschluss<br>- hohe Sicherheit am Internetanschluss | - Abgängigkeit vom externen Dienstleister<br>- Risiko des Datenmissbrauchs<br>- Know-how-Verlust |

3. *Stärken/Chancen-Analyse* – Die internen Stärken und die externen Chancen zusammen überzeugen als *positive Effekte*, dass VoIP-Hosting in Betracht gezogen werden sollte. Demzufolge kommt die Systemlösung VoIP-Hosting als Projektziel in Frage.

4. *Schwächen/Gefahren-Analyse* – Die internen Schwächen zusammen mit externen Gefahren repräsentieren negative Effekte und sind als *Schwachstelle beim VoIP-Hosting* zu betrachten. Diese muss bei der Entscheidung „*VoIP-Hosting: ja oder nein*" berücksichtigt werden.

5. *Schwächen/Chancen-Analyse* – Die externen Chancen gleichen weitgehend die internen Schwächen aus. Auch dies spricht für VoIP-Hosting.

6. *Stärken/Gefahren-Analyse* – Die internen Stärken als positive Effekte im Vergleich zu potentiellen Risiken infolge von externen Gefahren sind im betrachteten Unternehmen größer, was ebenfalls für ein VoIP-Hosting spricht.

**Fazit:** Falls die Risiken infolge der aus der Schwächen/Gefahren-Analyse ersichtlichen Schwachstelle beim VoIP-Hosting im Unternehmen tragbar sind, kann die Systemlösung VoIP-Hosting als Projektziel angenommen werden.

Eine derartige Entscheidung hängt aber stark von dem Profil des Unternehmens und von seinen Geschäftsprozessen ab. In großen Unternehmen beispielsweise, die über eine eigene Netzwerkabteilung verfügen und in denen die Geschäftsprozesse sehr strenge Sicherheitsvorkehrungen verlangen (z.B. in Geldinstituten), stellt sich die Frage „eigener VoIP-Server oder Auslagerung" nicht. Dort kommt nur ein eigener VoIP-Server und kein VoIP-Hosting in Frage.

## 3.4 Zusammenstellung von Projektanforderungen

Die als Ergebnisse der Soll-Analyse festgelegten Projektanforderungen sollte man in einheitlicher Form und präzise verfassen. Wie eine Projektanforderung in kompakter Form spezifiziert werden kann, wurde bereits in Abschnitt 3.2 gezeigt (s. Abb. 3.2-1). Das Ziel dieses Abschnitts ist es, eine kompakte Darstellung und einige Beispiele für typische Projektanforderungen zu vermitteln. Hierbei werden einige der in Abbildung 3.4-1 gezeigten Netzwerkfunktionsbereiche getrennt betrachtet und jedem von ihnen ein Abschnitt gewidmet.[27]

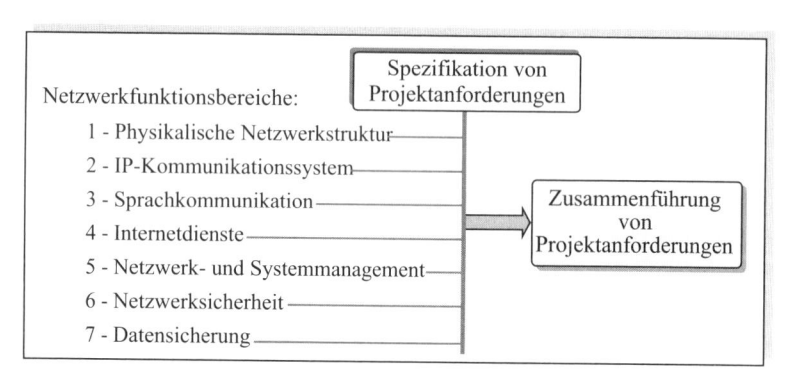

**Abb. 3.4-1:** Netzwerkfunktionsbereiche – die Spezifikation von Projektanforderungen

Falls die Projektanforderungen in einzelnen Netzwerkfunktionsbereichen durch mehrere Projektbeteiligte verfasst werden, kann es zu Unkorrektheiten bzw. Unstimmigkeiten kommen. Deswegen kann bei einigen Projektanforderungen eine Abstimmung und gegenseitige Anpassung notwendig sein. Daher sollten die Spezifikationen aus einzelnen Netzwerkfunktionsbereichen quasi zu einer „Einheit" zusammengeführt und hierbei eventuelle Unkorrektheiten behoben werden.

---

[27] Ausgenommen ist hier der Bereich *Netzwerksicherheit*. Dieser wird wegen der Komplexität des Problems im Kapitel 6 getrennt behandelt.

## 3.4 Zusammenstellung von Projektanforderungen

Die in diesem Abschnitt gezeigten Beispiele für typische Projektanforderungen werden auf der Grundlage von während der Ist-Analyse ermittelten und in Abschnitt 2.5 dargestellten Wunschanforderungen verfasst. Im Kapitel 4, das sich dem Systemkonzept widmet, wird dann gezeigt, auf welche Art und Weise einige der hier aufgelisteten Projektanforderungen im Systemkonzept umgesetzt werden können.

### 3.4.1 Physikalische Netzwerkinfrastruktur – Anforderungen

Die erste und wichtigste Aufgabe beim Aufbau einer Netzinfrastruktur ist die Verlegung einer universellen Verkabelung. Diese bildet das Fundament für das entstehende Netzwerk und kann daher als *passive Netzwerkinfrastruktur* angesehen werden. Weil die Verkabelung dazu dient, die physikalischen Netzwerkkomponenten zu verbinden, muss die physikalische Netzwerkstruktur bereits bekannt sein, bevor man beginnt, eine Verkabelung zu verlegen. Daher ist die Verlegung einer Verkabelung eine Teilaufgabe beim Aufbau der physikalischen Netzinfrastruktur. Bei der Dekomposition von Aufgaben beim Netzwerk-Design wurde die physikalische Netzinfrastruktur als ein Netzwerkfunktionsbereich angenommen (s. Abb. 2.2-1). Tabelle 3.4-1 zeigt beispielhaft eine Auflistung von Projektanforderungen an die physikalische Netzwerkinfrastruktur.

**Tab. 3.4-1:** Typische Projektanforderungen an eine *„flexible und zukunftssichere Verkabelung"* im Teilprojekt *„Physikalische Netzwerkinfrastruktur"*

| Teilprojekt | Physikalische Netzwerkinfrastruktur |
|---|---|
| Projektziel | Flexible und zukunftssichere Verkabelung |
| Funktionelle Anforderungen | - Ethernet: 100 Mbit/s am Arbeitsplatz und n*1 Gbit/s am Server<br>- Zeiterfassung-, Türschließ- und Brandmeldesysteme verkabeln |
| Systemanforderungen | - Skalierbarkeit durch hierarchische Strukturierung in Gebäuden<br>- Unterstützung genormter Netzwerktechniken und aller Dienste<br>- Garantie der Loop-freien, aktiven Netzwerkstruktur (s. Abb. 4.2-12)<br>- Garantie der Unempfindlichkeit gegen äußere Störeinflüsse |
| Qualitätsanforderungen | - Reserven bei der Übertragungskapazität einplanen<br>- Netzzugänge für zentrale Server sind redundant auszulegen<br>- Verfügbarkeit durch automatisches Failover im Sekundär- und Primärbereich |
| Gesetzliche Anforderungen | - gemäß der Norm EN 50173:1:2006<br>- Einhaltung von EMV-Normen[28] EN 55 022 und EN 55 024 |
| Sicherheitsanforderungen | - Einhaltung von ISO 27001<br>- gemäß dem BSI IT-Grundschutz |
| Sonstige Anforderungen | - im Tertiärbereich ist Kupferkabel vorzuziehen (aus Gründen der Wirtschaftlichkeit), im Sekundär-/Primärbereich stattdessen LWL<br>- redundante und unterbrechungsfreie Stromversorgung |
| Bemerkungen | ... |

---

[28] Für nähere Informationen siehe z.B.: `http://www.pci-card.com/emvnormen.htm`

Die in der Tabelle 3.4-1 aufgelisteten Anforderungen basieren auf den in Abschnitt 2.5.1 genannten Wunschanforderungen und sollen vor allem garantieren, dass eine *„skalierbare, flexible und ausfallsichere"* sowie *„zukunftssichere Netzwerkinfrastruktur"* erreicht werden kann.

### 3.4.2 Anforderungen an das IP-Kommunikationssystem

Basierend auf der Realisierung der physikalischen Netzwerkinfrastruktur erfolgt die Realisierung von Systemen für die IP-Kommunikation. Diese können auch Systeme für die Sprachkommunikation (z.B. VoIP-Systeme) beinhalten. Aufgrund des vorrangigen Einsatzes von IP-basierten Netzwerkdiensten bildet das IP-Kommunikationssystem somit die Grundlage für nahezu alle späteren Netzwerkanwendungen.

Tabelle 3.4-2 zeigt eine Zusammenstellung typischer während der Soll-Analyse ermittelter Projektanforderungen für das Teilprojekt *„IP-Kommunikationssystem"* im Hinblick auf das Projektziel *„flexible und zukunftssichere Netzdienste"*. Die beispielhafte Zusammenstellung basiert auf den in Abschnitt 2.5.2 vorgestellten Wunschanforderungen an das IP-Kommunikationssystem.

**Tab. 3.4-2:** Typische Projektanforderungen an *„flexible und zukunftssichere Netzdienste"* im Teilprojekt *„IP-Kommunikationssystem"*

| Teilprojekt | IP-Kommunikationssystem |
|---|---|
| Projektziel | Flexible und zukunftssichere Netzdienste |
| Funktionelle Anforderungen | - Nutzung des IP Kommunikationssystems für unterschiedliche Netzdienste (z.B. Datendienste, VoIP, IP-Storage bzw. iSCSI usw.) über IPv4 und IPv6<br>- Einheitliche Bereitstellung von Basisdiensten, u.a. DNS-, DHCP-Dienste |
| Systemanforderungen | - Strukturierung des IP-Adressraums<br>- Einführung eines IP-Adressmanagements (IPAM) |
| Qualitätsanforderungen | - redundante Auslegung der aktiven IP-Netzwerkkomponenten<br>- Hohe Effizienz: Lastverteilung über aktive IP-Netzwerkkomponenten<br>- hohe Verfügbarkeit von DNS-, DHCP-, RADIUS-Servern |
| Gesetzliche Anforderungen | - Telemediengesetz (TMG)<br>- Telekommunikationsgesetz (TKG)<br>- Bundesdatenschutzgesetz (BDSG) |
| Sicherheitsanforderungen | - Trennung von IP-Netzen für sicherheitsrelevante Dienste<br>- Einhaltung von ISO 27001<br>- gemäß dem BSI IT-Grundschutz |
| Sonstige Anforderungen | - Monitoring und Management der IP-Dienste<br>- Unterstützung von sicheren mobilen Anwendungen, externen Zugriffen und Internetanwendungen |
| Bemerkungen | … |

### 3.4.3 Anforderungen an die Internetdienste

Das im vorherigen Abschnitt kurz betrachtete IP-Kommunikationssystem bildet eine wichtige Grundlage für die Realisierung der Internetdienste. Im Folgenden möchten wir exemplarisch einige typische Projektanforderungen an Internetdienste in einer tabellarischen Form darstellen.

Tabelle 3.4-3 zeigt eine Zusammenstellung typischer während der Soll-Analyse spezifizierter Projektanforderungen für das Teilprojekt *„Internetdienste"* z.B. im Hinblick auf das Projektziel *„hohe Zuverlässigkeit der Internetanbindung"*.

Projektziel *„hohe Zuverlässigkeit der Internetanbindung"*

**Tab. 3.4-3:** Typische Projektanforderungen an die *„hohe Zuverlässigkeit der Internetanbindung"* im Teilprojekt *„Internetdienste"*

| Teilprojekt | Internetdienste |
|---|---|
| Projektziel | Hohe Zuverlässigkeit der Internetanbindung |
| Funktionelle Anforderungen | - Realisierung einer hochverfügbaren Internetanbindung über zwei ISPs<br>- Lastverteilung am Internetzugang auf beide ISP<br>- Unterbrechungsfrei verfügbare Übertragungsrate im Gbit/s-Bereich soll gewährleistet werden |
| Systemanforderungen | - Zugangsschnittstelle zu den ISPs über Gigabit-Ethernet<br>- Redundante Auslegung der Router (VRRP/HSRP jeweils an jeden ISPs<br>- Nutzung von BGP-4 zu effektiven Gestaltung des ausgehenden und des ankommenden Internetverkehrs (s. die Abbildungen 4.6-2 und -3) |
| Qualitätsanforderungen | - hohe Verfügbarkeit – min. 99,7% – der Internetanbindung<br>- Garantie einer festgelegten Bandbreite für die Sprachkommunikation (VoIP), um Delay-und Jitter-Werte in zulässigen Grenzen zu halten |
| Gesetzliche Anforderungen | - Telemediengesetz (TMG)<br>- Telekommunikationsgesetz (TKG)<br>- Bundesdatenschutzgesetz (BDSG) |
| Sicherheitsanforderungen | - Einhaltung von ISO 27001<br>- gemäß dem BSI IT-Grundschutz |
| Sonstige Anforderungen | - Externe Überwachung der Internetverbindung, u.a. Umschaltung von unternehmenskritischen Diensten auf externe Anbieter (vgl. Cloud) beim Ausfall der Internetanbindung, u.U. Bereitstellung einer Notfall-Internetanbindung z.B. über Mobilfunknetze |
| Bemerkungen | – Verfügbarkeit der Internetanbindung sollte als SLA festlegt werden |

Tabelle 3.4-4 zeigt eine Zusammenstellung typischer während der Soll-Analyse festgelegter Projektanforderungen für das Teilprojekt *„Internetdienste"* im Hinblick auf das Projektziel *„hohe Sicherheit am Internetanschluss"*. Die dort spezifizierten Projektanforderungen konkretisieren die bereits in Abschnitt 2.5.3 vorgestellte gleichnamige Wunschanforderung (s. Tab. 2.5-3), bestimmen die Sicherheitsmaßnahmen am Internetzugang und stellen, neben der in Tabelle 3.4-3 aufgelisteten Projektanforderungen an die *„hohe Zuverlässigkeit der Internetanbindung"*, die wesentlichen Voraussetzun-

Projektziel *„hohe Sicherheit am Internetanschluss"*

gen für die sichere (gefahrenfreie) Nutzung der Internetdienste dar. Weil die Nutzer von Internetdiensten mit einer großen, ständig anwachsenden Zahl von potenziellen Angriffen aus dem Internet konfrontiert werden, sind entsprechende Abwehrmaßnahmen zur Gewährleistung der Sicherheit am Internetanschluss zwingend notwendig.

**Tab. 3.4-4:** Typische Projektanforderungen an die „hohe Sicherheit am Internetanschluss" im Teilprojekt „Internetdienste"

| Teilprojekt | Internetdienste |
|---|---|
| Projektziel | Hohe Sicherheit am Internetanschluss |
| Funktionelle Anforderungen | - Filterung von Schadsoftware und Angriffen aus externen Netzen<br>- Sichere Authentifizierung und Netzwerkzugriffsschutz<br>- Nutzung von VPNs mit TLS bspw. zur für Telearbeit oder Außendienst |
| System-anforderungen | - Realisierung einer mehrstufigen Firewall<br>- Realisierung von Intrusion Detection/Prevention Systemen inkl. Filterung von Trojanern, Viren, Schadsoftware etc.<br>- Remote-Access bzw. VPN-Gateways inkl. Authentifizierung, Autorisierung und Accounting (RADIUS, LDAP)<br>- Netzwerkzugriffsschutz inkl. Quarantänebereich zur Überprüfung der zugelassenen Rechner auf Viren, Updates etc. |
| Qualitäts-anforderungen | - Hohe Verfügbarkeit und Sicherheit von Remote Access<br>- Reduzierung der Zahl externer Angriffe auf das Netzwerk |
| Gesetzliche Anforderungen | - Telemediengesetz (TMG)<br>- Telekommunikationsgesetz (TKG)<br>- Bundesdatenschutzgesetz (BDSG) |
| Sicherheits-anforderungen | - Einhaltung von ISO 27001<br>- gemäß dem BSI IT-Grundschutz |
| Sonstige Anforderungen | - Gewährleistung der Sicherheit bei Zugriffen aus externen Netzen auf die internen Internetdienste des Unternehmens (z.B. für Telearbeit, Kooperationen mit Partnern, Zugriffe von Kunden etc.) |
| Bemerkungen | ... |

*Projektziel „hochverfügbarer Webdienst"*

Tabelle 3.4-5 zeigt eine Zusammenstellung typischer Projektanforderungen für das Teilprojekt „Internetdienste" bezogen auf das Projektziel „hochverfügbarer Webdienst". Diese Projektanforderungen konkretisieren die in Tabelle 2.5-3 genannte gleichnamige Wunschanforderung. Die Basis für einen hochverfügbaren Webdienst bilden die in den Tabellen 3.4-3 und -4 spezifizierten Projektanforderungen entsprechend an eine hohe Zuverlässigkeit der Internetanbindung und an eine hohe Sicherheit am Internetanschluss. In Unternehmen und anderen Institutionen nimmt der Webdienst eine zentrale Rolle ein. Häufig werden selbst kritische Geschäftsprozesse mit webbasierten Anwendungen und Prozessen unterstützt bzw. vorrangig umgesetzt. Die hier genannten Projektanforderungen liefern die Grundlage, um den Webdienst unterbrechungs-, risikofrei und in der „erforderlichen" Qualität garantieren zu können.

**Tab. 3.4-5:** Typische Projektanforderungen an einen *„hochverfügbaren Webdienst"* im Teilprojekt *„Internetdienste"*

| Teilprojekt | Internetdienste |
|---|---|
| Projektziel | Hochverfügbarer Webdienst |
| Funktionelle Anforderungen | - Unterbrechungsfreie Bereitstellung von Webdiensten des Unternehmens inkl. Fehlertoleranz (z.B. für externe Partner und Kunden)<br>- Unterbrechungsfreier Zugriff auf externe Web-Ressourcen (z.B. von externen Partnern und Unternehmensstandorten)<br>- Garantie der Web-Sicherheit |
| System-anforderungen | - Bildung eines Webserver-Clusters, um die Qualitätsanforderungen zu erfüllen<br>- redundante Auslegung von Web-Proxies (Garantie der Ausfallsicherheit!)<br>- lokales Web Caching, um die Reaktionszeiten zu reduzieren<br>- Installation von Web Application Firewalls |
| Qualitäts-anforderungen | - hohe Verfügbarkeit/Zuverlässigkeit des Webdiensts – durch die Bildung eines Webserver-Clusters und durch redundante Web-Proxies<br>- Hohe Performance (kleine Delay-Werte) – durch den Einsatz von Load Balancing und Web-Caching<br>- Reduzierung der Angriffe auf Webanwendungen – Einsatz von Monitoring |
| Gesetzliche Anforderungen | - Telemediengesetz (TMG)<br>- Telekommunikationsgesetz (TKG)<br>- Bundesdatenschutzgesetz (BDSG) |
| Sicherheits-anforderungen | - Einhaltung von ISO 27001<br>- gemäß dem BSI IT-Grundschutz<br>- Regelmäßige Sicherheits-Audits für Webanwendungen, die vom Unternehmen selbst entwickelt werden |
| Sonstige Anforderungen | - Bereitstellung des Webserver-Clusters soll xxxxx € nicht überschreiten<br>- ein Disaster Recovery Plan für den Webserver-Cluster ist notwendig |
| Bemerkungen | - eine Protokollierung zur Beweissicherung (für Revisionszwecke) ist nötig |

Tabelle 3.4-6 zeigt eine Zusammenstellung typischer Projektanforderungen für das Teilprojekt *„Internetdienste"* im Hinblick auf das Projektziel *„hochverfügbarer E-Maildienst"*. In Abschnitt 2.5.3 (s. Tabelle 2.5-3) wurde bereits eine gleichnamige Wunschanforderung vorgeschlagen, die ebenfalls einen unterbrechungsfreien Betrieb und Maßnahmen für die Sicherstellung der Qualität des E-Maildiensts fordert. Die Basis für einen hochverfügbaren E-Maildienst bilden erneut die in den Tabellen 3.4-3 und -4 spezifizierten Projektanforderungen an eine hohe Zuverlässigkeit der Internetanbindung sowie eine hohe Sicherheit am Internetanschluss. Ein hochverfügbarer E-Maildienst bildet heute eine wesentliche Grundlage für die interne und externe Kommunikation in Unternehmen bzw. in anderen Institutionen. Um diese Kommunikation effektiv nutzen zu können, müssen aufgrund des Missbrauchs des E-Maildiensts (durch Spam bzw. lästige Webung, Viren etc.) für die Gewährleistung der Qualität allerdings verschiedene, technische und organisatorische Maßnahmen ergriffen werden.

*Projektziel „hochverfügbarer E-Maildienst"*

**Tab. 3.4-6:** Typische Projektanforderungen für das Teilprojekt „*hochverfügbarer E-Maildienst*" im Teilprojekt „*Internetdienste*"

| Teilprojekt | Internetdienste |
|---|---|
| Projektziel | Hochverfügbarer E-Maildienst |
| Funktionelle Anforderungen | - Unterbrechungsfreie Bereitstellung von E-Maildiensten des Unternehmens inkl. Fehlertoleranz (z.B. für die Kommunikation mit Partnern und Kunden)<br>- Unterstützung der Bearbeitung und Verwaltung von E-Mails<br>- Steigerung der Effizienz und Sicherheit des E-Maildienstes durch die Verwendung von Spam-, Viren-, Malware- und Phishing-Filtern |
| System- anforderungen | - Redundante und skalierbare Auslegung von E-Mailservern<br>- Realisierung von Lastverteilung und Fehlertoleranz durch den Einsatz von redundanten E-Mail-Proxies<br>- für die Bearbeitung und Verwaltung von E-Mails ist IMAP4 einzusetzen<br>- Installation von Spam-, Viren-, Malware- und Phishing-Filtern, auf den E-Mailservern und ggf. zusätzlich auf den Clients |
| Qualitäts- anforderungen | - hohe Verfügbarkeit/Zuverlässigkeit des E-Maildiensts durch eine redundante Auslegung von E-Mailservern und von E-Mail-Proxies (s. Abb. 4.6-9)<br>- Filterung von Spam-Mails, um die Mitarbeiter zuentlasten<br>- E-Mail-Sicherheit durch Filterung von Viren-, Malware- und Phishing-Mails |
| Gesetzliche Anforderungen | - Telemediengesetz (TMG)<br>- Telekommunikationsgesetz (TKG)<br>- Bundesdatenschutzgesetz (BDSG) |
| Sicherheits- anforderungen | - Einhaltung von ISO 27001<br>- gemäß dem BSI IT-Grundschutz |
| Sonstige Anforderungen | - Archivierung von geschäftlichen E-Mails mindestens über 10 Jahre<br>- ein Disaster Recovery Plan für den E-Maidienst ist notwendig |
| Bemerkungen | - Phishing-Mails ggf. an Strafverfolgungsbehörde weiterzuleiten |

In diesem Abschnitt wurden einige ausgewählte Projektanforderungen an die Realisierung von Internetdiensten vorgeschlagen, welche die in Abschnitt 2.5.3 vorgestellten typischen Wunschanforderungen bezüglich deren Realisierung konkretisieren. Diese Projektanforderungen können auch für andere hochverfügbare Internetdienste, wie z.B. Internet-Telefonie, eine Ausgangsbasis bilden. Beispielsweise kann die Fehlertoleranz und Lastverteilung über redundante Server, mithilfe derer der jeweilige Internetdienst erbracht wird, in einer universellen Form durch Layer-7-Switches realisiert werden. Dieser Ansatz wird im nachfolgenden Kapitel in Abschnitt 4.6.4 beschrieben. Entsprechende Lösungen für eine Lastverteilung über hochverfügbare Internetdienste können dabei mit unterschiedlichen Hardware- und Software-Lösungen realisiert werden, wobei letztere vermehrt auch als virtuelle Appliances (in Form von virtualisierten Servern) zur Verfügung stehen. Die in diesem Abschnitt für hochverfügbare Web- und E-Maildienste genannten gesetzlichen Anforderungen sowie Sicherheitsanforderungen können ebenfalls auch allgemein für die Realisierung anderer Internetdienste gelten.

## 3.5 Abschließende Bemerkungen

Wurde die Ist-Analyse durchgeführt und ihre Ergebnisse in Form eines Katalogs von Wunschanforderungen dokumentiert, kann eine Soll-Analyse folgen. Während dieser Analyse werden u.a. die Wunschanforderungen – die nur als mögliche/denkbare Projektziele gelten – unter Berücksichtigung von bestehenden finanziellen und personellen Möglichkeiten sowie von anderen Randbedingungen auf ihre Realisierbarkeit hin geprüft. Die Ziele, Aufgaben und Schwerpunkte der in diesem Kapitel dargestellten Soll-Analyse möchten wir kurz wie folgt zusammenfassen:

**Ziel und Aufgabe der Soll-Analyse:** Eine Soll-Analyse ist eine Analyse von während der Ist-Analyse ermittelten Wunschanforderungen, die das Ergebnis der Ist-Analyse darstellen, um diese im Hinblick auf ihre Realisierbarkeit unter Berücksichtigung der verfügbaren finanziellen und personellen Ressourcen sowie verschiedener Einschränkungen (z.B. gesetzliche Bestimmungen) und Randbedingungen (wie etwa zeitliche Vorgaben) zu überprüfen – s. hierzu Abbildung 3.1-1. Während der Soll-Analyse wird bestimmt, welche realisierbaren Wunschanforderungen – als Projektziele – zu verwirklichen sind. Auf der Grundlage dieser Bestimmungen werden dann die sog. *Projektanforderungen* definiert und als *Katalog von Projektanforderungen* dokumentiert. Die Hauptaufgabe der Soll-Analyse besteht, wie die Abbildungen 3.1-2 und -3 zeigen, in der Untersuchung sowohl der Realisierbarkeit neuer Zielvorstellungen als auch der Möglichkeiten die bestehenden Schwachstellen im Netzwerk zu beheben.

*Bestimmen der Projektziele*

**Soll-Analyse und IT-Outsourcing:** Während der Soll-Analyse müssen eventuell Entscheidungen von strategischer Bedeutung getroffen werden. Da die Möglichkeiten von IT-Outsourcing in den letzten Jahren attraktiv geworden sind (s. Abschnitt 9.8), muss oft auch bei Netzwerkprojekten eine *Make-or-Buy* Entscheidung, die mit dem IT-Outsourcing verbunden ist, untersucht werden. Es muss entschieden werden, ob die gewünschte Dienstleistung mit internen und eigenen Mitteln (*Make*) oder durch einen externen Dienstleister (*Buy*) erbracht werden soll. Die Entscheidung einen Netzwerkdienst von einem externen Dienstleister zu „kaufen", muss gründlich durchdacht und auch in Form einer Projektanforderung spezifiziert werden. Abschnitt 3.3.1 vermittelt Kriterien, die bei solchen strategischen Entscheidungen berücksichtigt werden sollten. Dabei kann auch die in Abschnitt 3.3.2 präsentierte SWOT-Analyse (*Strengths, Weaknesses, Opportunities and Threats*) sehr hilfreich sein.

*Make-or-Buy-Entscheidungen*

**Untersuchung der Wunschanforderungen:** Der Schwerpunkt der Soll-Analyse ist die Untersuchung der während der Ist-Analyse erfassten Wunschanforderungen, um die Projektziele zu bestimmen. Innerhalb der Soll-Analyse werden darüber hinaus Anforderungen – in Form von sog. *Projektanforderungen* – festgelegt, die weitgehend bestimmen, wie die einzelnen Projektziele erreichen werden sollen. Während der Soll-Analyse müssen somit verschiedene Entscheidungen getroffen werden. Insbesondere muss entschieden werden, welche von den während der Ist-Analyse erfassten Wunschanforderungen überhaupt als Projektziele gelten sollen und folglich als Projektanforderungen spezifiziert werden müssen. Dabei muss auch bestimmt werden, in welchem

*Analyse der technischen Realisierbarkeit*

„Umfang" diese verwirklicht werden sollen. Bei diesen Entscheidungen müssen die verfügbaren Ressourcen (Investitionsbudget, personelle Ressourcen etc.), zeitliche Einschränkungen sowie gesetzliche Anforderungen berücksichtigt werden. Jede Wunschanforderung als mögliches Projektziel wird daher auf ihre technische, organisatorische und finanzielle Realisierbarkeit untersucht und nur realisierbare Wunschanforderungen werden in Form von Projektanforderungen spezifiziert und zur Realisierung übergeben.

*Analyse der finanziellen Realisierbarkeit des Projekts*

**Kostenschätzung:** Damit man bei der Untersuchung der möglichen Projektziele (d.h. der Wunschanforderungen aus der Ist-Analyse) auf ihre finanzielle Realisierbarkeit die richtigen Entscheidungen treffen kann, also für die Realisierung nur die finanziell „abgedeckten" Projektziele freigibt, muss man während der Soll-Analyse ständig die für das Erreichen der Projektziele notwendigen Kosten ermitteln und darauf achten, dass das verfügbare Budget nicht überschritten wird. Eine grobe Kostenschätzung sollte bereits bei der Ist-Analyse vorgenommen werden. Wie diese erfolgen kann, wird in Abschnitt 7.1.3 näher erläutert – s. hierzu Abbildung 7.1-7. Da verschiedene Lösungsvarianten für die Verwirklichung einiger Projektziele während der Soll-Analyse abgelehnt oder ausgewählt werden, kann die aus der Ist-Analyse stammende Kostenschätzung bei der Soll-Analyse noch verfeinert werden. Die Schätzung von finanziellen Aufwendungen sollte man möglichst sorgfältig durchführen, um finanzielle Risiken zu minimieren.

*Spezifikation von Projektanforderungen*

**Dokumentation der Soll-Analyse:** Die bei der Soll-Analyse festgelegten Projektziele und deren Spezifikation in Form von Projektanforderungen (s. Abb. 3.2-1) sollte man auf eine einheitliche Art und Weise dokumentieren. Hierfür kann, wie in Abschnitt 3.2.2 gezeigt, das Netzwerkprojekt in Form eines Projektstrukturplans übersichtlich dargestellt werden. Die einzelnen Projektziele könnte man dann auch als Teilaufgaben im Projektstrukturplan betrachten. Die Dokumentation der Soll-Analyse – als *Katalog von Projektanforderungen* – sollte ebenfalls in einer strukturierten Form erfolgen, die weitgehend dem Projektstrukturplan entspricht. Da der Projektstrukturplan eine baumartige Struktur hat, kann er auf ein Dateiverzeichnis, das einen Katalog von Projektanforderungen darstellt, abgebildet werden. Abschnitt 3.2.3 erläutert diese Idee näher.

*Grundlagen zur Koordination der Teilprojekte*

**Erfassung von Abhängigkeiten zwischen Projektzielen:** In Kapitel 2 wurde bereits darauf verwiesen, dass einige Abhängigkeiten zwischen den während der Ist-Analyse spezifizierten Wunschanforderungen bestehen. Da die als realisierbar geltenden Wunschanforderungen während der Soll-Analyse als Projektziele bestimmt und diese dann als Teilprojekte realisiert werden, entstehen demzufolge auch einige Abhängigkeiten zwischen den Teilprojekten. Diese Abhängigkeiten sind für die Koordination der Durchführung des ganzen Projekts von großer Bedeutung und müssen deshalb gleichermaßen erfasst und entsprechend dokumentiert werden. Wie in Abschnitt 3.2.5 gezeigt wurde, kann hierfür eine *Abhängigkeitsmatrix* erstellt werden. Diese dient als Grundlage zur Unterstützung der Koordination des Projekts gemäß dem in Abbildung 1.4-2 dargestellten Modell.

# 4 Grundlagen zur Entwicklung des Systemkonzepts

Aufbauend auf den Angaben aus dem Katalog von Systemanforderungen und den weiteren Erkenntnissen aus der Soll-Analyse wird das Systemkonzept entwickelt. Dieses wird wiederum zu einem späteren Zeitpunkt als Basis für die Ausschreibung bei der Beschaffung von Systemkomponenten dienen. Ein Netzwerk eines Unternehmens oder einer anderen Organisation ist ein sehr komplexes Gebilde, sodass sich dessen Systemkonzept aus mehreren Komponenten, die als *Teilsystemkonzepte* angesehen werden können, zusammensetzt. Um ein Netzwerkprojekt effektiv durchzuführen, ist eine vernünftige Zerlegung – also eine *Dekomposition* – des Gesamtkonzepts auf mehrere kleinere Teilsystemkonzepte, die bestimmte Netzwerkbereiche betreffen, erforderlich.

*Bedeutung der Dekomposition des Systemkonzepts*

Die Lösungen unternehmensweiter Netzwerke erfordern Systemkomponenten, die neben Migrationsmöglichkeiten ebenso auf zukünftige Technologien gerichtet sind und über die nächsten Jahre auch wirtschaftliche Vorteile bieten sollen. Die grundlegende Voraussetzung für ein zufriedenstellendes Systemkonzept eines Netzwerks ist daher die Berücksichtigung neuer Entwicklungen, eine gute Planung und ein bis in alle Details durchdachtes Systemkonzept, welches eine Realisierung sicherstellt, die den zuvor definierten Systemanforderungen zukünftig gerecht wird.

*Zukunftssicheres Netzwerk als Ziel*

Dieses Kapitel vermittelt wichtige Grundlagen zur Entwicklung von Systemkonzepten für Netzwerke. Nach einer kurzen Charakterisierung einzelner Teilsystemkonzepte im Abschnitt 4.1 liefert Abschnitt 4.2 grundlegende Informationen über physikalische Netzwerkinfrastrukturen. Dem Design von Datacenter-Netzwerken widmet sich Abschnitt 4.3. Auf wichtige Aspekte der logischen Netzwerkstrukturierung – u.a. die Bildung von VLANs – geht Abschnitt 4.4 ein. Den Lösungen für die Sprachkommunikation, für die Bereitstellung der Internetdienste und der Datensicherung widmen sich die Abschnitte 4.5, 4.6 und 4.7. Abschließende Bemerkungen präsentiert Abschnitt 4.8.

*Überblick über das Kapitel*

Dieses Kapitel geht u.a. auf die folgenden Fragestellungen ein:

*Ziel dieses Kapitels*

- Welche Teilkonzepte gehören zum Gesamtkonzept eines Netzwerks und was muss bei deren Entwicklung berücksichtigt werden?
- Welche technischen Besonderheiten und Strategien sind bei der Konzeption der physikalischen Netzwerkstruktur zu beachten?
- Wie lassen sich Ideen zum Aufbau von Netzwerken in Datacentern umsetzen?
- Welche Möglichkeiten gibt es, große Netzwerke logisch zu strukturieren?
- Wie könnte das Konzept für Sprachkommunikation nach VoIP aussehen?
- Wie kann man Internetdienste einrichten und welche technischen Aspekte sollte man hierbei berücksichtigen?

## 4.1 Komponenten des Systemkonzepts

**Dekomposition des Systemkonzepts**

Die Netzwerke werden immer komplexer – insbesondere in großen Unternehmen. Um deren Design bzw. Redesign zu erleichtern, wurde im Abschnitt 1.4 (s. Abb. 1.4.-1) vorgeschlagen, das ganze Netzwerk auf mehrere Funktionsbereiche so aufzuteilen, dass man das ganze Systemkonzept eines Netzwerks auf mehrere Teilkonzepte dekomponieren und die einzelnen Teilkonzepte möglichst zeitlich „parallel" entwickeln kann. Demzufolge setzt sich das Systemkonzept eines Netzwerks aus mehreren Bestandteilen zusammen, die als dessen Komponenten angesehen werden können. In diesem Abschnitt möchten wir die einzelnen Komponenten des Systemkonzepts einer Netzwerkinfrastruktur kurz charakterisieren; Abbildung 4.1-1 zeigt hierfür deren Auflistung.

```
                              Netzwerkfunktionsbereiche
                         ┌─[1]─ Konzept der physikalischen Netzwerkstruktur
                         ├─[2]─ Konzept des IP-Kommunikationssystems
    Komponenten          ├─[3]─ Konzept der Sprachkommunikation
        des        ⇒     ├─[4]─ Konzept für Internetdienste
    Systemkonzepts       ├─[5]─ Konzept für N&S-Management
                         ├─[6]─ Konzept für Netzwerksicherheit
                         └─[7]─ Konzept der Datensicherung
```

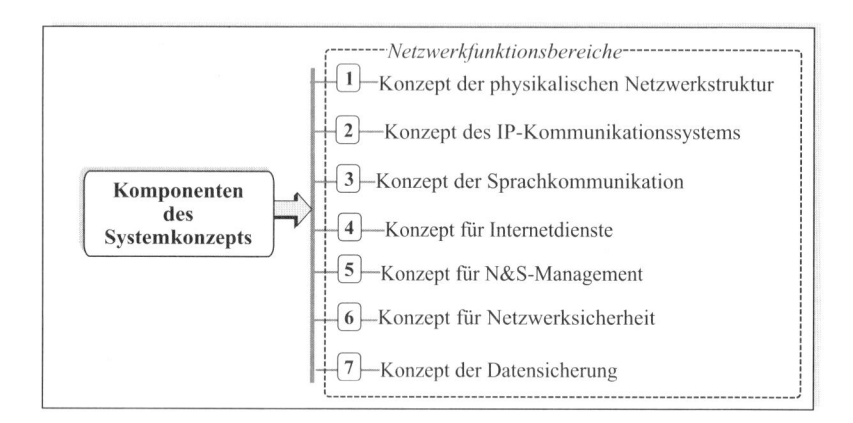

**Abb. 4.1-1:** Komponenten des Systemkonzepts einer Netzwerkinfrastruktur

**Teilkonzepte:**

Das Gesamtkonzept einer unternehmensweiten Netzwerkinfrastruktur setzt sich aus mehreren Teilkonzepten zusammen; im Einzelnen sind dies:

**Physikalische Netzwerkstruktur**

1. **Konzept der physikalischen Netzwerkstruktur:** Die erste große Aufgabe beim Aufbau eines Netzwerks ist die Entwicklung eines Konzepts für seine physikalische Struktur. Hierzu gehören u.a. die folgenden zwei Teilkonzepte:

    ■ *Physikalische Netzwerkstrukturierung*
    Durch die Entwicklung des Konzepts für die physikalische Struktur eines Netzwerks wird u.a. festgelegt, welche Netzwerkkomponenten (wie Layer-2-, Layer-2/3- Switches, Router) zum Einsatz kommen[1] und wo sie installiert werden. Die physikalische Struktur beschreibt auch, wie die einzelnen physikalischen Netzwerksegmente miteinander vernetzt sind, und muss selbstverständlich entsprechend an die Unternehmensstruktur angepasst werden. Sie dient als Grundlage bei der Planung und Verlegung der Verkabelung.

---

[1] Die Funktionsweise von Netzwerkkomponenten Layer-2- und Layer-2/3-Switches wird im Abschnitt 9.2 dargestellt.

- *Verkabelung*
  Von großen Auswirkungen auf das Netzwerk ist seine Verkabelung. Sie wird als passive Netzwerkinfrastruktur angesehen, muss geeignet strukturiert sein und die benötigte Bandbreite garantieren. Durch die Standards für Verkabelung wird die Planung der passiven Netzwerkinfrastruktur erleichtert. In Netzwerken wird Gigabit Ethernet (GE) „breit" eingesetzt, sodass Übertragungsbitraten bis in den Gbit/s-Bereich sogar im Etagenbereich unterstützt werden müssen. Aus diesem Grund sollten bereits bei der Planungsphase der Verkabelung die aktuell besten Übertragungsmedien zugrunde gelegt werden, um die Basis für eine zukunftssichere Verkabelung zu gewährleisten. Die Voraussetzung ist hierbei eine Berücksichtigung aller Verkabelungsparameter. Auf das Konzept der Verkabelung geht Abschnitt 4.2.2 kurz ein.

2. **Konzept des IP-Kommunikationssystems:** Alle modernen Netzwerke nutzen heutzutage das Internetprotokoll IP zur Übermittlung aller Arten von Informationen (Daten, Sprache, Video). Jedes leistungsfähige unternehmensweite IP-Netzwerk ist folglich ein *IP-Kommunikationssystem* und muss entsprechend physikalisch und logisch strukturiert werden. Beim Design eines Netzwerks ist somit zwischen physikalischer und logischer Netzwerkstrukturierung zu unterscheiden. Parallel zur Konzeption der physikalischen Struktur eines Netzwerks muss auch das Konzept für seine logische Struktur und den IP-Adressierungsplan entwickelt werden. *(IP-Kommunikationssystem)*

- *Logische Netzwerkstrukturierung*
  Die logische Struktur eines IP-Netzwerks beschreibt, wie dieses Netzwerk – oft auch LAN (*Local Area Network*) genannt – auf mehrere als VLANs (*Virtual LANs*) bezeichnete, logische Teile aufgeteilt wird und wie diese Teile miteinander vernetzt werden. Es sei angemerkt, dass ein VLAN in der Regel ein IP-Subnetz darstellt. Die logische Struktur des IP-Netzwerks wird entsprechend im sog. *IP-Adressierungsplan* abgebildet.

- *IP-Adressierungsplan*
  Nach der Festlegung der logischen Struktur des Netzwerks, d.h. nach dessen Aufteilung auf IP-Subnetze, muss der für das ganze Netzwerk zur Verfügung stehende IP-Adressraum auf mehrere, den einzelnen IP-Subnetzen zugewiesene IP-Adressblöcke aufgeteilt werden. Für jeden IP-Adressblock ist die Subnet-ID, quasi als „Vorwahl" des IP-Subnetzes festzulegen. Hierbei muss die Zuordnung von IP-Adressen zu den einzelnen Rechnern in allen IP-Subnetzen entsprechend dokumentiert werden.

Die hier genannten, allgemeinen Design-Aspekte des IP-Kommunikationssystems werden in Abschnitt 4.4 näher erläutert.

3. **Konzept der Sprachkommunikation:** Der Kern des Netzwerkkonzepts ist die Festlegung, welche Systemkomponenten man benötigt und wie sie in das Netzwerk integriert werden, um z.B. Sprachkommunikation beim VoIP-Einsatz zu unterstützen. Dies ist von mehreren Faktoren und insbesondere davon abhängig, welche innovativen *(Sprachkommunikation)*

Applikationen (wie z.B. VoIP-basierte Call-Center-Funktionen, Unified Messaging) zur Verfügung gestellt werden sollen. Die Bestandteile des Konzepts für die Abwicklung der Sprachkommunikation sind:

- *Konzept der Vernetzung von VoIP-Systemkomponenten*
  Dieses Konzept legt u.a. fest, nach welchem Signalisierungsprotokoll VoIP realisiert werden soll, welche Systemkomponenten hierfür benötigt werden und wie diese mit dem restlichen Netzwerk integriert werden sollen?

- *VoIP-Adressierungsplan, Rufnummernplan*
  Es handelt sich hier um die Festlegung des Rufnummernplans. Dieses Konzept ist davon abhängig, ob es sich um eine standortübergreifende VoIP-Systemlösung handelt oder nicht. Es muss geklärt werden, wie die Adressvergabe und -verwaltung für IP-Telefone erfolgt. Wie weit wird die Mobilität von Teilnehmern unterstützt? Bleibt die Rufnummer des IP-Telefons bei Anschlusswechseln standortunabhängig erhalten?

- *Konzept für Gebührenerfassung und -abrechnung*
  Eine wichtige Aufgabe bei der Einführung eines VoIP-Systems im Unternehmen ist das Konzept für Gebührenerfassung und -abrechnung. Hierbei müssen u.a. die folgenden Probleme geklärt werden: Wie werden Amtsgespräche von Mitarbeitern abgerechnet? Werden Einzelverbindungsnachweise erstellt? Wie wird die Gebührenerfassung bei einer standortübergreifenden VoIP-Systemlösung organisiert (zentral, dezentral)?

- *VoIP-Sicherheitskonzept*
  Ein wesentlicher Bestandteil jedes VoIP-Systemkonzepts ist das Sicherheitskonzept, um potenzielle Gefahren und Risiken, die wie etwa durch das Abhören der Sprachkommunikation bzw. durch die sog. DoS-Attacken (*Denial of Service*) entstehen können, zu vermeiden. Das Sicherheitskonzept hat daher bestimmte Auswirkungen auf das Konzept der Vernetzung von Systemkomponenten (wie z.B. VoIP-Server, Authentifizierungsserver etc.).

Das Konzept der Sprachkommunikation beim VoIP-Einsatz wird in Abschnitt 4.5 näher dargestellt.

**4. Konzept für die Bereitstellung der Internetdienste:** Unternehmensnetzwerke, die keine Verbindung zum Internet haben, um den Mitarbeitern Zugang zum Internet zu verschaffen, aber auch externen Kunden und Partnern Internetdienste anzubieten, sind mittlerweile undenkbar geworden. Die daher erforderliche Integration der Internetdienste in das Netzwerkkonzept sollte darum umfassen:

- *Konzept des Internetzugangs*
  Der Internetzugang sollte unterbrechungsfrei gewährleistet werden und genügend Leistungsreserven für die Bereitstellung und Nutzung von Internetdiensten im Unternehmen bieten. Sowohl Ausfallsicherheit als auch Lastverteilung für die Gewährleistung der erforderlichen Performance lassen sich durch redundante Anbindung des Unternehmens und Zweigstellen über mehrere ISPs an das Internet realisieren.

- *Organisation der DMZ (Demilitarisierte Zone)*
  Eine wichtige Anforderung beim Betrieb von Internetdiensten ist, nicht zuletzt aufgrund zunehmender Angriffe und Risiken, deren Sicherheit. Hierfür können mehrstufige Firewall-Systeme geplant und realisiert werden. Dadurch können Internetdienste, die sowohl von externen als auch internen Benutzern verwendet werden (wie etwa DNS, E-Mail), sicher bereitgestellt werden, ohne das interne Unternehmensnetz vor böswilligen Angriffen zu entblößen.

- *Bereitstellung der Webdienste*
  Viele Internetdienste bilden heute de facto Webdienste, z.B. in Form von Web-Anwendungen, die vom Unternehmen über das Internet bereitgestellt oder genutzt werden. Diese Anwendungen sind häufig eng mit Geschäftsprozessen verzahnt und müssen den Anwendern daher eine hohe Performance bieten. Hierfür sind leistungsfähige und ausfallsichere Webserver sowie Lösungen für die Lastverteilung (vgl. Web-Switching und -Caching) erforderlich. Darüber hinaus bilden Webdienste in der Regel ein Einfallstor für Angriffe, da sie bewusst extern zugänglich sein sollen. Geeignete Web-Sicherheitslösungen wie z.B. Web Application Firewalls und Security Audits der Anwendungen helfen dabei, dieses Risiko zu minimieren.

- *Bereitstellung der E-Maildienste*
  Eine unterbrechungsfreie Bereitstellung von E-Maildiensten erfordert die Realisierung von redundanten E-Maileingangs- und -ausgangsservern. Für eine Steigerung der Leistungsfähigkeit der E-Maildienste kann hierbei auch eine Lastverteilung über mehrere Server implementiert werden. Dabei sollte eine skalierbare Filterung von Spam und Viren bzw. Schadsoftware aus den E-Mails erzielt werden.

Lösungen für eine Bereitstellung der Internetdienste zeigt Abschnitt 4.6.

5. **Konzept für das Netzwerk- und Systemmanagement:** Der nachhaltige Betrieb des Netzwerks wird durch ein Netzwerkmanagement gewährleistet. Dies beinhaltet auch die Anbindung des Systemmanagements, in dem die betriebenen Client- und Server-Systeme verwaltet werden. Hierzu gehören u.a. die folgenden zwei Teilkonzepte:

Netzwerk- und Systemmanagement

- *Konzept für das Netzwerkmanagement*
  Das Netzwerkmanagement bildet eine Schlüsselfunktion für den langfristigen nachhaltigen Betrieb des Netzwerks. Häufig wird in diesem Bereich vom FCAPS-Modell des ISO Telecommunication Management Network (TMN) gesprochen, nach dem das Netzwerkmanagement ein Fault, Configuration, Accounting, Performance und Security Management umfasst.[2] Ein anderes kunden- bzw. geschäftsprozessorientiertes Modell liefert das FAB-Modell der Enhanced Telecom Operations Map (eTOM),[3] welches Fulfillment, Assurance und Billing von Geschäftsprozessen durch das Netzwerk beschreibt. Beide Modelle beziehen sich auf den störungsfreien

---

[2] Nähere Informationen zum FCAPS Paradigma können unter `http://de.wikipedia.org/wiki/FCAPS` nachgelesen werden.
[3] Unter `http://en.wikipedia.org/wiki/Enhanced_Telecom_Operations_Map` wird das TOM Modell wird detailliert beschriebenen.

und nachhaltigen Betrieb der Netzwerke. Unterschiedliche Managementplattformen und -werkzeuge können für das Netzwerkmanagement und -monitoring verwendet werden.

- *Konzept für das Systemmanagement*
Für die Verwaltung von Systemen in IT-Infrastrukturen existiert eine Vielzahl von Systemmanagementwerkzeugen. Diese ermöglichen die zentrale Verwaltung (Asset-Management) von Clients und Servern im Netzwerk sowie deren Konfiguration, Sicherheit (vgl. Patches), installierte Software und beispielsweise angebundene Storage-Systeme. Durch das Systemmanagement kann eine große Zahl von Systemen (darunter auch netzwerkrelevante Dienste und Komponenten) über eine einheitliche Managementplattform verwaltet werden. Für kleine Unternehmen lohnt sich der Betrieb eines Systemmanagements häufig nicht, bzw. dessen Aufgaben können hier vom Netzwerkmanagement in rudimentärer Form mit erbracht werden.

Eine ausführliche Beschreibung des Netzwerk- und Systemmanagements über den Bereich der Netzwerkprojekte hinaus würde den Rahmen dieses Buches sprengen.[4] Für eine detaillierte Beschreibung sei daher z.B. auf [Schw 05] und [HeNA 00] verwiesen.

**Netzwerksicherheit**

6. **Konzept für die Netzwerksicherheit:** Heutige Netzwerke und verteilte Systeme sind einer Vielzahl von Angriffen ausgesetzt. Bei der Planung und Durchführung von Netzwerkprojekten ist daher ein Konzept für die Netzwerksicherheit von entscheidender Bedeutung. Der Entwicklung dieses Konzepts wird Kapitel 6 gewidmet.

**Datensicherung**

7. **Konzept der Datensicherung**: Bei einem Ausfall – z.B. eines Servers – oder einem anderen Desaster im Netzwerk können wichtige Daten schnell verloren gehen. Um diese Daten vor dem Verlust zu schützen, sollte man möglichst regelmäßig eine Datensicherung – auch als *Backup* bezeichnet – auf einem externen Speichermedium vornehmen, damit man diese immer wiederherstellen kann. In jedem Netzwerkprojekt muss somit ein *Konzept(Plan) für Datensicherung* erstellt werden. Weil bei der Datensicherung – in der Regel – nur eine Momentaufnahme des Datenbestandes gesichert wird, sollte man die Datensicherung nicht mit einer langfristigen Archivierung von Daten gleichsetzen. Einige der gesicherten Daten müssen zusätzlich archiviert werden.

Das Konzept der Datensicherung muss u.a. spezifizieren, welche Daten warum gesichert werden müssen, welche Systemkomponenten (Speichersysteme, Programme etc.) dafür eingesetzt werden und wie sollen die Speichersysteme mit gesicherten Daten selbst gesichert werden sollen (s. Abschnitt 4.7).

Es sei hervorgehoben, dass das Notfallhandbuch (s. Abschnitt 8.6.3) – auch als *Disaster Recovery Plan* bezeichnet – mit Sicherungsstrategien für verschiedene Notfall- und Desasterszenarien u.a. auch ein Konzept für die Datensicherung enthalten muss.

---

[4] Ein wichtiger Teil des Netzwerkmanagements ist die Unterstützung der Netzwerkdokumentation, wie sie beispielsweise in Abb. 5.1-7 dargestellt wird.

## 4.2 Physikalische Netzwerkinfrastrukturen

Die erste Aufgabe beim Aufbau einer Netzwerkinfrastruktur, um einerseits Netzwerkkomponenten wie Layer-2- und Layer-3-Switches sowie Router vernetzen und andererseits verschiedene Server und Arbeitsplatzrechner an das Netzwerk anschließen zu können, ist das Verlegen einer universellen Verkabelung; diese wird als *passive Netzwerkinfrastruktur* angesehen. Durch die Standards für Verkabelung wird die Planung der Verkabelung erleichtert. Mit der Vernetzung von Netzwerkkomponenten entsteht bereits ein „reines" physikalisches Netzwerk – also eine *aktive Netzwerkinfrastruktur*. Weil die Art und Weise der Vernetzung von Netzwerkkomponenten die Struktur der Verkabelung bestimmt, werden in diesem Abschnitt die passive und die aktive Netzwerkinfrastruktur wie eine „funktionelle Einheit" betrachtet; und diese Einheit wird als *physikalische Netzwerkinfrastruktur* bezeichnet.

Die heute installierten Netzwerke basieren ausschließlich auf der Ethernet-Technologie. Vorrangig werden 1 Gigabit- und 10 Gigabit-Ethernets eingesetzt, sodass sogar im Etagenbereich nicht selten Übertragungsbitraten bis in den Gbit/s-Bereich unterstützt werden müssen. Aus diesem Grund sollten bereits in der Planungsphase alle neuen Ethernet-Standards zugrunde gelegt werden, um damit die Basis für ein zukunftssicheres Netzwerk zu gewährleisten.

*Ethernet als Basistechnologie*

Allgemein betrachtet sollten die physikalische Netzwerkstruktur und folglich auch die Verkabelung als ein hierarchisch strukturiertes und für zukünftige Kommunikationstechnologien offenes System aufgebaut werden. Die typischen Projektanforderungen an die *„flexible und zukunftssichere Verkabelung"*, als Grundlage für die *„physikalische Netzwerkstruktur"*, wurden bereits in einer kurzen Form in Tabelle 3.4-1 zusammengestellt. Im Allgemeinen sollte man beim Design von physikalischen Netzwerkstrukturen folgende Prinzipien beachten:

*Anforderungen an die physikalische Netzwerkstruktur*

1. *Hierarchische Struktur* – Um die Skalierbarkeit und daher auch die Erweiterbarkeit des Netzwerks zu garantieren, sollte seine physikalische Struktur hierarchisch aufgebaut sein;

2. *Modularität* – Um die Administration und das Management des Netzwerks zu erleichtern, sollte man einen modularisierten Aufbau aus typischen und zukunftssicheren Netzwerkkomponenten anstreben;

3. *Betriebssicherheit* – Sie wird u.a. durch die redundante Auslegung von Netzwerkkomponenten und somit durch die Ausfallsicherheit garantiert;

4. *Flexibilität* – Sie ist nötig, um vorhandene Netzwerkressourcen möglichst immer auch bei wechselnden Bedingungen effektiv nutzen zu können, um das Netzwerk an wechselnde Herausforderungen anzupassen und damit die Adaptierbarkeit gewährleisten zu können.

Im Weiteren wollen wir die notwendigen Grundlagen liefern und typische Lösungen vorstellen, um diese Prinzipien zu verwirklichen.

## 4.2.1 Physikalische Netzwerkstrukturierung

**Kommunikationsarten: Client-Server und Client-Client**

Jedes Netzwerk wird mit dem Ziel eingerichtet, einerseits den Arbeitsplatzrechnern von Benutzern – als sog. *Client-Rechnern* – Zugriff auf verschiedene gemeinsame *Server* sowie andere Netzwerkressourcen zu ermöglichen. Diese Zielvorstellung verwirklichen verschiedene Client-Server-Anwendungen und dabei findet eine *Client-Server-Kommunikation* statt. Andererseits muss in jedem Netzwerk die Möglichkeit bestehen, dass jeder Client-Rechner mit einem anderen Client-Rechner kommunizieren kann, beispielsweise, falls Client-Rechner auch als VoIP-Telefone fungieren und zwei Benutzer per VoIP telefonieren wollen. Diese Art der Kommunikation wird im Weiteren als *Client-Client-Kommunikation* bezeichnet. Die Notwendigkeit, diese beiden Arten der Kommunikation in Netzwerken zu unterstützen, beeinflusst u.a. die *physikalische und logische Netzwerkstrukturierung*. Diese Aspekte werden jetzt näher dargelegt.

### Funktionsbereiche in Netzwerken

**Grundlegendes Netzwerkmodell**

Unternehmensweite Netzwerke werden heute in der Regel nicht mehr „auf der grünen Wiese" installiert, sondern neue Installationen müssen die bereits bestehende Infrastruktur unter Berücksichtigung unterschiedlicher Randbedingungen optimal ergänzen. Um die Skalierbarkeit der Netzwerke zu garantieren, sollte jedes Netzwerk strukturiert aufgebaut sein. Betrachtet man ein Netzwerk im Hinblick auf die Funktionen, die es erbringen muss, dann kann es auf einige typische Funktionsbereiche aufgeteilt werden. Diese sind vollkommen davon unabgängig, ob es sich um ein Netzwerk in einem Gebäude oder um ein mehrere Gebäude umfassendes Netzwerk handelt. Abbildung 4.2-1 illustriert die grundlegenden Funktionsbereiche in Netzwerken.

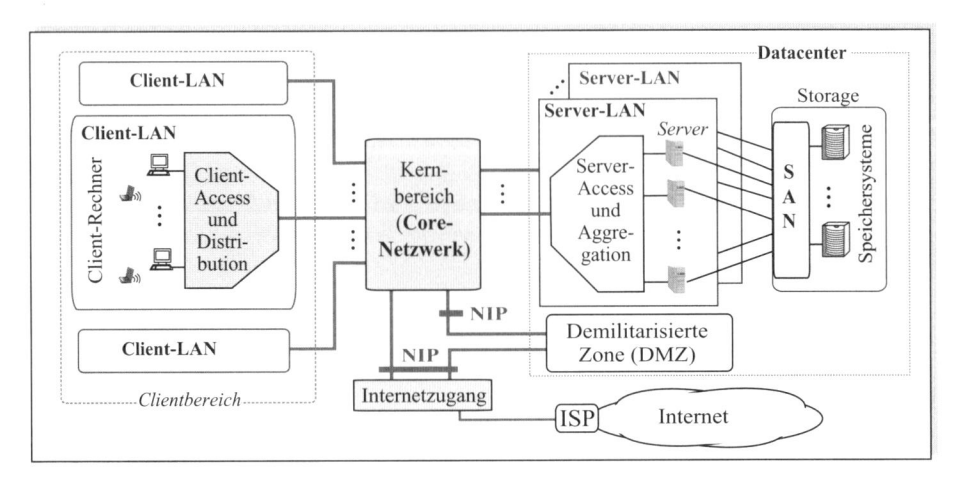

**Abb. 4.2-1:** Allgemeine Struktur von Netzwerken und deren typische Funktionsbereiche
ISP: Internet Service Provider, NIP: Network Intrusion Prevention

In jedem Netzwerk sind die folgenden Funktionsbereiche zu unterscheiden:

- *Clientbereich als Client-LAN(s)* – Zu diesem Bereich gehören alle als *Client-Rechner* bezeichneten Arbeitsplatzrechner und somit alle Netzwerkkomponenten, mithilfe derer Client-Rechner an das Netzwerk angebunden werden[5], untereinander kommunizieren können und den Zugriff sowohl auf die im Datacenter untergebrachten Server als auch auf sämtliche Internetdienste haben. Der Clientbereich kann im Allgemeinen aus mehreren Client-LANs bestehen. Als *Client-LAN* wird hier ein LAN in einem Gebäude verstanden, das durch eine Vernetzung von Switches – insbesondere von L2- und L2/3-Switches – gebildet wird. Hierbei kann man die Switches zwei verschiedenen Layern zuordnen, und zwar einem *Client Access Layer* und einem *Distribution Layer* – s. hierzu Abbildung 4.2-2.

  Client-LAN: Vernetzung von Client-Rechnern in einem Gebäude

- *Datacenter (Serverbereich)*[6] – Zum Datacenter gehören alle Server und solche Netzwerkkomponenten, mithilfe derer Server an das Netzwerk angebunden sind, Daten zwischen Servern transferiert werden und der Zugriff auf Server sowohl seitens der Clients als auch vom Internet aus erfolgen kann. Der Netzwerkteil, über den die im Datacenter untergebrachten Server Zugang zum Core-Netzwerk haben, damit sie dadurch mit Rechnern in allen Client-LANs und am Internet kommunizieren können, wird im Weiteren als *Server-LAN* bezeichnet. Allgemein gesehen kann ein Datacenter aus mehreren, über das Core-Netzwerk verbundenen Server-LANs „bestehen". Diese können sogar in verschiedenen Gebäuden aufgebaut werden, wodurch verteilte Datacenter realisiert werden. Die im Server-LAN eingesetzten Switches bilden die folgenden zwei Layer: *Server Access Layer* und *Aggregation Layer* (vgl. Abb. 4.2-2). Um Daten auf den Servern einheitlich bereitzustellen und zu verwalten, können Server über sog. SAN (*Storage Area Network*) mit Speichersystemen kommunizieren.[7]

  Server-LAN: Anbindung von Servern an Core-Netzwerk

- *Demilitarisierte Zone (DMZ)* – Eine DMZ stellt eine „Pufferzone" im Netzwerk dar, in der spezielle Server – wie z.B. DNS-, FTP-, E-Mailserver – untergebracht werden, um öffentlich aus dem Internet erreichbare Dienste erbringen zu können. Jede DMZ muss derartig eingerichtet werden, dass Rechner aus dem Internet auf Server in der DMZ zugreifen können, z.B. um beim DNS-Server die IP-Adresse des in der DMZ installierten Webservers abzufragen. Die DMZ wird in der Regel im Datacenter untergebracht.

  DMZ als "Pufferzone" im Netzwerk

- *Internetzugang* – Dieser Funktionsbereich wird in der Regel durch eine redundante Auslegung von Routern realisiert. Der Übergang vom Internetzugang zum restli-

---

[5] Hervorzuheben hier ist die Anbindung von mobilen Endgeräten – vgl. Notebooks, Smartphones, Tablets – über WLANs (*Wireless LANs*) an das Netzwerk (s. Abb. 4.2-2).
[6] In einigen Situationen ist es sinnvoll, das Datacenter (DC bzw. Rechenzentrum) nicht nur an einer zentralen Stelle einzurichten, sondern dieses – z.B. aus Sicherheitsgründen – auf mehrere Standorte zu verteilen. Man unterscheidet daher zwischen *zentralisierten Datacentern* CDC (*Centralized DC*) und *verteilten Datacentern* DDC (*Distributed DC*).
[7] Die Speichersysteme, die Daten langfristig und sicher aufbewahren, werden in der Regel in Form von RAID-Systemen (*Redundant Array of Independent Disks*) eingerichtet – siehe z.B. http://de.wikipedia.org/wiki/RAID.

chen Netzwerkteil soll über ein *Network Intrusion Prevention System* (NIP-System)[8] erfolgen, um bösartige Angriffe aus dem Internet zu verhindern.

Core-Netzwerk als zentrale „Drehscheibe"

■ *Kernbereich (Core-Netzwerk)*[9] – Diesen Funktionsbereich bilden die zentralen Netzwerkkomponenten, über die die anderen Netzwerkbereiche – d.h. in mehreren Gebäuden eingerichteten Client-LANs, Server-LAN aus dem Datacenter und Internetzugang-Bereich – miteinander integriert sind. Das Core-Netzwerk kann als zentrale „Drehscheibe" im Netzwerk angesehen werden.

Die Kommunikation in Netzwerken verläuft zwischen Client-Rechnern und zentralen im Datacenter installierten Servern überwiegend so, dass die Aufgabe von Switches sowohl im Clientbereich als auch im Datacenter hauptsächlich darin besteht, zuerst in Richtung Core-Netzwerk verlaufende Ströme von Ethernet-Frames zu aggregieren und dann diese aus dem Core-Netzwerk kommenden, aggregierten Ströme wiederum auf kleinere, zu einzelnen Zielen gerichtete Ströme von Ethernet-Frames aufzuspalten. Die optische Darstellung der Vernetzung von Switches in Client- und Server-LANs in Abbildung 4.2-1 soll dies symbolisieren.

## Strukturierter Aufbau eines Netzwerks

Allgemeine Netzwerkstruktur

In Anlehnung an Abbildung 4.2-1 illustriert Abbildung 4.2-2 das allgemeine Prinzip, nach dem Netzwerke heutzutage aufgebaut werden – unabhängig davon, ob es sich um ein Netzwerk in einem Gebäude oder um ein Netzwerk, das mehrere Gebäude umfasst, handelt. Hervorzuheben ist aber noch, dass die hier dargestellte Netzwerkstruktur keine redundanten Komponenten enthält und folglich wegen möglichen Ausfällen keine hohe Verfügbarkeit der Netzwerkdienste garantieren kann. Auf die Netzwerkstruktur mit redundanten Komponenten gehen wir im Weiteren näher ein (s. Abb. 4.2-9).

Access Layer

Um die Arbeitsplatzrechner als Client-Rechner und andere Endkomponenten – wie z.B. IP-Telefone, Drucker – sowie mehrere Access-Points für die Bereitstellung von WLANs über entsprechende Steckdosen an das Netzwerk anzubinden, werden in der Regel Layer-2-Switches (kurz *L2-Switches* genannt) eingesetzt. Diese bilden einen *Client Access Layer*. Aus diesem Grund werden die zu diesem Layer gehörenden Switches auch als *Access Switches* bezeichnet.

Distribution (Aggregation) Layer

Um die Kommunikation zwischen Rechnern, die über verschiedene Access Switches an das Netzwerk angebunden sind, zu ermöglichen, werden die Access Switches an sog. *Distribution Switches*[10] angeschlossen, welche einen *Distribution Layer* bilden.

---

[8] Eine Firewall stellt nur eine Sonderform eines NIP-Systems dar.
[9] Noch in den 90er Jahren wurde nicht vom Kernbereich gesprochen, sondern vom *Backbone-Bereich*.
[10] Die Funktion von Distribution Switches hängt von der Größe des Netzwerks ab. In einem kleinen Netzwerk, z.B. in einem Gebäude und ohne Bildung von IP-Subnetzen, kann als Distribution Switch auch ein Layer-2-Switch dienen. In größeren Netzwerken mit IP-Subnetzen in Form von sog. VLANs (*Virtual LAN*) ist im Distribution Switch eine Routing-Funktion nötig. Als Distribution

Wie der Name „*Distribution Switch*" bereits andeutet, dient dieser als Distributionspunkt zwischen Access Switches. Andererseits aggregiert (konzentriert) der Distribution Switch den von Access Switches ankommenden Datenverkehr, der zu Servern und in das Internet geführt werden soll. Folglich realisiert jeder Distribution Switch auch eine Aggregation des Datenverkehrs. Deswegen werden die Distribution Switches seitens von Servern – also im Server-LAN – als *Aggregation Switches* bezeichnet und demzufolge spricht man im Server-LAN von einem *Aggregation Layer*.

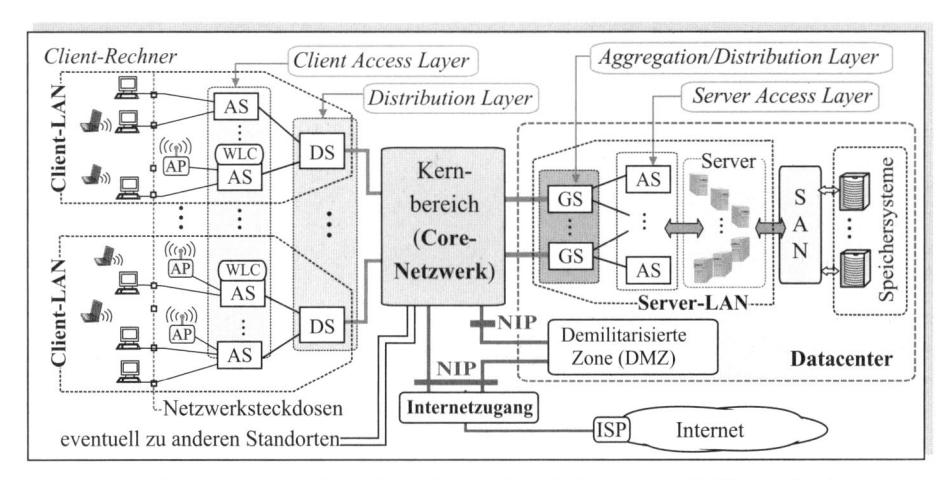

**Abb. 4.2-2** Strukturierter Aufbau eines Netzwerks – in Form einer Multilayer-Struktur
AP: Access Point, AS: Access Switch, DS: Distribution Switch, GS: Aggregation Switch, SAN: Storage Area Network, WLC: WLAN Controller weitere Abkürzungen wie in Abb. 4.2-1

**Bemerkung:** Die Layer *Access* und *Distribution/Aggregation* sowie Core-Netzwerk stehen zueinander in einer Hierarchie und zwar: Access Layer bildet die unterste Hierarchiestufe, Distribution/Aggregation Layer stellt die nächste Stufe dar und Core-Netzwerk bildet die oberste Hierarchiestufe also die Spitze.

Bei der Planung einer kostengünstigen Netzwerkstruktur werden bestimmte Anforderungen an die eben genannten Netzwerk-Layer gestellt. Und zwar sollte man durch den Einsatz von Access Switches die Möglichkeit haben, viele Anschlüsse zu geringen Kosten zur Verfügung zu stellen.[11] Die Distribution Switches besitzen weniger Ports, aber sie müssen hingegen einen hohen Durchsatz wegen der Aggregation des Datenverkehrs gewährleisten.

Wie aus Abbildung 4.2-2 ersichtlich ist, hat der Kernbereich (Core-Netzwerk) die folgenden drei wichtigen Funktionen zu erfüllen:

Funktion vom Kernbereich

■ die Distribution-Switches miteinander so zu vernetzen, dass eine uneingeschränkte Kommunikation zwischen Client-Rechnern in mehreren, z.B. in verschiedenen Ge-

---

Switches werden oft sog. *Multilayer-Switches* (d.h. Layer-2- und Layer-3-Switches, kurz *L2/3-Switches*) eingesetzt – s. Abschnitt 9.2.

[11] In diesem Zusammenhang spricht man von *hoher Portdichte* in L2-Switches – z.B. 48 Ports mit 10/100 Mbit/s in einem Switch.

bäuden installierten Client-LAN garantiert werden kann. Die Kommunikation zwischen Client-Rechnern aus verschiedenen Client-LANs verläuft somit über das Core-Netzwerk;

- den Client-Rechnern den Zugang zum Server-LAN mit allen dort untergebrachten Servern zu gewährleisten, damit die Client-Server-Kommunikation stattfinden kann, und

- sowohl den Client-Rechnern als auch den im Datacenter untergebrachten Servern die Kommunikation mit den Rechnern im Internet zu ermöglichen.

**Core-Netzwerk als „Autobahn"**

Das Core-Netzwerk als Kernbereich stellt einen Netzwerkteil dar, der mit einer „Autobahn" vergleichbar ist. Dieser Bereich kann in Abhängigkeit von der Netzwerkgröße unterschiedlich gestaltet werden. Im Kernbereich werden heute bereits leistungsfähige Layer-2/3-Switches mit integrierter Routing-Funktion und mit der Unterstützung von GE, 10GE und 40GE und sogar 100GE (*Gigabit Ethernet*) installiert.

Erstreckt sich ein Netzwerk über mehrere Standorte (z.B. Gebäude), kann es sich dann um einen *verteilten Kernbereich* handeln. Mit ihm werden die an einzelnen Standorten installierten Netzwerke miteinander zu einem großen standortübergreifenden Netzwerk verbunden. Erstreckt sich ein Netzwerk aber nur auf ein Gebäude, dann kann der Kernbereich sogar auf der Basis eines einzigen Layer-2/3-Switches realisiert werden (s. Abb. 4.2-4). Um hierbei eine hohe Ausfallsicherheit garantieren zu können, ist es selbstverständlich, dass dieser Switch redundant ausgelegt werden sollte.

## Auf mehrere Gebäude verteilte Netzwerke

Nachdem in Abbildung 4.2-2 die grundlegende Struktur von Netzwerken dargestellt wurde, zeigt Abbildung 4.2-3 die typische physikalische Struktur von Client-LANs in mehreren Gebäuden. Es sei hervorgehoben, dass hier, um das Bild möglichst einfach zu gestalten, auf die Darstellung der redundanten Auslegung von Distribution/Aggregation Switches verzichtet wurde – vgl. hierzu Abbildung 4.2-9.

**Verkabelungsbereiche**

Eine Besonderheit der hier gezeigten Netzwerkstruktur ist, dass zwei Verkabelungsbereiche in jedem Gebäude zu unterscheiden sind, und zwar:

- mehrere Etagenverkabelungsbereiche – auch *Tertiärverkabelung* oder *horizontale Verkabelung* genannt – und

- ein Verkabelungsbereich zwischen Etagen – bezeichnet als *Sekundärverkabelung* oder *vertikale Verkabelung*.

**Tertiärverkabelung**

Die *Tertiärverkabelung* bilden die Verkabelungsstrecken von Netzwerksteckdosen bzw. von Access-Points für WLANs bis zu den aktiven Netzwerkkomponenten – in der Regel zu Layer-2-Switches, die als Access Switches dienen. Die Access Switches werden oft in speziellen Schränken (in sog. *Racks*, genauer 19-Zoll-Racks) untergebracht. In Standards für die Verkabelung nennt man diese Schränke *Etagenverteiler* (*Floor Distributor*) – s. die Abbildungen 4.2-5 und -6.

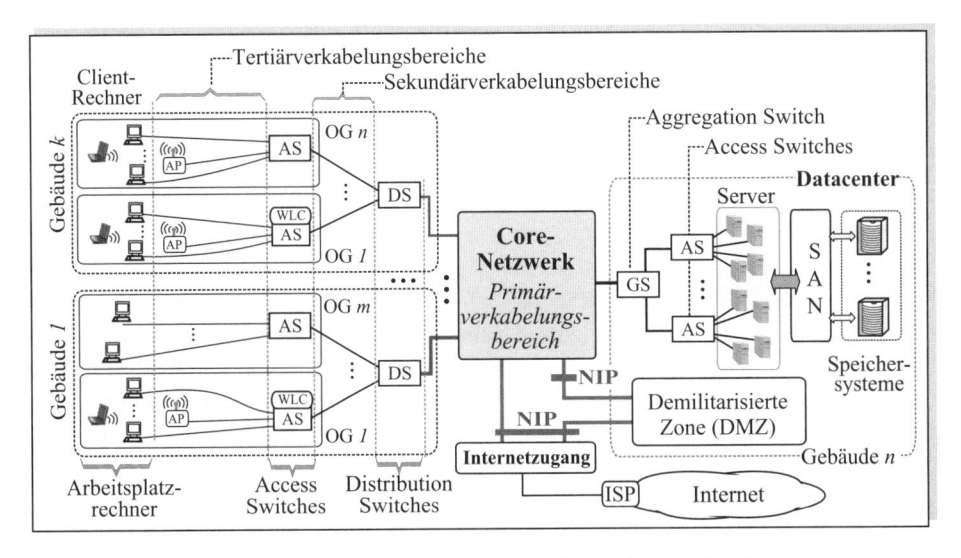

**Abb. 4.2-3** Strukturierter Aufbau eines auf mehrere Gebäude verteilten Netzwerks
OG: Obergeschoss, weitere Abkürzungen wie in Abbildung 4.2-2

Die *Sekundärverkabelung* in jedem Gebäude bildet die Verkabelungsstrecken von Access Switches zu zentralen Netzwerkkomponenten in Gebäuden – oft zu Layer-2/3-Switches, die hauptsächlich als Distribution Switches fungieren. Ebenso wie Access Switches werden auch Distribution Switches in speziellen Schränken untergebracht. Diese Schränke bezeichnet man in Standards für die Verkabelung als *Gebäudeverteiler* (*Building Distributor*) – s. Abbildung 4.2-5.

Sekundärverkabelung

Die Verkabelungsstrecken für die Vernetzung von Netzwerkkomponenten innerhalb des Core-Netzwerks stellen den *Primärverkabelungsbereich* dar.

In gebäudeübergreifenden Netzwerken, die nach dem in Abbildung 4.2-3 gezeigten Prinzip strukturiert sind, erfolgt der Zugang von Client-Rechnern zum Datacenter mit sämtlichen dort untergebrachten Daten über folgende Bereiche:

- zuerst über Tertiärbereiche als Access-Bereiche,
- danach über Sekundärbereiche und
- zum Schluss über das Core-Netzwerk als Primärbereich.

**Bemerkung:** Ebenso wie jedes Landstraßen- und Autobahnennetz ist jedes Netzwerk ein Kommunikationsnetz. Diese verschiedenen Netzarten werden zwar zu unterschiedlichen Zwecken eingerichtet, aber es liegt ihnen die gleiche Logik zugrunde. Hält man sich das Bild vor Augen, dass „alle Wege zu einem an einer Autobahn eingerichteten Shopping Center führen" und vergleicht man eine Verkabelungsstrecke in einem Netzwerk mit einer Straße, fällt einem sofort Folgendes auf: Der Tertiärbereich in Netzwerken entspricht den normalen Landstraßen, der Sekundärbereich den schnellen Bundesstraßen und der Primärbereich den Autobahnen; ein Datacenter würde folglich dem an der Autobahn liegenden Shopping Center

„Netzwerkwelt" und reale Welt

entsprechen. Demzufolge hat das Core-Netzwerk in der „Netzwerkwelt" die gleiche Funktion wie das Autobahnennetz in der realen Welt.

## Auf ein Gebäude begrenzte Netzwerke

Falls ein Netzwerk nur die in einem Gebäude untergebrachten Rechner vernetzt, zeigt Abbildung 4.2-4 ein Beispiel dafür, wie es physikalisch strukturiert werden kann. Da diese Netzwerkstruktur keine redundanten Komponenten enthält, garantiert sie demzufolge keine Ausfallsicherheit und somit auch keine hohe Verfügbarkeit der Netzwerkdienste. Hier sollte insbesondere zum Ausdruck kommen, dass der Kernbereich, über den sowohl der Zugang zum Datacenter als auch zum Internet erfolgt, zwar noch vorhanden ist, er jedoch konzentriert ist und sich oft auf einen Layer-2/3-Switch reduziert.

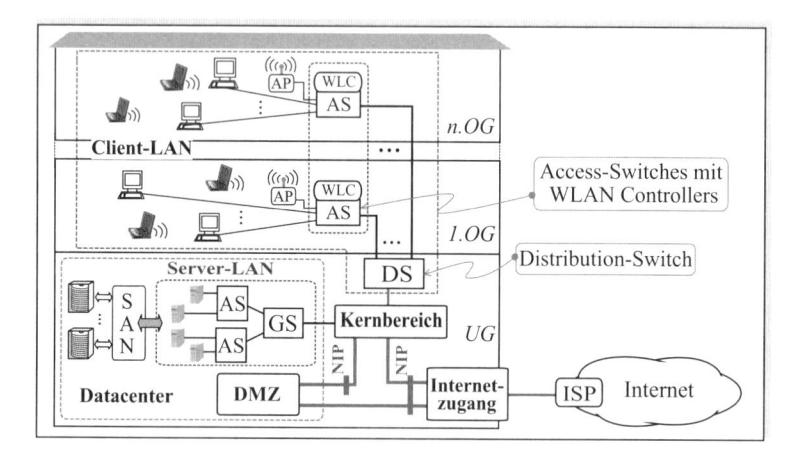

**Abb. 4.2-4:** Strukturierter Aufbau eines Netzwerks in einem Gebäude
O/UG: Ober-/Untergeschoss, Abkürzungen wie in Abbildung 4.2-2

*Gebäudeweite Netzwerke*

Hervorzuheben ist, dass Abbildung 4.2-4 kein reales Netzwerk zeigt, sondern nur die allgemeine Logik, nach der die gebäudeweiten Netzwerke eingerichtet werden können. In realen Netzwerken kann diesbezüglich Folgendes vorkommen:

- Wegen einer großen Anzahl von Rechnern auf einer Etage können auf dieser Etage mehrere Access Switches untergebracht werden.

- Wegen einer kleinen Anzahl von Rechnern auf mehreren benachbarten Etagen kann ein Access Switch – bzw. bei Bedarf auch mehrere – auf einer von diesen Etagen untergebracht werden.

- Auf den einzelnen Etagen werden mehrere kleine Switches – sog. Mini-Switches – verteilt und dann über „größere" Access Switches an entsprechende Distribution Switches angeschlossen – vgl. Abbildung 4.2-7.

- Um eine hohe Verfügbarkeit der Netzwerkdienste zu garantieren, werden die Distribution/Aggregation Switches und die Systemkomponenten aus dem Kernbereich als zentrale Komponenten redundant ausgelegt.

Wird ein Netzwerk nur in einem Gebäude eingerichtet, dann integriert man oft die Distribution Switches mit den Systemkomponenten aus dem Kernbereich.

### 4.2.2 Konzept der strukturierten Verkabelung

Die Skalierbarkeit des Netzwerks wird durch seine mehrschichtige und baumartige physikalische Netzwerkstruktur sowie durch die Installation einer dieser Struktur angepassten Verkabelung garantiert. In diesem Zusammenhang spricht man auch von *strukturierter Verkabelung*; und diese lässt sich – wie aus Abbildung 4.2-5 hervorgeht – ebenso in drei Hierarchiestufen einteilen, und zwar *Tertiär-*, *Sekundär-* und *Primärverkabelung*. Dieses Konzept möchten wir jetzt etwas näher vorstellen und dabei einige Begriffe, die oft in der Praxis vorkommen, erläutern.

*Hierarchiestufen der Verkabelung*

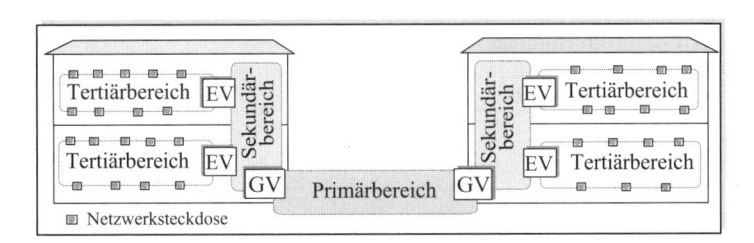

**Abb. 4.2-5:** Prinzip der strukturierten Verkabelung – drei Verkabelungsbereiche
EV: Etagenverteiler, GV: Gebäudeverteiler

Wie Abbildung 4.2-5 zeigt, stellt die erste Hierarchiestufe die Vernetzung von einzelnen Gebäuden dar. Diese Vernetzung bildet den *Primärbereich* im Netzwerk und wird durch eine *Primärverkabelung* zwischen Gebäuden – oft auf einem Gelände (Campusbereich) – realisiert. Um einzelne Gebäude miteinander zu vernetzen, werden entsprechende Netzwerkkomponenten in jedem Gebäude installiert und in sog. *Gebäudeverteilern* (GV) untergebracht. Ist nur ein Gebäude vorhanden, kann dann der zentrale Gebäudeverteiler quasi als Primärbereich betrachtet werden.

*Primärbereich*

Die zweite Hierarchiestufe der Verkabelung stellt die Verkabelung zur Vernetzung von einzelnen Etagen untereinander im Gebäude dar und bildet den *Sekundärbereich*. Die Verkabelung, die zu diesem Bereich gehört, wird als *Sekundärverkabelung* oder *vertikale Verkabelung* bezeichnet. Die Sekundärverkabelung verbindet Gebäudeverteiler mit *Etagenverteilern* (EV)[12].

*Sekundärbereich*

Die dritte Hierarchiestufe repräsentiert die Verkabelung für die Anbindung von Netzendpunkten, d.h. von Netzwerksteckdosen bzw. von Mini-Switches, an Etagenverteiler

*Tertiärbereich*

---

[12] Statt *Etagenverteiler* wird auch manchmal der Begriff *Bereichsverteiler* verwendet.

bzw. an den Gebäudeverteiler, falls es keine Etagenverteiler gibt. Diese Hierarchiestufe bildet den *Tertiärbereich*. In Etagenverteilern werden die aktiven Netzwerkkomponenten – in der Regel die Layer 2-Switches als Access Switches (s. Abb. 4.2-3) – für den Anschluss von Client-Rechnern und anderen Endsystemen untergebracht. Die Verkabelung im Tertiärbereich nennt man *Tertiärverkabelung*, die auch als *Etagenverkabelung* oder *horizontale Verkabelung* bezeichnet wird.

**Standortverteiler**

Falls ein Netzwerk ein zentralisiertes Datacenter im „Hauptgebäude" enthält, wird dort ein Konzentrationspunkt geschaffen, wo eventuell ein sog. *Standortverteiler* (SV) mit zentralen Netzwerkkomponenten installiert wird. Ein Gebäudeverteiler im Gebäude mit dem Datacenter kann eventuell auch gleichzeitig als Standortverteiler dienen.

## Verkabelung in einem Gebäude

Abbildung 4.2-6 zeigt ein Beispiel für die strukturierte Verkabelung in einem Gebäude. In Etagenverteilern werden hier aktive Netzwerkkomponenten (oft Layer-2-Switches als Access Switches) untergebracht.[13] Der Etagenverteiler enthält die mechanischen Auflagepunkte als *Anschlussdosen* in Form eines sog. *Patchfelds* (Rangierfelds) bestehend aus mehreren Patchpanels für die Anbindung von Netzwerksteckdosen (vgl. auch Abb. 5.2-1), die in deutschsprachigen Verkabelungsnormen „*informationstechnische Anschlüsse*" genannt und kurz als *TA* bezeichnet werden. Jedem TA ist eine eigene Anschlussdose – quasi wie ein Port – auf dem Patchpanel zugeordnet.

Wenn eine Etage nur spärlich „besiedelt" ist (wie z.B. eine Empfangshalle), ist es zulässig, diese Etage vom Etagenverteiler der benachbarten Etage aus zu versorgen. Somit kann ein Etagenverteiler nach Bedarf auch mehrere Etagen versorgen. Man sollte in der Regel mindestens einen Etagenverteiler pro 1000 m² Bürofläche einplanen. Außerdem sollte man nicht mehr als 1000 Datenanschlüsse pro Verteilerstandort vorsehen.

**Welche Kabelarten?**

Für die Primärverkabelung zwischen Gebäuden werden ausschließlich Lichtwellenleiter (LWL) – also Glasfaserkabel – vorgeschrieben. Dadurch lassen sich die Störungen in Folge unterschiedlicher Erdpotentiale und andere elektromagnetische Störeinflüsse (z.B. Überspannung bei einem Blitzschlag) vermeiden. Die Sekundärverkabelung wird hauptsächlich durch LWL oder auch durch symmetrische TP-Kabel (*Twisted Pair*) realisiert. Die Tertiärverkabelung reicht vom Etagenverteiler zu den Anschlussdosen für den Anschluss von Endeinrichtungen. Diese Verkabelung wird hauptsächlich durch symmetrische TP-Kabel realisiert. Es können aber auch LWL-Kabel eingesetzt werden.[14]

---

[13] Die Etagen- und Gebäudeverteiler werden in Form von Schränken mit einer nach der IEC-Norm 60297 (DIN 41494) festgelegten Breite von 19 Zoll – demzufolge als *19"-Schränke* (19-Zoll-Schränke) bzw. *19"-Racks* (19-Zoll-Racks) bezeichnet – eingerichtet. Für Näheres siehe z.B. http://en.wikipedia.org/wiki/19-inch_rack

[14] Vor allem bei der Realisierung der Konzepte FTTO (*Fiber to the Office*) oder FTTD (*Fiber to the Desk*), bei denen die Glasfaser vom zentralen Gebäudeverteiler bis hin zu Rechnern im Büro geführt wird, setzt man das Glasfaserkabel als Sekundär- und Tertiärkabel ein (s. Abb. 4.2-7).

## 4.2 Physikalische Netzwerkinfrastrukturen

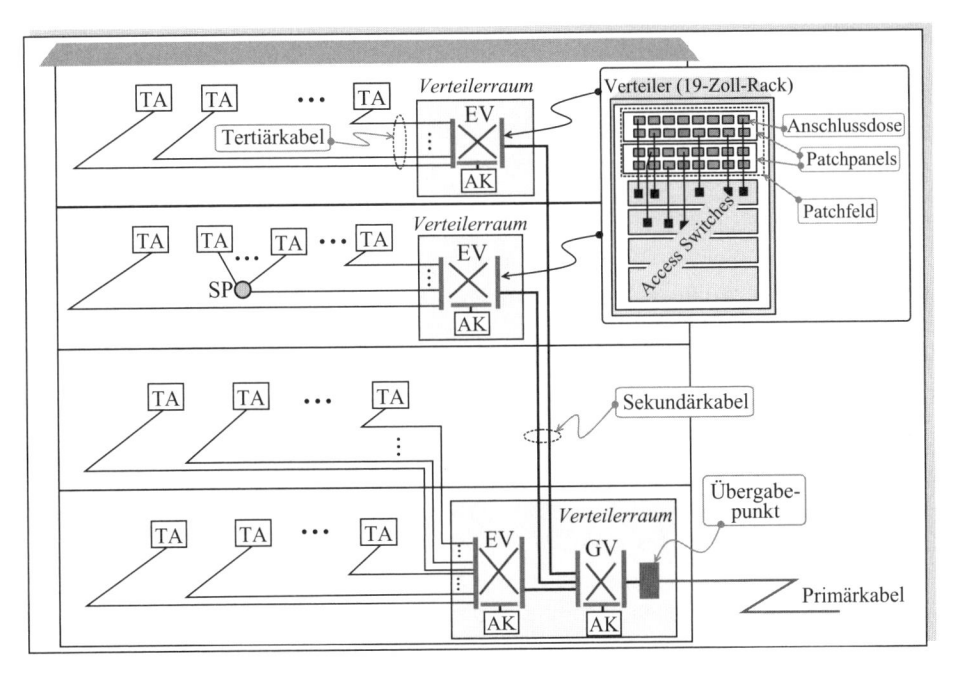

**Abb. 4.2-6:** Beispiel für die strukturierte Verkabelung in einem Gebäude
AK: Aktive Komponente(n), EV: Etagenverteiler, GV: Gebäudeverteiler,
TA: Informationstechnischer Anschluss – d.h. Teilnehmeranschluss (Anschlussdose)

Zu betonen ist, dass Abbildung 4.2-6 eine „vollständige" Netzwerkstruktur mit Etagenverteilern, auch als *Bereichsverteiler* bezeichnet, zeigt. Es kann auch vorkommen, dass keine Etagenverteiler im Gebäude vorhanden sind, sondern die aktiven Komponenten als sog. *Access Switches* im zentralen Gebäudeverteiler untergebracht werden. Die Kabel von diesem Gebäudeverteiler werden dann bis zu den Benutzerrechnern bzw. immer öfter zu speziellen Mini-Switches (s. Abb. 4.2-7) im Büro geführt.

Die zentrale Stelle des Netzwerks in einem Gebäude bildet der Gebäudeverteiler mit seinen aktiven Komponenten. Daher sollte dieser Verteiler grundsätzlich in einem eigenen möglichst staubfreien Verteilerraum – ausgestattet zusätzlich mit einer Kühlung, einem Brand- und Einbruchsmelder sowie mit einer Zutrittskontrolle – untergebracht werden. Im Verteilerraum sollen keine wasserführenden Leitungen verlaufen, mit Ausnahme von Wasserleitungen, die man zur Kühlung der Geräte in diesem Raum benötigt. Der Gebäudeverteiler darf in keinem Fall in der Nähe von einem Niederspannungshauptverteiler stehen.

*Anforderungen an den Verteilerraum*

Um ein Konzept für die Verkabelung zu entwickeln, sind Kenntnisse über technische Begriffe (wie z.B. NEXT, PSNEXT, ACR, PSACR und ELFEXT), die in Standards für die Verkabelung – z.B. DIN/EC 50173 und 50822 sowie ISO/IEC 11801 – verwendet werden, unerlässlich. Wir möchten hier auf die Web-Quellen in [Web Verk] verweisen, bei denen diese Verkabelungsparameter nachgelesen werden können.

*Verkabelungsparameter*

## Netzstruktur mit FTTD im Zusammenspiel mit VoIP

**Problem bei FTTD**

Im Hinblick auf die Verkabelung in Gebäuden – insbesondere im Tertiärbereich – spricht man bereits seit vielen Jahren darüber, dass man, um die Zukunftssicherheit garantieren zu können, „nur noch Glasfaser bis zu den Anschlussdosen" verlegen sollte. Dies wird beispielsweise mit dem Schlagwort FTTD (*Fiber to the Desk*) zum Ausdruck gebracht. Werden die Glasfasern aber bis zu Anschlussdosen verlegt, entsteht beim VoIP-Einsatz ein Problem mit IP-Telefonen, die als klassische Geräte ausgeführt sind und daher nicht über eigene Stromversorgungen verfügen. Diese müssen folglich über die Verkabelung von der „Vermittlungsstelle" mit Strom versorgt werden. Über die Glasfaser kann aber keine Stromversorgung zu solchen IP-Telefonen geliefert werden.

Wie Abbildung 4.2-7 zeigt, gibt es allerdings eine Möglichkeit, bei FTTD ebenso VoIP realisieren zu können, damit die IP-Telefone ohne eigene Stromversorgung auch eingesetzt werden können. Diese Möglichkeit entsteht dank der sog. *Mini Switches*, die immer häufiger eingesetzt werden.

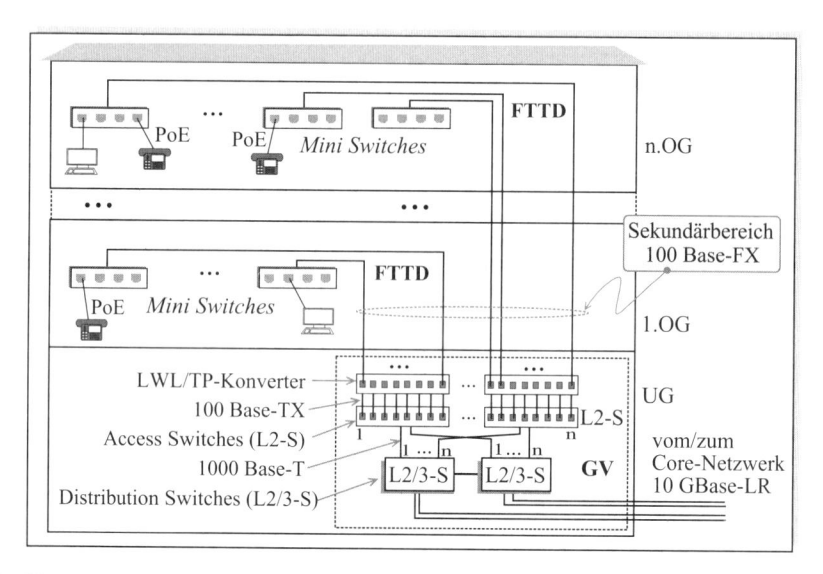

**Abb. 4.2-7:** Netzstruktur mit FTTD – redundante Access und Distribution Switches
GV: Gebäudeverteiler, O/UG: Unter-/Obergeschoss, L2/3-Switch: Layer-2/3-Switch

Ein Mini Switch ist ein kleiner Layer-2-Switch mit eigener Stromversorgung, der typischerweise auf der Vorderseite über einige Ethernet-Ports für den Anschluss von Rechnern und IP-Telefonen und auf der Hinterseite über einen Glasfaser-Uplink – z.B. als 100Base FX (s. Abschnitt 9.1.3) – verfügt. Mehrere Mini Switches können in Räumen entlang der Kabelkanäle einfach an der Wand montiert werden und auch die Energieversorgung über den RJ45-Stecker und über TP-Kabel (*Twisted-Pair*) – als *Power over*

*Ethernet* (PoE) nach den IEEE-Standards 802.3af und 802.3at – für IP-Telefone liefern.[15]

Die in Abbildung 4.2-7 gezeigte Netzstruktur hat folgende Besonderheiten:

- Die Tertiärverkabelung – wie dies Abbildung 4.2-6 zeigt – gibt es nicht. Die Sekundärverkabelung in Form von Lichtwellenleitern (LWL) verbindet die Mini Switches mit dem LWL/TP-Konverter, in dem die Umsetzung einerseits elektrischer Signale auf optische Signale und andererseits optischer Signale auf elektrische Signale stattfindet. Über die Sekundärverkabelung erfolgt die Übermittlung von Ethernet-Frames nach dem Standard 100 Base-FX (s. Abschnitt 9.1.3). Keine Tertiärverkabelung

- Die Mini Switches, die als kleine Konzentrationspunkte im Netzwerk dienen, werden über die Sekundärverkabelung – so wie eben geschildert – an die im Gebäudeverteiler untergebrachten und als Access Switches dienenden Layer-2-Switches angeschlossen. Für die Anbindung von einzelnen Ports der LWL/TP-Konverter an die Ports von Access Switches können 100Base-TX Ethernet-Links eingesetzt werden. In Abbildung 4.2-7 wurde beispielsweise pro Etage jeweils ein Access Switch vorgesehen.

- Die Access Switches werden an redundant ausgelegte Distribution Switches angebunden, über die dann über das Core-Netzwerk der Zugang zum Datacenter und auch zum Internet erfolgt.

- Die Anbindung des gebäudeweiten Netzwerks an das Core-Netzwerk erfolgt über 10 Gigabit Ethernet 10GBase-LR (s. Abschnitt 9.1.4, Tab. 9.1.3).

## Redundante Auslegung der Verkabelung

Wird in einem Gebäude nur ein zentraler Netzknoten, den ein Gebäudeverteiler mit aktiven Systemkomponenten bildet, eingerichtet, muss man davon ausgehen, dass beim Ausfall dieses Knotens das komplette, als Client-LAN bezeichnete Netzwerk im Gebäude ausfällt. Sollte diese Situation nicht oder nur eingeschränkt zulässig sein, müssen dementsprechend aktive Netzwerkkomponenten, deren Stromversorgung und dabei auch die Verkabelung redundant ausgelegt werden. Abbildung 4.2-8 illustriert eine derartige redundante Systemlösung. Diese sollte eine gewisse Betriebssicherheit in besonderen Notfällen – wie z.B. Ausfall einer Komponente – gewährleisten. Redundante Verkabelung für Notfälle

Die hier dargestellte Lösung garantiert eine hohe Betriebssicherheit dadurch, dass man innerhalb jeder Etage an wichtigen Stellen bzw. Arbeitsplätzen die Netzwerksteckdo-

---

[15] Der Standard IEEE 802.3af gilt nur für Ethernets nach 10Base-T und 100Base-TX über 4-paarige TP-Kabel, bei denen nur die Adernpaare 1/2 und 3/6 für die Datenübertragung genutzt werden und die beiden anderen freien Adernpaare für die Energieversorgung dienen. Die maximale Speiseleistung beträgt 15.4 Watt pro Switch-Port. Beim Standard IEEE 802.at, der nur für Gigabit-Ethernet 1000Base-T gilt, werden alle vier Adernpaare für die Energieversorgung genutzt. IEEE 802.at lässt eine Speiseleistung bis 60 Watt pro Port zu. Wegen dieser hohen Leistung wird ein hochwertiges TP-Kabel der Kategorie 5e bzw. 6 empfohlen. Für Näheres über PoE siehe beispielsweise `http://de.wikipedia.org/wiki/Power_over_Ethernet`

sen doppelt installiert und diese abwechselnd an die beiden räumlich versetzten Layer-2-Switches (L2-Switches) als Access Switches anschließt. Beispielsweise könnte man die Anschlussdosen mit ungeraden Nummern an Switches an der Seite A und die mit geraden Nummern an den Switch an der Seite B anschließen.

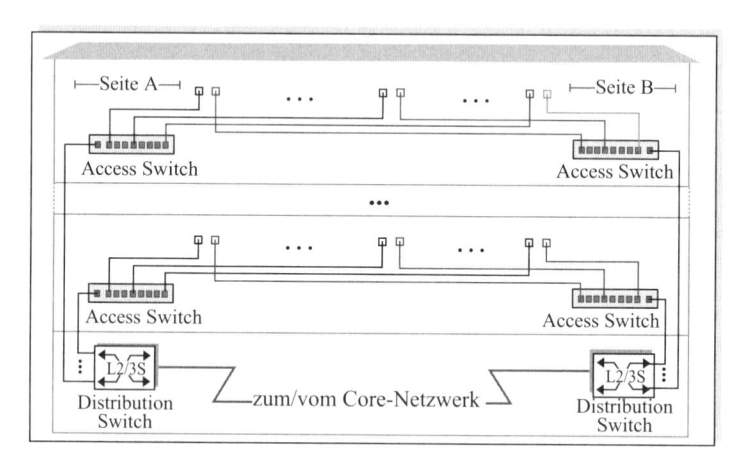

**Abb. 4.2-8:** Beispiel für eine betriebssichere Netzwerkstruktur in einem Gebäude
L2/3S: Layer-2/3-Switch (Multilayer-Switch)

Hochverfügbare Systemlösung

Die in Abbildung 4.2-8 gezeigte hochverfügbare Systemlösung – diese sieht auch die Verkabelungsnorm EN 50173 vor – garantiert den Netzwerkbetrieb bei folgenden Ausfallsituationen:

- Fällt ein Access Switch auf einer Etage aus, haben die Rechner an den betroffenen Arbeitsplätzen auf dieser Etage noch Zugang zum restlichen Netzwerk über den Access Switch an der anderen Seite, und zwar über die zu diesen Access Switches führenden Netzwerksteckdosen.

- Fällt der aktive Distribution Switch auf einer Seite aus, haben die Rechner im ganzen Gebäude noch Zugang zum restlichen Netzwerk über den an der anderen Seite untergebrachten Distribution Switch.

- Sogar dann, wenn auf allen Etagen die auf einer Seite untergebrachten Access Switches und der Distribution Switch <u>gleichzeitig</u> ausfallen, haben die Rechner im ganzen Gebäude noch Zugang zum Netzwerk über die Netzwerksteckdosen, die zu den an der anderen Seite untergebrachten Netzwerkkomponenten führen.

## 4.2.3 Hochverfügbare Netzwerkinfrastrukturen

Nachdem im Abschnitt 4.2.1 die allgemeine Netzwerkstruktur vorgestellt wurde, wird in diesem Abschnitt u.a. erläutert, wie eine hochverfügbare und folglich betriebssichere Netzwerkinfrastruktur eingerichtet werden kann, welche negativen Auswirkungen wann in redundanten Netzwerkstrukturen mit L2-Switches entstehen und auf welche Art und Weise diese negativen Auswirkungen vermieden werden können.

Wie bereits u.a. in Abbildung 4.2-2 dargestellt wurde, werden Netzwerke so strukturiert, dass sie eine Multilayer-Struktur bilden. Eine hohe Netzwerkverfügbarkeit kann aber nur dann erreicht werden, wenn man eine hohe Betriebssicherheit in allen „Netzwerk-Layers" garantiert, und zwar:

Multilayer-Struktur

- im Access Layer seitens der Arbeitsplatzrechner sowie seitens von Servern;
- im Distribution/Aggregation Layer ebenso von beiden Seiten und
- im Kernbereich.

Um die Netzwerkverfügbarkeit erhöhen zu können, sollte man eine gewisse Redundanz insbesondere im Distribution Layer und im Core-Bereich einsetzen, was zu redundanten Netzwerkstrukturen führt. Abbildung 4.2-9 illustriert, wie eine hochverfügbare Netzwerkinfrastruktur nach dem klassischen Netzwerk-Design aussehen könnte. Es sei angemerkt, dass hier, um die grafische Darstellung übersichtlich zu halten, nur ein Client-LAN gezeigt wurde.

Hochverfügbare Netzwerkinfrastruktur

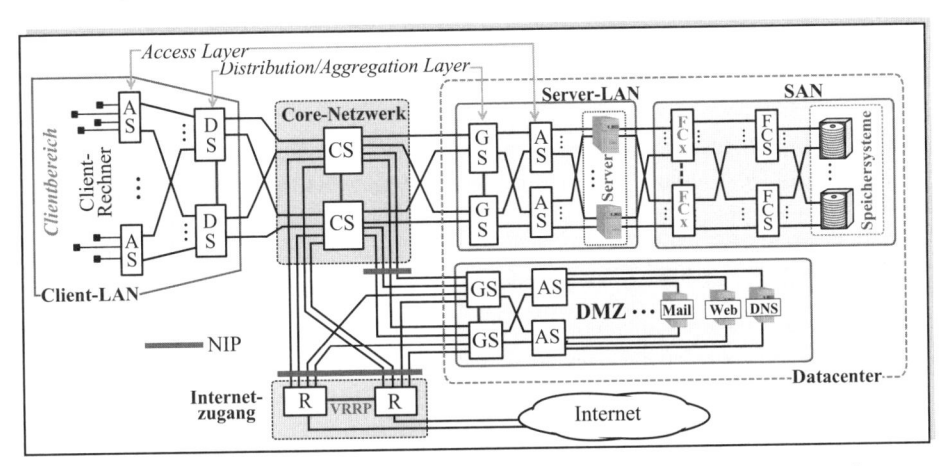

**Abb. 4.2-9:** Eine hochverfügbare Netzwerkinfrastruktur – klassisches Netzwerk-Design
A/C/D/GS: Access/Core/Distribution/Aggregation Switch, FCx: Fibre Channel Switch (FCS) oder Distributed FCS, NIP: Network Intrusion Protection, R: Router, VRRP: Virtual Router Redundancy Protocol

Die hier dargestellte Netzwerkinfrastruktur besitzt die folgenden Besonderheiten:

- Die Access Switches im Clientbereich werden nicht redundant ausgelegt, sondern jeder Access Switch wird an zwei Distribution Switches angeschlossen.[16] Um den

Anschluss von Client-Rechnern

---

[16] Hervorzuheben ist, dass die Access Switches – als L2-Switches – relativ billig und lernfähig sind und nach dem sog. *Prinzip „Plug and Play"* funktionieren. Dies bedeutet, dass keine Konfiguration beim Einsatz eines L2-Switches nötig ist. Ein L2-Switch ist selbst in der Lage, seine L2 Forwarding Table mit den Angaben, welche MAC-Adressen über welche seiner Ports zu erreichen sind, zu erlernen – s. hierzu Abschnitt 9.2.1.

Client-Rechnern aber eine hohe Verfügbarkeit der Netzwerkdienste garantieren zu können, sollte man alle Access Switches im Clientbereich vom gleichem Typ und zueinander kompatibel einsetzen und einige als Reserve für eventuelle Ausfälle bzw. andere Notfälle im Lager deponieren. Fällt ein Access Switch aus, dann holt man sich aus dem Lager einen dort deponierten, intakten Access Switch und setzt diesen schnell anstelle des ausgefallenen ein. Dieser baut seine L2 Forwarding Table selbst (s. Abschnitt 9.2.1) auf, und nach ein paar Minuten ist das Netzwerk wieder intakt. Eine solche Lösung mit den im Lager deponierten Access-Switches ist technisch nicht besonders anspruchsvoll aber in der Praxis in einigen Situationen wirkungsvoll. Somit sollte man diese Lösung beim Netzwerk-Design oder -Redesign nicht außer Acht lassen.

**Anschluss von Servern**
- Jeder Server im Datacenter – also auch in der DMZ – wird über zwei Access Switches, von denen jeder jeweils an zwei Distribution Switches angeschlossen ist, mit dem Netzwerk verbunden. Dies garantiert eine hohe Verfügbarkeit des Zugangs zu den Servern. Jeder Server wird außerdem über zwei Fibre Channel Switches (in Abbildung 4.2-9 als FCx bezeichnet) an das SAN mit ihm zugewiesenen Speichersystemen angebunden, wodurch man einerseits eine hohe Verfügbarkeit der Kommunikation zwischen Servern und Speichersystemen garantiert und andererseits auch die Möglichkeit schafft, die Daten von Servern an zwei verschiedenen, räumlich getrennten Standorten zu halten und zu sichern.

**Distribution/ Aggregation Layer**
- Um eine hohe Betriebssicherheit im Distribution/Aggregation Layer zu garantieren, werden die Distribution/Aggregation Switches so redundant ausgelegt, dass sie jeweils paarweise verbunden sind und jedes solche Paar sich wie ein virtueller Switch verhält. Die Besonderheiten einer derartigen Lösung werden in den Abbildungen 4.2-16 und -17 detaillierter dargestellt.

**Core-Bereich**
- Ebenso wie Distribution/Aggregation Switches werden auch die Multilayer-Switches im Core-Bereich – die sog. *Core Switches* – derartig redundant ausgelegt, dass beide Core Switches sich wie ein virtueller Switch verhalten.

**Internetzugang**
- Eine hohe Verfügbarkeit des Internetzugangs wird durch einen parallelen Internetanschluss über zwei Router realisiert. Diese werden so miteinander integriert, dass sie sich nach Außen – durch die Realisierung des Protokolls VRRP (*Virtual Router Redundancy Protocol*) oder HSRP (*Hot Standby Router Protocol*) – wie ein einziger, virtueller Router präsentieren (s. Abschnitt 4.6.1).

Der Einsatz von redundanten Systemkomponenten in Netzwerken führt einerseits zur Erhöhung der Betriebssicherheit des Netzwerks und somit zur Erhöhung der Verfügbarkeit der Netzwerkdienste, andererseits verursacht die Redundanz im Netzwerk – insbesondere infolge von L2-Switching – bestimmte negative Effekte, die unbedingt vermieden werden müssen. Darauf gehen wir jetzt kurz ein.

## Negative Auswirkungen der Redundanz beim L2-Switching

Um negative Effekte beim Einsatz von L2-Switches zu erläutern, zeigt Abbildung 4.2-10 eine vereinfachte Struktur des Netzwerks (vgl. Abb. 4.2-9), in dem die Funktion vom Core-Bereich und vom Distribution/Aggregation Layer durch zwei redundant ausgelegte Layer-2/3-Switches, kurz bezeichnet als *L2/3-Switches* (L2/3S), erbracht wird.

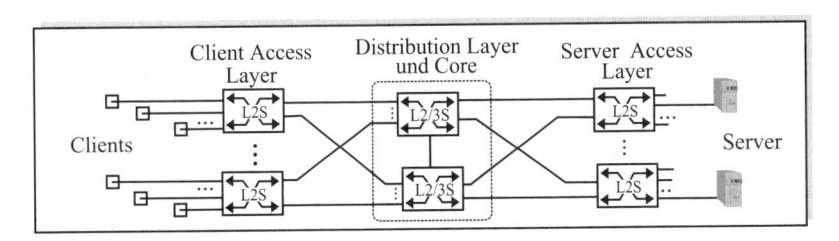

**Abb. 4.2-10:** Vereinfachte Struktur des Netzwerks – um negative Effekte beim L2-Switching erläutern zu können

Die Funktionsweise von L2-Switches wird genauer in Abschnitt 9.2.1 dargestellt. Von Bedeutung ist hier aber die folgende Besonderheit: Hat ein Switch einen MAC-Frame – auch Ethernet-Frame und kurz *Frame* genannt – empfangen und die Ziel-MAC-Adresse von diesem Frame ist in seiner L2 Forwarding Table (Weiterleitungstabelle) nicht enthalten, dann leitet der Switch den Frame über alle seine Ports, ausgenommen den Port, auf dem der betreffende Frame empfangen wurde, weiter. Man sagt auch, dass der Frame geflutet wird. Der Switch flutet aber nicht nur die Frames mit ihm unbekannten MAC-Adressen, sondern auch alle Frames, in denen die Broadcast-MAC-Adresse enthalten ist.[17]

*L2-Switch flutet einige MAC-Frames*

Sind einige redundante L2-Switches und Leitungen im Netzwerk vorhanden, dann hat das durch Switches verursachte Fluten von Frame negative Auswirkungen. Abbildung 4.2-11 zeigt, wodurch diese entstehen und was sie verursachen können.

Hier wird weiterhin das in Abbildung 4.2-10 dargestellte Netzwerk betrachtet und dabei angenommen, dass der Client-Rechner X mit der MAC-Adresse x einen Frame an den Server Y übermittelt und die MAC-Adresse x keinem der hier eingesetzten Switches A, B, ..., F bekannt ist. Weiter wurde angenommen, dass der Client-Rechner X und Server Y zum gleichen IP-Subnetz gehören, sodass die beiden L2/3-Switches – also die Switches C und D – als L2-Switches dienen (s. Abschnitt 9.2.1). Weil alle Switches in Abbildung 4.2-11 sich dann als L2-Switches verhalten, flutet jeder von ihnen den vom Client X zum Server Y übermittelten Frame und demzufolge erhält der Server Y mehrere Kopien vom gleichen Frame, die über redundante Pfade bei ihm ankommen. Abbildung 4.2-11 bringt dies zum Ausdruck und zeigt die Pfade von einigen Frames.

*Eine negative Folge der Redundanz beim L2-Switching*

---

[17] Um das Beispiel nicht zu komplizieren, wurde hier angenommen, dass keine VLANs in den betrachteten L2-Switches gebildet werden.

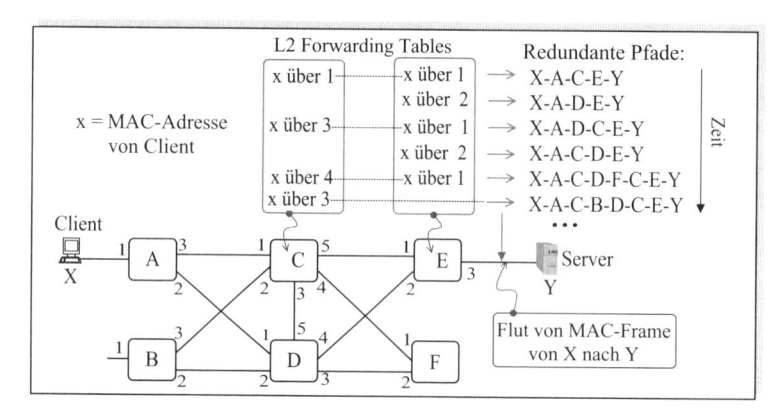

**Abb. 4.2-11:** Beispiel für unerwünschte Ereignisse beim L2-Switching

**Willkürliche Eintragungen in Forwarding Tables und ihre Folgen**

Eine wichtige Besonderheit – diese erläutert Abschnitt 9.2.1 näher – von L2-Switches besteht darin, dass jeder L2-Switch nach dem Empfang jedes Frames seine L2 Forwarding Table (L2-FT; Weiterleitungstabelle) entsprechend modifiziert. Dies erfolgt so, dass der L2-Switch in jedem empfangen Frame die Quell-MAC-Adresse liest und dabei in die L2-FT einträgt, über welchen Port der Rechner mit dieser Quell-MAC-Adresse erreichbar ist. Beim Fluten von MAC-Frames kann aber ein L2-Switch den gleichen Frame über mehrere seiner Ports empfangen. Damit modifiziert er ständig seine L2-FT, was zu mehrdeutigen Eintragungen der Lokation von Rechnern im Netzwerk führt. In Abbildung 4.2-11 ist dies in L2-FT des Switches C deutlich erkennbar. Solche willkürliche Eintragungen in L2-FT können u.a. dazu führen, dass einige Frame im Netzwerk unendlich zirkulieren können – also bilden sich sog. *Loops* (Schleifen). Einige Rechner können dadurch vom Netzwerk – logisch gesehen – abgetrennt werden.

### Einsatz des Protokolls STP

**Was wird mit STP erreicht?**

Redundante Pfade zwischen Quell- und Zielrechner und folglich auch die eben geschilderten unerwünschten Effekte entstehen nur dann, wenn die Struktur (Topologie) der Vernetzung keine Baumstruktur – vgl. Abbildung 4.2-11 – darstellt. Um eine Baumstruktur in der in Abbildung 4.2-10 gezeigten Vernetzung zu erzeugen, genügt es, wie Abbildung 4.2-12 zeigt, alle Links (Kanäle), die zum Switch D führen, zu sperren. Dadurch werden alle redundanten Netzwerkkomponenten – hier L2-Switches und die zu ihnen führenden Links – während eines störungsfreien Netzwerkbetriebs gesperrt.

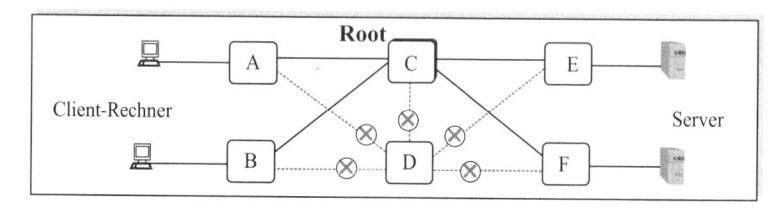

**Abb. 4.2-12:** Redundanzfreie Baumstruktur aus der Netzwerkstruktur in Abbildung 4.2-11

Eine derartige Sperrung wird dadurch erreicht, dass man in L2-Switches einige von deren Ports in den *Blocking-Zustand* versetzt. Dies kann automatisch mithilfe des Protokolls STP[18] (*Spanning Tree Protocol*) erfolgen. Um eine Baumstruktur zu erzeugen, tauschen alle L2-Switches untereinander entsprechende STP-Nachrichten aus. Auf diese Weise versetzen sich die L2-Switches gegenseitig in die Lage, dass jeder von ihnen weiß, welche von seinen Ports er in den Blocking-Zustand[19] setzen muss, damit eine Baumstruktur (Baumtopologie) aus der ursprünglichen Vernetzung entsteht.

*Sperrung von redundanten Komponenten*

Wenn redundante Netzwerkkomponenten in einem Netzwerk vorhanden sind, das auf der Basis von L2-Switches aufgebaut wurde, sucht STP die besten Pfade nach den festgelegten „Kosten" und „sperrt" die redundanten Netzwerkkomponenten. Dies führt dazu, dass die Netzwerkstruktur in einen überspannenden Baum – was den Name „*Spanning Tree*" begründet – umgewandelt wird, in dem keine Loops entstehen können. Normalerweise werden nur die besten Pfade für die Kommunikation verwendet. Fällt eine der besten Pfade aus, schaltet STP automatisch eine bzw. mehrere der zuvor gesperrten Netzwerkkomponenten wieder ein und bestimmt anschließend die besten Pfade erneut. Auf diese Art und Weise entsteht eine neue Baumstruktur vom Netzwerk.

*Funktionsweise von STP*

In Abbildung 4.2-12 ist auch die Bedeutung von STP ersichtlich. Diese besteht darin, dass innerhalb einer ursprünglich beliebigen Netzwerkstruktur eine derartige Baumstruktur entsteht, die keine redundanten Netzwerkkomponenten (wie Switches und Links) enthält und diese äquivalente Baumstruktur ebenso – wie die ursprüngliche Netzwerkstruktur – die Vernetzung aller Rechner untereinander garantiert. In dieser Baumstruktur steht ein Switch an der Spitze des Baums – wie in Abbildung 4.2-12 der Switch C – und dieser wird *Root-Switch* genannt. Die Baumstruktur vom Netzwerk hat aber den Vorteil, dass zwischen zwei beliebigen Rechnern nur eine einzige Route – wie z.B. zwischen Client X und Server Y nur die Route X-A-C-E-Y – existiert. Dank dieser Eigenschaft der Baumstruktur bleiben die Eintragungen in den Forwarding Tables von L2-Switches unverändert, solange die Baumstruktur unverändert bleibt. Nur bei der Änderung der Baumstruktur müssen auch die Eintragungen in Forwarding Tables an diese Struktur angepasst werden, sodass sie sich also nur dann ändern.

*Vorteil einer Baumstruktur eines Netzwerks*

Es sei darauf hingewiesen, dass eine Baumstruktur aus einer beliebigen Netzwerkstruktur nur dann erzeugt werden kann, wenn alle Switches das Protokoll STP unterstützen – d.h. *STP-fähig* sind.

---

[18] STP spezifizieren die Standards IEEE 802.1D „Media Access Control (MAC) Bridges" (1998) und ISO/IEC 15802-3. In diesen wird von sog. *Bridges*, vor allem von Multiport-Bridges gesprochen. Die Bridges – zuerst mit nur zwei Ports – wurden Ende der 80er Jahre entwickelt, um Ethernet-Segmente zu koppeln. Später wurden sog. *Multiport-Bridges* (mit mehr als 2 Ports) eingeführt. Der Einsatz mehrerer Prozessoren in Multiport-Bridges hat zur Entstehung von Ethernet-Switches – de facto von L2-Switches – geführt. Somit entspricht ein L2-Switch der Funktion nach vollkommen einer Multiport-Bridge. *Ethernet-Switch* und *L2-Switch* sind als Bridge-Synonyme anzusehen – siehe `http://en.wikipedia.org/wiki/Spanning_tree_protocol`

[19] Im `Blocking`-Zustand übermittelt der Switch-Port keine Frames mit Nutzdaten. Dadurch wird verhindert, dass die Frames mit Nutzdaten bei redundanten Routen mehrfach in das Netzwerk übermittelt werden. Der Port im `Blocking`-Zustand ist praktisch außer Betrieb – also gesperrt.

## RSTP und MSTP als Weiterentwicklung von STP

**Notwendigkeit von RSTP**

Ende der 80er Jahre, als STP konzipiert wurde, verwendete man in Ethernet-basierten Netzwerken, um mehrere Ethernet-Segmente miteinander zu koppeln, noch die sog. *Transparent Bridges*. Das STP berücksichtigt jedoch nicht die Eigenschaften moderner Netzwerke mit L2-Switches und Vollduplex-Ethernet-Links zwischen ihnen, sondern ist noch an ursprüngliche, kollisionsbehaftete Ethernets angepasst. Demzufolge hat STP einen Nachteil und zwar: die Konvergenzzeit zu einer aktiven (Netzwerkbaum-)Topologie, während der STP-fähige L2-Switches im Netzwerk außer Frames mit STP-Paketen keine Frames mit Nutzdaten weiterleiten dürfen, ist relativ lang. Sie kann sogar mehr als 30 Sekunden dauern.[20] Demzufolge kann bei STP die Konvergenz zu einer aktiven Topologie de facto zu einer kurzen Unterbrechung der Netzwerkfunktion führen.

**Abwärtskompatibilität von RSTP zu STP**

Aus diesem Grund, also um die Konvergenzzeit zu reduzieren, war eine Modifikation von STP notwendig. Als Ergebnis dieser Modifikation ist das *Rapid Spanning Tree Protocol* (RSTP) entstanden. Das RSTP kann in einem Netzwerk parallel zum STP eingesetzt werden, d.h. einige L2-Switches können nur STP und andere nur RSTP unterstützen. Man kann bei RSTP von einer Abwärtskompatibilität zu STP sprechen.

Das RSTP wurde zuerst 2001 von der IEEE als Standard 802.1w – unter dem Titel: *Rapid Reconfiguration of Spanning Tree* – veröffentlicht. Im Jahr 2004 wurde es aber in seiner neuen Fassung im Kapitel 17 des Standards IEEE 802.1D beschrieben, also im gleichen Standard, in dem das STP spezifiziert wird.[21]

**Unterschied zwischen RSTP und STP**

Die Idee von RSTP besteht darin, dass die Netzwerkfunktion auf Basis der primären Netzstruktur – im Gegensatz zu STP – beim RSTP-Ablauf nicht abgebrochen wird, sondern während der Bestimmung der sekundären Baumstruktur noch fortgesetzt wird. Erst nachdem die sekundäre Baumstruktur bestimmt wurde, wird diese neue Baumstruktur aktiviert. Auf diese Art und Weise lässt sich die Dauer der Unterbrechung der Netzwerkfunktion stark – sogar unter eine Sekunde – reduzieren.

**VLANs mit MSTP**

Um die Bildung von VLANs (*Virtual LAN*) zu ermöglichen, wurde RSTP zum *Multiple Spanning Tree Protocol* (MSTP) erweitert. MSTP wurde zuerst als Standard IEEE 802.1s spezifiziert, später wurde es aber im Standard IEEE 802.1Q (2003) eingegliedert.[22] Bei MSTP wird für jedes VLAN eine separate STP-Instanz erstellt. Demzufolge ermöglicht es MSTP, für jedes VLAN eine logische Baumstruktur zu bilden. Somit können VLANs innerhalb einer physikalischen Netzstruktur jeweils eigene und unterschiedliche logische Vernetzungen in Form von Baumstrukturen nutzen.

---

[20] Wird ein Switch-Port bei STP – im sog. Root-Switch(-Bridge) – als designierter Port ausgewählt, dann muss er die zwei Zeitintervalle Forward Delay (standardmäßig: 15 Sekunden) abwarten, bevor er in den Zustand Forwarding gesetzt wird – also bevor er Frames mit Nutzdaten senden darf.

[21] Unter http://standards.ieee.org/getieee802/download/802.1D-2004.pdf kann RSTP kostenlos heruntergeladen werden. Für Näheres über RSTP siehe auch http://www.competence-site.de/netzwerke/RSTP-Rapid-Spanning-Tree-Protocol

[22] Für MSTP siehe http://standards.ieee.org/getieee802/download/802.1Q-2005.pdf

Die folgenden zwei von der Firma Cisco entwickelten STP-Varianten sind hervorzuheben: *(STP-Varianten von der Firma Cisco)*

- *Per-VLAN Spanning Tree* (PVST) und *Per-VLAN Spanning Tree Plus* (PVST+): PVST stellt eine STP-Erweiterung dar, um die Bildung von VLANs zu unterstützen. Ebenso wie bei MSTP wird bei PVST für jedes VLAN eine logische Baumstruktur gebildet. PVST nutzt das ISL-Trunking (*Inter-Switch Link*) zwischen Switches. PVST+ hat die gleiche Funktion wie PVST, nutzt aber Trunking nach IEEE 802.1Q. PVST und PVST+ werden standardmäßig in L2-Switches der Firma Cisco verwendet.

- *Rapid Per-VLAN Spanning Tree* (R-PVST): Ein proprietäres Protokoll von Cisco, das in sich die Funktionalität von RSTP und PVST integriert. R-PVST wird manchmal auch als PV-RST (*Per-VLAN Rapid Spanning Tree*) bezeichnet.

## Notwendigkeit von STP/RSTP

Nachdem die redundante, hochverfügbare Netzwerkstruktur (s. Abb. 4.2-9) und die negativen Folgen der Redundanz in Netzwerken beim Einsatz von L2-Switches bereits erläutert wurden, gehen wir jetzt auf die folgenden Fragestellungen ein: *(Wann und warum ist STP/RSTP nötig?)*

- Wann sind überhaupt solche negativen Effekte, wie beispielhaft in Abbildung 4.2-11 dargestellt, in redundanten Netzwerkstrukturen zu erwarten?
- Wann ist der Einsatz von STP bzw. von RSTP notwendig?

Ob negative Effekte in redundanten Netzwerkstrukturen auftreten können, was den Einsatz von STP/RSTP erforderlich macht, hängt davon ab, wie die sog. VLANs (*Virtual LAN*) sowohl im Client- als auch im Serverbereich eingerichtet werden. Insbesondere hängt die Aufgabe vom Distribution/Aggregation Switch – d.h. ob dieser als L2-Switch dient – davon ab, wie die Clients/Server den VLANs zugeordnet werden.

Ein VLAN stellt eine „geschlossene Gruppe"[23] von Rechnern dar, die oft ein IP-Subnetz bildet, und wie Abbildung 4.2-13 zeigt, sind hierbei zwei grundlegende Fälle – als Arten von VLANs – zu unterscheiden. Die hier gezeigten Fälle sind wie folgt zu charakterisieren: *(Zwei Arten von VLANs)*

- *Zu einem VLAN gehören nur die an einem Access Switch angeschlossen Rechner*: Es handelt sich in diesem Fall um *ein auf einen Access Switch beschränktes VLAN*. Wie in Abbildung 4.2-13a ersichtlich ist, können auch mehrere derartige VLANs an einem L2-Switch eingerichtet werden.

- *Zu einem VLAN gehören die an mehreren Access Switches angeschlossen Rechner*: Ein solches VLAN stellt *ein Access-Switch-übergreifendes VLAN* dar. An einem L2-Switch können mehrere derartige VLANs eingerichtet werden. Abbildung 4.2-13b illustriert eine solche Situation.

---

[23] Hier wird angenommen, dass die Gruppierung von Rechnern auf Basis seiner MAC-Adressen erfolgt. Daher handelt es sich um die Bildung von VLANs auf dem Layer 2. VLANs können auch auf dem Layer 3 gebildet werden, also mithilfe von IP-Adressen.

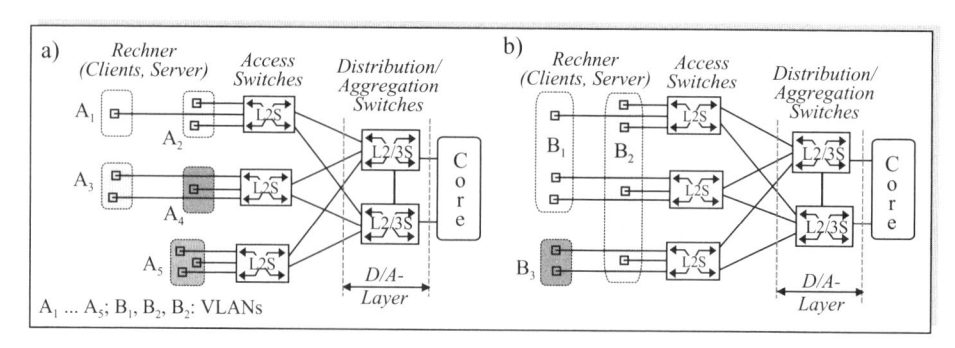

**Abb. 4.2-13:** Redundante Netzwerkstrukturen im Distribution/Aggregation Layer (D/A-Layer): a) auf einen Access Switch beschränkte VLANs, kein L2-Switching im D/A-Layer, Netzwerkstruktur ohne Loops, b) Access-Switch-übergreifende VLANs, L2-Switching im D/A-Layer, Netzwerkstruktur mit möglichen Loops

**Grundlegende Regeln des Networking**

Um die Besonderheiten von redundanten Netzwerkstrukturen erläutern zu können, muss man auf die folgenden, grundlegenden Regeln des Networking zurückgreifen. Diese lauten:

**R1:** *Zielrechner im Heimat-IP-Subnetz*[24] – Falls ein Quellrechner ein IP-Paket zum Zielrechner übermitteln möchte, der sich in seinem Heimat-IP-Subnetz befindet, sendet er dieses IP-Paket direkt an den Zielrechner. Somit wird das IP-Paket in einem MAC-Frame übermittelt, in dem die MAC-Adresse vom Zielrechner als Ziel-MAC-Adresse eingetragen ist.

**R2:** *Zielrechner in einem Fremd-IP-Subnetz* – Falls ein Quellrechner ein IP-Paket zum Zielrechner übermitteln möchte, der sich nicht im Heimat-IP-Subnetz befindet, sondern in einem Fremd-IP-Subnetz, sendet er dieses IP-Paket nicht direkt an den Zielrechner, sondern an einen Router. Demzufolge wird das IP-Paket in einem MAC-Frame übermittelt, in dem die MAC-Adresse vom Router als Ziel-MAC-Adresse eingetragen ist.

**Distribution Switch dient entweder als L2-Switch oder als L3-Switch**

Es sei hervorgehoben, dass in Abbildung 4.2-13 beide Distribution/Aggregation Switches Multilayer-Switches sind, d.h. sie realisieren sowohl Layer-2- als auch Layer-3-Switching[25]. Nach dem Empfang eines MAC-Frame liest jeder Multilayer-Switch in diesem Frame die Ziel-MAC-Adresse und verhält sich wie folgt:

- Ist die Ziel-MAC-Adresse <u>nicht</u> seine MAC-Adresse, dient er nach der Networking-Regel R1 als L2-Switch, d.h., er leitet den empfangenen Frame nach seiner *L2 Forwarding Table* (s. Abb. 9.2-1) weiter. Er führt also ein *L2-Switching* durch. Dies bedeutet, dass die Kommunikation zwischen Rechnern aus dem gleichen IP-Subnetz – folglich auch aus dem gleichen VLAN – direkt über L2-Switches erfolgt.

---

[24] Ein Rechner gehört immer zu einem IP-Subnetz und dieses kann als sein *Heimat-IP-Subnetz* angesehen werden. Die anderen IP-Subnetze sind daher für ihn Fremd-IP-Subnetze.
[25] Unter Layer-3-Switching ist hardwarebeschleunigtes Routing zwischen VLANs zu verstehen. Für Näheres darüber s. Abschnitt 9.2.2.

- Ist die Ziel-MAC-Adresse seine MAC-Adresse, dient er nach der Networking-Regel R2 als L3-Switch, d.h., er fungiert de facto als Router und leitet den Frame nach seiner Routing-Tabelle (L3 Forwarding Table, s. Abb. 9.2-3) weiter. Er führt also das *Routing* durch. Dies bedeutet, dass die Kommunikation zwischen Rechnern aus verschiedenen IP-Subnetzen – z.B. aus verschiedenen VLANs – im Distribution Layer nur über L3-Switches erfolgt, die als Router zwischen VLANs dienen.

Zusätzlich ist zu bemerken, dass die beiden Distribution Switches in Abbildung 4.2-13 mit einem Link – als *Inter Switch Link* (ISL) bezeichnet – miteinander so verbunden sind, dass sie sich gegenseitig überwachen und dadurch auch eine hochverfügbare, funktionelle Einheit (wie z.B. virtueller Router, virtueller Switch) bilden können. Auf diese Aspekte wird im Folgenden noch näher eingegangen (s. Abb. 4.2-16). Distribution Switches als eine funktionelle

Kommt ein solcher Fall vor, dass ein Distribution Switch als L2-Switch dient, sind in den in Abbildung 4.2-13 gezeigten redundanten Netzwerkstrukturen bestimmte Vorkehrungen zu treffen, damit unerwünschte Ereignisse (s. Abb. 4.2-11), die u.a. zur Entstehung von sog. *Loops* führen, nicht auftreten können. Dies hängt davon ab, wie die VLANs im Access-Bereich gebildet werden. Daher betrachten wir die beiden in Abbildung 4.2-13 gezeigten VLAN-Arten ausführlicher:

- *Auf einen Access Switch beschränkte VLANs*: Sind alle VLANs – die IP-Subnetze darstellen – auf einen Access Switch, der als L2-Switch dient, beschränkt (wie in Abb.4.2-13a), dann leitet jeder Distribution/Aggregation Switch die Daten ausschließlich zwischen VLANs weiter. Somit realisiert er nur das L3-Switching, also de facto Routing (s. Abschnitt 9.2.2). In diesem Fall verursachen die redundant ausgelegten Distribution/Aggregation Switches keine negativen Effekte, die zu Loops führen können. Loop-freies Netzwerk

  **Fazit:** Sind alle VLANs auf einen Access Switch beschränkt, ist ein Netzwerk mit redundanten Distribution/Aggregation Switches ein *Loop-freies Netzwerk* (*Loop-free Network*).

- *Access-Switch-übergreifende VLANs*: Sind nicht alle VLANs auf einen Access Switch, der als L2-Switch dient, beschränkt, sondern einige Access-Switch-übergreifend (wie in Abb.4.2-13b), dann muss zumindest ein Distribution/Aggregation Switch die Daten innerhalb eines VLAN übermitteln. Somit realisiert er auch das L2-Switching. In diesem Fall können die redundant ausgelegten Distribution/Aggregation Switches negative Effekte verursachen, die zu Loops führen können. Loop-behaftetes Netzwerk

  **Fazit:** Sind nicht alle VLANs auf einen Access Switch beschränkt, sondern einige von ihnen Access-Switch-übergreifend, ist ein Netzwerk mit redundanten Distribution/Aggregation Switches nicht mehr Loop-frei.

Ist ein Netzwerk mit redundanten Distribution/Aggregation Switches nicht Loop-frei, müssen bestimmte Vorkehrungen getroffen werden, die dazu führen, dass eine Loop-freie Netzwerkstruktur entsteht.

**Baumstruktur als Loop-freie Struktur**

Um aus einer Loop-behafteten Netzwerkstruktur eine Loop-freie Netzwerkstruktur zu „erzeugen", kann das Protokoll STP bzw. sein Nachfolger RSTP eingesetzt werden. Dies ist aber bereits eine klassische Lösung, die dazu führt, dass eine redundanzfreie – somit auch eine Loop-freie – sekundäre Netzwerkstruktur in Form einer Baumstruktur entsteht, in der alle Rechner weiterhin untereinander vernetzt bleiben. Um diese sekundäre Netzwerkstruktur zu erzeugen, werden einige Netzwerkkomponenten einfach gesperrt (blockiert).

Abbildung 4.2-14 illustriert, zu welcher redundanzfreien – und somit auch Loop-freien – Baumstruktur der Einsatz von STP bzw. von RSTP führen könnte. Hier wurde ein Distribution/Aggregation Switch durch die Blockierung (Sperrung) dessen Ports – logisch gesehen – vom Netzwerk getrennt.

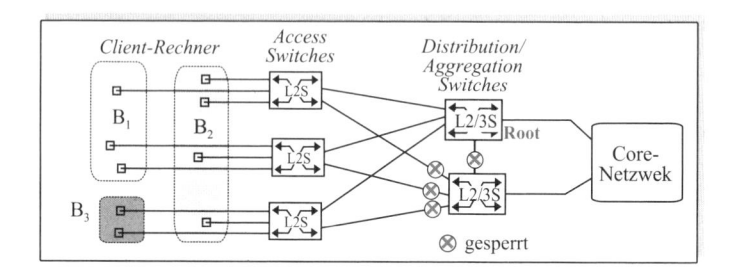

**Abb. 4.2-14:** Beispiel für Negative Auswirkungen von STP bzw. von RSTP

Wie aus Abbildung 4.2-14 hervorgeht, haben die beiden Protokolle STP und RSTP jedoch einen gravierenden Nachteil. Dieser entsteht dadurch, dass sie redundante, einwandfrei funktionierende Netzwerkkomponenten während eines störungsfreien Netzwerkbetriebs einfach „sperren", damit automatisch eine funktionell äquivalente – eine sog. *Loop-freie* – Netzwerkbaumstruktur entsteht. Folglich sperren sie auch alle redundanten Datenpfade zwischen Rechnern, was dazu führt, dass beim Einsatz von STP bzw. RSTP keine Möglichkeit mehr besteht, große Datenmengen beispielsweise zwischen zwei Servern aus einem VLAN über parallele Datenpfade zu transferieren – obwohl hierfür intakte Netzwerkkomponenten existieren.

**Nachteil von STP/RSTP**

Dieses Verhalten der Protokolle STP und RSTP wird als ein großes Handicap beim Einsatz in modernen Datacentern angesehen. Aus diesem Grund sind diese Protokolle für den Einsatz in Datacentern mit zahlreichen, redundant ausgelegten Servern praktisch ungeeignet. Aus der Notwendigkeit heraus, sämtliche intakten Netzwerkkomponenten immer nutzen zu können und dabei eine parallele, aber Loop-freie Übermittlung von Ethernet-Frames zwischen den zu einem VLAN gehörenden Rechnern zu ermöglichen, sind die Lösungen für sog. *Layer 2 Multipathing* (L2MP) entstanden.

## Lösungen für Layer 2 Multipathing

Insbesondere in Datacentern, in denen große Datenmengen zwischen zwei Servern aus einem VLAN transferiert werden müssen,[26] ist es nicht akzeptabel, dass man die Daten nur über einen Pfad transferiert. In Datacentern ist daher das *Multipathing*, d.h. die parallele Übermittlung von Daten über mehrere auf dem Layer 2 eingerichtete, Loop-freie Datenpfade von großer Bedeutung; man bezeichnet diese Art von Multipathing als *Layer 2 Multipathing* – kurz *L2MP*. Abbildung 4.2-15 bringt die Bedeutung von L2MP näher zum Ausdruck.

Begriff: Layer 2 Multipathing (L2MP)

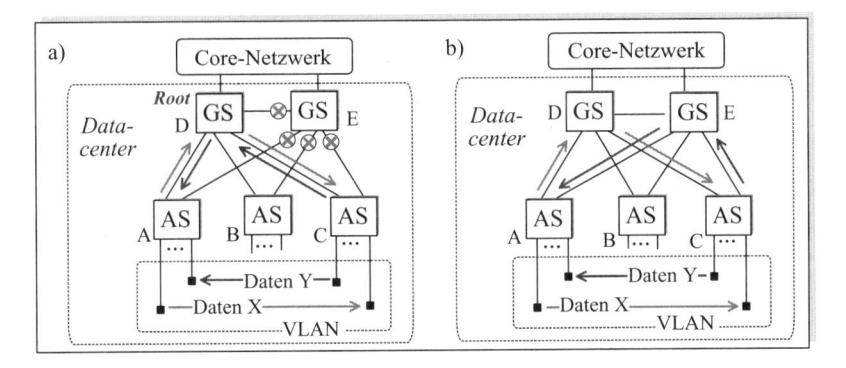

**Abb. 4.2-15:** Bedeutung von L2MP in Datacentern: a) Einsatz von STP/RSTP – Layer 2 Singlepathing, b) L2MP beim Einsatz von TRILL bzw. von SPB
A/GS: Access/Aggregation Switch

Um eine parallele Übermittlung von Daten zwischen zwei Rechnern aus einem VLAN realisieren und dabei die Loop-Freiheit garantieren, also das L2MP verwirklichen zu können, kommen die folgenden zwei neuen Konzepte in Frage:

Konzepte für L2MP

- **TRILL** (*TRansparent Interconnection of Lots of Links*): TRILL liefert neue Ideen zur Integration von Layer-2-Switching mit Routing. Sein Konzept besteht darin, dass parallele und Loop-freie Layer-2-Datenpfade zur Übermittlung von Ethernet-Frames zwischen zwei Rechnern <u>aus einem VLAN</u> in hochverfügbaren Netzwerkinfrastrukturen mit redundanten Komponenten dynamisch bestimmt werden. Mit Unterstützung von TRILL in L2-Switches entstehen die in Abb. 4.2-14 dargestellten negativen Effekte nicht mehr, sodass sämtliche Netzwerkkomponenten (Switches, Links) können effektiv, also ohne diese blockieren zu müssen, ausgenutzt werden. Die Entwicklung von TRILL wird von der IETF koordiniert – für Näheres siehe http://datatracker.ietf.org/wg/trill
- **SPB** (*Shortest Path Bridging*): Bei SPB wird genau wie bei TRILL das klassische, bewährte Routing-Protokoll ISIS (*Intermediate System To Intermediate System*) als

---

[26] Dies ist z.B. oft bei der Sicherung (Backup) von virtuellen Servern und bei Umzügen von virtuellen Maschinen der Fall. Man spricht hierbei auch von *VM Mobilität* bzw. im VMware-Umfeld von *vMotion*.

Layer 2 Routing Protokoll verwendet. Dank ISIS wird von jedem L2-Switch ein Baum mit kürzesten, Loop-freien L2-Datenpfaden aufgebaut. Auf Basis dieser Bäume können dann zwischen zwei Switches – und folglich auch zwischen zwei an diesen Switches angeschlossenen Rechnern – parallele, Loop-freie L2-Datenpfade eingerichtet werden. Die Entwicklung von SPB koordiniert die Arbeitsgruppe 802.1aq der IEEE – für weitere Informationen darüber verweisen wir auf `http://www.ieee802.org/1/pages/802.1aq.html`

Es sei aber angemerkt, dass es sich bei TRILL und SPB – die in den Abschnitten 9.4 und 9.5 noch detaillierter dargestellt werden – nicht um zwei sich gegenseitig ergänzende Konzepte handelt, sondern um zwei konkurrierende Konzepte – und jedes von ihnen hat seine Stärken und Schwächen. Unabhängig davon, ob TRILL oder SPB zukünftig dominieren wird, soll das L2MP in großen Datacentern unterstützt werden.

### Redundante Auslegung von Distribution Switches

**Nur Routing im Distribution Layer**

Um eine hohe Verfügbarkeit der Netzwerkdienste trotz der Ausfälle von Netzwerkkomponenten garantieren zu können, sollte man die L2/3-Switches im Distribution Layer redundant auslegen. Falls die VLANs, wie in Abbildung 4.2-13a gezeigt, nur jeweils auf einen Access Switch beschränkt sind, ist im Distribution-Layer nur die Routing-Funktion nötig, welche mithilfe von virtuellen Routern erbracht werden kann. Ein virtueller Router entsteht durch eine spezielle Kopplung von zwei Routern, die sich nach außen wie ein einziger Router präsentieren. Auf den beiden Routern muss das Protokoll entweder VRRP (*Virtual Router Redundancy Protocol*) oder HSRP (*Hot Standby Router Protocol*) von Cisco eingesetzt werden – s. die Abbildung 4.6-1.[27]

**Routing und L2-Switching im Distribution Layer**

Falls die VLANs, wie in Abbildung 4.2-13b gezeigt, Access-Switch-übergreifend sind, ist im Distribution-Layer sowohl die Routing-Funktion als auch die L2-Switching-Funktion nötig und diese kann mithilfe von redundant ausgelegten L3-Switches erbracht werden, von denen jeder je nach Bedarf sowohl hardwarebeschleunigtes Routing als auch L2-Switching realisieren kann – s. hierzu Abschnitt 9.2.

**Konzept von VSS**

Ist eine redundante Auslegung von L3-Switches im Distribution-Layer nötig, kommt die als VSS (*Virtual Switching System*) bezeichnete Lösung von der Firma Cisco zur Vermeidung von Loops beim L2-Switching in Frage. VSS kann als *virtueller L2/3-Switch* angesehen werden. Abbildung 4.2-16 illustriert das Konzept von VSS.

Die redundante Auslegung von L2/3-Switches im Distribution-Layer, wie in Abbildung 4.2-16a gezeigt, setzt einerseits voraus, dass, falls Access-Switch-übergreifende VLANs gebildet werden, die L2-Switches das Protokoll STP/RSTP unterstützen, damit man die in Abbildung 4.2-11 geschilderten negativen Folgen der Redundanz vermeiden kann. Andererseits, falls Access-Switch-beschränkte VLANs vorkommen können, ist die Routing-Funktion nötig und folglich auch die Realisierung von virtuellen Routern notwendig. Diese Anforderungen lassen sich durch den Einsatz von virtuellen L2/3-Switches im Distribution Layer erfüllen.

---

[27] Für Näheres über das Konzept von virtuellen Routern und über das Protokoll VRRP siehe `http://www.competence-site.de/netzwerke/VRRP-Virtual-Router-Redundancy-Protocol`

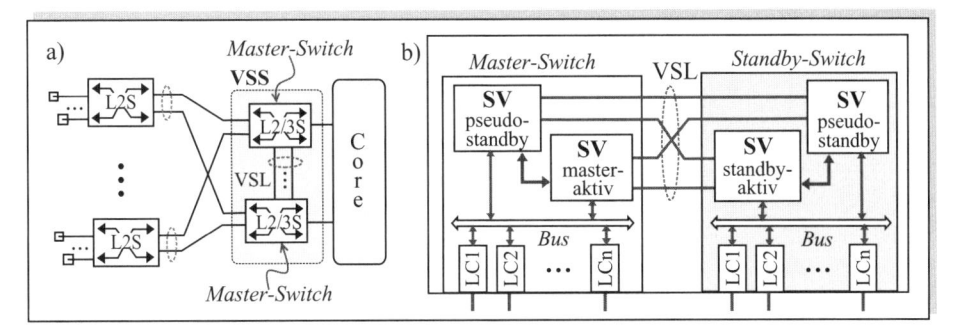

**Abb. 4.2-16:** Konzept von VSS: a) VSS im Einsatz, b) VSS als Master/Standby-System[28]
LC: Linecard, SV: Supervisor, VSL: Virtual Switch Link

Um dies zu verdeutlichen, zeigt Abbildung 4.2-16b die allgemeine Struktur des virtuellen L2/3-Switching-Systems nach dem Patent US 7178052 B2 der Firma Cisco – im Folgenden bezeichnet kurz als *VSS*. Dieses setzt sich aus einem Master- und einem Standby-L2/3-Switch zusammen, die als getrennte Hardware-Module ausgeführt und miteinander entsprechend verbunden sind.

Der Standby-Switch im VSS kann hier sowohl kalte als auch heiße Reserve darstellen. Im fehlerfreien Fall dient dieser nur als Ersatz-Switch, d.h., er führt kein L2- oder L3-Switching durch und stellt nur eine *kalte (passive) Reserve* dar. Führt dieser aber im fehlerfreien Fall ebenso wie der Master-Switch auch das L2- oder L3-Switching durch, dann dient er als *heiße (aktive) Reserve*.

<small>Kalte oder heiße Reserve</small>

Der sog. *Supervisor* (kurz SV), der sowohl im Master- als auch im Standby-Switch redundant ausgelegt ist, stellt die Hauptkomponente im VSS. Der SV verfügt sowohl über eine L2 als auch über eine L3 Forwarding Table und ist somit für L2- und L3-Switching verantwortlich. Die sog. *Forwarding Entity* (vgl. die Abbildungen 9.2-1 und -3) wird hier als Bussystem realisiert. Wie in Abbildung 4.2-16b ersichtlich ist, enthalten der Master- und der Standby-Switch auch einen redundanten, als *pseudo-standby* bezeichneten SV.

<small>Redundante Supervisors</small>

Im fehlerfreien Fall synchronisiert der *Master-aktiv-SV* im Master-Switch den *Standby-aktiv-SV* im Standby-Switch und den *Pseudo-standby-SV* im Master-Switch u.a. so, dass sie über die gleichen L2 und L3 Forwarding Tables verfügen. Der Pseudo-standby-SV im Standby-Switch wird entsprechend durch den Standby-aktiv-SV synchronisiert. Diese SVs kooperieren auf solche Art und Weise, dass das ganze System sich zu jeder Zeit nach außen hin präsentiert

<small>VSS im fehlerfreien Fall</small>

- als virtueller und redundanzfreier L2-Switch – demzufolge ist die Realisierung des Protokolls STP nicht nötig ist, sowie
- als virtueller L3-Switch – somit kann er auch als Router dienen.

Abbildung 4.2-17 illustriert die Funktionsweise des VSS nach dem Ausfall des Master-aktiv-SV im Master-Switch. Hier ist zu sehen, dass die Rolle des ausgefallenen Master-aktiv-SV vom Standby-aktiv-SV im Standby-Switch übernommen wird. Dies führt dazu, dass der Standby-Switch jetzt vorläufig als Master-Switch fungiert. Als Standby-aktiv-SV dient jetzt der Pseudo-standby-SV im Master-Switch.

<small>VSS nach dem Ausfall eines Supervisors</small>

---

[28] In Anlehnung an das Patent US 7178052 B2 „*High Availability Virtual Switch*" – erteilt am 13.02.2007.

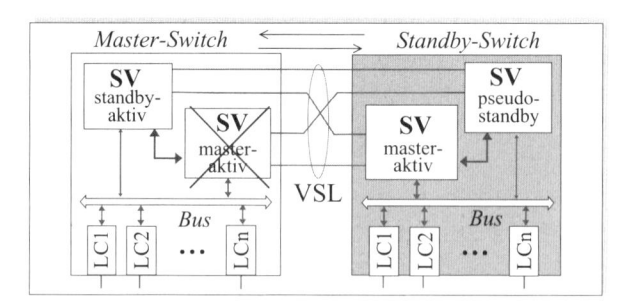

**Abb. 4.2-17:** Virtueller Switch nach dem Ausfall des Master-aktiv-SV
Abkürzungen wie in Abbildung 4.2-16

Für detaillierte Informationen darüber, wie ein virtueller L2/3-Switch die Ausfälle von verschiedenen Komponenten „ausgleichen" kann, ist auf das bereits zitierte Patent US 7178052 B2 der Firma Cisco zu verweisen.

## 4.3 Design von Datacenter-Netzwerken

In jedem Datacenter verdichten sich die von Client-Rechnern zu verschiedenen Servern verlaufenden Informationsflüsse; diese werden dort verarbeitet, in der Regel auch in speziellen Storage-Servern sicher gelagert und durch L2- und L3-Switches in andere, sowohl interne aus auch externe Netzwerkbereiche weitergeleitet. Um neuen, steigenden Anforderungen zukünftig gerecht zu werden, müssen die Datacenter nach weltweit einheitlichen Prinzipien aufgebaut werden. Der Standard TIA 942 (EN 50173-5: europäische Fassung) legt fest, wie dies erfolgen sollte. Die dort definierten Prinzipien haben sich bereits bewährt.

*Wichtige Herausforderungen*

Die wichtigsten Herausforderungen, die derzeitig die Architektur von Datacentern stark beeinflussen, sind die folgenden:

**Servervirtualisierung**: Sie führt dazu, dass mehrere, als VM (*Virtual Machine*) bezeichnete, virtuelle Rechner auf einem physischen Server als sog. *Wirt-Server* implementiert und als *virtuelle Server* benutzt werden. Hierbei wird nicht nur die Betriebssystemumgebung virtualisiert, sondern die gesamte Hardware eines Rechners. Insbesondere derartige Dienste und Anwendungen, die keine besonders hohen Leistungsansprüche stellen, lassen sich auf virtuellen Servern kostensparend betreiben. Auf diese Weise entstehen interessante Möglichkeiten der Konsolidierung, und zwar von:

- *Serverkonsolidierung (Plattformkonsolidierung)*: Dank der Virtualisierung müssen moderne Server nicht als separate Hardwarekomponenten betrieben werden, sondern in Form von virtuellen Servern auf einem leistungsfähigen *Wirt-Server*.

- *Servicekonsolidierung (Dienstkonsolidierung)*: Viele Rechner lassen sich einsparen, wenn gleichartige Dienste durch VMs auf einem physischen Wirt-Server erbracht werden. Statt beispielsweise mehrere Dateiserver zu betreiben, reicht oft ein hochverfügbarer Storage-Server oder *Network Attached Storage* (NAS) aus.

**Konvergenz von LAN und SAN**: Lokale Netzwerke – sog. LANs (*Local Area Networks*) – basieren heutzutage ausschließlich auf der Ethernet-Technologie und verwenden das Internetprotokoll IP. In den Datacentern dieser Netzwerke findet man aber noch separate Speichernetzwerke – sog. SANs (*Storage Area Networks*); sie dienen dazu, Servern die Nutzung externer Speichersysteme zu ermöglichen. Im Gegensatz zu LANs basieren SANs auf der Netzwerktechnologie *Fibre Channel* (FC). Der Einsatz zweier verschiedener Netzwerktechnologien Ethernet und Fibre Channel hat allerdings mehrere Nachteile. Ein großer Nachteil entsteht u.a. dadurch, dass man zum Anschluss eines Servers an LAN und SAN zwei verschiedene I/O-Adapter (*Input/Output*) braucht – und zwar einen Ethernet-NIC (*Network Interface Controller*) für LAN und einen FC-HBA (*Host Bus Adapter*) für SAN.

*Fibre Channel over Ethernet (FCoE)*

Diesen Nachteilen kann man durch eine Zusammenführung von LAN und SAN in einem Netzwerk entgegenwirken, was z.B. zu einer auf dem Konzept von *Fibre Channel over Ethernet* (FCoE) basierenden Konvergenz von LAN und SAN führt. Diese Konvergenz lässt sich aber nur durch die sog. *I/O-Konsolidierung* (*I/O-Consolidation*) und mithilfe von neuartigen konvergierten Netzwerkadaptern von sog. *Converged Network Adapters* (CNAs) erreichen – s. hierzu Abbildung 4.3-9.

*I/O-Konsolidierung*

**Switch Port Extension** (Auslagerung von Switch-Ports): Ein wichtiger Trend im Netzwerkbereich besteht in der Auslagerung von Switch-Ports mithilfe von sog. *Port-Extendern*, wodurch das Switching zentralisiert werden kann. Weil die Port-Extender so vernetzt werden, dass sie eine baumartige Struktur bilden, entsteht folglich eine Loop-freie Netzwerkstruktur mit dem zentralen Switching, in der das Protokoll STP oder RSTP nicht mehr nötig ist – für Näheres darüber sei auf Abschnitt 9.3 verwiesen.

*Einsatz von Port-Extendern*

Um die Auswirkungen der eben dargestellten Herausforderungen auf die Konzepte von Datacentern zeigen zu können, gehen wir im Weiteren zuerst auf das klassische Design von Datacentern ein. Danach zeigen wir, zu welchen positiven Effekten die Konvergenz von LAN und SAN und die Switch Port Extension führen und welche Auswirkungen die Servervirtualisierung auf das Design von Datacentern hat.

## 4.3.1 Klassisches Design von Datacenter-Netzwerken

In Abbildung 4.2-9 wurde bereits das allgemeine Prinzip der Strukturierung der Netzwerke mit redundant ausgelegten Systemkomponenten, damit man deren hohe Verfügbarkeit garantieren kann, dargestellt. Abbildung 4.3-1 soll die allgemeine Struktur von Datacentern innerhalb einer hochverfügbaren Netzwerkinfrastruktur veranschaulichen. Hervorzuheben ist hierbei, dass es sich hier um das klassische Design von Datacentern handelt, d.h. ohne Konvergenz von LAN und SAN und ohne Switch Port Extension.

Damit die im Datacenter installierten Server und Speichersysteme sogar nach dem Ausfall einiger Netzwerkkomponenten möglichst weiterhin zugänglich sein können, werden sie jeweils über zwei Switches an das Netzwerk angebunden, und zwar:

204   4   Grundlagen zur Entwicklung des Systemkonzepts

- alle Server über Access Switches (ASs), d.h. über Layer-2-Switches, auch als Ethernet-Switches bezeichnet, und
- alle Speichersysteme über Fibre-Channel-Switches (FCSs).

Die FCSs mit den an sie angeschlossenen Speichersystemen bilden hier ein SAN (*Storage Area Network*).²⁹ Um die auf den Servern vorhandenen Daten möglichst immer sichern zu können, wird jeder Server redundant (über zwei FCSs) an das SAN angebunden. Dadurch besteht die Möglichkeit, nach dem Ausfall eines FCS die Daten über einen redundanten FCS zu einem Speichersystem zu übermitteln.

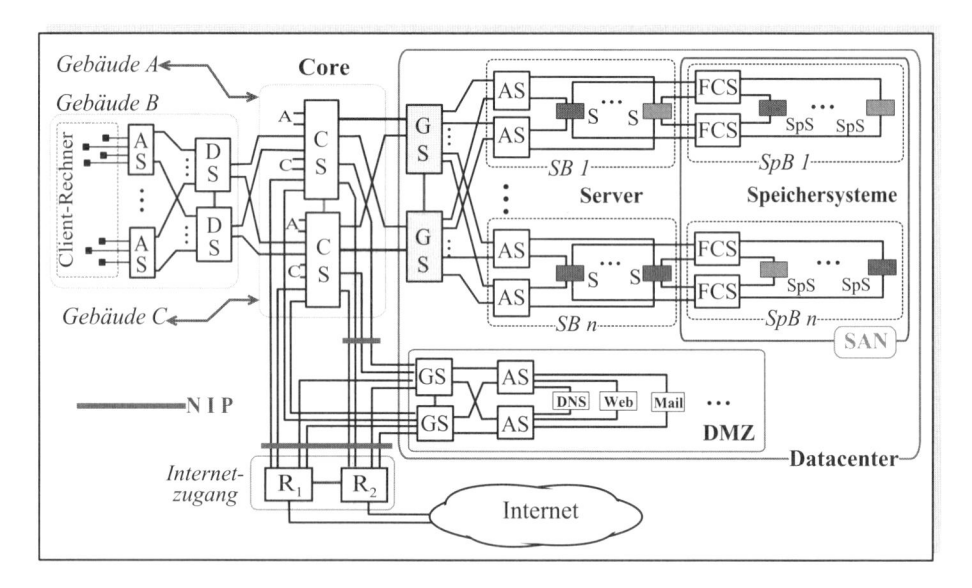

**Abb. 4.3-1:** Hochverfügbare Netzwerkinfrastruktur – klassisches Design von Datacentern
A/C/GS: Access/Distribution/Aggregation Switch, DMZ: Demilitarisierte Zone, FS: Fibre Channel Switch, NIP: Network Intrusion Prevention, R: Router, S: Server, Sp: Speichersystem, SB: Serverbereich, SpB: Speicherbereich

Bedeutung der DMZ

Im Datacenter wird eine spezielle Zone – als *Demilitarisierte Zone* bezeichnet, kurz *DMZ* – eingerichtet. Eine DMZ stellt eine „Pufferzone" im Netzwerk dar, in der all solche Server installiert werden, auf die der Zugriff aus dem Internet ermöglicht werden muss, insbesondere die folgenden Server:

- DNS-Server (*Domain Name System*), der als eine „Auskunftsstelle" fungiert und ermöglicht, innerhalb der DMZ die IP-Adressen ausschließlich von Rechnern

---

²⁹ SAN ist ein Netzwerk zur Anbindung von Servern an Speichersysteme. Klassische SANs basieren auf *Fibre Channel* (FC) als Übermittlungstechnik. FC ist eine besondere Netzwerktechnologie, denn sie garantiert Verlust- und Fehlerfreiheit während einer Datenübermittlung in FC-Frames zwischen zwei Endsystemen – z.B. zwischen einem Server und einem Speichersystem – bereits auf dem Data Link Layer, also auf dem Layer 2, ohne IP und TCP nutzen zu müssen – s. hierzu bspw. http://www.competence-site.de/it-virtualisierung/FC-SAN-Fibre-Channel-Storage-Area-Network

(Hosts) zu ermitteln, auf die aus dem Internet zugegriffen werden darf, wie z.B. E-Mailserver in der DMZ;

- Webserver mit der Präsentation der Firma, des Unternehmens, ..., Werbung etc.;
- E-Mailserver, der als Eingangs-E-Mailserver dient, d.h., auf dem alle E-Mails zwischengespeichert werden, bevor ein zentraler Virenscanner in der DMZ eingesetzt wird, um alle bösartigen Viren aufzuspüren. Die virenfreien E-Mails werden dann auf separaten E-Mailservern im „militarisierten" Teil vom Datacenter abgespeichert und den Benutzern zugänglich gemacht.

Es ist sinnvoll, alle im Datacenter installierten Server nach deren Funktionen zu gruppieren, alle Server mit vergleichbaren Funktionen an das gleiche Paar von Access Switches anzuschließen und diese als *funktionellen Serverbereich* (z.B. Front-End-, Back-End-, Applikations-Bereich) zu betrachten. Jedem funktionellen Serverbereich könnte man eine Gruppe von Speichersystemen zuordnen, auf denen die Daten aus den Servern eines funktionellen Bereichs bereitgestellt werden können, die also untereinander gewissermaßen als Backup für die Server fungieren. Abbildung 4.3-1 bringt diese Möglichkeit zum Ausdruck – vgl. auch die Abbildungen 4.3-12 und -13.

<small>Funktionelle Serverbereiche</small>

Sowohl Server als auch Speichersysteme werden in genormten, oft als *Racks* bezeichneten, Schränken untergebracht.[30] Hierbei ist es aber immer vorteilhaft, die Server aus einem funktionellen Serverbereich in einem Server-Rack zu installieren. Benötigt man hierfür mehrere Server-Racks, sollte man diese so gruppieren, dass ein funktioneller Bereich im Datacenter gebildet wird (s. Abb. 4.3-12). Abhängig davon, welche aktiven Komponenten – d.h. entweder Layer-2-Switches als Access Switches oder nur Extender der Ports von Layer-2-Switches – in Server-Racks zur Anbindung von Servern an LAN eingesetzt werden, unterscheidet man zwischen den folgenden zwei grundlegenden Architekturen von Datacentern:

<small>Datacenter-Architekturen</small>

- *ToR-Architektur* (*Top-of-Rack*) und
- *EoR-Architektur* (*End-of-Row*).

Eine Variante der EoR-Architektur stellt die sog. *MoR-Architektur* (*Middle-of-Row*) dar. Diese Architekturen von Datacentern möchten wir jetzt kurz vorstellen.

## ToR-Architektur mit gemeinsamen Server- und Speicher-Racks

Die ToR-Architektur von Datacentern zeichnet sich dadurch aus, dass die Access Switches (ASs) oben in einem Server-Rack untergebracht sind, d.h. als *Top-of-Rack* zusammen mit Servern. Abbildung 4.3-2 illustriert, wie dies erfolgen kann, insbesondere wie die Systemkomponenten aus einem funktionellen Bereich in einem gemeinsamen Rack mit Servern und Speichersystemen installiert werden können.

<small>Besonderheit der ToR-Architektur</small>

---

[30] In Datacentern (Rechenzentren) verwendet man in der Regel die Racks mit der Breite von 19 Zoll – die sog. 19-Zoll-Racks, für Näheres siehe http://de.wikipedia.org/wiki/Rack

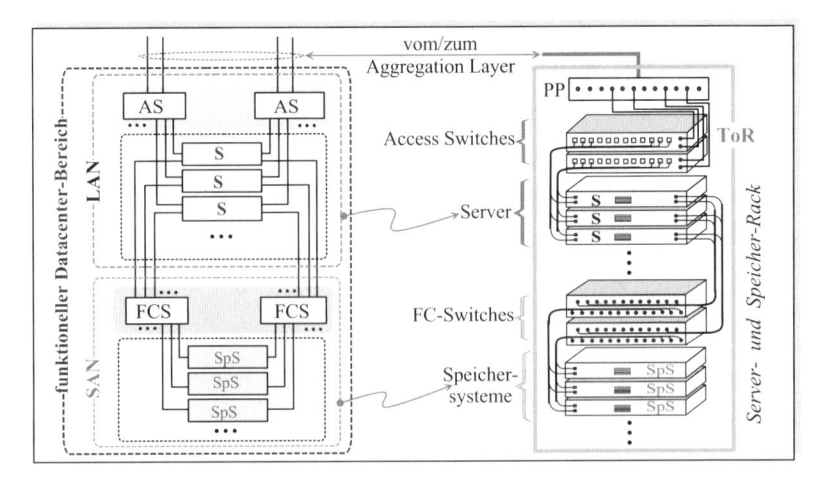

**Abb. 4.3-2:** Systemkomponenten aus einem funktionellen Bereich vom Datacenter als ToR-Architektur mit gemeinsamen Server- und Speicher-Racks
FCS: Fibre Channel Switch, PP: Patchpanel, S: Server, SpS: Speichersystem

Es ist jedoch zu betonen, dass die hier gezeigte Art der „Installation" nur als Beispiel dafür dienen soll, wie man die Systemkomponenten aus einem funktionellen Bereich in einem gemeinsamen Rack unterbringen und untereinander vernetzen kann. In Anlehnung an die hier dargestellte ToR-Architektur kann man dann das Datacenter, welches in der Regel aus mehreren funktionellen Bereichen besteht, in Form von mehreren, entsprechend angeordneten Racks aufbauen. Installiert man hierbei die Aggregation Switches in einem separaten Rack, also in einem *Aggregation Rack*, so entsteht eine denkbare, in Abbildung 4.3-3 dargestellte ToR-basierte Datacenter-Architektur.

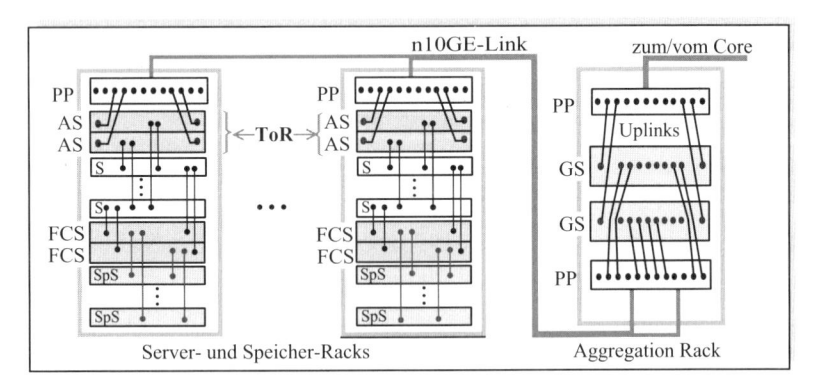

**Abb. 4.3-3:** ToR-Architektur im Datacenter mit gemeinsamen Server- und Speicher-Racks
GS: Aggregation Switch, GE: Gigabit Ethernet, weitere Abkürzungen wie in Abbildung 4.3-2

Die Datacenter-Architektur mit gemeinsamen Server- und Speicher-Racks hat aber zwei große Nachteile. Einerseits ist der Raum in einem Rack so begrenzt, dass bereits nach der Installation von jeweils zwei Ethernet-Switches als Access Switches zur Anbindung von Servern an das LAN und von zwei FC-Switches zur Anbindung von Servern an das SAN kein so großer Platz mehr verbleibt, damit man eine „nützliche" Anzahl von Servern und von Speichersystemen unterbringen kann. Folglich wäre eine derartige Lösung nur in relativ kleinen Netzwerken denkbar.

*Nachteile der ToR-Architektur mit gemeinsamen Server- und Speicher-Racks*

Anderseits sollte jedes Datacenter so konzipiert werden, dass die Backup-Daten jedes Servers nicht am gleichen Ort (etwa im selben Raum), wo der Server installiert wurde, aufbewahrt werden. Würden ein Server und sein Speichersystem sowie dessen Backup-Daten in einem Raum installiert, dann könnten die beiden – also der Server und das Speichersystem samt Backup-Daten – bei einem Brandfall nicht mehr verfügbar sein.

Um die Verfügbarkeit von Daten nach verschiedenen Notfallarten zu garantieren, sollte man die Backup-Daten von Servern nicht am selben Ort aufbewahren, wo die Server installiert sind – und insbesondere nicht im selben Server-Rack. Zusätzlich sollte man die Backup-Daten von wichtigen Servern an zwei verschiedenen Orten aufbewahren. Die eben genannten Zielvorstellungen lassen sich nur dann verwirklichen, wenn Server und Speichersysteme sowie Backup-Daten in getrennten Racks installiert werden; dies verlangt aber eine ToR-Architektur mit getrennten Server- und Speicher-Racks

*Ziel: Verfügbarkeit von Daten nach verschiedenen Notfallarten*

## ToR-Architektur mit getrennten Server- und Speicher-Racks

Um die eben genannten Nachteile der ToR-Architektur mit gemeinsamen Server- und Speicher-Racks zu vermeiden, realisiert man eine ToR-Architektur mit getrennten Server- und Speicher-Racks. Abbildung 4.3-4 illustriert, wie die Systemkomponenten aus einem funktionellen Bereich vom Datacenter in getrennten Server- und Speicher-Racks installiert werden können – vgl. hierbei auch Abbildung 4.3-2.

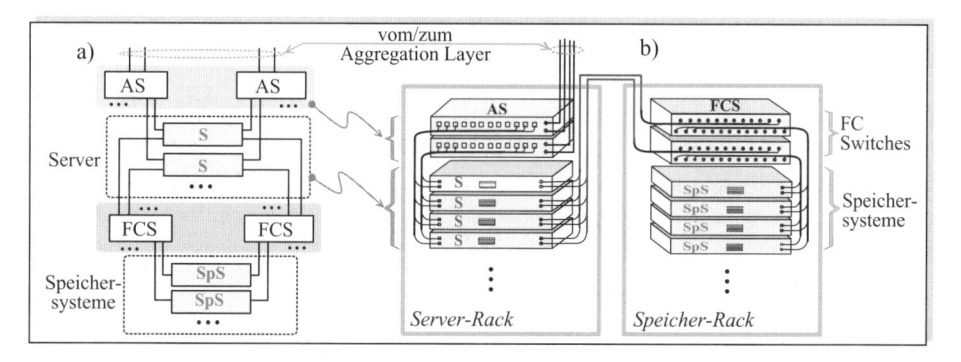

**Abb. 4.3-4:** Systemkomponenten aus einem funktionellen Bereich vom Datacenter als ToR-Architektur mit getrennten Server- und Speicher-Racks
AS: Access Switch, FCS: Fibre Channel Switch, S: Server, SpS: Speichersystem

Die hier gezeigte ToR-Architektur mit getrennten Server- und Speicher-Racks kann man für das ganze, aus mehreren funktionellen Bereichen bestehende Datacenter anwenden. Dabei kann das Datacenter in Form von mehreren Racks so aufgebaut werden, dass Server und Speichersysteme sowie ggf. Backup-Daten von Servern jeweils in getrennten Racks installiert werden. Abbildung 4.3-5 illustriert eine derartige ToR-basierte Datacenter-Architektur.

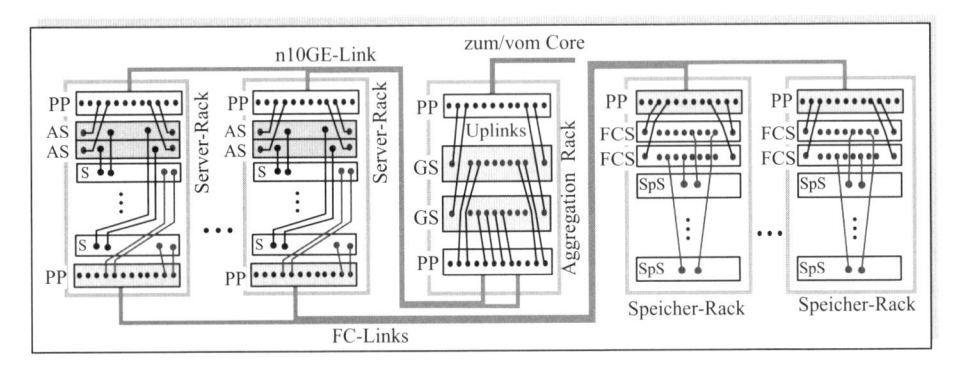

**Abb. 4.3-5:** ToR-Architektur im Datacenter mit getrennten Server- und Speicher-Racks
A/GS: Access/Aggregation Switch, GE: Gigabit Ethernet, PP: Patchpanel, weitere Abkürzungen wie in Abbildung 4.3-4

Vorteile der ToR-Architektur mit getrennten Server- und Speicher-Racks

Die hier gezeigte Datacenter-Architektur mit getrennten Server- und Speicher-Racks hat im Vergleich zur in Abbildung 4.3-3 dargestellten Architektur mit gemeinsamen Server- und Speicher-Racks zwei wichtige Vorteile, und zwar:

- *Größerer Raum für Server in Racks*: Da nur zwei Access Switches zur Anbindung von Servern an LAN im Rack installiert sind, verbleibt ein größerer Raum zur Unterbringung von Servern.
- *Räumliche Trennung von Servern und deren Daten sowie Backups*: Da die Backup-Daten von Servern nicht am gleichen Ort aufbewahrt werden, erhöht man dadurch die Verfügbarkeit von Daten nach verschiedenen Notfallarten.

Die ToR-basierte Datacenter-Architektur mit getrennten Server- und Speicher-Racks hat zwar die eben erwähnten Vorteile, aber auch noch einige „Schwächen". Das Netzwerkmanagement und die Administration sind noch relativ aufwendig. Sie können jedoch bei der Verwirklichung der EoR-Architektur (*End-of-Row*) noch vereinfacht werden. Auf die EoR-Architektur gehen wir jetzt kurz ein.

### EoR-Architektur in Datacentern

Die Ports im Access Switch für die Anbindung von Servern an Aggregation Switches (GSs) können räumlich ausgelagert und mithilfe eines Port-Extenders vervielfacht wer-

## 4.3 Design von Datacenter-Netzwerken

den. Die Verwirklichung dieser Idee bezeichnet man als *Switch Port Extension*[31,32] – s. auch Abschnitt 9.3. Wie Abbildung 4.3-6 zeigt, führt der Einsatz von Port-Extendern (PEs) an Access Switches (ASs) im Datacenter zur EoR-Architektur (*End of Row*).

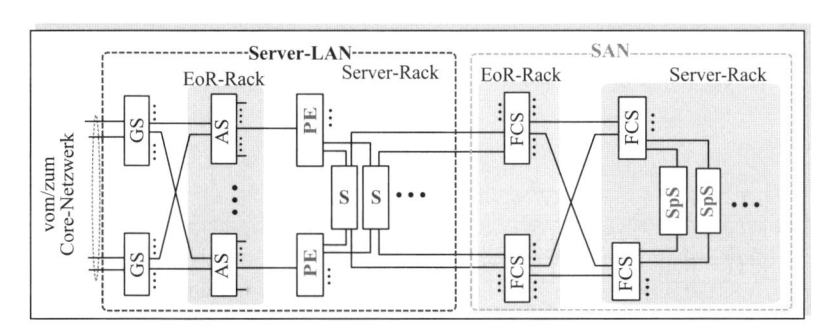

**Abb. 4.3-6:** Einsatz von Port-Extendern an Access Switches – führt zur EoR-Architektur
FCS: Fibre Channel Switch, S: Server, SpS: Speichersystem

Nach der EoR-Architektur werden alle Access Switches zum Anschluss von Servern an die Aggregation Switches in einem separaten Rack – oft am Ende einer Reihe von Racks mit Servern, somit als *End of Row* – untergebracht. Abbildung 4.3-7 illustriert die EoR-Architektur näher. Es sei hierbei hervorgehoben, dass die Port Extenders (PEs) von Access Switches im oberen Teil von Racks mit Servern installiert werden, d.h. nach dem ToR-Modell (*Top of Rack*). Auf diese Weise werden Ports von Access Switches quasi zu den PEs ausgelagert und dort vervielfacht. Die Ports von PEs sind daher als *Remote Ports* von Access Switches zu betrachten.

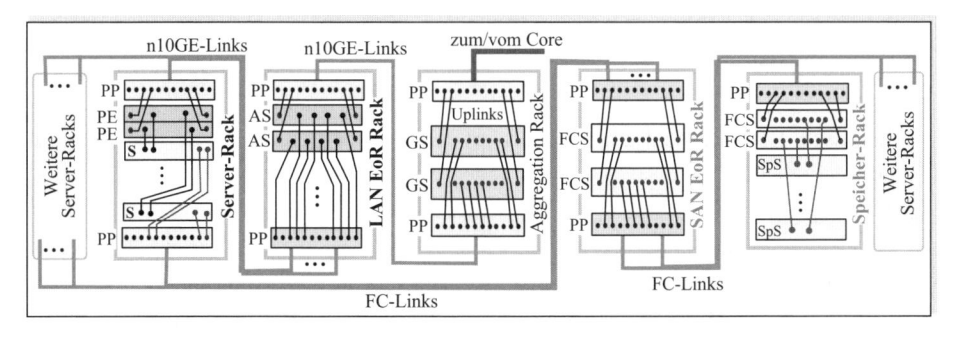

**Abb. 4.3-7:** Beispiel für eine Realisierung der EoR-Architektur in Datacentern
GE: Gigabit Ethernet, weitere Abkürzungen wie in Abbildung 4.3-1

---

[31] *Switch Port Extension* wird im IEEE-Standard 802.1Qbh spezifiziert und dort als *Bridge Port Extension* bezeichnet – siehe hierzu `http://www.competence-site.de/netzwerke/Bridge-Port-Extension-BPE`
[32] Die Idee von *Switch Port Extension* wird z.B. in Switches von Cisco als *Fabric Extender (FEX) Technology* realisiert – siehe `http://www.cisco.com/en/US/netsol/ns1134/index.html`

## 4 Grundlagen zur Entwicklung des Systemkonzepts

Wie aus Abbildung 4.3-7 ersichtlich ist, werden die Aggregation Switches (GSs) in einem bzw. mehreren separaten Racks installiert und entsprechend mit Access Switches im EoR-Rack verbunden. Anzumerken ist hier, dass eine Variante der EoR-Architektur als MoR-Architektur (*Middle-of-Row*) bezeichnet wird.

**Bemerkung:** Der Einsatz von PEs führt zur Zentralisierung von Switching, und zwar findet das Switching findet nur in den im EoR-Rack untergebrachten Access Switches statt. Folglich führt die EoR-Architektur zu baumartigen (also Loop-freien) logischen Netzwerkstrukturen in Datacentern und hat demzufolge eine enorme Bedeutung bei der Implementierung von virtuellen Servern.

Oft ist es aus Sicherheitsgründen notwendig, die Speichersysteme von den Servern räumlich zu trennen und die auf einigen Servern vorhandenen Daten auf zwei verschiedenen Speichersystemen zu sichern, wobei die Backup-Daten von Servern an zwei verschiedenen, räumlich getrennten Orten dauerhaft aufbewahrt sein müssen. Diese Anforderungen kann man durch die Realisierung einer EoR-Architektur im Datacenter erfüllen – beispielsweise durch die Realisierung der in Abbildung 4.3-8 gezeigten, EoR-basierten Struktur vom Datacenter.

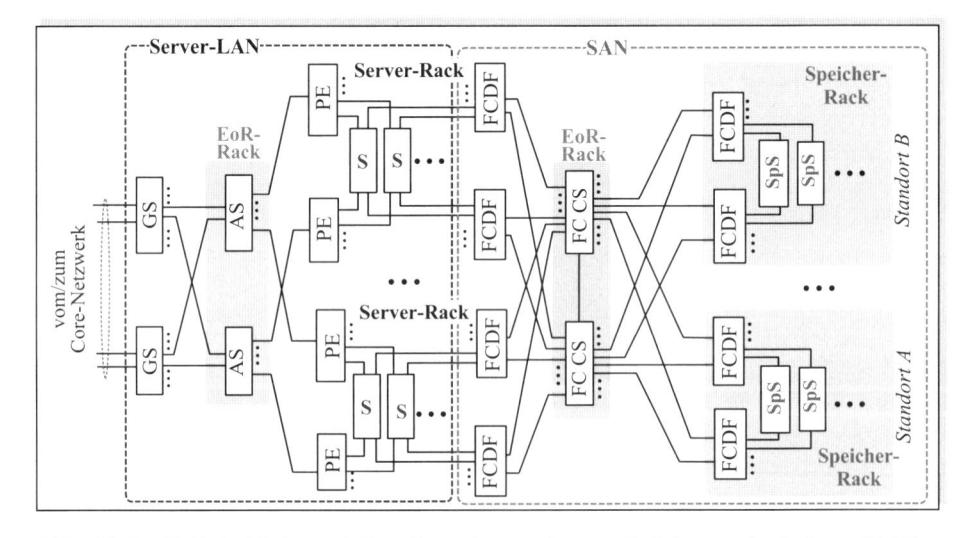

**Abb. 4.3-8:** EoR-Architektur mit Port-Extendern zu Access Switches und mit einem Distributed FC Switch
PE: Access Switch Port Extender, FC CS: Fibre Channel Controlling Switch, FC CS: Fibre Channel Data Forwarder, weitere Abkürzungen wie in Abbildung 4.3-6

Die in Abbildung 4.3-8 dargestellte Systemlösung ist – nur funktionell betrachtet – der in Abbildung 4.3-6 gezeigten Systemlösung äquivalent. Der wesentliche Unterschied zwischen diesen beiden Systemlösungen besteht vor allem darin, dass das in Abbildung

4.3-8 gezeigte SAN auf einem *Distributed FC Switch* (DFCS) basiert.[33] Der DFCS besteht hier aus zwei in einem EoR-Rack untergebrachten Controlling FC Switches, die sich wie ein virtueller FC Switch verhalten, und aus mehreren *FC Data Forwarders* (FCDFs), die jeweils paarweise in Server- und in Speicher-Racks untergebracht sind.

## 4.3.2 Design von Datacenter-Netzwerken mit FCoE

Der Einsatz von zwei verschiedenen Technologien in Datacentern, d.h. von Ethernet im LAN und Fibre Channel (FC) im SAN, hat jedoch einige Nachteile; z.B. entstehen höhere Investitions- und Betriebskosten. Um diese Nachteile zu „beheben", wurde das Konzept von *Fibre Channel over Ethernet* (FCoE) entwickelt.[34] Beim Einsatz von FCoE konvergieren LANs mit SANs auf eine solche Art und Weise, dass eine einheitliche, Ethernet-basierte Datacenter-Infrastruktur entsteht. Der Einsatz von FCoE führt somit zur LAN- und SAN-Konvergenz in Datacentern und man spricht aus diesem Grund auch von *Converged Networking*.

*Trend zum Converged Networking*

Durch eine redundante Anbindung von Servern über zwei Access Switches (Ethernet-Switches) an das LAN und über zwei FC-Switches an das SAN – siehe hierzu beispielsweise Abbildung 4.3-1 – soll eine hohe Betriebssicherheit des Netzwerkes und folglich eine hohe Verfügbarkeit von dessen Diensten garantiert werden. Dies ist aber mit einem hohen Aufwand verbunden. So wie in Abbildung 4.3-9a dargestellt, müssen zwei verschiedene Netzwerktechnologien Ethernet und FC verwendet werden. Demzufolge benötigt man für die Anbindung jedes Servers zwei verschiedene Netzwerkadapter, und zwar:

*Herkömmliche Anbindung von Servern*

- NIC (*Network Interface Controller/Card*) für das Server-LAN (Ethernet) und
- HBA (*Host Bus Adapter*) für das SAN.[35]

Die in Abbildung 4.3-9a gezeigte Anbindung von Servern an LAN und SAN kann durch die Zusammenführung von LAN und SAN mithilfe von FCoE und vor allem durch den Einsatz eines „integrierten" Netzwerkinterface vereinfacht werden. Der Einsatz von FCoE führt zur sog. *I/O-Konsolidierung* (*I/O-Consolidation*). Abbildung 4.3-9b illustriert die grundlegende Idee der I/O-Konsolidierung mithilfe von konvergierten Netzwerkadaptern bzw. *Converged Network Adapters* (CNAs).

*I/O-Konsolidierung*

Heutzutage wird CNA als Adapterkarte mit 10GE (zukünftig auch als Adapterkarte mit 40GE oder 100GE) realisiert, mit der auch das Konzept von FCoE verwirklicht werden kann. Um Server an das LAN über zwei Access Switches redundant anbinden zu kön-

*Einsatz von CNAs*

---

[33] Für fundierte Informationen über DFCS siehe: „Distributed FC Switch" in [Schu 13] bzw. http://www.competence-site.de/it-virtualisierung/Distributed FC Switch
[34] Für Näheres über FCoE siehe: FCoE in [Schu 13] oder http://www.competence-site.de/telekommunikation/FCoE-Fibre-Channel-over-Ethernet
[35] Der HBA und das Speichersystem stellen im Sinne der FC-Technik einen *FC_Node* dar und jeder Port in jedem FC_Node ist ein *N_Port*. Jeder dem Anschluss eines FC_Nodes dienende Port im FC-Switch ist ein *F_Port*.

nen, werden CNAs typischerweise mit zwei 10GE-Ports ausgestattet und deshalb *Dual-Port-CNA* genannt. Beim Einsatz von CNAs – de facto bei der I/O-Konsolidierung – braucht man kein SAN mehr, denn die Speichersysteme können dank dem Konzept von FCoE direkt an das LAN angebunden werden – s. Abbildung 4.3-11. Weitere Vorteile von FCoE sind u.a.: Reduktion des Energieverbrauches, Vereinfachung der Verkabelung und Kostenreduzierung.

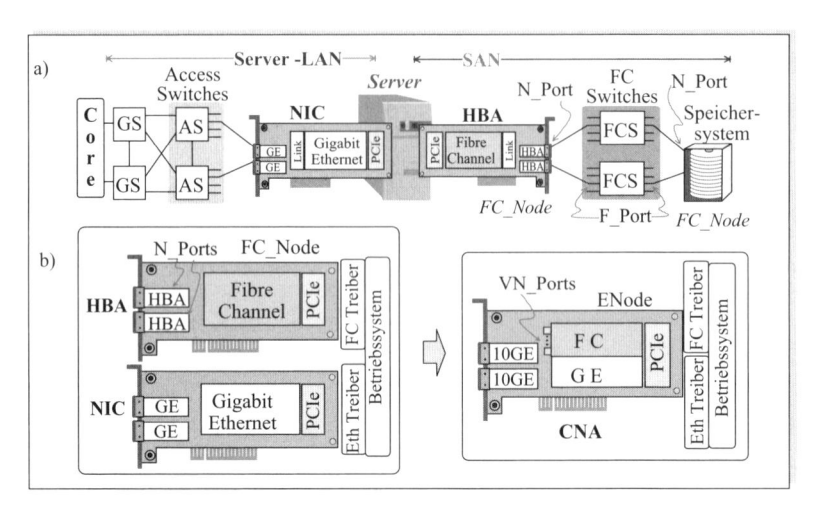

**Abb. 4.3-9:** Anbindung von Servern an LAN und SAN: a) klassische Situation ohne FCoE, b) Einsatz von FCoE führt zur I/O-Konsolidierung[36]

I/O: Input/Output, PCIe: Peripheral Component Interconnect express[37]

FCoE setzt Data Center Bridging voraus

Das soeben geschilderte Ziel, ein Datacenter lediglich auf der Basis von Ethernet einzurichten, ist dank der I/O-Konsolidierung möglich. Diese setzt wiederum die Implementierung von FCoE voraus. Um FCoE aber implementieren zu können, sind bestimmte Erweiterungen von Gigabit Ethernet (GE) notwendig. Der Grund dafür ist, dass FC-basierte SANs im Gegensatz zu Ethernet-LANs *verlustfreie Netzwerke* (*lossless Networks*) sind. Diese Erweiterungen von GE dienen dazu, ein verlustfreies Netzwerk zu erstellen und sind ein Bestandteil von *Data Center Bridging (DCB)* – siehe hierzu DCB in [Schu 13].[38] GE mit Unterstützung von DCB wird als *Converged Enhanced Ethernet* (CEE) bzw. *Enhanced Ethernet for Data Center* (EEDC) bezeichnet.

---

[36] Bei FCoE stellt ein CNA einen *FCoE_Node* (kurz *ENode*) dar und enthält oft mehre virtuelle N_Ports; diese bezeichnet man dementsprechend als *VN_Ports*.

[37] PCIe ist ein Standard zur Verbindung von Rechnern mit Peripheriegeräten (z.B. mit Adapterkarten) und ist eine Erweiterung vom PCI-Bussystem – für weitere Informationen darüber siehe: http://www.pcisig.com/specifications/pciexpress/base

[38] Für kompakte Informationen über DCB siehe bspw. http://www.competence-site.de/it-virtualisierung/Data-Center-Bridging-DCB

Bei der Migration zu einer konvergenten LAN- und SAN-Infrastruktur im Datacenter werden die konvergenten CNA-Adapter in Servern eingesetzt. Für den Anschluss von mit CNA-Adaptern ausgestatteten Servern an das Netzwerk müssen als Access Switches spezielle Switches, d.h. *CEE-Switches* oder *Converged Switches* zum Einsatz kommen. Diese Switches sind wie folgt zu charakterisieren:

*FCoE-fähige Systemkomponenten*

- *CEE-Switch* – ist ein GE-Switch mit CEE-fähigen Ports, d.h. ein Switch mit Unterstützung von DCB, der die Ethernet-Frames mit den als Payload eingekapselten FC-Frames einfach weiterleitet, ohne dabei die FC-Frames zu interpretieren.

- *Converged Switch* – ist ein Switch, der sich quasi aus einem CEE-Switch und einem FC-Switch zusammensetzt, wobei diese über eine interne Bridge miteinander verbunden sind, wodurch auch die Ports für den Anschluss herkömmlicher FC-Systeme zur Verfügung gestellt werden.[39]

Bei der Migration zur Zusammenführung von LAN und SAN kann man von zwei Konvergenzstufen sprechen und zwar von *partieller Konvergenz*, bei der die Speichersysteme weiterhin über FC-Links angebunden werden, und von *globaler Konvergenz*, bei der die Speichersysteme bereits über die konvergenten CNA-Adapter verfügen. Die beiden Konvergenzstufen sollen nun kurz näher erläutert werden.

*Migration zu einer konvergenten LAN- und SAN-Infrastruktur*

Damit man die Konvergenz von LAN und SAN auf eine elegante Art und Weise realisieren kann, wird das Konzept von *Distributed FCF* (*Distributed FCoE Forwarder*) entwickelt. Ein Distributed FCF kann als verteiltes, hierarchisch organisiertes FCoE-Switching-System angesehen werden. Dieses enthält eine zentrale, als *Controlling FCF* dienende Komponente und mehrere untergeordnete, vereinfachte FCoE-Switches, die bei Bedarf auch direkt untereinander verbunden werden können. Diese untergeordneten, als *FDF* bezeichneten FCoE-Switches nennt man *FCoE Data Forwarder*. Sie können als Port-Extender eines zentralen FCoE-Switches betrachtet werden. Der Einsatz von Distributed FCFs in Datacentern führt zum EoR-Konzept. Für Näheres darüber wird auf Distributed FCF in [Schu 13] verwiesen.[40]

*Distributed FCF*

## Partielle Konvergenz von LAN und SAN

Abbildung 4.3-10 illustriert drei Systemlösungen für eine partielle Konvergenz von LAN und SAN. In allen hier dargestellten Lösungen verfügen die Speichersysteme weiterhin über herkömmliche FC-Interfaces, was als wesentliches Merkmal partieller Konvergenz angesehen werden kann. Es sei darauf hingewiesen, dass hier und ebenso in Abbildung 4.3-11 angenommen wurde, dass der CNA-Adapter für dessen Anschluss an zwei verschiedene Access Switches in jedem Server zwei n*10GE-Ports (n= 1, 4 oder 10) zur Verfügung stellt.

---

[39] Für Näheres siehe: http://www.redbooks.ibm.com/redpieces/abstracts/sg247935.html
[40] Siehe auch http://www.competence-site.de/it-virtualisierung/ Distributed FCF

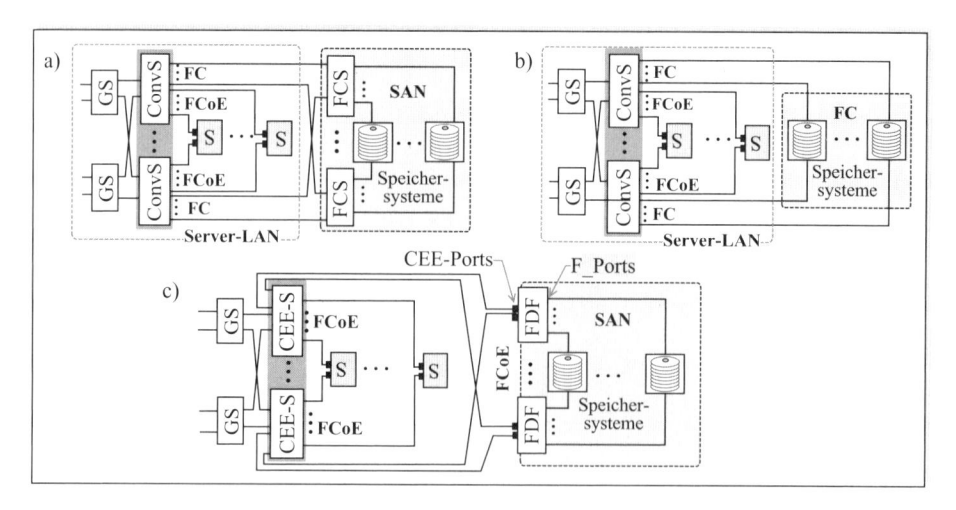

**Abb. 4.3-10:** Partielle Konvergenz von Server-LAN und SAN mit FCoE – die Anbindung der Speichersysteme an Converged Switches: a) über FC-Switches (FCSs), b) direkt über FC-Links, c) über FCoE Data Forwarders (FDFs)
ConvS: Converged Switch – Server-Access-Switch, GS: Aggregation Switch, S: Server

Systemlösungen für partielle Konvergenz

Die hier gezeigten Systemlösungen für partielle Konvergenz lassen sich wie folgt kurz charakterisieren:

**a:** *Server und FC-Switches an Converged Switches*
In diesem Fall (Abb. 4.3-10a) werden die Converged Switches als Server-Access-Switches eingesetzt, die Speichersysteme jedoch weiterhin an FC-Switches angeschlossen. Diese Systemlösung zeichnet sich dadurch aus, dass die FC-Switches vom SAN an FC-Ports in Converged Switches angeschlossen sind.

**b:** *Server und Speichersysteme an Converged Switches*
Bei dieser Lösung (Abb. 4.3-10b) dienen die Converged Switches als Access Switches sowohl für Server als auch für Speichersysteme. Da Converged Switches auch über FC-Ports verfügen, können die mit FC-Schnittstellen ausgestatteten Speichersysteme mit ihnen direkt über herkömmliche FC-Links verbunden werden.

**c:** *Server an CEE-Switches und Einsatz von FCoE Data Forwarders*
Hierbei (Abb. 4.3-10c) werden die CEE-Switches als Access-Switches zum Anschluss sowohl von Servern als auch von FDFs (*FCoE Data Forwarders*) verwendet. Die CEE-Switches fungieren hier als *Controlling FCF* – für Näheres s. Distributed FCF [Schu 13].[41] Dabei werden die Speichersysteme über FC-Links an die FDFs angeschlossen und übermitteln die in Ethernet-Frames eingekapselten FC-Frames zwischen deren CEE-Ports und den CEE-Switches. Diese Lösung hat – im Vergleich zur Lösung in Abbildung 4.3-10b – den Vorteil, dass sie besser skalierbar ist und zur Reduzierung des Verkabelungsaufwands beiträgt.

---

[41] Siehe [Web Bada] für kompakte Informationen über Distributed FCF.

## Globale Konvergenz von LAN und SAN

Abbildung 4.3-11 zeigt drei Systemlösungen für globale Konvergenz; diese zeichnet sich dadurch aus, dass die Speichersysteme über konvergente CNA-Adapter verfügen – d.h., sie besitzen sog. CEE-Ports (vgl. hierzu Abbildung 4.3-10).

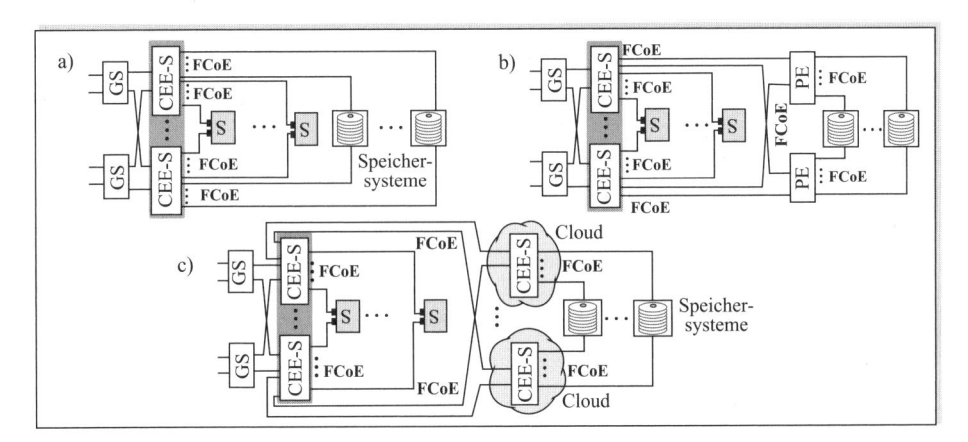

**Abb. 4.3-11:** Globale Konvergenz von Server-LAN und SAN mit FCoE – durch Anbindung der Speichersysteme an CEE-Switches: a) direkt, b) über Port Extender von CEE-Switches, c) über CEE-Clouds
CEE: Converged Enhanced Ethernet, CEE-S: CEE-Switch, PE: Port Extender – vom CEE-Switch, weitere Abkürzungen wie in Abbildung 4.3-10

Die Besonderheiten von in Abbildung 4.3-11 gezeigten Systemlösungen sind:

**a:** *Direkte Anbindung der Speichersysteme an CEE-Switches*
Bei dieser Systemlösung (Abb. 4.3-11a) werden alle Speichersysteme direkt an CEE-Switches, die als Server-Access-Switches dienen, angebunden. Sind die Speichersysteme aber aus Sicherheitsgründen an einem anderen Standort untergebracht, ist bei dieser Lösung der Verkabelungsaufwand für die Anbindung der Speichersysteme relativ groß, denn für jedes Speichersystem sind zwei Links (z.B. mit 10GE) nötig.

**b:** *Anbindung der Speichersysteme an CEE-Switches über Port-Extender*
Um den Verkabelungsaufwand bei der Anbindung der Speichersysteme an CEE-Switches zu reduzieren, können Port-Extender an CEE-Switches verwendet werden; Abbildung 4.3-11b illustriert diese Möglichkeit. Bezüglich dieser Lösung ist zu bemerken, dass die Ports der CEE-Switches hier de facto zu den Speichersystemen „ausgelagert" worden sind.

**c:** *Anbindung der Speichersysteme an CEE-Switches über CEE-Clouds*
Die Speichersysteme können über CEE-Clouds mit Server-Access-Switches kommunizieren. Wie Abbildung 4.3-11c zeigt, können im Sonderfall die Clouds zwei CEE-Switches darstellen.

## 4.3.3 Räumliche Strukturierung von Datacenter-Netzwerken

*Arten von Datacentern*

Beim Design eines Datacenters müssen verschiedene Faktoren berücksichtigt werden; hierzu gehört vor allem die räumliche Anordnung von Racks mit verschiedenen Systemkomponenten, deren Stromversorgung und Kühlung sowie die Verkabelung. Diese Faktoren sind nicht nur von der Größe des Datacenters abhängig, sondern auch von der Datacenter-Art, nämlich ob es sich um ein für eigene Zwecke in einem Unternehmen eingerichtetes Datacenter, d.h. um ein *Unternehmens-Datacenter* oder um ein Datacenter bei einem Service Provider, also um ein *Hosting-Datacenter* handelt.

*Europäische Norm EN 50173-5*

In Datacentern muss in der Regel eine Vielzahl von verschiedenen Systemkomponenten auf kleinem Raum installiert werden. Dies verlangt eine gut durchdachte räumliche Anordnung von Racks und stellt ein großes Problem dar. Im Weiteren möchten wir zwei Beispiele zeigen, wie man dieses Problem lösen kann. Hierbei werden wir uns auf die räumliche Anordnung von Racks sowie auf die Struktur der Verkabelung in Unternehmens-Datacentern beschränken.[42] An dieser Stelle sei auf die europäische Norm EN 50173-5 für strukturierte Verkabelung in Datacentern verwiesen. Diese Norm liegt den hier dargestellten Beispielen für räumliche Strukturierung von Datacentern zugrunde.

Abbildung 4.3-12 zeigt ein Beispiel für die räumliche Anordnung von Racks mit verschiedenen Systemkomponenten und Servern in Datacentern nach der EoR-Architektur (vgl. Abb. 4.3-7).

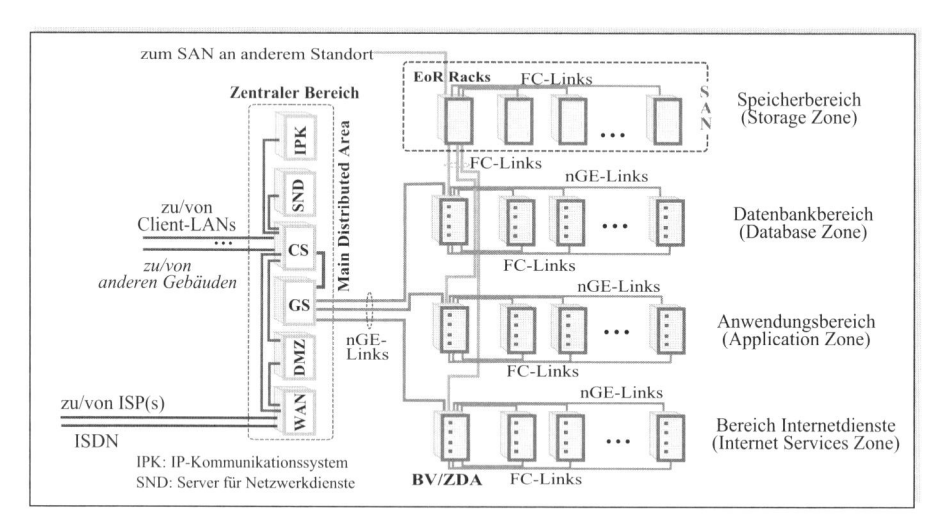

**Abb. 4.3-12:** Beispiel für räumliche Strukturierung von Datacentern – EoR-Architektur
BV/ZDA: Bereichsverteiler / Zone Distribution Area (Zonenverteiler), DMZ: Demilitarisierte Zone,
C/GS: Core/Aggregation Switches, MoR: Middle-of-Row, nGE: 10/40/100/... Gigabit Ethernet

---

[42] Für Informationen über die Lösungen von Datacentern siehe: http://www.netstore-trading.de/cms/images/pdf/DEData_Center_Planning_Guide_DEU.PDF
http://www.adckrone.com/eu/de/webcontent/support/pdfs/enterprise/103297de.pdf
http://www.brocade.com/downloads/documents/best_practice_guides/Cabling_Best_Practices_GA-BP-036-02.pdf

## 4.3 Design von Datacenter-Netzwerken

**Allgemeine Struktur von Datacentern**

In Datacentern gemäß der europäischen Norm EN 50173-5 (wie auch der amerikanischen TIA-942, ergänzt durch 50600-1) wird eine hierarchische Anordnung von Systemkomponenten definiert. Diese Anordnung besteht:

- *aus einem zentralen Verteilungsbereich*, in der Norm TIA-942 als *Main Distributed Area* (MDA) bezeichnet, in dem die zentralen Systemkomponenten wie Core und Aggregation Switches sowie auch zentrale Server untergebracht werden;
- *und aus mehreren funktionellen Bereichen*. Diese bestehen aus Reihen von Racks, wobei eine Reihe mehrere Racks enthalten kann, in denen Server aus einem funktionellen Bereich (Area), in TIA-942 *Zone* genannt, installiert werden. Die Hauptkomponenten in jedem funktionellen Bereich werden in einem als *Bereichsverteiler*[43] bezeichneten „Distribution Rack" installiert. In jedem funktionellen Bereich kann der „Distribution Rack" am Ende der Reihe als *EoR-Rack* (*End-of-Row*) oder in der Mitte der Reihe als *MoR-Rack* (*Middle-of-Row*) positioniert werden. Auf diese Weise lässt sich die EoR-Architektur, wie in Abbildung 4.3-12 dargestellt, oder die in Abbildung 4.3-13 gezeigte MoR-Architektur realisieren.

Wie in Abbildung 4.3-12 ersichtlich ist, stellt ein Bereich im Datacenter eine Reihe von Racks mit Systemkomponenten aus einem funktionellen Bereich dar – wie etwa eine Reihe von Racks mit Applikationsservern, mit Datenbankservern oder mit Servern zur Bereitstellung der Internetdienste (Webserver, E-Mailserver, FTP-Server, ...).

Abbildung 4.3-13 illustriert – in Anlehnung an die in Abbildung 4.3-12 gezeigte EoR-Architektur – die räumliche Anordnung von Racks nach der MoR-Architektur.

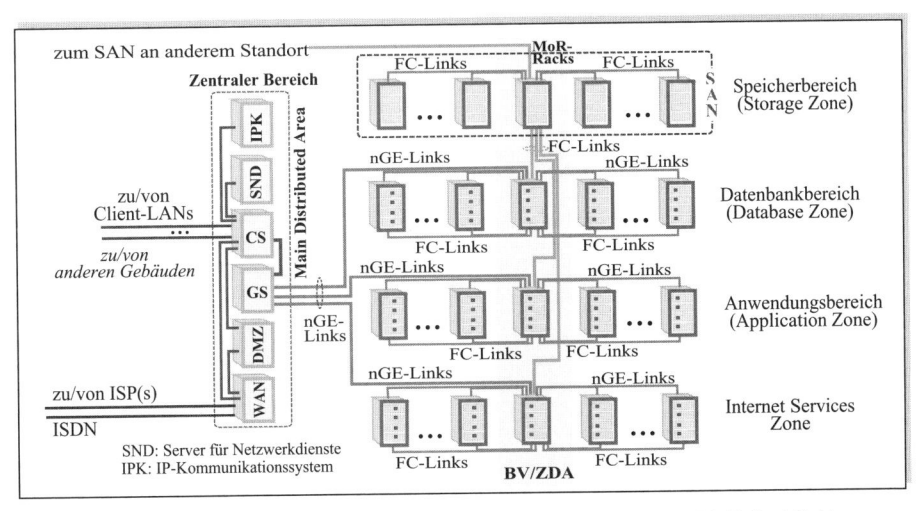

**Abb. 4.3-13:** Beispiel für räumliche Strukturierung von Datacentern – MoR-Architektur
Abkürzungen wie in Abbildung 4.3-12

---

[43] Der Bereichsverteiler wird in der europäischen Norm EN 50173-5 „*Zone Distributor*" genannt – also *Zonenverteiler*. In der amerikanischen Norm TIA-942 bildet ein Bereichsverteiler eine „*Horizontal Distribution Area*" – also einen „*horizontalen Verteilungsbereich*"

Es sei hervorgehoben, dass die Vernetzung von Racks im Datacenter eine dreistufige hierarchische, baumartige Struktur darstellt. Die 1-te (oberste) Hierarchiestufe bildet nämlich das Rack mit Aggregation Switches (*GS-Rack*), die 2-te (mittlere) Hierarchiestufe bilden die an das GS-Rack angebundenen, als Bereichverteiler fungierenden Racks EoR bzw. MoR, die 3-te (untere) Hierarchiestufe bilden die in den einzelnen Bereichen mit Bereichverteilern verbundenen Server- bzw. Speicher-Racks.

*Racks im zentralen Bereich*

Damit man einerseits die Struktur vom Datacenter übersichtlich gestalten und andererseits den Aufwand für die Verkabelung reduzieren kann, ist es oft sinnvoll, im zentralen Bereich die folgenden Kategorien von Racks zu installieren:

- *Rack mit Core Switches*, *CS-Rack*: Dieses Rack kann als zentrale Drehscheibe zwischen dem Datacenter und den an anderen Standorten (z.B. in anderen Gebäuden) installierten Client-LANs betrachtet werden.
- *Rack mit Aggregation Switches, GS-Rack*: An dieses Rack werden alle Bereichverteiler (d.h. EoR/MoR-Racks) über 10, 40 oder 100 GE-Links angebunden.
- *Rack mit DMZ, DMZ-Rack*: In diesem Rack werden alle Systemkomponenten untergebracht, die der DMZ zuzuordnen sind.
- *Rack für WAN-Anbindung, WAN-Rack*: In diesem Rack werden die Systemkomponenten installiert, die man zur Anbindung des gesamten Netzwerks an WANs benötigt – insbesondere für den Internetzugang. In diesem Rack kann auch ein VoIP-Gateway (VG) für die Anbindung des internen VoIP-Systems an das ISDN untergebracht werden.
- *Rack mit verschiedenen Servern für Netzwerkdienste (SND), SND-Rack*: Dieses Rack wurde für verschiedene dienstspezifische Server vorgesehen. Hierzu gehören u.a. die VoIP-, E-Mail-, Web-, RAS- und RADIUS-Server.
- *Rack mit Servern des IP-Kommunikationssystems (IPK), IPK-Rack*: In diesem Rack können spezielle Server installiert werden, die man im IP-Kommunikationssystem benötigt. Hier können vor allem die folgenden Server installiert werden: DHCP-, DNS-Server, zentraler Konfigurationsserver mit IP-Adressmanagement (IPAM).

*Datenverfügbarkeit nach Notfällen*

Zu betonen ist, dass alle Racks mit Speichersystemen, die sog. *Speicher-Racks*, einen funktionellen Bereich, d.h. einen *Speicherbereich* (*Storage Zone*) bilden. Bei der EoR-Architektur – s. dazu auch Abbildung 4.3-8 – besteht die Möglichkeit, wie in den Abbildungen 4.3-12 und -13 zum Ausdruck gebracht wurde, einige Speicher-Racks an einem anderen Standort zu installieren. Damit können die Backup-Daten von Servern an zwei verschiedenen Orten aufbewahrt werden, um die Datenverfügbarkeit nach verschiedenen Notfällen möglichst immer zu garantieren

Vergleicht man die Architekturen EoR und MoR, stellt man fest, dass sie sich voneinander nur in der Positionierung von Bereichverteilern innerhalb von Rack-Reihen unterscheiden. Folglich sind die beiden Architekturen EoR und MoR – funktionell betrachtet – äquivalent, aber der Verkabelungsaufwand – für die Anbindung von Server-Racks an die Bereichverteiler in den einzelnen funktionellen Bereichen und für die Anbindung der Bereichverteiler an die Aggregation Switches (GS) im zentralen Bereich – kann unterschiedlich sein. Wann die EoR- und wann die MoR-Architektur zu empfehlen ist, hängt von der Datacenter-Größe ab. In „kleinen" Datacentern scheint die EoR-Architektur jedoch besser geeignet zu sein.

## 4.4 IP-Kommunikationssystem – Design-Aspekte

Wie bereits in Abbildung 4.1-1 zum Ausdruck gebracht wurde, sollte man beim Design bzw. beim Redesign eines Netzwerks – also eines LANs – mit der Erarbeitung des Konzepts für seine physikalische Struktur und des Konzepts für die Anpassung des Netzwerks an die Organisationsstrukturen im Unternehmen und an die Bedürfnisse von Benutzern beginnen. Eine solche Anpassung erfolgt durch eine entsprechende Bildung von aus Benutzerrechnern (von Client-Rechnern) und aus Servern bestehenden Gruppen von Rechnern. Da diese Rechner untereinander über ein LAN vernetzt sind, bezeichnet man eine derartige Vernetzung als VLAN (*Virtual LAN*). Durch die Bildung von VLANs können die aus der Unternehmensorganisation hervorgehenden „Arbeitsgruppen" eingerichtet werden, wodurch sich das Netzwerk an die Organisationsstruktur im Unternehmen anpassen lässt.

*Bedeutung von VLANs*

Die Bildung von VLANs führt zu einer logischen Strukturierung des Netzwerks mit dem Internetprotokoll, d.h. des IP-Netzwerks. Somit ist beim Design eines Netzwerks zwischen physikalischer und logischer Netzwerkstrukturierung zu unterscheiden. Da VLANs in der Regel als sog. *IP-Subnetze* (bzw. kurz *Subnetze*) eingerichtet werden, bildet die Struktur der Vernetzung von VLANs – de facto einen Verbund von IP-Subnetzen – ein *IP-Kommunikationssystem*. Parallel zur Konzeption der physikalischen Struktur eines Netzwerks muss auch das Konzept für das IP-Kommunikationssystem entwickelt werden – insbesondere das Konzept für seine logische Struktur und für seinen IP-Adressierungsplan.

*IP-Kommunikationssystem als Vernetzung von IP-Subnetzen*

Dieser Abschnitt geht zuerst auf die Ziele der logischen Netzwerkstrukturierung ein und präsentiert danach wichtige Design-Aspekte des IP-Kommunikationssystems – insbesondere die Möglichkeiten der logischen Netzwerkstrukturierung durch die Bildung von VLANs.

### 4.4.1 Ziele der logischen Netzwerkstrukturierung

Abbildung 4.4-1 zeigt eine Auflistung folgender Ziele, die man durch eine logische Netzwerkstrukturierung erreichen kann:

**Anpassung an die Organisation im Unternehmen**: Dies erfolgt durch die Bildung von voneinander getrennten (d.h. isolierten) aus Benutzerrechnern und aus Servern bestehenden, organisatorisch bedingten Gruppen von Rechnern, also quasi von isolierten Arbeitsgruppen, was zur Bildung von VLANs führt. Infolgedessen entstehen dadurch die Möglichkeiten, die Netzwerkstruk-

*Bedeutung von VLANs*

tur an die Organisationsstruktur im Unternehmen anzupassen, die vorhandenen Netzwerkressourcen zu „gruppieren" und folglich diese besser zu nutzen.

```
Ziele der logischen Netzwerkstrukturierung
    ├── Anpassung an die Organisationsstruktur   ├─ Bildung von isolierten Arbeitsgruppen
    │   im Unternehmen                           └─ Aufteilung von Netzwerkressourcen
    ├── Verbesserung der Netzwerkleistung        ├─ Broadcast-Einschränkung
    │                                            ├─ Einschränkung von Fehlern
    │                                            └─ Bessere Führung des Internet-Verkehrs
    ├── Verbesserung der Netzwerksicherheit      ├─ Bessere Überwachung des Verkehrs
    │                                            └─ Einführung einer DMZ
    └── Verbesserung der Netzwerkadministration  ├─ Bessere Übersichtlichkeit
                                                 └─ Hierarchisches Netzwerkmanagement
```

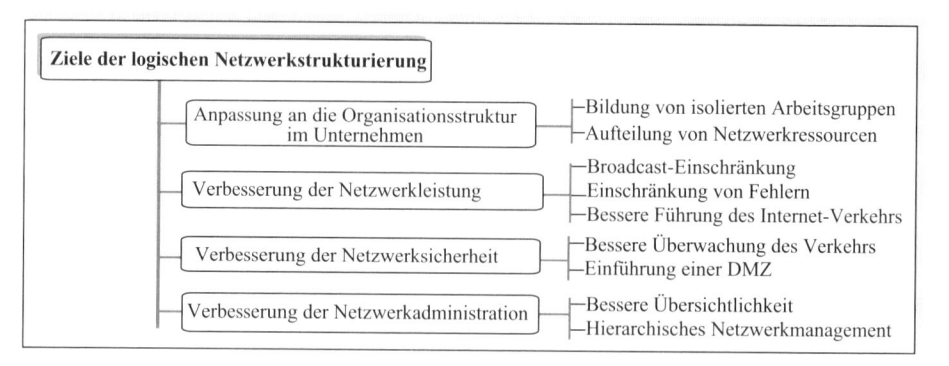

**Abb. 4.4-1:** Ziele logischer Netzwerkstrukturierung – durch die Bildung von VLANs

Einschränkung des Broadcast-Verkehrs

**Verbesserung der Netzwerkleistung:** Dieses Ziel lässt sich dadurch erreichen, dass man u.a. die Reichweite des *MAC-Broadcast-Verkehrs* auf ein IP-Subnetz beschränkt – u.a. des durch das Protokoll ARP verursachten Broadcast-Verkehrs. Bei einigen Dienstprotokollen (wie z.B. bei DHCP) aus der Protokollfamilie TCP/IP wird ein sog. *IP-Broadcast* generiert. Hierbei sendet ein Rechner aus einem Subnetz ein IP-Broadcast-Paket an alle anderen bzw. nur an bestimmte Rechner aus demselben Subnetz. Durch die Aufteilung eines IP-Netzwerks auf mehrere IP-Subnetze wird der IP-Broadcast-Verkehr von einem Rechner nur zu diesem IP-Subnetz eingeschränkt, zu dem dieser Rechner gehört. Damit wird die Netzwerkbelastung reduziert und folglich die Netzwerkleistung verbessert. Durch die logische Netzwerkstrukturierung kann auch oft die „Fortpflanzung" von verschiedenen Fehlern zu den IP-Subnetzen begrenzt werden. Durch die Bildung von Arbeitsgruppen als VLANs, die als IP-Subnetze definiert sind, kann der Verkehr im Netzwerk weitgehend zu den einzelnen IP-Subnetzen eingeschränkt werden.

„Isolierung" von Netzwerkressourcen

**Verbesserung der Netzwerksicherheit:** Da eine logische Netzwerkstrukturierung zur Gruppierung von Netzwerkressourcen (wie etwa Benutzerrechner, Server etc.) führt, was eine „Isolierung" von Netzwerkressourcen ermöglicht, können sie dadurch besser geschützt werden, wodurch sich die Netzwerksicherheit verbessern lässt. Dies ist u.a. durch die Überwachung des Datenverkehrs zwischen VLANs (also zwischen IP-Subnetzen) in L3-Switches, die als Router fungieren, erreichbar. Die Einrichtung einer sog. DMZ (*DeMilitarisierten Zone*) trägt auch zur Erhöhung der Netzwerksicherheit bei.

**Verbesserung der Netzwerkadministration:** Ein wichtiges Ziel der logischen Strukturierung eines IP-Netzwerks ist die Verbesserung von dessen Administration. Insbesondere durch die Einführung mehrerer IP-Subnetze ist das ganze Netzwerk übersichtlicher für die Administration – insbesondere für die Verwaltung von Netzwerkressourcen. Bei einer Aufteilung des Netzwerks lässt sich auch eine hierarchisch organisierte Netzwerkadministration leichter bewerkstelligen.

## 4.4.2 Grundlagen der logischen Netzwerkstrukturierung

Um die Möglichkeiten der logischen Netzwerkstrukturierung übersichtlich darstellen zu können, geht dieser Abschnitt auf die folgenden Themen ein:

*Was präsentiert dieser Abschnitt?*

- *Bedeutung von VLAN Tagging*: Hierbei wird gezeigt, wie ein als IP-Subnetz eingerichtetes VLAN an eine Routing-Instanz z.B. in einem Layer-3-Switch logisch angebunden werden kann.
- *Bildung von VLANs in Client-LANs*: Hier wird gezeigt, wie VLANs innerhalb von Client-LANs (s. die Abb. 4.4-4) eingerichtet werden können.
- *Multilayer-Struktur vom Datacenter mit Servervirtualisierung*: Die Nutzung von virtuellen Servern führt zu einer Multilayer-Struktur vom Datacenter und hat eine große Auswirkung auf die Gruppierung von Netzwerkressourcen und folglich auf die Bildung von VLANs.
- *Bildung von VLANs in Server-LAN*: Hier wird dargelegt, wie VLANs im Server-LAN (s. die Abbildungen 4.4-8 und -9) – insbesondere im Datacenter mit einer Multilayer-Struktur – eingerichtet werden können.

### Bedeutung von VLAN Tagging

Wie bereits erwähnt wurde, wird ein VLAN in der Regel als IP-Subnetz eingerichtet. Um mehrere IP-Subnetze untereinander zu vernetzen und somit die Kommunikation zwischen den zu verschiedenen IP-Subnetzen gehörenden Rechnern zu ermöglichen, braucht man einen oder mehrere Router. Im Allgemeinen gilt die folgende Aussage: *Ein Router verbindet mehrere IP-Subnetze miteinander*. Daraus geht hervor, dass die über einen Router direkt zu verbindenden IP-Subnetze an den Router entsprechend angebunden werden müssen. Dies führt dazu, dass jedes IP-Subnetz an einen Port im Router angeschlossen werden muss. In der Vergangenheit, als noch keine Switches im Einsatz waren und man keine VLANs bilden konnte, wurden die klassischen IP-Subnetze – quasi wie getrennte Netzwerksegmente – an physikalische Ports in Routern angeschlossen.

*Notwendigkeit der Anbindung von IP-Subnetzen an Router*

In heutigen Netzwerken findet man besonders in deren inneren Bereichen keine physikalischen, in Form von Hardware-Komponenten installierten Router mehr, sondern nur am Netzwerkrand, um das Netzwerk an das Internet anzubinden. Im inneren Netzwerkbereich verwendet man heutzutage Layer-2-Switches als Access Switches und Multilayer-Switches (d.h. Layer-2/3-Switches) als Distribution oder als Aggregation Switches (vgl. Abb. 4.2-9). Die Funktion „Layer-3-Switching" stellt eine Routing-Instanz in einem Layer-2/3-Switch dar. Falls mehrere als VLANs eingerichtete IP-Subnetze über die Routing-Instanz im Layer-2/3-Switch miteinander verbunden werden, müssen sie an die Routing-Instanz angebunden werden. Dies wird über virtuelle Links realisiert und ist mithilfe von sog. *VLAN Tagging* möglich. Wie dies erfolgen kann, möchten wir im Folgenden näher erläutern.

*Notwendigkeit von VLAN Tagging*

In diesem Zusammengang zeigt Abbildung 4.4-2, wie man mehrere, an einem Layer-2-Switch (L2-Switch) gebildete, <u>als IP-Subnetze eingerichtete</u> VLANs an einen Router anbinden könnte. Im Folgenden wird die Notwendigkeit von VLAN Tagging illustriert.

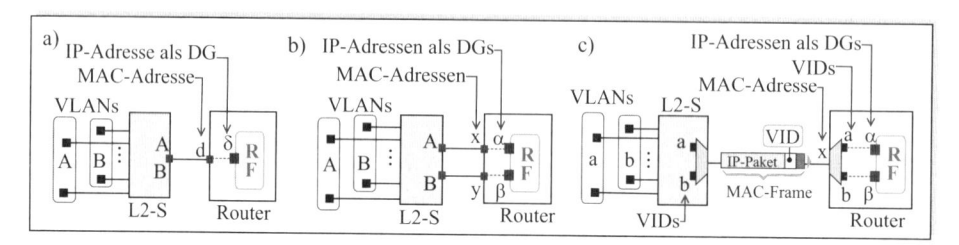

**Abb. 4.4-2:** Anbindung von VLANs an einen Router: a) über einen Link an einen sog. One-armed Router, b) über mehrere Links, c) über einen Link mit VLAN Tagging
DG: Default Gateway  RF: Routing-Funktion, L2-S: Layer-2-Switch, VID: VLAN Identifier

**Prinzip beim Absenden jedes IP-Pakets**

Um die Anbindung von VLANs, die IP-Subnetze darstellen, an Router erläutern zu können, möchten wir nun das „Sendeprinzip" von Rechnern – und zwar: *Wie „denkt" jeder Rechner beim Absenden jedes IP-Pakets* – in Erinnerung bringen; dieses Prinzip kann wie folgt kurz formuliert werden:

*Befindet sich der Zielrechner im gleichen IP-Subnetz, wird das IP-Paket <u>direkt</u> an ihn geschickt. Befindet sich aber der Zielrechner nicht im gleichen IP-Subnetz, wird das IP-Paket <u>an einen Router übergeben</u>, der es daraufhin in ein anderes IP-Subnetz weiterleiten (routen) muss.*

Um dieses Prinzip zu realisieren, können den physikalischen Ports bzw. dem Router oder Layer-3-Switch selbst unterschiedliche IP-Adressen z.B. pro VLAN zugewiesen werden. Bei der Konfiguration jedes Rechners in einem IP-Subnetz muss ihm die IP-Adresse eines Routers in seinem IP-Subnetz als sog. *Default Gateway* mitgeteilt werden. Dorthin kann der Rechner IP-Pakete zur Weiterleitung in andere IP-Subnetze schicken. Da IP-Pakete in MAC-Frames eingekapselt übermittelt werden, muss der Rechner auch, damit er die MAC-Frames an den Router übermitteln kann, die MAC-Adresse des Routers kennen. Um die MAC-Adresse, die der IP-Adresse Routers entspricht, zu ermitteln, nutzt man das Protokoll ARP (*Address Resolution Protocol*).[44]

Abbildung 4.4-2 illustriert, wie mehrere, an einem L2-Switch eingerichtete VLANs an einen Router angebunden werden können. Die hier gezeigten Fälle lassen sich wie folgt kurz charakterisieren:

***Anbindung von VLANs über einen Link an einen one-armed Router*** (Abb. 4.4-2a): Hier gehört der zum Router führende Port im L2-Switch zu beiden VLANs (A und B). Die Rechner in diesen VLANs, die hier auch als IP-Subnetze eingerichtet sind, werden mit der IP-Adresse δ des Router-Ports als Default Gateway konfiguriert.

---

[44] ARP kommt nur beim Internetprotokoll IPv4 zum Einsatz. Da bei IPv6 die MAC-Adressen als *Interface Identification* in globalen Unicast-Adressen, welche den öffentlichen IPv4-Adressen entsprechen, enthalten sind, ist bei IPv6 die Funktion von ARP nicht mehr nötig.

**Beispiel:** Übermittelt ein Rechner beispielsweise aus dem VLAN A ein IP-Paket an einen Rechner im VLAN B, dann wird das IP-Paket im MAC-Frame an den Router übermittelt, d.h. an die MAC-Adresse d. Der Router nimmt das IP-Paket aus dem empfangenen MAC-Frame heraus, leitet dieses IP-Paket zum gleichen Port mit der IP-Adresse δ um, bettet das IP-Paket zum Absenden in einen neuen MAC-Frame mit der MAC-Adresse des Zielrechners als Ziel-MAC-Adresse ein und sendet es anschließend ab. Da dem Router die IP-Adresse des Zielrechners aus dem IP-Header bekannt ist, kann er die MAC-Adresse des Zielrechners mithilfe des Protokolls ARP ermitteln.

*Anbindung von VLANs über mehrere Links* (Abb. 4.4-2b): Hier wird jedes VLAN über einen individuellen Link an den Router angebunden. Die Rechner im VLAN A werden mit der IP-Adresse α als Default Gateway konfiguriert und dementsprechend die Rechner im VLAN B mit der IP-Adresse β.

**Beispiel:** Übermittelt ein Quellrechner aus dem VLAN A ein IP-Paket an Zielrechner im VLAN B, dann wird das Paket im MAC-Frame an den Router übermittelt, d.h. an die MAC-Adresse x, und dort an den virtuellen Port mit der IP-Adresse α übergeben. Der Router verhält sich dann folgendermaßen: Er nimmt das IP-Paket aus dem empfangenen MAC-Frame heraus, leitet das IP-Paket zum virtuellen, dem VLAN B zugewiesenen Port mit der IP-Adresse β, bettet zum Absenden das IP-Paket in einen neuen MAC-Frame ein, ersetzt in diesem u.a. die Ziel-MAC-Adresse im MAC-Header durch die MAC-Adresse vom Zielrechner und sendet anschließend den MAC-Frame über den Port mit der MAC-Adresse y in das VLAN B weiter.

*Anbindung von VLANs über einen Link mit VLAN Tagging* (Abb. 4.4-2c): Diese Situation entspricht weitgehend der Situation in Abbildung 4.4-2b. Der Unterschied besteht aber darin, dass auf dem Link vom L2-Switch zum Router zwei virtuelle Links mithilfe der als *VLAN Tag* bezeichneten Angabe VID (*VLAN Identification*) – also quasi durch die Angabe einer VLAN-Nummer vor dem IP-Header – gebildet werden.[45] Dieser Vorgang, *VLAN Tagging* genannt, hat eine fundamentale Bedeutung in modernen Netzwerken. Wie Abbildung 4.4-2c illustriert, besteht die Bedeutung von VLAN Tagging darin, dass ein virtueller Port im Router mit einer IP-Adresse jedem VLAN zugewiesen wird. Dieser virtuelle Port besitzt eine IP-Adresse, die als Default Gateway für alle Rechner im betreffenden VLAN dient.

**Beispiel:** Übermittelt ein Quellrechner aus dem VLAN mit VID = a ein IP-Paket an einen Zielrechner im VLAN mit VID = b, dann wird das Paket im MAC-Frame mit der Angabe VID = a an den Router übermittelt – d.h. an die MAC-Adresse x – und dort an den virtuellen Port mit der IP-Adresse α übergeben. Der Router verhält sich wie folgt: Er nimmt das IP-Paket aus dem empfangenen MAC-Frame heraus, leitet das IP-Paket zum virtuellen, dem VLAN B zugewiesenen Port der IP-Adresse β, bettet zum Absenden das IP-Paket in einen neuen MAC-Frame ein, ersetzt in diesem u.a. die Ziel-MAC-Adresse im MAC-Header durch die MAC-Adresse vom Zielrechner und VID = a durch VID = b und sendet anschließend den MAC-Frame über den Port mit der MAC-Adresse x in das VLAN B weiter.

---

[45] Dies bedeutet eine Aufteilung – oft als *Trunking* bezeichnet – eines physikalischen Links auf mehrere virtuelle Links, wobei jeder virtuelle Link nur einem bestimmten VLAN zugeteilt ist. In diesem Zusammenhang spricht man auch von *VLAN Trunking*.

## Bildung von VLANs in Client-LANs

*Fundamentale Bedeutung von VLAN Tagging*

Nachdem wir die Bedeutung von VLAN Tagging bei der Anbindung von als IP-Subnetzen definierten VLANs an Router bereits kennengelernt haben (s. Abb. 4.4-2c), möchten wir jetzt zeigen, dass VLAN Tagging eine fundamentale Bedeutung in modernen Netzwerken hat. Diese besteht darin, dass VLAN Tagging ermöglicht, VLANs an virtuelle Ports von L3-Switching-Instanzen (de facto von Routing-Instanzen, s. Abschnitt 4.4.3) anzubinden. Dank VLAN Tagging entsteht somit die Möglichkeit, die Client-Rechner und Server in Netzwerken fast beliebig zu gruppieren, die dadurch entstandenen Gruppen als VLANs einzurichten, dann als IP-Subnetze zu definieren und sie an L3-Switching-Instanzen in Distribution, Aggregation oder in Core Switches logisch anzubinden. Im Folgenden möchten wir diese fundamentale Bedeutung noch näher zum Ausdruck bringen.

Abbildung 4.4-3 zeigt hierfür VLANs mit verschiedener „Reichweite", nämlich *„auf einen Access-Switch beschränkte VLANs"* sowie *„Access-Switch-übergreifende und auf einen Distribution-Switch beschränkte VLANs"*. Dabei wird illustriert, wie ein Distribution Switch die Kommunikation zwischen diesen beiden VLAN-Arten unterstützt. Anhand der hier dargestellten Beispiele möchten wir das Prinzip der Inter-VLAN-Kommunikation näher erläutern.

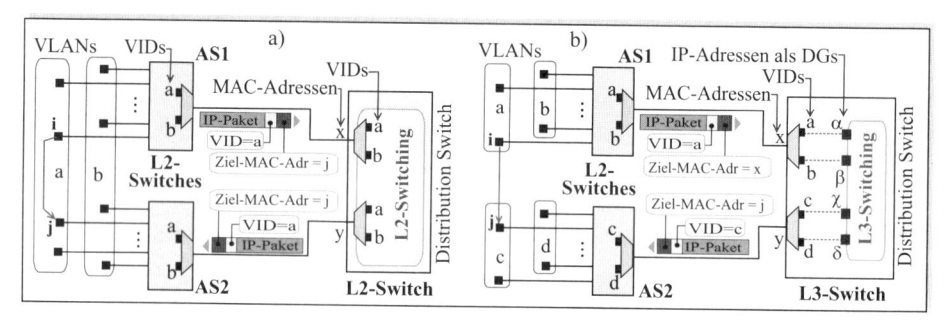

**Abb. 4.4-3:** VLANs im Client-LAN und Prinzip der Inter-VLAN-Kommunikation: a) Access-Switch-übergreifende VLANs, b) auf einen Access-Switch-beschränkte VLANs
AS: Access Switch, DG: Default Gateway, VID: VLAN Identifier

Es sei hervorgehoben – und Abbildung 4.4-3 bringt dies näher zum Ausdruck –, dass in der Regel jeder Distribution Switch (ebenso wie auch jeder Aggregation Switch, vgl. Abb. 4.2-13) ein Multilayer-Switch ist, d.h., er kann sowohl L2-Switching als auch L3-Switching – de facto hardwarebeschleunigtes Routing (s. Abschnitt 9.2.2) – realisieren; folglich ist er ein *Layer-2/3-Switch* (kurz *L2/3-Switch*). Beim Netzwerk-Design sind daher die folgenden Kenntnisse von großer Bedeutung: *Wann realisiert ein L2/3-Switch das Layer-2-Switching und wann das Layer-3-Switching?* oder anders gefragt: *Wann dient ein L2/3-Switch als L2-Switch und wann als L-3-Switch?*

Nach dem Empfang jedes MAC-Frames liest jeder L2/3-Switch in diesem Frame die Ziel-MAC-Adresse und verhält sich danach wie folgt:

*L2/3-Swich dient als L2-Swich*: Ist die Ziel-MAC-Adresse nicht seine MAC-Adresse, dient der L2/3-Switch nach der Networking-Regel (s. Regel R1, Seite 196) als L2-Switch, d.h., er leitet den empfangenen Frame nach seiner *L2 Forwarding Table* (s. Abb. 9.2-1) weiter, führt also ein *L2-Switching* durch. Dies bedeutet, dass die Kommunikation zwischen Rechnern aus dem gleichen IP-Subnetz – folglich auch aus dem gleichen VLAN – nur über L2-Switches erfolgt. In diesem Fall werden zwischen den kommunizierenden Rechnern unterwegs die „vollständigen", unveränderten MAC-Frames (Ethernet-Frames) übermittelt.

Intra-VLAN-Kommunikation: L2/3-Switch ⇨ L2-Switch

**Beispiel:** In Abbildung 4.4-3a gehören die Uplink-Ports in beiden Access Switches (ASs) zu den beiden VLANs mit VID = a und VID = b. Übermittelt beispielsweise ein Rechner mit der MAC-Adresse i am AS1 aus dem VLAN mit VID = a einen MAC-Frame mit der Ziel-MAC-Adresse j eines Rechners am AS2 im VLAN ebenso mit VID = a, dann wird der MAC-Frame nach der L2 Forwarding Table (L2-FT) im AS1 über den Uplink-Port an den Distribution Switch (DS) übermittelt. Da die Ziel-MAC-Adresse j nicht die MAC-Adresse vom DS ist, verhält er sich als L2-Switch und leitet diesen MAC-Frame nach seiner L2-FT über den Port zum AS2. Im AS2 wird der MAC-Frame dann – nach der Angabe VID = a, der Ziel MAC-Adresse j und der L2-FT vom AS2 – zum Zielrechner weitergeleitet.

*L2/3-Switch dient als L3-Switch*: Ist die Ziel-MAC-Adresse seine MAC-Adresse, dient der L2/3-Switch nach der Networking-Regel (s. Regel R2, Seite 196) als L3-Switch, d.h., er fungiert de facto als Router und leitet den Frame nach seiner Routing-Tabelle (L3 Forwarding Table, L3-FT, s. Abb. 9.2-3) weiter und führt demnach ein *Routing* durch. Dies bedeutet (s. Abb. 4.4-3b), dass die Kommunikation zwischen Rechnern aus verschiedenen IP-Subnetzen – bzw. aus verschiedenen VLANs – im Distribution Layer (und auch im Aggregation Layer) nur über L3-Switches erfolgt, die als Router zwischen VLANs dienen. In diesem Fall werden zwischen den kommunizierenden Rechnern nur IP-Pakete (unterwegs ungeändert!) übermittelt; für die Übermittlung jedes IP-Pakets wird auf jedem Übermittlungsabschnitt ein neuer MAC-Frame generiert.

Inter-VLAN-Kommunikation: L2/3-Switch ⇨ L3-Switch

**Beispiel:** In Abbildung 4.4-3b gehören der Uplink-Port im AS1 zu den VLANs mit VID = a und VID = b und der Uplink-Port im AS2 zu den VLANs mit VID = c und VID = d. Übermittelt beispielsweise ein Rechner mit der MAC-Adresse i am AS1 aus dem VLAN mit VID = a ein IP-Paket an einen Rechner am AS2 im VLAN mit VID = c, also in einem anderen VLAN, dann wird das IP-Paket in einen MAC-Frame eingebettet und an den Port im Distribution Switch (DS) gezielt abgeschickt, d.h. im MAC-Frame mit der Ziel-MAC-Adresse x des DS-Ports. Da die Ziel-MAC-Adresse x die MAC-Adresse vom DS ist, verhält sich der DS als L3-Switch tatsächlich wie ein Router und leitet das im MAC-Frame enthaltene IP-Paket nach seiner L3 Forwarding Table (L3-FT) weiter – de facto nach seiner Routing-Tabelle, s. Abb. 9.2-3 – weiter.

Der L3-Switch verhält sich folgendermaßen: Er nimmt das IP-Paket aus dem empfangenen MAC-Frame heraus, leitet das IP-Paket zum virtuellen, dem VLAN mit VID = c zugewiesenen Port mit der IP-Adresse χ, bettet zum Absenden das IP-Paket in einen neuen MAC-Frame ein, ersetzt in diesem u.a. die Ziel-MAC-Adresse im MAC-Header durch die MAC-Adresse j vom Zielrechner, VID = a durch VID = c und sendet anschließend den MAC-Frame über den Port mit der MAC-Adresse y in das VLAN mit VID = c weiter. Da dem L3-

**Modell für die Bildung von VLANs im Client-LAN**

Switch die IP-Adresse des Zielrechners aus dem IP-Header bekannt ist, kann er dessen MAC-Adresse mithilfe des Protokolls ARP ermitteln.

Nachdem bereits die Möglichkeiten der Gruppierung von Benutzerrechnern in einem Client-LAN wie etwa ein Netzwerk in einem Gebäude (vgl. Abb. 4.2-3) dargestellt wurden, in welchem mehrere „*auf einen Access-Switch beschränkte VLANs*" und/oder „*Access-Switch-übergreifende und auf einen Distribution-Switch beschränkte VLANs*" gebildet und virtuell an die L3-Switching-Instanz in einem Distribution Switch angebunden werden können (s. Abb. 4.4-3), wobei auch die Inter- und Intra-VLAN-Kommunikation näher erläutert wurde, möchten wir nun noch ein allgemeines Modell für die Bildung von VLANs im Client-LAN kurz in Erinnerung rufen. Abbildung 4.4-4 illustriert dieses.

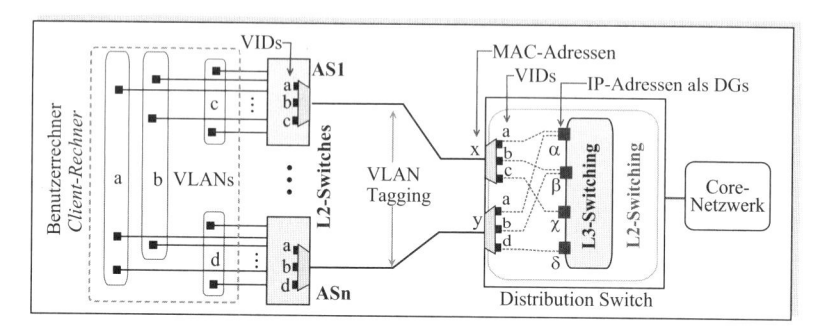

**Abb. 4.4-4:** Allgemeines Modell für die Bildung von VLANs im Client-LAN
AS: Access Switch, DG: Default Gateway, VID: VLAN Identifier

**Bedeutung des Modells in Abb. 4.4-4**

Hier soll insbesondere verdeutlicht werden, dass verschiedene Arten von VLANs – und zwar sowohl „*auf einen Access-Switch beschränkte VLANs*" als auch „*Access-Switch-übergreifende und auf einen Distribution-Switch beschränkte VLANs*" – aus den an mehreren Access Switches angeschlossenen Benutzerrechnern gebildet und wie diese VLANs dank VLAN Tagging an virtuelle Ports der L3-Switching-Instanz in einem Distribution Switch angebunden werden können. Es ist an dieser Stelle noch anzumerken, dass die IP-Adressen von virtuellen Ports der L3-Switching-Instanz als sog. *Default Gateways* (DGs) dienen und dass sie allen Rechnern in den einzelnen VLANs bei deren Konfiguration bekannt gemacht werden müssen. Aus diesem Grund kann das in Abbildung 4.4-4 gezeigte Modell für die Bildung von VLANs im Client-LAN als „Ideenlieferant" zur Erstellung der IP-Adressierungspläne in Netzwerken und deren Dokumentation dienen.

**Redundante Auslegung von Distribution Switches**

Damit man eine hohe Verfügbarkeit der Netzwerkdienste trotz der Ausfälle von Netzwerkkomponenten garantieren kann, sollte man die Distribution Switches, die auch als L3-Switches – de facto als Router – fungieren und als Default Gateways (DGs) dienen, redundant auslegen. Die redundant ausgelegten Router müssen sich nach außen hin als *virtueller Router* (VR) präsentieren,[46] der über eine *virtuelle IP-Adresse* – kurz als *VIP* bezeichnet – erreichbar ist. Um dies zu erreichen, kann das Protokoll VRRP (*Virtual Router Redundancy Protocol*) zwischen zwei L3-Instanzen in Distribution Switches (DSs) eingesetzt werden. Abbildung 4.4-5 illustriert die Bildung von VLANs im Client-LAN bei einer redundanten Auslegung von DSs und soll die Bedeutung von VRRP zum Ausdruck bringen.

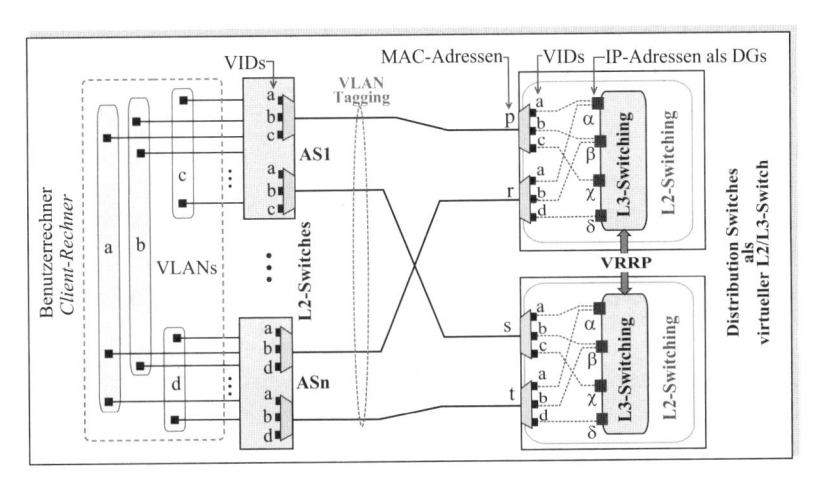

**Abb. 4.4-5:** Bildung von VLANs im Client-LAN und Bedeutung des Protokolls VRRP
VRRP: Virtual Router Redundancy Protocol, weitere Abkürzungen wie in Abbildung 4.4-4

Die beiden DSs können hier nach dem Standby-Prinzip funktionieren. Dieses Prinzip basiert darauf, dass einer der beiden DSs als *Master-Switch* und der andere als Standby-Switch fungiert. Die L3-Switching-Instanz im Master-Switch dient als Router zur Weiterleitung aller IP-Pakete, die an die einzelnen VIPs an der L3-Switching-Instanz übergeben werden. Somit arbeitet dieser als Default Gateway. Außerdem beantwortet er (bei IPv4!) Anfragen des Protokolls ARP. Sollte aber der Master-Switch ausfallen, übernimmt automatisch die bis dahin als Backup dienende L3-Switching-Instanz im Standby-Switch die Routing-Funktion.

*Standby-Prinzip bei Distribution Switches*

Alle Endsysteme in Client-LANs, d.h. Benutzerrechner, Netzwerkdrucker etc., die über Access Switches an einen Distribution Switch – wie etwa in Abbildung 4.4-4 oder redundant ausgelegt wie in Abbildung 4.4-5 – angebunden sind, können beliebig gruppiert, als VLANs eingerichtet und als IP-Subnetze definiert werden. Die Kommunikation zwischen den so entstandenen VLANs ermöglicht dann die L3-Switching-Instanz im Distribution Switch, die eine Routing-Funktion realisiert; man spricht in diesem Fall von *Inter-VLAN-Routing*.

*Inter-VLAN-Routing im Distribution Switch*

---

[46] Für weitere Informationen darüber siehe Abschnitt 4.6.1.

| | |
|---|---|
| Intra-VLAN-Kommunikation | Die Kommunikation zwischen Rechnern innerhalb von verschiedenen VLANs – die *Intra-VLAN-Kommunikation* – verläuft dann wie folgt: |

- zwischen Rechnern in einem *„auf einen Access-Switch beschränkten VLAN"* über den betreffenden Access-Switch, der ein Layer-2-Switch ist.
- zwischen Rechnern in einem *„Access-Switch-übergreifenden und auf einen Distribution-Switch beschränkten VLAN"* über einen Distribution Switch, der in diesem Fall als Layer-2-Switch dient.

**Bemerkung:** Die Intra-VLAN-Kommunikation – also Kommunikation zwischen Rechnern innerhalb eines VLAN – nimmt nur das Layer-2-Switching in Anspruch.

Die Kommunikation zwischen Rechnern, die über Access Switches an verschiedene Distribution Switches angebunden sind, verläuft in der Regel über das Core-Netzwerk – vgl. hierzu Abbildung 4.4-11.

## Multilayer-Struktur vom Server-LAN mit Servervirtualisierung

| | |
|---|---|
| Servervirtualisierung und Bildung von VLANs | Dank der Virtualisierung von Rechnern besteht heutzutage in Datacentern die Möglichkeit, auf einem physischen Server ein *virtuelles Netzwerk*, welches aus mehreren virtuellen Ethernet Switches und aus den über sie verbundenen virtuellen Rechnern, sog. *virtuellen Maschinen* (Virtual Machines, VMs), besteht, zur Verfügung zu stellen. Die Nutzung von virtuellen Maschinen als Server – also die *Servervirtualisierung* – führt dazu, dass die Bildung von VLANs im Server-LAN im Vergleich zur Bildung von VLANs im Client-LAN viel komplexer ist. Die Servervirtualisierung und das immer öfter dabei eingesetzte Konzept von BPE (*Bridge Port Extension*, s. Abschnitt 9.3) haben eine große Auswirkung auf die Gestaltung von Server-LANs und mithin auch von Datacentern. Wie Abbildung 4.4-6 zeigt, entsteht im Server-LAN eine Multilayer-Struktur. |
| Multilayer-Struktur vom Server-LAN | Die hier gezeigte Multilayer-Struktur eines Server-LAN kann wie folgt kurz charakterisiert werden: |

- *Aggregation Layer*: Zu diesem Layer gehören Aggregation Switches. An einen Aggregation Switch können sowohl herkömmliche Access Switches als auch Port Extender[47] (PEs) angeschlossen werden.
- *Server Access Layer*: Zu diesem Layer gehören herkömmliche Access Switches und PEs zum Anschluss von physikalischen Servern, wobei einige von ihnen Wirt-Server mit virtuellen Servern sein können.
- *Server Layer*: Im Allgemeinen sind in diesem Layer folgende zwei Teile zu unterscheiden: „Sublayer mit physikalischen Servern" und „Sublayer mit virtualisierten Servern".

---

[47] Für Näheres über Port Extender sei verwiesen auf Abschnitt 9.3.

## 4.4 IP-Kommunikationssystem – Design-Aspekte

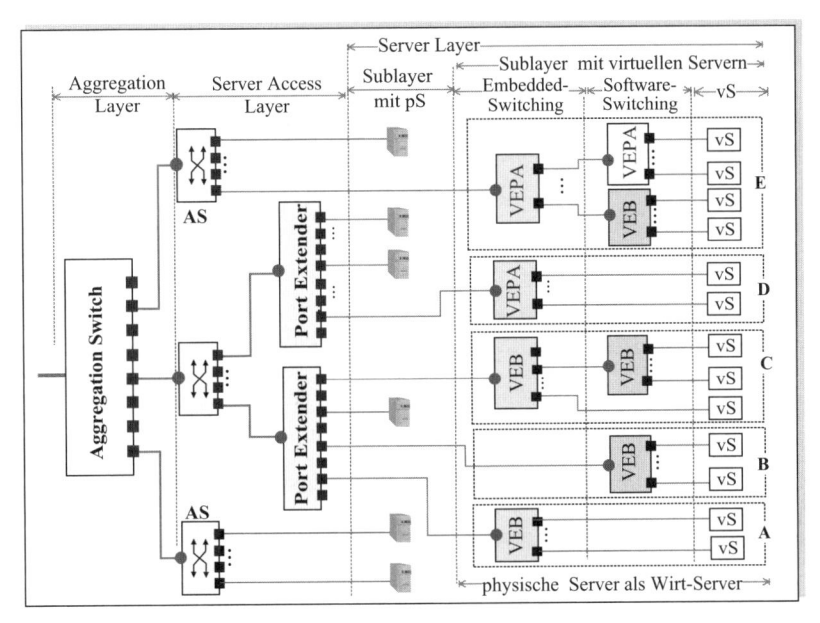

**Abb. 4.4-6:** Typische Multilayer-Struktur im Server-LAN infolge der Servervirtualisierung
p/vS: physischer /virtueller Server, VEB: Virtual Ethernet Bridge – d.h. virtueller L2-Switch,
VEPA: Virtual Ethernet Port Aggregator

Ein Wirt-Server mit virtuellen Servern kann ein oder auch mehrere virtuelle Netzwerke enthalten, die hierarchisch und sogar baumartig strukturiert sein können. Demzufolge kann der Sublayer mit virtuellen Servern noch weiter aufgeteilt werden, sodass in einem Wirt-Server folgende funktionelle Sublayer vorkommen können:

*Sublayer im Wirt-Server*

- *Sublayer mit Embedded Switches*: Hierbei handelt es sich um Layer-2-Switches (Ethernet-Switches), die auf Ethernet-Adapterkarten – insbesondere auf 10GE-, 40GE- bzw. 100GE-Adapterkarten – von Wirt-Servern als *Embedded-Systems* realisiert werden. Dies ist durch die sog. *I/O-Virtualisierung (Input/Output)* möglich. Einige 10GE-Adapterkarten realisieren bereits die I/O-Virtualisierung gemäß der Spezifikation SR-IOV (*Single Root I/O Virtualization*).[48] Solch eine Adapterkarte kann – dank einem eingebetteten Switch (VEB oder VEPA)[49] – beispielsweise mehrere emulierte Adapterkarten zur Anbindung von virtuellen Servern zur Verfügung stellen. In den Wirt-Servern A, C, D und E ist das der Fall.

- *Sublayer mit Software-Switches:* Zu diesem Sublayer gehören die in Wirt-Servern B, C und E innerhalb von sog. *Hypervisors*[50] softwaremäßig realisierten Switches.

---

[48] SR-IOV stellt eine Erweiterung des Standards PCI Express (PCIe) zur Anbindung verschiedener Hardwarekomponenten an Rechner dar – siehe http://de.wikipedia.org/wiki/PCI_Express
[49] Für weitere Informationen über VEB und VEPA sei verwiesen auf EVB in [Schu 13] oder auf http://www.competence-site.de/netzwerke/EVB-Edge-Virtual-Bridging
[50] Der *Hypervisor* in einem Wirt-Server stellt eine Software-Komponente dar, die es mehreren auf dem Wirt-Server implementierten virtuellen Rechnern ermöglicht, Hardware gemeinsam zu nutzen.

- *Sublayer mit virtuellen Servern:* Diesem Sublayer werden die in Wirt-Servern implementierten virtuellen Servern zugeordnet.

Die in Abbildung 4.4-6 gezeigte Multilayer-Struktur eines Server-LAN mit virtuellen Servern muss bei der Bildung von VLANs im Server-LAN berücksichtigt werden.

### Anbindung von virtuellen Servern an Server Access Switches

Bei der Bildung von VLANs im Server-LAN mit virtuellen Servern entsteht ein Problem, und zwar müssen die als VLAN eingerichteten und als IP-Subnetze definierten Gruppen von virtuellen Servern entsprechend zuerst an einen Access Switch und dann über ihn an die L3-Switching-Instanz, die als Routing-Instanz in einem Aggregation Switch fungiert, angebunden werden. Dies ist vergleichbar mit VLANs für Benutzerrechner (vgl. Abb. 4.4-2). Abbildung 4.4-7 zeigt das Konzept[51], nach dem die VLANs mit virtuellen Servern an einen Server Access Switch angebunden werden.

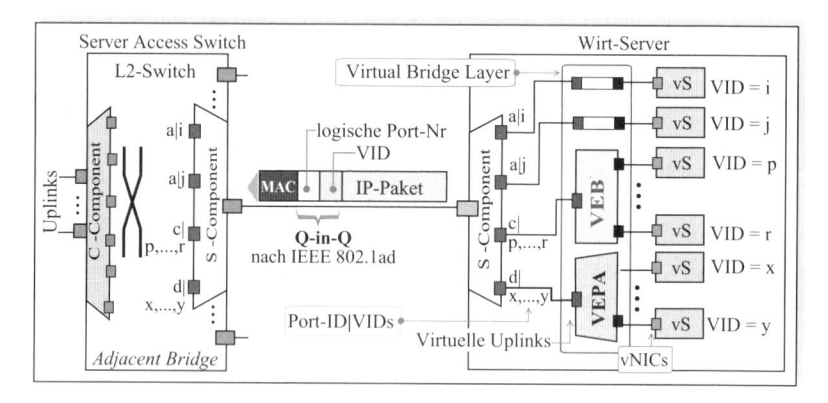

**Abb. 4.4-7:** Anbindung von VLANs mit virtuellen Servern an einen Access Switch
vS: virtueller Server, VEB: Virtual Ethernet Bridge, VEPA: Virtual Ethernet Port Aggregator, VID: VLAN Identifier, vNIC: virtual Network Interface Controller (virtuelle Adapterkarte), C/S-Component: Customer/Service-Component

**Logische Architektur vom Wirt-Server**

Betrachtet man einen Wirt-Server mit virtuellen Servern aus der logischen Sicht, so enthält dieser zwei funktionelle Komponenten zur Anbindung von virtuellen Servern an das restliche Netzwerk; und diese funktionellen Komponenten sind:

- ein *Virtual Bridge Layer* mit verschiedenen Arten von Switches, nämlich mit VEB- und VEPA-Switches sowie mit sog. *2-Port-Modulen* zur direkten Anbindung von virtuellen Servern an einen externen Server Access Switch;
- ein oder mehrere als *S-Components* (S: Service) bezeichnete Multiplexer, um jeden physikalischen Uplink als Trunk Link auf mehrere virtuelle Kanäle – auf sog. *S-Channels* – aufteilen zu können.

---

[51] Dieses Konzept spezifiziert der als *Edge Virtual Bridging (EVB)* bezeichnete IEEE-Standard 802.1Qbg – s. http://www.ieee802.org/1/pages/802.1bg.html

An die virtuellen Ports von einem S-Component können sowohl VEB/VEPA-Switches als auch virtuelle Server angeschlossen und auf diese Weise über virtuelle S-Channels an den externen Server Access Switch angebunden werden. Der Access Switch kann über mehrere Uplinks an mehrere Aggregation Switches angeschlossen werden. Um diese Uplinks aggregieren und folglich gemeinsam nutzen zu können, enthält der Access Switch eben einen als *S-Component* bezeichneten Multiplexer.

Anzumerken ist noch, und Abbildung 4.4-7 zeigt dies, dass man zur Anbindung von virtuellen Servern an Server Access Switches das als *Q-in-Q*[52] bezeichnete Tagging verwendet. Mit dem ersten Q-Tag wird der logische Port im S-Component und mit dem zweiten die VLAN-Identifikation (VID) angegeben (vgl. Abb. 4.4-2c).

Q-in-Q Tagging

Die Struktur jedes Wirt-Servers soll dynamisch sein, d.h., es sollte zu jeder Zeit möglich sein, einen neuen virtuellen Server einzurichten, einen bereits installierten virtuellen Server zu entfernen, einen neuen Switch einzurichten bzw. einen bestehenden zu entfernen usw. Dies setzt voraus, dass die Anzahl von virtuellen Ports im S-Component und folglich auch von S-Channels veränderbar, also dynamisch sein muss.

## Bildung von VLANs im Server-LAN

Unter Berücksichtigung der in Abbildung 4.4-6 gezeigten Multilayer-Struktur vom Server-LAN mit Servervirtualisierung und der in Abbildung 4.4-7 dargestellten Anbindung von virtuellen Servern an externe Access Switches präsentiert Abbildung 4.4-8 das allgemeine Modell für die Bildung von VLANs im Server-LAN und deren Anbindung an die L3-Switching-Instanz in einem Aggregation Switch. Das hier gezeigte Modell entspricht dem in Abbildung 4.4-4 gezeigten Modell für die Bildung von VLANs im Client-LAN.

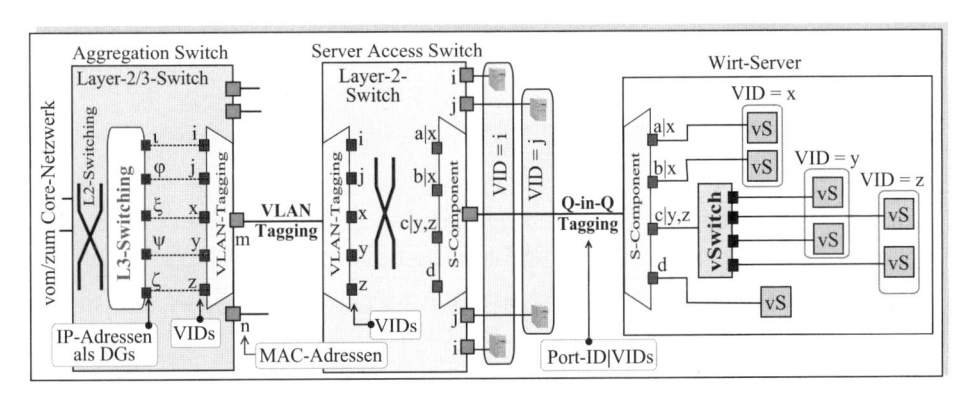

**Abb. 4.4-8:** Modell für die Bildung von VLANs im Server-LAN – auf einen Access-Switch beschränkte VLANs
DG: Default Gateway, vS: virtueller Server, vSwitch: virtueller Switch (VEB, VEPA), VID: VLAN Identifier

---

[52] *Q-in-Q Tagging* nach dem IEEE-Standard 802.1ad bedeutet, dass man das *Q Tagging* (auch *VLAN Tagging* genannt und im IEEE-Standard 802.1Q definiert) zweimal nacheinander verwendet.

Anwendung des Modells in Abb. 4.4-8

Wie in Abbildung 4.4-8 ersichtlich ist, können im Server-LAN sowohl physikalische als auch virtuelle Server zu VLANs gruppiert werden. Definiert man diese VLANs als IP-Subnetze, so muss jedem VLAN in der L3-Switching-Instanz – de facto in einer Routing-Instanz, s. Abschnitt 9.2.2 – in einem Aggregation Switch (d.h. in einem Layer-2/3-Switch) ein Port sowie eine IP-Adresse, die als Default Gateway für alle Rechner im VLAN fungiert, zugewiesen werden. Das hier gezeigte Modell für die Bildung von VLANs im Server-LAN veranschaulicht einerseits die Bildung von VLANs im Server-LAN und andererseits deren Anbindung an die L3-Switching-Instanz im Aggregation Switch. Dieses Modell kann eine Hilfe bei der Konzeption der IP-Adressierung darstellen.

Im Modell in Abbildung 4.4-8 wurden nur „*auf einen Access-Switch beschränkte VLANs*" betrachtet. Die VLANs in einem Server-LAN können auch „*Access-Switch-übergreifend*" sein und hierbei sowohl aus physikalischen Servern als auch aus virtuellen gebildet werden. Abbildung 4.4-9 illustriert eben einen solchen Fall.

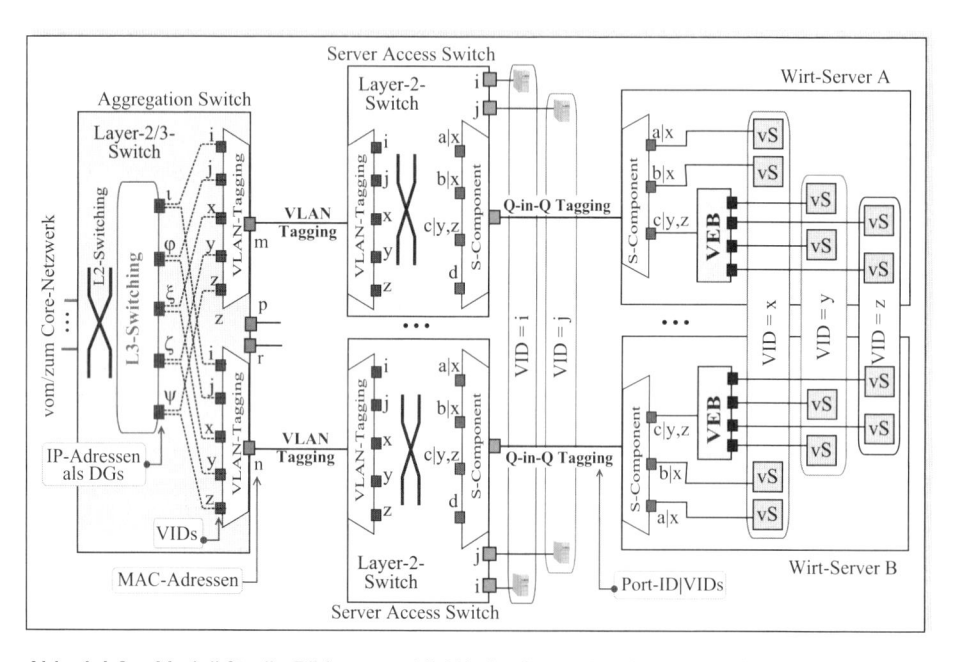

**Abb. 4.4-9:** Modell für die Bildung von VLANs im Server-LAN – Access-Switch-übergreifende VLANs
DG: Default Gateway, vS: virtueller Server, vSwitch: virtueller Switch (VEB, VEPA), VID: VLAN Identifier

Inter-VLAN-Routing im Aggregation Switch

Das in Abbildung 4.4-9 gezeigte Modell für die Bildung von VLANs im Server-LAN würde dem in Abbildung 4.4-4 dargestellten Modell für die Bildung von VLANs im Client-LAN entsprechen. Alle Server im Server-LAN, die über Access Switches an einen Aggregation Switch – wie in den Abbildungen 4.4-8 und -9 – angebunden sind, können beliebig gruppiert, als VLANs eingerichtet und als IP-Subnetze definiert werden. Die Kommunikation zwischen den so entstandenen VLANs – also *Inter-VLAN-Routing* – ermöglicht dann die L3-Switching-Instanz im Aggregation Switch, die hierfür eine Routing-Funktion realisiert.

Die Kommunikation zwischen Servern innerhalb verschiedener VLANs – mithin die *Intra-VLAN-Kommunikation* – verläuft dann wie folgt:

> Intra-VLAN-Kommunikation

- zwischen virtuellen Servern in einem „*auf einen Wirt-Server beschränkten VLAN*" über den virtuellen Switch, der das Layer-2-Switching im betreffenden Wirt-Server realisiert (Abb. 4.4-8);
- zwischen physikalischen Servern in einem „*auf einen Access-Switch beschränkten VLAN*" über den betreffenden, als Layer-2-Switch dienenden Access-Switch (Abb. 4.4-8);
- zwischen virtuellen Servern in einem „*Server-Access-Switch-übergreifenden VLAN*" über einen Aggregation Switch, der als Layer-2-Switch dient (Abb. 4.4-9);
- zwischen physikalischen Servern in einem „*Server-Access-Switch-übergreifenden VLAN*" über einen als Layer-2-Switch dienenden Aggregation Switch (Abb. 4.4-9);
- sowie innerhalb des Wirt-Servers bzw. den im Hypervisor implementierten virtuellen Switches.

Die Kommunikation zwischen Servern, die über Access Switches an verschiedene Aggregation Switches angebunden sind, muss über das Core-Netzwerk verlaufen – vgl. hierzu Abbildung 4.4-11.

> **Bemerkung:** Die in Abbildung 4.4-9 gezeigten VLANs mit virtuellen Servern erstrecken sich nur über Wirt-Server, welche lediglich über die L3-Switching-Instanz in einem Aggregation Switch untereinander vernetzt sind. Es besteht aber auch die Möglichkeit, VLANs mit virtuellen Servern einzurichten, welche sich über beliebig und sogar weltweit verteilte Wirt-Server erstrecken. Solche verteilten VLANs werden als VXLANs (*Virtual eXtensible LANs*) bezeichnet – s. hierzu Abschnitt 9.6.

## Distribution/Aggregation-Switch-überspannende VLANs

In Netzwerken kommen auch Fälle vor, in denen die Layer-2/3-Funktion im Core-Netzwerk in Anspruch genommen werden muss, und zwar falls einige „*Distribution/Aggregation-Switch-überspannende VLANs*" eingerichtet werden. Hierbei handelt es sich um die folgenden Fälle:

> Wann ist die Layer-2/3-Funktion im Core-Netzwerk nötig?

**Fall A:** Einige von den an verschiedene Distribution Switches angebundenen Benutzerrechnern müssen zu einem VLAN gehören.

**Fall B:** Einige von den an verschiedene Aggregation Switches angebundenen Servern müssen zu einem VLAN gehören.

**Fall C:** Einige Benutzerrechner (d.h. einige Rechner aus dem Client-LAN) und einige Server (d.h. einige Rechner aus dem Server-LAN) müssen zu einem VLAN gehören.

Eine wichtige Besonderheit, die bei der Konzeption der Bildung von VLANs in den eben genannten Fällen berücksichtigt werden muss, besteht darin, dass „*Distribution/Aggregation-Switch-überspannende VLANs*" eingerichtet werden müssen, d.h. solche, die zumindest zwei Distribution oder Aggregation Switches überspannen. Solche VLANs können untereinander nur über die L3-Switching-Instanz im Core Switch verbunden werden. Aus diesem Grund muss, wie Abbildung 4.4-10 illustriert, jedem „*Distribution/Aggregation-Switch-überspannenden VLAN*" – hier den VLANs mit VID = g und VID = h – in der L3-Switching-Instanz in einem Core Switch ein virtueller Port mit einer IP-Adresse, die als Default Gateway für alle Rechner in diesem VLAN fungiert, zugewiesen werden.

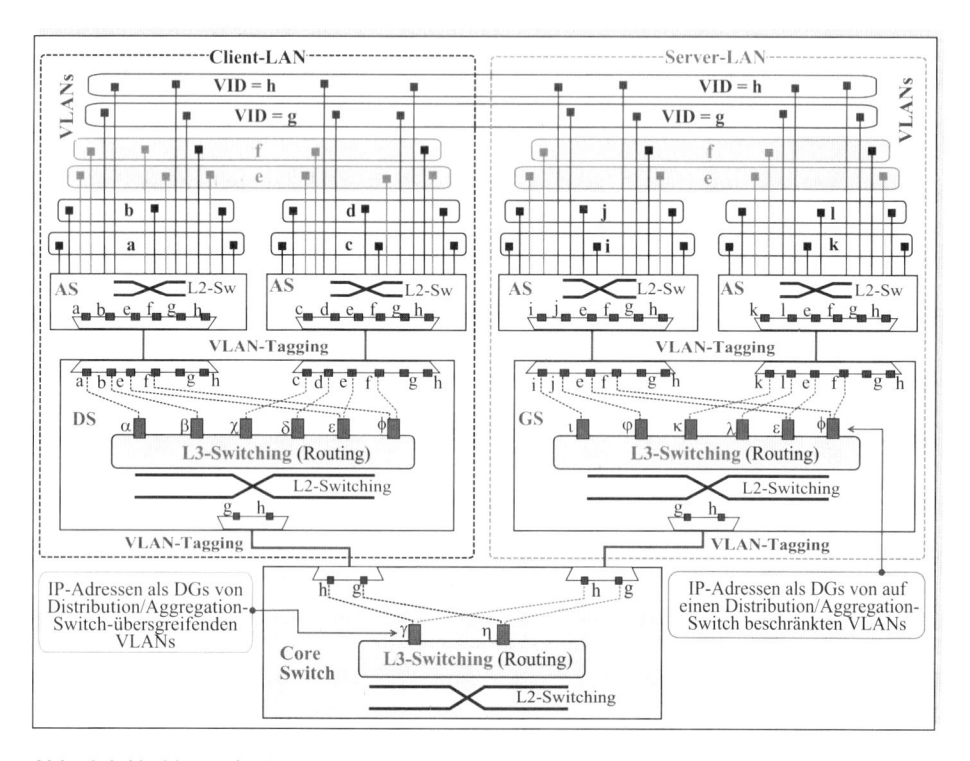

**Abb. 4.4-10:** Modell für Distribution/Aggregation-Switch-überspannende VLANs – und deren Anbindung an die L3-Switching-Instanz im Core Switch
A/D/GS: Access/Distribution/Aggregation Switch, DG: Default Gateway, vS: virtueller Server, vSwitch: virtueller Switch (VEB, VEPA), VID: VLAN Identifier

**Inter-VLAN-Routing im Core Switch**

Das hier gezeigte Modell bringt vor allem zum Ausdruck, wo die Routing-Funktion für verschiedene als IP-Subnetze definierte VLANs erbracht wird und insbesondere, wie deren Default Gateways zu interpretieren sind. Demnach soll dieses Modell eine Hilfestellung bei der Erstellung des IP-Adressierungsplans leisten. Alle Rechner im Client-LAN und alle Server im Server-LAN können beliebig gruppiert, folglich sogar als „*Distribution/Aggregation-Switch-überspannende VLANs*" eingerichtet und als IP-

Subnetze definiert werden. Die Kommunikation zwischen diesen VLANs ermöglicht dann die L3-Switching-Instanz im Core Switch, die das *Inter-VLAN-Routing* realisiert.

Die Intra-VLAN-Kommunikation, d.h. die Kommunikation zwischen Rechnern innerhalb von verschiedenen VLANs, verläuft dann wie folgt:

<small>Intra-VLAN-Kommunikation</small>

- zwischen Rechnern in einem „auf *einen Access-Switch-beschränkten VLAN*" über den betreffenden, als Layer-2-Switch dienenden Access-Switch;
- zwischen Rechnern/Servern in einem „*Access-Switch-übergreifenden VLAN*" im Client-LAN über einen Distribution Switch bzw. im Server-LAN über einen Aggregation Switch, die hierbei als Layer-2-Switches dienen;
- zwischen Rechnern aus dem Client-LAN und Servern aus dem Server-LAN, die zu einem „*Distribution/Aggregation-Switch-überspannenden VLAN*" gehören, über einen als Layer-2-Switch dienenden Core Switch.

### 4.4.3 Logische Struktur des IP-Kommunikationssystems

Nachdem in Abschnitt 4.4.2 die Bildung von VLANs und deren Anbindung an Layer-3-Switching-Instanzen entsprechend in Distribution/Aggregation Switches oder in Core Switches erläutert wurde (vgl. hierzu die Abbildungen 4.4-4, -9 und -10), möchten wir jetzt das allgemeine Modell für eine logische Strukturierung der IP-Kommunikationssysteme in Netzwerken vorstellen. Abbildung 4.4-11 zeigt ein solches Modell. Es ist anzumerken, dass dieses auf den aktuell geltenden, bereits in den Abbildungen 4.2-1, -2 und -3 gezeigten Prinzipien der physikalischen Strukturierung von Netzwerken basiert.

Das hier gezeigte Modell illustriert die als IP-Subnetze definierten VLANs verschiedener Reichweite, und zwar: auf einen AS-beschränkte, AS-übergreifende, auf einen DS/GS-beschränkte und DS/GS-überspannende. Es zeigt ferner, an welche als Router dienende L3-Switching-Instanzen die VLANs mit verschiedenen Reichweiten „angebunden" werden können, sodass eine Kommunikation zwischen ihnen stattfinden kann. Da hier ersichtlich ist, welche VLANs an welche L3-Switching-Instanzen, d.h. in welchem Switch (DS, GS oder CS), „angebunden" sind, kann dieses Modell als Grundlage zur Erstellung der Dokumentation des IP-Kommunikationssystems im Netzwerk dienen, und zwar vor allem zur Erstellung des IP-Adressierungsplans. Weil in diesem Modell definiert ist, mit welchen Default Gateways (DGs) die Rechner in verschiedenen VLANs konfiguriert werden müssen und welche Ports in DS, GS oder CS die IP-Adressen dieser DGs darstellen, kann dieses Modell eine Hilfe bei der Erarbeitung von Vorgaben zur Konfiguration von Rechnern leisten.

<small>Anwendung des Modells in Abb.4.4-11</small>

Um den DS im Client-LAN einerseits und den GS im Server-LAN andererseits sowie verschiedene Systemkomponenten, die zum Anschluss des Netzwerks an das Internet, an das ISDN und bei Bedarf auch zur Kopplung über WANs (*Wide Area Networks*) mit Netzwerken an anderen Standorten dienen, mit einem CS im Core-Netzwerk zu vernet-

<small>Bedeutung des Core-VLAN</small>

zen, kann ein spezielles, als IP-Subnetz definiertes VLAN im Core-Bereich eingeführt werden – also ein *Core-VLAN*.[53] Abbildung 4.4-11 bringt auch zum Ausdruck, welche Ports von welchen Systemkomponenten zum Core-VLAN gehören.

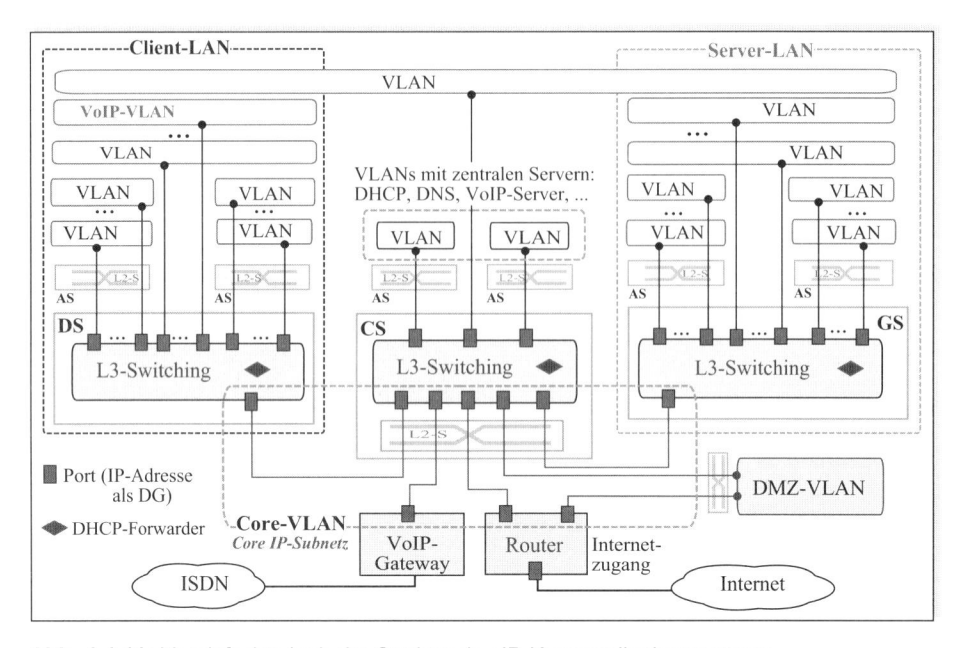

**Abb. 4.4-11:** Vereinfachte logische Struktur des IP-Kommunikationssystems
A/C/D/GS: Access/Core/Distribution/ Aggregation Switch,
DHCP: Dynamic Host Configuration Protocol, L2-S:Layer-2-Switch(ing)

**Bemerkung:** Falls zwei Router, an welchen mehrere IP-Subnetze angebunden sind, über eine direkte Leitung oder über einen L2-Switch verbunden sind und die beiden Router bestimmte Routing-Information untereinander austauschen sollen, müssen deren Ports, über die sie direkt verbunden sind, IP-Adressen aus den jeweiligen IP-Subnetzen zugewiesen werden. Dies bedeutet, dass eine direkte Leitung ebenso wie ein L2-Switch ein IP-Subnetz darstellt. Im Core-VLAN – de facto im Core-IP-Subnetz – ist dies der Fall.

IPK-spezifische Server am Core-Netzwerk

In jedem IP-Kommunikationssystem müssen spezielle Server installiert werden; hierzu gehören die IPK-spezifischen Server (IPK: IP-Kommunikation) – u.a. DHCP- und DNS-Server. Im Abschnitt 4.3.3 wurde bei der Darstellung der räumlichen Strukturierung von Datacentern vorgeschlagen, die IPK-spezifischen Server in einem IPK-Rack in der unmittelbaren Nähe vom Rack mit Core-Switches zu unterbringen. Dies soll garantieren, dass die IPK-spezifischen Server sowohl vom Client- als auch vom Server-LAN „gut" erreichbar sind. Diese Idee wird ebenso im Modell in Abbildung 4.4-11 verfolgt. Die IPK-spezifischen Server – und hierzu können auch die anderen dienstspezifischen Server (z.B. VoIP-Server) gehören – bilden nämlich ein VLAN und

---

[53] Da über ein Core-VLAN die Anbindung eines Netzwerks an verschiedene WANs erfolgt, wird das hier eingeführte Core-VLAN oft als *WAN-VLAN* bezeichnet.

zifischen Server (z.B. VoIP-Server) gehören – bilden nämlich ein VLAN und werden als IP-Subnetz definiert.

Um eine dynamische Vergabe von IP-Adressen nach dem Protokoll DHCP zu ermöglichen, falls die DHCP-Server an einer zentralen Stelle installiert sind, müssen eventuell zusätzlich in den Distribution, Aggregation und Core Switches die sog. *DHCP-Forwarder* – auch *IP Helper* genannt – installiert werden.[54] Dies wurde auch in Abbildung 4.4-11 gezeigt.

DHCP-Forwarder in DS, CS und GS

### 4.4.4 Weitere Design-Aspekte

Bei der Entwicklung eines Konzepts für das IP-Kommunikationssystem sind die folgenden zwei Aspekte von großer Relevanz:

- *Einsatz von privaten IPv4-Adressen:* Sollten private IPv4-Adressen im Netzwerk verwendet werden, muss bereits in der Planungsphase ein Konzept für deren Nutzung erstellt werden.

- *Einsatz des Internetprotokolls IPv6*: Der Schlüssel zur Einführung von IPv6 liegt in der Migration, während der IPv4 und IPv6 parallel eingesetzt werden. Daher benötigt man bestimmte Ansätze und Systemlösungen, um die Integration von IPv4- und IPv6-Netzen zu ermöglichen.

Die wichtigsten Grundlagen, um die eben genannten Aspekte bei der Konzeption des IP-Kommunikationssystems zu berücksichtigen, möchten wir jetzt mit Rücksicht auf den Platz jedoch nur kurz darstellen.

#### Einsatz von privaten IP-Adressen

Die privaten IPv4-Adressen müssen im Router oder in einer L3-Switching-Instanz im Layer-2/3-Switch an der Grenze zwischen einem Netzwerkteil mit privaten IPv4-Adressen (hier als *privates Netzwerk* bezeichnet) und einem Netzwerkteil mit offiziellen (öffentlichen) IPv4-Adressen (hier *offizielles Netzwerk* genannt) in offizielle IPv4-Adressen umgewandelt werden. Diese Umsetzung bezeichnet man als NAT (*Network Address Translation*). Einen Verzicht auf die Nutzung privater IPv4-Adressen in Netzwerken kann man sich heute kaum noch vorstellen. Daher sind die Kenntnisse über NAT bei Netzwerkprojekten unabdingbar. Da es sich im Folgenden ausschließlich um IPv4-Adressen handelt, werden sie der Einfachheit halber einfach „IP-Adressen" genannt.

Sehen wir uns zunächst die Ideen von NAT kurz an. Das Paar (IP-Adresse, Port-Nummer einer Applikation), welches man auch *Socket* nennt, ist für die Kommunikation über IP-Netze und auch bei NAT von zentraler Bedeutung. Bezeichnet man ein Socket kurz als (A:b) (d.h. A = IP-

Grundlegende Ideen von NAT

---

[54] Mithilfe von DHCP-Forwardern in als Router dienenden L3-Switching-Instanzen kann ein Rechner in einem VLAN (einem IP-Subnetz) einen DHCP-Server, der zu einem anderen VLAN gehört, entdecken und diesen in Anspruch nehmen – d.h. sich von ihm eine IP-Adresse ausleihen.

Adresse und `b` = Port), können die grundlegenden Arten von NAT kurz und präzise wie folgt beschrieben werden:

***Klassisches NAT:*** Eine private IP-Adresse `A` eines Quellrechners wird durch NAT auf eine offizielle (öffentliche) IP-Adresse `X` umgewandelt. In einer NAT-Instanz – z.B. im Router am Internet – wird eine Tabelle geführt, in der eingetragen ist, welche offiziellen IP-Adressen welchen privaten IP-Adressen zugeordnet sind. Es handelt sich hierbei also um die Zuordnungen `(A:b)` ⇔ `(X:b)`. Einem *privaten Socket* `(A:b)` wird an der Grenze zum Netzwerk mit offiziellen IP-Adressen ein *offizieller Socket* `(X:b)` zugeordnet. Diese Zuordnung nennt man *Binding*.

***Network Address Port Translation (NAPT, PAT):*** Dem ganzen Netzwerk mit einer Vielzahl privater IP-Adressen steht <u>nur eine</u> offizielle IP-Adresse zur Verfügung, und die NAT-Instanz muss die zahlreichen privaten IP-Adressen auf eine einzige, offizielle IP-Adresse `X` abbilden. Diese NAT-Variante wird *Network Address Port Translation* (NAPT) bzw. *Port Address Translation* (PAT) genannt. Für NAPT hat sich der Begriff *IP-Masquerading* etabliert. Bei NAPT wird bei Bedarf zuerst jedem privaten Socket `(A:b)` ein dedizierter virtueller (!) Port `y` im Router zugewiesen – d.h. `y=(A:b)` – und danach mit dem Port `y` ein offizieller Socket `(X:y)` gebildet. Daher entsteht hier das Binding `(A:b)` ⇔ `(X:y)` (s. Abbildung 4.4-12).

<u>In der Praxis ist nur NAPT von Bedeutung.</u> Daher wird im Weiteren das klassische NAT außer Acht gelassen

Arten von NAT

Die NAT-Funktion wird in der Regel im Router am Internet untergebracht. In diesem Router kann auch eine Firewall-Funktion realisiert werden, die bei der Nutzung des verbindungslosen Transportprotokolls UDP – und somit auch bei SIP over UDP – von großer Bedeutung ist. Die beiden Funktionen NAT und Firewall hängen eng miteinander zusammen, sodass man zwischen verschiedenen Arten von NATs mit Unterstützung von Firewalls unterscheidet. Dabei handelt es sich um folgende Arten von NATs:

- Full Cone NAT
- Restricted Cone NAT bzw. Port Restricted Cone NAT
- Symmetric NAT

Full Cone NAT

*Full Cone NAT* ist eine Variante von NAPT, die keine Firewall-Funktion realisiert und bei der die Nummer des offiziellen Socket im Router unabhängig von der Ziel-IP-Adresse ist. Abbildung 4.4-12a veranschaulicht die Funktionsweise von Full Cone NAT. Seitens des offiziellen Netzwerks wurde im Router mit NAT der offizielle Socket `(X:y)` dem privaten Socket `(A:b)` im Rechner mit der privaten IP-Adresse `A` zugeordnet; so besteht das Binding `(A:b)` ⇔ `(X:y)`.

> **Bemerkung:** Ein privater Socket wird hier als *interner Socket* und ein offizieller Socket als *externer Socket* bezeichnet.

Der Rechner kann daher über den externen, offiziellen Socket `(X:y)` IP-Pakete in das offizielle Netzwerk wie auch in das Internet senden und solche auch von ihm empfangen. Solange zwischen diesen beiden Sockets bei NAT das Binding besteht, ist der externe Socket `(X:y)` im Router bei Full Cone NAT immer offen. Jeder externe Rechner am Internet kann seine IP-Pakete an den externen Socket `(X:y)` senden, und sie alle werden bei Full Cone NAT vom Router an den internen Socket `(A:b)` weitergeleitet. In diesem Fall realisiert NAT keine Firewall-Funktion.

## 4.4 IP-Kommunikationssystem – Design-Aspekte

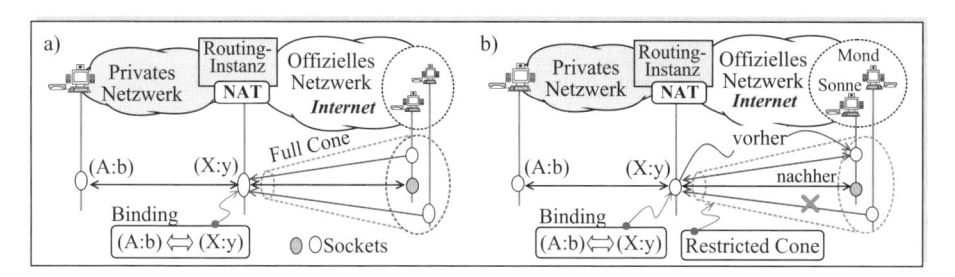

**Abb. 4.4-12:** Das grundlegende Prinzip von: a) Full Cone NAT; b) Restricted Cone NAT
A, X: IP-Adressen; b, y: Ports; R: Router

Die Bezeichnung *Full Cone* ist damit zu begründen, dass eine Socket-Konstellation entsteht, die an einen vollen Kegel erinnert. Abbildung 4.4-12a bringt dies zum Ausdruck.

Bei NAT mit einer zusätzlichen Firewall-Funktion, bei der ein externer Socket von der Ziel-IP-Adresse abhängig ist, handelt es sich um *Restricted Cone NAT*. Abbildung 4.4-12b illustriert die Funktionsweise dieser Art von NAT. Hat der Rechner im Netzwerk mit der privaten IP-Adresse A ein IP-Paket an einen externen Rechner am offiziellen Netzwerk – z.B. den Rechner Sonne – abgeschickt, wurde sein interner Socket (A:b) auf den externen Socket (X:y) im Router abgebildet. Es besteht hier also das Binding (A:b) ⇔ (X:y) wie bei Full Cone NAT in Abbildung 4.4-12a. Der externe Rechner Sonne kann als Antwort ein IP-Paket an den externen Socket (X:y) senden, und dieses IP-Paket wird vom Router an den internen Socket (A:b) im privaten Netzwerk weitergeleitet. Hat der Rechner Mond aber z.B. ein IP-Paket an den externen Socket (X:y) abgeschickt, ohne vorher ein IP-Paket von diesem Socket empfangen zu haben, wird dieses IP-Paket in der NAT-Instanz blockiert und nicht an den internen Socket (A:b) weitergeleitet. So realisiert man eine Firewall-Funktion bei NAT.

Restricted Cone NAT

Bei Restricted Cone NAT wird ein Paket von einem externen Rechner am offiziellen Netzwerk nur dann an den internen Socket (A:b) weitergeleitet, wenn an diesen externen Rechner am offiziellen Netzwerk bereits ein IP-Paket seitens des Rechners mit der privaten IP-Adresse A abgeschickt wurde. Daher werden bei Restricted Cone NAT lediglich die IP-Pakete eines bereits vorher „kontaktierten" Rechners nicht blockiert und somit zum Rechner mit der privaten IP-Adresse A weitergeleitet.

Bei *Port Restricted Cone NAT* wird ein Paket vom Port j im externen Rechner Sonne nur dann nicht blockiert und somit an den Rechner mit der privaten IP-Adresse A weitergeleitet, wenn vom internen Socket (A:b) bereits vorher ein IP-Paket an den Port j im Rechner Sonne abgeschickt worden ist. Damit werden bei Port Restricted Cone NAT lediglich die IP-Pakete von einem vorher „kontaktierten" Socket nicht blockiert und zum internen Socket im Netzwerk weitergeleitet. Man kann daher Restricted Cone NAT als erste Sicherheitsstufe und Port Restricted Cone NAT als zweite Sicherheitsstufe bei der verbindungslosen Kommunikation mit dem UDP betrachten.

Port Restricted Cone NAT

Sendet ein Rechner im Netzwerk mit privaten IP-Adressen Pakete zu unterschiedlichen Rechnern am offiziellen Netzwerk und leitet der Router mit der NAT-Funktion diese Pakete – wie dies Abbildung 4.4-13 illustriert – über verschiedene von Zielrechnern abhängige Ports weiter, realisiert er eine Variante von NAT, die man als *Symmetric NAT* bezeichnet.

Symmetric NAT

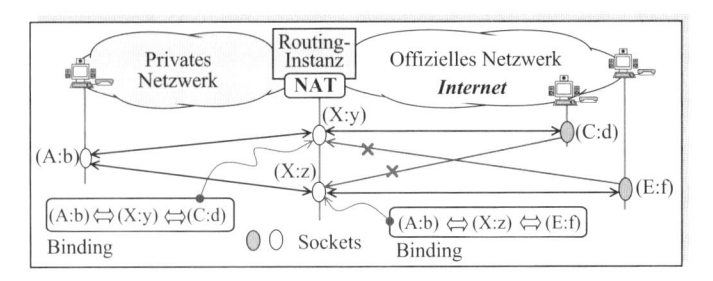

**Abb. 4.4-13:** Veranschaulichung des Prinzips von Symmetric NAT
A, X, C, E: IP-Adressen; b, d, f, y, z: Ports; R: Router

Bei Symmetric NAT verläuft die Kommunikation zu den einzelnen Zielrechnern am Internet über die vom Zielrechner abhängigen Ports im Router. Jeder externe Socket in einer NAT-Instanz im Router entspricht daher genau einem Ziel im Internet. Somit werden nur solche an einen externen Socket gesendeten IP-Pakete nicht blockiert, die von genau dem Zielrechner kommen, der – logisch gesehen – mit diesem externen Socket verbunden ist.

Wie Abbildung 4.4-13 zum Ausdruck bringt, wird im gezeigten Beispiel Symmetric NAT in der NAT-Instanz mit den Bindings (A:b) ⇔ (X:y) ⇔ (C:d) und (A:b) ⇔ (X:z) ⇔ (E:f) erreicht. In diesem Fall wird zusätzlich eine Firewall-Funktion realisiert.

### Einsatz des Internetprotokolls IPv6

*Arten der Koexistenz von IPv6 und IPv4*

Um die Koexistenz von IPv4 und IPv6 in verschiedenen Netzstrukturen zu ermöglichen, stehen mehrere Ansätze zur Verfügung. Abbildung 4.4-14 zeigt eine entsprechende Auflistung. Hier wird unter dem Begriff *IPv4-Netz* jedes beliebige Netz verstanden, in dem alle Systeme IPv4 unterstützen. Analog bezeichnet *IPv6-Netz* ein Netz, in dem sämtliche Systeme IPv6 unterstützen.

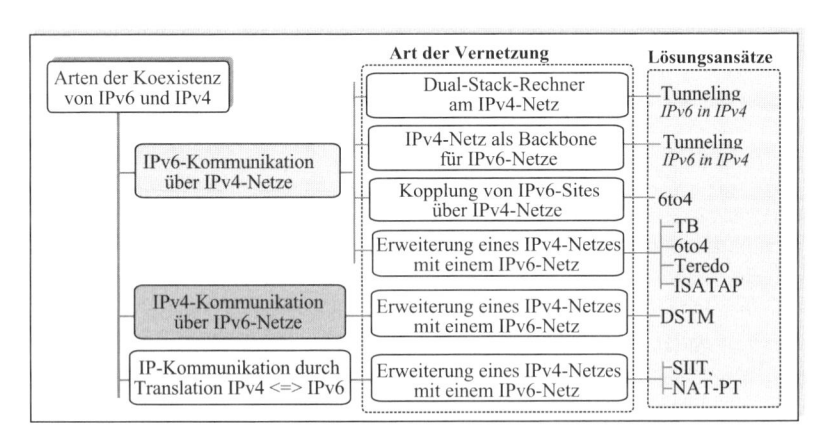

**Abb. 4.4-14:** Zusammenstellung von Lösungen für die Koexistenz von IPv6 und IPv4
6to4: 6to4 Transition Mechanism, DSTM: Dual-Stack Transition Mechanism,
ISATAP: Intra-Site Automatic Tunnel Addressing Protocol, NAT-PT: Network Address
Translation – Protocol Translation, SIIT: Stateless IP/ICMP Translation Algorithm,
TB: Tunnel Broker, Teredo: Tunneling IPv6 over UDP through NATs

Es kommen folgende Arten der Koexistenz von IPv4 und IPv6 infrage:[55]

***IPv6-Kommunikation über IPv4-Netze****:* Es handelt sich hier um die Kopplung von Rechnern mit IPv6 über IPv4-Netze bzw. um die Erweiterung der IPv4-Netze mit IPv6-Netzen. In diesem Fall unterscheidet man zwischen den folgenden Vernetzungsarten:

- *Einsatz von Dual-Stack-Rechnern an einem IPv4-Netz*:[56] Dies ist durch das sog. *IPv6-in-IPv4-Tunneling* möglich.
- *IPv4-Netz als Backbone bzw. als Transitnetz für IPv6-Netze*: Dies ist ebenfalls durch das IPv6-in-IPv4-Tunneling möglich.
- *Kopplung von IPv6-Sites über IPv4-Netze*: In einem IPv4-Netz können einige „Inseln" ausschließlich mit IPv6-Systemkomponenten eingerichtet werden. Solche IPv6-Inseln werden als *IPv6-Sites* bezeichnet. Die Kopplung von IPv6-Sites über IPv4-Netze ermöglicht das Konzept 6to4.
- *Erweiterung eines IPv4-Netzes mit einem IPv6-Netz*: Ein IPv4-Netz kann „räumlich" mit einem IPv6-Netz erweitert werden. Um dies zu erreichen, stehen folgende Konzepte zur Verfügung: Tunnel Broker, 6to4, ISATAP und Teredo.

***IPv4-Kommunikation über IPv6-Netze****:* Es handelt sich hier um den Einsatz von Dual-Stack-Rechnern in einem IPv4-Netz bzw. um eine räumliche Erweiterung eines IPv4-Netzes mit einem IPv6-Netz. Diese Art der Kommunikation ist mithilfe von DSTM (*Dual Stack Transition Mechanism*) möglich.

***IP-Kommunikation durch Translation IPv4 ⇔ IPv6****:* Zwischen einem IPv4-Netz und einem IPv6-Netz kann ein Router – oder auch ein Layer-3-Switch – eingesetzt werden, in dem der IPv4-Header auf den IPv6-Header und umgekehrt umgesetzt werden kann. Es handelt sich daher um eine *Translation IPv4 ⇔ IPv6*. Man kann in diesem Fall von *IP-Kommunikation* zwischen IPv4-Rechnern und IPv6-Rechnern sprechen. Für die Unterstützung dieser Art der Kommunikation stehen SIIT und NAT-PT zur Verfügung.

Ein IPv4-Netzwerk wird nicht innerhalb einer Nacht auf IPv6 umgestellt. Stattdessen werden zunächst einige Rechner um IPv6 erweitert bzw. kleine IPv6-Inseln eingerichtet. Ein bestehendes IPv4-Netzwerk kann daher für die Unterstützung der IPv6-Kommunikation verwendet werden. In der ersten Phase der Migration zum Einsatz von IPv6 kann ein bestehendes IPv4-Netzwerk als Transitnetz fungieren. Abbildung 4.4-15 zeigt eine Zusammenstellung von Lösungen, bei denen IPv4-Netze als Transitnetze für die Unterstützung der IPv6-Kommunikation dienen können.

*IPv6-Kommunikation über IPv4-Netze*

Dient ein IPv4-Netz als Transitnetz für die IPv6-Kommunikation, dann kann es sich um folgende Vernetzungsarten handeln:

a. *Einsatz von Dual-Stack-Rechnern (-Hosts) am IPv4-Netz* (Abb. 4.4-15a): Für die IPv6-Kommunikation zwischen zwei Dual-Stack-Rechnern am IPv4-Netz wird ein IPv6-in-IPv4-Tunnel aufgebaut.

---

[55] Für eine Beschreibung von hier präsentierten Lösungen für die Koexistenz von IPv6 und IPv4 sei auf das Kapitel 8 in [BaHo 07] verwiesen.
[56] Ein Dual-Stack-Rechner ist ein Rechner mit der Unterstützung der beiden Protokolle IPv4 und IPv6.

b. *Das IPv4-Netz dient als Transitnetz für IPv6-Netze* (Abb. 4.4-15b): Um die IPv6-Kommunikation bei dieser Vernetzungsart zu ermöglichen, wird ebenfalls das IPv6-in-IPv4-Tunneling eingesetzt.

c. Das IPv4-Netz dient als Zubringer zum IPv6-Netz (Abb. 4.4-15c): In einem IPv4-Netz kann eine „IPv6-Insel" – die sog. *IPv6-Site* – eingerichtet werden und dann kann das IPv4-Netz für Rechner aus der IPv6-Site als Zubringer zu einem IPv6-Netz dienen. Um dies zu ermöglichen, steht das Konzept *6to4* zur Verfügung.

d. Vernetzung von IPv6-Sites über IPv4-Netze (Abb. 4.4-15d): Diese Vernetzungsart ist auch mithilfe von 6to4 möglich.

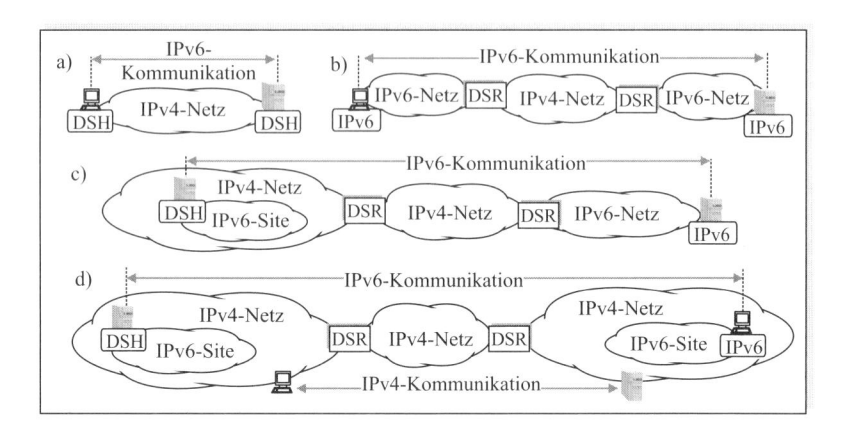

**Abb. 4.4-15:** IPv4-Netze als Transitnetze für die IPv6-Kommunikation: a) Dual-Stack-Rechner am IPv4-Netz, b) IPv4-Netz als Transitnetz für IPv6-Netze c) IPv4-Netz als Zubringer zum IPv6-Netz, d) Vernetzung von IPv6-Sites über ein IPv4-Netz
DSH: Dual-Stack-Host, DSR: Dual-Stack-Router

Bei der Migration zu IPv6 kann ein bestehendes IPv4-Netz um ein IPv6-Netz bzw. um eine IPv6-Site erweitert werden. Abbildung 4.4-16 illustriert dies.

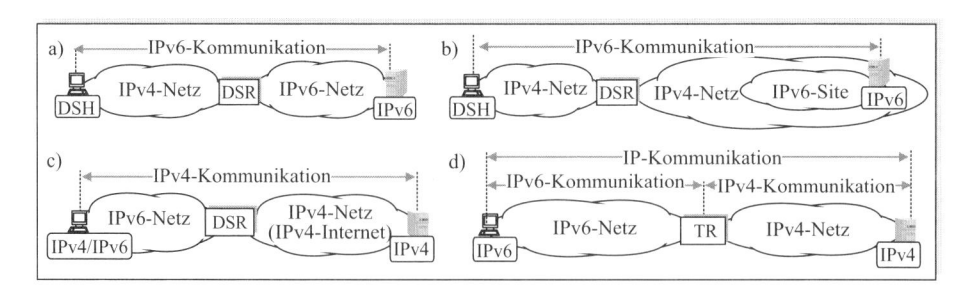

**Abb. 4.4-16:** Erweiterung eines IPv4-Netzes mit einem IPv6-Netz: a) Dual-Stack-Rechner am IPv4-Netz, b) IPv6-Site im IPv4-Netz, c) Dual-Stack-Rechner am IPv6-Netz, d) IP-Kommunikation durch die Translation IPv4 ⇔ IPv6 im Router
DSH/R: Dual-Stack-H/Router, TR: Translation Router

Wird ein IPv4-Netz um ein IPv6-Netz bzw. um eine IPv6-Site erweitert, handelt es sich um die IPv6-Kommunikation zwischen einem Dual-Stack-Rechner am IPv4-Netz auf der einen Seite und auf der anderen Seite:

- einem IPv6-Rechner in einem IPv6-Netz (Abb. 4.4-16a); diese IPv6-Kommunikation wird mithilfe von IPv6-in-IPv4-Tunneling realisiert.
- einem IPv6-Rechner in einer IPv6-Site (Abb. 4.4-16b); diese IPv6-Kommunikation ermöglicht das Konzept 6to4.

Es sollte möglich sein, dass Rechner in IPv6-Netzen auf die Ressourcen im IPv4-Internet zugreifen können. Dafür muss in Rechnern im IPv6-Netz zusätzlich IPv4 installiert werden. Daher ist der Betrieb von Dual-Stack-Rechnern im IPv6-Netz von großer Bedeutung, genauso wie die Möglichkeit, dass sie die IPv4-Kommunikation zu Rechnern in IPv4-Netzen initiieren können. Wie Abbildung 4.4-16c zeigt, handelt es sich hier um die IPv4-Kommunikation über ein IPv6-Netz, also um eine Art von *IPv4 über IPv6*. Um IPv4 über IPv6 zu unterstützen, wurde das Konzept DSTM (*Dual Stack Transition Mechanism*) entwickelt.

IPv4-Kommunikation über IPv6-Netze

Auch die Kommunikation zwischen IPv4-Rechnern im IPv4-Netz und IPv6-Rechnern im IPv6-Netz ist möglich. Hierfür ist eine *Translation IPv4 ⇔ IPv6* in einem Router zwischen diesen beiden Netzen notwendig. Abbildung 4.4-16d illustriert diesen Ansatz. Die Translation IPv4 ⇔ IPv6 ist ein Bestandteil des Konzepts SIIT (*Stateless IP/ICMP Translation Algorithm*). Eine Erweiterung von SIIT um die Funktion von NAT stellt NAT-PT (*Network Address Translation – Protocol Translation*) dar.

IP-Kommunikation durch Translation IPv4 ⇔ IPv6

Anzumerken ist, dass neue Möglichkeiten, verschiedene Netze mit IPv4 und IPv6 zu integrieren, durch LISP (*Locator/ID Separation Protocol*) entstehen – s. [Schu 13] oder [Web Bada].

## 4.5 Design-Aspekte der Sprachkommunikation

In Netzwerken wird die Sprachkommunikation nach dem Prinzip VoIP (*Voice over IP*) realisiert. Dies führt zur Konvergenz der Sprach- und Datenkommunikation in einem Netzwerk. Aus diesem Grund müssen, bevor man mit der Konzeption von VoIP in einem Netzwerk beginnt, bereits bestimmte Festlegungen getroffen werden wie etwa:

- Das sog. *VoIP-Signalisierungsprotokoll* muss bestimmt werden. Noch vor einiger Zeit gab es zwei konkurrierende Protokolle, nämlich H.323 von der ITU-T und SIP (*Session Initiation Protocol*) von der IETF. Infolge der Weiterentwicklung von SIP, ist dies dem H.323 mittlerweile weitgehend überlegen. <u>Deswegen liegt SIP den im Weiteren präsentierten Design-Aspekten der Sprachkommunikation zugrunde.</u>
- Welche IP-Adressen (private oder öffentliche) werden den IP-Telefonen zugeordnet und wie wird ein Sprach-VLAN eingerichtet?
- Welche innovativen Applikationen (wie z.B. VoIP-basierte Call-Center-Funktionen, Unified Messaging, Collaboration Services) sollen zur Verfügung gestellt werden?

Bevor wir auf die Design-Aspekte der Sprachkommunikation in Netzwerken eingehen, möchten wir zuerst die benötigten Grundlagen von VoIP mit SIP kurz darstellen.

## 4.5.1 VoIP mit SIP: Systemkomponenten und ihre Funktionen

Die audiovisuelle Kommunikation bei VoIP nach SIP verläuft in der Regel zwischen zwei Domains entlang eines Trapezoids, sodass man auch vom *SIP-Trapezoid* spricht. Abbildung 4.5-14 bringt dies zum Ausdruck. Im Trapezoid-Modell sind zwei Ebenen hervorzuheben, die man als *Proxy-Ebene* und *Auskunftsebene* bezeichnen kann.

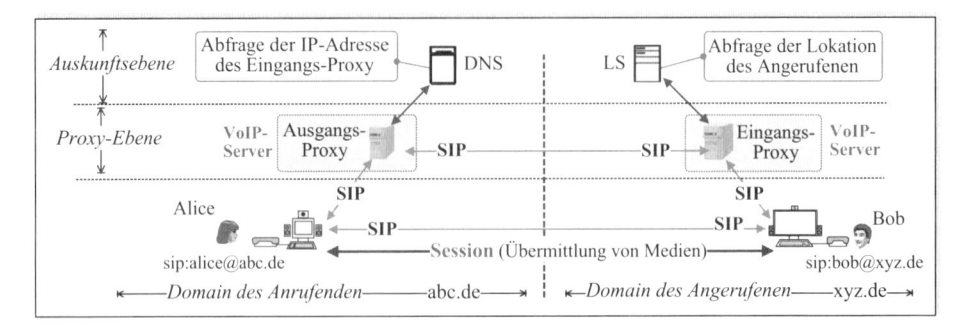

**Abb. 4.5-1:** Trapezoid-Modell von VoIP mit SIP – notwendige Systemkomponenten
LS: Location-Server

**Bedeutung des SIP-Proxy**

Eine neue, als Session bezeichnete virtuelle Verbindung für die multimediale Kommunikation wird immer mit der SIP-Nachricht INVITE initiiert, in der die als SIP-URI bezeichnete Adresse des Ziels – in Abbildung 4.5-1 ist das sip:bob@xyz.de – enthalten ist. Mit einem *SIP-URI* identifiziert man einen Zielrechner beim Aufbau einer Session für die Sprachübermittlung in IP-Paketen zu ihm. Ein Zielrechner am IP-Netzwerk wird aber mit einer IP-Adresse adressiert. Da in der Domain des Angerufenen ein SIP-Proxy eingesetzt wurde und dieser als Eingangs-Proxy, d.h. als Vertretung aller Endeinrichtungen mit SIP nach außen hin dient, muss die SIP-Nachricht INVITE zuerst an ihn weitergeleitet werden. Hierfür muss aber erst die IP-Adresse des Eingangs-Proxy auf der Basis von SIP-URI sip:bob@xyz.de mithilfe von DNS ermittelt werden. Es sei angemerkt, dass die Funktion vom SIP-Proxy in der Praxis von einem sog. *VoIP-Server* erbracht wird.

**DNS-Funktion bei SIP**

In Abbildung 4.5-1 ist der Rechner von Alice[57] der Initiator der hier bestehenden Session zu Bob für die Sprachübermittlung. Beim Initiieren einer neuen Session zu einem Ziel außerhalb der eigenen Domain wird eine SIP-Nachricht INVITE mit dem SIP-URI des Ziels an den SIP-Proxy übergeben; diese SIP-Nachricht muss er weiterleiten. Daher kann man diesen SIP-Proxy als *Ausgangs-Proxy* betrachten. Hat der Rechner von Alice die SIP-Nachricht INVITE mit dem SIP-URI sip:bob@xyz.de an den SIP-Proxy in der Domain abc.de abgeschickt und ist diese dort eingetroffen, muss dieser nun INVITE an den SIP-Proxy in der Domain xyz.de mit dem Rechner von Bob übergeben. Zuerst muss er aber mithilfe von DNS die IP-Adresse des SIP-Proxy in dieser Domain ermitteln.

---

[57] In fast allen SIP-betreffenden Standards werden der Anrufer *Alice* (A) und der Angerufene *Bob* (B) genannt. Daher verwenden wir diese Namen auch hier.

Wie Abbildung 4.5-1 illustriert, richtet der SIP-Proxy aus der Domain des Anrufenden hierfür eine Anfrage an einen entsprechenden DNS-Server mit dem Namen xyz.de der Domain des Angerufenen. Hat der SIP-Proxy aus der Domain des Anrufenden die IP-Adresse vom DNS erhalten, leitet er die SIP-Nachricht INVITE mit SIP-URI sip:bob@xyz.de an den SIP-Proxy in der Domain xyz.de weiter.

Der Einsatz von SIP-Proxies in einer Domain ermöglicht uneingeschränkte Mobilität innerhalb dieser Domain, sodass z.B. der SIP-URI sip:bob@xyz.de (*fast*) jedem Rechner mit SIP innerhalb der Domain xyz.de zugewiesen werden kann. Daher muss der SIP-Proxy der Domain des Angerufenen die IP-Adresse des Rechners, den Bob aktuell als SIP-Endeinrichtung nutzt, ermitteln, um die SIP-Nachricht INVITE an diesen Rechner übergeben zu können. Um diese Mobilität zu unterstützen, wird ein Location-Server[58] eingesetzt. Bei ihm kann der Eingangs-Proxy die aktuelle Lokation des Angerufenen – in Abbildung 4.5-1 die IP-Adresse des Rechners von Bob – abfragen und danach INVITE an diesen Rechner übergeben.

*Mobilität innerhalb einer Domain*

Hat INVITE den Rechner des Angerufenen erreicht und die gewünschte Session kann zustande kommen, wird dies dem Angerufenen akustisch durch Klingeln (Ringing) und dem Rechner von Alice mit der SIP-Nachricht 180 Ringing signalisiert. Diese Nachricht wird noch über die beiden SIP-Proxies übermittelt. Nachdem die Session aufgebaut wurde, kann die Kommunikation direkt zwischen den beiden Rechnern – also von Alice und Bob – verlaufen.

Sollten Alice und Bob aber in einer Domain „beheimatet" sein und z.B. die URIs alice@abc.de und bob@abc.de besitzen, würde die Kommunikation über den SIP-Proxy in der Domain abc.de verlaufen. Aus diesem Grund kann ein SIP-Proxy, dessen Funktion normalerweise von einem VoIP-Server erbracht wird, als „VoIP-basierte Telefonzentrale" bzw. als „VoIP-basierte TK-Anlage" angesehen werden.

*SIP-Proxy als VoIP-basierte Telefonzentrale*

## 4.5.2 Netzwerk mit Unterstützung von VoIP

Für die Realisierung von VoIP mit SIP, wie in Abbildung 4.5-1 gezeigt, sind – außer den IP-Telefonen – zwei zentrale Systemkomponenten nötig: ein VoIP-Server, der als SIP-Proxy dient und ein *Location Server* (LS). Hervorzuheben ist, dass die IP-Telefone auch als sog. *Soft-IP-Telefone* dienen können, d.h. als Anwendungen in Rechnern mit SIP-Unterstützung. Der Vorteil von VoIP besteht vor allem darin, dass man die Sprach- und Datenkommunikation auf Basis derselben physikalischen Netzwerkinfrastruktur verwirklichen und dadurch die Investition wie auch laufende Kosten reduzieren kann.

Es gibt aber einige Gründen dafür, dass man den VoIP-Dienst von anderen datenspezifischen Netzwerkdiensten logisch isolieren sollte, wie etwa:

*Gründe für logische Isolierung des VoIP-Systems*

- Sicherheitsgründe – z.B. können absichtliche, bösartige Angriffe auf das VoIP-System ein zu hohes Risiko für das restliche Netzwerk darstellen.

---

[58] Der Location-Server kann ein Bestandteil der Verzeichnisdienste (*Directory Services*) im Netzwerk sein. Für die Kommunikation zwischen Proxy-Server und Location-Server kann man das Protokoll LDAP (*Lightweight Directory Access Protocol*) verwenden.

## 4 Grundlagen zur Entwicklung des Systemkonzepts

- Bandbreitenreservierung im VoIP-System – insbesondere für audiovisuelle Konferenzen, Collaboration-Anwendungen etc.

- Getrenntes System zur automatischen Konfiguration der IP-Telefone – z.B. zur Zuweisung von IP-Adressen und zur Nutzung von privaten IP-Adressen.

**VoIP-VLAN**

Um den VoIP-Dienst von anderen Netzwerkdiensten isolieren zu können, bilden IP-Telefone in den im Weiteren dargestellten Systemlösungen ein separates, als IP-Netzwerk definiertes *VoIP-VLAN*. Falls die Sprachkommunikation intern nach VoIP und extern z.B. über das ISDN verläuft, können die IP-Telefone private IPv4-Adressen besitzen – und das ist auch häufig sinnvoll. Demzufolge werden im Weiteren zwei Fälle betrachtet: „VoIP-VLAN mit offiziellen IPv4-Adressen" (Abb. 4.5-2) und „VoIP-VLAN mit privaten IPv4-Adressen" (Abb. 4.5-3).

### VoIP-VLAN mit offiziellen IPv4-Adressen

**Sind Access Switches mit PoE nötig?**

Abbildung 4.5-2 illustriert die allgemeine Netzwerkstruktur mit VoIP-VLAN[59], in dem die IP-Telefone *offizielle* IPv4-Adressen besitzen. Es sei betont, dass es Fälle geben kann, in denen die Access Switches die Technologie PoE (*Power over Ethernet*) nach dem Standard IEEE 802.3af (*DTE Power over MDI*) unterstützen müssen, um die IP-Telefone über das Ethernet-Kabel nach Bedarf mit Strom zu versorgen. Der Hauptvorteil von PoE ist, dass man Stromversorgungskabel einsparen kann und so auch an diesen Stellen, wo die Stromkabel stören würden, die IP-Telefone installieren kann. Somit lassen sich auch zum Teil Installationskosten einsparen.

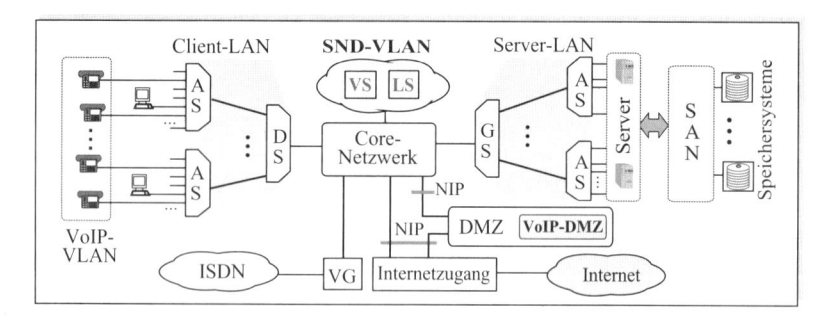

**Abb. 4.5-2:** Netzwerk mit Unterstützung von VoIP – Nutzung von offiziellen IPv4-Adressen
A/D/GS: Access/Distribution/Aggregation Switch, NIP: Network Intrusion Prevention, SND: Server für Netzwerkdienste, VG/S: VoIP-Gateway/Server, LS: Location-Server

**VoIP-VLAN und Default Gateway**

Jedes IP-Telefon ist de facto ein Rechner und muss die als *Default Gateway* (DG) bezeichnete IP-Adresse des Routers kennen, an den er seine IP-Pakete zum Weiterleiten in andere IP-Subnetze übergeben kann. Aus diesem Grund muss die IP-Adresse der Routing-Instanz (d.h. der L3-Instanz) in einem L2/3-Switch den IP-Telefonen im VoIP-VLAN bekannt gemacht werden. Aus dem in Abbildung 4.4-11 eingeführten logischen Modell des IP-Kommunikationssystems geht hervor, dass die folgenden zwei Fälle in der Praxis in Frage kommen können:

---

[59] Um das Bild nicht zu komplizieren, erstreckt sich VoIP-VLAN nur im Client-LAN, ist hier also auf den Distribution Switch (Layer-2/3-Switch) beschränkt.

**Fall A:** *Auf einen DS beschränktes VoIP-VLAN* (DS: Distribution Switch): In diesem Fall wird das VoIP-VLAN – logisch betrachtet – an einen Port der L3-Switching-Instanz im DS angebunden und dessen IP-Adresse dient als DG für IP-Telefone.

**Fall B:** *DS-überspannendes VoIP-VLAN*: In diesem Fall wird das VoIP-VLAN an einen Port der L3-Switching-Instanz im Core Switch angebunden; somit dient die IP-Adresse von diesem Port als DG für IP-Telefone.

Zum VoIP-VLAN können auch einige im Datacenter installierte IP-Telefone gehören bzw. kann das VoIP-VLAN sich auch über mehrere, in verschiedenen Gebäuden eingerichtete Client-LANs erstrecken – also Distribution-Switch-übergreifend sein. Aus diesem Grund kommt es in der Praxis oft vor, dass die L3-Switching-Instanz in einem Core Switch als Router für VoIP-VLAN fungieren muss. Dies führt aber dazu, dass es oft sinnvoll ist, die zentralen VoIP-Systemkomponenten – wie VoIP-Server[60] und Location-Server (s. Abb. 4.5-1) – an einer Stelle zusammen mit anderen zentralen Netzwerkkomponenten zu installieren. Hierfür bietet sich der zentrale Bereich im Datacenter an – genauer der Rack mit verschiedenen Servern für Netzwerkdienste (SND-Rack, s. Abb. 4.3-12). Abbildung 4.5-2 berücksichtigt dies bereits und zeigt, dass die im SND-Rack untergebrachten Systemkomponenten, zu denen u.a. VoIP-Server und Location Server gehören, ein als IP-Subnetz definiertes SND-VLAN bilden können. Es ist darauf hinzuweisen, dass die beiden Server – VoIP-Server und Location-Server – entsprechend redundant ausgelegt werden sollten.

*Server für VoIP-Dienste am Core-Netzwerk?*

Zwischen der L3-Switching-Instanz mit der NAT-Funktion und dem sog. *Border-Router* am Internetzugang mit einer Firewall-Funktion kann eine spezielle Zone innerhalb der DMZ eingerichtet werden. Sie kann als *VoIP-DMZ* bezeichnet werden und kann einen VoIP-Sicherheitsserver enthalten, der die VoIP-Verbindungen nach dem Protokoll SRTP (*Secure Real-time Transport Protocol*) sichert. Beim SRTP-Einsatz kann u.a. die Sprache in einer verschlüsselten Form über das Internet übertragen werden. SRTP stellt auch weitere Möglichkeiten zur Verfügung, die Sprachkommunikation sicher zu gestalten. Für Näheres darüber sei auf [Bada 10] verwiesen.

*DMZ enthält eine VoIP-DMZ*

## VoIP-VLAN mit privaten IPv4-Adressen

In Anlehnung an Abbildung 4.5-2 illustriert Abbildung 4.5-3 die Netzwerkstruktur mit VoIP-VLAN, in dem die IP-Telefone private IPv4-Adressen besitzen. Soll ein IP-Telefon mit einer privaten IP-Adresse eine VoIP-Verbindung über das Internet initiieren, muss seine private IP-Adresse auf eine offizielle IP-Adresse in einem Router umgesetzt werden. In diesem Fall, wie bereits in Abschnitt 4.4.4 erläutert wurde, muss eine NAT-Funktion (*Network Address Translation*) in einer Routing-Instanz realisiert werden, an die ein IP-Netzwerk mit privaten IPv4-Adressen angebunden ist – also eine Routing-Instanz, die für das als IP-Netzwerk definierte VoIP-VLAN als Default Gateway dient. Abbildung 4.5-3 bringt dies zum Ausdruck und zeigt, falls das VoIP-VLAN auf einen DS beschränkt wäre, dass eine NAT-Funktion von der L3-Switching-Instanz im Distribution Switch erbracht werden muss. Ein DS-überspannendes VoIP-

*VoIP-LAN und NAT*

---

[60] Ein VoIP-Server bei SIP soll gleichzeitig als Proxy- und als Redirect-Server dienen. Für weitere Informationen über Proxy- und Redirect-Server sei verwiesen auf [Bada 10].

VLAN würde dazu führen, dass die NAT-Funktion von der L3-Switching-Instanz im Core Switch realisiert werden muss.

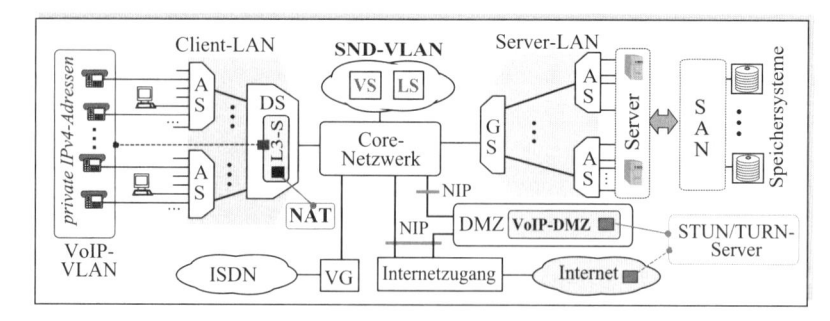

**Abb. 4.5-3:** Netzwerk mit Unterstützung von VoIP – Nutzung von privaten IPv4-Adressen
NAT: Network Address Translation, STUN: Session Traversal Utilities for NAT,
TURN: Traversal Using Relay NAT, weitere Abkürzungen wie in Abbildung 4.5-2

STUN/TURN-Server — Der Einsatz von NAT bei VoIP nach SIP verursacht aber einige vom Protokoll SIP selbst erzeugte Probleme. Um diese zu vermeiden, sind „spezielle Funktionen" nötig. Diese werden durch das Protokoll STUN (*Simple Transversal of UDP through NAT*) oder durch das Protokoll TURN (*Traversal Using Relay NAT*) zur Verfügung gestellt. Um STUN/TURN einzusetzen, kann ein sog. *STUN/TURN-Server* in der DMZ – genauer innerhalb der VoIP-DMZ – installiert werden. Es besteht theoretisch auch die Möglichkeit einen öffentlichen STUN/TURN-Server in Anspruch zu nehmen. Für Näheres darüber ist auf den Abschnitt 10.6 in [Bada 10] zu verweisen.

### 4.5.3 Weitere VoIP-Design-Aspekte

Bei der Planung eines VoIP-Systems müssen verschiedene Aspekte berücksichtigt werden, wobei u.a. die folgenden zwei Fragestellungen geklärt werden müssen:

- Welche VoIP-Leistungsmerkmale sind zu realisieren?
- Was hat die VoIP-Adressierung zu berücksichtigen?

Auf diese Aspekte möchten wir jetzt kurz eingehen.

**VoIP-Leistungsmerkmale**

Bei der Planung eines VoIP-System sind einige VoIP-Leistungsmerkmale von großer Bedeutung; zu diesen gehören u.a.:

Mobilität dank virtueller Rufnummer — **Virtuelle Rufnummer:** Dieses Leistungsmerkmal ist für diejenigen Benutzer interessant, die viel unterwegs sind, öfter umziehen, ihre Telefonnummer ändern oder einfach ihre wahre Telefonnummer nicht weitergeben möchten. Eine virtuelle Rufnummer wird keiner „physikalischen" Nebenstelle zugeordnet, sondern sie wird auf mehrere Rufnummern abgebildet. Diese Rufnummern können sowohl den Nebenstellen[61] bzw. den anderen Telefonanschlüssen (auch in anderen Ländern) zugeordnet werden. Beim Auswählen einer virtuellen Rufnummer wird der Anruf an die dieser virtuellen Rufnummer zugeordneten Rufnummern weitergeleitet.

**Sammelanschluss:** Bei einem Sammelanschluss handelt es sich um eine Rufnummer, unter der mehrere Nebenstellen erreichbar sind. Beim Anrufen eines Sammelanschlusses wird der ankommende Anruf an eine der freien Nebenstellen weitergeleitet. Welche Nebenstelle dies ist, bestimmt die Verteilungsart ankommender Anrufe; so wird z.B. ein ankommender Anruf entweder auf alle Nebenstellen oder an die jeweils erste freie Nebenstelle des Sammelanschlusses weitergeleitet.

*Erreichbarkeit von „besonderen Zielen" am Sammelanschluss*

### VoIP-Adressierungsaspekte

Für die Nutzung von VoIP im Netzwerk muss ein Adressierungskonzept als ein Rufnummernplan festgelegt werden. Der Rufnummernplan ist davon abhängig, ob es sich um eine standortübergreifende VoIP-Systemlösung handelt oder nicht. Es muss hierbei u.a. Folgendes geklärt werden:

- Wie erfolgt die Vergabe und Verwaltung von Rufnummern für IP-Telefone?
- Wie weit wird die Mobilität von Teilnehmern unterstützt?
- Werden virtuelle Rufnummern eingerichtet – falls ja dann wie?
- Bleibt die Rufnummer des IP-Telefons beim Anschlusswechseln erhalten, ist sie also standortunabhängig?
- Werden einige Sammelanschlüsse eingerichtet?

## 4.6 Bereitstellung der Internetdienste

Eine wichtige Aufgabe beim Netzwerk-Design ist die Entwicklung eines Konzepts für die Bereitstellung der Internetdienste wie etwa Webdienst, E-Maildienst sowie die Unterstützung der IP-Telefonie nach SIP. In diesem Abschnitt möchten wir dafür einige Grundlagen vermitteln. Hierbei gehen wir insbesondere auf die Möglichkeiten der Realisierung einer hochverfügbaren Internetanbindung näher ein.

### 4.6.1 Hochverfügbare Internetanbindung

Von großer Bedeutung in der Praxis ist eine hohe Verfügbarkeit der Internetdienste in Netzwerken. Diese Wunschvorstellung lässt sich durch eine redundante Internetanbindung und durch eine Kombination der Funktionalität der Protokolle VRRP und BGP-4 erreichen. Welche technischen Möglichkeiten es hierfür gibt, möchten wir in Form eines Tutorials in diesem Abschnitt zeigen.

---

[61] Ein VoIP-System kann als verteilte IP-basierte TK-Anlage angesehen werden. Analog zu klassischen TK-Anlagen bezeichnet man daher hierbei oft Teilnehmeranschlüsse als *Nebenstellen*.

## Redundante Router-Auslegung

Redundante Internetanbindung und VRRP

Eine redundante Internetanbindung kann unterschiedlich realisiert werden. Beispielsweise kann sie entweder über einen ISP oder über mehrere ISPs erfolgen. Bei einer redundanten Internetanbindung werden zwei spezielle Border-Router – also Router am Rande des Netzwerks – eingesetzt, die sich nach dem Protokoll VRRP (*Virtual Router Redundancy Protocol*) gegenseitig so ergänzen, dass sie sich für das Core-VLAN entweder wie ein *virtueller Router* (VR) oder als zwei virtuelle Router verhalten.[62] Abbildung 4.6-1 illustriert dieses Konzept näher und bezieht sich hierbei auf die in Abbildung 4.6-1 dargestellte Struktur des IP-Kommunikationssystems.

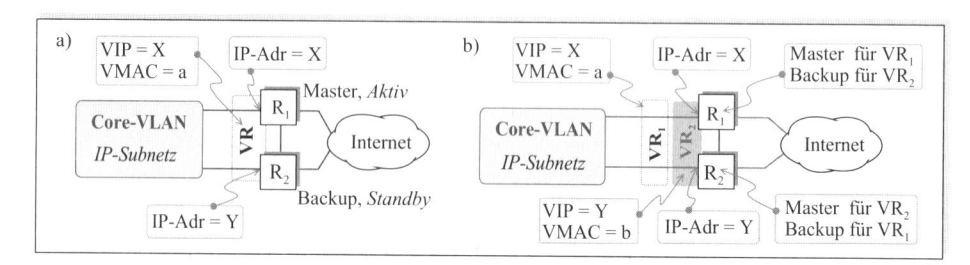

**Abb. 4.6-1:** Redundante Auslegung von Routern – diese verhalten sich als: a) ein virtueller Router, b) zwei virtuelle Router
VMAC: Virtuelle MAC-Adresse, VIP: Virtuelle IP-Adresse

Jeder virtuelle Router muss ebenso wie jeder physikalische Router eine IP-Adresse seitens des Core-VLAN besitzen, über die er erreichbar ist. Diese wird *virtuelle IP-Adresse* genannt und kurz als *VIP* bezeichnet. Jeder virtuelle Router muss ebenfalls eine MAC-Adresse besitzen; sie wird *virtuelle MAC-Adresse* genannt.

Prinzip redundanter Auslegung von Routern

Abbildung 4.6-1a illustriert das Prinzip, nach dem die beiden redundant ausgelegten Router einen virtuellen Router bilden. Dieses Prinzip basiert darauf, dass einer der beiden Router als *Master-Router* fungiert. Der Master-Router ist der Router, der aktuell für die Weiterleitung aller IP-Pakete, die an die VIP übergeben werden, zuständig ist. Er beantwortet außerdem die Anfragen des Protokolls ARP (nur bei IPv4!). Der Master-Router dient immer als Default Gateway. Sollte er ausfallen, übernimmt automatisch der bis dahin als Backup dienende *Standby-Router* seine Funktion. Es sei angemerkt, dass die in Abbildung 4.6-1a gezeigte Lösung nur eine passive Redundanz darstellt; d.h., solange der Master-Router intakt ist, hat der Standby nichts zu tun.

Im hier gezeigten Beispiel gibt es im Core-VLAN einen virtuellen Router, der über die VIP X erreicht werden kann. Der Router $R_1$ fungiert hier als Master-Router. Weil die virtuelle IP-Adresse gleichzeitig die tatsächliche IP-Adresse des Master-Routers ist, wird dieser Router bei VRRP als *IP Address Owner* bezeichnet. Bei dieser Lösung ist es wichtig, dass die beiden Router

---

[62] Für eine redundante Router-Auslegung kann auch das Protokoll HSRP (*Hot Standby Routing Protocol*) von der Firma Cisco eingesetzt werden. HSRP kann als Vorgänger vom VRRP angesehen werden. HSRP wurde bereits im März 1998 als IETF-Dokument RFC 2281 spezifiziert – und VRRP entsprechend danach: 1-te Version im RFC 2338 (April 1998), 2-te Version im RFC 3768 (April 2004) und 3-te Version im RFC 5798 (März 2010).

– d.h. Master-Router und Backup-Router – nach außen hin sowohl mit derselben virtuellen IP-Adresse (`VIP = X`) als auch mit derselben MAC-Adresse (`VMAC = a`) auftreten. Fällt der Master-Router aus, ist der Backup-Router unter derselben `VIP = X` ansprechbar und übernimmt den Datentransport. Die beteiligten Rechner bemerken in diesem Fall also nichts vom Ausfall des Routers.

Hervorzuheben ist aber, dass mehrere Router als Backup-Router eingesetzt werden können. Wie sich die beteiligten Router gegenseitig überwachen und synchronisieren, um sich nach außen hin als virtueller Router präsentieren zu können, spezifiziert VRRP. Hierfür sendet der Master-Router regelmäßig sog. *VRRP-Advertisements*, um den Backup-Routern die eigene Funktionsfähigkeit („Ich lebe noch!") zu signalisieren. Wichtig ist, dass die Synchronisierung von Routern, die einen virtuellen Router bilden, für die normalen Rechner nicht bemerkbar ist. Das heißt, die Rechner „glauben", dass sie es immer mit ein und demselben Router zu tun haben.

*Router überwachen sich gegenseitig*

Den einzelnen Routern werden verschiedene Prioritäten zugewiesen. Der intakte Router, der über die höchste Priorität verfügt, dient immer als Master-Router. Alle anderen Router, die eine niedrigere Priorität besitzen, fungieren als Backup-Router. Einer von ihnen übernimmt – je nach Priorität – nach dem Ausfall des Master-Routers dessen Rolle.

## Lastverteilung am Internetzugang

Stellen redundant ausgelegte Router für das Core-VLAN zwei virtuelle Router zur Verfügung, kann dann am Internetzugang die Lastverteilung auf zwei virtuelle Router erfolgen. Abbildung 4.6-1b illustriert eine solche Lösung. Anzumerken ist hier, dass jeder Router gleichzeitig mehreren virtuellen Routern angehören muss. Im hier gezeigten Beispiel wird der Datenverkehr auf beide Router verteilt. Auf diese Weise lässt sich eine Lastverteilung auf mehrere virtuelle Router erreichen. Um eine Lastverteilung zu erreichen, müssen zwei virtuelle Router $VR_1$ und $VR_2$ entsprechend konfiguriert werden. Hierbei gehört jeder physikalische Router zu den beiden virtuellen Routern. In diesem Fall ist der Router $R_1$ Besitzer der IP-Adresse[63] und somit der Master für $VR_1$ mit `VIP=X` und der Backup-Router für $VR_2$. Der Router $R_2$ hingegen ist der IP Address Owner und damit der Master für $VR_2$ mit `VIP = Y` und der Backup-Router für $VR_1$.

Weil der Router $R_2$ als Backup-Router für $VR_1$ dient, würde er bei einem Ausfall von $R_1$ zusätzlich dessen Master-Aufgabe übernehmen. So wäre der Router $R_2$ dann der Master-Router für die beiden virtuellen Router. Umgekehrt dient der Router $R_1$ als Backup-Router für $VR_2$ und würde bei einem Ausfall von $R_2$ ebenfalls dessen Master-Aufgabe übernehmen. Somit würde er dann als Master-Router für beide virtuellen Router dienen. Fällt einer der Router $R_1$ oder $R_2$ aus, dann geht zwar der Vorteil der Lastverteilung verloren, aber das Netzwerk bleibt noch funktionsfähig.

## Gestaltung des Internetverkehrs mit BGP-4

In Abbildung 4.6-1 fungieren die beiden Router $R_1$ und $R_2$ als Border-Gateways (Border-Router) und müssen das Protokoll BGP-4 (*Border Gateway Protocol, Version 4*) unterstützen. Sie sollten so konfiguriert werden, dass sie einen virtuellen Router bilden, der als *virtuelles Border-Gateway*

---

[63] Dies bedeutet, dass die IP-Adresse des Routers $R_1$ die VIP für $VR_1$ ist.

## 4 Grundlagen zur Entwicklung des Systemkonzepts

dient. Falls ein virtuelles Border-Gateway am Internetzugang eingerichtet wird, besteht die Möglichkeit, den Internetzugang über mehrere ISPs zu realisieren. Damit kann eine hohe Verfügbarkeit der Internetdienste im Netzwerk garantiert werden. Falls ein ISP z.B. einen Insolvenzantrag stellen sollte, bleibt der Internetzugang über einen anderen ISP weiterhin bestehen. Falls ein Router als aktiver Router (Master) und der andere als Standby-Router fungiert, ergeben sich zwei Möglichkeiten bei der Führung des Internetverkehrs:

**Fall A:** Nur der aktive Router ist am Internetverkehr beteiligt: Der ankommende und ausgehende Internet-Verkehr wird nur über den aktiven Router geführt.

**Fall B:** Der ausgehende Internetverkehr wird zum aktiven Router geleitet. Der ankommende Internetverkehr wird zum Standby-Router geführt. Daher sind die beiden Router bei der Abwicklung des Internetverkehrs beteiligt.

*Nur der aktive Router ist am Internet-Verkehr beteiligt*

Betrachten wir zuerst den Fall A. Abbildung 4.6-2 zeigt ein Beispiel für eine redundante Internetanbindung über zwei ISPs, falls der ankommende und ausgehende Internetverkehr nur über den aktiven Router $R_1$ geführt wird. Der Backup-Router $R_2$ dient hierbei nur als Standby-Router, d.h., er ist passiv.

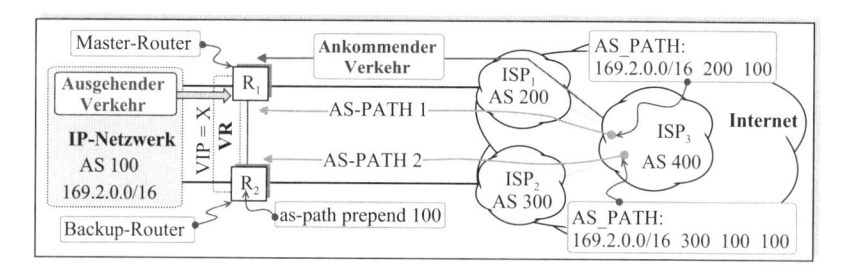

**Abb. 4.6-2:** Redundante Internetanbindung mit der Führung des Internetverkehrs: ausgehender und ankommender Internetverkehr nur über den aktiven Router
AS: Autonomes System, VIP: Virtuelle IP-Adresse, VR: Virtueller Router

Um den Internetverkehr nur über den Router $R_1$ zu führen, muss man den **Pfad** `AS_PATH` des Protokolls BGP-4 dementsprechend „manipulieren".[64] Dies erreicht man mithilfe des Attributs `as-path prepend`, mit dem ein BGP-Pfad sich „künstlich" verlängern lässt.

Nach dem Protokoll BGP-4 muss jedem Netzwerk – als *autonomes System* (AS) – eine weltweit eindeutige Identifikation, die sog. ASN (*Autonomous System Number*), zugeordnet werden. Jeder ISP mit seinem Netzwerk gilt auch als AS. Im hier gezeigten Beispiel ist ASN des Netzwerks gleich 100, die Identifikationen von $ISP_1$, $ISP_2$ und $ISP_3$ als ASN sind 200, 300 und 400.

Wie aus Abbildung 4.6-2 ersichtlich ist, sieht der Router beim übergeordneten $ISP_3$ (d.h. im AS mit ASN = 400) den BGP-Pfad zum Router $R_2$ im Netzwerk (im AS mit ASN = 100) mit der

---

[64] Ein *AS Path* stellt einen BGP-Pfad dar und beschreibt, über welche autonomen Systeme der Ziel-Border-Router erreicht werden kann. Autonome Systeme werden hierbei mit ihren ASNs identifiziert. Ein AS-Pfad kann so manipuliert werden, dass er „künstlich" verlängert wird. Dadurch verbleibt er zwar weiterhin verfügbar, ist aber für den Datentransport unattraktiv geworden. Man bezeichnet eine solche Manipulation von BGP-Pfaden als *AS Path Prepending*.

Länge von 3 Hops, d.h. 200 => 100 => 100. Dies ist die Folge der künstlichen Verlängerung des BGP-Pfades mit Kommando `as-path prepend 100` im Router $R_2$. Der Router beim $ISP_1$ sieht aber den BGP-Pfad zum Router $R_1$ im Netzwerk mit der Länge von 2 Hops, d.h. 200 => 100. Somit wird der Internetverkehr vom $ISP_1$ und damit auch vom Internet über den $ISP_2$, d.h. über das AS mit ASN = 200 zu dem Router $R_1$ im Netzwerk geführt. Die Funktion `as-path prepend` wird u.a. in Routern von der Firma Cisco unterstützt.

In Abbildung 4.6-2 leitet der Router $R_1$ als einziger Router den ausgehenden und den ankommenden Internetverkehr weiter. Man kann den Router $R_1$, der im virtuellen Router aktiv ist, für den ankommenden Internetverkehr vom Internet „sperren". Dies kann mithilfe des Kommandos `as-path prepend 100` beim $R_1$ erfolgen. Abbildung 4.6-3 illustriert eine derartige Lösung.

Beide Router sind am Internet-Verkehr beteiligt

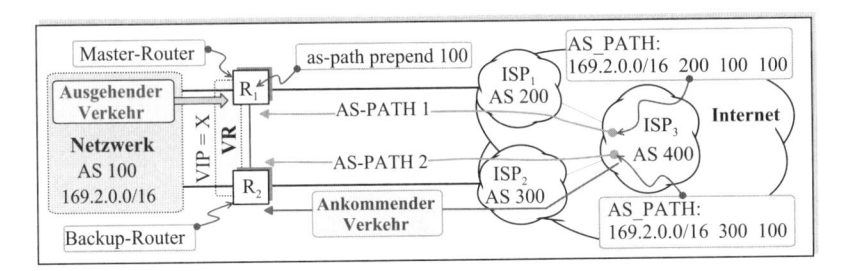

**Abb. 4.6-3:** Redundante Internetanbindung mit der Führung des Internetverkehrs: ausgehend über Master-Router und ankommend über Standby-Router
Abkürzungen wie in Abbildung 4.6-1

Hier sieht der Router im AS mit ASN = 400 den BGP-Pfad zum Router $R_1$ im Netzwerk (AS mit ASN = 100) mit der Länge von 3 Hops, d.h. 200 => 100 => 100. Dies ist die Folge der künstlichen Verlängerung des BGP-Pfades mit Kommando `as-path prepend 100` im Router $R_1$. Der Router bei $ISP_3$, d.h. im AS mit ASN = 400, sieht den BGP-Pfad zum Router $R_2$ im Netzwerk mit der Länge von nur 2 Hops, d. h. 300 => 100. Der Datenverkehr wird somit vom ISP3 über den ISP2 zu dem Router $R_2$ im Netzwerk geführt.

Für die in den Abbildungen 4.6-2 und -3 gezeigte Führung des ankommenden Internetverkehrs muss der DNS-Server im Netzwerk (AS mit ASN = 100) entsprechend konfiguriert werden.

## 4.6.2 Hochverfügbare Internetdienste – Webdienst

Heute werden in Netzwerkprojekten eine Vielzahl von Internetdiensten realisiert und unterstützt. In nahezu allen Projekten und Unternehmen bzw. Institutionen spielen hierbei insbesondere Web- und E-Maildienste eine zentrale Rolle, da sie eine große Bedeutung für die Unternehmensziele und Geschäftsprozesse besitzen. Um einen nachhaltigen Betrieb dieser Dienste zu garantieren, und so die Geschäftsprozesse nicht zu gefährden bzw. optimal zu unterstützen, müssen die Internetdienste daher in der Regel hochverfügbar sein. In diesem Zusammenhang fällt auch häufig das Schlagwort *High Availability* bzw. kurz *HA*. Im Folgenden soll ein hochverfügbarer Betrieb des Webdienstes kurz betrachtet werden. Sie steht dabei stellvertretend für zahlreiche andere

Web und E-Mail als primäre Internetdienste

**4 Grundlagen zur Entwicklung des Systemkonzepts**

IP-basierte Dienste, die derzeit in Unternehmensnetzen bereitgestellt und somit auch in Netzwerkprojekten vorrangig betrachtet werden müssen.

*Anforderungen an Webserver und Webanwendungen in Netzwerkprojekten*

Webserver spielen eine wichtige Rolle in Netzwerkprojekten, und haben sich in der Vergangenheit von der teilweise statischen Präsentation von Marketing-Inhalten zu komplexen Webanwendungen, die teilweise auch direkt Geschäftsprozesse abbilden oder unterstützen, entwickelt. Aus diesem Grund muss im Rahmen des Netzwerkprojekts für eine geeignete Optimierung der Webdienste gesorgt werden. Die Realisierung einer Hochverfügbarkeit für Webdienste umfasst im Systemkonzept insbesondere:

- Realisierung von Lastverteilung (Load Balancing), Ausfallsicherheit und Fehlertoleranz
- Performance-Optimierung im Hinblick auf die Erbringung des Webdiensts
- Steigerung der Web-Sicherheit bzw. Schutz des Internetdiensts vor Angriffen

### Hochverfügbare Websysteme mit Load Balancing

*Adressierung von Webdiensten und -inhalten*

Angenommen, das Unternehmen ABC betreibt einen Webdienst, so wird, wenn dieser Dienst weltweit zugreifbar sein soll, ein DNS-Eintrag mit dem Namen `www.abc.de` reserviert. Danach kann man über den URL `http://www.abc.de` im Webbrowser auf die Webdienste des Unternehmens mithilfe des Protokolls HTTP (*Hypertext Transfer Protocol*) zugreifen. Dabei verweist aber der Hostname `www` – nur! – auf den (World Wide)Webdienst innerhalb der Unternehmensdomain `abc.de`; es wird also kein Host (Rechner) eindeutig identifiziert. Häufig wird der Name `www` als Alias (auch *Canonical Name* genannt, kurz CNAME) im DNS interpretiert, der im DNS dann auf den sog. FQDN (*Full Qualified Domain Name*) des jeweiligen Webservers verweist.

*Auflösung der IP-Adresse für eine Webadresse*

Beispielsweise könnte `www.abc.de` im DNS-Server zuerst über einen CNAME-Record auf den Hostnamen `ws1.abc.de` und dann der Hostname `ws1.abc.de` über einen A-Record auf die IP-Adresse `10.0.0.1` verweisen. Der DNS-Server kann daher die für `www.abc.de` abgefragte IP-Adresse des Webservers liefern. Der Webbrowser würde diese vom DNS-Server gelieferte IP-Adresse verwenden, um die Webseite abzurufen. Abbildung 4.6.4a zeigt eine solche Situation, bei der direkt auf einen Webserver mit der IP-Adresse X zugegriffen wird.

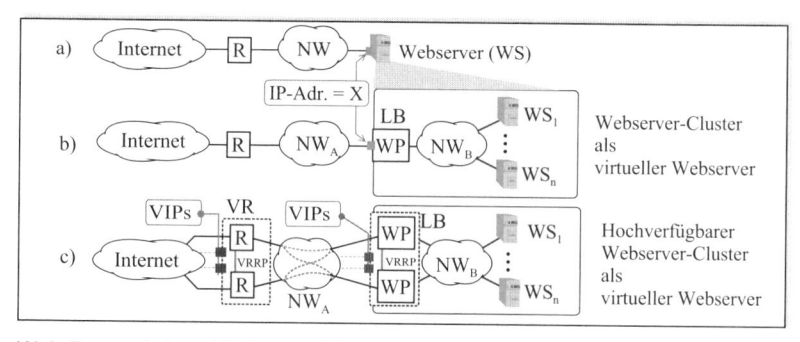

**Abb. 4.6-4:** Web-Proxy als Load-Balancer (LB) – Systemevolution: von einem Webserver (a) über einen „einfachen" Webserver-Cluster (b) hin zu einem hochverfügbaren Webserver-Cluster (c)
NW: Netzwerk(teil), R: Router, WS: Webserver, WP: Web-Proxy, VR: virtueller Router

In der Praxis kommen mit zunehmender Unternehmensgröße solche einzelnen Webserver immer weniger zum Einsatz. Um die große Zahl an Besuchern und Anwendern auf dem Webdienst bedienen zu können, wird die Last in der Regel auf mehrere Webserver als sog. *Webserver-Cluster* verteilt. Dabei werden die Inhalte der Webseite und Webanwendungen auf mehrere Server repliziert und diese an ein lokales Netzwerk innerhalb des Datacenters des Unternehmens angebunden, wie in Abb. 4.6-4b mit $NW_B$ bezeichnet. Die vorher skizzierte Auflösung der Webadresse http://www.abc.de kann hier nicht auf die IP-Adresse des Webservers aufgelöst werden, da mehrere Webserver mit unterschiedlichen IP-Adressen zum Einsatz kommen. Den Webservern wird daher ein Stellvertreter als sog. *Web-Proxy* (auch *Reverse Proxy* genannt) vorangestellt. Dessen IP-Adresse X wird schließlich über www.abc.de im DNS aufgelöst. Für jeden neuen Zugriff bzw. unterschiedliche Besucher und Anwender der Webseite werden hierbei vom Web-Proxy die Anfragen auf die einzelnen Webserver im Cluster verteilt.

Lastverteilung und Fehlertoleranz beim Webdienst

Der Web-Proxy fungiert somit als *Lastverteilung* (Load-Balancer) vor den Webservern – und er kann zusammen mit ihm angebundenen Webservern auch als *virtueller Webserver* angesehen werden. Eine derartige, aus mehreren Webservern bestehende, nach außen vom Web-Proxy repräsentierte „Konstellation von Webservern" ermöglicht die Fehlertoleranz, da der Proxy beim Ausfall eines Webservers die Anfragen an die verbleibenden Webserver leiten kann, ohne dass dies von den Anwendern bemerkt wird. Dabei kann der Web-Proxy auch Aufgaben zur Sicherstellung der Funktion von auf dem Webserver betriebenen Webanwendungen (z.B. Sitzungen für Warenkörbe in Webshops und dem Login von Benutzern) übernehmen, die durch die Lastverteilung auf mehrere Webserver beeinflusst werden können. Der Web-Proxy kann dabei als Web-Switch fungieren. Darauf gehen wir später noch näher ein – s. Abbildung 4.6-6.

Bedeutung von Web-Proxy

Während der in Abbildung 4.6-4b illustrierte Web-Proxy als vorgelagerte Instanz den Ausfall einzelner Webserver kompensieren und die Last über diese verteilen kann, stellt er selbst erneut eine Fehlerquelle als sog. *Single Point of Failure* (SPOF) dar. Dies lässt sich durch die in Abbildung 4.6-4c gezeigte Lösung mit zwei redundant ausgelegten Web-Proxies kompensieren. Diese werden zusätzlich untereinander verbunden und verwenden in der Regel, sogar nach den gleichen Prinzipien wie beide Router in Abbildung 4.6-1, das Protokoll VRRP, um sich nach außen entweder als ein virtueller Web-Proxy oder als zwei virtuelle Web-Proxies zu „präsentieren". Eine wichtige Besonderheit ist dabei, dass jeder virtuelle, aus zwei physischen Proxies bestehende, Web-Proxy nur über eine einzige *virtuelle IP-Adresse* (VIP) erreichbar ist.

Hochverfügbarer Webserver-Cluster

Um die ankommenden Zugriffe auf zwei Web-Proxies zu verteilen, wird die in Abbildung 4.6-4c gezeigte Lösung mit zwei virtuellen Web-Proxies verwendet, sodass der Webserver-Cluster über zwei VIPs erreichbar ist. Die eingehenden Webzugriffe können dann gleichmäßig auf zwei Web-Proxies verteilt werden. Fällt aber einer der Web-Proxies aus, geht zwar der Vorteil der Lastverteilung verloren, aber der Webserver-Cluster bleibt noch funktionsfähig und erreichbar. Die VIPs von virtuellen Web-Proxies können im DNS hinterlegt und abwechselnd aufgelöst werden; man bezeichnet dies als sog. *DNS Round Robin*.

Webserver-Cluster über zwei VIPs erreichbar

Es sei angemerkt, dass die Web-Proxies auch die Funktion NAT (nach dem Prinzip in Abbildung 4.4-12) realisieren können. Ist dies der Fall, dann können die Webserver im Cluster auch private IPv4-Adressen nutzen.

**Hochverfügbarer Cluster mit virtualisierten Webservern**

Die in Abbildung 4.6-4 dargestellte Lösung für hochverfügbare Webserver-Cluster kann auch auf der Basis von virtualisierten Webservern – d.h. in Form von virtuellen Maschinen – erbracht werden. Abbildung 4.6-5 illustriert eine solche Lösung. Es sei hier angemerkt, dass die Web-Proxies auch als VM in zwei verschiedenen Wirt-Servern realisiert werden können. So kann die in Abbildung 4-6-4c dargestellte Lösung analog zur in Abbildung 4.6-5c gezeigten Lösung für einen hochverfügbaren Webserver-Cluster basierend auf virtualisierten Webservern verwendet werden.[65] Dabei können auch mehrere Wirt-Server an unterschiedlichen Standorten zum Einsatz kommen. Dadurch wird erneut der durch den Ausfall des Wirt-Servers selbst entstehende SPOF vermieden. Fällt ein Wirt-Server aus, so können die VMs des hochverfügbaren Clusters aus virtualisierten Webservern auf den verbleibenden Wirt-Server an einem anderen Standort migriert werden. Damit dies unbemerkt für die Anwender im Hintergrund durchgeführt werden kann, muss der Zustand der VMs kontinuierlich zwischen den Standorten abgeglichen werden. Hierfür unterstützen die gängigen Lösungen für Servervirtualisierung Funktionen für den permanenten Abgleich von Arbeitsspeicher und Storage der VMs. Die Lastverteilung über mehrere Standorte kann erneut mit der Unterstützung von DNS Round Robin erfolgen.

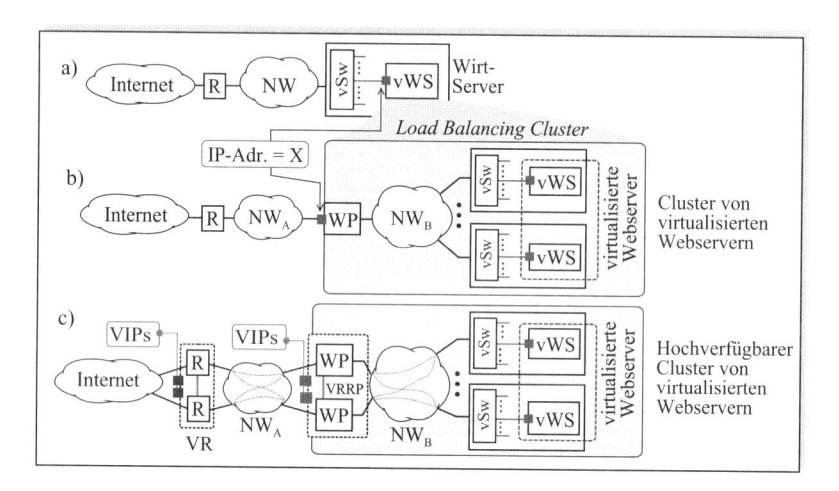

**Abb. 4.6-5:** Web-Proxy als Load-Balancer – Systemevolution: von einem virtualisierten Webserver (a) über einen „einfachen" Cluster von virtualisierten Webservern (b) hin zu einem hochverfügbaren Cluster (c)
vWS: virtualisierter Webserver, vSwitch: virtueller Switch, WP: Web-Proxy, VR: virtueller Router

**Content-aware Web-Switching**

In den Abbildungen 4.6-4 und 5 wurde angenommen, dass die zu einem Cluster gehörenden Webserver den gleichen Web-Content hatten, sodass man Web-Proxies einsetzen konnte, um die Zugriffe auf alle Webserver im Cluster möglichst gleich zu verteilen. Häufiger kommt aber der Fall vor, insbesondere in großen E-Commerce-Geschäften mit mehreren Webservern, dass diese nicht den gleichen Web-Content haben. Damit man solche Webserver zu einem Cluster gruppieren kann, der unter einer Webadresse erreichbar sein soll, ist der Einsatz von Web-Switches nötig. In diesem Zusammenhang spricht man auch von *Content-aware Web-Switching*.

---

[65] Zur Verwirklichung dieser Idee eignet sich gut das in Abschnitt 9.6 dargestellte Konzept VXLAN.

## Hochverfügbare Websysteme mit Content-aware Web-Switching

Die Web-Proxies können auch als Web-Switches auf dem Application Layer (Layer 7) agieren; sie können die angeforderten bzw. ausgelieferten Inhalte einsehen und dadurch ein „content-aware" Web-Switching realisieren. So können z.B. Anfragen nach unterschiedlichen Inhalten (bspw. verschiedene Medientypen oder Webseiten für verschiedene DNS-Namen bzw. separaten Unternehmen) vom Web-Switch an unterschiedliche Webserver innerhalb eines Clusters geleitet werden. Abbildung 4.6-6a bringt diese Möglichkeit näher zum Ausdruck.

*Web-Proxies als Web-Switches*

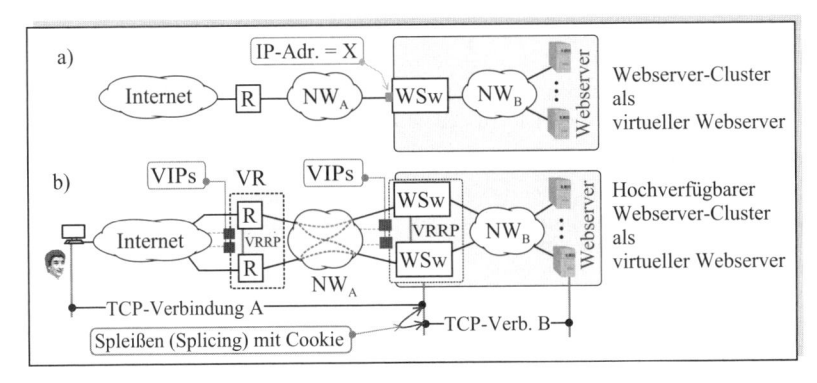

**Abb. 4.6-6:** Web-Proxy als Web-Switch: a) „einfaches" content-aware Web-Switching-System (b) hochverfügbares content-aware Web-Switching
NW: Netzwerk(teil), WSw: Web-Switch, vSwitch: virtueller Switch, VR: virtueller Router (R)

Wird der Web-Switch redundant ausgelegt, so entsteht das in Abbildung 4.6-6b gezeigte hochverfügbare Web-Switching-System. Da dieses System unter einer Webadresse erreichbar ist, kann es auch als *virtueller Webserver* betrachtet werden. Die Web-Switches nutzen hierbei in der Regel persistente TCP-Verbindungen zu den Webservern, um für wiederholte Anfragen eines Benutzers nicht jedes Mal eine neue TCP-Verbindung zum entsprechenden Web-Server aufbauen zu müssen. Hierbei injizieren die Web-Switches ein Cookie in die Abfrage des Webbrowsers, welches für die Identifikation der Sitzung – gegebenenfalls der ganzen Web-Transaktion – genutzt wird. Dieses Cookie wird bei jedem Request erneut vom Client übermittelt und kann so seitens des Web-Switches für die Zuordnung der passenden TCP-Verbindung verwendet werden. Man bezeichnet diese Technik auch als *TCP Splicing*.[66]

*Persistente Verbindungen mit TCP-Splicing*

Die in Abbildung 4.6-6b gezeigte Systemlösung für Web-Switching kann noch erweitert werden, indem die einzelnen Webserver in Clustern redundant ausgelegt werden. Zur Lastverteilung auf diese redundanten Webserver können ebenso redundant ausgelegte, als Load-Balancer dienende Web-Proxies zum Einsatz kommen. Abbildung 4.6-7 illustriert ein derartiges hochverfügbares Web-System. Dabei werden, wie bereits für Abbildung 4.6.4c erläutert, mehrere virtuelle IPs (VIPs) an den Web-Switches bzw. den Routern verwendet und die Anfragen über beide – im ein-

---

[66] Die für TCP Splicing verwendeten Cookies können auch für Werbezwecke missbraucht werden. Mit ihrer Hilfe lassen sich die Profile von Benutzern, genauer von deren Rechnern, bezogen auf abgerufene Web-Inhalte erfassen, was im Internet für Werbung verwendet werden kann.

fachsten Fall mittels DNS Round-Robin – verteilt. Die Web-Switches und Router können dabei im Fehlerfall die VIPs voneinander dank VRRP übernehmen.

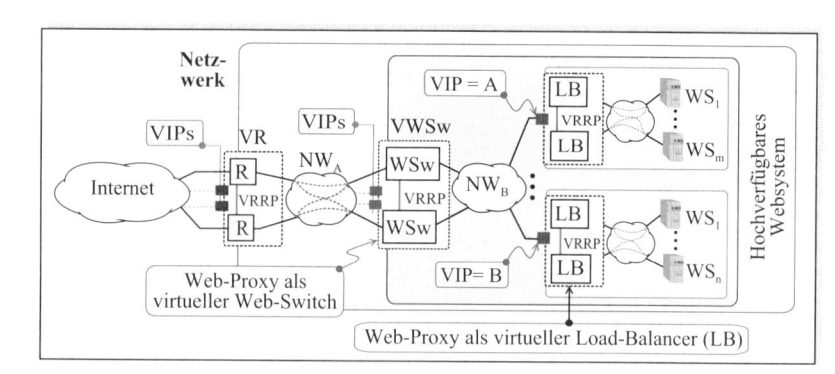

**Abb. 4.6-7:** Hochverfügbares Websystem – Web-Proxy als virtueller Web-Switch und Web-Proxy als virtueller Load-Balancer
VIP: virtuelle IP-Adresse, NW: Netzwerk(teil), WSw: Web-Switch, VR: virtueller Router (R), VWSw: Virtueller Web-Switch

**Standortübergreifende Content Delivery Networks**

Werden mehrere Standorte für die Erbringung der Webdienste verwendet, so bietet es sich an, die Besucher und Anwender der Webanwendungen anhand ihrer Lokation an den nächstgelegenen Web-Proxy weiterzuleiten. Dies kann durch ein sog. *Request Routing* realisiert werden. Dabei werden, ähnlich wie in Abbildung 4.6-6 gezeigt, mehrere Web-Proxies kaskadiert. Ein vorgelagerter Web-Proxy übernimmt als Web-Switch die Auswahl der zur Anfrage passenden (z.B. geographisch nächstgelegenen bzw. den Content vorhaltenden) IP-Adresse des Webserver-Clusters. In diesem Webserver-Cluster sorgt ein nachgelagerter Web-Proxy wiederum für eine Lastverteilung über mehrere im Cluster vorhandene Webserver. Eine geographische Verteilung und das zugehörige Request Routing werden durch *Content Delivery Networks* (CDN) realisiert.

**Web-Sicherheit und Performance durch Web-Switches**

Für weitere Details zum Web-Switching, Content Delivery Networks und weitere Steigerung der Performance von Webdiensten, wie z.B. Web-Caching, verweisen wir an dieser Stelle auf [BaRS 03]. Load Balancing Lösungen, werden heute häufig als Appliances (sowohl hardware- als auch softwarebasiert, bspw. als VM) angeboten. Diese können als entsprechende Komponente im Systemkonzept vorgehen werden. Sie unterstützen neben der skizzierten Lastverteilung und Fehlertoleranz auch die Steigerung der Web-Sicherheit, z.B. durch die hardwarebeschleunigte Umsetzung von SSL/TLS, sowie die Filterung bösartiger Anfragen im Web-Traffic (vgl. SQL Injections, XSS). Diese Funktionalität – auch als Web Application Firewall bezeichnet – wird ebenfalls in [BaRS 03] ausführlich beschrieben.

## 4.6.3 Hochverfügbare Internetdienste – E-Mail & Co.

**E-Mail-Protokolle**

Ein Großteil der geschäftlichen Kommunikation wird heute über E-Mails abgewickelt. Entsprechend sollte der E-Maildienst im Rahmen der Erstellung eines Systemkonzepts für ein Netzwerkprojekt gesondert betrachtet werden. Beim E-Maildienst unterscheidet man, wie Abbildung

4.6-8 zeigt, zwischen *Ausgangs-Mailservern* und *Eingangs-Mailservern*. Für die Übermittlung von E-Mails vom Rechner des Absenders bis zum Ausgangs-Mailserver verwendet man das *Simple Mail Transfer Protocol* (SMTP). Der Abruf empfangender E-Mails durch den Empfänger erfolgt in der Regel mit dem *Internet Message Access Protocol* (IMAP4) oder alternativ und immer seltener mit dem *Post Office Protocol* (POP3). Aufgrund der Verbreitung von auf Microsoft Exchange basierenden E-Mailsystemen spielt auch das proprietäre Protokoll von Microsoft namens *Messaging Application Programming Interface* (MAPI) häufig eine Rolle in Systemkonzepten von Netzwerkprojekten.

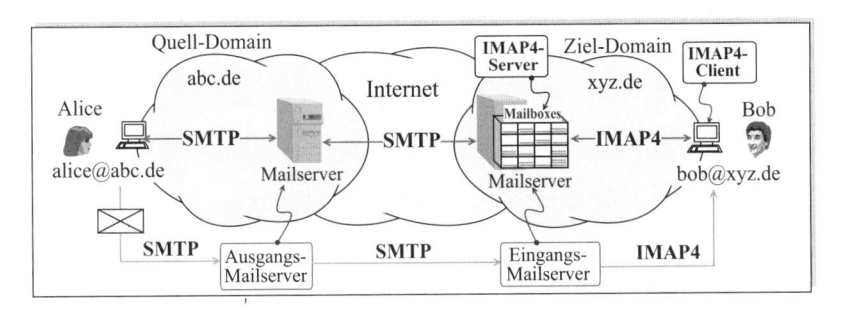

**Abb. 4.6-8:** Typische Protokolle und Zugriffsverfahren beim Einsatz von E-Mail
SMTP: Simple Mail Transfer Protocol, IMAP4: Internet Message Access Protocol Version 4

Um einen sicheren mobilen Zugriff auf die E-Mails gewährleisten zu können, werden IMAP4, POP3, MAPI und SMTP, in der Regel in Kombination mit einer Verschlüsselung und Server-Authentifizierung mittels SSL/TLS und X.509 Zertifikaten eingesetzt. IMAP ermöglicht so einen ortsunabhängigen permanenten Zugriff auf alle E-Mails, da diese auf dem Server gespeichert und verwaltet werden. Für externe Zugriffe stellt auch MAPI besondere Anforderungen an die Netzwerkinfrastruktur, da es auf *Remote Procedure Calls* (RPC) aufbaut. Diese werden für den externen Zugriff über HTTPS ebenfalls mittels SSL/TLS umgesetzt.

<small>Sicherer mobiler E-Mail-Zugriff</small>

Einen weiteren wichtigen Zugangsweg zu E-Maildiensten liefern webbasierte Lösungen (Web-Mail), die durch die im vorherigen Abschnitt genannten Webserver unterstützt werden, wobei erneut HTTPS in Kombination mit X.509 Zertifikaten für einen sicheren Zugriff eingesetzt wird. Teilweise wird der Zugriff aufgrund des Austausches sensibler E-Mailnachrichten im Unternehmen zusätzlich durch *Virtual Private Networks* (VPNs) unterstützt, die im Rahmen der Remote Access Services in Abschnitt 6.1.3 näher beschrieben werden.

<small>Web-Mail-Zugriff</small>

Die im Systemkonzept für den E-Maildienst zu berücksichtigenden Anforderungen können kurz charakterisiert werden als:

<small>Fehlertoleranz, Lastverteilung, Performance</small>

- Realisierung von Lastverteilung (Load Balancing) und Ausfallsicherheit bzw. Fehlertoleranz (Fault Tolerance)
- Optimierung der Effizienz und Sicherheit des E-Maildiensts durch Spam-, Viren-, Malware- und Phishing-Filterung etc.

## Load Balancing für den E-Maildienst

**Hochverfügbarer E-Maildienst**

Die in Abbildung 4.6-8 dargestellten Mailserver können die geforderte Ausfallsicherheit und Lastverteilung nicht realisieren und stellen erneut *Single Point of Failure* dar. Um einen hochverfügbaren E-Maildienst durch Fehlertoleranz und Lastverteilung zu erreichen, lassen sich Load-Balancer, analog zum für den Webdienst in Abbildung 4.6-7 gezeigten Beispiel, einsetzen. Diese werden dabei, wie in Abbildung 4.6-9 illustriert, vor Clustern aus mehreren E-Mailservern platziert und können so die Last über diese Server verteilen sowie den Ausfall einzelner Server kompensieren. Wie schon vorher erläutert (s. die Abbildungen 4.6-4c und 7), können hierbei die beiden Load-Balancer ein redundantes, unter zwei VIPs erreichbares System bilden.

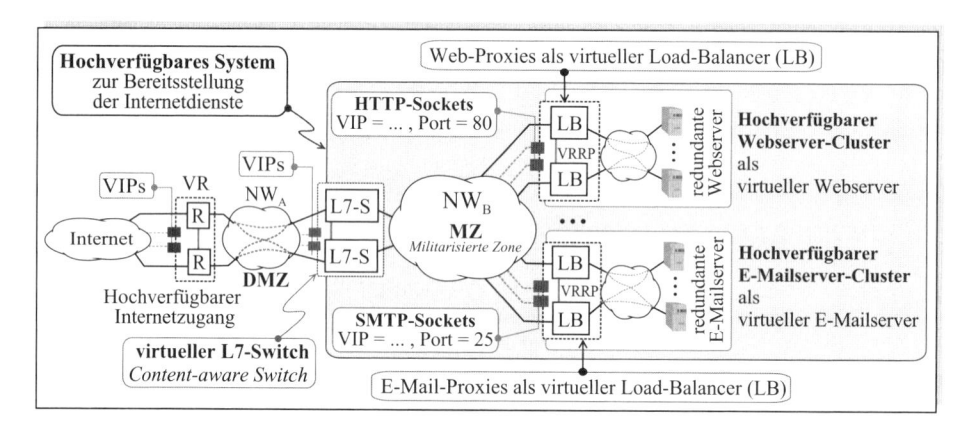

**Abb. 4.6-9:** Hochverfügbares Websystem in einem Netzwerk – Web-Proxy als virtueller Web-Switch und Web-Proxy als virtueller Load-Balancer
L7-S: Layer-7-Switch, MZ: militarisierte Zone, NW: Netzwerk(teil), VIP: virtuelle IP-Adresse, VR: virtueller Router (R)

**E-Mailproxies als Load-Balancer**

Analog zu den Web-Proxies können hierbei E-Mailproxies als virtuelle Load-Balancer vor dem redundanten E-Mailserver Cluster verwendet werden. Diese verteilen z.B. die SMTP Zugriffe auf die einzelnen E-Mailserver oder kompensieren den Ausfall einzelner Server. Sie können auch das E-Mail-Zugriffsverfahren IMAP implementieren, z.B. um die in Abbildung 4.6-8 gezeigten Postfächer auf unterschiedliche E-Mailserver zu verteilen. In der Abbildung 4.6-9 wird dadurch ein hochverfügbarer E-Mailserver-Cluster realisiert. Der hier gezeigte hochverfügbare Webserver-Cluster kann dabei auch die Web-Maildienste für den webbasierten Zugriff auf die E-Mails übernehmen. Wie Abbildung 4.6-9 auch zeigt, werden die E-Mailproxies an ein Netzwerk angeschlossen, welches als militarisierte Zone betrachtet werden kann. Diese Bezeichnung ist insbesondere dann verwendbar, wenn es sich um ein Unternehmensnetz handelt, in dem auch interne Benutzer – z.B. Mitarbeiter – Zugriff auf den E-Mail- und Webdienst haben. In diesem Fall wird dem Unternehmensnetz – wie in Abbbildung 4.3-1 gezeigt – eine DMZ vorangestellt, welche die interne militarisierte Zone vom Internet abschottet, um Zugriffe aus dem Internet durch den Einsatz von Firewalls zu überwachen.

## Universelle Load-Balancer für hochverfügbare Internetdienste

In Abbildung 4.6-9 werden am Übergang zur DMZ sog. Layer-7-Switches verwendet, die ein Load Balancing für unterschiedliche Internetdienste bzw. Anwendungen (auf dem Layer 7) ermöglichen. Layer-7-Switches lassen sich als generische Load-Balancer auffassen, die für beliebige TCP- oder UDP-basierte Internetdienste eine Lastverteilung und Fehlertoleranz erlauben. Da diese Switches direkt auf der Ebene der Anwendungen die übertragenen Daten interpretieren und dies bei der Verteilung der Zugriffe auf die nachgelagerten Server berücksichtigen können, bilden sie analog zum in Abbildung 4.6-7 gezeigten Web-Switch ein content-aware Switching. Der Einsatz solcher Layer-7-Switches spielt insbesondere in größeren Netzwerken eine zentrale Rolle. Häufig werden hierbei auch Lastverteilungs- und Fehlertoleranzfunktionen für andere Internetdienste wie etwa Verzeichnisdienste und Fileserver realisiert. Layer-7-Switches können dabei als Hardware-Appliances oder als Software realisiert werden, die auch in Form von virtuellen Maschinen eingesetzt werden kann. Da sie den übermittelten Content interpretieren können, ermöglichen Sie auch dessen Filterung oder Anpassung inkl. Filterung von SSL/TLS-Verbindungen und deren hardwaregestützte Beschleunigung.

*Bedeutung von Layer-7-Switches*

## Verbesserung des E-Maildiensts durch Filterung und Archivierung

Neben einer redundanten bzw. skalierbaren Auslegung der E-Mailserver, die mit Load-Balancern, wie sie bereits im vorherigen Abschnitt erläutert wurden, realisiert werden kann, wird die Effizienz des E-Maildiensts heute maßgeblich von der Filterung im E-Mailverkehr enthaltener Spam-, Viren-Nachrichten usw. bestimmt. Neben Software-Lösungen, die hierfür auf den Servern installiert werden können, sind auch hierfür Appliance-Lösungen (sowohl hardware- als auch softwarebasiert z.B. als VM) möglich.

*Filterung von Spam, Viren*

Der zunehmende Umfang von E-Mailnachrichten hat in den letzten Jahren spezielle Lösungen für die E-Mail-Archivierung vorangetrieben. Für den E-Maildienst sind daher unter Umständen im Systemkonzept auch unterschiedliche Standorte für die Archivierung und Sicherung von E-Mails in Betracht zu ziehen. Ansätze hierfür beschreibt der nachfolgende Abschnitt.

*E-Mail-Archivierung*

## 4.7 Vorgehensweise bei der Datensicherung

Im folgenden Abschnitt wird ein Überblick über die Integration der Datensicherung in das Systemkonzept von Netzwerkprojekten gegeben. Die Datensicherung stellt z.B. durch die zyklisch auftretenden großen Übertragungsvolumina (vgl. nächtliches Backup) sowie die örtliche Trennung von Sicherheitskopien (Netzwerke über mehrere Standorte) hohe Anforderungen an die Planung und Realisierung von Netzwerkprojekten. Eine detaillierte Darstellung der Datenspeicherung, -sicherung und -archivierung geht jedoch weit über das Ziel dieses Buches hinaus. Eine Beschreibung entsprechender Storage-Konzepte findet man z.B. in [TrEM 07] und [EMCE 12].

*Anforderungen der Datensicherung*

In jedem Netzwerkprojekt muss ein *Konzept(Plan) für Datensicherung* erarbeitet und realisiert werden – s. Abschnitt 4.1. Die Planung und Realisierung sowie eine ständige Kontrolle und Verbesserungen der Datensicherung im Netzwerk führen dazu, dass die Datensicherung – ebenso

*Datensicherung als PDCA-Zyklus*

wie das Netzwerk selbst, s. Abschnitt 1.3.1 – als ein kontinuierlicher Prozess betrachtet werden soll. Folglich gilt der in Abbildung 1.3-1 gezeigte PDCA-Zyklus (*Plan-Do-Check-Act*) eines Netzwerks auch für die Datensicherung. Die einzelnen Phasen im PDCA-Zyklus können dann wie folgt charakterisiert werden:

**Plan** — **Planungsphase:** In dieser Phase wird das Konzept der Datensicherung erstellt; hierbei sind die folgenden Schritte zu unterscheiden:

1. *Ermittlung des Datensicherungsbedarfs*: Zu Beginn der Planung der Datensicherung muss man ermitteln, infolge welcher Bedrohungen (aus welchem Grund) welche relevanten Daten wann verloren gehen können – und folglich auf welche Art und Weise diese Daten gesichert werden müssen. Hierfür sollte man sämtliche Bedrohungsarten analysieren und bestimmen, welche Daten wie geschützt (gesichert) werden sollen. Die Ergebnisse der Ermittlung des Datensicherungsbedarfs kann man in Form einer Matrix – hier wird sie als *Datenbedrohungsmatrix* bezeichnet (vgl. Abbildung 6.3-2) – übersichtlich darstellen.

2. *Spezifikation der Datensicherungspläne*: Anhand der im Schritt 1 erstellten Datenbedrohungsmatrix soll für jedes Sicherungsattribut ein Sicherungsplan festgelegt werden, in dem enthalten ist, welche Daten wann und wie gesichert werden sollen und wer evtl. hierfür zuständig/verantwortlich ist.

3. *Analyse des Systembedarfs*: Wurde der Datensicherungsbedarf ermittelt, dann muss bestimmt werden, welche Systeme (Speichersysteme, Betriebsysteme, Netzwerkkomponenten) zur Datensicherung nötig sind. Die Ergebnisse dieser Analyse sollen vor allem ermöglichen, die Anforderungen an die zur Datensicherung noch benötigten und zu beschaffenden Hardware- und Softwaresysteme zu spezifizieren.

4. *Durchführung von Tests*: Einige der im Schritt 3 erarbeiteten Datensicherungspläne sollen unter den realen Bedingungen getestet werden.

**Do** — **Betriebsphase:** Die erarbeiteten Datensicherungspläne werden in dieser Phase in Betrieb genommen – also in den Netzwerkbetrieb integriert.

**Check** — **Überwachung**: Die Wirksamkeit der Datensicherungspläne soll beim laufenden Netzwerkbetrieb ständig überwacht werden, um feststellen zu können, ob die reale Datensicherung mit der geplanten übereinstimmt. Diese Überwachung soll ermöglichen, die eventuell entstandenen Soll/Ist-Abweichungen – als potenzielle Schwachstellen bei der Datensicherung – zu entdecken und diese zu beseitigen.

**Act** — **Verbesserung**: Die während des Netzwerkbetriebs eventuell erfassten Schwachstellen in der Datensicherung müssen durch Verbesserungen einiger Datensicherungspläne beseitigt werden.

## 4.8 Abschließende Bemerkungen

Dieses Kapitel hat das Ziel gehabt, die wichtigen Grundlagen zur Entwicklung des Systemkonzepts während der Netzwerkprojekte zu vermitteln. Wegen des begrenzten Raums konnten wir nicht auf alle relevanten Aspekte eingehen. Abschließend möchten wir auf Folgendes hinweisen:

## 4.8 Abschließende Bemerkungen

**FC SANs und andere Speichernetzwerke:** Für den Verbund der Speichersysteme untereinander und deren Anbindung an Server ist ein *Speichernetzwerk* nötig. In diesem Kapitel wurden die sog. SANs (*Storage Area Network*) auf Basis von *Fibre Channel* (FC) – also FC SANs – als Speichernetzwerke wegen der folgenden Besonderheit von FC betrachtet: FC garantiert Verlust- und Fehlerfreiheit während einer Datenübermittlung zwischen zwei Endsystemen bereits auf dem Data Link Layer, also auch dem Layer 2, ohne IP oder TCP nutzen zu müssen. FC kann auch die Ende-zu-Ende-Sicherheit (u.a. Abhör- und Manipulationssicherheit) nach demselben Prinzip wie beim IPsec garantieren. Außer FC SAN kommen noch folgende, FC SANs ergänzende Lösungen in Frage:

*FC-Eignung für Speichernetzwerke*

- *FCIP (Fibre Channel over IP)* – im RFC 3821 spezifiziert – ermöglicht es, die FC-Frames (also Frames aus dem Layer 2) mithilfe des Transportprotokolls TCP zu übermitteln – also quasi einen FC-Tunnel über eine TCP-Verbindung aufzubauen. Somit eignet sich FCIP zur Kopplung von zwei kleinen SAN-Inseln über eine TCP-Verbindung. Wegen FCoE hat FCIP keine große praktische Relevanz.

  *FC over TCP*

- *iSCSI (internet SCSI, internet Small Computer System Interface)* – im RFC 3720 spezifiziert – ermöglicht die Übermittlung der SCSI-Daten mithilfe des Transportprotokolls TCP. Folglich ist iSCSI als *SCSI über TCP* anzusehen.

  *SCSI over TCP*

- *DAS (Direkt Attached Storage)* – auch SAS (*Server Attached Storage*) genannt – ermöglicht es, Festplatten bzw. andere Speichermedien, die sich in einem separaten Gehäuse befinden, an Server typischerweise über die SCSI-Schnittstelle anzuschließen. DAS stellt daher eine Erweiterung der Speicherkapazität für Server dar. Im Vergleich zu FC SANs, die skalierbare, hochverfügbare Strukturen der Speichernetzwerke ermöglichen, sind DAS-Systeme schwer skalierbar und in der Reichweite durch die Länge von (SCSI-)Kabel begrenzt.

  *DAS als Erweiterung der Speicherkapazität von Server*

**Neue Entwicklungen im Bereich von FC SANs:** Auf die folgenden, für Netzwerkprojekte relevanten Entwicklungen von FC SANs möchten wir verweisen – s. auch [Schu 13], [Web Bada]:

- *Bildung von VSANs (Virtual SANs):* Ein VSAN repräsentiert eine geschlossene Gruppe von Servern und Speichersystemen – quasi eine logische Insel – in einem physikalischen SAN und kann eingerichtet werden, um Aufbewahrung und Verwaltung von Daten einer organisatorischen Einheit (z.B. einer Abteilung) bzw. einer Klasse von Anwendungen (z.B. Datenbanken, Webanwendungen) von anderen Daten im SAN zu „isolieren". Um die Übermittlung von Daten zwischen VSAN zu ermöglichen, wurde das *Fibre Channel Inter-fabric Routing* (FC-IFR) entwickelt.

  *VSAN als logische Insel in einem SAN*

- *Distributed FC Switch (DFCS):* Dieses Konzept könnte man weitgehend mit dem in Abschnitt 9.3 präsentierten Konzept PBE (*Bridge Port Extension*) vergleichen. Die Idee von DFCS führt zum Einsatz eines zentralen FC-Switches, an dessen physikalische Ports die Port-Extender angeschlossen werden können. Der zentrale FC-Switch wird als Controlling Switch bezeichnet und entspricht der Funktion nach der Controlling Bridge bei BPE.

  *DFCS vergleichbar mit BPE im LAN*

- *Fibre Channel over Ethernet (FCoE):* das Konzept von FCoE beschreibt, wie ein FC SAN als logisches Overlay-Netzwerk in Gigabit-Ethernets – ab 10GE – realisiert werden kann. Bei FCoE konvergieren Ethernet-LANs mit FC SANs auf eine solche Art und Weise, dass eine einheitliche, Ethernet-basierte Netzwerkinfrastruktur entsteht. FCoE führt somit zur *LAN-*

  *FC über Ethernet*

*und SAN-Konvergenz*. FCoE setzt aber die Unterstützung von DCB (*Data Center Bridging*) in Gigabit-Ethernets voraus.

**Distributed FCF vergleichbar mit BPE im LAN**

- *Distributed FCF (FCoE Forwarder):* Die Idee des Distributed FCF beruht darauf, die Switching-Funktion bei FCoE zu zentralisieren, sie in einem zentralen – als *Controlling FCoE Forwarder* (C-FCF) bezeichneten – FCoE-Switch zu erbringen und als Extender von Ports des zentralen C-FCF hauptsächlich vereinfachte FCoE-Switches, die sog. *FCoE Data-Plane Forwarders*, zu verwenden. Das Konzept des Distributed FCF ist somit mit den Konzepten *Distributed FC Switch* und *BPE* vergleichbar.

**LISP – zukünftige Bedeutung:** Als LISP (*Locator/ID Separation Protocol*) bezeichnete, revolutionäre Idee ermöglicht es, eine neue, flexible IP-Adressierung, eine neue Internet Routing Architektur und eine enorme Verbesserung der Funktionalität des Internet zu verwirklichen – s. LISP in [Schu 13] oder in [Web Bada]. LISP beschreibt nicht nur eine neue Art der Adressierung von Rechnern bei der Nutzung von IPv4 und IPv6, sondern legt auch fest, wie man eine Koexistenz der Protokolle IPv4 und IPv6 ermöglichen kann und wie die Übermittlung von IP-Paketen über einen aus IPv4- und IPv6-Netzen bestehenden Netzverbund erfolgen soll. Die folgenden, zukünftigen Möglichkeiten dank LISP sind hervorzuheben:

- *Integration der Netzwerke mit IPv4 und IPv6*: Mithilfe der IP-in-IP Encapsulation entsteht beim LISP-Einsatz die neue Möglichkeit, verschiedene Netze mit IPv4 und IPv6 miteinander fast uneingeschränkt zu integrieren.

- *Backup und Recovery in Datacentern*: Die Tatsache, dass sich die IP-Adressräume verschiedener, am Internet angeschlossener Netzwerke – als sog. *LISP-Sites* – überlappen können, ermöglicht nicht nur das Verschieben einzelner Virtueller Machines (VMs) von einer LISP-Site zu einer anderen, ohne ihre IP-Adressen ändern zu müssen, sondern auch das Verschieben ganzer virtueller Netzwerke. Das sind vollkommen neue Perspektiven bezüglich Backup und Recovery in verteilten Datacentern.

**Virtualized Multiservice Data Center**

**Referenzarchitekturen, Richtlinien**: Für das Design der Datacenter- und Unternehmensnetzwerke inkl. physikalischer Netzwerkstruktur und IP-Kommunikationssystem gibt es Vorschläge für Referenzarchitekturen wie z.B. den *Virtualized Multiservice Data Center* (VMDC) 3.0 Guide von Cisco, der unter http://www.cisco.com/en/US/solutions/ns340/ns414/ns742/ns741/networking_solutions_products_genericcontent0900aecd80601e22.html zusammen mit weiteren Design Guides bezogen werden kann. Ebenfalls liefern die Unterlagen des Münchner Wissenschaftsnetzes weiterführende Hilfestellungen zur Unterstützung von Netzwerkprojekten; siehe http://www.lrz.de/services/netz/Vorgaben_fuer_Datennetzinstallationen.pdf und http://www.lrz.de/services/netz/verkabelung/richtlinien.pdf

**Standardisierungsgremien**: Um ein nachhaltiges Systemkonzept mit langer Lebensdauer realisieren zu können, sollten alle eingesetzten Techniken und Verfahren die etablierten Standards berücksichtigen. Hierzu gehören insbesondere die Internetstandards der IETF – s. [Web RFCs] und [Web InDok] – sowie die 802 Standards der IEEE für Ethernet – s. [Web IEEE]. Weitere wichtige Standardisierungsgremien, deren Vorgaben bevorzugt berücksichtigt werden sollten sind ITU, ETSI und EIA/TIA – s. hierzu bspw. [Web Grem].

# 5 Netzwerkdokumentation – Struktur und Bestandteile

Mit dem ständig wachsenden Spektrum der Netzwerkdienste und der folglich wachsenden Komplexität sind Unternehmen immer stärker von ihren Netzwerken abhängig. Deswegen ist eine gut strukturierte, übersichtliche und präzise Dokumentation des Netzwerks von großer Bedeutung, um dessen effizienten und sicheren Betrieb garantieren zu können. Die Arbeiten an der Netzwerkdokumentation sollten bereits in der Planungsphase beginnen und im Rahmen der Netzwerkinstallation und -inbetriebnahme fortgesetzt und beendet werden. Da ein unternehmensweites Netzwerk ein sehr komplexes Gebilde ist, sollte dessen Dokumentation auch in einer rechnergestützten Form erstellt werden – hierfür werden zahlreiche Software-Tools angeboten.

*Bedeutung der Netzwerkdokumentation*

Die Knotenpunkte in Netzwerken stellen mehrere, als Schränke installierte Verteiler mit Patchpanels dar, in denen verschiedene Arten von Switches untergebracht werden. Die Server werden ebenso in speziellen, oft als *Server-Racks* bezeichneten Schränken untergebracht. Die Netzwerkdokumentation sollte insbesondere Informationen darüber liefern, wie die Datenpfade zwischen Client-Rechnern und Servern über das Netzwerk verlaufen – genauer gesagt, über welche Switches und über welche Verteiler. Damit man diese und weitere Informationen übersichtlich darstellen kann, sind vereinfachte, speziell für Dokumentationszwecke angepasste Netzwerkmodelle nötig. Entsprechende Modelle werden in diesem Kapitel eingeführt.

*Netzwerkmodelle aus Sicht der Dokumentation*

Dieses Kapitel geht auf wichtige Aspekte der Netzwerkdokumentation ein. Abschnitt 5.1 präsentiert die Anforderungen an die Netzwerkdokumentation sowie die Struktur der Dokumentation und ein darauf ausgerichtetes Netzwerkmodell. Die Dokumentation der physikalischen Netzstruktur wird in Abschnitt 5.2 erläutert. Abschnitt 5.3 geht auf die Dokumentation der logischen Struktur ein. In Abschnitt 5.4 werden weitere zu dokumentierende Aspekte von Netzwerkprojekten wie z.B. die Sprachkommunikation, der Internetzugang und angrenzende Themen wie die Datensicherung kurz erläutert. Abschnitt 5.5 rundet das Kapitel mit abschließenden Bemerkungen ab.

*Überblick über das Kapitel*

In diesem Kapitel werden u.a. folgende Fragen beantwortet:

*Ziel dieses Kapitels*

- Welche Anforderungen werden an die Netzwerkdokumentation gestellt?
- Welche Struktur und Inhalte sollte die Netzwerkdokumentation umfassen?
- Welche vereinfachten Netzwerkmodelle liegen der Dokumentation zugrunde?
- Wie kann die physikalische Netzwerkstruktur übersichtlich und präzise dokumentiert werden?
- In welcher Form kann die logische Netzwerkstrukturierung dokumentiert werden?
- In welcher Form können Netzwerkfunktionen und -dienste dokumentiert werden?

## 5.1 Grundlegendes zur Netzwerkdokumentation

Nachdem die wichtigsten Aspekte der Netzwerkdokumentation bereits in Abschnitt 1.5 dargestellt wurden, möchten wir hier zuerst auf wesentliche, an die Netzwerkdokumentation gestellte Anforderungen eingehen und dann die allgemeine Struktur der Netzwerkdokumentation sowie deren Bestandteile erläutern. Um die Netzwerkdokumentation vollständig, übersichtlich und auf die physikalische Netzwerkstruktur bezogen zu erstellen, sind vereinfachte, speziell für Zwecke der Netzwerkdokumentation angepasste Netzwerkmodelle nötig; diese werden hier auch kurz vorgestellt.

### 5.1.1 Anforderungen an die Netzwerkdokumentation

An die Netzwerkdokumentation werden verschiedene Anforderungen gestellt; Abbildung 5.1-1 zeigt eine Auflistung.

```
                          ┌── Vollständigkeit und Übersichtlichkeit
                          ├── Aktualität: leichtes Erfassen und Verwalten von Veränderungen
   Anforderungen          ├── Bezug zur physikalischen und logischen Netzwerkstruktur
       an die            ─┤
 Netzwerkdokumentation    ├── Unterstützung der Netzwerkadministration
                          ├── Hilfeleistung bei der Fehlersuche im Störungsfall
                          └── geringer Pflegeaufwand
```

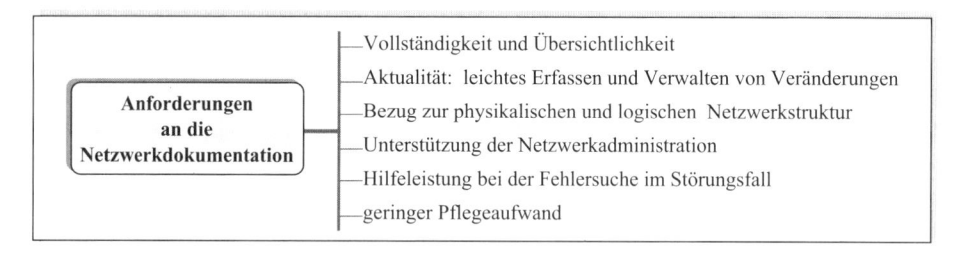

**Abb. 5.1-1:** Wichtige Anforderungen an die Netzwerkdokumentation

Die hier aufgelisteten, einzelnen Anforderungen an die Netzwerkdokumentation lassen sich kurz wie folgt charakterisieren:

- *Vollständigkeit und Übersichtlichkeit*: Es ist selbstverständlich, dass die Netzwerkdokumentation vollständig und übersichtlich sein soll. Die Merkmale „Vollständigkeit und Übersichtlichkeit" bestimmen daher ihre Nutzbarkeit/Qualität.

- *Aktualität*: Jede Netzwerkdokumentation erfüllt ihre Funktion nur dann, wenn sie den realen und *aktuellen* Zustand im Netzwerk wiedergibt. Die Netzwerkdokumentation muss folglich so konzipiert werden, dass es in allen Netzwerkbereichen möglich ist, alle relevanten Veränderungen im Netzwerk zeitnah zu erfassen.

- *Bezug zur physikalischen und logischen Netzwerkstruktur*: Netzwerke werden immer komplexer, wodurch die Fehlersuche zeitaufwendiger ist. Die Netzwerkdokumentation kann nur dann eine „gute" Hilfe leisten, wenn sie einen entsprechenden – quasi direkten – Bezug zur physikalischen und logischen Netzwerkstruktur hat.

- *Unterstützung der Netzwerkadministration*: Die Netzwerkdokumentation sollte so gestaltet werden, dass sie als Grundlage zur Netzwerkadministration dienen kann.

- *Hilfeleistung bei der Fehlersuche*: Die Netzwerkdokumentation sollte es ermöglichen, fehlerhafte Stellen (Verkabelungsabschnitte, Netzwerkkomponenten etc.) im Netzwerk schnell zu identifizieren und zu lokalisieren. Sie bildet eine essenzielle Hilfeleistung beim Netzwerkbetrieb sowie in Fehlersituationen und Notfällen.
- *Geringer Pflegeaufwand*: Die Netzwerkdokumentation sollte so strukturiert werden, dass alle Veränderungen im Netzwerk „leicht" darin übernommen werden können. Sie sollte also „pflegeleicht" sein. Soweit möglich sollten manuelle Schritte für die Aktualisierung teilautomatisiert werden, um den Pflegeaufwand zu minimieren.

Zusammenfassend sollte jede Netzwerkdokumentation hinsichtlich ihrer Vollständigkeit, Übersichtlichkeit und Aktualität „optimiert" werden. Sie sollte präzise sein und sich pflegen lassen. Nur dann bildet sie eine nachhaltige Hilfestellung.

### 5.1.2 Struktur der Netzwerkdokumentation

Die Merkmale *Vollständigkeit und Übersichtlichkeit* der Netzwerkdokumentation werden insbesondere durch deren Struktur sehr stark beeinflusst. Abbildung 5.1-2 zeigt eine Struktur der Netzwerkdokumentation, die diese Merkmale garantieren soll. Hier wurde auch zum Ausdruck gebracht, dass die Erstellung einer Netzwerkdokumentation in mehreren, voneinander abhängigen und geordneten Schritten erfolgen kann/soll.

| Schritt | Inhalt |
|---|---|
| Netzwerktopologieplan | Dokumentation der Netzwerktopologie<br>Aufzeichnung von Kabelverlegungsstrecken |
| Dokumentation der Verkabelung | Dokumentation von Installationstrecken<br>Unterstützung des Kabelmanagements |
| Dokumentation der **physikalischen** Netzwerkstruktur | Dokumentation von aktiven Netzwerkkomponenten<br>Dokumentation der Vernetzung von Netzwerkkomponenten<br>Dokumentation von Endeinrichtungen (Arbeitsplatzrechner, Server, ...) |
| Dokumentation der **logischen** Netzwerkstruktur | Dokumentation von VLANs; von IP-Subnetzen<br>Dokumentation des IP-Adressierungsplans |
| Dokumentation der Sprachkommunikation | Dokumentation des VoIP-Systems<br>Dokumentation des VoIP-Adressierungsplans |
| Dokumentation des Internetzugangs und der Internetdienste | Dokumentation der Internetanbindung<br>Dokumentation von Sicherheitsmaßnahmen und der DMZ<br>Dokumentation der Web- und E-Maildienste |
| Installations- und Konfigurationspläne | Installationspläne von wichtigen Netzwerkkomponenten<br>Dokumentation von Konfigurationsparametern |
| Notfall- und Datensicherungsplan | Spezifikation des Datensicherungsplans<br>Spezifikation des Notfallplans<br>Plan für die Notfallwiederherstellung |
| Netzwerksoftware und Berechtigungen | Dokumentation von Software-Lizenzen<br>Spezifikation der Benutzerprofile und -rechte |
| Dokumentation von Sicherheitsmaßnahmen | Katalog von technischen Sicherheitsmaßnahmen<br>Katalog von organisatorischen Sicherheitsmaßnahmen |

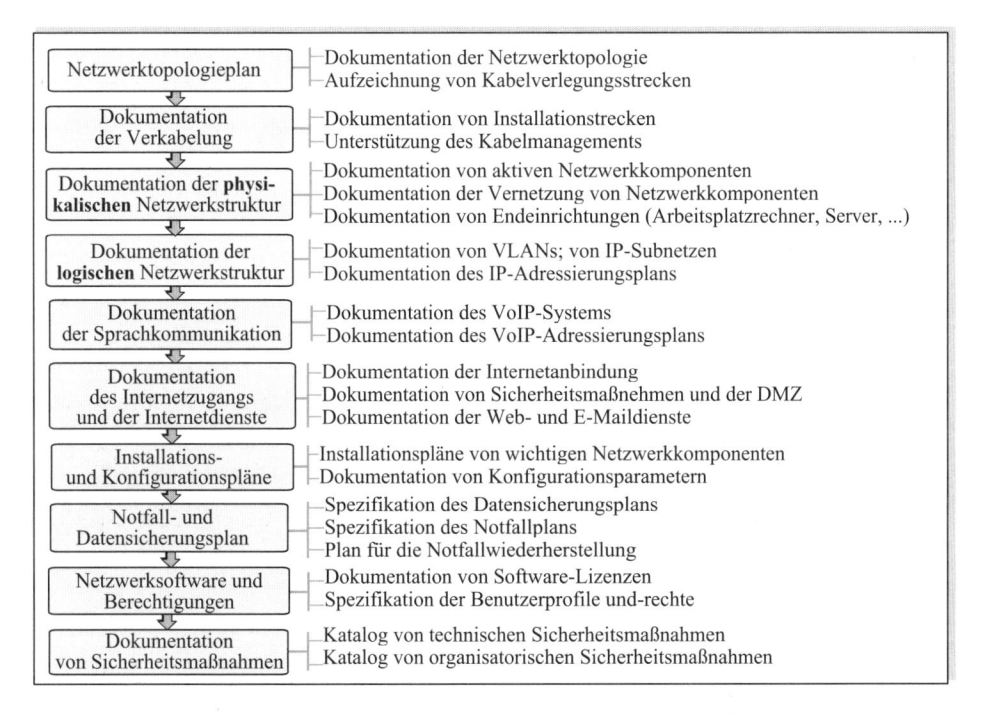

**Abb. 5.1-2:** Netzwerkdokumentation – deren allgemeine Struktur und Bestandteile
Doku: Dokumentation, DMZ: Demilitarisierte Zone

Die einzelnen Schritte bei der Erstellung einer Netzwerkdokumentation führen zur Spezifikation folgender Bestandteile:

**Netzwerktopologieplan**
Die Netzwerkdokumentation sollte zu Beginn einen *Netzwerktopologieplan* enthalten. Dieser zeigt eine grafische Darstellung der eingesetzten Netzwerkkomponenten und deren Verkabelung. Er sollte u.a. grafisch zeigen, wie die Kabelstrecken und zugehörige Trassen verlaufen. Der Netzwerktopologieplan sollte immer aktuell gehalten werden. Nur ein aktueller Netzwerktopologieplan kann während der Ist-Analyse beim Netzwerk-Redesign sinnvoll verwendet werden.

**Dokumentation der Verkabelung**
Der Aufbau eines Netzwerks beginnt mit der Verlegung einer anwendungsneutralen Verkabelung, die als *passive Infrastruktur des Netzwerks* angesehen wird. Somit sollten die Eigenschaften der Verkabelung nach der Erstellung des Netzwerktopologieplans erfasst werden. Einige Aspekte, die bei der Dokumentation der Verkabelung besonders zu beachten sind, werden in Abschnitt 5.2.1 kurz erläutert. Die Dokumentation der Verkabelung sollte u.a. als Grundlage für das *Kabelmanagement*[1] dienen. Häufig ist eine enge Verzahnung mit Plänen des Gebäude- bzw. Facility-Managements erforderlich.

**Dokumentation der physikalischen Netzwerkstruktur**
Wurde die Verkabelung verlegt, gemessen und dokumentiert, kann man mit der Dokumentation der Vernetzung der aktiven Netzwerkkomponenten beginnen – hierbei insbesondere von Access, Distribution/Aggregation und Core Switches. Diese stellt die Dokumentation der physikalischen Netzwerkstruktur dar und sollte u.a. enthalten:

- *Dokumentation von aktiven Netzwerkkomponenten*: Diese beinhaltet eine Auflistung von allen aktiven Netzwerkkomponenten mit der Angabe ihrer Leistungsmerkmale dar.

- *Dokumentation der Vernetzung von aktiven Netzwerkkomponenten*: Hierzu gehört u.a.: die grafische Darstellung, wie die einzelnen aktiven Netzwerkkomponenten eingesetzt und untereinander vernetzt werden und die Spezifikation, wie jede aktive Netzwerkkomponente im Verteiler angeschlossen ist. Es handelt sich hierbei um die Auflistung: welche Switch-Ports mit welchen Anschlussdosen welches Patchpanels verbunden sind – s. hierzu Abb. 5.1-4.

- *Dokumentation von Endeinrichtungen*: Netzwerkrelevante Eigenschaften der Endeinrichtungen – Server und PCs bzw. Workstations als *Client-Rechner* – sollten anhand ihrer Leistungsmerkmale entsprechend dokumentiert werden. Es bietet sich an die Dokumentation von Client-Rechnern und Servern getrennt zu realisieren. Zur Dokumentation einer Endeinrichtung gehören u.a. folgende Angaben: Name der Endeinrichtung (Servername, Client-Rechnername), Hardware-Konfiguration, Auflistung der installierten Software (Betriebssystem, Applikationen) und die Angabe sowohl der MAC- als auch der IP-Adresse (falls fest zugeordnet).

---

[1] Unter *Kabelmanagement* versteht man die Überwachung und Instandhaltung der passiven Infrastruktur des Netzwerks; dazu gehört: eine grafische Aufzeichnung der Führung von Kabelstrecken und deren Dokumentation, Verwaltung von physikalischen/messtechnischen Daten über verlegte Kabel, Verwaltung der Belegung von Patchpanels etc.

Ein Netzwerk mit dem Internetprotokoll IP stellt ein *IP-Netzwerk* dar, das sich in der Regel aus einer Vielzahl von z.B. als VLANs eingerichteten *IP-Subnetzen* zusammensetzt. Die Art und Weise der Aufteilung des gesamten IP-Netzwerks auf die einzelnen VLANs und IP-Subnetze stellt seine *logische Struktur* dar, die entsprechend zu dokumentieren ist. Die Dokumentation der logischen Netzwerkstruktur sollte u.a. enthalten:

*Dokumentation der logischen Netzwerkstruktur*

- *Dokumentation von VLANs*: Hierzu gehört u.a. die Auflistung von VLANs und der ihnen entsprechenden IP-Subnetze mit der Angabe von Subnetzmasken und IP-Adressen wie auch die grafische Darstellung der Vernetzung von VLANs, d.h., welche VLANs mit welchen verbunden sind und wie hierfür L3-Switches im Distribution-/Aggregation- oder Core-Bereich sowie Router eingesetzt werden.

- *Dokumentation des IP-Adressierungsplans*: Die logische Strukturierung des Netzwerks hat Auswirkungen auf den sog. *IP-Adressierungsplan*, der eine Auflistung der belegten IP-Adressen, deren Aufteilung auf einzelne IP-Subnetze und die Zuordnung zu den einzelnen Endeinrichtungen darstellt.

Wird die Sprachkommunikation als VoIP realisiert, dann ist deren Dokumentation als Bestandteil der Netzwerkdokumentation zu betrachten und sollte u.a. enthalten:

*Dokumentation der Sprachkommunikation*

- *Dokumentation des VoIP-Systems*: Hierbei handelt es sich insbesondere um die Spezifikation der Struktur des VoIP-Systems. Außerdem sind die für das VoIP-System installierten Hardware- und Software-Komponenten entsprechend zu dokumentieren; hierbei sind VoIP-Server und -Gateways zu berücksichtigen.

- *Dokumentation des VoIP-Adressierungsplans*: Es handelt sich hier um die Festlegung des Rufnummernplans bei der Nutzung von VoIP. Dieses Konzept kann davon abhängig sein, ob es sich um eine standortübergreifende VoIP-Systemlösung handelt oder nicht.

Die am Internetzugang eingesetzten Systemkomponenten bilden gewissermaßen einen „geschlossenen" Teil des Netzwerks. Deswegen ist es vorteilhaft, diesen funktionellen Netzwerkteil getrennt zu dokumentieren. Zu seiner Dokumentation gehört u.a.:

*Dokumentation des Internetzugangs und der Internetdienste*

- *Dokumentation der DMZ*: Hierzu gehört die grafische Aufzeichnung der DMZ- und Firewall-Struktur, die Spezifikation von zur DMZ gehörenden Servern (z.B. DNS-, Web-, E-Mailserver) und die Dokumentation von am Internetzugang eingesetzten technischen Sicherheitsmaßnahmen (z.B. Firewall, Intrusion Prevention Systeme).

- *Dokumentation der Web- und E-Maildienste*: Die Art und Weise der Nutzung der Web- und E-Maildienste sollte eindeutig und präzise spezifiziert sowie in der Netzwerkdokumentation als deren Bestandteil verankert werden.

Um einerseits Störungen während des Netzwerkbetriebs frühzeitig lokalisieren und folglich Netzwerkbetriebsausfälle möglichst vermeiden zu können, sowie andererseits, den Netzwerkbetrieb insbesondere nach einem Notfall (z.B. Brandfall) wiederherstellen zu können, sollte ein „Abbild des Netzwerks" in seiner Dokumentation enthalten sein. Neben dem Netzwerktopologieplan sollten daher folgende Bestandteile aufgeführt sein:

*Installations- und Konfigurationspläne*

- *Installationspläne*: Diese sollten die Installation von wichtigen Netzwerkkomponenten dokumentieren und übersichtlich beschreiben. Dies umfasst insbesondere die Bereiche Distribution, Aggregation und Core.

- *Konfigurationspläne*: Diese sollten die Konfigurationsparameter von wichtigen Netzwerkkomponenten spezifizieren.

Die Installations- und Konfigurationspläne eines Netzwerks können auch als Bestandteil vom sog. *Notfallhandbuch* dienen. Hierauf gehen wir im Folgenden nur kurz ein; für Näheres siehe hierzu Abschnitt 8.6.3.

**Notfall- und Datensicherungsplan**

Es ist empfehlenswert, in der Netzwerkdokumentation auch Vorgaben zu spezifizieren, die festlegen, wie in verschiedenen Notfällen schnell gehandelt werden soll. Hierzu gehören die folgenden zwei Bestandteile:

- *Notfallplan*: Jede Netzwerkdokumentation muss einen *Notfallplan* (*Katastrophenplan*) beinhalten, der detailliert festlegt, welche Maßnahmen in einem eventuellen Notfall zu treffen sind, um keine großen Datenverluste und Ausfallzeiten des Netzwerkbetriebs zuzulassen. Im Notfallplan sollte ein *Plan für die Notfallwiederherstellung* – auch als *Disaster Recovery Plan* bezeichnet – enthalten sein, der Maßnahmen spezifiziert, die nach einem Notfall ergriffen werden müssen, damit der Netzwerkbetrieb möglichst schnell wiederhergestellt werden kann.

- *Datensicherungsplan*: Die Netzwerkdokumentation sollte einen Datensicherungsplan für verschiedene Notfälle enthalten, der u.a. auflistet, wie und wo Online- und Offline-Backups von Servern durchgeführt werden. In diesem Plan wird einerseits festgelegt, auf welchen Speichersystemen im SAN die Daten von einzelnen Servern gesichert werden sollen – d.h., auf welchen Speichersystemen die einzelnen Server gesichert werden. Andererseits muss der Datensicherungsplan festlegen, auf welche Art und Weise die Archivierung von Daten durchgeführt werden soll.

**Dokumentation der Software und deren Nutzung**

Sofern im Unternehmen keine Lösung für ein System- oder Servicemanagement existiert, sollte eine separate Liste der aktuell im Netzwerk eingesetzten Software (Betriebssysteme und Anwendungen) mit Angaben zu deren relevanten Besonderheiten (wie etwa die Version der eingesetzten Software) geführt werden. Dazu gehört auch:

- *Dokumentation von Software-Lizenzen*: Eine Liste der aktuell verwendeten und vorhandenen Software-Lizenzen. Diese sollte so geführt werden, dass man immer in der Lage ist, eine Analyse der bestehenden Lizenzverträge durchzuführen, um ein bedarfsgerechtes Konzept für die Softwarelizenzierung zu erstellen.

- *Spezifikation der Benutzerprofile und -rechte*: Ein wichtiger Bestandteil der Netzwerkdokumentation ist die Auflistung aller Benutzer mit der Angabe ihrer Identifikationsmerkmale (wie z.B. Benutzernamen) und Rechte (wozu die Benutzer berechtigt sind). Häufig wird dies in Form von zentralen Verzeichnisdiensten oder Lösungen für ein Identitätsmanagement umgesetzt. Für das Netzwerk sind insb. relevant: Auflistung aller Benutzer und deren Zugangsberechtigungen (Freigaben etc.) und Checkliste der Netzwerkrestriktionen (Passwortlänge, -komplexität usw.).

## 5.1 Grundlegendes zur Netzwerkdokumentation

Um die Netzwerksicherheit zu garantieren, müssen zahlreiche technische und organisatorische Maßnahmen ergriffen werden. Diese Maßnahmen können in Form von zwei getrennten Katalogen verfasst werden. Dies ist zum einen der „Katalog von technischen Sicherheitsmaßnahmen" und zum anderen der „Katalog von organisatorischen Sicherheitsmaßnahmen", in dem auch Benutzerzugangsrechte festgelegt werden.

*Dokumentation von Sicherheitsmaßnahmen*

Die einzelnen Bestandteile der Netzwerkdokumentation können in einer rechnergestützten Form visualisiert werden. In Abbildung 1.5-3 wurde bereits gezeigt, wie die einzelnen Bestandteile der Netzwerkdokumentation Administratoren „online" zugänglich gemacht werden können.

### 5.1.3 Netzwerkmodell hinsichtlich der Dokumentation

Um die Grundlage für eine vollständige und präzise Dokumentation großer Netzwerke zu liefern, ist ein speziell hierfür vereinfachtes Netzwerkmodell sehr hilfreich. Abbildung 5.1-3 zeigt ein solches Netzwerkmodell.[2]

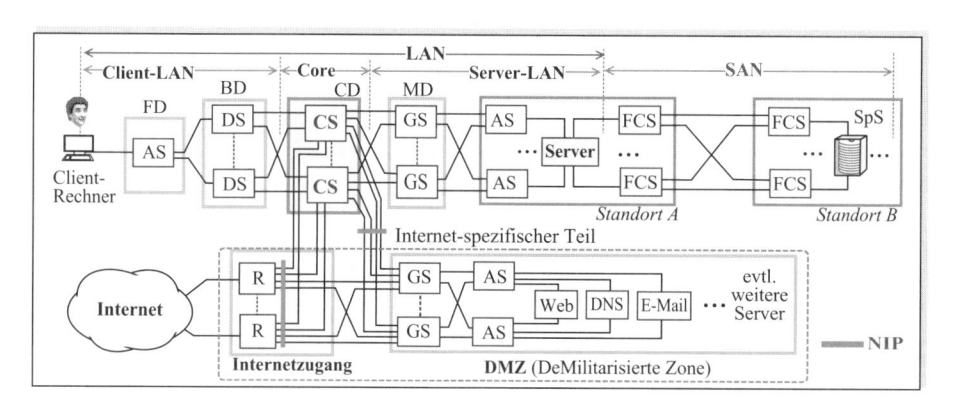

**Abb. 5.1-3:** Netzwerkmodell hinsichtlich der Dokumentation – allgemeine Netzwerkstruktur
A/D/C/G: Access/Distribution/Core/Aggregation Switch, FCS: Fibre Channel Switch,
F/B/C/M: Floor/Building/Campus/Main Distributor, NIP: Network Intrusion Prevention,
R: Router, SpS: Speichersystem

Hier wurde zum Ausdruck gebracht, dass jedes als LAN bezeichnete Netzwerk hauptsächlich mit dem Ziel eingerichtet wird, die sog. *Client-Server-Kommunikation* zu unterstützen und die Nutzung der Internetdienste zu ermöglichen. Deswegen wird im Folgenden angenommen, was Abbildung 5.1-3 bereits zum Ausdruck bringt, dass ein auf mehrere Gebäude verteiltes Netzwerk die folgenden funktionellen Teile umfasst:

*Funktionelle Teile eines Netzwerks*

- die in einzelnen Gebäuden installierten *Client-LANs*; diese ermöglichen den Benutzern – d.h. deren Clients – den Zugang sowohl zu den im Datacenter installierten Servern als auch zum Internet;

---

[2] Es sei angemerkt, dass hier ein SAN auf Basis der FC-Technik gezeigt wird, in dem nur herkömmliche FC-Switches und keine Distributed FC-Switches enthalten sind.

## 5 Netzwerkdokumentation – Struktur und Bestandteile

- ein *Server-LAN*; über diesen Netzwerkteil werden die im Datacenter untergebrachten Server an den Core-Netzwerkbereich angebunden;
- ein *SAN*; dieses stellt ein Fibre-Channel-basiertes Netzwerk mit Speichersystemen zur Speicherung von Daten dar.[3] Dies kann auch mit Speichersystemen für Backup und Archivierung allgemein zum Storage-Bereich zusammengefasst werden;
- einen Internet-spezifischen Teil, über den der Zugang zum Internet erfolgt und zu dem auch die DMZ gehört.

**Modell der Client-Server-Kommunikation**

Die Knotenpunkte im Netzwerk stellen mehrere, in Form von Schränken installierte *Verteiler* mit *Patchpanels* dar, in denen verschiedene Arten von Switches als aktive Netzwerkkomponenten – in der Regel unter Verschluss – platziert werden. Die Server werden ebenso in speziellen, oft als *Server-Racks* bezeichneten Serverschränken untergebracht. Unter Berücksichtigung des in Abbildung 5.1-3 dargestellten Netzwerkmodells illustriert Abbildung 5.1-4, wie die Datenpfade zwischen den Benutzer-Rechnern, den sog. *Client-Rechnern*, und den Servern über das Netzwerk verlaufen – genauer gesagt, über welche Switches und über welche Verteiler. Diese Datenpfade könnte man somit als Modell für den Verlauf der Client-Server-Kommunikation im Hinblick auf die Netzwerkdokumentation betrachten.

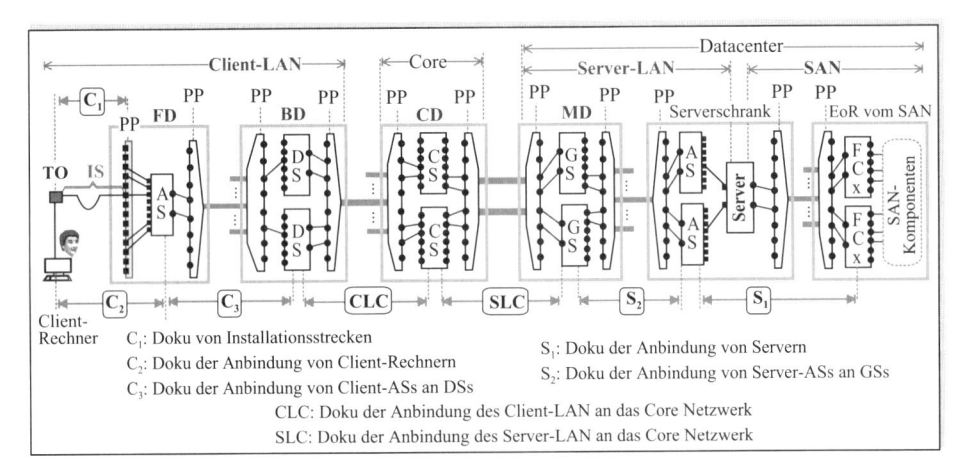

**Abb. 5.1-4:** Netzwerkmodell hinsichtlich der Dokumentation – Client-Server-Kommunikation
FC x: Fibre Channel Switch (FCS) oder Fibre Channel Data Forwarder (FCDF), IS: Installationsstrecke (Permanent Link), PP: Patchpanel, TO: Telecommunication Outlet (Netzwerksteckdose), weitere Abkürzungen wie in Abbildung 5.1-3

Wie hier ersichtlich ist, werden die Client-Rechner über Netzwerksteckdosen[4] – oft über TP-Leitungen (*Twisted Pair*) – an Ports auf den in Etagenverteilern untergebrach-

---

[3] Neben Fibre-Channel-SANs können auch IP- und Ethernet-basierte SAN-Lösungen (vgl. iSCSI und FCoE) realisiert werden.
[4] Eine *Netzwerksteckdose* – auch *Netzwerkdose* genannt, international kurz als TO (*Telecommunication Outlet*) bezeichnet – trägt in der deutschen Norm für die Verkabelung die Bezeichnung TA (*Telekommunikations-Anschluss*).

ten Patchpanels[5] angebunden. Um Client-Rechner an Access Switches anzuschließen, werden dann Ports von Patchpanels mit Ports von Access Switches verbunden. Die zentralen, im Datacenter installierten Server werden einerseits an die im Serverschrank untergebrachten, zum Server-LAN gehörenden Access Switches angebunden. Um andererseits die Datenübermittlung zwischen Servern und Speichersystemen zu ermöglichen, werden die Server mit Ports auf den im Serverschrank untergebrachten, zum Storage-Bereich mit Fibre-Channel-Switches führenden Patchpanels verbunden.

Es ist hervorzuheben, dass es sich in Abbildung 5.1-4 um eine baumartige Struktur handelt, in der mehrere Etagenverteiler (FD) an einen Gebäudeverteiler (BD), mehrere Gebäudeverteiler – also mehrere in den einzelnen Gebäuden installierte Client-LANs – an das Core-Netzwerk, mehrere Serverschränke im Datacenter an den Hauptverteiler (MD) einerseits und andererseits an den EoR-Switch vom SAN angebunden sein können. Zusätzlich wurde hier zum Ausdruck gebracht, dass die Verkabelung für die Verbindung des Datacenters mit dem Core-Netzwerk redundant verlegt werden sollte.

*Baumartige Struktur der Vernetzung von FDs, BDs und CD*

Abbildung 5.1-5 zeigt eine Ausführung des in Abbildung 5.1-4 dargestellten Netzwerkmodells, die den Verlauf von Datenpfaden bei der Client-Server-Kommunikation näher veranschaulichen soll.

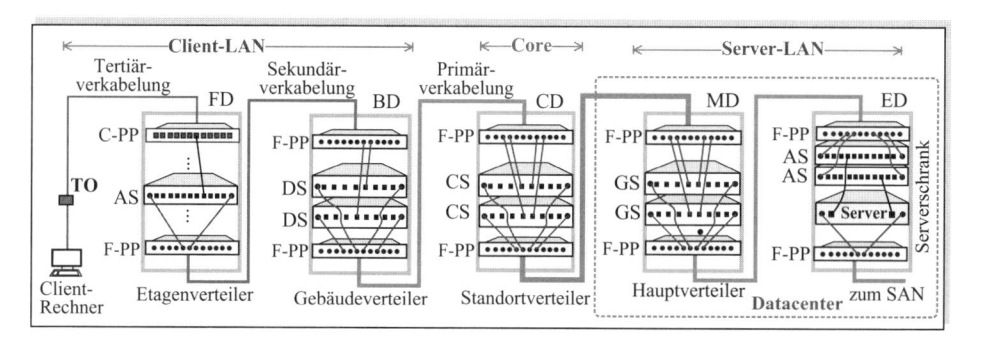

**Abb. 5.1-5:** Datenpfad-zentrierte Darstellung des Netzwerkmodells aus Abb. 5.1-4
A/D/C/G: Access/Distribution/Core/Aggregation Switch, C/F-PP: Copper/Fibre-Optic Patchpanel, EoR: End of Row, F/B/C/M/E: Floor/Building/Campus/Main/Equipment Distributor, TO: Telecommunication Outlet (Netzwerksteckdose)

Hervorzuheben ist, dass hier, um einerseits die grafische Darstellung übersichtlich zu gestalten und um andererseits den Verlauf von Datenpfaden zwischen Client-Rechnern und Servern einfacher zu zeigen, die Patchpanels sowohl oberhalb als auch unter den aktiven Netzwerkkomponenten in den Verteilern installiert wurden. In der Praxis werden die Patchpanels oft nur oberhalb der aktiven Netzwerkkomponenten installiert.

---

[5] Es sei angemerkt, dass Ports von Patchpanels als *Anschlussdosen* ausgeführt und dass mehrere Patchpanels in einem Etagenverteiler untergebracht werden können. Ist dies der Fall, so bilden die Ports aller in einem Etagenverteiler eingesetzten Patchpanels ein *Patchfeld* – auch *Rangierfeld* genannt; siehe z.B.: https://www.lrz.de/services/schulung/unterlagen/nv-basiswissen/nv-basiswissen.pdf

| Dokumentation aus Sicht von Client- und Server-LAN | Abbildung 5.1-5 illustriert hauptsächlich welche Switches bei der Übermittlung von Daten zwischen den Client-Rechnern und den im Datacenter installierten, zentralen Servern zum Einsatz kommen. Gezeigt wird eine beispielhafte Lösung dafür, wie diese Switches in verschiedenen Verteilern untergebracht und untereinander vernetzt werden. Basierend auf diesen Darstellungen und unter Berücksichtigung des in Abbildung 5.1-3 gezeigten, aus Client- und Server-LAN bestehenden Netzwerks illustriert Abbildung 5.1-6, welche Bestandteile die Dokumentation enthalten sollte, um dieses Netzwerk vollständig zu dokumentieren. Hier wird auch eine typische SAN Struktur gezeigt, da mit man die auf den Servern vorhandenen Daten in Speichersystemen innerhalb des SAN speichern kann. |
|---|---|

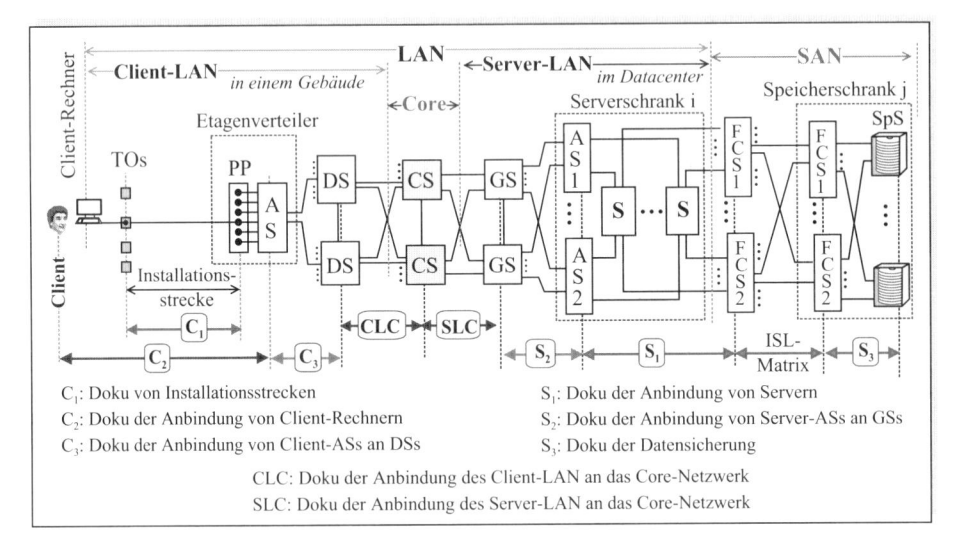

**Abb. 5.1-6:** Modell des Client- und Server-LAN im Hinblick auf die Dokumentation
A/D/C/G: Access/Distribution/Core/Aggregation Switch, Doku: Dokumentation, FCS: Fibre Channel Switch, ISL: Inter Switch Link, PP: Patchpanel

Bezüglich der Netzwerkdokumentation kann man somit annehmen, dass ein LAN auf der Strecke zwischen einem Client und einem Server auf die zwei folgenden Bereiche aufgeteilt wird: Client-LAN im jeweiligen Gebäude und Server-LAN im Datacenter. Die Client-LANs in verschiedenen Gebäuden sind mit dem Server-LAN im Datacenter über ein Core-Netzwerk verbunden. An dieser Stelle sei angemerkt, dass die Anbindung des ganzen Netzwerks an das Internet – häufig zusammen mit einer sog. DMZ – über das Core-Netzwerk erfolgen sollte – s. hierzu die Abbildungen 4.2-1 und -2.

| Werkzeuge für die Netzwerkdokumentation | Die hier gezeigten Netzwerkmodelle ermöglichen es, die Netzwerkdokumentation in Form von übersichtlichen Tabellen (z.B. von Excel) sowie Topologieplänen (z.B. mit Visio) zu verfassen, die sogar manuell gepflegt werden können. Darüber hinaus kann die gezeigte Dokumentation in größeren Unternehmensnetzwerken mit Hilfe geeigneter Netzwerk-Management- sowie IP-Adress- und Kabelmanagementplattformen unter- |
|---|---|

stützt werden. Diese Vorgehensweise führt zu einer übersichtlichen und der physikalischen Netzwerkstruktur angepassten Netzwerkdokumentation.

### 5.1.4 Objektorientierte Form der Netzwerkdokumentation

Sollte die Dokumentation eines Netzwerks erstellt werden, dann stellt sich als erstes die Frage, was eigentlich dokumentiert werden sollte, damit man einen unterbrechungsfreien und reibungslosen Betrieb des Netzwerks aufrecht erhalten kann. Eine direkte Antwort darauf könnte sein, alle Netzwerkobjekte möglichst vollständig, präzise und übersichtlich zu dokumentieren. In diesem Abschnitt möchten wir eine Idee hierfür liefern.

Zum reibungslosen Betrieb eines Netzwerks ist nicht nur die Dokumentation der Vernetzung aller *Netzwerkobjekte* – d.h. von Client-Rechnern, aller Arten von Switches, von physikalischen und von virtuellen Servern – untereinander, sondern auch eine übersichtliche Beschreibung von relevanten Eigenschaften (Besonderheiten) aller aktiven Netzwerkobjekte erforderlich, damit man einen störungsfreien Netzwerkbetrieb gewährleisten und jede Änderung im Netzwerk leicht durchführen sowie dokumentieren kann. Um alle Netzwerkobjekte anschaulich auf die physikalische Netzwerkstruktur abzubilden, betrachten wir nun ein einfaches objektorientiertes Netzwerkmodell.

Was soll dokumentiert werden?

### Objektorientiertes Netzwerkmodell

Besonders im Störfall ist eine übersichtliche, lückenlose und präzise Dokumentation des ganzen Netzwerks die Voraussetzung für eine schnelle Lokalisierung der Störung und deren Behebung. Damit man eine solche Netzwerkdokumentation erstellen kann, ist, wie bereits erwähnt, ein einfaches objektorientiertes Netzwerkmodell nötig; Abbildung 5.1-5 zeigt ein solches – vgl. hierzu auch Abbildung 4.2-2.

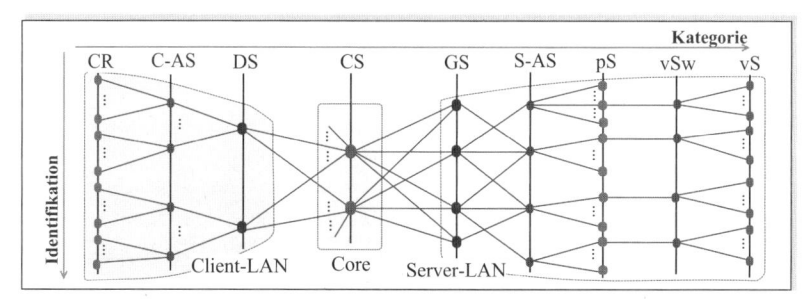

**Abb. 5.1-7**: Objektorientiertes Netzwerkmodell – für Netzwerkdokumentationszwecke
CR: Client-Rechner, C/S-AS: Client/Server Access Switch, D/C/G: Distribution/Core/Aggregation Switch, p/VS: physikalischer/virtueller Server, vSw: virtueller Switch

Das hier gezeigte Modell zeigt ein vereinfachtes Netzwerk, bestehend aus einem Client-LAN, einem Server-LAN und einem Core-Netzwerk. Hierbei hat das ganze Netzwerk eine Multilayer-Struktur, in der jeder Layer eine parallel zur vertikalen Koordinatenachse *Identifikation* verlaufende Gerade darstellt. Jede dieser vertikalen Gera-

Objektbezeichnung = (Kategorie, Identifikation)

**Kategorien der Netzwerkobjekte**

den repräsentiert eine Kategorie von Netzwerkobjekten. So betrachtet, könnte man sich verschiedene Kategorien von Netzwerkobjekten als „Werte" auf der horizontalen Koordinatenachse *Kategorie* vorstellen. Auf jedem Layer, d.h. auf jeder vertikalen Geraden, kann man Netzwerkobjekte eintragen und entsprechend nummerieren bzw. bezeichnen

Das hier gezeigte Modell bringt zum Ausdruck, dass ein Netzwerk aus verschiedenen Kategorien von Objekten besteht, wobei nur Objekte von benachbarten Kategorien untereinander verbunden sind, d.h., dass es sog. *Nachbarschaften* (Adjacencies) zwischen ihnen gibt und die Anzahl der Objekte jeder Kategorie beliebig sein kann. Die einzelnen Kategorien der Objekte sind – von links nach rechts – (vgl. auch die Abbildungen 4.2-2 und 4.4-6): Client-Rechner (CR), Access Switches für Client-Rechner (C-AS), Distribution Switches (DS), Core Switches (CS), Aggregation Switches (GS), Access Switches für physikalische Server (S-AS), physikalische Server (pS), virtuelle Switches in physikalischen Servern (in sog. Wirt-Servern) und virtuelle Server (vS).

## Dokumentation der Netzwerkobjekte

**Alle Netzwerkobjekte sollen einheitlich, vollständig und präzise spezifiziert werden**

Um eine übersichtliche, lückenlose und präzise Dokumentation des gesamten Netzwerks zu erstellen, muss man alle Kategorien von Netzwerkobjekten entsprechend inventarisieren, die Objekte jeder Kategorie übersichtlich und präzise beschreiben und die Vernetzung von Objekten benachbarter Kategorien untereinander lückenlos dokumentieren. Im Folgenden möchten wir eine Idee zeigen, um eine derartige Dokumentation des Netzwerks erstellen zu können. Um diese Idee verwirklichen zu können, müssen alle Netzwerkobjekte (Client-Rechner, L2-, L3-Switches und Server) einheitlich, vollständig und präzise spezifiziert werden. Abbildung 5.1-8 zeigt, welche Arten von Angaben zu jedem Netzwerkobjekt, quasi als dessen *Attribute*, gemacht werden sollen.

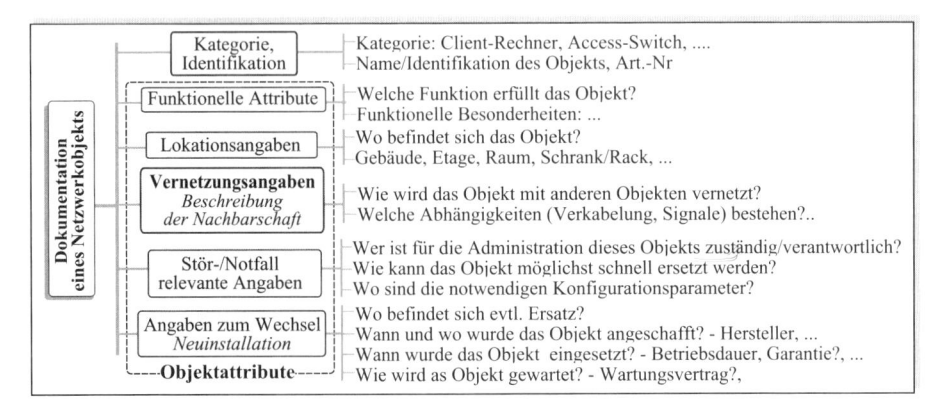

**Abb. 5.1-8**: Angaben zur vollständigen Spezifikation eines Netzwerkobjekts

Zu jedem Netzwerkobjekt sind, um dieses vollständig zu beschreiben/dokumentieren, die folgenden Klassen von Angaben notwendig:

**Kategorie, Identifikation:** Objekte aller Kategorien müssen eindeutig identifiziert werden. Jedes Objekt sollte eine Bezeichnung erhalten, aus der seine Kategorie hervorgeht – z.B. Client-Rechner_ID = abc; Distribution-Switch_ID = prs, virtueller_Server_ID = xyz etc. Als ID (Identifikation) kann eine laufende Nummer auf der entsprechenden vertikalen Gerade (als *Kategorie-Achse*) sein. Die laufende Nummerierung würde ermöglichen, die Netzwerkobjekte von einzelnen Kategorien zu inventarisieren. Jede Netzwerkdokumentation sollte auch die Inventarisierung von Hardware und Software im Netzwerk unterstützen.

*Unterstützung der Inventarisierung*

**Funktionelle Attribute:** Zu jedem Netzwerkobjekt sollte man angeben, welche Funktion es im Netzwerk hat und gegebenenfalls auch einige funktionelle Besonderheiten, die für die Aufrechterhaltung des Netzwerkbetriebs von Bedeutung sind. Als funktionelle Attribute von Client-Rechnern, von physikalischen und von virtuellen Servern (Virtual Machines, bzw. VMs) sollten deren Besonderheiten angegeben werden.

**Lokationsangaben:** Der Standort jedes Netzwerkobjekts sollte leicht zu ermitteln sein. Daher müssen Angaben über den Standort des Objekts gemacht werden. Ist z.B. ein L2-Switch ausgefallen und muss ausgetauscht werden, sollte der Netzwerkbetreuer in der Lage sein, dessen Standort z.B. aus einer „kleinen Datenbank" beispielsweise mit seinem Smartphone abzufragen.

**Vernetzungsangaben:** Zu jedem Objekt in allen Kategorien muss spezifiziert werden, mit welchen Objekten benachbarter Kategorien das betreffende Objekt vernetzt ist und wie. Betrachtet man z.B. einen Distribution Switch, muss man einerseits angeben, welche Access Switches für Client-Rechner wie an ihn angebunden sind und andererseits, an welche Core Switches er wie angeschlossen wurde. Dies bedeutet, dass für jedes Objekt dessen *Nachbarschaften* – oft als *Adjacencies* bezeichnet[6] – in einer präzisen Form spezifiziert werden müssen. Um Nachbarschaften zwischen mehreren Objekten von zwei benachbarten Kategorien zu dokumentieren, eignet sich eine tabellarische Darstellung besonders gut. Geeignete Tabellen werden im Weiteren gezeigt – s. beispielsweise die Abbildungen 5.2-4 und -5 oder die Abbildungen 5.2-6 und -7. Diese Tabellen entsprechen weitgehend den sog. *Nachbarschaftsmatrizen (Verbindungsmatrizen)* aus der Graphentheorie.

*Vernetzungsangaben als Beschreibung von Nachbarschaften*

**Stör-/Notfall relevante Angaben:** Jede Netzwerkdokumentation sollte dazu dienen, alle Netzwerkverantwortlichen – <u>bei verschiedenen Stör- und Notfällen</u> – in die Lage zu versetzen, schnell und gezielt dem Fall entsprechend reagieren zu können. Der Notfallkoordinator muss direkt, z.B. sogar mobil mit seinem Smartphone abfragen können, wer für die Administration/Betreuung/Wiederherstellung des betreffenden Netzwerkobjekts verantwortlich ist. Bei jedem Netzwerkobjekt sollte man nicht nur angeben, wer

*Hilfe bei Stör-/Notfällen*

---

[6] In der Mathematik (Graphentheorie) und auch in der Informatik nutzt man eine sog. *Nachbarschaftsmatrix (Adjazenzmatrix, Adjacency Matrix)*, auch *Verbindungsmatrix (Connection Matrix)* genannt, um für jeden Knoten aus dem Graph zu spezifizieren, mit welchen anderen Knoten im selben Graph er verbunden ist. Diese aus der Graphentheorie stammende Idee eignet sich besonders gut zur Erstellung einer vollständigen, präzisen Dokumentation der physikalischen Netzwerkstruktur.

für das Objekt zuständig/verantwortlich ist, sondern auch Angaben aufnehmen, wie das Objekt im Fehlerfall schnell zu ersetzen ist. Hierfür sollte man eintragen, wo die notwendigen Konfigurationsparameter dokumentiert/abgespeichert sind.

*Wie kann ein Objekt schnell ersetzt werden?*

**Angaben zum Wechsel (Neuinstallation):** Man muss immer damit rechnen, dass jedes Netzwerkobjekt ausfallen kann, folglich muss es so schnell wie möglich ersetzt werden können. Aus diesem Grund ist es sehr wichtig, Informationen bei der Dokumentation des Objekts anzugeben, die man benötigt, um das Objekt schnell ersetzen zu können. Insbesondere könnte man z.B. angeben: Wo wurde Ersatz gelagert? Wie und wo wurde das Objekt angeschafft? etc.

*Tabellarische Form des objektorientierten Netzwerkmodells*

Zu dem in Abbildung 5.1-7 gezeigten Netzwerkmodell kann eine Tabelle – z.B. eine Excel-Tabelle – erstellt werden, in der jede seiner Spalten einem Layer (einer Objektkategorie) zugeordnet ist. Die Zeilen in den einzelnen Spalten dieser Tabelle (d.h. in den Objektkategorien), könnte man dann den einzelnen Objekten zuordnen. Auf diese Weise könnte jedes Feld in der Tabelle – de facto unter den Koordinaten *(Kategorie, Objekt-ID)* – einem bestimmten Objekt einer Kategorie zugeordnet werden. In diesem Feld kann man dann die Verweise (als Links) zu den einzelnen, in Abbildung 5.1-8 aufgelisteten Objektattributen eintragen. Durch das Anklicken eines Links kann man die gewünschten Angaben direkt abrufen – z.B. eine gewünschte Tabelle, in der die Verbindungen zwischen Objekten von zwei benachbarten Kategorien dokumentiert sind. Diese Art der Netzwerkdokumentation, die übersichtlich, lückenlos und präzise ist, lässt sich in jedem Laptop oder zentral abspeichern und kann so für jeden Netzwerkverantwortlichen jederzeit leicht bereitgestellt werden.

## Dokumentation von Nachbarschaften

*Besonderheit der physikalischen Netzwerkstruktur*

Aus Abbildung 5.1-7 ist ersichtlich, dass die physikalische Struktur moderner Netzwerke eine Besonderheit aufweist, dass nämlich <u>untereinander sind nur die Netzwerkobjekte von benachbarten Kategorien verbunden sind</u>. Die Verbindungen zwischen den Netzwerkobjekten zweier benachbarter Kategorien lassen sich in Form einer *Nachbarschaftsmatrix* erfassen – auch als *Verbindungsmatrix*, *Adjazenzmatrix* oder *Adjacency Matrix* bezeichnet. Jede Nachbarschaftsmatrix kann wiederum in einer tabellarischen Form dargestellt werden.

Die für eine vollständige Dokumentation der physikalischen Netzwerkstruktur notwendigen Tabellen werden im Abschnitt 5.2 präsentiert. Diese Tabellen enthalten die *Beschreibung von Nachbarschaften* vom in Abbildung 5.1-7 dargestellten Netzwerkmodell. Abbildung 5.1-9 zeigt, in welcher Tabelle bzw. in welchen Tabellen die einzelnen Nachbarschaften dokumentiert worden sind, und soll als Überblick über die in Abschnitt 5.2 in tabellarischer Form verfasste Dokumentation der physikalischen Netzstruktur dienen.

> **Bemerkung:** Die in Abbildung 5.1-9 gezeigten Teile ($C_1$, $C_2$, $C_3$; CLS, SLC, $S_1$, $S_2$) der Netzwerkdokumentation wurden bereits in Abschnitt 5.1.3 näher erläutert – s. hierzu die Abbildungen 5.1-4 und -6.

## 5.2 Dokumentation der physikalischen Netzwerkstruktur

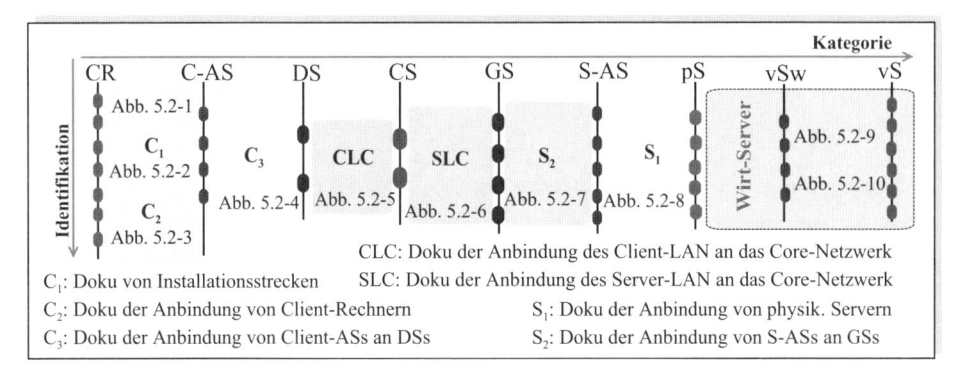

**Abb. 5.1-9**: Dokumentation von Nachbarschaften – vom Netzwerkmodell in Abbildung 5.1-7
Abkürzungen wie in Abbildung 5.1-7

Die in diesem Abschnitt präsentierte Art der Netzwerkdokumentation ermöglicht, den Verlauf von physikalischen Datenpfaden zwischen Client-Rechnern und Servern einfach zu bestimmen. Dies ist bei der Fehlersuche und bei verschiedenen Störfällen von großer Bedeutung. Möchte ein Netzwerkbetreuer einen physikalischen Datenpfad zwischen einem Client-Rechner und einem Server ermitteln, muss er sich einige der in Abbildung 5.1-9 aufgelisteten, in tabellarischer Form verfassten Teile der Dokumentation anschauen.

*Bestimmung physikalischer Datenpfade*

## 5.2 Dokumentation der physikalischen Netzwerkstruktur

Um eine physikalische Netzwerkstruktur wie diese, welche z.B. aus den Abbildungen 5.1-3 und -6 hervorgeht, vollständig zu dokumentieren, sind die drei folgenden Hauptbestandteile der Dokumentation nötig, und zwar: Dokumentation von Client-LANs, Dokumentation des Server-LAN und Dokumentation des Internetzugangs.

*Hauptbestandteile der Dokumentation*

Wie Client-LANs dokumentiert werden können, zeigt Abschnitt 5.2.1. Der Dokumentation des Server-LAN wird Abschnitt 5.2.2 gewidmet. Abschnitt 5.4.2 geht auf die Dokumentation des Internetzugangs kurz ein.

### 5.2.1 Dokumentation des Client-LAN

Als *Client-LAN* wird ein Netzwerkteil verstanden (vgl. Abb. 4.2-1), der einen Verbund von Client-Rechnern sowie Access und Distribution Switches darstellt, und der über ein Core-Netzwerk mit dem Server-LAN im Datacenter verbunden ist. Das Client-LAN in einem großen Gebäude – s. Abbildung 5.1-4 – wird durch eine Anbindung mehrerer, Access Switches enthaltender Etagenverteiler (FD) an einen Gebäudeverteiler (BD) mit Distribution Switches ausgeführt und dann, um die Kommunikation mit dem im Datacenter eingerichteten Server-LAN und dem Inter-

*Client-LAN: Was wird darunter verstanden?*

**Bestandteile der Dokumentation des Client-LAN**

dem Internet zu ermöglichen, an die in Standortverteilern (CD) untergebrachten Core Switches angebunden (vgl. Abb. 5.1-3).

Die eben erläuterte Vernetzungsstruktur soll die Dokumentation des Client-LAN auf eine übersichtliche Art und Weise wiedergeben. Hierfür muss diese die folgenden Bestandteile beinhalten:

- Dokumentation von Installationsstrecken,
- Dokumentation der Anbindung von Client-Rechnern an Access Switches,
- Dokumentation der Anbindung von Access Switches an Distribution Switches,
- Dokumentation der Anbindung des Client-LAN an das Core-Netzwerk.

## Dokumentation von Installationsstrecken

Aus dem in Abbildung 5.1-6 dargestellten Netzwerkmodell geht u.a. hervor, dass eine detaillierte Auflistung und Beschreibung von *Installationsstrecken*[7] – d.h. von Kabelstrecken – zwischen allen Netzwerksteckdosen in allen Räumen und Ports auf den Patchpanels in Etagenverteilern eine wichtige Komponente der Dokumentation jeder Verkabelung im Client-LAN ist. Um in der Lage zu sein, jede Installationsstrecke immer schnell und eindeutig lokalisieren zu können, müssen alle Installationsstrecken in der Netzwerkdokumentation übersichtlich und eindeutig spezifiziert werden. Hierfür müssen sie entsprechend beschriftet (bezeichnet) werden. Insbesondere sollte man angeben, wohin die Installationsstrecke von jeder Netzwerksteckdose führt.

**Beschriftung von Netzwerksteckdosen und Ports auf Patchpanels**

Da jede Installationstrecke zwei „Punkte" verbindet, d.h. eine Netzwerksteckdose in einem Raum mit einem Port auf einem Patchpanel in einem Etagenverteiler, sollte man sie mit der Angabe der Lokation dieser Punkte bezeichnen. Abbildung 5.2-1 illustriert ein derartiges Prinzip der Beschriftung von Installationsstrecken.

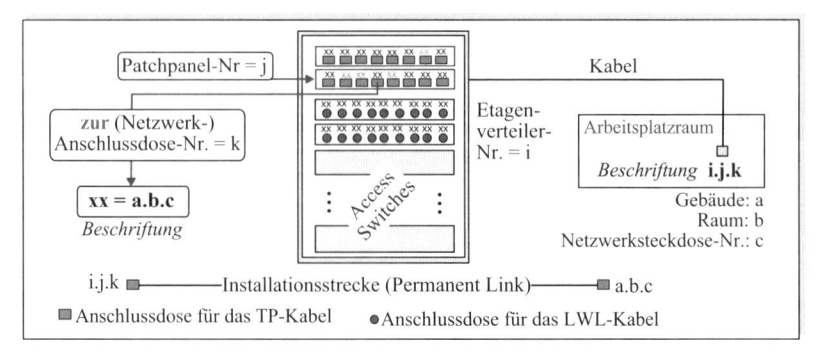

**Abb. 5.2-1**: Prinzip der Beschriftung (Identifikation) von Installationsstrecken

Wie hier gezeigt wurde, kann eine Installationsstrecke mit dem folgenden Paar eindeutig identifiziert werden: (i.j.k) ↔ (a.b.c). Hier stellt (i.j.k) die Beschriftung der Netzwerksteckdose im Arbeitsplatzraum und (a.b.c) die Beschriftung des Ports auf dem Patchpanel im Etagenverteiler

---

[7] In internationalen, die strukturierte Verkabelung betreffenden Standards werden *Installationsstrecken* als *Permanent Links* bezeichnet.

dar. Die Beschriftung (a.b.c) der Netzwerksteckdose am Port auf dem Patchpanel gibt gleichzeitig ihre Lokation an: mit a, welches Gebäude; mit b, welcher Raum im Gebäude a und mit c, welche Netzwerksteckdose (Nr.) im Raum b im Gebäude a.

Die Beschriftung (i.j.k) des Ports auf der Netzwerksteckdose im Arbeitsplatzraum zeigt dessen Lokation an: mit i, welcher Etagenverteiler; mit j, welches Patchpanel im Etagenverteiler i und mit k, welcher Port auf dem Patchpanel j im Etagenverteiler i.

Die Dokumentation der Verkabelung soll eine Auflistung aller Installationsstrecken mit den Angaben von relevanten Parametern enthalten. Diese Auflistung kann in einer tabellarischen Form erfolgen. Die Installationsstrecken einzelner Arbeitsräume können, wie Abbildung 5.2-2 zeigt, dokumentiert werden.

*Beispiel für die Dokumentation von Installationsstrecken*

| Dokumentation von Installationsstrecken - abgehend vom: | | Gebäude = a, Raum = b | |
|---|---|---|---|
| | Nr. | PP | Kabeltyp und Parameter der Installationsstrecke | Sonstiges |
| Netzwerksteckdose | $c_1$ | i.j.k | STP, Kat.6, D = ... [db], ACR = ... [db], PS ACR = ...[db], NEXT = ... [db], ... | belegt/frei ... |
| | : | : | : | : |

**Abb. 5.2-2:** Dokumentation von Installationsstrecken – siehe $C_1$ in Abbildung 5.1-6
PP: Port auf dem Patchpanel (s. Abb.5.2-1), D: Dämpfung, STP: Shielded Twisted Pair, ACR: Attenuation to Crosstalk Ratio, PS ACR: Power Sum ACR, NEXT: Near-End Crosstalk

Die Tabelle in Abbildung 5.2-2 enthält eine Auflistung von allen Installationsstrecken, die in den einzelnen Netzwerksteckdosen eines Arbeitsraums beginnen, mit den folgenden Angaben:

- *Bezeichnung des Ports auf dem Patchpanel (PP) im Verteiler*: Hierfür steht ein Tripel (i.j.k) gemäß dem Vorschlag aus Abbildung 5.2-1, der besagt, wohin die Installationsstrecke von der angegebenen Netzwerksteckdose (Nr) führt.

- *Kabeltyp und Parameter der Installationsstrecke*: Hier wird angegeben, welcher Kabeltyp installiert wurde. Die Normen für die Verkabelung legen fest, welche Parameter der Installationsstrecke gemessen und dokumentiert werden sollen. Diese Angaben können bereits bei der Abnahme der Verkabelung gemessen und hier (z.B. durch den Installateur bzw. das beauftragte Unternehmen) eingetragen werden.

- *Sonstiges*: Hier kann u.a. angegeben werden wann die Installationsstrecke gemessen wurde; wer sie gemessen hat; weitere Besonderheiten der Installationsstrecke bzw. die Eintragung, dass die Netzwerksteckdose belegt/frei ist.

## Anbindung von Client-Rechnern an Access Switches

Jede Netzwerkdokumentation sollte eine Dokumentation der Anbindung von Client-Rechnern an Access Switches im Etagenverteiler enthalten – s. $C_2$ in Abb. 5.1-6. Hierzu gehört eine Auflistung wie einzelne Ports jedes eingesetzten Access Switch genutzt werden. Die Port-Belegung eines Access Switch kann in Form der in Abbildung 5.2-3 gezeigten Tabelle spezifiziert werden. Für die Unterstützung der Netzwerkadministration – insbesondere bei der Fehlersuche – sind Angaben zu einigen Besonderheiten der Client-Rechner von Bedeutung.

| Client-Rechner- Access Switch | | | | Gebäude: ... , Etagenverteiler: ... , Access Switch: ... | | |
|---|---|---|---|---|---|---|
| Access-Switch-Ports | Nr. | PP | ND | Client-Rechner: Besonderheiten | Benutzer | Sonstiges |
| | $p_1$ | a.b.c | i.j.k | Rechner, BS, MAC-Adresse, IP-Adresse, ... | ... | ... |
| | $p_2$ | d.e.f | l.m.n | | | Port frei |
| | ⋮ | ⋮ | ⋮ | ⋮ | ⋮ | ⋮ |

**Abb. 5.2-3:** Spezifikation der Anbindung von Client-Rechnern an Access Switches
PP: Port auf dem Patchpanel im Etagenverteiler, BS: Betriebssystem, ND: Netzwerksteckdose

Die hier gezeigte Tabelle enthält die folgenden Angaben:

- *Beschriftung des Ports auf dem Patchpanel (PP) im Etagenverteiler*: Gemäß dem Vorschlag in Abbildung 5.2-1 besagt das Tripel (a.b.c), welche Netzwerksteckdose an diesem Port auf dem Patchpanel im Etagenverteiler angeschlossen ist.

- *Beschriftung der Netzwerkanschlussdose (ND):* Hier steht ein Tripel (i.j.k), das besagt, über welchen Port auf welchen Patchpanel und in welchem Verteiler der Zugang auf diesen Port im Access Switch erfolgt.

- *Client-Endeinrichtung*: Hier wird angegeben, zu welcher Client-Endeinrichtung (z.B. PC, IP-Telefon) diese Installationsstrecke führt. Es ist sinnvoll, hier einige Besonderheiten von Client-Endeinrichtungen anzugeben wie z.B.:
  - Art der Endeinrichtung, beispielsweise Rechner (PC), IP-Telefon;
  - Typ der Netzwerkadapterkarte, Bitrate;
  - MAC-Adresse, eventuell IP-Adresse und DNS-Name (falls sie permanent sind).

- *Benutzer*: Hier können die Angaben über zugehörige Benutzer gemacht werden.

- *Sonstiges*: wie etwa Angaben über eingesetzte Software, freigegebene Netzwerkzugriffe etc. Hier kann man auch darauf verweisen, dass der Port im Access Switch frei ist.

*Unterstützung der Netzwerkbetreuung*

Durch die gleichzeitige Betrachtung der beiden Tabellen in den Abbildungen 5.2-2 und -3 können die Informationen über den jeweiligen angebundenen Rechner und über die Parameter der Installationsstrecken abgelesen werden. Betrachtet ein Netzwerkadministrator beispielsweise einen Port am Access Switch, kann er aus dieser Verknüpfung u.a. ablesen, welcher Rechner in welchem Raum und an welcher Netzwerksteckdose an diesem Port angeschlossen ist.

*Beschreibung von Nachbarschaften*

Es sei hervorgehoben, dass die in den Abbildungen 5.2-2 und -3 dargestellten Tabellen eine Beschreibung der Nachbarschaft – gemäß Abbildung 5.1-9 – zwischen Client-Rechner und Access Switches darstellen.

### Anbindung von Access Switches an Distribution Switches

*Verkabelungsstrecken zwischen AS-Ports und DS-Ports*

Abbildung 5.2-4 illustriert, wie die Spezifikation der Anbindung von in einem Etagenverteiler (FD) installierten Client Access Switches (ASs) an die im Gebäudeverteiler (BD) untergebrachten Distribution Switches (DSs) tabellarisch dargestellt werden kann. Hier wurde vorausgesetzt, dass jeder Access Switch über seine Uplink-Ports an zwei Distribution Switches angebunden ist – s. hierzu die Abbildung 5.1-3.

## 5.2 Dokumentation der physikalischen Netzwerkstruktur

| | Anbindung von Client Access Switches an Distribution Switches | | | Gebäude ... , Etagenverteiler .... | | |
|---|---|---|---|---|---|---|
| | AS-ID | AS-Uplink-Port | FD-PP / Port | BD-PP / Port | DS-ID / DS-Port | Sonstiges |
| Access Switch | AS-20 | 1 | a / i | b / m | DS-3 / x | ... |
| | | 2 | a / j | b / n | DS-4 / y | ... |
| | | ⋮ | | | | |

**Abb. 5.2-4:** Dokumentation der Anbindung von Access Switches an Distribution Switches
A/DS: Access/Distribution Switch, F/BD: Floor/Building Distributor, ID: Identifier

Die hier gezeigte Tabelle spezifiziert für jeden AS, wie die Verkabelungsstrecke zwischen jedem seiner Uplink-Ports und den entsprechenden Ports im Distribution Switch erfolgt – s. hierzu $C_3$ in Abbildung 5.1-6. Die einzelnen Angaben haben hier die folgende Bedeutung:

- „FD-PP / Port" gibt an, an welchen Port auf welchem Patchpanel im FD der AS-Uplink-Port angebunden ist,
- „BD-PP / Port" gibt an, mit welchem Port auf welchem Patchpanel im BD der AS-Uplink-Port verbunden ist,
- „DS-ID / DS-Port" gibt an, zu welchem Distribution Switch (DS-ID) und dann zu welchem seiner Ports die Übertragungsstrecke vom AS-Uplink-Port führt.

Die in Abbildung 5.2-4 gezeigte Form der Netzwerkdokumentation soll es ermöglichen, die Verkabelungsstrecken zwischen AS-Uplink-Ports und Ports in Distribution Switches bei einer Fehlersuche innerhalb der Verkabelung zu überprüfen.

### Anbindung des Client-LAN an das Core-Netzwerk

Abbildung 5.2-5 zeigt, wie die Anbindung des Client-LAN in einem Gebäude an das Core-Netzwerk spezifiziert werden kann. Diese Dokumentation sollte beim Testen der Verkabelung zwischen Distribution Switches (DSs) und Core Switches (CSs) helfen. Für DSs in allen Gebäuden wird in der hier gezeigten Tabelle eingetragen, wie die Verkabelung auf der Strecke zwischen jedem DS-Uplink-Port und dem entsprechenden Port im Core Switch verläuft – s. hierzu die Dokumentation CLC in Abbildung 5.1-6.

*Verkabelungsstrecken zwischen DS-Ports und CS-Ports*

| | Anbindung des Client-LAN an das Core-Netzwerk | | | - Anbindung von DSs an CSs | | | |
|---|---|---|---|---|---|---|---|
| | Geb-Bez | DS-ID | DS-Uplink-Port | BD-PP / Port | CD / CD-PP / Port | CS-ID / CS-Port | Sonstiges |
| Gebäude | xxxxx | DS-ab | 1 | a / i | c / 1 / m | CS-1 / p | ... |
| | | | 2 | a / j | d / 2 / n | CS-2 / r | ... |
| | | DS-cd | 2 | b / i | c / 2 / m | CS-1 / x | ... |
| | | | 3 | b / j | d / 1 / n | CS-2 / y | ... |
| | | | ⋮ | | | | |

**Abb. 5.2-5:** Dokumentation der Anbindung des Client-LAN an das Core-Netzwerk
D/CS: Access/Core Switch, Geb-Bez: Gebäude-Bezeichnung, ID: Identifier, PP. Patchpanel

Hierbei werden die folgenden Angaben gemacht:

- „BD-PP / Port" gibt an, auf welchem Patchpanel im BD und an welchen seiner Ports der betrachtete DS-Uplink-Port angebunden ist;

- „CD / CD-PP / Port" gibt an, zu welchem CD, zu welchem Patchpanel und zu welchem seiner Ports die Verkabelungsstrecke vom DS-Uplink-Port führt,
- „CS-ID / CS-Port" gibt an, zu welchem Core Switch (CS-ID) und zu welchem seiner Ports die Übertragungstrecke vom DS-Uplink-Port führt.

*Nachbarschaften im Client-LAN*

Es wird betont, dass die in den Abbildungen 5.3-2, -3, -4 und -5 gezeigten Tabellen den in Abbildung 5.1-6 dargestellten Dokumentationsteilen $C_1$, $C_2$, $C_3$ und CLC entsprechen. Blickt man auf die Abbildungen 5.1-7, -8, und -9, stellt man zusätzlich fest, dass diese Tabellen die Nachbarschaften (s. Abb. 5.1-9) im Client-LAN vollständig und präzise dokumentieren.

### 5.2.2 Dokumentation des Server-LAN

*Server-LAN: Was wird darunter verstanden?*

Als *Server-LAN* wird ein Netzwerkteil im Datacenter verstanden (s. Abb. 4.2-1), der einen Verbund von Servern, Access und Aggregation Switches darstellt. Das Server-LAN – s. die Abbildungen 5.1-5 und -6 – wird durch eine Anbindung mehrerer Serverschränke an einen Hauptverteiler (MD) mit Aggregation Switches geführt und dann, um die Kommunikation mit Client-LANs und mit dem Internet zu ermöglichen, an die in Standortverteiler (CD) untergebrachten Core Switches angebunden – vgl. hierzu Abbildung 5.1-3.

*Bestandteile der Dokumentation*

Zur Dokumentation eines Server-LAN gehören die folgenden Bestandteile:

- Dokumentation der Anbindung des Server-LAN an das Core-Netzwerk,
- Dokumentation der Anbindung von Access-Switches an Aggregation Switches,
- Dokumentation der Anbindung von Servern an LAN und SAN,
- Spezifikation von Wirt-Servern – s. hierfür die Abbildungen 5.2-9 und -10.

Im Folgenden möchten wir zeigen, in welcher Form die eben genannten Bestandteile der Dokumentation des Server-LAN dargestellt werden können.

#### Anbindung des Server-LAN das Core-Netzwerk

*Verkabelungsstrecken zwischen CS-Ports und GS- Ports*

Die Anbindung des Server-LAN das Core-Netzwerk beschreibt die Dokumentation von Verkabelungsstrecken zwischen den Ports von im Standortverteiler CD (Campus Distributor) installierten Core Switches (CSs) und den Ports von im Hauptverteiler MD (Main Distributor) des Datacenter untergebrachten Aggregation Switches (GSs). Abbildung 5.2-6 zeigt, wie diese Dokumentation – in Abbildung 5.1-4 auch als SLC bezeichnet – tabellarisch verfasst werden kann.

| Anbindung des Server-LAN an das Core-Netzwerk - Anbindung von GSs an CSs | | | | | | |
|---|---|---|---|---|---|---|
| | CS-ID | CS-Port | CD-PP / Port | MD-ID / MD-PP / Port | GS-ID / GS-Port | Sonstiges |
| Core-Switches | CS-ab | 1 | a / i | MD1 / 1 / m | GS-1 / p | … |
| | | 2 | a / j | MD1 / 2 / n | GS-2 / r | … |
| | CS-cd | 2 | b / k | MD1 / 2 / m | GS-1 / x | … |
| | | 3 | b / l | MD1 / 1 / n | GS-2 / y | … |

**Abb. 5.2-6:** Dokumentation der Anbindung des Server-LAN an das Core-Netzwerk
C/GS: Core/Aggregation Switch, ID: Identifier, PP. Patchpanel

## 5.2 Dokumentation der physikalischen Netzwerkstruktur

Die Verkabelungsstrecken zwischen Ports von Core Switches und Ports von Aggregation Switches – s. die Dokumentation SLC in Abbildung 5.1-4 – können wie folgt spezifiziert werden:

- „CD-PP / Port" gibt an, auf welchem Patchpanel im CD und an welchem dazugehörigen Port der betrachtete CS-Port angebunden ist,
- „MD / MD-PP / Port" gibt an, zu welchem MD, zu welchem Patchpanel im MD und zu welchem Port im Patchpanel die Verkabelungstrecke vom CS-Port führt,
- „GS-ID / GS-Port" gibt an, zu welchem Aggregation Switch (GS-ID) und dann zu welchem seiner Ports die Übertragungsstrecke vom DS-Uplink-Port führt.

### Anbindung von Server-ASs an Aggregation Switches

Basierend auf den in Abbildungen 5.1-4 und -5 gezeigten Netzwerkmodellen illustriert Abbildung 5.2-7, wie die Spezifikation der Anbindung von Server Access Switches an die im Hauptverteiler (MD) untergebrachten Aggregation Switches (GSs) in einer tabellarischen Form verfasst werden kann. Hier wurde vorausgesetzt, dass jeder Access Switch über seine Uplink-Ports jeweils an zwei GSs angebunden ist – s. hierzu die Abbildungen 5.1-3 und 4.

Dokumentation von Verkabelungsstrecken zwischen AS-Ports und GS-Ports

| Anbindung von Server Acces Switches an Aggregation Switches - Anbindung von ASs an GSs | | | | | | |
|---|---|---|---|---|---|---|
| Rack-ID | AS-ID | AS-Uplink-Port | PP / Port | MD / PP / Port | GS-ID / GS-Port | Sonstiges |
| Rack-xx | AS-10 | 1 | a / i | MDx / c / m | GS-1 / x | ... |
| | | 2 | a / j | MDx / c / n | GS-2 / y | ... |
| | | ⋮ | | | | |

**Abb. 5.2-7:** Dokumentation der Anbindung von Server-ASs an GSs
A/GS: Access/Aggregation Switch, ID: Identifier, PP: Patchpanel

Die Tabelle spezifiziert für jeden AS, wie die Verkabelungsstrecke zwischen jedem seiner Uplink-Ports und dem ihm zugewiesenen Port im Aggregation Switch verläuft – s. hierzu $S_2$ in den Abbildungen 5.1-4 und -6. Hierbei werden die folgenden Angaben vermerkt:

- „PP / Port" gibt an, an welchen Port auf welchem Patchpanel im betrachteten (Server-)Rack der AS-Uplink-Port angebunden ist,
- „MD / PP / Port" gibt an, mit welchem Port auf welchem Patchpanel im MD der AS-Uplink-Port verbunden ist,
- „GS-ID / GS-Port" gibt an, zu welchem Aggregation Switch (GS-ID) und dann zu welchem von dessen Ports die Übertragungstrecke vom AS-Uplink-Port führt.

Die in Abbildung 5.2-7 gezeigte Dokumentation ermöglicht es, die Übertragungstrecken zwischen Server Access Switches und Aggregation Switches bei einer Fehlersuche zu überprüfen.

### Anbindung von Server an Access Switches

Die Anbindung von in Racks untergebrachten physikalischen Servern an die Access Switches – de facto die Anbindung von Servern an das Server-LAN – kann mithilfe einer einfachen Tabelle dokumentiert werden. Abbildung 5.2-8 zeigt eine solche Tabelle.

| Anbindung von physikalischen Servern an das LAN ||||| Server-Rack-ID |
|---|---|---|---|---|---|
| Server-ID | VLAN-ID | Wirt-Server? | AS-ID / Port || Sonstiges |
| Server xx | xxx | ja oder nein | 1 / i || ... |
|  |  |  | 2 / j || ... |
|  |  |  | ⋮ |||

**Abb. 5.2-8:** Beispiel für die Spezifikation von Anbindung von Server an Access Switches

Diese Tabelle enthält für jeden physikalischen Server in einem Server-Rack die folgenden Angaben (s. auch die Dokumentation $S_1$ in Abb. 5.1-4):

- VLAN-ID gibt an, zu welchem VLAN der Server gehört,
- ob der Server ein Wirt-Server ist; d.h., ob er virtuelle Server enthält. Ist er ein Wirt-Server, wird seine Struktur in einer anderen Tabelle mit der Spezifikation von Wirt-Servern angegeben; hier kann ein Verweis oder ein Link in der Spalte „Sonstiges" auf diese Tabelle enthalten sein – s. hierzu auch die Abbildungen 5.2-9 und -10.
- „AS-ID / Port" gibt an, mit welchem Port auf welchem Access Switch im Server-Rack der Server verbunden ist.

### Dokumentation von Wirt-Servern

*Verschiedene Netzwerkarchitekturen in Wirt-Servern*

Ein Wirt-Server mit mehreren als VM (*Virtual Machine*) bezeichneten, virtuellen Servern kann ein oder mehrere L2-Switches enthalten, die als Software-Switches oder auf einer von dessen Adapterkarten als *Embedded-Switches* realisiert werden können.[8] Wie Abbildung 5.2-9 illustriert, kommen verschiedene von der Switching-Art abhängige Architekturen von Wirt-Servern in Frage. Hieraus geht u.a. hervor, dass ein Wirt-Server ein kleines, aus L2-Switches bestehendes, virtuelles Netzwerk enthalten kann; dessen Struktur in der Dokumentation auf eine festgelegte Weise beschrieben werden sollte (vgl. auch Abb. 4.4-6).

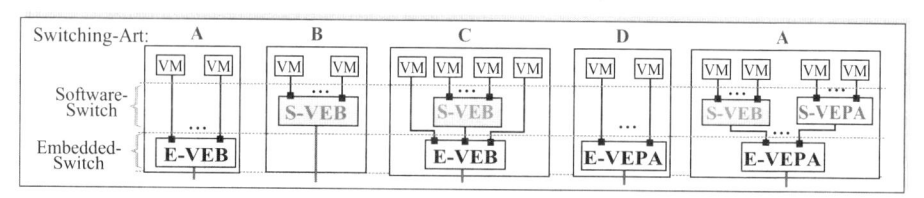

**Abb. 5.2-9:** Typische Architekturen von Netzwerken in Wirt-Servern
E/S-VEB: Embedded/Software Virtual Ethernet Bridge (L2-Switch), E/S-VEPA: Embedded/Software Virtual Ethernet Port Aggregator (L2-Switch-Port-Extender)

*Dokumentation von Wirt-Servern*

Abbildung 5.2-10 zeigt, wie ein Wirt-Server mit mehreren virtuellen Switches (*vSwitches*) und zahlreichen, als VM bezeichneten, virtuellen Servern tabellarisch dokumentiert werden kann. Die Dokumentation eines Wirt-Servers muss dessen interne Switching-Architektur beschreiben und die Spezifikation von allen virtuellen Rechnern enthalten.

---

[8] Für Näheres darüber sei verwiesen auf: EVB in [Schu 13] bzw. http://www.competence-site.de/netzwerke/EVB-Edge-Virtual-Bridging

| Wirt-Server | | | Server-Rack = ...., | Wirt-Server-ID = ...., | | Wirt-Server-Architekturtyp .... | | |
|---|---|---|---|---|---|---|---|---|
| virtuelle Server (vS) | vS-ID | E-Sw/S-Sw | BS | MAC-Adr | IP-Adr | VLAN | Applikationen | Benutzer | Sonstiges |
| | xxx | - /S-VEB | ... | ... | ... | ... | ... | ... | ... |
| | : | : | : | : | : | : | : | : | : |

**Abb. 5.2-10:** Beispiel für die Spezifikation von Wirt-Servern mit mehreren vSwitches
BS: Betriebssystem, ID: Identifier, E-Sw: Embedded-Switch, S-Sw: Software-Switch

Die Spezifikation jedes virtuellen Rechners/Servers sollte vor allem die folgenden Angaben enthalten: seine Bezeichnung (vR-ID), über welche Switches er erreichbar ist (E-Sw/S-Sw), sein Betriebssystem, seine MAC-Adresse (MAC-Adr), seine IP-Adresse (IP-Adr), seine Zugehörigkeit zum VLAN. Zusätzlich kann es auch nützlich sein, die Applikationen (z.B. für eventuelle Firewall-Regeln etc.) und auch den/die Benutzer einzutragen.

### Anbindung von Servern an LAN und SAN

In speziellen, als *Server-Rack* bezeichneten Serverschränken werden mehrere Server gestapelt und sowohl an das LAN – hier als Server-LAN bezeichnet – über Access Switches (ASs) als auch an das SAN angebunden. Abbildung 5.2-11a illustriert das allgemeine Prinzip der Anbindung von Servern an LAN und SAN. Es sei angemerkt, dass die aktiven SAN-Komponenten – hier FC-Switches – in einem separaten, z.B. als SAN EoR dienenden, Rack (s. Abb. 4.3-7) untergebracht worden sind.

*Wie kann ein Server an LAN und SAN angebunden werden?*

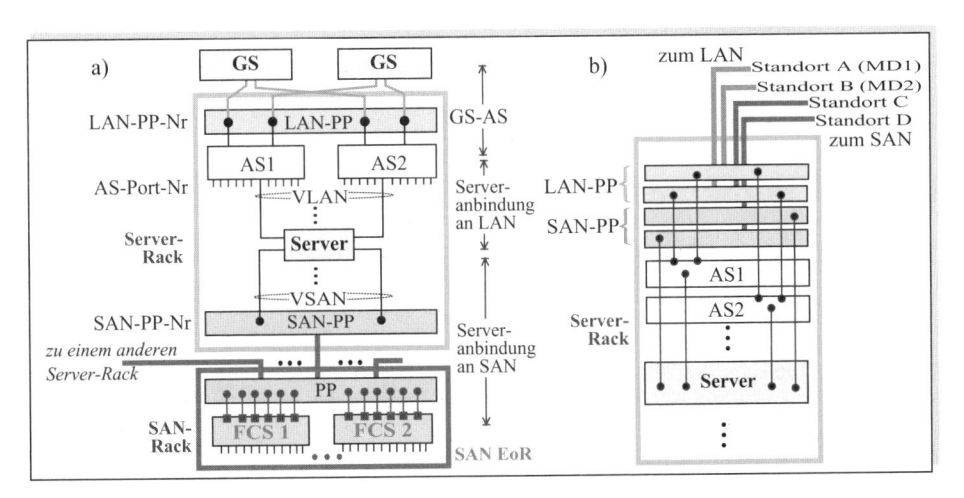

**Abb. 5.2-11:** Anbindung von Servern in einem Rack: a) Prinzip, b) Server-Rack-Struktur
FCS: Fibre Channel Switch, PP: Patchpanel, VLAN: Virtual LAN, VSAN: Virtual SAN

Abbildung 5.2-11b soll zum Ausdruck bringen, dass man in einem Server-Rack mehrere Patchpanels für die Anbindung von Servern an LAN und SAN benötigt – und zwar dann, falls die im Rack untergebrachten Server (z.B. aus Sicherheitsgründen) jeweils an zwei verschiedenen

*Server-Rack-Anbindung an MDs und SAN-Racks*

Standorten, also sowohl in verschiedenen MDs als auch in verschiedenen SAN-Racks, an die dort installierten Aggregation Switches und FC-Switches angebunden werden sollen.

Abbildung 5.2-12 illustriert, wie die Dokumentation der Anbindung von Servern in einem Rack tabellarisch verfasst werden kann.

| Anbindung von Servern an LAN und SAN | | | | | Server-Rack-ID |
|---|---|---|---|---|---|
| Server-ID | VLAN / VSAN | AS-ID / Port | SAN-Rack / PP / Port | FCS-ID / Port | Sonstiges |
| Server xx | xxx / yyy | 1 / i | a / c / m | FCS 1 / p | ... |
|  |  | 2 / j | b / d / n | FCS 2 / r | ... |
|  |  | ⋮ |  |  |  |

**Abb. 5.2-12:** Dokumentation der Anbindung von Servern an LAN und SAN
Abkürzungen wie in Abbildung 5.2-11

Die hier gezeigte Tabelle spezifiziert für jeden Server (vgl. auch die Dokumentation $S_1$ in Abbildung 5.1-4), zu welchem VLAN und zu welchem VSAN[9], falls mehrere virtuelle SANs eingerichtet worden sind, er gehört und beschreibt genau, über welche LAN- und SAN-Komponenten und über welche von deren Ports der Server am LAN und SAN angeschlossen ist. Hierfür werden die folgenden Angaben eingetragen:

- „AS-ID / Port" gibt an, an welchen Access Switch und an welchen seiner Ports der Server angebunden ist;
- „SAN-Rack / PP / Port" gibt an, mit welchem Port auf welchem Patchpanel und in welchem SAN-Rack der Server verbunden ist,
- „FCS-ID / Port" gibt an, zu welchem FC-Switch und dann zu welchem seiner Ports dann die Übertragungsstrecke vom Server führt.

## 5.3 Dokumentation der logischen Struktur

**Ziel der Dokumentation der logischen Struktur**

Beim Design eines Netzwerks ist zwischen physikalischer und logischer Netzwerkstrukturierung zu unterscheiden. Da VLANs (*Virtual LANs*) in der Regel als sog. *IP-Subnetze* (bzw. kurz *Subnetze*) eingerichtet werden, bildet die Struktur der Vernetzung von VLANs – de facto ein Verbund von IP-Subnetzen – somit die logische Netzwerkstruktur. Parallel zur Konzeption der physikalischen Struktur eines Netzwerks muss auch das Konzept für dessen logische Struktur und für den IP-Adressierungsplan entwickelt werden. Dies muss entsprechend dokumentiert werden. Das Ziel der Dokumentation der logischen Netzwerkstruktur ist es, alle IP-Subnetze, die auch VLANs darstellen, vollständig und präzise zu spezifizieren.

Abbildung 5.3-1 zeigt ein vereinfachtes Modell der logischen Netzwerkstrukturierung durch die Bildung von VLANs (vgl. auch Abb. 4.4-11). Dieses Modell liegt den in diesem Abschnitt dar-

---

[9] Für kompakte Informationen über VSAN sei verwiesen auf: VSAN in [Schu 13] bzw. http://www.competence-site.de/netzwerke/VSAN-Virtual-Storage-Area-Network

## 5.3 Dokumentation der logischen Struktur

gestellten Ansätzen zur Dokumentation der logischen Netzwerkstruktur zugrunde. Es wird im Weiteren vorausgesetzt, dass alle VLANs als IP-Subnetze eingerichtet worden sind.

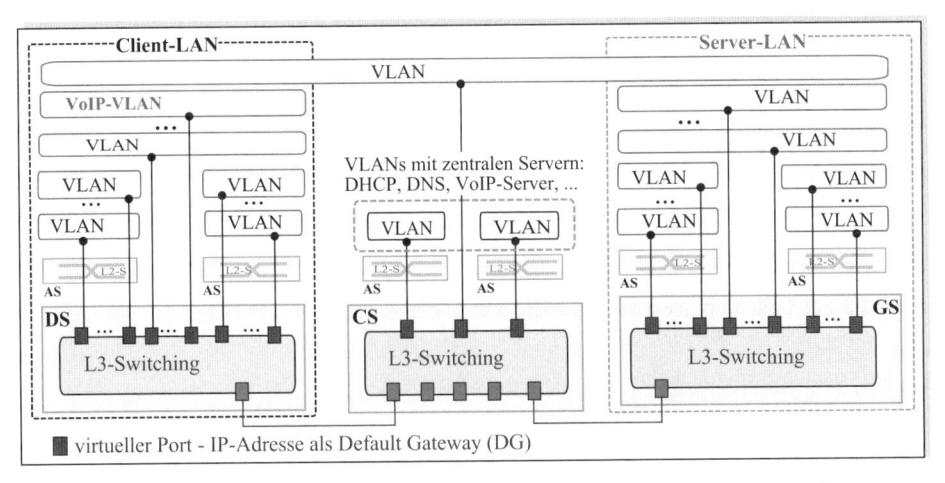

**Abb. 5.3-1:** Modell der logischen Netzwerkstruktur – hinsichtlich der Dokumentation
A/D/GS: Access/Distribution/Aggregation Switch

Wie aus Abbildung 5.3-1 hervorgeht, ist zwischen den folgenden Arten/Kategorien von VLANs zu unterscheiden – und zwar den „auf ein Client-LAN beschränkten VLANs", den „auf ein Server-LAN-beschränkten VLANs" und den „netzwerkweiten VLANs". Es sei angemerkt, dass

*Dokumentation von VLANs*

- alle „auf ein Client-LAN beschränkte VLANs" an eine L3-Switching-Instanz im Distribution Switch innerhalb des Client-LAN logisch angebunden sind;
- alle „auf ein Server-LAN beschränkte VLANs" an eine L3-Switching-Instanz im Aggregation Switch innerhalb des Server-LAN logisch angebunden sind und
- alle „netzwerkweiten VLANs" an eine L3-Switching-Instanz im Core Switch logisch angebunden sind.

Um die Dokumentation von VLANs möglichst zu vereinfachen, schlagen wir für jede Art von VLANs eine getrennte Tabelle vor.

Abbildung 5.3-1 zeigt, wie die „auf ein Client-LAN beschränkte VLANs" in tabellarischer Form dokumentiert werden können.

*„auf ein Client-LAN beschränkte VLANs"*

| VLANs als IP-Subnetze - zum Client-LAN beschränkt | | | | | Client-LAN |
|---|---|---|---|---|---|
| VLAN-ID | Access Switch(es) | Bezeichnung/Bedeutung | IP-Adressraum | DS / DG | Sonstiges |
| xxxxxxxx | AS_01, AS_02 | Arbeitsgruppe: ..... | a.b.c.d/n | DS_04/i.j.k.l | ... |
| ⋮ | ⋮ | ⋮ | ⋮ | ⋮ | ⋮ |

**Abb. 5.3-2:** Dokumentation von „auf ein Client-LAN beschränkten VLANs"
DS: Distribution Switch, DG: Default Gateway

Die einzelnen Angaben sind hier wie folgt zu interpretieren:

- VLAN-ID – Angabe der VLAN-Identifikation,

- „Access Switch(es)" gibt an, über welche Access Switches sich ein VLAN erstreckt. Ist das VLAN auf einen Access Switch beschränkt, wird hier nur ein Access Switch eingetragen.
- Bezeichnung/Bedeutung – VLAN-Bezeichnung bzw. Angabe der VLAN-Bedeutung
- IP-Adressraum/Adressblock – hier wird in der Netzwerkpräfixnotation[10] den IP-Adressraum angegeben, aus dem die IP-Adressen den Rechnern aus dem betreffenden VLAN zugeteilt werden können.
- „DS / DG" gibt an, an welchen Distribution Switch (DS) das VLAN logisch angebunden ist (vgl. Abb. 5.3-1) und mit welcher IP-Adresse als *Default Gateway* (DG) die zum VLAN gehörenden Rechner konfiguriert werden.

Auf gleiche Weise – wie bereits in Abbildung 5.3-2 gezeigt – kann man auch alle „auf ein Server-LAN beschränkte VLANs" dokumentieren. In der Tabelle muss man nur die Spalte „DS / DG" auf „GS / DG" umbenennen, weil in diesem Fall alle VLANs an eine L3-Switching-Instanz im Aggregation Switch innerhalb des Server-LAN logisch angebunden sind.

„netzwerkweite VLANs"

Ebenso kann man auf gleiche Weise auch alle „netzwerkweiten VLANs" dokumentieren. Abbildung 5.3-3 zeigt eine Tabelle dafür.

| VLANs als IP-Subnetze - netzwerkweit | | | | | |
|---|---|---|---|---|---|
| VLAN-ID | Access Switch(es) | Bezeichnung/Bedeutung | IP-Adressraum | CS / DG | Sonstiges |
| xxxxxxxx | AS_ab, AS_xy | Arbeitsgruppe: ..... | a.b.c.d/m | CS_04/k.l.m.n | ... |
| ⋮ | ⋮ | ⋮ | ⋮ | ⋮ | ⋮ |

**Abb. 5.3-3:** Dokumentation von „netzwerkweiten VLANs"
CS: Core Switch, DG: Default Gateway

Es sei anmerkt, dass die in Abbildung 5.3-3 gezeigte Tabelle die Spalte „CS / DG" enthält. In diesem Fall sind alle VLANs an eine L3-Switching-Instanz im Core Switch logisch angebunden.

## 5.4 Weitere Bestandteile der Dokumentation

Die folgenden Abschnitte geben einen exemplarischen Überblick über die Ausweitung der Netzwerkdokumentation auf die bereitgestellten Netzwerkdienste. Sofern innerhalb des Unternehmens bereits ein Servicemanagement (vgl. Abschnitt 1.8.1) eingesetzt wird, erfolgt die Dokumentation der Dienste in der Regel in diesem System. In diesem Fall können die hier gezeigten Beispiele teilweise auf das IT-Servicemanagement übertragen werden. Unabhängig davon sollten entsprechende Verknüpfungen zu den in den vorherigen Abschnitten vorgestellten, essenziellen Netzwerkdokumentationen hergestellt werden. Dadurch können z.B. bei einem Ausfall einer

---

[10] Die folgende Schreibweise `<IP-Adresse>/<Präfixlänge>` wird bei der Netzwerkpräfixnotation verwendet. Zum Beispiel stellt `193.6.4.0/27` einen IP-Adressblock (IP-Adressraum) dar. In diesem IP-Adressblock bilden die ersten 27 Bits die Subnetz-ID und die restlichen Bits sind für Host-IDs bestimmt. Somit ist `<Präfixlänge>` als Länge der Subnetzmaske zu betrachten.

Netzwerkkomponente die abhängigen Dienste ermittelt sowie bei der Planung und dem Ausbau der Dienste deren Netzwerkanforderungen berücksichtigt werden.

Mit der Sprachkommunikation in Abschnitt 5.4.1, der Internetanbindung in Abschnitt 5.4.2 und der Datensicherung als einen Dienst, der aufgrund großer Übertragungsvolumina zu Peak-Zeiten (z.B. beim nächtlichen Backup) hohe Anforderungen an das Netzwerk stellt, werden im Folgenden einige Netzwerkdienste in Bezug auf ihre Integration in die Netzwerkdokumentation beispielhaft betrachtet, die aktuell in praktisch jedem Netzwerkprojekt eine wichtige Rolle spielen.

### 5.4.1 Dokumentation der Sprachkommunikation

Eine zwingende Aufgabe beim Aufbau eines VoIP-Systems ist seine Dokumentation. Da es sich bei VoIP und eine konvergente Netzwerkstruktur handelt, stellt die Dokumentation des VoIP-Systems einen Teil der Netzwerkdokumentation dar. Die Arbeiten an der Dokumentation des VoIP-Systems sollten bereits in der Planungsphase beginnen und im Rahmen der Systeminstallation und -inbetriebnahme fortgesetzt und beendet werden. Insbesondere sind die für das VoIP-System zu installierenden Hardware- und Software-Komponenten entsprechend zu dokumentieren. Hierbei sind die VoIP-Server, VoIP-Gateway, VoIP-Rufnummernplan sowie die Benutzerrechte hinsichtlich der Sprachkommunikation zu berücksichtigen.

*Dokumentation von VoIP-Systemen*

Der Rufnummernplan jedes Unternehmens bzw. jeder anderen Institution sollte in einer tabellarischen Form spezifiziert werden. Um eine bessere Übersicht zu ermöglichen, ist es sinnvoll, für jede Abteilung eine entsprechende Tabelle zu entwerfen. Abbildung 5.4-1 zeigt ein Beispiel für eine derartige Tabelle.

*Rufnummernplan*

| Rufnummernplan | | | Firma: *abc* | | Abteilung: *xyz* | |
|---|---|---|---|---|---|---|
| Teilnehmer | | | Anschlussart | Telefon-nummer | Anschluss-merkmale | Team-funktionen |
| Name | Vorname | Titel | | | | |
| ⋮ | ⋮ | ⋮ | ⋮ | ⋮ | ⋮ | ⋮ |

**Abb. 5.4-1:** Beispiel für die Spezifikation des Rufnummernplans einer Abteilung

Für jeden Eintrag im Rufnummernplan sollte u.a. Folgendes angegeben werden:

- Anschlussart: Standardanschluss, Sammelanschluss etc.
- Abschlussmerkmale: Anklopfen, ggf. Art der Weiterleitung – z.B. direkt bei Nichtmelden (etwa nach 15 Sekunden) oder bei besetztem Anschluss etc.
- Teamfunktionen: Gehört zu einem Sammelanschluss (Angabe der Rufnummer des Sammelanschlusses), Chef-Sekretär-Funktion etc.

Der Rufnummernplan ist auch ein Bestandteil der Dokumentation des VoIP-Systems. Es wird darauf hingewiesen, dass die einzelnen Komponenten des VoIP-Systems – u.a. VoIP-Server – nach dem in Abbildung 5.1-8 gezeigten Prinzip dokumentiert werden können.

## 5.4.2 Dokumentation des Internetzugangs

Im Unternehmen und in jeder andern Institution sollte der Internetzugang genau dokumentiert werden. Zu dessen Dokumentation gehören die folgenden Hauptbestandteile:

- Dokumentation der Internetanbindung,
- Dokumentation von Komponenten für WAN-Anbindungen,
- Spezifikation von Sicherheitsmaßnahmen am Internetzugang und der DMZ,
- evtl. auch eine Beschreibung externer Internetdienste.

**Dokumentation der Internetanbindung**

Zur Dokumentation der Internetanbindung gehört vor allem die Spezifikation der Anbindung an einen Internet Service Provider (ISP). Diese Spezifikation beinhaltet vor allem die Informationen aus dem als SLA[11] bezeichneten Vertrag (insbesondere die vereinbarte Art und Weise der Bereitstellung von Services, ihre Qualität und Support) und darüber hinaus die Konfigurations- und Zugangsdaten. Man sollte unbedingt auch Schritte für einen Notfall bzw. eventuell auch für eine plötzlich notwendige „Erweiterung" der Internetanbindung einplanen und diese entsprechend dokumentieren. Im Hinblick auf eine Notfalllösung kommen mehrere Möglichkeiten in Frage. Eine Möglichkeit wäre die Nutzung einer zusätzlichen, redundanten Internetanbindung z.B. über einen zusätzlichen ISP oder eine Inanspruchnahme einer temporären Mobilfunkverbindung zum Internet für die wichtigsten Dienste etc. In diesem Fall sind die Schritte für die Umstellung auf die alternative Internetanbindung oder für die Verwendung entsprechender Redundanz zu dokumentieren.

**Komponenten für WAN-Anbindungen**

Aufbauend auf der Dokumentation der Internetanbindung sollten die eingesetzten Systemkomponenten und Kabelstrecken dokumentiert werden. Diese Dokumentation soll u.a. die WAN-Anschlüsse und -Leitungen eines Netzanbieters umfassen sowie deren Verkabelung im Datacenter. Darüber hinaus sollte dokumentiert werden, welche Router eingesetzt werden, wie diese konfiguriert wurden und von wem sowie wie diese Router an das Datacenter-Netzwerk angebunden werden. Auch virtuelle Verbindungen – als VPNs (*Virtual Private Networks*) – zu Partnerunternehmen, Zweigstellen etc., die gesondert eingerichtet werden müssen, sollten erfasst werden.

**Dokumentation von Sicherheitsmaßnahmen**

Den wichtigsten Bestandteil der Dokumentation des Internetzugangs bilden mittlerweile die verwendeten Sicherheitsmaßnahmen. Neben den bereits genannten VPN-Zugängen, ggf. auch für Remote Access auf das Unternehmensnetz, die hinsichtlich der Sicherheit präzise dokumentiert werden müssen, sollten insbesondere die Firewall-Konfigurationen bzw. die Adressen und Applikationen, die innerhalb des Unternehmens auch nach außen bzw. im Internet bereitgestellt werden sollen, sorgfältig dokumentiert werden.

Sofern eine DMZ verwendet wird, ist es sinnvoll, in der Dokumentation deren Aufbau sowie die dort platzierten Dienste aufzuführen. Eine detaillierte Dokumentation der am Internetzugang für den Zugriff auf das Unternehmensnetz aus dem Internet bzw. umgekehrt zulässigen TCP und

---

[11] SLA (*Service Level Agreement*) ist ein Vertrag zwischen einem Dienstnehmer (Kunden) und einem Anbieter von informationstechnischen Diensten, oft einem ISP. Jedes SLA sollte immer die folgenden Angaben enthalten: eine funktionelle und qualitative Spezifikation der vereinbarten Dienstleistung und dessen Qualität, die Dienstverfügbarkeit (in der Form 99.xx %), die Entgelte für Bereitstellung der Dienste und die Strafen für den Anbieter bei Nicht-Einhaltung des SLA.

UDP-Ports sowie ggf. zulässige Layer-3 Protokolle (z.B. IPsec mit ESP[12]) sollten in der Dokumentation vermerkt werden. Dabei empfiehlt es sich, eine kurze Begründung für die jeweilige Freigabe und etwaige Einschränkungen (z.B. auf bestimmte Adressen oder Subnetze) zu geben. Sofern neben Firewall bzw. DMZ noch weitere Komponenten für die Netzwerksicherheit – wie etwa IDS (*Intrusion Detection System*), IPS (*Intrusion Prevention System*) – eingesetzt werden, sollte auch deren Anordnung und Konfiguration in die Dokumentation aufgenommen werden.

Bisweilen besteht die Möglichkeit, für den Internetzugang einige externe, von Dritten bereitgestellte Internetdienste in Anspruch zu nehmen. Solche können z.B. sein: externe DNS-Server, die die Domain-Namen oder Zonen des Unternehmens (primär oder sekundär) bereitstellen, oder E-Mail- (wie etwa Backup-MX, externe Viren- und Spamfilter) und Webdienste (z.B. Kopie der Webseite des Unternehmens im Falle eines Netzausfalls). Werden externe Internetdienste benötigt, sollten diese Abhängigkeiten erfasst werden

*Nutzung externer Internetdienste*

### 5.4.3 Dokumentation der Datensicherung

Die allgemeine Vorgehensweise bei der Datensicherung wurde in Abschnitt 4.7 erläutert. Hierbei muss garantiert werden, dass alle Datensicherungspläne korrekt realisiert werden – und bei Bedarf sowohl von Administratoren als auch von hierfür zuständigen Benutzern ausgeführt werden können. Dies ist von großer Bedeutung für den nachhaltigen Betrieb heutiger IT-Infrastrukturen. Um dies zu erreichen, ist eine Dokumentation der Datensicherung erforderlich. Hier möchten wir einige Ideen liefern, welche Angaben enthalten sein sollten und in welcher Form die Dokumentation erstellt werden kann. Die Dokumentation der Datensicherung sollte umfassen:

*Datensicherungspläne*

- Ablauf der Datensicherung: Intervall, Umfang (z.B. inkrementell, differenziell, Voll-Backup, Image, Snapshot), Platzierung der Kopien, Storage-Replikation usw.
- Aufbau der Archivierung: Information Lifecycle Management bzw. Archivierung sowie ggf. Langzeitarchivierung an unterschiedlichen Standorten
- zu treffende (Sofort-)Maßnahmen: Betrachtung verschiedener Notfälle und geeignete Disaster Recovery Lösungen, Realisierung Failover/Failback von Redundanzsystemen an unterschiedlichen Standorten usw.
- Überwachung der Datensicherung: Überprüfung der Ausführung, Disaster Recovery Tests, zyklisches Restore, Erneuerung von Backup-Medien usw.
- Kompetenzen (der Mitarbeiter und ggf. beteiligter Dienstleister)
- Prioritäten für besonders zeit- oder unternehmenskritische Daten und Systeme sowie Maßnahmen für deren Schutz (z.B. selektive Replikation, Verschlüsselung)

Für eine bessere Übersichtlichkeit sollte die Dokumentation in einen Sicherungs- und einen Wiederherstellungsplan unterteilt werden.

---

[12] ESP (*Encapsulating Security Payload*) wird als Security-Header in IP-Pakete eingebettet, um ihre Übermittlung gegen bösartige Angriffe zu sichern. Um dieses Ziel zu erreichen, kann auch AH (*Encapsulating Security Payload*) in IP-Pakete eingebettet werden – oder sogar die beiden gleichzeitig. Man bezeichnet diese Lösungen als IPsec (*IP Security*); Es ist aber zu unterscheiden zwischen „IPsec mit ESP", „IPsec mit AH" und „IPsec mit AH und ESP".

## 5.5 Abschließende Bemerkungen

In diesem Kapitel wurden in einer komprimierten Form die grundlegenden Ideen zur Erstellung der Netzwerkdokumentation vorgestellt. Hauptsächlich wurde hier zu zeigen versucht, wie man vorgehen könnte, um das ganze Netzwerk möglichst vollständig und übersichtlich zu dokumentieren. Aus Platzgründen war es leider nicht möglich, auf alle Bestandteile der Netzwerkdokumentation – wie in Abbildung 5.2-1 gezeigt – einzugehen; einige von ihnen werden in anderen Abschnitten dargestellt wie etwa die Dokumentation von Sicherheitsmaßnahmen (Abschnitt 6.5) und das Notfallhandbuch (Abschnitt 8.6.3). Abschließend ist noch auf Folgendes hinzuweisen:

*Steigerung der Aktualität, Erleichterung des Zugriffs*

**Integration der Dokumentation mit dem Netzwerk- und Systemmanagement:** Wenn innerhalb des Unternehmens Lösungen für ein Netzwerk-, System- oder Servicemanagement existieren, so können diese als Plattform oder zur Unterstützung der Dokumentation herangezogen werden. Dies ermöglicht die Aktualität der Dokumentation weiter zu steigern, da einige Prozesse für deren Pflege (z.B. automatische Registrierung neuer Systeme, Integration in das Facility- und Asset-Management etc.) automatisiert werden können. Dadurch wird auch das Netzwerk-Monitoring bzw. die Überwachung der bereitgestellten Dienste erleichtert, da Änderungen in der Netzwerktopologie und entsprechende Abhängigkeiten zeitnah übernommen, und so Fehlalarme bedingt durch eine veraltete bzw. veränderte Topologie vermieden werden.

*Netzwerkdokumentation auf Document-Mangement-System*

**Lösungen für einen zentralen Zugriff auf die Dokumentation:** Netzwerk- und Systemmanagement-Lösungen bieten auch den Vorteil eines zentralen Zugriffspunkts, z.B. für Helpdesk und Administratoren, auf die aktuelle Netzwerktopologie und Notfallmaßnahmen, der ggf. von diesen sogar mobil per Smartphone genutzt werden kann. Alternativ kann die nach in diesem Kapitel dargestellten Ansätzen erstellte Netzwerkdokumentation auch auf Document- bzw. Content-Mangementsystemen abgelegt werden, womit ein zentraler Zugriff für alle am Netzwerkprojekt sowie dem späteren Betrieb Beteiligten auf die Dokumentation erreicht wird.

*Dokumentation und Abnahme von Kabelstrecken*

**Dokumentation von Verkabelungsparametern:** Wie bereits im Abschnitt 5.2 erläutert, sollten für die physikalische Netzwerkstruktur die Eigenschaften der Installationsstrecken dokumentiert werden. In Abbildung 5.2-2 wurden hierfür die Parameter: D (*Nutzsignaldämpfung*), ACR (*Attenuation to Crosstalk Ratio*), PS ACR (*Power Sum ACR*) und NEXT (*Near End Crosstalk, Nahnebensprechdämpfung*) genannt. Diese sollten vom Installateur der Installationsstrecken bei der Abnahme gemessen, dokumentiert und in die Netzwerkdokumentation aufgenommen werden. Der wichtigste Parameter von TP-Kabelstrecken (*Twisted Pair*) ist ACR. Mit ACR wird der Unterschied zwischen der Nahnebensprechdämpfung (NEXT) und der Nutzsignaldämpfung angegeben. <u>Falls nur die Leistung von NEXT als Störung gilt, kann der ACR-Wert als *Störabstand* angenommen werden – und dies bedeutet: Je größer der Wert ACR ist, desto besser ist das TP-Kabel.</u> Grenzwerte sowie Vorgaben für die strukturierte Verkabelung können in den Normen für TP-Kabel (z.B. DIN/EN 50173 und 50822 bzw. ISO/IEC 11801) nachgelesen werden. Eine entsprechende Messung und Dokumentation der Verkabelungsparameter ist neben Kupferkabeln auch für LWL-Kabeln (*Lichtwellenleiter*) empfehlenswert. Entsprechende Richtwerte sowie Vorgaben für die strukturierte Verkabelung können ebenfalls in der Norm EN 50173 bzw. ISO/IEC 11801 nachgelesen werden können. Auch hier bildet die Dämpfung der LWL-Kabelstrecken eine wichtige Basis für die Dokumentation der Qualität der Übertragungsstrecke.

# 6 Planung und Realisierung der Netzwerksicherheit

Aufgrund der zunehmenden Komplexität von Netzwerkinfrastrukturen steigt auch das Potenzial für darauf zielende Angriffe und damit verbundene Gefährdungen. Daher sind geeignete Maßnahmen und Lösungen erforderlich, um Netzwerke abzusichern und folglich Sicherheitsschwachstellen beim Netzwerkbetrieb möglichst auszuschließen sowie damit verbundene Risiken zu minimieren. Dies beschreibt der Begriff *Netzwerksicherheit*, der alle Maßnahmen zur Planung, Realisierung und Überwachung der Sicherheit in Netzwerken umfasst.

*Begriff: Netzwerksicherheit*

Bei der Planung eines Unternehmensnetzwerks handelt es sich de facto um die Planung einer konvergenten Netzwerkstruktur für die Daten- und Sprachkommunikation. Daher müssen neben Sicherheitsaspekten der Datenkommunikation auch Anforderungen der Sprachkommunikation berücksichtigt werden. Hierfür müssen bereits bei der Planung Maßnahmen für die Gewährleistung der Sicherheit des gesamten Netzwerkbetriebs definiert werden. Man spricht hierbei von der *Planung der Netzwerksicherheit*.

*Bedeutung der Sicherheitsplanung*

Basierend auf der Planung der Netzwerksicherheit erfolgt deren Realisierung durch die Definition von organisatorischen Maßnahmen wie z.B. Richtlinien und Vorschriften sowie durch den Einsatz von technischen Mitteln. Für die Umsetzung von Richtlinien, Vorschriften und Diensten haben sich teilweise bereits Standards etabliert wie z.B. der IT-Grundschutz des Bundesamts für Sicherheit in der Informationstechnik (BSI).

*Realisierung der Netzwerksicherheit*

Im Folgenden wird basierend auf der in den Kapiteln 2 und 3 vorgestellten Ist- und Soll-Analyse ein Netzwerksicherheitsprozess erläutert. Abschnitt 6.1 geht auf die Probleme ein, welche die Sicherheit in Netzwerken betreffen; wie diese Probleme in einem Netzwerksicherheitsprozess erfasst werden können, zeigt Abschnitt 6.2. Zum Verhindern von in Netzwerken auftretenden Sicherheitsrisiken wird in Abschnitt 6.3 ein entsprechender Schutzbedarf ermittelt. Aus diesem werden in Abschnitt 6.4 konkrete Sicherheitsanforderungen abgeleitet. Abschnitt 6.5 widmet sich dem Netzwerksicherheitskonzept. Abschließende Bemerkungen in Abschnitt 6.6 runden das Kapitel ab.

*Überblick über das Kapitel*

In diesem Kapitel werden u.a. folgende Fragen beantwortet:

*Ziel dieses Kapitels*

- Welche Sicherheitsrisiken und Probleme entstehen in Netzwerkprojekten?
- Wie kann ein Sicherheitsprozess zum Verhindern von Risiken beitragen?
- Wie lässt sich der Schutzbedarf infolge von Sicherheitsschwachstellen ermitteln?
- Welche Sicherheitsanforderungen bestehen in Netzwerkprojekten und auf welche Art und Weise können diese erfüllt werden?
- Welche grundlegenden Lösungen existieren zur Erhöhung der Netzwerksicherheit und wie können diese umgesetzt werden?

## 6.1 Probleme der Netzwerksicherheit

**Komplexität von Netzwerken und Angriffen**

Die zunehmende Komplexität von Netzwerken führt dazu, dass einige Stellen im Netzwerk gegenüber bestimmten Angriffen anfällig sein können. Aufgrund der Komplexität wird die Entdeckung und Lokalisierung dieser Angriffe zunehmend aufwändiger. Zusätzlich nehmen die Angriffe auf Netzwerke und Rechnersysteme ständig zu, sodass die Garantie der Netzwerksicherheit daher von zunehmender Bedeutung ist. Da es sich hierbei um umfangreiche Vorgänge und Sachverhalte handelt, ist eine sorgfältige Planung, Realisierung und Überwachung der Netzwerksicherheit nötig.

**Verschiedene Sicherheitsaspekte**

Um die Netzwerksicherheit auf einem hohen Niveau zu garantieren, müssen sowohl geeignete technische Sicherheitskomponenten wie Firewalls und Virenscanner eingesetzt als auch verschiedene Maßnahmen zur Umsetzung von Sicherheitsrichtlinien ergriffen werden. Diese Maßnahmen sind keinesfalls nur technischer Natur, sondern müssen auch organisatorische, geschäftliche und rechtliche Fragestellungen berücksichtigen. In diesem Zusammenhang ist zwischen verschiedenen Aspekten der Netzwerksicherheit zu unterscheiden. Darauf geht Abschnitt 6.1.1 näher ein.

**Mehrere Sicherheitsziele**

Bevor man mit der Planung eines Konzepts für die Realisierung der Sicherheit in einem Netzwerk beginnt, müssen die Ziele definiert werden, die mit dem zu entwickelnden Konzept erreicht werden sollen. Man spricht hierbei von *Netzwerksicherheitszielen*. Diese werden in Abschnitt 6.1.2 detailliert erläutert.

**Verschiedene Netzwerkbereiche**

Das Netzwerk in einem Unternehmen ist in der Regel ein komplexes Gebilde, das in mehrere funktionelle und organisatorische Bereiche unterteilt werden kann. Da die Sicherheitsrisiken in den einzelnen Netzwerkbereichen unterschiedlich sind, sollten diese Bereiche bei der Entwicklung eines Konzepts für die Netzwerksicherheit getrennt analysiert werden. Die hierbei zu unterscheidenden Bereiche werden in Abschnitt 6.1.3 kurz dargestellt.

**Abgrenzung von Sicherheitszonen im Netzwerk**

Im Abschnitt 6.1.4 wird die Bedeutung von Zonen mit unterschiedlichen Sicherheitsanforderungen anhand der Einführung einer demilitarisierten Zone (DMZ) veranschaulicht. Dadurch können verschiedene funktionelle und organisatorische Bereiche, beispielsweise für den Zugriff auf Netzwerkdienste durch Mitarbeiter aus dem lokalen Netzwerk sowie weltweit über das Internet, besser geschützt werden.

### 6.1.1 Aspekte der Netzwerksicherheit

**Analyse der Sicherheitsaspekte in einem Netzwerk**

Wie bereits erwähnt, sind die Maßnahmen zur Garantie der Netzwerksicherheit keinesfalls nur technischer Natur, sondern müssen auch andere sicherheitsrelevante Fragestellungen wie etwa organisatorische oder rechtliche Aspekte berücksichtigen. Bei der Planung und Realisierung eines Konzepts für die Netzwerksicherheit sollte das gesamte Netzwerk im Hinblick auf unterschiedliche Sicherheitsaspekte analysiert werden. Abbildung 6.1-1 zeigt eine Auflistung typischer Aspekte der Netzwerksicherheit.

## 6.1 Probleme der Netzwerksicherheit

```
Aspekte der
Netzwerksicherheit
    ├─ Technische Aspekte
    │     ├─ Sicherheit am Internetzugang, Firewalls
    │     ├─ Sicherheitsmechanismen: Zugriffsschutz, ...
    │     ├─ Sichere Konfiguration von Netzwerkkomponenten: Router, ...
    │     ├─ Auditing: Reporting, Event-Logging, ...
    │     └─ Monitoring: Change-, Intrusion Detection/Prevention, ...
    ├─ Organisatorische Aspekte
    │     ├─ Passwort-Management
    │     ├─ Benutzer- und Berechtigungsverwaltung
    │     ├─ Sicherheits-Audit, -Monitoring
    │     └─ Datensicherung und -auslagerung, Ausfallsicherheit, ...
    ├─ Menschliche Aspekte
    │     ├─ Handhabungsfehler, ...
    │     └─ Kriminelle Handlungen: Daten-, Software-Manipulation,
    │                                Daten-, Software-Diebstahl,
    │                                Hacking, Sabotage und Spionage, ...
    ├─ Wirtschaftliche Aspekte
    │     ├─ Offenlegung von Unternehmens- bzw. Kundendaten
    │     └─ Produktivitätsverluste
    └─ Rechtliche Aspekte
          ├─ Haftung (Störer, Betreiber), z.B. für E-Mail-Inhalte, ...
          ├─ z.B. private Internet-Nutzung in Unternehmen
          └─ Beweisproblematik, ...
```

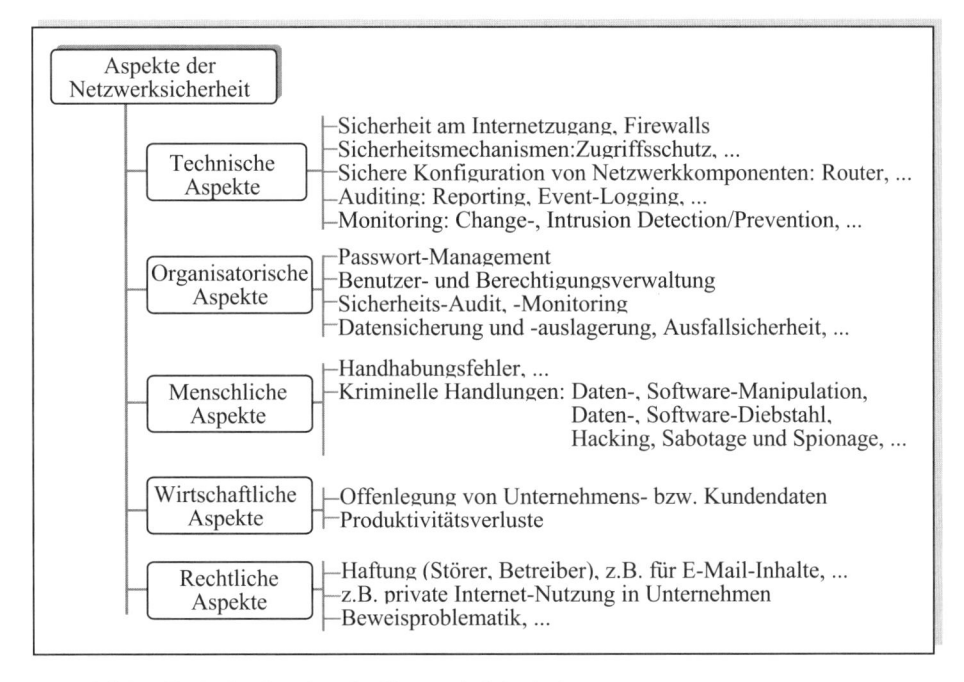

**Abb. 6.1-1:** Typische Aspekte der Netzwerksicherheit

Typische Aspekte der Netzwerksicherheit umfassen:

- *Technische Aspekte*
  Diese beschreiben sämtliche Sicherheitsaspekte, die mit technischen Fragestellungen zusammenhängen. Hierbei handelt es sich insbesondere um technische Konzepte, wie beispielsweise:
  - Wie wird die Sicherheit am Internetzugang technisch realisiert?
  - Welche Sicherheitsmechanismen werden eingesetzt, um z.B. einen Zugriffsschutz auf Ressourcen innerhalb des Netzwerks zu realisieren?
  - Wie können die Netzwerkkomponenten (wie z. B. Router) konfiguriert werden, um sie vor den verschiedenen Angriffen zu schützen?
  - Wie detailliert und wie lange werden Ereignisse im Netzwerk protokolliert, in welchen Abständen und welchem Umfang werden Reports erstellt?
  - Welche Komponenten werden für die kontinuierliche Überwachung des Netzwerks eingesetzt?

- *Organisatorische Aspekte*
  Hierzu gehören alle Fragestellungen, die mit der Organisation der Netzwerksicherheit verbunden sind, wie u.a.:
  - Wie wird das Password-Management organisiert?
  - Wie werden die Benutzerrechte vergeben und verwaltet?

*Aspekte der Netzwerksicherheit*

- Welche Prozesse wurden zur Gewährleistung und regelmäßigen Überprüfung der Netzwerksicherheit definiert?
- Wie werden die Datensicherung sowie die Auslagerung von Daten an externe Standorte z.B. zur Realisierung von Redundanz bzw. Fehlertoleranz organisiert?

- *Menschliche Aspekte*
  Einerseits unterlaufen Mitarbeitern bisweilen unabsichtlich Handhabungsfehler, die zu einer Sicherheitsschwachstelle führen können. Andererseits besteht die Möglichkeit, dass Mitarbeiter auch absichtlich versuchen Sicherheitsschwachstellen auszunutzen, indem sie beispielsweise auf einem Server auf für sie nicht autorisierte Daten zugreifen. Derartige Handlungen dürfen in einem Konzept für die Netzwerksicherheit nicht außer Acht gelassen werden. Als menschliche Aspekte der Netzwerksicherheit sollten deshalb auch folgende Fragen in Betracht gezogen werden:
  - Welche Handhabungsfehler könnten zu Sicherheitsschwachstellen führen?
  - Mit welchen kriminellen Handlungen (z.B. Daten-, Software- oder Hardware-Manipulation), welche Sicherheitsrisiken zur Folge haben können, sollte gerechnet werden?

- *Wirtschaftliche Aspekte*
  Sicherheitsrisiken im Netzwerk können sich negativ auf das gesamte Unternehmen auswirken. Für die Berücksichtigung der wirtschaftlichen und betrieblichen Aspekte der Netzwerksicherheit sollten u.a. folgende Fragestellungen beantwortet werden:
  - Wie soll der Zugriff auf unternehmenskritische Daten gesichert werden, um zu verhindern, dass Geschäftsabläufe z.B. für die Konkurrenz offengelegt werden?
  - Welche Datenverluste können zu Produktivitätsverlusten führen und welche Maßnahmen sollten ergriffen werden, um derartige Einbußen auszuschließen?

- *Rechtliche Aspekte*
  Bei der Realisierung von Maßnahmen zur Netzwerksicherheit müssen auch rechtliche Aspekte beachtet werden. Hierbei stellen sich beispielsweise folgende Fragen:
  - Wie können die Netzdienste (wie Telefonie, E-Mail) durch die Mitarbeiter privat genutzt werden?
  - Wer haftet für die Inhalte von E-Mails, die aus dem Unternehmen verschickt werden?
  - Wie wird die Beweisproblematik bei strittigen und netzwerkrelevanten Sicherheitsproblemen organisiert?

## 6.1.2 Ziele der Netzwerksicherheit

*Spezifizierung von Sicherheitszielen*

Bevor man mit der Planung von Maßnahmen für die Netzwerksicherheit beginnt, sollte man die Ziele spezifizieren, die man erreichen möchte. Man spricht in diesem Zusammenhang auch von *Sicherheitszielen*. Abbildung 6.1-2 zeigt eine Zusammenstellung von globalen Zielen, die bei der Erstellung eines Konzepts für die Netzwerksicherheit verfolgt werden sollten.

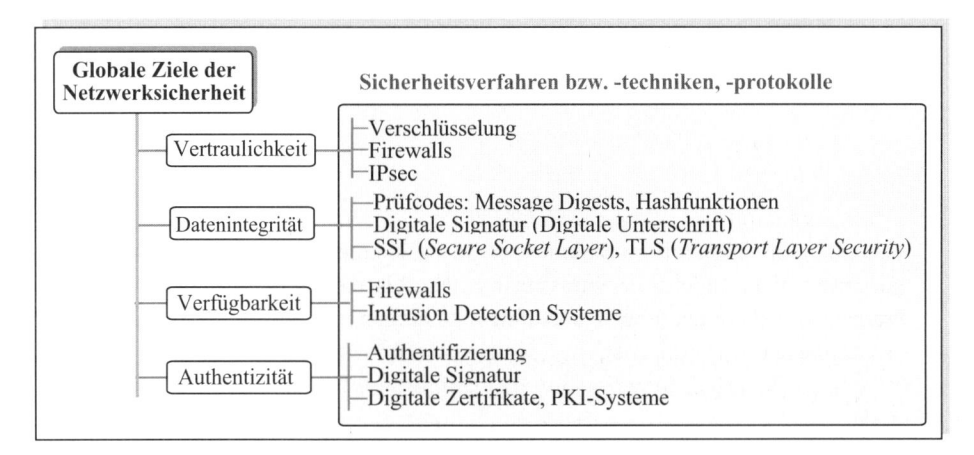

| Globale Ziele der Netzwerksicherheit | Sicherheitsverfahren bzw. -techniken, -protokolle |
|---|---|
| Vertraulichkeit | – Verschlüsselung<br>– Firewalls<br>– IPsec |
| Datenintegrität | – Prüfcodes: Message Digests, Hashfunktionen<br>– Digitale Signatur (Digitale Unterschrift)<br>– SSL (*Secure Socket Layer*), TLS (*Transport Layer Security*) |
| Verfügbarkeit | – Firewalls<br>– Intrusion Detection Systeme |
| Authentizität | – Authentifizierung<br>– Digitale Signatur<br>– Digitale Zertifikate, PKI-Systeme |

**Abb. 6.1-2:** Globale Ziele der Netzwerksicherheit

Zu den globalen Zielen der Netzwerksicherheit gehören:

Globale Ziele der Netzwerksicherheit

- *Vertraulichkeit*
  Bei der Übertragung von vertraulichen Daten im Netzwerk sollte sichergestellt werden, dass diese während der Übertragung nicht durch unberechtigte Dritte abgehört werden können. Darüber hinaus sollte gewährleistet werden, dass der Zugriff auf vertrauliche Daten, z.B. auf einem Server, nur berechtigten Personen gewährt wird. In der Regel werden hierfür folgende Sicherheitsmaßnahmen ergriffen:
  – Um die Vertraulichkeit während der Übertragung zu erreichen (*Übertragungssicherheit*), werden die zu übertragenden Daten entsprechend vor dem Absenden verschlüsselt und am Ziel vom Empfänger dementsprechend entschlüsselt.
  – Um den Zugriff auf die vertraulichen Daten auf einem Server nur hierfür berechtigten Personen zu erlauben (*Zugriffssicherheit*), werden verschiedene *Authentifizierungs- und Autorisierungsverfahren* verwendet.
- *(Daten-)Integrität*
  Während der Übertragung sowie bei der Speicherung sollen die Daten nicht durch Dritte manipuliert werden können. Unberechtigte Änderungen sollen somit verhindert oder zumindest erkannt werden. Um dies zu erreichen, werden folgende Sicherheitsmaßnahmen ergriffen:
  – Um die Datenintegrität während der Übertragung zu garantieren, werden die zu übermittelnden Daten mit Prüfsummen bzw. kryptografischen Hash-Werten durch den Absender gesichert, anhand derer der Empfänger den korrekten Empfang verifizieren kann. Auch eine Verschlüsselung der Daten trägt zur Gewähr-

leistung der Integrität bei, da die Daten für die gezielte bösartige Änderung zunächst entschlüsselt werden müssen.
- Um den Zugriff auf vertrauliche Daten nur für hierfür berechtigte Personen zuzulassen, werden verschiedene Zugriffskontrollverfahren (*Authentifizierungs- und Autorisierungsverfahren*) verwendet. Bei der *Authentifizierung* wird die tatsächliche Identität des Benutzers (*Wer sind Sie?*) überprüft. Die Autorisierung entscheidet nach der Authentifizierung des Benutzers über dessen Berechtigung, auf die Daten zugreifen zu dürfen (*Was wollen Sie?*).

■ *Verfügbarkeit (Daten-, Systemverfügbarkeit)*
Es sollte einerseits sichergestellt werden, dass auf die notwendigen Daten zu jeder gewünschten Zeit und an jedem zulässigen Ort zugegriffen werden kann. Man kann hierbei von *Datenverfügbarkeit* sprechen. Andererseits sollte sichergestellt werden, dass die unternehmenskritischen Rechnersysteme, wie z.B. Server, nicht durch gezielte DoS-Angriffe (*Denial of Service*) lahmgelegt werden können (*Systemverfügbarkeit*).

■ *Authentizität (und Verbindlichkeit)*
In Bezug auf die Herkunft der Daten bzw. einer Nachricht (z.B. E-Mail) sollte deren Ursprung eindeutig festgestellt werden können. Dabei unterscheidet man bei der Authentizität zwischen *Authentizität der Daten (Nachricht)* und *Authentizität des Kommunikationspartners*.
- Authentizität der Daten besagt, dass die Daten eindeutig einem Absender bzw. einem Ursprung zugeordnet werden können. Der Absender soll somit keine Möglichkeit erhalten, den Versand der Nachricht abzustreiten (Verbindlichkeit).
- Authentizität des Kommunikationspartners besagt, dass der Partner tatsächlich derjenige ist, der er vorgibt zu sein, und dass seine Identität eindeutig überprüft werden kann.

Sowohl die Authentizität der Daten als auch die Authentizität des Kommunikationspartners kann durch den Einsatz von digitalen Signaturen und Zertifikaten überprüft werden.

**Rechtsverbindlichkeit als Sicherheitsziel**

In einigen Unternehmen, die z.B. in Geschäftsfeldern wie E-Commerce bzw. Finanzen tätig sind, kann auch die *Rechtsverbindlichkeit* (auch Revisionssicherheit, Compliance) als Sicherheitsziel von großer Bedeutung sein. Bei der Erstellung von Sicherheitsmaßnahmen sollte daher sichergestellt werden, dass rechtsverbindliche Geschäftsabwicklungen immer garantiert werden können. In solchen Fällen handelt es sich um die sichere Abwicklung von verschiedenen Transaktionen. Beispielsweise ist allein die Sicherheit in Zahlungssystemen bereits ein breites und komplexes Thema.

**Umsetzung der Sicherheitsziele**

Um die oben genannten Sicherheitsziele in der Praxis umzusetzen, sind in jedem Unternehmen bzw. jeder Institution mehr oder weniger individuelle Sicherheitsmaßnahmen erforderlich. Zu den Maßnahmen gehören nicht nur

■ *technische Sicherheitsmaßnahmen* (wie Virenscanner, Firewall etc.), sondern insbesondere auch

- *organisatorische Sicherheitsmaßnahmen* (vor allem regelmäßige Backups von Daten, Passwortschutz, Unterrichtung und Sensibilisierung von Mitarbeitern usw.).

### 6.1.3 Sicherheitsproblembereiche in Netzwerken

Bei der Entwicklung eines Konzepts für die Netzwerksicherheit müssen alle Bereiche in einem Netzwerk analysiert werden, in denen Sicherheitsprobleme (Sicherheitslücken), die auch als *Sicherheitsschwachstellen* bezeichnet werden, entstehen können. Diese *Sicherheitsproblembereiche* lassen sich mit Hilfe des in Abbildung 6.1-3 gezeigten sicherheitsbezogenen Netzwerkmodells anschaulich darstellen.

Sicherheitsbezogenes Netzwerkmodell

| Sicherheitsproblembereich: | Bedrohungen | Maßnahmen |
|---|---|---|
| 5 Benutzer | Unautorisierte Zugriffe | Passwörter, Chipkarten, ... |
| 4 Endsysteme | Viren, Datenverändern, ... | Virenscanner, Zugriffskontrolle, ... |
| 3 Netzwerkinfrastruktur | Unautorisierte Zugriffe, DoS, | Netzwerksegmentierung, Intrusion Detection, |
| 2 Server | Viren, DoS, | Virenscanner, Intrusion Detection, Monitoring, Port schließen, |
| 1 Netzzugang (R, VG) | Unautorisierte Zugriffe | Firewalls, |
| Öffentliche Netze (Internet, ISDN) | Abhören, Datenverändern, ... | Verschlüsseln, Digitale Signaturen, PKI, Protokolle: IPsec, SSL/TLS |

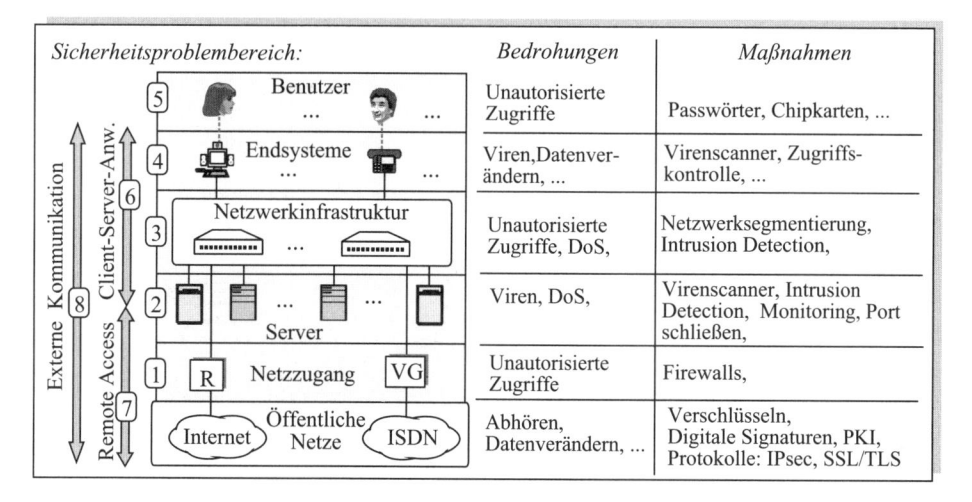

(8 Externe Kommunikation, 6 Client-Server-Anw., 7 Remote Access)

**Abb. 6.1-3:** Sicherheitsbezogenes logisches Netzwerkmodell
R: Router, VG: VoIP-Gateway

Wie hier ersichtlich ist, können Sicherheitsproblembereiche unterschiedlichen Schichten zugeordnet werden. Abbildung 6.1-3 zeigt ein 5-Schichten-Modell, das sich gut zur Sicherheitsanalyse von Netzwerken eignet. Zusätzlich muss man einerseits die Sicherheitsprobleme von internen verteilten Netzwerkanwendungen (6) und andererseits beim Remote Access (7) sowie der externen Kommunikation (8) in Betracht ziehen. Diese kommen als drei weitere Sicherheitsproblembereiche hinzu, die netzwerkschichtübergreifend sind. Das skizzierte Modell ist von der Netzwerktopologie unabhängig und kann daher als *Referenzmodell* bei der Planung der Netzwerksicherheit dienen. Die einzelnen Schichten im Referenzmodell lassen sich hierbei leicht unterschiedlichen physikalischen Netzwerkstrukturen zuordnen (vgl. Abb. 6.1-4). Neben Netzwerkstrukturen können innerhalb des beschriebenen Modells auch Sicherheitsproblembereiche von weiteren oder an die IT angrenzenden Infrastrukturen abgebildet werden. Diese umfassen z.B. die Berücksichtigung von Sicherheitsproblembereichen von TK- (z.B. TK-Analgen, VoIP) und Storage-Infrastrukturen (z.B. SAN) als Teil eines Netzwerks.

Sicherheitsprobleme auf den Schichten des Netzwerkmodells

**Bemerkung:** Das in Abbildung 6.1-3 eingeführte Modell erinnert auch optisch an das gut bekannte OSI-Schichtenmodell (*Open System Interconnection*), welches als Referenzmodell für die Darstellung der Hierarchie der Netzwerksteuerung und -protokolle gilt.

Die einzelnen Sicherheitsproblembereiche können wie folgt charakterisiert werden:

1. *Netzzugangsbereich*
   Hier kann die Sicherheit insbesondere durch den Einsatz von Firewalls erhöht werden. Die Zugriffsrechte auf verwendete IT/TK-Systeme sowie die zugehörige Infrastruktur und Endsysteme sollen nur berechtigten Benutzern (z.B. Mitarbeitern des Unternehmens, Kunden) eingeräumt werden. Häufig wird dies durch Firewalls, und Remote-Access Systeme realisiert.

2. *Serverbereich*
   Die IT/TK-Systeme (wie z.B. Server) müssen im Netzwerksicherheitskonzept gesondert berücksichtigt werden. Bei dem Zugriff auf die Systeme müssen legitime Benutzer sicher von unberechtigten Dritten bzw. potentiellen Angreifern unterschieden werden. Die Benutzer müssen daher authentifiziert und autorisiert werden. Hierfür muss spezifiziert werden, welcher Benutzer auf welche Server zugreifen darf. Zusätzlich werden u.a. Firewalls und Virenscanner eingesetzt.

3. *Netzwerkinfrastrukturbereich*
   Netzwerk- und TK-Infrastruktur bilden ein komplexes Sicherheitsgebiet. Hier kommen verschiedene Sicherheitsmaßnahmen in Frage. Insbesondere sind hier zu nennen: logische Netzwerksegmentierung sowie der Einsatz von L2-Security-Maßnahmen, Intrusion Detection/Prevention Systemen und internen Firewalls.

4. *Endsystembereich*
   Es muss spezifiziert werden, welcher Benutzer welche Rechner verwenden darf. Dies kann oft mithilfe von verschiedenen Zugangslisten (sog. *Access Control Lists, ACL*, die auch im Server- und Netzwerkinfrastrukturbereich zum Einsatz kommen) in den Endgeräten entsprechend eingetragen werden.

5. *Benutzerbereich*
   Hier müssen entsprechende Benutzerrechte spezifiziert werden, die z.B. definieren, welche Dienste und Funktionen ein Benutzer verwenden darf. Da die Benutzer versuchen können, auf Daten zuzugreifen, für die sie keine Berechtigung haben, müssen hier Sicherheitsbedrohungen durch unautorisierte Zugriffe berücksichtigt werden. Sicherheitsmahnamen bilden hierbei z.B. Passwörter oder Chipkarten.

6. *Lokale Client-Server-Anwendungen*
   Die eben für Benutzer, Endsystem-, Netzwerkinfrastruktur- und Serverbereich genannten Sicherheitsmaßnahmen müssen auch für innerhalb des Unternehmens bereitgestellte Client- und Server-Anwendungen berücksichtigt werden, die nicht in öffentlichen Netzen (Internet) verwendet werden.

7. *Remote Access Services*
   Für den Zugang zu internen Diensten und Ressourcen werden geeignete Zugriffsschutzverfahren definiert, um nur berechtigten Administratoren und Mitarbeitern Zugriff auf die Dienste zu gewähren (wie etwa für das sog. off-site Netzwerkmanagement). Diese umfassen insbesondere die Realisierung von virtuellen privaten Netzen (VPN) sowie *Remote Access Services* (RAS); vgl. *Remote Authentication Dial In User Service* (RADIUS) sowie Access Gateways.

8. *Externe Kommunikation*
   In diesem Bereich müssen einerseits Maßnahmen ergriffen werden, mit denen die Vertraulichkeit während der Datenübermittlung in öffentlichen Netzen garantiert werden kann. Die Vertraulichkeit kann hierbei durch eine entsprechende Verschlüsselung der zu übertragenden Daten erreicht werden. Andererseits müssen Maßnahmen ergriffen werden, mit denen man eine gezielte Verfälschung der übertragenen Daten entdecken kann. Hierfür sind Maßnahmen nötig, die eine Überprüfung der Integrität der übertragenen Daten ermöglichen.

Abbildung 6.1-4 illustriert, wo die in Abbildung 6.1-3 eingeführten Sicherheitsproblembereiche in der typischen physikalischen Netzwerkstruktur zu finden sind.

*Sicherheitsproblembereiche in physikalischen Netzstrukturen*

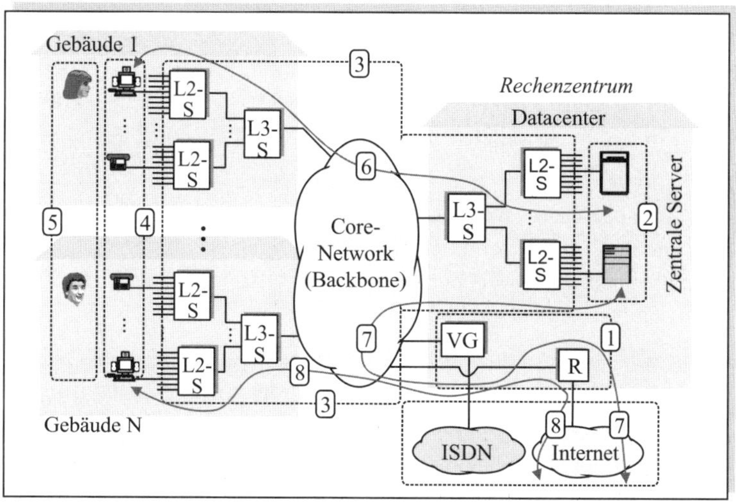

**Abb. 6.1-4:** Physikalische Netzstruktur und Sicherheitsproblembereiche nach dem Netzwerkmodell aus Abb. 6.1-3
L2-S: Layer-2-Switch, L3-S: Layer-3-Switch, R: Router, VG: VoIP-Gateway

## 6.1.4 Einführung einer DMZ

In Netzwerken von Unternehmen werden häufig Webserver betrieben, die Webdienste bzw. -anwendungen bereitstellen. Um externen Kunden den Zugriff über das Internet

*Was ist eine DMZ?*

auf den Webserver zu ermöglichen, ist dieser dabei in der Regel über einen weltweit erreichbaren URL (*Uniform Resource Locator*) erreichbar. Um eine Webseite über den URL aus dem Internet abrufen zu können, ermittelt der Webbrowser die IP-Adresse des Webservers über einen DNS-Server (*Domain Name System*) des Unternehmens, der die Zuordnungen: *Rechnername* =>*Adresse* verwaltet. Da die DNS-Server somit IP-Adressen von Rechnern des Unternehmens nach außen bekannt machen, müssen Schutzmaßnahmen getroffen werden, die den Zugriff auf den Webserver sowohl für externe Kunden als auch für Mitarbeiter aus dem internen Netz ermöglichen.

*DMZ und Firewalls*

Um – im Falle eines externen Angriffs auf den Webserver – einen Zugriff auf das interne Netzwerke z.B. mit Endsystemen der Mitarbeiter sowie Server mit sensiblen Unternehmensdaten ausschließen zu können, sollte eine sog. DMZ (*DeMilitarisierte Zone*) im Netzwerk eingerichtet werden. Hierbei ist zwischen zwei Lösungsalternativen zu unterscheiden:

- DMZ in Kombination mit einer 2-stufigen Firewall,
- DMZ in Kombination mit einer 1-stufigen Firewall.

*2-stufige Firewall*

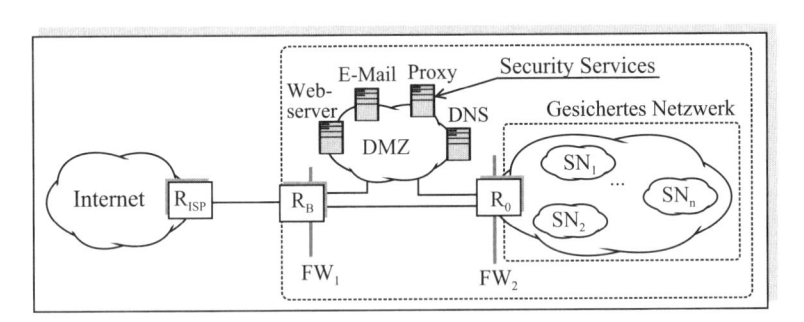

**Abb. 6.1-5:** DMZ mit zwei Firewall-Stufen – in einem kleinen Netzwerk
FW: Firewall, R: Router, $R_B$: Border-Router, SN: IP-Subnetz

*Was kann eine DMZ enthalten?*

Abbildung 6.1-5 illustriert eine DMZ in Kombination mit zwei Firewall-Stufen. Die DMZ ist in diesem Fall ein eigenständiger Teil des Netzwerks als IP-Subnetz zwischen dem Router $R_B$ (*Border-Router*), in dem die erste Firewall-Stufe $FW_1$ (*Outer Firewall*) enthalten ist, und dem Router $R_0$ mit der zweiten Firewall-Stufe $FW_2$ (*Inner Firewall*). Hinter dem Router $R_0$ befindet sich das gesicherte interne Netzwerk (z.B. mit sensiblen Unternehmensdiensten, -endgeräten und -daten), das weiter logisch strukturiert werden kann. In der DMZ wird beispielsweise ein Webserver z.B. mit Marketing-Inhalten oder Webanwendungen, die nach außen gezeigt werden sollen, installiert. Die DMZ kann auch einen E-Mailserver enthalten, in dem alle eingehenden E-Mails zwischengespeichert werden. Hier können alle E-Mails zuerst auf Viren und Spam gefiltert werden, bevor sie in den gesicherten Teil des Netzwerks weitergeleitet werden. In der DMZ kann ein spezieller Proxy-Server installiert werden, der verschiedene Security Services (u.a. Authentifizierung, Virenscanner) zur Verfügung stellt.

Das durch die zwei Firewall-Stufen gesicherte Netzwerk kann als *militarisierte Zone* betrachtet werden. IT/TK-Systeme und Endgeräte im gesicherten Netzwerk werden somit durch die DMZ so geschützt, dass kein direkter Zugriff vom Internet aus auf sie möglich ist. Die DMZ bildet eine neutrale Zone und trägt zur Verbesserung der Netzwerksicherheit bei, ohne den Zugriff für lokale Mitarbeiter zu erschweren.

*Steigerung der Netzwerksicherheit durch DMZ*

Abbildung 6.1-6 veranschaulicht, wie eine DMZ realisiert werden kann. Wie hier ersichtlich ist, kann die DMZ bereits durch nur einen entsprechend schnellen Layer-2-Switch, an dem verschiedene Server angeschlossen sind, eingerichtet werden.

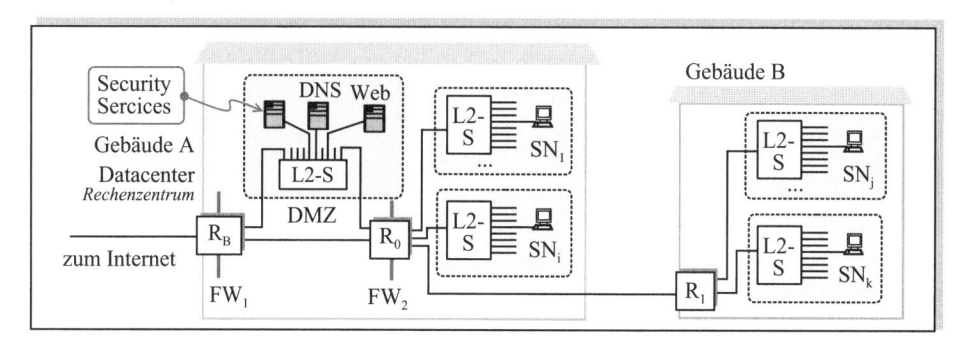

**Abb. 6.1-6:** DMZ und eine 2-stufige Firewall – in einer einfachen Netzwerkstruktur
FW: Firewall, L2-S: Layer-2-Switch, R: Router, $R_B$: Border-Router, SN: IP-Subnetz

Falls der Verkehr aus dem Internet zum gesicherten Netzwerk überwiegend über die DMZ geführt wird, muss dafür gesorgt werden, dass ein Ausfall der DMZ nicht zum „Abschneiden" des Internetzugangs für die Benutzer innerhalb des Unternehmens führt. Dies kann beispielsweise erreicht werden, indem für den ausgehenden Verkehr aus dem gesicherten Netz eine weitere Verbindung zwischen $R_0$ und $R_B$, wie in Abbildung 6.1-6 gezeigt, realisiert wird. Allerdings könnte hierbei auch ein Ausfall des Routers $R_B$ oder $R_0$ zu einem kompletten Ausfall der Internetanbindung führen. Daher sollte eine redundante Auslegung der für die Internetanbindung verwendeten Systemkomponenten eingeplant werden (s. hierzu Abschnitt 4.6.1).

*Ausfallsicherheit der DMZ und des Internetzugangs*

### Sicherheitsproblembereiche bei einer DMZ und 2-stufiger Firewall

Das in Abbildung 6.1-3 dargestellte sicherheitsbezogene logische Netzwerkmodell aus Sicht der Sicherheit kann auch an ein Netzwerk mit einer DMZ und einer 2-stufigen Firewall angepasst werden.

Wie in Abbildung 6.1-7 ersichtlich ist, wird hierbei die Schicht, die dem Zugang zu den öffentlichen Netzen entspricht, in drei Teilschichten unterteilt. Die mittlere Teilschicht wird der DMZ zugeordnet. Die Ermittlung des Schutzbedarfs (s. Abschnitt 6.3) kann in den Teilschichten 1a, 1b und 1c voneinander getrennt und weitgehend unabhängig durchgeführt werden.

*Abbildung der Schichten auf DMZ und 2-stufige Firewall*

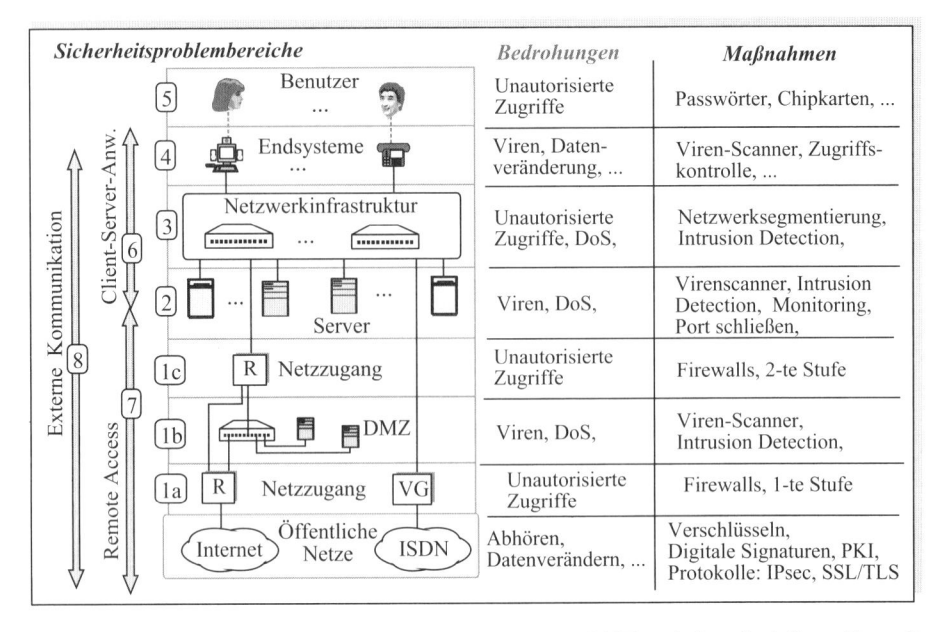

**Abb. 6.1-7:** Sicherheitsproblembereiche im Netzwerk mit DMZ und einer 2-stufigen Firewall
Abkürzungen wie in Abb. 6.1-3

1-stufige Firewall

Eine Firewall kann auch 1-stufig realisiert werden. Abbildung 6.1-8 zeigt, wie dies erfolgen kann.

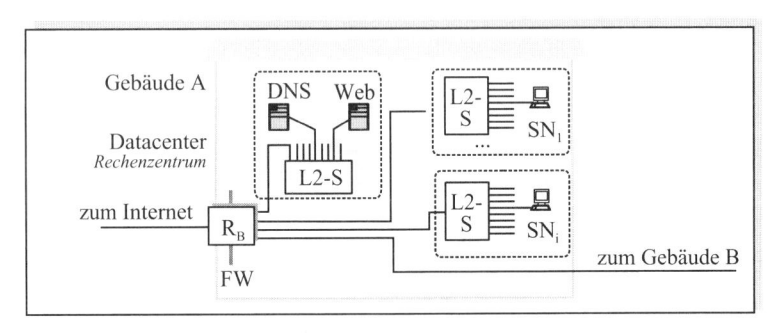

**Abb. 6.1-8:** DMZ und 1-stufige Firewall – in einem kleinen Netzwerk
Abkürzungen wie in Abb. 6.1-6

## Sicherheitsproblembereiche bei einer DMZ und 1-stufiger Firewall

Wird die Firewall 1-stufig realisiert, können die in Abbildung 6.1-7 gezeigten Sicherheitsproblembereiche im Netzwerkmodell vereinfacht werden. Abbildung 6.1-9 zeigt diese Vereinfachung beim Einsatz einer 1-stufigen Firewall am Internetanschluss.

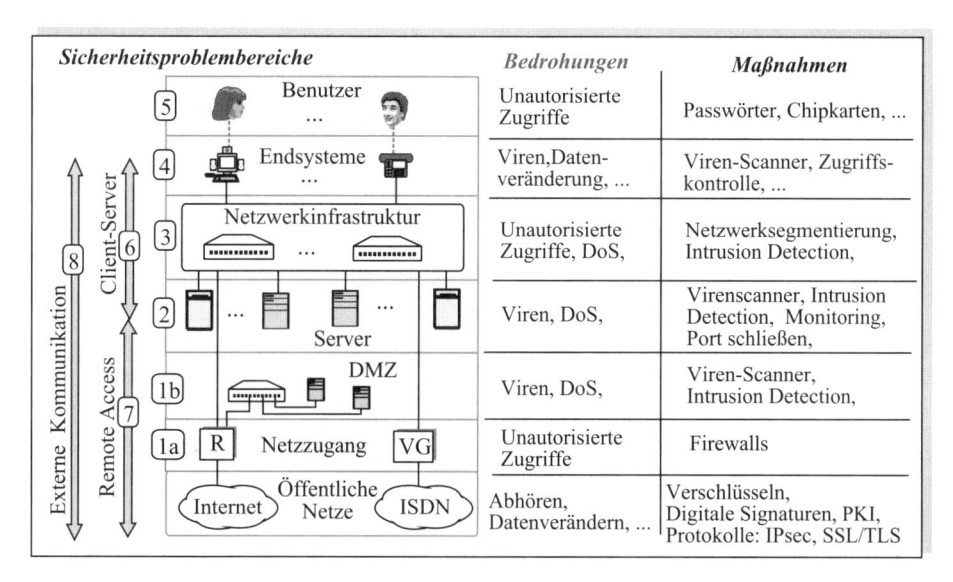

| Sicherheitsproblembereiche | Bedrohungen | Maßnahmen |
|---|---|---|
| Benutzer | Unautorisierte Zugriffe | Passwörter, Chipkarten, ... |
| Endsysteme | Viren, Datenveränderung, ... | Viren-Scanner, Zugriffskontrolle, ... |
| Netzwerkinfrastruktur | Unautorisierte Zugriffe, DoS, | Netzwerksegmentierung, Intrusion Detection, |
| Server | Viren, DoS, | Virenscanner, Intrusion Detection, Monitoring, Port schließen, |
| DMZ | Viren, DoS, | Viren-Scanner, Intrusion Detection, |
| Netzzugang | Unautorisierte Zugriffe | Firewalls |
| Öffentliche Netze (Internet, ISDN) | Abhören, Datenverändern, ... | Verschlüsseln, Digitale Signaturen, PKI, Protokolle: IPsec, SSL/TLS |

**Abb. 6.1-9:** Sicherheitsproblembereiche im Netzwerk mit DMZ und 2-stufiger Firewall
Abkürzungen wie in Abb. 6.1-7

# 6.2 Phasen des Netzwerksicherheitsprozesses

Die Aufrechterhaltung einer angemessenen Stufe der Netzwerksicherheit kann nur durch ein geplantes und organisiertes Vorgehen aller am Projekt Beteiligten gewährleistet werden. Die Voraussetzung hierfür ist die vollständige Umsetzung eines gut durchdachten Sicherheitskonzepts und die ständige Überwachung von eingeführten Sicherheitsmaßnahmen. Daher muss die Netzwerksicherheit als kontinuierlich fortlaufender Prozess (*Netzwerksicherheitsprozess*) betrachtet werden. Der Prozess umfasst mehrere Phasen, die in einer festen Reihenfolge verlaufen und einen Kreislauf bilden.

*Was ist ein Netzwerksicherheitsprozess?*

## 6.2.1 Netzwerksicherheitsprozess als PDCA-Zyklus

Bevor man mit der Planung der Netzwerksicherheit beginnt, müssen die globalen Sicherheitsziele festgelegt werden. Hierfür müssen aber zuerst die Netzwerkstruktur analysiert und alle sicherheitsrelevanten Systeme und Anwendungen erhoben werden. Anhand der Erhebung und Analyse können die globalen Sicherheitsziele festgelegt werden. Diese Ziele sollten bereits bei der Initiierung des Netzwerksicherheitsprozesses erfasst werden. Die wichtigsten Ziele der Netzwerksicherheit wurden bereits in Abschnitt 6.1.2 präsentiert.

*Initiierung des Netzwerksicherheitsprozesses*

Wie Abbildung 6.2-1 illustriert, folgen nach der Initiierung des Netzwerksicherheitsprozesses vier Phasen, die einen *PDCA-Zyklus*[1] (*Plan-Do-Check-Act*) bilden und als Sicherheitsmanagementsystem angesehen werden können.

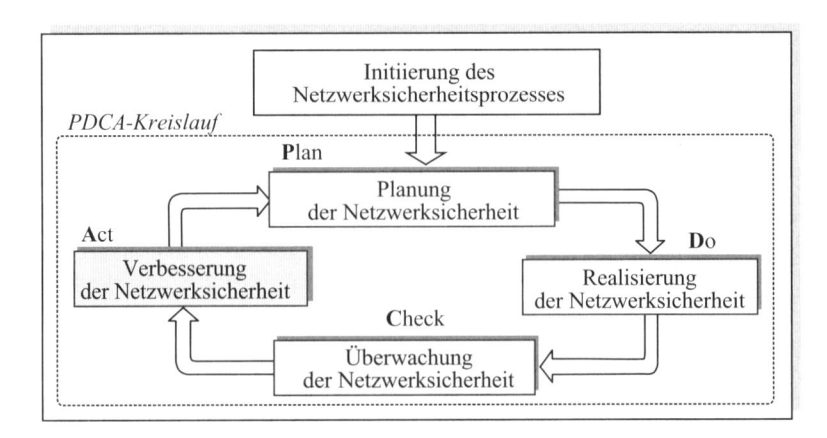

**Abb. 6.2-1:** PDCA-Zyklus beim Netzwerksicherheitsprozess

Planung der Netzwerksicherheit

Nach der Festlegung der globalen Sicherheitsziele – während der Initiierung des Netzwerksicherheitsprozesses – folgt die *Planung der Netzwerksicherheit*. Diese Phase beginnt mit der Analyse des Schutzbedarfs. Hierfür erfolgen zuerst eine Analyse potentieller Bedrohungen und danach eine Analyse der daraus resultierenden Risiken. Die Ergebnisse dieser Analysen stellen die Grundlage für die Feststellung des Schutzbedarfs und die Formulierung von Sicherheitsanforderungen dar, die durch das zu erstellende Sicherheitskonzept erfüllt werden sollen. Die Kernaufgabe der Planung der Netzwerksicherheit ist die Erstellung des Netzwerksicherheitskonzepts, das u.a. die notwendigen Sicherheitsmaßnahmen spezifiziert.

Realisierung der Netzwerksicherheit

Nach der Erstellung des Sicherheitskonzepts folgt die *Realisierung der Netzwerksicherheit*. In dieser Phase werden die vorgesehen Sicherheitsmaßnahmen umgesetzt. Hierbei handelt es sich sowohl um technische Sicherheitssysteme wie z.B. Firewalls als auch um organisatorische Sicherheitsmaßnahmen.

Überwachung der Netzwerksicherheit

Um die Sicherheit im laufenden Netzwerkbetrieb aufrechtzuerhalten, ist eine ständige *Überwachung der Netzwerksicherheit* nötig. In dieser Phase erfolgt die Überprüfung der Wirksamkeit von umgesetzten Sicherheitsmaßnahmen. Hierfür muss ein geeignetes *Monitoring-System* eingerichtet werden, welches Fehler erkennt und eine fortlaufende Risikobewertung ermöglicht. Das wichtigste Instrument der Überwachung stellen regelmäßige *Sicherheits-Audits* dar. Monitoring-Systeme können mit dem Netzwerkmanagement kombiniert werden.

---

[1] Der PDCA-Zyklus ist auch als *Demingkreis* bekannt. Als PDCA-Zyklus werden auch andere Managementsysteme dargestellt – siehe: http://de.wikipedia.org/wiki/Demingkreis

Während des Netzwerkbetriebs sollte angestrebt werden, die Netzwerksicherheit kontinuierlich zu verbessern. Daher wird als letzte Phase im PDCA-Zyklus die *Verbesserung der Netzwerksicherheit* betrachtet. Dies bedeutet, dass eine ständige Kontrolle von existierenden bzw. potenziellen neuen Sicherheitsschwachstellen durchgeführt werden muss. Dies ist eine wesentliche Voraussetzung, um die Netzwerksicherheit zu garantieren. Hierbei ist auch eine Analyse von Restrisiken erforderlich, um die Netzwerksicherheit nachhaltig zu gewährleisten.

*Verbesserungen der Netzwerksicherheit*

Nur wenn die Verantwortlichkeiten klar geregelt sind und der gesamte Netzwerksicherheitsprozess ständig an wechselnde Anforderungen angepasst wird, kann die Netzwerksicherheit dauerhaft auf hohem Niveau erreicht werden. Bei der Planung und der Entwicklung von Konzepten zur Überwachung der Netzwerksicherheit können verschiedene Richtlinien und Standards Hilfestellung leisten. Hierfür sind insbesondere hervorzuheben:

*Sicherheitsrichtlinien und -standards*

- *IT-Grundschutzhandbuch* vom BSI (*Bundesamt für Sicherheit in der Informationstechnik*). Dieses Werk kann kostenlos heruntergeladen werden unter `https://www.bsi.bund.de/gshb`

*IT-Grundschutz BSI*

- ISO/IEC 2700x Standards: ISO/IEC 27002:2005 definiert einen *Leitfaden zum Management von Informationssicherheit*. Er beinhaltet Maßnahmen zur Informationssicherheit. Diese Maßnahmen basieren auf den Erfahrungen aus der Praxis (best-practice) und sollen als Hilfestellung für unterschiedliche Organisationen, unabhängig von deren Größe oder Branche, dienen. ISO/IEC 27002 basiert auf 17799 welches wiederum auf dem Standard BS 7799 des British Standard Institute aufbaut. `http://www.iso.org/iso/catalogue_detail?csnumber=50297`

*ISO/IEC 27001/27002*

### 6.2.2 Initiierung des Netzwerksicherheitsprozesses

Wie bereits in Abbildung 6.2-1 dargestellt wurde, bildet die Planung, Realisierung, Überwachung und Verbesserung der Netzwerksicherheit einen kontinuierlichen Prozess. Um diesen *Netzwerksicherheitsprozess* zu initiieren, ist eine Vorbereitungsphase nötig. In dieser Phase des Netzwerksicherheitsprozesses sind im Allgemeinen mehrere Schritte zu unterscheiden, die zur Erfassung der globalen Sicherheitsziele führen.

#### Vorgehensweise bei der Initiierung

Wie aus Abbildung 6.2-2 ersichtlich ist, beginnt die Initiierung des Netzwerksicherheitsprozesses mit der Bildung eines Sicherheitsteams, dessen Aufgabe es ist, ein Netzwerksicherheitskonzept zu erstellen und zu realisieren. Das Sicherheitsteam beginnt seine Arbeit mit der *Netzwerkstrukturanalyse* hinsichtlich der Sicherheit. Danach folgt die Erhebung von sicherheitsrelevanten Systemen und Anwendungen, um die Sicherheitsziele zu erkennen und möglichst präzise zu erfassen.

*Schritte bei der Initiierung*

## 6 Planung und Realisierung der Netzwerksicherheit

**Potenzielle Sicherheitsschwachstellen**

Bei der Planung der Netzwerksicherheit wird das Ziel verfolgt, die Sicherheitsschwachstellen des Netzwerks zu beheben. Die in dieser Phase erfassten sicherheitsrelevanten Systeme und Anwendungen werden später bei der Planung der Netzwerksicherheit – genauer gesagt während der Ermittlung des Schutzbedarfs (s. Abschnitt 6.3) – unter die Lupe genommen und eventuell als potenzielle Sicherheitsschwachstellen eingestuft.

**Bildung der Sicherheitsproblembereiche**

Nach der *Netzwerkstrukturanalyse* und der Erhebung von Systemen und Anwendungen, werden die *Sicherheitsproblembereiche* anhand von Systemen und Anwendungen, bei denen ähnliche Sicherheitsprobleme entstehen können, gruppiert, um eine bessere Übersichtlichkeit für die Festlegung der Sicherheitsziele zu erreichen. Für die Bildung der Sicherheitsproblembereiche in einem Netzwerk kann das in Abbildung 6.1-3 gezeigte sicherheitsbezogene Netzwerkmodell als Referenz angenommen werden (vgl. hierzu auch Abb. 6.2-3).

Die Initiierung des Netzwerksicherheitsprozesses wird mit der Definition und Erfassung der Sicherheitsziele abgeschlossen, die bei der Erstellung des Konzepts für die Netzwerksicherheit verfolgt werden müssen.

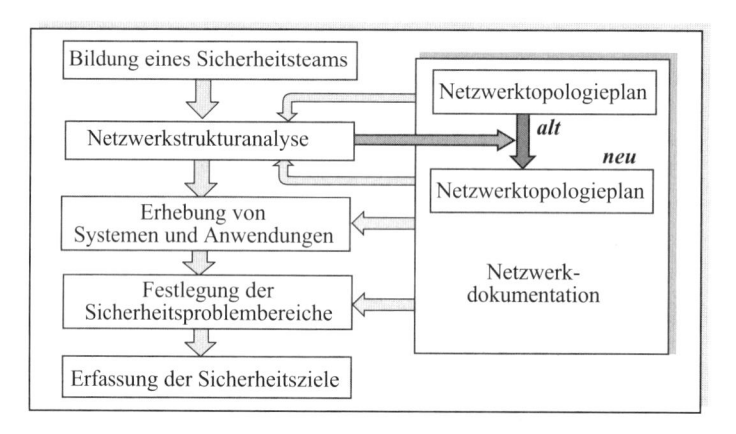

**Abb. 6.2-2:** Schritte bei der Initiierung des Netzwerksicherheitsprozesses

Die hier dargestellten Schritte während der Initiierung des Netzwerksicherheitsprozesses entsprechen weitgehend der Vorgehensweise bei der Initiierung des Sicherheitsprozesses nach dem IT-Grundschutzhandbuch des BSI.

**Bildung eines Sicherheitsteams**

Soll ein Konzept für die Netzwerksicherheit in allen Bereichen einer Organisation (Unternehmen, Behörde) erstellt werden, müssen die individuellen Anforderungen der Bereiche an die Sicherheit präzise erfasst werden. Hierfür und für die Koordination von Folgearbeiten bei der Erstellung des Netzwerksicherheitskonzepts sollte zuerst ein *Sicherheitsbeauftragter* ernannt werden. Dieser ist auch für die Bildung eines Sicherheitsteams zuständig. Im Rahmen des Sicherheitsteams sollte zumindest jeweils ein Mitarbeiter aus jedem „sicherheitsrelevanten" Bereich beteiligt sein. Alle Bereiche sollten dem Sicherheitsteam die erforderlichen Auskünfte über den Stand der Sicherheit angesichts der gegenwärtigen und geplanten Netzwerkanwendungen geben.

## Netzwerkstrukturanalyse

Nach der Initiierung des Netzwerksicherheitsprozesses sollte eine Netzwerkstrukturanalyse bezüglich der Sicherheit erfolgen, um u.a. folgende Fragen zu beantworten:

- Falls es sich um ein Projekt zu einem Netzwerk-Redesign handelt, sollte geklärt werden, wie die vorhandene Netzwerkstruktur verändert werden soll und welche Sicherheitsschwachstellen hierbei neben den bereits bestehenden auftreten können.
- Falls es sich um ein Netzwerk-Design Projekt handelt, bei dem ein neues Netzwerk realisiert werden soll, müsste geklärt werden, wo Sicherheitsschwachstellen im neuen Netzwerk zu erwarten sind.

Die Netzwerkstrukturanalyse dient der Erhebung von Informationen, die für die Definition der globalen Sicherheitsziele sowie während der Planungsphase der Netzwerksicherheit benötigt werden. Die Grundlage für die Netzwerkstrukturanalyse sollte die *Netzwerkdokumentation*, insbesondere der enthaltene *Netzwerktopologieplan* bilden.

Der Netzwerktopologieplan ist ein Bestandteil der *Netzwerkdokumentation* (s. Abb. 5.1-2) und zeigt eine graphische Übersicht der eingesetzten Komponenten und deren Vernetzung. Im Einzelnen sollte der Topologieplan Folgendes darstellen:

*Analyse der Netzwerktopologie*

- Netzwerkkomponenten und Rechnersysteme (Switches, Router, Server etc.)
- Verbindungen zwischen den Netzwerkkomponenten wie u.a. einzelne Netzwerksegmente, Core-Struktur, Zugänge zum Internet und TK-Netzen.

Da die Netzwerkstruktur in der Regel ständig an aktuelle Anforderungen einer Organisation (Unternehmen, Behörde) angepasst werden muss und für die Pflege des Netzwerktopologieplans entsprechende Personal-Ressourcen nötig sind, ist der Netzwerktopologieplan nicht immer zeitnah auf dem aktuellen Stand. Oft werden nur größere Änderungen am Netzwerk zum Anlass genommen, den Netzwerktopologieplan zu aktualisieren. Im Hinblick auf die Nutzung des Topologieplans für die Erstellung des Netzwerksicherheitskonzepts sollte dies zum Anlass genommen werden, den vorliegenden Netzwerktopologieplan mit der tatsächlich vorhandenen Netzwerkstruktur abzugleichen und ihn gegebenenfalls auf den neuesten Stand zu bringen. Danach sollte der aktualisierte Netzwerktopologieplan aus Sicht der Netzwerksicherheit analysiert werden.

*Aktualisierung des Netzwerktopologieplans*

## Erhebung der Systeme

Einige Systeme (wie z.B. Router am Internetzugang, E-Mailserver) können im Netzwerk gewisse Sicherheitsschwachstellen darstellen. Im Hinblick auf die später durchzuführende Planung der Netzwerksicherheit sollte daher eine Auflistung der vorhandenen und geplanten Systeme im Netzwerk, die sicherheitsrelevant sind, in tabellarischer Form erstellt werden. Der Begriff *System* umfasst dabei nicht nur Rechner im engeren

Sinn, sondern auch alle aktiven Netzwerkkomponenten (Switches, Router), TK-Anlagen usw.

**Welche Systeme?**

Bei der Erhebung sollten vor allem Systeme erfasst werden,

- auf denen Daten, Nachrichten, Software oder Programme verfügbar sind, die einen hohen Anspruch an deren Geheimhaltung (Vertraulichkeit) bzw. Korrektheit und Unverfälschtheit (Integrität) stellen. Zu dieser Gruppe gehören verschiedene Server wie Datenserver (File- und Datenbankserver), E-Mailserver, Applikationsserver;
- deren Konfigurationsparameter (wie z.B. IP-Adresse, Einstellungen) den höchsten Bedarf an Geheimhaltung haben. Zu dieser Gruppe gehören ggf. Router, Server;
- bei denen an Verfügbarkeit hohe Anforderungen gestellt werden, d.h. bei denen – wenn überhaupt – nur kurze Ausfallzeiten toleriert werden können. Zu dieser Gruppe gehören u.a. Datenserver, Router am Internetzugang sowie E-Mailserver.

**Angaben zum System**

Bei der Erhebung der Systeme sollten folgende Informationen zu jedem System angegeben werden:

- eindeutige Bezeichnung (z.B. Hostname bzw. eine Identifikationsnummer),
- Funktion des Systems (z.B. Router, Daten-/File-/Datenbankserver, VoIP-Server),
- Systemplattform (Hardware-Plattform, Betriebssystem),
- Art der Netzwerkanbindung (Ethernet, ...) und zugewiesene (IP-)Adressen,
- Standort des Systems: Gebäude und Raum,
- Anwender/Administrator des Systems.

Folgende Typen von Systemen sind dabei zu unterscheiden: Server, Clients (also Rechner als Clients), Netzwerkkomponenten (Router, Switches) und TK-Komponenten (TK-, VoIP-Anlagen, IP-Telefone).

Alle Systeme sollten entsprechend identifiziert und durchnummeriert werden. Hierfür könnte man die Systemtypen mit einem vorangestellten Buchstaben – wie z.B.: S = Server, C = Client, N = Netzkomponente, T = TK-Komponente – kennzeichnen. Die Erhebung der Systeme gleichen Typs kann dann in einer gemeinsamen Tabelle dokumentiert werden. Tabelle 6.2-1 illustriert dies.

**Tab. 6.2-1:** Beispiel für die Erhebung der Systeme vom Typ: Server

| Übersicht über: *Server* | | | | | |
|---|---|---|---|---|---|
| ID | Bezeichnung | Plattform | Standort | Benutzer/Admin. | Bemerkungen |
| S1 | Datenserver | Windows 2012 | Geb. A, Serverraum | alle Benutzer und Administration | In Betrieb |
| S2 | Datenbankserver | ... | ... | ... | ... |
| ... | ... | ... | ... | ... | ... |

Diese Informationen über die Systeme im Netzwerk können direkt aus der Netzwerkdokumentation abgelesen werden, sofern diese nach den in Kapitel 5 dargestellten Prinzipien erstellt wurde – s. hierfür Abbildung 5.1-8.

Bei der Ermittlung des Schutzbedarfs (s. Abschnitt 6.3) wird zuerst nach potentiellen Sicherheitsschwachstellen im Netzwerk gesucht. Da mit den in dieser Phase erfassten, sicherheitsrelevanten Systemen bestimmte Sicherheitsrisiken verbunden sind, wird während der Ermittlung deren Schutzbedarf ebenfalls genauer analysiert und eventuelle Sicherheitsschwachstellen, die zu lokalisieren sind, werden dann bewertet.

*Systeme als Sicherheitsschwachstellen*

## Erhebung von Anwendungen

Ebenso wie Systeme können auch einige Anwendungen im Netzwerk Sicherheitsschwachstellen darstellen. Um die Ermittlung des Schutzbedarfs bei der Planung der Netzwerksicherheit zu unterstützen, sollte eine Erfassung der vorhandenen oder geplanten sicherheitsrelevanten Netzwerkanwendungen in tabellarischer Form erfolgen.

Bei der Erhebung der (Netzwerk-)Anwendungen in einer Organisation sollten vor allem die Daten und Programme erfasst werden,

*Sicherheitsrelevante Netzwerkanwendungen*

- die hohe Anforderungen an deren Geheimhaltung (Vertraulichkeit) stellen,
- die einen hohen Bedarf an Korrektheit und Unverfälschtheit (Integrität) haben und
- an deren Verfügbarkeit hohe Ansprüche gestellt werden, d.h. bei denen – wenn überhaupt – nur kurze Ausfallzeiten toleriert werden können.

Alle Anwendungen sollten entsprechend identifiziert und durchnummeriert werden. Man könnte die Anwendungen hierbei mit dem vorangestellten Buchstaben A kennzeichnen. Da personenbezogene Daten den höchsten Sicherheitsanforderungen unterliegen, sollte man markieren, ob es sich um solche Daten handelt. Jede Anwendung sollte allen „beteiligten" Systemen: Clients (C), Server (S), Netzwerkkomponenten (N) und TK-Komponenten (T), die auf die Anwendung zugreifen oder zu deren Bereitstellung beitragen, zugeordnet werden. Wie die Tabelle 6.2-2 zeigt, kann die Erhebung der Anwendungen, analog zu den Systemen, tabellarisch dokumentiert werden.

**Tab. 6.2-2:  Beispiel für die Erhebung der Anwendungen**
Net-Komp: Netzwerkkomponente, TK-Komp: TK-Komponente

| Anwendung | | Zuordnung zu | | | | Pers. bez. Daten |
|---|---|---|---|---|---|---|
| ID | Bezeichnung | Servern | Clients | Net-Komp | TK-Komp | |
| A1 | Personaldatenverarbeitung | S1, S3 | C5, ..., C30, C33, ..., C48 | N1, N4 | | ja |
| A2 | Systemmanagement | S2, S4 | | | T1 | nein |
| A3 | E-Mail | S5 | alle Clients | N1, N2, N3, N4 | | ja |
| ... | ... | | | | | |

## Bildung der Sicherheitsproblembereiche

Nach der Analyse der Netzwerktopologie, Erhebung von Systemen und Anwendungen sollten die Sicherheitsproblembereiche identifiziert werden, um das Netzwerk hinsichtlich der Sicherheit übersichtlicher darzustellen. Das in Abbildung 6.1-3 dargestellte sicherheitsbezogene Netzwerkmodell gibt die Aufteilung der Sicherheitsproblembereiche bereits vor. Daher kann dieses Modell ebenfalls als Referenz bei der Festlegung der Sicherheitsziele in den Sicherheitsproblembereichen eines Netzwerks verwendet werden. Dabei können inhaltlich ähnliche Sicherheitsziele in mehreren Sicherheitsproblembereichen gruppiert werden. Abbildung 6.2-3 veranschaulicht dies.

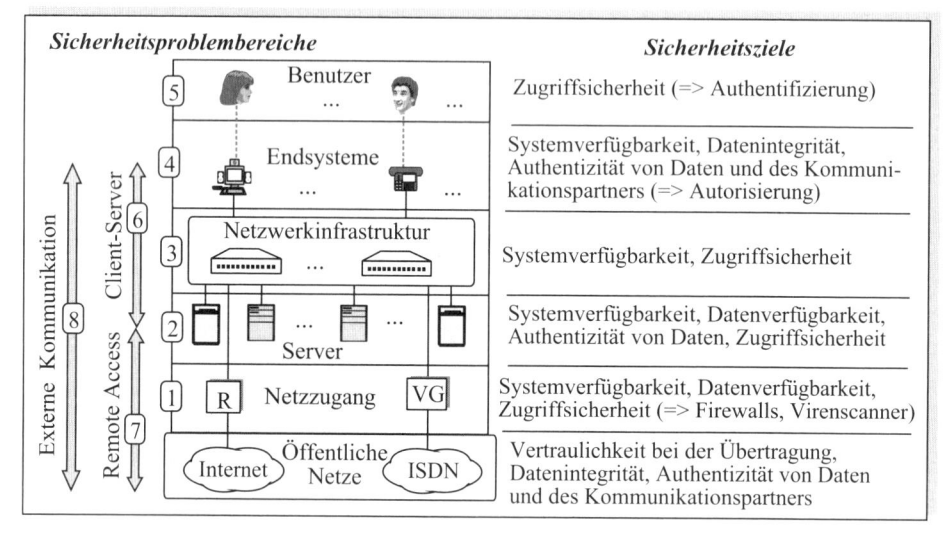

**Abb. 6.2-3:** Sicherheitsziele in einzelnen Bereichen des Netzwerkreferenzmodells
Abkürzungen wie in Abb. 6.1-9

**Beispiel 6.2-1:** Zu den sicherheitsrelevanten Systemen gehören u.a.:

- im Bereich 1 (Netzzugang): Router am Internetzugang, VoIP-Gateway
- im Bereich 2 (Serverbereich): Daten-, E-Mailserver, VoIP-, DNS-Server
- im Bereich 3 (Netzinfrastruktur): L3-Switches im Core-Bereich, L2- und L3-Switches für den Anschluss von zentralen Servern (s. Abb. 6.1-4)
- im Bereich 4 (Endgeräte): Rechner für Netzwerkmanagement und -administration
- im Bereich 7 (Remote Access): RADIUS-Server, LDAP-Server

**Beispiel 6.2-2:** Zu den sicherheitsrelevanten Netzwerkanwendungen können u.a. gehören:

- im Bereich 6 (Client-Server-Anwendungen): Anwendungen, die auf Servern und/oder Endgeräten (Bereiche 2 und 4) für die internen Mitarbeiter bereitgestellt werden
- im Bereich 7 (Remote Access): Anwendungen, die z.B. berechtigten Mitarbeitern den Zugriff auf interne Systeme und Anwendungen aus öffentlichen Netzen ermöglichen

– im Bereich 8 (Externe Kommunikation): Anwendungen und Dienste, welche die Benutzer in externen öffentlichen Netzen verwenden, oder die externen Benutzern (wie Kunden, Partnern) in öffentlichen Netzen zur Verfügung gestellt werden

Die Netzwerkstrukturanalyse, Erhebung der Systeme und Anwendungen sowie die Festlegung der Sicherheitsproblembereiche sollten in erster Linie ermöglichen, potenzielle Sicherheitsbedrohungen zu erkennen und dadurch die globalen Sicherheitsziele gezielter definieren zu können. Diese Ziele können so für jeden Sicherheitsproblembereich individuell angepasst werden. Abbildung 6.2-3 zeigt, welche Sicherheitsziele in den einzelnen Bereichen des Netzwerkmodells aus Abbildung 6.1-3 verfolgt werden sollten.

*Sicherheitsziele*

Nachdem die Sicherheitsziele erfasst wurden, müssen, bevor man zur Planung der Netzwerksicherheit übergehen kann, die Aufgaben auf einzelne Personen aus dem Sicherheitsteam verteilt werden. Es müssen hierfür die Prinzipien festgelegt werden, nach denen das ganze Sicherheitsprojekt koordiniert wird.

## Festlegung der Koordinationsprinzipien

In Anlehnung an das in Abbildung 6.2-3 dargestellte Netzwerkreferenzmodell kann das Konzept für die Netzwerksicherheit auf acht Sicherheitsteilkonzepte aufgeteilt werden:

*Typische Sicherheitsteilkonzepte*

1. Sicherheitskonzept für den Netzzugang
2. Sicherheitskonzept für den Serverbereich
3. Sicherheitskonzept für die Netzwerkinfrastruktur
4. Sicherheitskonzept für die Endgeräte (Arbeitsplatzrechner, IP-Telefone)
5. Sicherheitskonzept für den Benutzerbereich
6. Konzept für die Sicherheit von internen Netzwerkanwendungen
7. Konzept für die Sicherheit bei Remote Access Services
8. Konzept für die Sicherheit externer Kommunikation über öffentliche Netze

Die Sicherheitsziele müssen letztlich durch Personen aus dem Sicherheitsteam während der Planungsphase in entsprechende Sicherheitsmaßnahmen umgesetzt werden. In kleinen Organisationen ist oft nur eine Person für die Netzwerksicherheit zuständig, sodass diese für alle Sicherheitsteilkonzepte verantwortlich ist. In Netzwerken großer Organisationen werden am Projekt oft mehrere Personen beteiligt. Hierbei muss von vornherein klar definiert werden, wer für welche Aufgaben zuständig ist und wer das gesamte Projekt koordiniert. Dafür kann das in Abbildung 1.4-2 dargestellte Modell eines Teilsystemkonzepts an die Besonderheiten der Planung der Netzwerksicherheit angepasst werden. Abbildung 6.2-4 zeigt ein derartiges Modell.

*Teilkonzept für die Netzwerksicherheit*

Für die Erstellung eines Sicherheitsteilkonzepts können mehrere Sicherheitsspezialisten verantwortlich sein. Die Verantwortlichen sollten im Modell aufgelistet werden. Dadurch kann direkt ermittelt werden, wer für welche Teile des Sicherheitsprojekts verantwortlich ist.

*Verantwortlichkeiten*

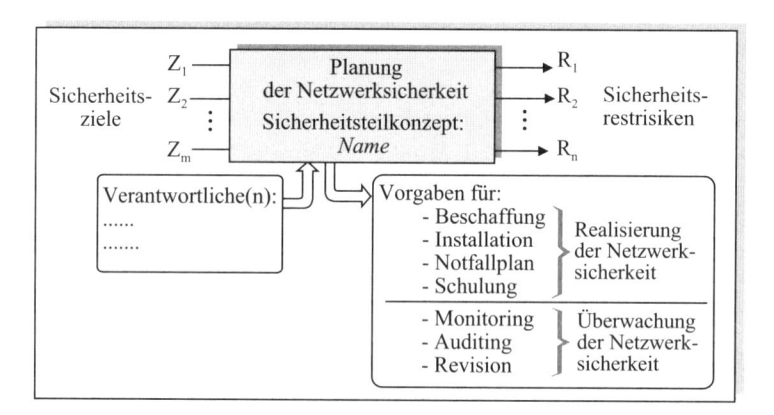

**Abb. 6.2-4:** Modell eines Teilkonzepts für die Netzwerksicherheit

**Sicherheitsrestrisiken**

Bei der Erstellung eines Sicherheitsteilkonzepts müssen bestimmte Ziele verfolgt werden. Man sollte davon ausgehen, dass die Sicherheitsziele durch das erstellte Sicherheitskonzept nicht immer vollkommen erreicht werden. Daher muss immer mit bestimmten Sicherheitsrestrisiken gerechnet werden (vgl. auch Abbildung 6.2-5).

Die Erstellung eines Sicherheitsteilkonzepts gehört zur Planungsphase. Auf sie folgen die Beschaffung von Systemkomponenten und die technische Realisierung der Netzwerksicherheit.

**Vorgaben für Realisierung der Netzwerksicherheit**

Während der Erstellung eines Teilsystemkonzepts sollten bereits die Vorgaben für die Realisierung der Netzwerksicherheit spezifiziert werden:

- *Vorgaben für die Beschaffung*
  Hierbei handelt es sich um die Festlegungen, worauf bei der Beschaffung von Sicherheitskomponenten (z.B. Firewalls) geachtet werden muss.

- *Vorgaben für die Installation*
  Bei der Erstellung des Sicherheitsteilkonzepts sollten Festlegungen entworfen werden, die bereits bei der Installation von (neuen) Sicherheitskomponenten zu beachten sind – beispielsweise: Welche TCP/UDP-Ports sollen in Firewalls am Zugang zum Internet gesperrt werden? Welche Sicherheitsfunktionen in Betriebssystemen sollen aktiviert werden?

- *Vorgaben für den Notfallplan*
  Es handelt sich hier um Vorgaben, die in Notfällen (etwa Brand) eingehalten werden sollen.

- *Vorgaben für die Schulung*
  Einige Einstellungen bzw. Parameter in Sicherheitskomponenten können für die Benutzer von Bedeutung sein – und ggf. von diesen beeinflusst werden. Daher sollten für die nachhaltige Akzeptanz und daraus resultierende sichere Verwendung der Systeme Vorgaben für Benutzerschulungen definiert werden.

Während der Erstellung eines Teilsystemkonzepts sollten Vorgaben für die Überwachung der Netzwerksicherheit getroffen werden:

- *Vorgaben für das Monitoring*
  Unter *Monitoring* versteht man die permanente Überwachung des Netzwerkbetriebs auf (sicherheits-)relevante Ereignisse. Diese können direkt ausgewertet oder registriert und für die spätere Auswertung gespeichert werden. Daher sollte bereits bei der Erstellung des Sicherheitskonzepts spezifiziert werden, welche Ereignisse überwacht werden müssen.

- *Vorgaben für das Auditing*
  Unter *Auditing* versteht man eine in regelmäßigen oder unregelmäßigen Zeitabständen durchgeführte Auswertung der registrierten sicherheitsrelevanten Ereignisse. Daher soll bereits bei der Erstellung eines Teilsystemkonzepts vorgegeben werden, wie bestimmte sicherheitsrelevante Ereignisse auszuwerten sind.

- *Vorgaben für die Revision*
  Als *Revision* bezeichnet man die Überprüfung, ob die definierten Vorgaben und Richtlinien eingehalten worden sind. Falls die Einhaltung bestimmter Anforderungen von einem Teilsystemkonzept verlangt wird, muss dies in Form von Vorgaben für die Revision spezifiziert werden.

### 6.2.3 Planung der Netzwerksicherheit

Wurde die Phase der Initiierung des Netzwerksicherheitsprozesses beendet, in der die globalen Sicherheitsziele erfasst und die Aufgaben, die während der Planung der Netzwerksicherheit zu erledigen sind, auf die Beteiligten am Projekt verteilt wurden, ist damit der „Zustand" erreicht, in dem mit der Planung der Netzwerksicherheit begonnen werden kann.

#### Phasen und Zustände bei der Planung

Um den Verlauf der Planung auf eine anschauliche Art und Weise zu modellieren, kann man auf das Schweizer-Käse-Modell, wie es bereits zur Modellierung der Netzwerkplanung eingeführt wurde (s. Abb. 1.3-6), zurückgreifen. Diese Idee illustriert Abbildung 6.2-5.

Bevor man mit der Erstellung eines Konzepts für die Netzwerksicherheit beginnen kann, muss zunächst bekannt sein, an welchen Stellen konkret Sicherheitsbedarf besteht. In der ersten Phase der Planung der Netzwerksicherheit erfolgt daher die Ermittlung und vollständige Erfassung von *potenziellen Sicherheitsschwachstellen* beim Design eines neuen Netzwerks bzw. beim Redesign eines bestehenden Netzwerks und zusätzlich eine Erfassung der existierenden *realen Sicherheitsschwachstellen* beim Redesign. Eine Sicherheitsschwachstelle symbolisiert dabei einen bestimmten Schutzbedarf. Während dieser Phase wird somit der Schutzbedarf ermittelt (*Schutzbedarfsermittlung*)

*Schutzbedarfsermittlung*

und erfasst. Diese Phase entspricht daher vollkommen der Analyse der Ist-Situation beim Netzwerk-Design bzw. -Redesign. Sie wird in Abschnitt 6.3 detailliert erläutert.

**Bemerkung:** Im IT-Grundschutzhandbuch des BSI, das als Standardwerk auf dem Gebiet der IT-Sicherheit in Deutschland gilt, wird von *Schutzbedarfsfeststellung* statt *Schutzbedarfsermittlung* gesprochen.

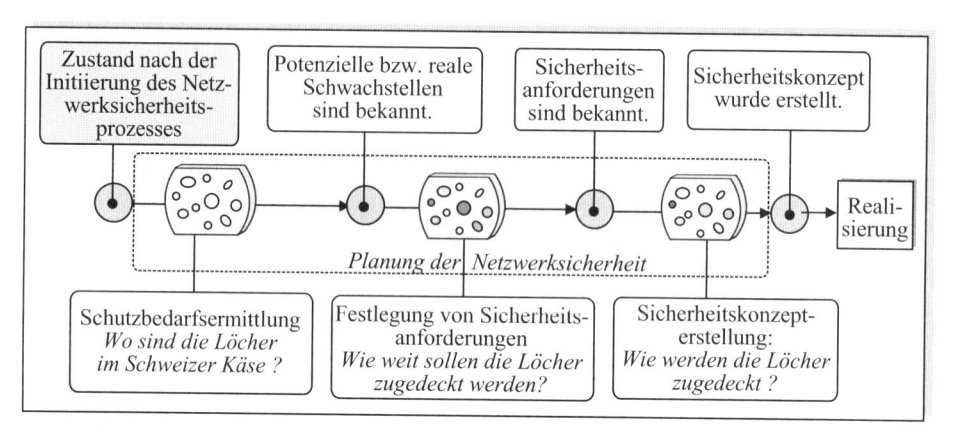

**Abb. 6.2-5:** Phasen und Zustände bei der Planung der Netzwerksicherheit

Sicherheitsschwachstelle als Loch im Schweizer Käse

Die potenziellen Sicherheitsschwachstellen beim Netzwerk-Design oder die real existierenden Sicherheitsschwachstellen beim Netzwerk-Redesign können als *Schutzbedarf* angesehen werden, der durch entsprechende Sicherheitsmaßnamen abgedeckt werden muss. Ordnet man einem Sicherheitsproblembereich im Netzwerk (s. Abb. 6.2-3) ein Stückchen Schweizer Käse zu, könnte man einen bestimmten Schutzbedarf in diesem Teil des Netzwerks als Loch im Käse veranschaulichen. Ein Loch im Käse repräsentiert daher eine Sicherheitsschwachstelle. Die Phase der Schutzbedarfsermittlung soll somit die Frage beantworten: *Wo sind überhaupt Sicherheitsschwachstellen?* Um im Bild des Modells zu bleiben, lautet diese Frage: *Wo sind die Löcher im Schweizer Käse?*

Festlegung von Sicherheitsanforderungen

Ist die Ermittlung des Schutzbedarfs beendet, so wurde damit der Zustand erreicht, in dem die potenziellen bzw. realen Sicherheitsschwachstellen bekannt und erfasst sind (s. Abb. 6.2-5). In der nächsten Phase der Sicherheitsplanung soll präzise erfasst werden, wie weit die einzelnen Schutzbedürfnisse im Netzwerk abgedeckt werden sollen. Daher werden in dieser Phase die Sicherheitsanforderungen festgelegt und präzise erfasst. Diese besagen, welche Sicherheitsschwachstellen wie weit beseitigt werden sollen. Dieser Phase kann somit die Überschrift *Festlegung von Sicherheitsanforderungen* zugeordnet werden (s. Abb. 6.2-5) und sie entspricht weitgehend der *Soll-Analyse* beim Netzwerkprojekt (s. Abb. 3.1-1).

Sicherheitsanforderungen als politische Entscheidung

Bei der Festlegung von Sicherheitsanforderungen handelt es sich um eine Entscheidung, die als *politische Entscheidung* bei der Planung der Netzwerksicherheit angesehen werden kann. Hierbei müssen verschiedene Randbedingungen (z.B. finanzielle, personelle) als Einschränkungen berücksichtigt werden. Eine Sicherheitsanforderung besagt, wie umfassend eine bestimmte Sicherheitsschwachstelle zu beseitigen ist. Andererseits kann man sich eine Sicherheitsanforderung so vorstellen, dass sie vorgibt, wie weit das dieser Sicherheitsschwachstelle entsprechende Loch im Käse zugedeckt werden soll. Der Festlegung von Sicherheitsanforderungen widmet sich Abschnitt 6.4.

Sind die Sicherheitsanforderungen bereits bekannt, kann man mit der Erstellung des Konzepts für die Netzwerksicherheit beginnen, was zur Festlegung von bestimmten Sicherheitsmaßnahmen führt. Eine Sicherheitsmaßnahme legt die Art und Weise fest, wie genau eine Sicherheitsschwachstelle beseitigt wird. Betrachtet man ein Stückchen Schweizer Käse mit Löchern als Modell, wird jedem Loch, das eine bestimmte Sicherheitsschwachstelle repräsentiert, eine geeignete Sicherheitsmaßnahme zugeordnet. Diese Sicherheitsmaßnahme legt die Art und Weise fest, wie das Loch im Käse zugedeckt wird. Steht das Konzept für die Netzwerksicherheit fest, wurde damit der Zustand erreicht, in dem man mit der Realisierung der Netzwerksicherheit beginnen kann. Auf diese Aspekte geht der folgende Abschnitt 6.2.4 näher ein.

*Erstellung des Sicherheitskonzepts*

### Schweizer-Käse-Modell bei der Planung

Die in Abbildung 6.2-5 gezeigte Vorgehensweise bei der Planung der Netzwerksicherheit führt zu einem *Schweizer-Käse-Modell* der Sicherheitsplanung. Dieses in Abbildung 6.2-6 illustrierte Modell entspricht vollkommen dem gleichnamigen Modell beim Netzwerk-Design bzw. -Redesign (vgl. Abb. 1.3-6 und 1.3-7).

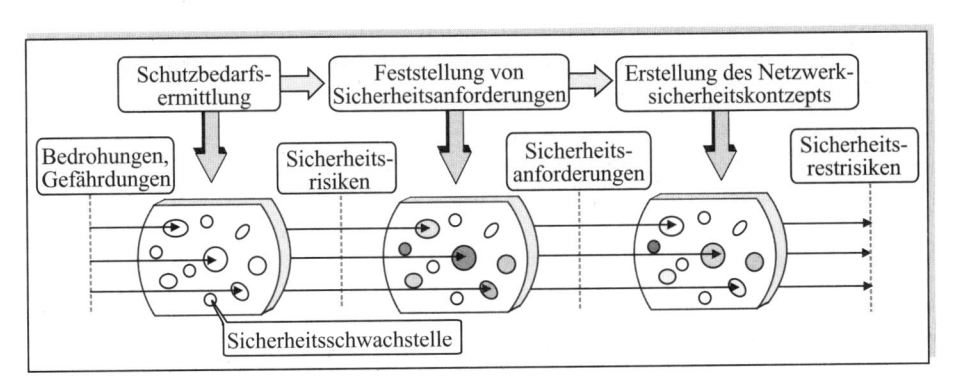

**Abb. 6.2-6:** Schweizer-Käse-Modell bei der Planung der Netzwerksicherheit

Verschiedene Sicherheitsbedrohungen und -gefährdungen führen dazu, dass man mit gewissen Unsicherheiten im Netzwerk rechnen muss. Diese Unsicherheiten können als *Sicherheitsschwachstellen* angesehen und als Löcher im Schweizer Käse anschaulich dargestellt werden. Während der Schutzbedarfsermittlung sollen alle Sicherheitsschwachstellen erfasst werden. Da jede Sicherheitsschwachstelle mit gewissen Risiken verbunden ist, müssen während der Schutzbedarfsermittlung auch Sicherheitsrisiken analysiert werden. Man bezeichnet dies als *Risikoanalyse*. Sie bildet die Grundlage für

*Schutzbedarfsermittlung*

**Festlegung von Sicherheitsanforderungen**

die Entscheidung, wie weit die einzelnen Schwachstellen beseitigt werden sollten. Auf die Schutzbedarfsermittlung geht Abschnitt 6.3 detailliert ein.

Wurden alle Sicherheitsschwachstellen ermittelt und die mit ihnen verbundenen Risiken abgeschätzt, so dienen diese Informationen als Grundlage für die „politische" Entscheidung: Welche Sicherheitsschwachstellen sollen wie weit beseitigt werden? Diese Entscheidung wird durch die Festlegung von Anforderungen an das zu erstellende Konzept für die Netzwerksicherheit unter Berücksichtigung verschiedener (z.B. finanzieller, personeller) Randbedingungen getroffen. Daher erfolgt in der zweiten Phase der Sicherheitsplanung die *Festlegung von Sicherheitsanforderungen*. Diese dienen als Basis für die Erstellung des Konzepts für die Netzwerksicherheit. Mit jeder Sicherheitsschwachstelle, die behoben werden soll, sind bestimmte Anforderungen verbunden, die definieren, wie weit die Sicherheitsschwachstelle beseitigt werden soll. Bezogen auf das Schweizer-Käse-Modell wird somit definiert, wie weit die einzelnen Löcher im Käse zugedeckt werden sollen. Der Festlegung von Sicherheitsanforderungen wird Abschnitt 6.4 gewidmet.

**Erstellung des Sicherheitskonzepts**

Wurden alle Sicherheitsanforderungen spezifiziert, kann man zur dritten Phase der Sicherheitsplanung übergehen, in der das Konzept für die Netzwerksicherheit erstellt werden soll. Dabei gilt: *Eine 100-prozentige Netzwerksicherheit lässt sich nie erreichen*. Man sollte daher nach der Erstellung des Sicherheitskonzepts abschätzen, wo auch nach dessen Umsetzung noch Sicherheitsrestrisiken bestehen oder entstehen können. Die Erfassung von Sicherheitsrestrisiken stellen die wichtigen Vorgaben für die Überwachung der Sicherheit während des Netzwerkbetriebs dar. Das Konzept für die Netzwerksicherheit bestimmt die Art und Weise, wie die einzelnen Sicherheitsschwachstellen beseitigt werden. Es bestimmt daher, wie die einzelnen Löcher im Schweizer Käse zugedeckt werden sollen. Die wichtigsten Komponenten des Konzepts für die Netzwerksicherheit werden in Abschnitt 6.5 präsentiert.

### 6.2.4 Realisierung der Netzwerksicherheit

Nach der Erstellung des Konzepts für die Netzwerksicherheit kann die Phase ihrer Realisierung erfolgen; Abbildung 6.2-7 illustriert deren Verlauf.

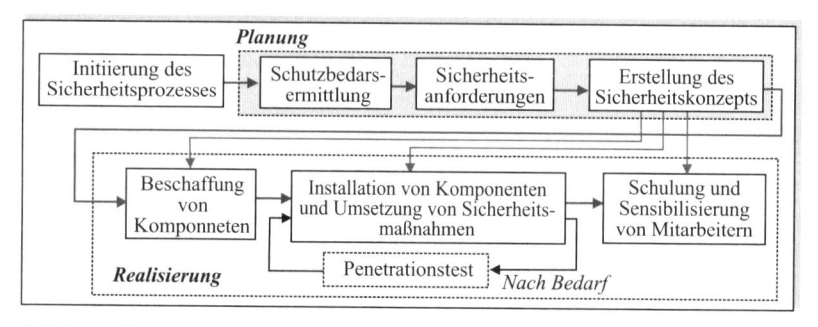

**Abb. 6.2-7:** Schritte während der Realisierung der Netzwerksicherheit

**Beschaffung**

Die Realisierung der Netzwerksicherheit beginnt mit der Beschaffung von notwendigen Hardware- bzw. Software-Komponenten wie Virenscanner, Firewalls etc. Während der Erstellung des Sicherheitskonzepts wurden eventuell einige Vorgaben für die Beschaffung gemacht (vgl. Abb. 6.2-4). Diese müssen nun berücksichtigt werden.

**Installation**

Nach der Beschaffung erfolgen die Installation von Sicherheitskomponenten und die Umsetzung der im Konzept festgelegten Sicherheitsmaßnahmen. Teilweise ist es möglich, bereits während der Beschaffung mit der Umsetzung von Sicherheitsmaßnahmen zu beginnen. Bei der Installation ist auf die Vorgaben zu achten, die eventuell während der Erstellung des Sicherheitskonzepts gemacht wurden.

**Penetrationstest**

Um feststellen zu können, wie sicher das Netzwerk tatsächlich ist, sollte die Sicherheit getestet werden. Hierfür kann ein sog. *Penetrationstest* direkt nach der Installation von Sicherheitskomponenten oder Umsetzung von Sicherheitsmaßnahmen sowie routinemäßig in regelmäßigen Abständen durchgeführt werden. Während dieses Tests werden unter Umständen neue Sicherheitsschwachstellen entdeckt. Diese können im Anschluss beseitigt werden, um damit die Sicherheit noch weiter zu verbessern.

**Was ist Penetration?**

Als Penetration (lat. *penetrare*) bezeichnet man das Eindringen (Durchdringen) einer Sache in eine andere. Unter der *Penetration* in einem Netzwerk wird ein kontrolliertes Angriffsszenario auf das Netzwerk mithilfe von bestimmten Hacker-Tools verstanden, um auf diese Art und Weise eventuell verbliebene oder übersehene Sicherheitsschwachstellen im Netzwerk zu ermitteln. Mit der Durchführung von Penetrationstests in Netzwerken ist es daher möglich, weitere Sicherheitsschwachstellen festzustellen und diese einzugrenzen. Dadurch können Sicherheitsschwachstellen in Netzwerken behoben werden, bevor sie für tatsächliche Angriffe ausgenutzt werden können und damit große Schäden verursachen. Durch einen Penetrationstest kann somit geprüft werden, wie weit die Netzwerksicherheit durch eventuelle Angriffe durch Hacker gefährdet sein könnte.

**Penetrationstests seit 1995**

Der Begriff *Penetrationstest* wurde zuerst 1995 verwendet, nachdem der erste Unix-basierte Scanner für Sicherheitsschwachstellen unter dem Namen SATAN veröffentlicht wurde. Das Programm stellte damals das erste Tool dar, das Rechner auf einige Schwachstellen automatisch untersuchen konnte. Inzwischen existiert eine Vielzahl frei erhältlicher und kommerzieller Scanner von Sicherheitsschwachstellen in Netzwerken.

**Hacker-Tools für Penetrationstests**

Mithilfe dieser Tools lassen sich auf komfortable Art und Weise Sicherheitsschwachstellen der zu überprüfenden Systeme identifizieren und somit Aussagen zu deren Gefährdung treffen. Üblicherweise liefern die Tools nicht nur eine technische Beschreibung identifizierter Schwachstellen, sondern zusätzlich auch Anweisungen, wie diese durch Ändern von Konfigurationseinstellungen zu beheben sind. Darüber hinaus gibt es im Internet eine Vielzahl kostenloser Tools, mit denen spezifische Angriffe auf die Rechner in Netzwerken durchgeführt oder vorbereitet werden können. Beim Einsatz der Tools ist auf die Einhaltung gesetzlicher Vorgaben (vgl. § 202c StGB) zu achten. In der Regel ist der Einsatz zur Verbesserung der IT-Sicherheit erlaubt, solange er ausschließlich gegen eigene Netzwerke und Systeme ohne kriminelle Absichten erfolgt.

| | |
|---|---|
| Vorsicht bei Penetrationstests über das Internet | Manche Firmen bieten Penetrationstests auch über das Internet an. Beim Einsatz solcher *Vulnerability-Scanner*[2] ist Vorsicht geboten, wenn diese gegen kritische Netzwerkkomponenten eingesetzt werden. Die Scanner lassen sich auch zum Schaden des Betroffenen einsetzen und können einem Hacker das Eindringen in einige Rechner im Netzwerk erlauben. |
| Studie von BSI | Für weitere und wichtige Informationen über Penetrationstests ist auf die Studie *Durchführungskonzept für Penetrationstests* vom BSI zu verweisen. Sie kann kostenlos unter http://www.bsi.de/literat/studien/pentest/ bezogen werden. |
| Sensibilisierung von Mitarbeitern | Die Realisierung der Netzwerksicherheit sollte mit einer Schulung der Mitarbeiter abgeschlossen werden. Das Ziel dieser Schulung sollte es sein, die Mitarbeiter für den sicherheitsbewussten Umgang mit Netzwerken, Systemen, Diensten bzw. Daten zu sensibilisieren. Hierzu gehört u.a. die Vermittlung von: |

- Grundlagen der IT- und Netzwerksicherheit sowie damit verbundener Risiken
- Schwachstellen von verwendeten IT-Systemen und -Diensten
- Erläuterung des erarbeiteten Konzepts für Netzwerksicherheit
- Vorgaben für die operative Umsetzung
- Sicherheitsmaßnahmen für IT-Systeme und -Dienste
- Notfallorganisation und Notfallplänen
- Betriebswirtschaftlichen Aspekten der Netzwerksicherheit

| | |
|---|---|
| Evaluierung | Die Realisierung der Netzwerksicherheit zusammen mit ihrer Dokumentation kann abschließend einer externen Evaluierung (auch als Audit bezeichnet) unterzogen werden. Dadurch wird dem Netzwerk eine Sicherheitsklassifikation erteilt, die dem Netzwerkbetreiber und dessen Anwendern ein Maß an Sicherheit attestiert. |

## 6.2.5 Überwachung der Netzwerksicherheit

Um die Netzwerksicherheit auf dem gewünschten Niveau zu gewährleisten, ist die laufende Überwachung des Netzwerkbetriebs notwendig. Hierbei müssen alle verdächtigen Anomalien, die auf einen potenziellen Angriff hindeuten, aufmerksam registriert werden. Wie Abbildung 6.2-8 zeigt, sollte man für die Überwachung der Netzwerksicherheit folgende Funktionen einplanen:

| | |
|---|---|
| Funktionen zur Überwachung der Sicherheit | - *Protokollierung*<br>Die Protokollierung dient vor allem der Beweissicherung. Einige Ereignisse, die sicherheitsrelevant sind und zur Überprüfung der Einhaltung der im Sicherheitskonzept definierten Grundsätze dienen können, müssen entsprechend protokolliert und |

---

[2] Unter einem *Vulnerability-Scanner* versteht man die automatisierte Ermittlung der infolge von Schadsoftware entstandenen Sicherheitsschwachstellen. Diese Art von Scanner wird manchmal auch als *Sicherheitsschwachstellen-Scanner* bzw. kurz *Schwachstellen-Scanner* bezeichnet.

gespeichert werden (z.B. in einer Datenbank). Sie dienen als *Revisionsdaten* und müssen für die IT-Revision verfügbar sein. Um die Revisionsfähigkeit zu gewährleisten, sollte daher die Möglichkeit bestehen, im laufenden Netzwerkbetrieb nachvollziehen zu können, wie und wann sicherheitsrelevante Ereignisse aufgetreten sind. Zusätzlich sollte man aussagekräftiges Beweismaterial sichern, um gegebenenfalls Strafverfolgungen einleiten zu können.

- *Monitoring*
  Es handelt sich hierbei um die permanente Überwachung des Netzwerkbetriebs auf sicherheitsrelevante Ereignisse. Diese Ereignisse werden durch die Netzwerkadministration (bspw. unter Verwendung der Protokollierung) bewertet und können zur Änderung bzw. Anpassung von Sicherheitsmaßnahmen führen, um damit die Netzwerksicherheit zu erhöhen. Einige Ereignisse des Monitoring sind auch für das Security Auditing von Bedeutung.

- *Security Auditing* (auch Security *Audit*)
  Dies umfasst die Überprüfung festgelegter Sicherheitsmaßnahmen und -verfahren. Hierbei wird sichergestellt, dass diese in der Praxis korrekt umgesetzt werden. Beim Security Auditing wird eine Bestandaufnahme der Netzwerksicherheit durchgeführt. Hierfür können verschiedene Audit-Tools eingesetzt werden. Die beim Auditing gewonnen Informationen werden entsprechend ausgewertet, um daraus notwendige Änderungen im Sicherheitskonzept abzuleiten und vorzuschlagen.

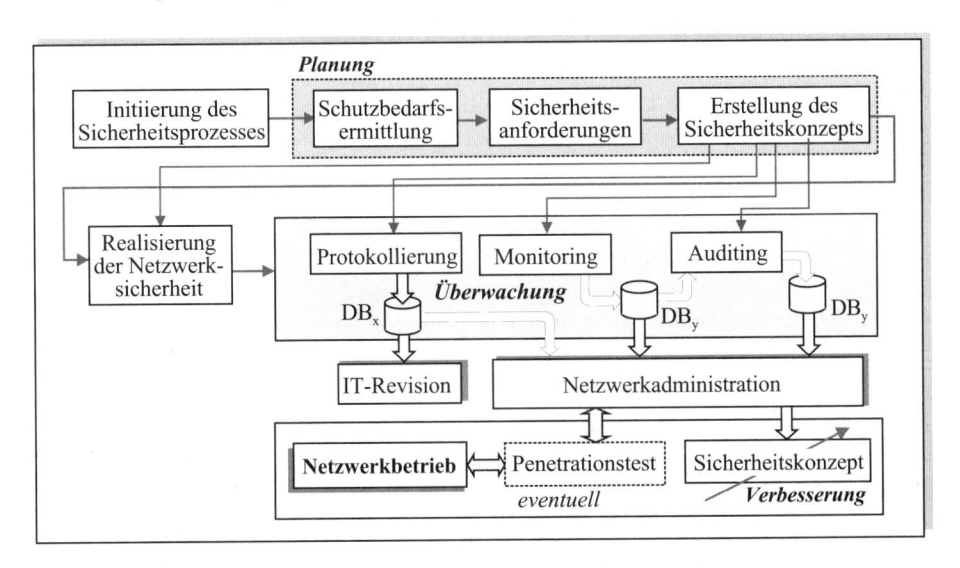

**Abb. 6.2-8:** Überwachung und Verbesserung der Netzwerksicherheit
DB: Datenbank

Als Reaktion auf erkannte Anomalien muss nicht unmittelbar die Abwehr eines potenziellen Angriffs erfolgen, sondern zuerst die Erfassung aller relevanten Daten und Spuren, die der Erkennung des Angriffs und seines Umfangs dienen können. Viele Angrif-

*Das Monitoring betreffende Fragen*

fe lassen sich erst nach einem Beobachtungszeitraum oder durch die genaue Prüfung der beim Security Auditing ermittelten Ergebnisse erkennen. Für das Monitoring müssen somit auch folgende Fragen geklärt werden:

- Welche Ereignisse bzgl. der Netzwerksicherheit sollen überwacht werden?
- Wie und wo sollen sicherheitsrelevante Ereignisse dargestellt werden (Darstellungsart, Management-Konsolen)?
- Wie werden sicherheitsrelevante Ereignisse priorisiert und welche Auswirkung haben sie auf die Netzwerksicherheit?
- Wie soll beim Auftreten eines unerwünschten Ereignisses vorgegangen werden (nur Anzeige und Registrierung, manuelle Eingriffe)?

**Beispiel 6.2-3:** Bei der Überwachung der Netzwerksicherheit sollten u.a. folgende Ereignisse protokolliert werden:
- Verfügbarkeit von (sicherheitsrelevanten) Systemen, Diensten, Netzwerkkomponenten
- Kritische Meldungen zu Angriffsversuchen bzw. Fehlern auf Systemen und zu erwartende Störungen der Dienste

**Security Audit-Tools**

Das *Security Auditing* soll – als Überprüfung der Umsetzung der im Sicherheitskonzept festgelegten Sicherheitsmaßnahmen und -verfahren – der Netzwerkadministration dabei helfen, Stärken und Schwächen des Sicherheitszustands des Netzwerks zu bestimmen. Die Sicherheits-Audits werden normalerweise gemäß einem sehr straffen, gut vorbereiteten Angriffsplan durchgeführt, der speziell für die jeweiligen Zielsysteme ausgearbeitet wurde. Für spezielle Sicherheitsaufzeichnungen und für Sicherheits-Scanning können verschiedene Audit-Tools verwendet werden.

**Was muss für ein Security Auditing geklärt werden?**

Beim Security Auditing muss u.a. Folgendes geklärt werden:

- Welche Audit-Tools sollen zur Überprüfung der Sicherheit eingesetzt werden?
- Wo werden Audit-Logs erstellt, gespeichert? Wann und wie werden sie ausgewertet?
- Wie werden die Audit-Trails geschützt?

*Audit-Trails* sind Protokolle, schriftliche Dokumente und andere Aufzeichnungen, die die Aktivität und Benutzung eines bestimmten Systems aufzeigen. Audit-Trails sind von besonderer Bedeutung, wenn eine Untersuchung durchgeführt wird. Ohne Audit-Trails hat man praktisch keine Chance, einen Hacker zu verfolgen. Audit-Trails können daher auch als Beweismaterial dienen.

**Beispiel 6.2-3:** Als Audit-Trails sollte man u.a. aufbewahren:
- Fehlerhafte Authentifizierung (Login) an Systemen und bei der Nutzung von Diensten
- Fehlerhafte und ggf. erfolgreiche externe Zugriffe auf das Netzwerk

**OpenVAS**

Das BSI stellt mit OpenVAS (*Open Vulnerability Assessment System*) eine Sammlung freier Software-Werkzeuge für das Security Auditing zur Verfügung. OpenVAS enthält Vulnerability-Scanner, die über eine leicht zu bedienende deutschsprachige Web-

Oberfläche verwendet werden können. Die Sicherheitsüberprüfungen können zentral durchgeführt und ausgewertet werden. Zudem gibt OpenVAS viele Hilfestellungen und soll mit einfachen Konfigurationsmöglichkeiten die Nutzung der Software vereinfachen. OpenVAS kann entweder auf der Webseite des BSI oder direkt unter http://www.openvas.org kostenlos heruntergeladen werden.

Während des Netzwerkbetriebs soll die Netzwerksicherheit kontinuierlich überwacht und nach Bedarf verbessert werden. Protokollierung, Monitoring und Security Auditing sowie Penetrationstests liefern die hierfür benötigten Ergebnisse. Wurde das Sicherheitskonzept im Laufe der Zeit mehrmals verändert bzw. modifiziert, ist es auch sinnvoll, erneut Penetrationstests (intern und extern) durchzuführen, um eventuelle neue Sicherheitslücken zu entdecken. Ebenfalls sollte ein Penetrationstest durchgeführt werden, nachdem neue und sicherheitsrelevante Anwendungen installiert wurden.

*Verbesserung der Netzwerksicherheit*

## 6.3 Ermittlung des Schutzbedarfs

Die erste Phase bei der Planung der Netzwerksicherheit ist die Ermittlung des Schutzbedarfs eines Netzwerks (vgl. Abb. 6.2-6). Dies bedeutet eine Ist-Analyse der Sicherheit im Netzwerk. Während dieser Analyse können alle Umstände, Möglichkeiten, Aktionen bzw. Ereignisse, die zur Gefährdung der Netzwerksicherheit führen können, als potenzielle Bedrohungen angesehen werden. Eine Bedrohungsart stellen insbesondere verschiedene Angriffe auf Netzwerke dar. Durch einen Angriff versucht ein Angreifer, die Sicherheit im Netzwerk zu unterwandern, um eventuell einige Netzwerkressourcen zu seinem Vorteil auszunutzen. Die Ermittlung des Schutzbedarfs eines Netzwerks soll dazu führen, alle Sicherheitsschwachstellen als Sicherheitslücken im Netzwerk zu erfassen.

*Ist-Analyse der Netzwerksicherheit*

Bei der Ermittlung des Schutzbedarfs eines Netzwerks sollen daher folgende Fragestellungen beantwortet werden:

*Ziele der Ermittlung des Schutzbedarfs*

- Welche Sicherheitsschwachstellen gibt es im Netzwerk?
- Durch welche Bedrohungen entstehen diese Sicherheitsschwachstellen? Um diese Frage zu beantworten, ist eine *Bedrohungsanalyse* nötig.
- Welche Risiken sind mit den einzelnen Sicherheitsschwachstellen verbunden? Diese Frage kann nur durch eine *Risikoanalyse* beantwortet werden.

Um auf diese Fragestellungen detailliert eingehen zu können, wird zuerst in Abschnitt 6.3.1 ein Modell einer Sicherheitsschwachstelle bei der Schutzbedarfsermittlung eingeführt, wodurch die Schwachstelle präzise und vollständig spezifiziert werden kann. Der Bedrohungsanalyse wird Abschnitt 6.3.2 gewidmet. Danach wird in Abschnitt 6.3.4 gezeigt, wie eine Risikoanalyse durchgeführt werden kann. Wie der Schutzbedarf in einem Netzwerk erfasst werden kann, zeigt abschließend Abschnitt 6.3.5.

## 6.3.1 Beschreibung der Sicherheitsschwachstelle

Wie bereits erwähnt wurde, kann die Ermittlung des Schutzbedarfs eines Netzwerks als Ist-Analyse seiner Sicherheit angesehen werden. Die Zielvorstellung bei der Erstellung eines Sicherheitskonzepts für ein Netzwerk ist die Beseitigung aller Sicherheitsschwachstellen im Netzwerk. Daher führt die Ermittlung des Schutzbedarfs zuerst zur Erfassung aller Sicherheitsschwachstellen. Um dies zu erreichen, benötigt man allerdings ein *Modell einer Sicherheitsschwachstelle bei der Schutzbedarfsermittlung*, aus dem hervorgeht, wie eine Sicherheitsschwachstelle präzise und vollständig spezifiziert werden kann. Abbildung 6.3-1 zeigt ein solches Modell.

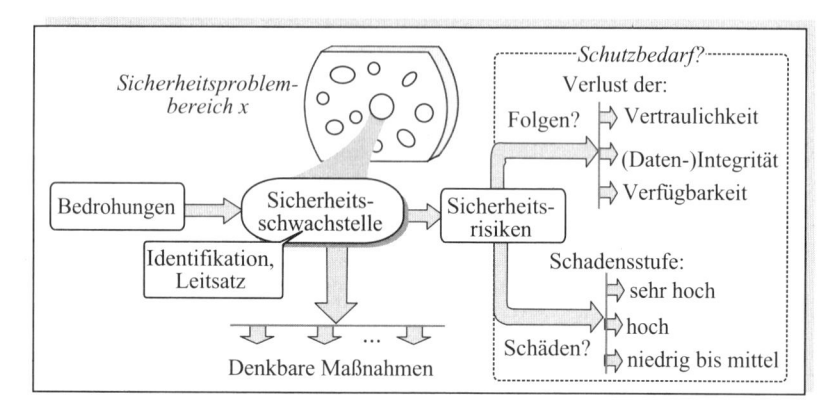

**Abb. 6.3-1:** Modell einer Sicherheitsschwachstelle bei der Schutzbedarfsermittlung

Nach dem Schweizer-Käse-Modell für die Planung der Netzwerksicherheit wird eine Sicherheitsschwachstelle als Loch im Käse dargestellt (vgl. Abb. 6.2-5). Das globale Ziel, welches man bei der Erstellung eines Sicherheitskonzepts verfolgt, ist die Beseitigung aller Sicherheitsschwachstellen im Netzwerk. Dies bedeutet, dass alle Löcher im Käse zugedeckt werden sollen.

*Angaben zur Sicherheitsschwachstelle*

Einer Sicherheitsschwachstelle sollte eine eindeutige Identifikation und ein zutreffender Leitsatz zugewiesen werden, um sie möglichst präzise zu betiteln. Zu jeder Sicherheitsschwachstelle sollten darüber hinaus folgende Angaben gemacht werden:

**Bedrohungen**, die zu der Sicherheitsschwachstelle führen können.

**Sicherheitsrisiken**, die als Folge der Sicherheitsschwachstelle entstehen können. Bei der Risikoanalyse muss abgeschätzt werden: Zu welchen Folgen (Vertraulichkeitsverluste, Verfügbarkeitsminderung etc.) kann die Sicherheitsschwachstelle führen und wie hoch ist der Schutzbedarf? Der Schutzbedarf kann durch die Höhe von potenziellen Schäden oder durch eine entsprechende Einstufung (Kategorie) zum Ausdruck gebracht werden. Darauf geht Abschnitt 6.3.3 näher ein.

**Denkbare Lösungsansätze** z.B. Hardware- und Software-Lösungen bzw. bestimmte Maßnahmen, mit deren Hilfe die Sicherheitsschwachstelle behoben werden kann.

**Beispiel 6.3-1:** Sicherheitsschwachstelle: E-Mailserver

*Leitsatz*: E-Mailserver

*Bedrohungen*: Spam, Viren, Unautorisierte Zugriffe, ...

*Risiken*:
   *Folgen*: Verlust der Vertraulichkeit, Integrität und Verfügbarkeit
   *Schaden*: hoch

*Lösungsansätze*: Spam-Filter, Virenscanner, ....

Die Behebung einer Sicherheitsschwachstelle kann als Zielvorstellung bei der Planung der Netzwerksicherheit angesehen werden. Das in Abbildung 6.3-1 gezeigte Modell einer Sicherheitsschwachstelle entspricht daher weitgehend sowohl dem Modell einer Zielvorstellung (s. Abb. 2.2-3) beim Netzwerk-Design als auch dem Modell einer Schwachstelle (s. Abb. 2.2-2) beim Netzwerk-Redesign.

Bei der Erfassung des Schutzbedarfs kann die Spezifikation von Sicherheitsschwachstellen aus einem Sicherheitsproblembereich (s. Abb. 6.1-3) in einer tabellarischen Form dargestellt werden. Darauf wird näher in Abschnitt 6.3.5 eingegangen (s. Abb. 6.3-6 und 6.3-7).

## 6.3.2 Bedrohungsanalyse – Ziele und Vorgehensweise

Bevor man mit der Erfassung des Schutzbedarfs beginnt, sollte man zuerst eine Analyse von möglichen Bedrohungen durchführen. In diesem Fall stellt sich zuerst die Frage: Was ist überhaupt eine Bedrohung in einem Netzwerk? Eine mögliche Antwort darauf lautet: Eine *Bedrohung* in einem Netzwerk wird durch unberechtigte Aktionen ausgelöst, die beabsichtigt oder unbeabsichtigt die Sicherheit des Netzwerks negativ beeinflussen kann. Die Aktion kann dabei sowohl von innen als auch von außen erfolgen.

*Was ist eine Bedrohung?*

Zur Analyse von potenziellen Bedrohungen für die Netzwerksicherheit benutzt man im Allgemeinen eine *Punkt-für-Punkt*-Vorgehensweise. Bei der Betrachtung jedes sicherheitsrelevanten Systems im Netzwerk bzw. jeder sicherheitsrelevanten Applikation untersucht man jede mögliche organisatorische, technische und benutzerbedingte Ursache, die eine Bedrohung für die Sicherheit darstellen und dabei gewisse Schäden hervorrufen könnte.

Wie Abbildung 6.3-2 zum Ausdruck bringt, müssen folgende Angaben bei der Spezifikation einer Bedrohung sowohl eines sicherheitsrelevanten Systems im Netzwerk als auch einer sicherheitsrelevanten Applikation gemacht werden:

*Spezifikation einer Bedrohung*

- Wer ist der Verursacher der Bedrohung?
- Durch welche Aktion entsteht die Bedrohung?
- Wie häufig kann sich die Bedrohung ereignen?

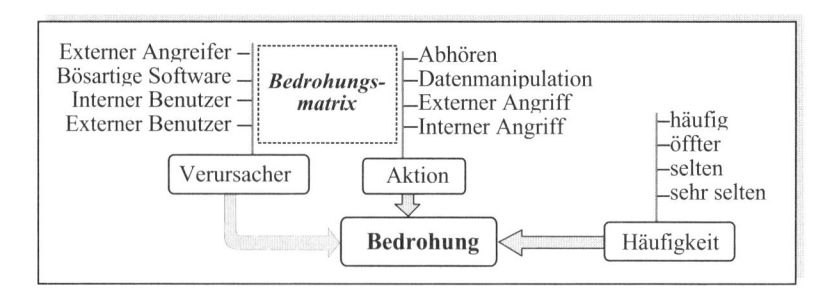

# 6 Planung und Realisierung der Netzwerksicherheit

**Abb. 6.3-2:** Angaben bei der Spezifikation einer Bedrohung im Netzwerkbereich

**Ursprünge von Bedrohungen**

Um angemessene Maßnahmen gegen eine potenzielle Bedrohung entwickeln zu können, muss man vor allem wissen, wer die Bedrohung verursachen kann. Verursacher einer Bedrohung im Netzwerkbereich kann ein externer Angreifer, eine bösartige Software oder ein Benutzer sein. Beim Benutzer kann es sich sowohl um einen internen Benutzer, der lokal auf Netzwerkdienste zugreift, als auch um einen externen Benutzer handeln, der entfernt, etwa über das Internet, auf Netzwerkdienste zugreifen darf. Abbildung 6.3-3 zeigt eine exemplarische Zusammenstellung der Ursprünge typischer Sicherheitsbedrohungen.

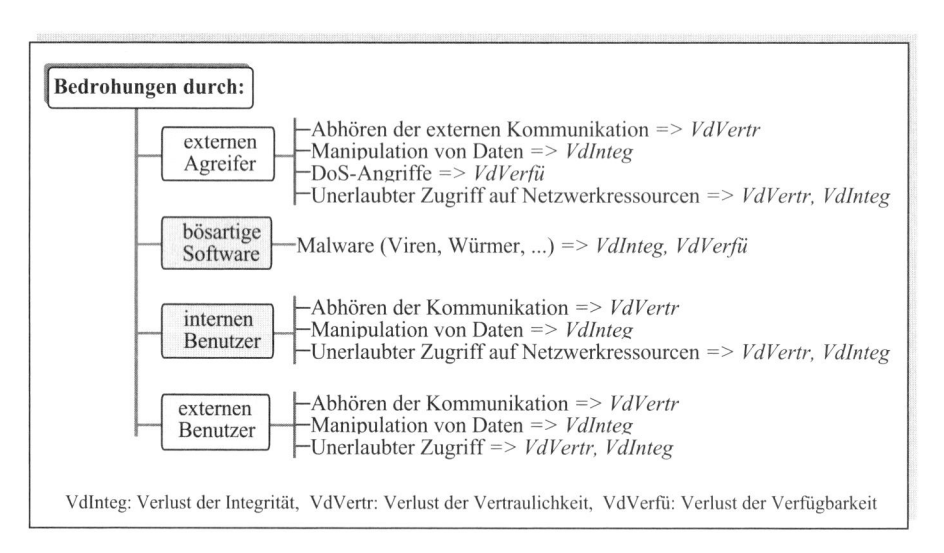

**Abb. 6.3-3:** Beispiele für Bedrohungen durch verschiedene Verursacher

**Folgen von Bedrohungen**

Mit jeder Bedrohung sind bestimmte negative Folgen verbunden. Man spricht in diesem Zusammenhang auch von *Sicherheitsrisiken*. Im Allgemeinen führen diese dazu, dass die Sicherheitsziele Vertraulichkeit, Integrität, Authentizität und Verfügbarkeit nicht gewährleistet werden können. Daher lassen sich die Folgen von Bedrohungen zu den folgenden Punkten zusammenfassen:

- *Verlust der Vertraulichkeit*
- *Verlust der Integrität* bzw. genauer *Verlust der Datenintegrität,*
- *Verlust der Authentizität* durch z.B. Fälschung von Identitäten und
- *Verlust der Verfügbarkeit*, genauer gesagt Verlust der Verfügbarkeit eines Systems bzw. einer Applikation

Jede Bedrohung geht von einem Verursacher als Quelle aus und wird durch eine bestimmte Aktion hervorgerufen. Basierend auf diesen beiden Eigenschaften einer Bedrohung kann eine *Bedrohungsmatrix* erstellt werden. Abbildung 6.3-4 illustriert ein Beispiel für eine Bedrohungsmatrix für die Netzwerksicherheit. In der Bedrohungsmatrix repräsentieren die Zeilen die potenziellen Verursacher und die Spalten definieren die Aktionen, die von den Verursachern durchgeführt werden können.

*Bedrohungsmatrix*

| | Abhören [1] | Datenmanipulation [2] | Externer Angriff [3] | Interner Angriff [4] |
|---|---|---|---|---|
| Externer Angreifer [1] | Typ (1,1) Vertraulichkeit Authentizität | Typ (1,2) Integrität Authentizität | Typ (1,3) Verfügbarkeit | |
| Bösartige Software [2] | | Typ (2,2) Integrität Verfügbarkeit | Typ (2,3) Integrität Verfügbarkeit | Typ (2,4) Integrität Verfügbarkeit |
| Interner Benutzer [3] | Typ (3,1) Vertraulichkeit Authentizität | Typ (3,2) Integrität Authentizität | | Typ (3,4) Verfügbarkeit Authentizität |
| Externer Benutzer [4] | Typ (4,1) Vertraulichkeit Authentizität | Typ (4,2) Integrität Authentizität | Typ (4,3) Verfügbarkeit Authentizität | |

**Abb. 6.3-4:** Beispiele für Bedrohungstypen und mögliche Folgen, d.h. Verluste der Vertraulichkeit, Integrität, Verfügbarkeit, Authentizität

Jedes markierte Feld in der Bedrohungsmatrix stellt einen *Bedrohungstyp* dar. Beispielsweise handelt es sich bei der Bedrohung vom Typ (2,3) um alle Bedrohungen, die durch externe Angriffe mithilfe einer bösartigen Software (z.B. Malware, Viren) entstehen. Diese Bedrohungen können zum Verlust sowohl der Datenintegrität, als auch der Verfügbarkeit führen. Einer Bedrohung vom Typ (1,3) können u.a. Bedrohungen, die durch die sog. DoS-Angriffe (*Denial of Service*) bzw. durch Spam bei E-Mail entstehen, zugeordnet werden. Eine Auflistung möglicher Aktionen und Angriffsarten, die zu den einzelnen Typen zugeordnet werden können, zeigt Tabelle 6.3-1.

*Bedrohungstyp*

Um die negativen Folgen einer Bedrohung einschätzen zu können, muss man sich die Frage stellen: Wie häufig kann diese Bedrohung auftreten? In diesem Zusammenhang spricht man oft von der Wahrscheinlichkeit des Eintretens der Bedrohung. Mathematisch gesehen kann diese Wahrscheinlichkeit nicht abgeschätzt werden. Daher sollte

*Häufigkeit des Eintretens einer Bedrohung*

man in der Praxis für die Abschätzung der Häufigkeit des Eintretens einer Bedrohung bestimmte Häufigkeitsstufen definieren. Darauf geht Abschnitt 6.3.3 bei der Risikoanalyse näher ein.

**Tab. 6.3-1:** Beispiele für Bedrohungstypen und mögliche Angriffsarten
MITM: Man-in-the-middle

|  | Abhören | Datenmanipulation | Externer Angriff | Interner Angriff |
|---|---|---|---|---|
| **Externer Angreifer** | Typ (1,1):<br>MITM-Angriffe<br>Hijacking<br>IP Spoofing | Typ (1,2):<br>MITM-Angriffe<br>Unerlaubte Zugriffe<br>Hijacking, Phishing,<br>IP Spoofing | Typ (1,3):<br>DoS-Angriffe<br>Spam, SPIT |  |
| **Bösartige Software** |  | Typ (2,2):<br>Malware | Typ (2,3):<br>Malware, Viren | Typ (2,4):<br>Malware, Viren |
| **Interner Benutzer** | Typ (3,1):<br>MITM-Angriffe | Typ (3,2):<br>MITM-Angriffe<br>Unerlaubte Zugriffe |  | Typ (3,4):<br>Unerlaubte Zugriffe |
| **Externer Benutzer** | Typ (4,1):<br>MITM-Angriffe | Typ (4,2):<br>MITM-Angriffe<br>IP Spoofing | Typ (4,3):<br>Unerlaubte Zugriffe<br>IP Spoofing |  |

**Typische Angriffe**

Die in Tabelle 6.3-1 genannten Angriffe lassen sich wie folgt knapp definieren: Mit einem *DoS-Angriff* wird versucht, einen Rechner lahmzulegen oder bestimmte Dienste durch Überlastung einzuschränken. DoS-Angriffe beeinträchtigen die Verfügbarkeit eines Rechners bzw. eines Dienstes. Beim *Spoofing* – genauer *Address Spoofing* – wird die Identität/Adresse des Absenders vorgetäuscht; z.B. sendet beim *IP Spoofing* ein Angreifer die IP-Pakete mit einer vorgetäuschten Quell-IP-Adresse. Als *Hijacking* wird ein Angriff auf eine Kommunikationsverbindung bezeichnet, bei dem die Zieladresse so vorgetäuscht wird, dass die Verbindung vom Angreifer übernommen werden kann.

### 6.3.3 Aussage über den Schutzbedarf

**Bedeutung der Schutzbedarfsanalyse**

Das Ziel der Ermittlung des Schutzbedarfs, die man auch als *Schutzbedarfsanalyse* bezeichnet, ist es, für jede erfasste potenzielle Sicherheitsschwachstelle festzustellen, welcher Bedarf für die Behebung dieser Schwachstelle besteht. Dies bedeutet, dass festgestellt werden muss, welcher Schutzbedarf gegen den Verlust der Vertraulichkeit, der Integrität, der Verfügbarkeit oder der Authentizität bei jeder Sicherheitsschwachstelle besteht. Dieser Schutzbedarf orientiert sich an den möglichen Schäden, die mit der Sicherheitsschwachstelle verbunden sind.

**Schutzbedarfsstufen**

Da der Schutzbedarf nicht in Form eines exakten Wertes angegeben werden kann, beschränkt man sich in der Praxis auf eine qualitative Aussage durch die Einführung der in Tabelle 6.3-2 aufgelisteten Schutzbedarfsstufen. Diese entsprechen vollkommen den Schutzbedarfskategorien aus dem IT-Grundschutzhandbuch des BSI.

**Tab. 6.3-2:** Schadensstufen in Anlehnung an das IT-Grundschutzhandbuch des BSI

| Schutzbedarfsstufe | Schadensauswirkungen |
|---|---|
| niedrig bis mittel | sind begrenzt und überschaubar |
| hoch | können beträchtlich sein |
| sehr hoch | können bedrohliches / katastrophales Ausmaß erreichen |

Bei der Analyse des Schutzbedarfs sollte man – unabhängig von bereits getroffenen Maßnahmen – von dem schlimmsten Fall, d.h. von einem maximal möglichen Schadensumfang ausgehen. Dies bedeutet, dass die Analyse des Schutzbedarfs als *Worst-Case-Analyse* angesehen werden sollte.

Schäden, die bei dem Verlust der Vertraulichkeit, Integrität, Verfügbarkeit oder Authentizität entstehen können, lassen sich z.B. folgenden Arten von Schäden zuordnen:

*Arten von Schäden*

- Verstoß gegen Gesetze/Vorschriften/Verträge,
- Beeinträchtigung des informationellen Selbstbestimmungsrechts,
- Beeinträchtigung der persönlichen Unversehrtheit,
- Beeinträchtigung der Aufgabenerfüllung,
- finanzielle Verluste und
- allgemeine negative Außenwirkungen.

Häufig verursacht ein Angriff gleichzeitig mehrere Arten von Schäden. Beispielsweise kann der Ausfall einer Netzwerkanwendung die Aufgabenerfüllung beeinträchtigen, was direkte finanzielle Einbußen nach sich zieht und gleichzeitig auch zu weiteren negativen Außenwirkung wie Imageverlust führt.

Mögliche Arten von Schäden, die mit der Schutzbedarfsstufe *niedrig bis mittel* eingestuft werden können, sind u.a.:

*Schutzbedarfsstufe: niedrig bis mittel*

- Verstöße gegen Gesetze, Vorschriften bzw. Verträge mit geringfügigen juristischen Konsequenzen oder Konventionalstrafen
- Beeinträchtigungen des informationellen Selbstbestimmungsrechts und der Missbrauch von personenbezogenen Daten mit lediglich geringfügigen Auswirkungen auf die Betroffenen, sodass diese toleriert werden können
- Alle Sicherheitsverstöße, bei denen das Ansehen des Unternehmens bei Kunden und Geschäftspartnern nicht beeinträchtigt wird
- Alle Sicherheitsverstöße, bei denen die möglichen finanziellen Schäden kleiner als xxx (z.B. 50 000) € sind

Zu der Schutzbedarfsstufe *hoch* können beispielsweise folgende Arten von Schäden führen:

*Schutzbedarfsstufe: hoch*

- Verstöße gegen Gesetze, Vorschriften bzw. Verträge mit schwerwiegenden Konsequenzen oder hohen Konventionalstrafen

- Beeinträchtigungen des informationellen Selbstbestimmungsrechts und der Missbrauch von personenbezogenen Daten mit <u>beträchtlichen</u> Auswirkungen auf die Betroffenen, sodass diese <u>nicht toleriert</u> werden können
- Alle Sicherheitsverstöße, bei denen das Ansehen des Unternehmens bei Kunden und Geschäftspartnern <u>erheblich beeinträchtigt</u> wird
- Alle Sicherheitsverstöße, bei denen die möglichen finanziellen Schäden zwischen xxx (z.B. 50 000) und yyy (z.B. 500 000) € liegen

*Schutzbedarfsstufe: sehr hoch*

Zu der Schutzbedarfsstufe *sehr hoch* können beispielsweise folgende Arten von Schäden eingestuft werden:

- Verstöße gegen Gesetze, Vorschriften oder Verträge, die zu juristischen Konsequenzen bzw. Konventionalstrafen führen, sodass die Existenz des Unternehmens gefährdet werden kann
- Beeinträchtigungen des informationellen Selbstbestimmungsrechts und der Missbrauch von personenbezogenen Daten, sodass <u>katastrophale</u> Auswirkungen auf die gesellschaftliche und wirtschaftliche Stellung der Betroffenen entstehen
- Alle Sicherheitsverstöße, bei denen das Ansehen des Unternehmens bei Kunden und Geschäftspartnern <u>grundlegend und nachhaltig</u> geschädigt wird
- Alle Sicherheitsverstöße, bei denen möglicherweise finanzielle Schäden oberhalb von xxx (z.B. 500 000) € liegen

Wurde die Analyse des Schutzbedarfs für alle potenziellen Sicherheitsschwachstellen durchgeführt, sollen im nächsten Schritt die Risiken als Folgen von Bedrohungen abgeschätzt werden. Man spricht in diesem Zusammenhang auch von *Risikoanalyse*.

### 6.3.4 Risikoanalyse

*Begriff: Risiko*

Unter dem Begriff *Risiko* versteht man ein Maß für die Gefährdung, die von einer Bedrohung ausgeht. Das Risiko bestimmen folgende zwei Komponenten:

- Häufigkeit des Eintretens der Bedrohung und
- Höhe der Schäden, die als Folge des Eintretens der Bedrohung entstehen können.

*Schritte bei der Risikoanalyse*

Als *Risikoanalyse* bezeichnet man eine Abschätzung aller Risiken, die als Folge aller möglichen Bedrohungen entstehen können. Die Risikoanalyse sollte erst nach der Erfassung aller potenziellen Sicherheitsschwachstellen und der Bewertung des Schutzbedarfs für jede Sicherheitsschwachstelle beginnen. Bei der Risikoanalyse sind folgende zwei Schritte durchzuführen:

1. Bestimmung der Häufigkeit des Eintretens von Schäden, die mit jeder Sicherheitsschwachstelle verbunden sind. Dies bedeutet die Bestimmung der Häufigkeit des Eintretens entsprechender Bedrohung(en).
2. Zusammenstellung und Bewertung (Klassifizierung) der Risiken

## 6.3 Ermittlung des Schutzbedarfs

Bei der Risikoanalyse sollten, sofern dies möglich ist, auch eventuelle Motive eines Angreifers, bzw. bestimmte Angreifer-Modelle, berücksichtigt werden.

Für jede Sicherheitsschwachstelle mit hohem oder sehr hohem Schutzbedarf, also mit der Schutzbedarfsstufe *hoch* und *sehr hoch* (s. Tab.6.3.2), muss eine Risikoanalyse durchgeführt werden.

Das Risiko, das aus einer Bedrohung resultiert, wird durch die Schadenshöhe und die relative Häufigkeit des Eintretens der Bedrohung abgeschätzt, d.h.:

*Risikoabschätzung*

$$\text{Risikoabschätzung} = \text{Schadenshöhe} * \text{„relative Häufigkeit"}$$

Die relative Häufigkeit der Bedrohung stellt ein Maß für die Wahrscheinlichkeit des Eintretens der Bedrohung dar. Mathematisch ausgedrückt ist das Risiko der Erwartungswert für Schäden in einem Beobachtungszeitraum. Als Zeitraum sollte man die Lebenszeit des Netzwerkkonzepts annehmen.

Um ein Risiko abschätzen zu können, muss zuerst eine Abschätzung vorgenommen werden, bei der ermittelt werden soll, welche Wahrscheinlichkeit für das Eintreten einer Bedrohung, die zu der betrachteten Schadenshöhe führt, angenommen werden kann. Hierfür muss die relative Häufigkeit des Eintretens der Bedrohung als Maß für dessen Wahrscheinlichkeit abgeschätzt werden. Dies ist in Form eines exakten Wertes jedoch nicht möglich. In der Praxis kann man daher die Häufigkeit des Eintretens der Bedrohung nur zu einer Häufigkeitsstufe zuordnen. Tabelle 6.3-3 zeigt einen Vorschlag für die Häufigkeitsstufen von Bedrohungen.

*Häufigkeitsstufen von Bedrohungen*

**Tab. 6.3-3:** Häufigkeitsstufen von Bedrohungen

| Häufigkeitsstufen | Wahrscheinlichkeit | Bedrohung kann auftreten: |
|---|---|---|
| sehr häufig | sehr hoch | z.B. alle paar Tage |
| häufig | hoch | z.B. alle paar Wochen |
| öfter | mittel | z.B. alle paar Monate |
| selten | niedrig | z.B. alle paar Jahre |

Aufgrund der in Tabelle 6.3-2 aufgelisteten Schutzbedarfsstufen und der in Tabelle 6.3-3 eingeführten Häufigkeitsstufen von Bedrohungen kann eine grobe Einstufung von Risiken vorgenommen werden. Abbildung 6.3-5 illustriert einen Vorschlag für eine derartige Grobeinstufung von Risiken. Bei der Betrachtung der Netzwerksicherheit sollte die in Abbildung 6.3-5 gezeigte grobe Klassifizierung von rechts oben nach links unten abgearbeitet werden.[3] So können zunächst kritische Schwachstellen betrachtet werden, die sowohl eine hohe Schutzbedarfsstufe mit entsprechendem Schadenspotenzial als auch eine hohe Häufigkeitsstufe bzw. Eintrittswahrscheinlichkeit aufweisen. Dies ermöglicht einen effizienten Einsatz der für die Behebung von Schwachstellen

*Grobeinstufung von Risiken*

---

[3] Im IT-Grundschutz des BSI wird eine ähnliche Klassifizierung für die Risikobewertung vorgeschlagen siehe BSI-Standard 100-4 zum Notfallmanagement unter [Web BSI]

verfügbaren Ressourcen, da diese vorrangig für die Behebung von kritischen Bedrohungen verwendet werden

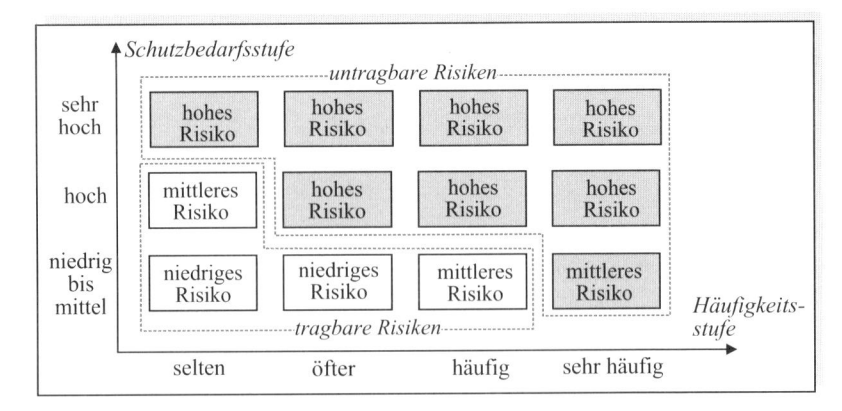

```
                    ▲ Schutzbedarfsstufe
                    ┌─────────────────untragbare Risiken─────────────────┐
         sehr       │  hohes      hohes       hohes       hohes          │
         hoch       │  Risiko     Risiko      Risiko      Risiko         │
                    │                                                     │
         hoch       │ mittleres   hohes       hohes       hohes          │
                    │ Risiko      Risiko      Risiko      Risiko         │
                    │         ┌─────────────────────────┐                │
         niedrig    │ niedriges│ niedriges   mittleres  │ mittleres      │
         bis        │ Risiko   │ Risiko      Risiko     │ Risiko         │
         mittel     └──────────┴─────tragbare Risiken───┴────────────────┘  Häufigkeits-
                                                                            stufe
                      selten      öfter      häufig    sehr häufig    ──►
```

**Abb. 6.3-5:** Vorschlag für eine Grobeinstufung von Risiken in Abhängigkeit der Schutzbedarfsstufe und Häufigkeitsstufe

Ein hohes Risiko ist in der Regel als untragbar einzustufen. Entsprechend kann in Bezug auf die Risiken unterschieden werden zwischen

- (noch) tragbaren Risiken und
- untragbaren Risiken.

Es sollte alles daran gesetzt werden, Sicherheitsschwachstellen, mit denen untragbare Risiken verbunden sind, zu beheben bzw. mindestens einige von ihnen durch zusätzliche Schutzmaßnahmen auf tragbare Risiken zu reduzieren.

Zur Durchführung einer Risikoanalyse existieren verschiedene Methoden – s. beispielsweise [Köni 06] und [Ecke 11]. Die hier vorgestellte Risikoanalyse entspricht weitgehend dem Lösungsvorschlag des BSI für den IT-Grundschutz.[4]

### 6.3.5 Erfassung des Schutzbedarfs

*Tabellarische Erfassung des Schutzbedarfs*

Der Schutzbedarf in einem Netzwerk muss gesondert für alle Sicherheitsschwachstellen erfasst werden. Dies sollte sinnvollerweise in tabellarischer Form erfolgen. Abbildung 6.3-6 zeigt eine Mustertabelle für die Spezifikation des Schutzbedarfs von Sicherheitsschwachstellen. Sie wurde aus dem in Abbildung 6.3-1 dargestellten Modell einer Sicherheitsschwachstelle abgeleitet und entspricht dem Sicherheitsproblembereich *Server* (s. Abb. 6.1-3). Aus der Spezifikation in der Mustertabelle ist der Schutzbedarf direkt ersichtlich.

---

[4] Siehe hierzu den BSI-Standard 100-3; dieser kann kostenlos heruntergeladen werden – unter: https://www.bsi.bund.de/SharedDocs/Downloads/DE/BSI/Publikationen/ITGrundschutzstandards/standard_1003_pdf.pdf?__blob=publicationFile

## 6.3 Ermittlung des Schutzbedarfs

| Sicherheitsproblembereich: *Server* | | | | | |
|---|---|---|---|---|---|
| Schwachstelle | | Bedrohungs-typen | Schutzbedarf | | |
| ID | Leitsatz | | Verlust der: | Risiko | Bemerkung |
| S1 | E-Mailserver | (1,1), (3,1), (4,1) | Vertraulichkeit | untragbar | Abhören |
| | | (1,2), (2,3), (2,4) | Integrität | tragbar | (2,3) = Viren |
| | | (1,3), (2,3), (2,4) | Verfügbarkeit | untragbar | (1,3) = Spam, DoS |
| ... | ... | ... | ... | ... | ... |

**Abb. 6.3-6:** Mustertabelle für die Spezifikation des Schutzbedarfs innerhalb eines Sicherheitsproblembereichs (vgl. Abb. 6.1-3 und Abb. 6.3-1)
ID: Identifikation

Um die Bedrohungen auf eine kompakte und einheitliche Art und Weise zu beschreiben, kann man auf die in Abbildung 6.3-4 dargestellte Bedrohungsmatrix zugreifen. Daher könnte man bei der Erfassung des Schutzbedarfs einfach nur den Bedrohungstyp angeben. Aus der Tabelle 6.3-1 kann man dann die denkbaren Angriffe und Gefährdungen ablesen.

Die Sicherheitsschwachstellen in jedem anderen Sicherheitsproblembereich – s. hierzu Abb. 6.1-3 – können in Form der in Abbildung 6.3-6 gezeigten Tabelle spezifiziert werden.

Der Schutzbedarf führt dazu, dass bestimmte technische und organisatorische Sicherheitsmaßnahmen umgesetzt werden müssen. Denkbare Sicherheitsmaßnahmen sollten ebenfalls in einer übersichtlichen tabellarischen Form erfasst werden. Aus der in Abbildung 6.3-6 gezeigten Tabelle kann eine hierfür geeignete Tabelle abgeleitet werden. Abbildung 6.3-7 zeigt diese Tabelle.

*Denkbare Sicherheitsmaßnahmen*

| Sicherheitsproblembereich: *Server* | | | | | |
|---|---|---|---|---|---|
| Schwachstelle | | Bedrohungs-typen | Denkbare Sicherheitsmaßnahmen | | |
| ID | Leitsatz | | 1 | 2 | 3 |
| S1 | E-Mailserver | (1,1), (3,1), (4,1) | (1,1):Verschlüsselung | (3,1), (4,1):Password | |
| | | (1,2), (2,3), (2,4) | (2,3), (2,4):Virenscann. | | |
| | | (1,3), (2,3), (2,4) | (1,3):Anti-DoS | | |
| ... | ... | ... | ... | ... | ... |

**Abb. 6.3-7:** Mustertabellen für Spezifikation von denkbaren Sicherheitsmaßnahmen innerhalb eines Sicherheitsproblembereichs

Nach der Erfassung des Schutzbedarfs in einem Netzwerk kann man zur nächsten Phase der Sicherheitsplanung übergehen – nämlich zur Festlegung von Sicherheitsanforderungen.

## 6.4 Festlegung von Sicherheitsanforderungen

*Schutzbestimmung im Netzwerk*

Ist die Ermittlung des Schutzbedarfs beendet, sind somit die potenziellen bzw. realen Sicherheitsschwachstellen bekannt und die daraus resultierenden Risiken abgeschätzt (s. Abb. 6.3-1). Im Anschluss kann man daher mit der zweiten Phase der Netzwerksicherheitsplanung beginnen, in der die Sicherheitsanforderungen festgelegt werden. Hierbei wird präzise erfasst, wie weit die einzelnen Schutzbedürfnisse im Netzwerk abgedeckt werden sollen. Diese Phase entspricht weitgehend der Soll-Analyse beim Netzwerkprojekt und kann als *Schutzbestimmung im Netzwerk* angesehen werden.

Um die Schutzbestimmung im Netzwerk auf eine einheitliche Art und Weise erfassen zu können, wird in Abschnitt 6.4.1 zunächst ein Modell einer Sicherheitsschwachstelle bei der Schutzbestimmung eingeführt. Aus diesem Modell werden danach in Abschnitt 6.4.2 entsprechende Tabellen zur Erfassung der Schutzbestimmung abgeleitet.

### 6.4.1 Schutzbestimmung von Sicherheitsschwachstellen

Um den Schutzbedarf im Netzwerk auf eine einheitliche Art und Weise erfassen zu können, wurde – im Abschnitt 6.3.1 – das Modell einer Sicherheitsschwachstelle bei der Schutzbedarfsermittlung eingeführt. Aus diesem Modell kann ein *Modell einer Sicherheitsschwachstelle für die Schutzbestimmung* abgeleitet werden. Abbildung 6.4-1 zeigt ein derartiges Modell.

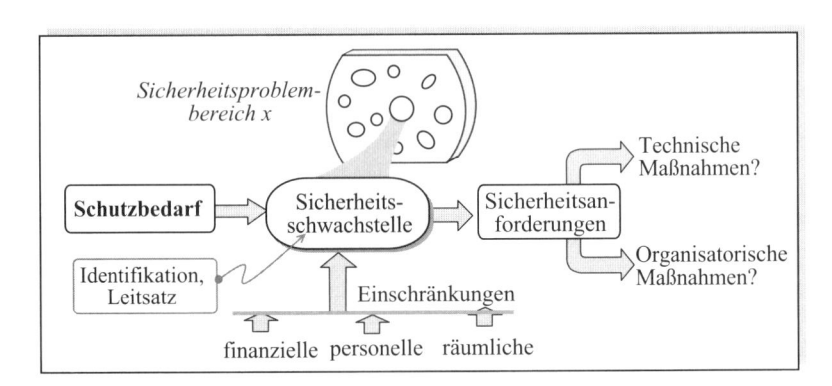

**Abb. 6.4-1:** Modell einer Sicherheitsschwachstelle bei der Schutzbestimmung

Die Behebung einer Sicherheitsschwachstelle kann als Zielvorstellung bei der Planung der Netzwerksicherheit angesehen werden. Daher entspricht das in Abbildung 6.4-1 gezeigte Modell einer Sicherheitsschwachstelle bei der Schutzbestimmung weitgehend dem Modell einer Zielvorstellung bei der Soll-Analyse (s. Abb. 3.1-4) beim Netzwerk-Design wie auch dem Modell einer Schwachstelle (s. Abb. 3.1-5) beim Netzwerk-Redesign.

Analog zur Ermittlung des Schutzbedarfs wird jeder Sicherheitsproblembereich im Netzwerk als ein Stückchen Schweizer-Käse modelliert. Jede Sicherheitsschwachstelle eines Sicherheitsproblembereichs im Netzwerk (s. Abb. 6.3-1) wird als Loch im Käse dargestellt. Die bereits während der Ermittlung des Schutzbedarfs der Sicherheitsschwachstelle zugewiesenen Angaben – Identifikation und Leitsatz – werden im Modell einer Sicherheitsschwachstelle bei der Schutzbestimmung übernommen. Für jede Sicherheitsschwachstelle sollten nun darüber hinaus folgende Angaben gemacht werden:

*Angaben zur Sicherheitsschwachstelle*

- *Schutzbedarf*: Diese Angabe repräsentiert die bekannten, bereits während der Schutzbedarfsermittlung abgeschätzten Risiken – vgl. hierzu auch Abb. 6.3-1.

- *Einschränkungen*: Da es sich bei der Festlegung von Sicherheitsanforderungen um eine Entscheidung handelt, die als politische Entscheidung während der Planung der Netzwerksicherheit angesehen werden kann, müssen hierbei verschiedene Randbedingungen (wie finanzielle, personelle, räumliche) als Einschränkungen berücksichtigt werden.

- *Sicherheitsanforderungen*: Hier muss einerseits angegeben werden, wie weit der Schutzbedarf abgedeckt werden soll. Andererseits muss präzise spezifiziert werden, welche technischen und organisatorischen Sicherheitsmaßnahmen umgesetzt werden sollen.

Durch die Spezifikation von Sicherheitsanforderungen soll festgelegt werden, wie weit die Sicherheitsziele – bzw. die Garantie der *Vertraulichkeit*, *Integrität* und *Verfügbarkeit* – bei der Behebung jeder Sicherheitsschwachstelle erreicht werden sollen.

## 6.4.2 Erfassung der Schutzbestimmung

Die Anforderungen an die Sicherheit in einem Netzwerk müssen entsprechend erfasst werden. Am besten ist hierfür eine tabellarische Form geeignet, in der die Anforderungen für jede Sicherheitsschwachstelle kurz und möglichst präzise spezifiziert werden. Abbildung 6.4-2 zeigt eine Mustertabelle für die Spezifikation von Anforderungen an die Netzwerksicherheit. Diese Tabelle wurde aus dem in Abbildung 6.4-1 dargestellten Modell einer Sicherheitsschwachstelle bei der Schutzbestimmung abgeleitet und entspricht dem Sicherheitsproblembereich *Server* (s. Abb. 6.1-3).

*Tabellarische Spezifikation der Schutzbestimmung*

Die Anforderungen werden als Sicherheitsmaßnahmen gegen die einzelnen Risiken in der Tabelle in Abbildung 6.4-2 gemäß der denkbaren Sicherheitsmaßnahmen (s. Abb. 6.3-7), die während der Erfassung des Schutzbedarfs erstellt wurden, spezifiziert.[5] Daher entsteht die Tabelle in Abbildung 6.4-2 gewissermaßen durch eine „Zusammenfassung" der in Abbildungen 6.3-6 und -7 dargestellten Mustertabellen.

---

[5] Eine ähnliche Form der Zuordnung von denkbaren Sicherheitsmaßnahmen zur Behebung von Schwachstellen findet man auch BSI-Standard 100-4 zum Notfallmanagement, der [Web BSI] kostenfrei heruntergeladen werden kann.

Sicherheitsproblembereich: *Server*

| Schwachstelle | | Schutzbedarf | | Schutzbestimmung | | |
|---|---|---|---|---|---|---|
| | | | | Geforderte Maßnahmen | | |
| ID | Leitsatz | Verlust der: | Risiko | technische | organisa. | Bemerkungen |
| S1 | E-Mailserver | Vertraulichkeit | untragbar | TM 1 | OM 1 | |
| | | Integrität | tragbar | TM 1, TM 2 | OM 2 | |
| | | Verfügbarkeit | untragbar | TM 3 | | |
| ... | ... | ... | ... | ... | ... | ... |

*Technische Maßnahmen:*
TM 1: Digitale Signatur muss eingesetzt werden.
TM 3: Ein Virenscanner soll eingeplant werden.
TM 4: Bestimmte Lösungen gegen Spam und DoS-Angriffe müssen realisiert werden.
...
*Organisatorische Maßnahmen:*
OM 1: Zugriff auf den E-Mailserver muss mit Password geschützt sein.
OM 2: Benutzer müssen instruiert werden, was sie gegen Viren tun können.
...

**Abb. 6.4-2:** Anforderungskatalog für einen Sicherheitsproblembereich (s. Abb. 6.1-3)
organisa.: organisatorische, O(T)M: Organisatorische (Technische) Maßnahme

Sicherheitsanforderungskatalog

Die Tabelle in Abbildung 6.4-2 kann auch als Katalog von geforderten Sicherheitsmaßnahmen, d.h. als *Sicherheitsanforderungskatalog* für den Sicherheitsproblembereich *Server* interpretiert werden. Spezifiziert man nach dem hier dargestellten Muster die Anforderungen für alle Sicherheitsproblembereiche im Netzwerk, so ergibt sich fast „automatisch" der Katalog von Sicherheitsanforderungen für das ganze Netzwerk. Im nächsten Schritt muss das Konzept für die Umsetzung dieser Anforderungen – also das Konzept für die Netzwerksicherheit – erstellt werden.

## 6.5 Konzept für die Netzwerksicherheit

Das Konzept für die Netzwerksicherheit beschreibt, wie der Katalog von Sicherheitsanforderungen in der Praxis unter Berücksichtigung der Kosten und Restrisiken umgesetzt wird. Das Sicherheitskonzept umfasst dabei nicht nur die beteiligten Systeme und Personen, sondern muss das gesamte Netzwerkumfeld mit einbeziehen (z.B. Einbruchschutz, Zugangsregelungen und -kontrollen für Räume und/oder Rechner etc.). Für die Belange des Datenschutzes[6] sind bei der Erstellung des Sicherheitskonzepts gegebenenfalls entsprechende Möglichkeiten der Protokollierung vorzusehen (s. Abb. 6.2-8).

---

[6] Datenschutzanforderungen werden umfassend unter http://www.datenschutz.de beschrieben. Auf diese Webseite verweist auch der BSI IT-Grundschutz Baustein „Datenschutz".

## 6.5.1 Modell der Behebung einer Sicherheitsschwachstelle

Um die Art und Weise der Behebung einer Sicherheitsschwachstelle einheitlich beschreiben zu können, wird nun hierfür ein weiteres Modell eingeführt – und zwar *das Modell der Behebung einer Sicherheitsschwachstelle*. Wie Abbildung 6.5-1 illustriert, stellt dieses Modell eine Modifikation des Modells einer Sicherheitsschwachstelle bei der Schutzbestimmung dar – vgl. Abb. 6.4-1.

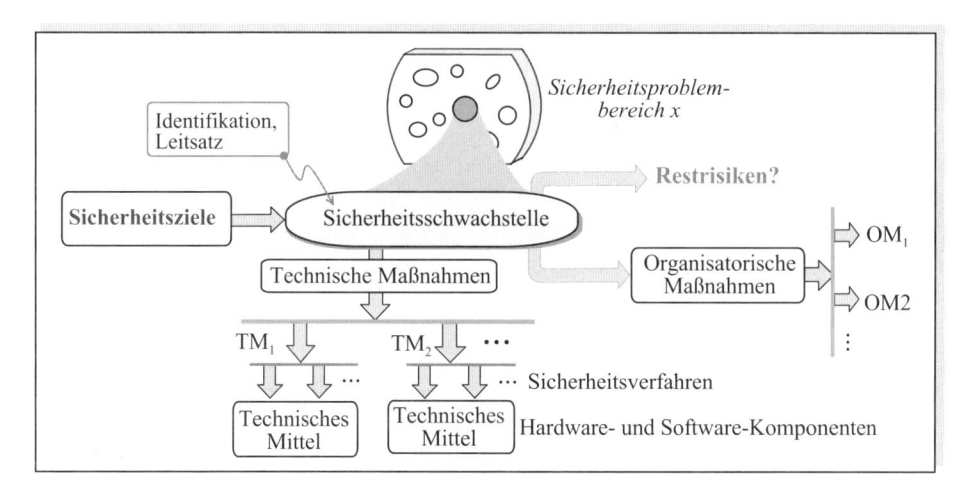

**Abb. 6.5-1:** Modell der Behebung einer Sicherheitsschwachstelle
OM: Organisatorische Maßnahme, TM: Technische Maßnahme

Die Behebung einer Sicherheitsschwachstelle richtet sich nach den Sicherheitszielen, die durch die Behebung erreicht werden sollen. Diese Sicherheitsziele können daher als Eingabeparameter angesehen werden.

Wie bereits bei der Ermittlung des Schutzbedarfs und bei der Festlegung von Sicherheitsanforderungen wird jeder Sicherheitsproblembereich im Netzwerk als ein Stückchen Schweizer-Käse modelliert. Jede Sicherheitsschwachstelle eines Sicherheitsproblembereichs im Netzwerk wird wiederum als Loch im Käse dargestellt. Die während der Ermittlung des Schutzbedarfs der Sicherheitsschwachstelle zugewiesenen Angaben: Identifikation und Leitsatz werden auch im Modell der Behebung einer Sicherheitsschwachstelle übernommen.

Zu jeder Sicherheitsschwachstelle sollten im Hinblick auf das Modell für deren Behebung folgende Angaben gemacht werden:

- Sicherheitsziele: Diese Angaben repräsentieren die Ziele wie *Vertraulichkeit*, *Integrität* und *Verfügbarkeit*, die als Folge der Behebung der Sicherheitsschwachstelle erreicht werden sollen.
- Technische Maßnahmen: Welche technischen Maßnahmen (TM) sollen zur Behebung der Sicherheitsschwachstelle eingesetzt werden?

- **Organisatorische Maßnahmen:** Welche organisatorischen Maßnahmen (OM) sollen getroffen werden, um die nachhaltige Behebung der Sicherheitsschwachstelle zu gewährleisten?
- **Restrisiken:** Welche Restrisiken bleiben nach der Umsetzung technischer und organisatorischer Maßnahmen zur Behebung der Schwachstelle bestehen?

### 6.5.2 Spezifikation von Sicherheitslösungen

Im Folgenden werden Beispiele für Sicherheitslösungen genannt, die die in den vorherigen Abschnitten beschriebenen Sicherheitsmaßnahmen umsetzen können. Hierfür eignet sich erneut eine tabellarische Form. Aus dem in Abbildung 6.5-1 dargestellten Modell der Behebung einer Sicherheitsschwachstelle lässt sich eine hierfür geeignete Mustertabelle ableiten. Abbildung 6.5-2 zeigt eine solche Tabelle für den Sicherheitsproblembereich *Server* (s. Abb. 6.1-3). Diese Tabelle stellt eine Modifikation der in Abbildung 6.4-2 gezeigten Tabelle für die Erfassung von Sicherheitsanforderungen dar.

Sicherheitsproblembereich: *Server*

| Schwachstelle | | Sicherheits-ziel | Umsetzung von geforderten Maßnahmen | | Restrisiko *(eventuell)* |
|---|---|---|---|---|---|
| ID | Leitsatz | | technische | organisatorische | |
| S1 | E-Mailserver | Vertraulichkeit | TM 1 | OM 1 | vernachlässig |
| | | Integrität | TM 1, TM 2 | OM 2 | |
| | | Verfügbarkeit | TM 3 | | niedrig |
| ... | ... | ... | ... | ... | ... |

*Bemerkungen über die Umsetzung von technischen Maßnahmen:*
TM 1: Die Realisierung dieser Maßnahme wird in *E-Mailserver-Sicherheit, Pkt. xx* spezifiziert.
TM 2: Die Nutzung des Virenscanners wird in *E-Mailserver-Sicherheit, Pkt. yy* dargestellt.
TM 3: ....
...

*Bemerkungen über die Umsetzung von organisatorischen Maßnahmen:*
OM 1: Für Password Management siehe *E-Mailserver-Sicherheit, Pkt. zz*
OM 2: .....
...

**Abb. 6.5-2:** Spezifikation von Maßnahmen zur Behebung einer Sicherheitsschwachstelle – Sicherheitsproblembereich: *Server* (s. Abschnitt 6.1.3)
O(T)M: Organisatorische (Technische) Maßnahme

*Sicherheits-maßnahmen-katalog*

Die Tabelle in Abbildung 6.5-2 kann auch als *Sicherheitsmaßnahmenkatalog* für den Sicherheitsproblembereich *Server* interpretiert werden. Spezifiziert man nach dem hier dargestellten Muster die Anforderungen für alle Sicherheitsproblembereiche im Netzwerk, entsteht als Ergebnis der Gesamtkatalog von Sicherheitsmaßnahmen für das ganze Netzwerk.

In den folgenden Abschnitten wird ein Überblick über relevante Sicherheitslösungen für die Netzwerksicherheit gegeben. Dabei werden am Ende des Abschnitts für die einzelnen Sicherheitsproblembereiche in Netzwerken exemplarisch Maßnahmen genannt, die für die Umsetzung des vorgestellten Modells zur Behebung von Sicherheitsschwachstellen eingesetzt werden können. Ein Beispiel für einen detaillierten Sicherheitsmaßnahmenkatalog liefern die Maßnahmenkataloge des BSI.[7]

### 6.5.3 Sicherheitslösungen für die Netzwerkinfrastruktur

Für die Berücksichtigung der Netzwerkinfrastruktur im Sicherheitskonzept sind einige technische und organisatorische Lösungen, die zur Umsetzung von entsprechenden Sicherheitsmaßnahmen führen, erforderlich.

Die technischen, die ganze Netzwerkinfrastruktur betreffenden, Lösungen sind u.a.:   *Technische Sicherheitslösungen*

- Trennung von funktionell oder logisch voneinander unabhängigen Bereichen der Netzwerkinfrastruktur mit unterschiedlichen Sicherheitsanforderungen – etwa physikalische Trennung oder logische Trennung durch Virtualisierung wie beispielsweise VLANs oder zusätzliche Firewalls etc.
- Konfiguration von Sicherheitsfunktionen der eingesetzten Netzwerkkomponenten
- Einsatz von Werkzeugen zur Überwachung der Funktion (im Hinblick auf deren Verfügbarkeit) und sicherheitsrelevanten Konfigurationen (u.a. Compliance-Anforderungen, Software-Updates) der Netzwerkkomponenten

Die organisatorischen Lösungen betreffen insbesondere Sicherheitsmaßnahmen, die im Serverbereich umgesetzt werden müssen. Diese sind z.B.:   *Organisatorische Sicherheitslösungen*

- Definition von Vorgaben für die korrekte Konfiguration von Sicherheitsfunktionen der Netzwerkinfrastruktur (Netzwerkkomponenten usw.) z.B. in Form von IT-Sicherheitsrichtlinien oder -leitlinien (inkl. Auditierung)
- Schulung der Netzwerkadministratoren

Einige konkrete Beispiele für die Umsetzung technischer und organisatorischer Sicherheitsmaßnahmen im Bereich der Netzwerkinfrastruktur sind:   *Beispiele für die konkrete Umsetzung*

**Konfiguration von Sicherheitsfunktionen**: Die korrekte Konfiguration und die geforderte Verfügbarkeit der Funktion von Netzwerkkomponenten sollten definiert und kontinuierlich durch geeignete Werkzeuge überwacht werden.

**Physikalische und logische Trennung von Netzwerkbereichen**: Innerhalb der Netzwerkinfrastruktur sind gegebenenfalls Netzbereiche mit unterschiedlichen Sicherheitsanforderungen zu trennen. Hierfür sollten im Sicherheitskonzept geeignete Techniken für eine Trennung gemäß organisatorischer Vorgaben vorgesehen werden.

---

[7] Siehe hierzu IT-Grundschutz-Kataloge – insb. „Bausteine" und „M 5 Kommunikation" – unter: `https://www.bsi.bund.de/DE/Themen/weitereThemen/ITGrundschutzKataloge/Inhalt/Massnahmenkataloge/massnahmenkataloge_node.html`

### Lösungsansätze für einen sicheren Netzzugang

Wie bereits in Abbildung 6.1-3 dargestellt wurde, bildet der Netzzugangsbereich einen spezifischen Sicherheitsbereich. Im Folgenden möchten wird exemplarisch typische Sicherheitslösungen für den Netzzugang vorstellen.

*Technische Sicherheitslösungen*

Typische technische Sicherheitslösungen, die im Netzzugangsbereich realisiert werden können, sind z.B.:

- Einsatz von Firewalls, Access Control Lists und Application Level Gateways
- Einsatz von Intrusion Detection/Prevention Systemen (IDS/IPS)
- Netzzugangskontrolle (Network Access Control) – insbesondere mittels der Authentifizierung nach IEEE 802.1X oder durch das Einrichten von VLANs
- Einsatz von zentralen Scannern gegen Viren/Malware/Spam etc.

*Organisatorische Sicherheitslösungen*

Die typischen organisatorischen Sicherheitslösungen, die man für den Einsatz im Netzzugangsbereich vorschlagen kann, sind:

- Definition von getrennten Netzbereichen (ggf. Einhaltung einer physikalischen Trennung von Netzen mit unterschiedlichen Sicherheitsanforderungen) sowie Trennung von intern und extern bereitzustellenden Systemen und Diensten – siehe die Einrichtung einer DMZ (Abschnitt 6.1.4)
- Definition von Vorgaben für die korrekte Konfiguration von Sicherheitsfunktionen der Netzzugangskomponenten (z.B. IT-Sicherheitsrichtlinien inkl. Auditierung)
- Vergabe und Schutz von Zugriffsberechtigungen (inkl. Schulung der Mitarbeiter)

*Beispiele für die konkrete Umsetzung*

Konkrete Beispiele für die Umsetzung technischer und organisatorischer Sicherheitslösungen im Netzzugangsbereich sind:

**Firewalls**: Zur Trennung von unterschiedlichen Netzbereichen (z.B. einem internen, sicherheitssensitiven und einem externen, öffentlichen Netz) können Firewalls in unterschiedlichen Ausprägungen eingesetzt werden. Hierfür müssen die zu trennenden Netzbereiche und darin bereitzustellende Systeme und Dienste zunächst definiert werden. Die Firewall kann basierend darauf Verbindungen beim Übergang zwischen den Netzwerkbereichen gezielt zulassen, blockieren oder modifizieren; sie kann hierbei als einfacher Paketfilter innerhalb der Schichten 3 und 4 (Vermittlungs- und Transportschicht) eingesetzt werden. Im Allgemeinen kann die Firewall dienen – als:

- *Paketfilter*: Häufig spricht man in diesem Zusammenhang auch von der Konfiguration von Access Control Lists. Eine fortgeschrittene Variante einer Firewall bildet die sog. *Stateful Packet Inspection* (SPI), die den Zustand der Verbindung (bspw. Aufbau neuer Verbindungen) des Transportprotokolls (wie etwa TCP) in ihre Entscheidung bzgl. des Zulassens und Blockierens mit einbeziehen kann.
- *Application Level Gateways*: Eine Sonderform von Firewalls bilden sog. Application Level Gateways, die innerhalb der Anwendungsschicht agieren und somit erlau-

ben Applikationsdaten (z.B. Inhalte von abgerufenen Webseiten usw.) bei der Entscheidung über das Zulassen oder Blockieren der Verbindung zu berücksichtigen.

**Intrusion Detection und Intrusion Prevention Systeme**: Eine gezielte Abwehr von Angriffen (z.B. basierend auf Mustern und konfigurierten Regeln) erlauben sog. *Intrusion Detection und Intrusion Prevention Systeme* (IDS/IPS). Diese lassen sich auch mit Systemen für die Netzzugangskontrolle (Network Access Control) kombinieren, die den Zugang zum Netz nur nach erfolgreicher Authentifizierung und Autorisierung der Benutzer (anhand von Zugangsberechtigungen) oder der Prüfung von deren Endgeräten auf eventuelle Sicherheitsschwachstellen erlauben.

**Einsatz von zentralen Vulnerability-Scannern**: Zur Ermittlung von Sicherheitsschwachstellen – die in Folge von Schadsoftware entstehen – lassen sich zusätzlich Viren- und Malware-Scanner einsetzen. Häufig können diese auch mit den im vorherigen Beispiel genannten IDS oder IPS Systemen kombiniert werden.

## Lösungen für die Sicherheit von Remote Access Services

Einen weiteren Sicherheitsproblembereich im Netzwerk stellen Remote Access Services dar – s. hierzu Abbildung 6.1-3. Für diesen Bereich müssen bestimmte Sicherheitslösungen ergriffen werden. Technische Sicherheitslösungen, die sich für diesen Bereich eigenen, sind beispielsweise die Folgenden: *(Technische Sicherheitslösungen)*

- Einsatz von Netzwerkkomponenten für sichere Remote Access Services (z.B. VPN-Gateways, TLS, IPsec). Konfiguration von Verschlüsselung und Authentifizierung (z.B. Einsatz von X.509 Zertifikaten) sowie Sicherheitsfunktionen der Remote Access Service Komponenten
- Realisierung von Diensten für die Verwaltung von Zugangsberechtigungen (beispielsweise RADIUS- und LDAP-Server)
- Einsatz von Werkzeugen zur Überwachung der Funktionsverfügbarkeit und sicherheitsrelevanten Konfigurationen (Compliance) der Remote Access Komponenten

Typische organisatorische Sicherheitslösungen, die für Remote Access Services realisiert werden müssen, sind: *(Organisatorische Sicherheitslösungen)*

- Explizite sicherheitsrelevante Vorgaben für die über Remote Access zugänglichen und nicht-zugänglichen Systeme, Dienste und Anwendungen
- Definition von Vorgaben zur korrekten Konfiguration von Sicherheitsfunktionen der Remote Access Komponenten (sowohl Server bzw. Gateways als auch Clients) – z.B. in Form von IT-Sicherheitsrichtlinien oder -leitlinien

Für die Umsetzung technischer und organisatorischer Sicherheitslösungen im Bereich Remote Access Services sind u.a. erforderlich: *(Beispiele für die konkrete Umsetzung)*

**Verschlüsselung und Authentifizierung**: Durch die im Zuge des Remote Access (z.B. für Telearbeit, externe Partner, Außendienst) erzeugte Öffnung des internen Netzes für externe Anwender und folglich auch für potentielle Angreifer sind geeignete Sicherheitsverfahren und Netzwerkkomponenten für sichere Remote Access Services erforderlich[8]. Diese müssen eine Verschlüsselung der übermittelten Daten sowie eine sichere Authentifizierung und Autorisierung realisieren.

**Authentifizierung und Autorisierung**: Für die Verwaltung der Berechtigungen von Benutzern empfiehlt sich hierbei Systeme wie z.B. RADIUS- und LDAP-Server zu verwenden, die gemeinsam mit den Remote Access Komponenten auch in die kontinuierliche Überwachung aufgenommen werden. Für den Remote Access sollte explizit definiert werden, welche Systeme, Dienste und Anwendungen zugänglich sein sollen und welche nicht. Dies muss durch geeignete logische bzw. physikalische Trennung unterschiedlicher sicherheitsrelevanter Netzwerkbereiche umgesetzt werden.

### Sicherheitslösungen für externe Kommunikation

*Technische Sicherheitslösungen*

Dieser Abschnitt nennt einige exemplarische Bestandteile eines Sicherheitskonzepts für die externe Kommunikation. Häufig verwendete technische Sicherheitslösungen, die für eine sichere externe Kommunikation eingesetzt werden müssen, können sein:

- Verschlüsselung von sensiblen Daten z.B. durch den Einsatz von TLS
- Authentifizierung und Autorisierung von externen Benutzern (Passwörter, TLS), ggf. unterstützt durch RADIUS-, LDAP- oder Network Access Control-Server
- Einsatz zusätzlicher Firewalls, Intrusion Detection/Prevention Systeme, Vulnerability-Scanner usw.

*Organisatorische Sicherheitslösungen*

Organisatorischen Sicherheitslösungen, die im Bereich der externen Kommunikation realisiert werden müssen, sind u.a.:

- Trennung von internen und externen Diensten, Definition von sensiblen Daten und Schutzfunktionen zur Datenübertragung während der externen Kommunikation
- Definition von Vorgaben zur korrekten Konfiguration von Sicherheitsfunktionen externer Dienste und Anwendungen, z.B. in Form von IT-Sicherheitsrichtlinien oder -leitlinien

*Beispiele für die konkrete Umsetzung*

Konkrete Beispiele für die Umsetzung technischer und organisatorischer Sicherheitslösungen für die externe Kommunikation sind:

**Gewährleistung der Vertraulichkeit, Integrität und Authentizität:** Externe Kommunikationsvorgänge erfolgen in der Regel über öffentliche, also über fremde Netze. Daher sind gesonderte Verfahren für die Gewährleistung der Vertraulichkeit, Integrität sowie Authentizität sowohl von Daten/Nachrichten als auch von Kommunikationspartnern erforderlich. Diese können bspw. durch den Einsatz von TLS umgesetzt werden.

**Authentifizierung, Autorisierung und Zugriffskontrolle:** Für die Verwaltung der Berechtigungen werden in der Regel Systeme wie RADIUS- oder LDAP-Server (bzw. allgemein Verzeichnisdienste) eingesetzt. Zusätzlich können Firewalls, Intrusion De-

---

[8] Hierfür kommen beispielsweise verschiedene IPsec- oder TLS-VPN-Gateways in Frage.

tection/Prevention Systeme zur Kontrolle und Regulierung der externen Kommunikation eingesetzt werden. Letztere ermöglichen dabei das automatische Scannen des externen Datenverkehrs: z.B. auf Viren und Malware. Für Systeme, Dienste und Anwendungen sollte jeweils gezielt festgelegt werden, ob diese auch extern bereitgestellt werden sollen. Für sensible Daten sind hierbei Sichermaßnahmen bzw. -funktionen wie Verschlüsselung und Integritätssicherung erforderlich. Extern bereitgestellte Anwendungen können zusätzlich mit speziellen Vulnerability-Scannern automatisiert auf Schwachstellen untersucht werden.

### 6.5.4 Lösungsansätze für die Sicherheit im Serverbereich

Im Folgenden werden exemplarisch einige Bestandteile eines Sicherheitskonzepts für den Serverbereich aufgezeigt. Als technische Sicherheitslösungen, die im Serverbereich in der Regel realisiert werden müssen, bieten sich an:

*Technische Sicherheitslösungen*

- Konfiguration von Sicherheitsfunktionen des Betriebssystems sowie der bereitgestellten Anwendungen und Dienste. Insbesondere kontinuierliche Aktualisierung der verwendeten Software (Automatisierung von Sicherheits-Updates/-Patches). Abschaltung von nicht benötigten Funktionen und Ressourcen, um die „Angriffsfläche" zu reduzieren
- Einsatz von Werkzeugen zur Überwachung der Funktion (Verfügbarkeit) und sicherheitsrelevanten Konfigurationen (Integrität bzw. Compliance) der Server
- Redundante Auslegung der Hardware zum Schutz vor Distributed Denial-of-Service Angriffen, um die Verfügbarkeit nachhaltig zu garantieren
- Einsatz von Zugriffsschutzverfahren, zusätzlichen Firewalls, Viren- und Malware-Scannern usw. auf dem Server

Typische organisatorische Sicherheitslösungen, die im Serverbereich umgesetzt werden sollten, sind:

*Organisatorische Sicherheitslösungen*

- Definition von Vorgaben für die korrekte Konfiguration von Sicherheitsfunktionen der Server (Betriebssysteme, Anwendungen), z.B. in Form von IT-Sicherheitsrichtlinien oder -leitlinien (inkl. Auditierung, Notfallpläne, Zutrittskontrolle zum Serverraum etc.)
- Schulung der Serveradministratoren bzgl. der Umsetzung von Sicherheitsrichtlinien

Konkrete Beispiele für die Umsetzung technischer und organisatorischer Sicherheitslösungen im Serverbereich sind:

*Beispiele für die konkrete Umsetzung*

**Konfiguration von Sicherheitsfunktionen**: Verwendung der bereits durch die eingesetzten Hard- und Software gebotenen Sicherheitsfunktionen und Definition entsprechender Vorgaben. Beispielsweise bieten aktuelle Betriebssysteme und Server-Anwendungen in der Regel bereits eine Vielzahl von Sicherheitsfunktionen. Einen wesentlichen Beitrag leistet hierbei die kontinuierliche Aktualisierung der eingesetzten

Software (Sicherheits-Updates und -Patches) sowie Funktionen für die Umsetzung des Zugriffsschutzes (Authentifizierung, Autorisierung und Abrechnung). Generell sollten nur die unbedingt benötigten Funktionen bereitgestellt werden, um die Angriffsfläche der Server und Anwendungen möglichst klein zu halten.

**Definition von IT-Sicherheitsrichtlinien und -leitlinien sowie Schulung**: Die korrekte Konfiguration von Sicherheitsparametern sollte in Form von einheitlichen Richtlinien definiert und den Administratoren sowie ggf. zusätzlich den Anwendern in Form von Schulungen erläutert werden.

**Einsatz von serverseitigen Vulnerabilty-Scannern und Firewalls**: Über die bereits von den Betriebssystemen und Anwendungen gebotenen Sicherheitsfunktionen hinaus können zusätzliche Firewalls, Viren- und Malware-Scanner eingesetzt werden, um die korrekte Funktion bzw. Verfügbarkeit der Server und bereitgestellten Dienste und Anwendungen zu gewährleisten.

**Einplanung von Reserven für die Abwehr von Denial-of-Service Angriffen:** Zur Gewährleistung der Verfügbarkeit sollten potenzielle Angriffe bereits bei der Planung von Servern und Diensten mit einkalkuliert werden, um dadurch z.B. ausreichend dimensionierte Ressourcen für den kontinuierlichen Betrieb auch im Falle einer Distributed Denial-of-Service Attacke bereitzustellen.

### 6.5.5 Sicherheitslösungen für den Clientbereich

*Technische Sicherheitslösungen*

Im folgenden Abschnitt werden exemplarisch einige Bestandteile eines Sicherheitskonzepts für Endsysteme genannt. Technische Sicherheitslösungen, die für den Bereich der Endsysteme häufig realisiert werden müssen, sind z.B.:

- Konfiguration von Sicherheitsfunktionen des Betriebssystems sowie der benutzten Anwendungen und Dienste (insb. automatische Software-Updates/-Patches); Abschaltung von nicht benötigten Funktionen und Ressourcen, um die „Angriffsfläche" zu reduzieren
- Einsatz von Werkzeugen zur Überwachung sowohl der geforderten Verfügbarkeit der Funktion als auch von sicherheitsrelevanten Konfigurationen (Integrität bzw. Compliance) der Endsysteme
- Einsatz zusätzlicher Firewalls, Access Control Lists, Viren- und Malware-Scannern u.Ä. auf den Endsystemen

*Organisatorische Sicherheitslösungen*

Häufig umgesetzte organisatorische Sicherheitslösungen für Clients sind:

- Definition von Vorgaben zur korrekten Konfiguration von Sicherheitsfunktionen der Endsysteme (Betriebssysteme, Anwendungen), beispielsweise in Form von IT-Sicherheitsrichtlinien oder -leitlinien (inkl. Auditierung)
- Definition gesonderter Vorgaben für mobile Endgeräte sowie Fremdgeräte, die von Mitarbeitern und „Gästen" im Netzwerk verwendet werden

Als konkrete Beispiele für die Umsetzung technischer und organisatorischer Sicherheitsmaßnahmen im Endsystembereich können u.a. benannt werden:

*Beispiele für die konkrete Umsetzung*

**Konfiguration von Sicherheitsfunktionen**: Analog zu der Konfiguration von Sicherheitsfunktionen der Hard- und Software im Serverbereich, sollten auch im Bereich der Endsysteme entsprechende Verfahren z.B. für die automatische Aktualisierung der eingesetzten Software definiert werden. Der korrekte und effektive Einsatz dieser Verfahren zur Gewährleistung der Funktionsverfügbarkeit der Endsysteme kann durch geeignete Überwachungswerkzeuge unterstützt werden.

**Einsatz von Vulnerability-Scannern und Firewalls**: Für potentielle Sicherheitsrisiken, die nicht im Vorfeld durch entsprechende Richtlinien und Maßnahmen erfasst werden können, sollten auch auf den Endsystemen (Endgeräten) Schutzmechanismen wie Viren- und Malware-Scanner, Firewalls und Zugriffsschutzverfahren eingesetzt werden. Der Einsatz dieser Werkzeuge ermöglicht eine proaktive Behebung von Sicherheitsschwachstellen bevor auf einen entsprechenden Schadensfall reagiert werden muss. Eine besondere Aufmerksamkeit sollte dem zunehmenden Einsatz von mobilen Endgeräten (vgl. Notebooks, Smartphones, Tablets) gewidmet werden – beispielsweise durch Richtlinien für die Verwendung von mobilen, ggf. privaten Geräten.

## Lösungsvorschläge für die Sicherheit im Benutzerbereich

Im Folgenden werden beispielhaft einige Bestandteile eines Sicherheitskonzepts für den Benutzerbereich aufgezeigt. Typische technische Sicherheitslösungen, die im Benutzerbereich realisiert werden müssen, basieren häufig auf:

*Technische Sicherheitslösungen*

- Realisierung von geeigneten Verfahren für die Authentifizierung (Passwörter, Smart Cards, Tokens etc.) der Benutzer und darauf basierende Definition von Autorisierungs- und evtl. Abrechnungsmechanismen

- Sichere Konfiguration der von den Benutzern verwendeten Systeme und Anwendungen, Optimierung der Usability von Sicherheitsmaßnahmen (wie die Vermeidung zu hoher Passwort-Komplexitäts- bzw. Sicherheitsanforderungen, sichere Voreinstellungen für Systeme und Anwendungen), Schutz vor Angriffen von externen und internen Benutzern

Organisatorische Sicherheitslösungen, die in der Regel im Benutzerbereich realisiert werden müssen, sind neben anderen:

*Organisatorische Sicherheitslösungen*

- Auswahl von Beauftragten und deren Vertretern für die Umsetzung der Sicherheitsrichtlinien

- Definition von Vorgaben für die Verwendung von sicherheitsrelevanten Systemen und Anwendungen, z.B. in Form von IT-Sicherheitsrichtlinien oder -leitlinien, Standardisierung von sicherheitsrelevanten Wartungsprozessen

- Definition von Datenschutzrichtlinien zum Schutz der persönlichen Daten der Benutzer sowie zum Umgang mit personenbezogenen Daten

■ Schulung der Benutzer in Bezug auf die Umsetzung der definierten IT-Sicherheits- und Datenschutzrichtlinien sowie damit verbundene Risiken (z.B. Social Engineering, Umgang mit sicherheitsrelevanten Informationen, sichere Konfiguration etc.)

*Beispiele für die konkrete Umsetzung*

Konkrete Beispiele für die Umsetzung technischer und organisatorischer Sicherheitslösungen im Benutzerbereich sind:

**Einheitliche Authentifizierung und Autorisierung**: Für die Verwendung der im Netzwerk bereitgestellten Systeme, Dienste und Anwendungen benötigen die Benutzer Zugangsberechtigungen, um sich authentifizieren zu können. Es bietet sich hierbei an, eine entsprechend angepasste einheitliche Authentifizierung zu realisieren, um die Sicherheitsanforderungen im Hinblick auf die Usability sinnvoll zu dimensionieren. Zu hohe Sicherheitsanforderungen (wie zu hohe Komplexitäts- und Aktualisierungsvorgaben für Passwörter) führen unter Umständen bei den Benutzern zu deren Umgehung zu Gunsten der Bequemlichkeit [Rieg 07]. Basierend auf einer sicheren Authentifizierung kann eine Autorisierung und Abrechnung realisiert werden.

**Zuständigkeiten für die Umsetzung der IT-Sicherheitsrichtlinie**: In Sicherheitsrichtlinien und -leitlinien werden in der Regel Sicherheitsbeauftragte und Vertreter bestimmt, die die Sicherheitsmaßnahmen vermitteln und deren Umsetzung unterstützen. Eine wesentliche Aufgabe bei der Vermittlung bildet die Schulung der Benutzer in Bezug auf die IT-Sicherheit und den Datenschutz. Nur so kann gewährleistet werden, dass die definierten Sicherheitsmaßnahmen nachhaltig von den Benutzern und Administratoren umgesetzt werden.

## Lösungsansätze für sichere Client-Server-Anwendungen

*Technische und organisatorische Sicherheitslösungen*

Typische technische und organisatorische Sicherheitslösungen, die für interne Client-Server-Anwendungen realisiert werden müssen, orientieren sich an den in Abschnitt 6.5.4 genannten Maßnahmen für den Serverbereich. Auch die in diesem Abschnitt genannten exemplarischen Maßnahmen für sichere Clients und Endgeräte sollten in die Planung der Sicherheit von Client-Server-Anwendungen einbezogen werden.

*Beispiele für die konkrete Umsetzung*

Als konkrete Beispiele für die Umsetzung technischer und organisatorischer Sicherheitslösungen im Bereich interner Client-Server-Anwendungen gelten:

**Security Engineering**: Häufig werden interne Client-Server-Anwendungen als Individual-Software, ggf. sogar vom Unternehmen selbst, entwickelt. Hierbei sind geeignete Verfahren für die sichere Softwareentwicklung zu berücksichtigen. Dies bezieht die Verwendung aktueller Entwicklungsumgebungen, -frameworks sowie darin enthaltene Sicherheitsverfahren mit ein. Die gesamte Kette der Werkzeuge und Verfahren, die für die Softwareentwicklung verwendet werden, sollte zudem kontinuierlich aktualisiert werden.

**IT-Sicherheits-Audits:** Regelmäßige Sicherheits-Audits der Anwendungen – im Idealfall durch externe Dritte – gewährleisten die proaktive Behebung bestehender und potentieller Schwachstellen und damit die Minimierung von Sicherheitsrestrisiken. Eine

Übersicht von Maßnahmen zur Berücksichtigung der Sicherheit bei der Softwareentwicklung findet sich in [Ande 08] sowie für Webanwendungen, die mittlerweile die Mehrzahl der Client-Server-Anwendungen ausmachen, in [HoBe 08] und [BaRS 03].

## 6.6 Abschließende Bemerkungen

Ziel dieses Kapitels war die Vorstellung von Konzepten für die kontinuierliche Überwachung und Verbesserung der Netzwerksicherheit, um Sicherheitsrisiken in Netzwerkprojekten zu minimieren. Im IT-Sicherheitsbereich existiert hierzu zahlreiche weiterführende Literatur. Abschließend möchten wir hier noch auf Folgendes hinweisen:

**Kontinuierlicher Netzwerksicherheitsprozess:** Die Netzwerksicherheit kann als kontinuierliche Folge von Risiken, Angriffen und Gegenmaßnahmen angesehen werden, die selbst erneut zu neuen Risiken führen können. Daher entsteht ein Kreislauf, der eine kontinuierliche Bewertung und Verbesserung der Netzwerksicherheit bedingt. Der erforderlichen Überprüfungen der Netzwerksicherheit kann beispielsweise durch regelmäßige Audits Rechnung getragen werden. Diese Audits können durch externe Partner realisiert werden, die hierfür z.B. Penetrationstests einsetzen, um mögliche Sicherheitsschwachstellen aufzudecken. Das zeitnahe Einspielen von Updates bzw. Patches für die verwendete Software im Netzwerk, sowie der Einsatz aktueller Sicherheitsverfahren und -techniken tragen ebenfalls zur Erhöhung der Netzwerksicherheit bei.

*Verbesserung der Netzwerksicherheit als kontinuierlicher Prozess*

**Dokumentation von Sicherheitslösungen:** Alle technischen und organisatorischen Maßnahmen zur Planung, Realisierung und Überwachung der Netzwerksicherheit – die den gesamten, in Abbildung 6.2-1 gezeigten Sicherheitsprozess beschreiben – sollten entsprechend dokumentiert werden. Zur Dokumentation von technischen und organisatorischen Sicherheitsmaßnahmen können u.a. die in diesem Kapitel dargestellten Tabellen (wie etwa in Abb. 6.5-2) verwendet werden. Darüber hinaus empfiehlt es sich, die in den vorherigen Abschnitten genannten IT-Sicherheitsrichtlinien und -leitlinien im Hinblick auf die Realisierung der Netzwerksicherheit zu definieren. Hierbei können auch Werkzeuge wie das GSTOOL des BSI oder allgemein Informationsplattformen wie Wikis und Document Management Systeme die Dokumentation unterstützen. Eine Kopplung mit Systemen für das Netzwerk-, System- oder Servicemanagement ermöglicht es, zusätzlich aufgetretene Veränderungen, die Auswirkungen auf die Netzwerksicherheit haben, schnell zu erkennen und die Dokumentation zu aktualisieren.

*Dokumentation einzelner Aspekte im Sicherheitsprozess*

**Schutz des Netzwerks vor unerwünschten Zugriffen:** Jedes Netzwerk sollte vor Zugriffen durch unberechtigte Dritte geschützt werden. Dies gilt insbesondere für drahtlose Netzwerke (WLAN), die eine geeignete Verschlüsselung ggf. inkl. einer Authentifizierung unter Verwendung von RADIUS – vgl. Abschnitt 6.5.3 – realisieren. Ein entsprechender Zugriffsschutz kann auch in drahtgebundenen Netzen bzw. im Ethernet mit 802.1X verwendet werden. Hierbei bietet sich eine Kombination mit Network Access Protection sowie Intrusion Prevention Systemen an, wie auch in Abschnitt 6.5.3 erläutert. Darüber hinaus können die dort beschriebenen Verfahren zur Trennung

*Zugriffsschutz LAN / WLAN*

von Netzwerkbereichen auch zum Schutz des Netzwerks vor unerwünschten Zugriffen verwendet werden. Dies umfasst insbesondere die Realisierung von VLANs.

**Sicherheit durch „Abschottung"**

**Erhöhung der Sicherheit durch physikalische „Abschottung":** Sollen in einem Netzwerk besonders sensible Daten übermittelt werden, kann auch eine physikalische „Abschottung" einiger Netzwerkbereiche in Erwägung gezogen werden. Dabei könnte man solche Bereiche, in denen extrem hohe Sicherheitsanforderungen gelten, quasi als physikalisch isolierte Netzwerkbereiche realisieren; d.h., diese sind nicht direkt physikalisch mit dem restlichen Netzwerk verbunden, sondern allenfalls über spezielle Firewall-Systeme. Diese Sicherheitslösung würde sich auch durch die Verwendung von virtuellen Netzwerken (wie etwa in VLANs und VPNs) unterstützen lassen – sie verursacht jedoch zusätzliche Komplexität der Infrastruktur und folglich auch hohe Kosten.

**Standards für Netzwerk- und IT-Sicherheit**

**Hilfestellungen bei der Realisierung der Netzwerksicherheit:** Beim BSI können zahlreiche Rahmenrichtlinien, Standards und Hinweise auf Werkzeuge[9] zur Unterstützung bei der Realisierung der Netzwerksicherheit unter [Web BSI] bezogen werden. Insbesondere der IT-Grundschutzkatalog des BSI bietet eine gute Übersicht über verschiedene Sicherheitsaspekte und kann auch bei der Vorbereitung zur bevorstehenden Zertifizierung nach dem internationalem IT-Sicherheitsstandard ISO 27001 eine Hilfe leisten. Für eine proaktive Umsetzung der Sicherheit anstelle der reinen Reaktion auf aktuelle Bedrohung bietet sich darüber hinaus an, auch die aktuelle Entwicklung von Schadprogrammen und Hacker-Angriffen zu verfolgen. Dies kann auch eigene regelmäßige Penetrationstests mit geeigneten Werkzeugen beinhalten. Es existieren auch Werkzeuge die als Security-Scanner in zyklischen Abständen – beispielsweise täglich/wöchentlich – das Netzwerk auf mögliche Sicherheitslücken abprüfen. Durch den Einsatz dieser Werkzeuge können neben externen Angriffen auch Angriffe, die von internen Benutzern innerhalb des Netzes ausgehen, abgewehrt werden.

**Risikofaktor Mensch**

**Grenzen von Maßnehmen/Verfahren/Richtlinien für Netzwerksicherheit:** Eine 100-ige Netzwerksicherheit lässt sich nicht erreichen; darauf wurde bereits in Abschnitt 1.6 hingewiesen. Bei der Planung und Überwachung aller technischen und organisatorischen Maßnahmen/Verfahren und Vorgaben zur Erhöhung der Netzwerksicherheit sollte man aber auch deren Grenzen „sehen". Eine wesentliche Grenze bildet die Benutzbarkeit (Usability) der Sicherheitsverfahren und -techniken. Ist deren Verwendung zu kompliziert oder die Schutzwirksamkeit, sowohl für lokale/interne als auch für mobile Zugriffe, nicht ausreichend, dann sind Netzwerkadministratoren und auch Benutzer gezwungen, andere „Wege" zu nutzen. Wenn diese an den Sicherheitsmaßnahmen „vorbei verlaufen", gefährden sie die Netzwerksicherheit selbst; so kann der Mensch auch ein Risikofaktor werden.

---

[9] In den letzten Jahren wurde eine Vielzahl von Hard- und Software-Lösungen für die IT-Sicherheit entwickelt. Einige davon haben sich mittlerweile vor allem für die automatisierte Suche nach Sicherheitsschwachstellen als de facto Standards etabliert. Beispielsweise liefert das BSI unter https://www.bsi.bund.de/DE/Themen/ProdukteTools/produktetools_node.html eine Übersicht über verfügbare Tools. Eine umfassende Sammlung aktueller Werkzeuge für die IT-Sicherheit bietet auch Kali Linux – diese kann unter http://www.kali.org bezogen werden.

# 7 Analyse der Wirtschaftlichkeit von Netzwerkprojekten

Die Anforderungen an IT-Infrastrukturen und die Komplexität von IT-Lösungen nehmen ständig zu. In diesem Rahmen verursachen auch Netzwerkprojekte große Investitionskosten, sodass deren Wirtschaftlichkeit – insbesondere in Zeiten der Finanzknappheit – von enorm großer Bedeutung ist. Bei jedem Netzwerkprojekt sollte man daher eine *Wirtschaftlichkeitsanalyse* durchführen. Dabei wird das Projekt nicht nur im monetären Sinne im Hinblick auf dessen finanzielle Vorteile, sondern auch bezüglich anderer nicht monetär bewertbarer Nutzeffekte betrachtet. Eine Überprüfung der Netzwerkprojekte auf deren Wirtschaftlichkeit im monetären wie auch im nicht-monetären Sinne ist somit unabdingbar.

*Bedeutung der Wirtschaftlichkeitsanalyse*

Eine klassische, in der Regel quantitative, Wirtschaftlichkeitsanalyse als sog. *Kosten-Nutzen-Analyse* im monetären Sinne ermöglicht vorrangig eine Überprüfung der Netzwerkprojekte allein auf ihre Kosten und auf deren monetären Nutzen. Netzwerke in Unternehmen und anderen Institutionen tragen aber dazu bei, dass verschiedene nicht-monetär abschätzbare Nutzeffekte entstehen, die insbesondere zur Steigerung der Umsätze bzw. zur Verbesserung der Arbeitsabläufe führen oder sogar eine strategische Bedeutung für das Unternehmen haben. Damit man alle nicht-monetären Nutzeffekte, die nach den Netzwerkprojekten entstehen, berücksichtigen kann, ist eine multidimensionale, mehrere Aspekte berücksichtigende Wirtschaftlichkeitsanalyse notwendig.

*Notwendigkeit einer multidimensionalen Wirtschaftlichkeitsanalyse*

Dieses Kapitel gibt eine kompakte und fundierte Darstellung der Möglichkeiten zur Analyse der Wirtschaftlichkeit von Netzwerkprojekten. Abschnitt 7.1 erläutert die notwendigen Grundlagen und geht kurz auf die Arten von Wirtschaftlichkeitsanalysen ein. Das Prinzip der Wirtschaftlichkeitsanalyse im monetären Sinne präsentiert Abschnitt 7.2. Die Vorgehensweise bei der Wirtschaftlichkeitsanalyse von Netzwerkprojekten im nicht-monetären Sinne erläutert Abschnitt 7.3. Mit abschließenden Bemerkungen in Abschnitt 7.4 wird dieses Kapitel abgerundet.

*Überblick über das Kapitel*

In diesem Kapitel werden u.a. folgende Fragen beantwortet:

*Ziel dieses Kapitels*

- Welche Probleme ergeben sich bei der Wirtschaftlichkeitsanalyse von Netzwerkprojekten und warum?
- Wie ändert sich im Laufe der Zeit die Wirtschaftlichkeit der Netzwerke?
- Welche Kosten und Nutzeffekte sollen bei der Überprüfung der Wirtschaftlichkeit von Netzwerkprojekten berücksichtig werden, und wie?
- Wie wird die Wirtschaftlichkeitsanalyse im monetären Sinne durchgeführt?
- Warum ist eine erweiterte Wirtschaftlichkeitsanalyse von Netzwerkprojekten im nicht-monetären Sinne notwendig und wie wird sie durchgeführt?

## 7.1 Wirtschaftlichkeit von Netzwerkprojekten – Grundlagen, Analysen

Eine *Wirtschaftlichkeitsanalyse* ist bei jedem großen Netzwerkprojekt unverzichtbar. Für eine umfassende Analyse der Wirtschaftlichkeit von Netzwerkprojekten ist es wichtig, sich neben den verschiedenen Kostenarten auch mit den unterschiedlichen Nutzeffekten, die aus dem Einsatz des Netzwerks entstehen, zu befassen. Allgemein wird heute die *Kapitalwertmethode* im Rahmen der dynamischen Investitionskostenrechnung für die Betrachtung der Wirtschaftlichkeit von Projekten empfohlen. Eine entsprechende monetäre Betrachtung der Investitionen innerhalb von Netzwerkprojekten (wie z.B. von Kosten für Netzwerkkomponenten oder für Verkabelung und deren Abschreibung) bilden eine wesentliche Grundlage für das IT-Controlling.

*Multidimensionale Bewertung von Netzwerkprojekten*

Bei der Ermittlung der Wirtschaftlichkeit von Netzwerkprojekten müssen allerdings über die direkt ermittelbaren Kosten (wie etwa Investitionskosten, Kostenersparnisse beim Netzwerkbetrieb, Produktivitätszuwachs, ...) bzw. *monetären Indikatoren* hinaus auch *qualitative und strategische Indikatoren (Kriterien)* definiert werden, um die unterschiedlichen, dank des Netzwerkbetriebs entstandenen Nutzeffekte berücksichtigen zu können. Aus diesem Grund müssen Netzwerkprojekte neben der Kapitalwertmethode zusätzlich durch eine *Nutzwertanalyse* betrachtet werden, um ihre Wirtschaftlichkeit zu ermitteln. Die Netzwerkprojekte werden hierbei in verschiedenen Betrachtungsdimensionen analysiert und bewertet, d.h. neben der *quantitativen (monetären) Dimension* auch in verschiedenen *qualitativen Dimensionen*.

*Quantitative, qualitative und strategische Nutzeffekte*

Bei jedem Netzwerkprojekt muss zumindest eine grobe Vorstellung über den zu erwartenden monetären Nutzen ermittelt werden. Während quantitativ messbare Nutzeffekte wie Kosteneinsparungen und Produktivitätszuwachs noch relativ einfach monetär ermittelbar sind, ist die monetäre Ermittlung von qualitativen oder strategischen Nutzeffekten häufig nur schwer möglich. Auf die quantitativen, qualitativen und strategischen Aspekte der Wirtschaftlichkeitsanalyse möchten wir jetzt kurz eingehen, bevor wir uns im weiteren Verlauf dieses Kapitels der Vorgehensweise bei der Wirtschaftlichkeitsanalyse widmen.

### 7.1.1 Verschiedene Aspekte der Wirtschaftlichkeitsanalyse

*Probleme bei der Wirtschaftlichkeitsanalyse*

Um verschiedene in Geldeinheiten berechenbare – also monetäre – wie auch nichtmonetär bewertbare Nutzeffekte während der Analyse der Wirtschaftlichkeit von Netzwerkprojekten berücksichtigen zu können, sollen an dieser Stelle einige quantitative, qualitative und strategische Aspekte der Wirtschaftlichkeitsanalyse kurz erläutert werden. Bei der Wirtschaftlichkeitsanalyse von IT-Projekten, und damit auch von Netzwerkprojekten, ergeben sich die folgenden Probleme:

*Welche Nutzeffekte sind zu erfassen?*

- *Erfassungsprobleme*: Es ergeben sich immer die zwei folgenden Probleme: Welche quantitativen, qualitativen und strategische Nutzeffekte sollen überhaupt in die

Analyse einbezogen werden? Falls diese Nutzeffekte bereits bekannt sind, ist ferner zu fragen: Wie sollten deren Auswirkungen auf die wirtschaftliche Bedeutung des Projekts erfasst werden?

- *Bewertungsprobleme*: Diese Probleme bestehen darin, dass nicht alle Nutzeffekte sich in Geldeinheiten (also monetär) ermitteln lassen – somit stellt sich die Frage: Welche Möglichkeiten gibt es, diese Nutzeffekte, die sich monetär nicht direkt bewerten lassen, zu quantifizieren und in die Analyse mit einzubeziehen?

- *Unsicherheitsproblem*: Zukünftige Nutzeffekte kann man nur mit einer gewissen Wahrscheinlichkeit annehmen. Sie sind also im Rahmen der Analyse unsicher. Um sie trotzdem während einer Wirtschaftlichkeitsanalyse berücksichtigen zu können, muss man – theoretisch gesehen! – die Wahrscheinlichkeiten für deren Auftreten von vornherein kennen bzw. zumindest abschätzen können. Aus diesem Grund müssen oft bestimmte Risikofaktoren in die Wirtschaftlichkeitsanalyse mit einbezogen werden, sodass man in diesem Zusammenhang auch von *IT-Risk Management* spricht. Für fundierte Informationen darüber sei verwiesen auf [Krcm 05]. *Wie kann man zukünftige Nutzeffekte bewerten?*

- *Verkettungen der Nutzeffekte*: Von einem Netzwerk werden verschiedene Dienste erbracht, um IT-Services zu gestalten, die wiederum zur Unterstützung der Geschäftsprozesse und der Arbeitsabläufe dienen. Innerhalb einer IT-Infrastruktur entstehen somit komplexe Verkettungen von verschiedenen Wirkungen, sodass man auch von *Wirkungsketten* spricht. Infolgedessen entstehen auch Verkettungen von *Nutzeffekt*en. Diese Ketten von *Nutzeffekt*en verkomplizieren die Analyse der Wirtschaftlichkeit enorm. *Einige Effekte verursachen andere Effekte*

- *Externe Auswirkungen*: Jedes Netzwerk in jedem Unternehmen, bzw. jeder Institution ist heute nicht mehr isoliert, d.h. von der restlichen „Welt" abgetrennt, sondern mit dem Internet und gegebenenfalls auch anderen privaten Netzwerken verbunden. Dies führt dazu, dass bei der Analyse der Wirtschaftlichkeit eines Netzwerkprojekts nicht nur *die internen Nutzeffekte* in Betracht gezogen werden müssen, sondern auch *die externen Nutzeffekte* – wie etwa die Bedeutung der Netzwerkdienste zur Kommunikation mit Geschäftspartnern und Kunden etc. In diesem Zusammenhang kann man bei der Analyse der Wirtschaftlichkeit eines Netzwerkprojekts sowohl von einer *internen* als auch von einer *externen* Wirtschaftlichkeitsanalyse sprechen. *Externe Effekte müssen auch bewertet werden*

## Netzwerkprojekte und Verkettung der Nutzeffekte

Das Netzwerk wird heutzutage in keinem Unternehmen und keiner Institution zum Selbstzweck eingerichtet, sondern soll stattdessen verschiedene Dienste erbringen, sodass auf deren Grundlage bestimmte IT-Services kreiert werden können. Die IT-Services wiederum dienen zur Unterstützung der Geschäftsprozesse und Arbeitsabläufe. Netzwerkdienste, IT-Services und Geschäftsprozesse stehen zueinander in einer Hierarchie, die eine *Wirkungskette* bilden. Abbildung 7.1-1 illustriert dies näher und bringt zum Ausdruck, dass, als Folge der Verkettung von Wirkungen und der dadurch entstandenen Hierarchie von Nutzeffekten, diese nicht getrennt analysiert und folglich *Hierarchie von Nutzeffekten* gemeinsam bewertet werden sollten. Es entsteht also ein Erfassungs- und Bewertungsproblem.

```
                        Geschäftslevel
┌─────────────────┐                    ┌─────────────┐  Geschäftsziele  ┌──────────────────────────────────────────┐
│ Geschäftsprozesse,│ ◄──►│ indirekte   │ ──────────────►│ Bessere Effizienz der Geschäftsprozesse │
│  Arbeitsabläufe  │     │ Nutzeffekte │                │ Neue Geschäftsprozesse                  │
└─────────────────┘     └─────────────┘                │ Beschleunigung der Arbeitsabläufe       │
         ▲              direkte Wirkung                │ ...                                      │
         │                                              ├──────────────────────────────────────────┤
┌─────────────────┐     ┌─────────────┐                │ Neue IT-Services                         │
│   IT-Services   │ ◄──►│  direkte    │                │ Bessere Qualität von "alten" IT-Services │
└─────────────────┘     │ Nutzeffekte │                │ ...                                      │
         ▲              └─────────────┘  indirekte     └──────────────────────────────────────────┘
         │              direkte Wirkung    Wirkung                Nutzeffekte dank
┌─────────────────┐     ┌─────────────┐                            Netzwerknutzen
│ Netzwerk(dienste)│ ◄──►│  Netzwerk   │
└─────────────────┘     └─────────────┘
                  Netzwerkdienste als Netzwerknutzen
```

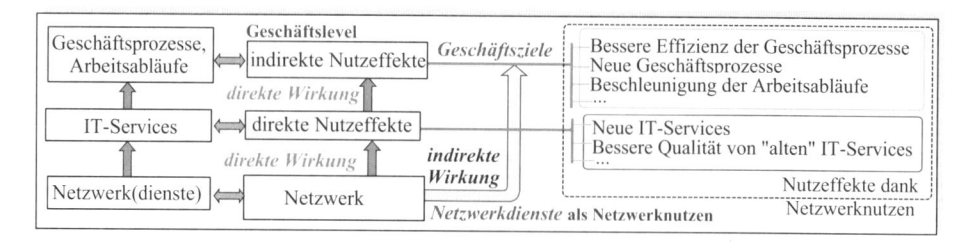

**Abb. 7.1-1:** Verkettung der Nutzeffekte – Folge: Erfassungs- und Bewertungsproblem

| | |
|---|---|
| Wie hoch ist der „Netzwerkbeitrag" zur Umsatzsteigerung? | Wie hier ersichtlich ist, haben die vom Netzwerk erbrachten Dienste – als *Netzwerknutzen* – eine indirekte Wirkung auf die Geschäftsprozesse und Arbeitsabläufe. Dank des Netzwerknutzens steigt die Effizienz der Geschäftsprozesse, werden neue Geschäftsprozesse generiert und einige Arbeitsabläufe beschleunigt, wodurch mittelbar der Umsatz steigt. Dies führt sowohl zur Kostensenkung als auch zur Umsatzsteigerung. Diese Nutzeffekte lassen sich zwar monetär ermitteln und als monetäre Summe berechnen, es entsteht hierbei aber die „große Frage": In welchem Maße (z.B. in Prozenten) hat das gesamte Netzwerk zu dieser Umsatzsteigerung beigetragen? Eine solche Frage lässt sich nicht genau beantworten. |
| Nutzung der Ergebnisse vom Notfallmanagement | **Bemerkung:** Beim Notfallmanagement – s. hierzu Abschnitt 8.6.2 – spielt die in Abbildung 7.1-1 dargestellte Verkettung der Nutzeffekte eine wichtige Rolle, und zwar, um einen „wirkungsvollen" Schutzbedarf für das Netzwerk im Rahmen verschiedener Notfälle zu planen, zu entwickeln und diesen erfolgreich umsetzen zu können. Man muss hierbei wissen, welche wichtigen/kritischen Geschäftsprozesse von welchen Netzwerkkomponenten und -diensten stark abhängig sind. Die Abhängigkeit der Geschäftsprozesse vom Netzwerk wird in Form von zwei Abhängigkeitsmatrizen dargestellt, nämlich als *Netzwerkkomponenten-IT-Services-Abhängigkeitsmatrix* und als *IT-Services-Geschäftsprozess-Abhängigkeitsmatrix*. Diese beiden Matrizen können auch eine Hilfe bei der Bewertung der Auswirkung des Netzwerks auf die Geschäftsprozesse – und folglich auf die Umsatzsteigerung – sein. |
| Kategorien der Nutzeffekte | Die in Abbildung 7.1-1 dargestellte direkte Abhängigkeit der Geschäftsprozesse von IT-Services und die indirekte Wirkung der Netzwerkdienste auf die Geschäftsziele müssen bei der Wirtschaftlichkeitsanalyse der Netzwerkprojekte berücksichtigt werden. Hierfür sollte man die aus dem Netzwerkbetrieb – somit infolge eines Netzwerkprojekts – erzielbaren Nutzeffekte entsprechend klassifizieren, um alle Kategorien von Nutzeffekten zu berücksichtigen und sie auch entsprechend nach deren Relevanz in die Wirtschaftlichkeitsanalyse mit einzubeziehen. Hierfür zeigt Abbildung 7.1-2 eine Klassifizierung der Netzwerknutzeffekte nach deren Wirkung (direkt, indirekt) und nach der Möglichkeit, diese monetär zu bewerten. |
| Monetäre Wirtschaftlichkeit | Damit man die Wirtschaftlichkeit von Netzwerkprojekten und folglich auch des Netzwerkbetriebs analysieren kann, benötigt man mehrere Indikatoren (Kennzahlen, Krite- |

rien), mit denen man die wirtschaftliche Bedeutung von allen Arten der Nutzeffekte bewerten kann. Die Wirtschaftlichkeit im Hinblick auf alle direkt und indirekt monetär bewertbaren Nutzeffekte kann mithilfe einer *Kosten/Nutzen-Analyse* untersucht werden. Somit kann man das Ergebnis dieser Analyse als *Kosten/Nutzen-Indikator* (kurz *Indikator KN*) bezeichnen. Bei der Kosten/Nutzen-Analyse spricht man auch von *monetärer Wirtschaftlichkeit*.

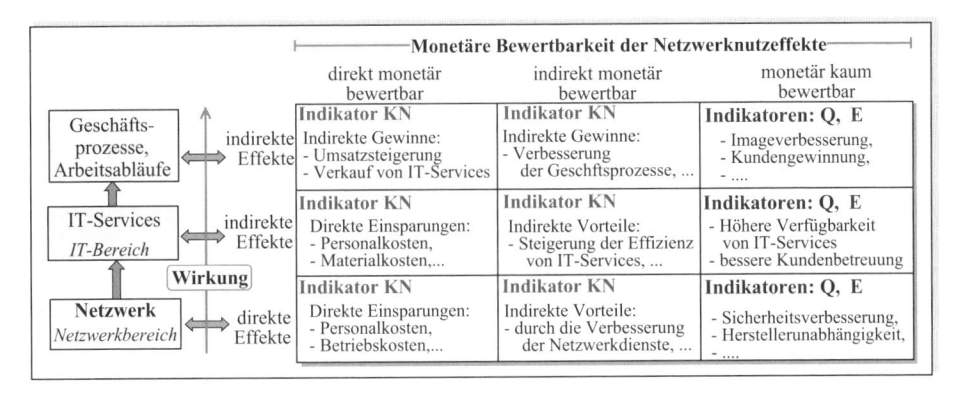

| | | Monetäre Bewertbarkeit der Netzwerknutzeffekte | | |
|---|---|---|---|---|
| | | direkt monetär bewertbar | indirekt monetär bewertbar | monetär kaum bewertbar |
| Geschäfts-prozesse, Arbeitsabläufe | indirekte Effekte | Indikator KN<br>Indirekte Gewinne:<br>- Umsatzsteigerung,<br>- Verkauf von IT-Services | Indikator KN<br>Indirekte Gewinne:<br>- Verbesserung der Geschftsprozesse, ... | Indikatoren: Q, E<br>- Imageverbesserung,<br>- Kundengewinnung,<br>- .... |
| IT-Services<br>*IT-Bereich* | indirekte Effekte | Indikator KN<br>Direkte Einsparungen:<br>- Personalkosten,<br>- Materialkosten,... | Indikator KN<br>Indirekte Vorteile:<br>- Steigerung der Effizienz von IT-Services, ... | Indikatoren: Q, E<br>- Höhere Verfügbarkeit von IT-Services<br>- bessere Kundenbetreuung |
| Netzwerk<br>*Netzwerkbereich* | direkte Effekte | Indikator KN<br>Direkte Einsparungen:<br>- Personalkosten,<br>- Betriebskosten,... | Indikator KN<br>Indirekte Vorteile:<br>- durch die Verbesserung der Netzwerkdienste, ... | Indikatoren: Q, E<br>- Sicherheitsverbesserung,<br>- Herstellerunabhängigkeit,<br>- .... |

**Abb. 7.1-2:** Klassifizierung der Netzwerknutzeffekte nach Wirkung und Bewertbarkeit

Um die Wirtschaftlichkeit der Netzwerkprojekte auch im Hinblick auf alle nicht-monetär bewertbaren Nutzeffekte zu „benoten", müssen neben dem Indikator KN zusätzliche, nicht-monetäre Indikatoren für die Bewertung von nicht-monetären Nutzeffekten definiert werden. Hierbei sind zwei Indikatoren von enorm wichtiger Bedeutung, und zwar der *Indikator Q* für die Bewertung qualitativer und auch strategischer Nutzeffekte und der *Indikator E* für die Bewertung externer Nutzeffekte. Die Bewertung von Netzwerkprojekten nach den Indikatoren Q und E kann als *nicht-monetäre (erweiterte) Wirtschaftlichkeitsanalyse* betrachtet werden.

Nicht-monetäre Wirtschaftlichkeit

Die Auswirkung des Netzwerks auf die erzielten nicht-monetären Nutzeffekte kann aber nur subjektiv bewertet werden – wie etwa in Form einer Punktzahl quasi als *Nutzwert* des Netzwerks (dessen Beteiligungsgrad am Gesamtnutzen) bei der Entstehung dieser Nutzeffekte. Eine derartige Vorgehensweise, d.h. die Bewertung der Bedeutung von Wirkungen (Nutzeffekten) mit Punkten als deren Nutzwerte, wird als *Nutzwertanalyse* bezeichnet. Die Nutzwertanalyse liegt der nicht-monetären Analyse der Wirtschaftlichkeit zugrunde. Darauf wird im Weiteren näher eingegangen.

Nutzwert des Netzwerks

An dieser Stelle sei hervorgehoben, dass die hier dargestellte Verkettung der Nutzeffekte (s. Abb. 7.1-1) dazu führt, dass sowohl eine monetäre als auch eine nicht-monetäre Wirtschaftlichkeitsanalyse von Netzwerkprojekten durchgeführt werden soll. Diese beiden Arten von Wirtschaftlichkeitsanalysen werden vom als „WiBe" bezeichneten Instrument für wirtschaftliche Untersuchungen von IT-Projekten unterstützt. Die WiBe (*Wirtschaftlichkeitsbetrachtung*) wurde im Auftrag des Bundesministeriums des Inneren (BMI) für die Durchführung von Wirtschaftlichkeitsanalysen der in öffentli-

Bedeutung der WiBe

chen Institutionen geplanten und realisierten IT-Projekte entwickelt (siehe z.B. http://www.wibe.de).[1] Dieses Modell liegt mittlerweile als Version WiBe 4.1 (2007) vor. Gemäß §7 BHO (*Bundeshaushaltordnung*) ist die Anwendung der WiBe bei IT-Projekten im öffentlichen Bereich de facto erforderlich. Bei Netzwerkprojekten im Bereich der Privatwirtschaft kann die WiBe gleichermaßen erfolgreich angewandt werden – und liefert hierfür gute Ideen. Die Ideen der WiBe liegen auch den im weiteren Verlauf dieses Kapitels dargestellten Wirtschaftlichkeitsanalysen zugrunde.

### Netzwerkprojekte – interne und externe Effekte

**SWOT-Analyse als Hilfe bei der Ermittlung von Effekten**

Bei der Analyse der Wirtschaftlichkeit eines Netzwerkprojekts sollte man nicht nur rein interne Nutzeffekte berücksichtigen, sondern auch externe Nutzeffekte – wie etwa die Qualitäts- und Leistungssteigerung der Kommunikation mit Geschäftspartnern (Kunden), Erweiterung des Dienstleistungsangebots für Kunden, Imageverbesserung etc. Dies führt dazu, dass man die Analyse der Wirtschaftlichkeit eines Netzwerkprojekts sowohl im Hinblick auf *interne* als auch auf *externe* Effekte durchführen sollte. Einige Ideen hierfür kann die bereits in Abschnitt 3.3.2 dargestellte SWOT-Analyse (*Strengths, Weaknesses, Opportunities and Threats*) liefern. Abbildung 7.1-3 bringt dies auch zum Ausdruck.

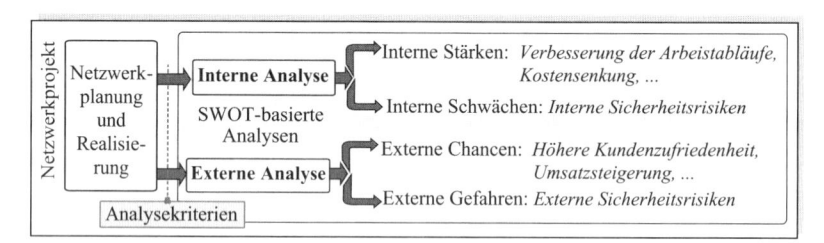

**Abb. 7.1-3:** Interne und externe Effekte eines Netzwerkprojekts – deren Berücksichtigung führt zu SWOT-basierter Wirtschaftlichkeitsanalyse

Mithilfe der SWOT-Analyse können sowohl interne Stärken (d.h. alle positiven Nutzeffekte, Vorteile) und Schwächen (alle negativen Effekte, Risiken) als auch externe Chancen (bspw. Imageverbesserung, Neukundengewinnung) und Gefahren (Risiken), die von außen auf das Unternehmen bzw. die Institution, einwirken, ermittelt werden.

**Bewertung externer Effekte in Punkten**

So können alle positiven Effekte wie auch alle Risiken im Hinblick auf die Wirtschaftlichkeit nach den von vornherein festgelegten Analysekriterien einheitlich und systematisch bewertet werden. Da insbesondere die monetäre Bewertung externer Nutzeffekte häufig nur schwer möglich ist, wird hier eine nicht-monetäre Wirtschaftlichkeitsanalyse durchgeführt – s. hierzu Abbildung 7.3-3, während derer allen relevanten externen Effekten eine gewisse Punktzahl zugewiesen wird.

---

[1] Für Näheres siehe auch: http://www.cio.bund.de/DE/Architekturen-und-Standards/Wirtschaftlichkeitsbetrachtungen/wirtschaftlichkeitsbetrachtungen_node.html

## Zeitlicher Verlauf der Wirtschaftlichkeit

Die sowohl von der Kostenentwicklung als auch von vielen weiteren Faktoren abhängige Wirtschaftlichkeit des Netzwerkprojekts ist kein stabiler bzw. statischer Indikator; sie ändert sich im Laufe der Zeit. Abbildung 7.1-4 illustriert den typischen Verlauf von Kosten und Indikatoren, deren Werte sich monetär nicht abschätzen lassen, und zwar: vom Indikator D für die Dringlichkeit der Ablösung des Altsystems, vom Indikator E für externe Nutzeffekte und vom Indikator Q für qualitative Nutzeffekte.

*Wirtschaftliche Effekte des Netzwerks ändern sich mit der Zeit*

Wie Abbildung 7.1-4a veranschaulicht, steigen die Projektkosten sowohl beim Netzwerk-Design als auch beim -Redesign während der Planungs- und der Beschaffungsphase und sinken bereits während der Installation und Inbetriebnahme des Netzwerks bzw. während der Installation bestimmter Systemkomponenten beim Netzwerk-Redesign. Die Betriebs- und Wartungskosten sind später während des normalen Netzwerkbetriebs auf einem Level in der Regel relativ stabil und wachsen häufig erst dann wieder, wenn einige Systemkomponenten z.B. aus Altersgründen fehleranfällig sind und eventuell ausgetauscht werden müssen.

*Verlauf von Kosten*

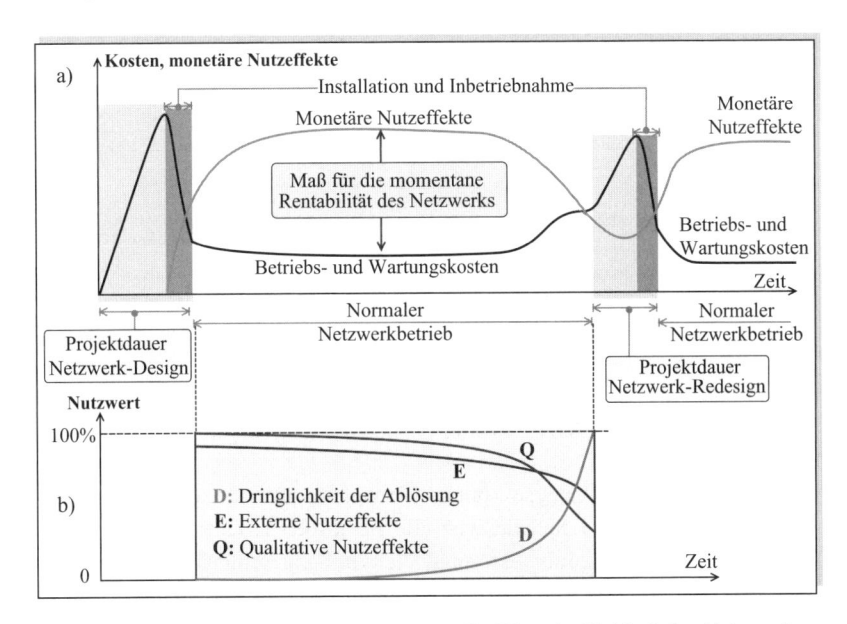

**Abb. 7.1-4:** Verlauf der Kostenentwicklung (a) und von die Wirtschaftlichkeit der Netzwerkprojekte bestimmenden Faktoren (b) – vgl. die Abbildungen 7.1-5 und -8
D: Indikator für die Dringlichkeit der Ablösung des Altsystems, E: Indikator für externe Nutzeffekte, Q: Indikator für qualitative Nutzeffekte

Abbildung 7.1-4b illustriert den Verlauf von drei Indikatoren, welche die nicht-monetäre Wirtschaftlichkeit des Netzwerks bestimmen. Um diese Indikatoren in der einheitlichen Skala darstellen zu können, wurden ihre Nutzwerte durch ihre maximal erreichbaren Nutzwerte dividiert und in Prozenten dargestellt – vgl. hierzu auch die Abbildungen 7.3-1, -2 und -3. Die Indikatoren E (für externe Nutzeffekte) und Q (für qualitative

*Verlauf von nicht-monetären Indikatoren*

Nutzeffekte)[2] sinken erst dann, wenn einige Systemkomponenten veraltet und fehleranfällig sind. Es sei angemerkt, dass sich der Indikator D für die Dringlichkeit der Ablösung des Systems mit dessen zunehmendem Alter sehr schnell erhöht. Die Indikatoren D, E und Q spielen, wie in Abschnitt 7.3 gezeigt wird, eine wichtige Rolle bei nichtmonetären Wirtschaftlichkeitsanalysen von Netzwerkprojekten.

### 7.1.2 Multidimensionale Wirtschaftlichkeitsanalyse

*Wirtschaftlichkeitsanalyse unter mehreren Aspekten*

Um Netzwerkprojekte im Hinblick auf alle quantitativen, qualitativen und strategischen Nutzeffekte bewerten zu können, muss deren Wirtschaftlichkeit unter Berücksichtigung mehrerer Aspekte analysiert werden, die als *Nutzkategorien* angesehen und quasi wie *Betrachtungsdimensionen* interpretiert werden können. Abbildung 7.1-5 illustriert dies und zeigt, um welche Betrachtungsdimensionen es sich hierbei handelt. Das hier gezeigte Modell der Wirtschaftlichkeitsanalyse entspricht der WiBe – s. Abschnitt 7.1.4.

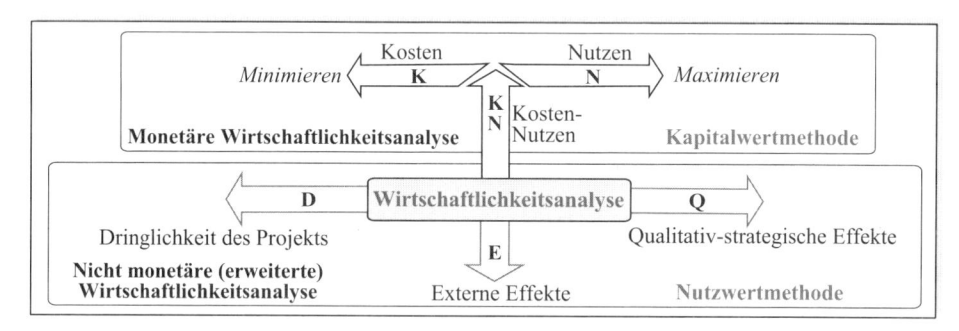

**Abb. 7.1-5:** Wirtschaftlichkeitsanalyse der Netzwerkprojekte unter mehreren Aspekten – also in mehreren Betrachtungsdimensionen KN, D, Q und E (nach WiBe)

*Monetäre und nicht-monetäre Wirtschaftlichkeit*

Wie Abbildung 7.1-5 zum Ausdruck bringt, sollte bei Netzwerkprojekten sowohl eine monetäre Wirtschaftlichkeitsanalyse als auch eine nicht-monetäre Wirtschaftlichkeitsanalyse – oft als erweiterte Wirtschaftlichkeitsanalyse bezeichnet – durchgeführt werden. Der wesentliche Unterschied zwischen diesen beiden Wirtschaftlichkeitsanalysen besteht darin, dass die Indikatoren (Kriterien, Kennzahlen) bei der monetären Analyse in Geldeinheiten angegeben/berechnet und bei der nicht-monetären Analyse mit Punkten benotet werden. Die Punktzahl eines Indikators wird als dessen *Nutzwert* betrachtet. Eine solche Bewertungsanalyse bezeichnet man als *Nutzwertanalyse* – s. beispielsweise Abbildung 7.3-1.

---

[2] Um qualitative Nutzeffekte im IT-Bereich – und folglich auch im Netzwerkbereich – zu ermitteln und deren Wichtigkeit zu bewerten, sind hierfür bereits verschiedene Ideen und Verfahren bekannt – man spricht auch von Qualitätsmanagement im IT-Bereich. Für weitere Informationen darüber sei auf das Kapitel 11 in [Tiem 13] verwiesen.

Diese beiden in Abbildung 7.1-4 dargestellten Wirtschaftlichkeitsanalysen lassen sich wie folgt charakterisieren:

**Monetäre Wirtschaftlichkeitsanalyse:** Diese Analyse basiert auf dem *Grundsatz der Wirtschaftlichkeit*, nach dem die günstigste Relation zwischen dem verfolgten Zweck und den einzusetzenden Mitteln (Ressourcen) anzustreben ist und der auch das Sparsamkeits- und Ergiebigkeitsprinzip umfasst. Die beiden Prinzipien sind bei Netzwerkprojekten wie folgt zu charakterisieren: *[Idee der monetären Analyse]*

- *das Sparsamkeitsprinzip* verlangt einerseits, das Netzwerk mit minimalen Kosten zu konzipieren und einzurichten, d.h., die beim Projekt entstehenden Kosten sind zu minimieren, und andererseits verlangt
- *das Ergiebigkeitsprinzip*, bei minimalen Kosten des Netzwerks den bestmöglichen Nutzen – u.a. die bestmögliche Leistung – zu erzielen.

Eine monetäre Wirtschaftlichkeitsanalyse ist somit eine *Kosten-Nutzen-Analyse* im Sinne der *Rentabilität*, bei der die sog. *Kapitalwertmethode* als dynamisches Investitionsrechnungsverfahren angewandt wird. Nach der Kapitalwertmethode werden die Kosten und der Nutzen als Indikatoren, über einen bestimmten Betrachtungszeitraum (in der Regel von 5 Jahren) ermittelt, um sie danach zu vergleichen. Dabei sind die Kosten und der Nutzen wie folgt zu interpretieren: *[Monetäre Wirtschaftlichkeitsanalyse als Kosten-Nutzen-Analyse]*

- die Kosten stellen die Summe von sämtlichen, bereits entstanden und noch zu erwartenden Aufwendungen dar,
- der Nutzen repräsentiert alle monetär bewertbaren Nutzeffekte als Einsparungen und geldlich bewertbare Gewinne/Vorteile etc.

Dabei wird der zeitliche Verlauf von Ein- und Auszahlungen durch Ab- und Aufzinsung berücksichtigt. Demzufolge werden dabei alle in der Zukunft stattfindenden, monetären Vorgänge auf den Stichtag der Wirtschaftlichkeitsanalyse abgezinst und alle erzielten, geldlich bewertbaren Effekte aus der Vergangenheit aufgezinst.[3] Die so abgeschätzten Kosten und Nutzen werden danach verglichen. Ergibt sich bspw. beim Netzwerk-Redesign-Projekt ein finanzieller Vorteil, d.h., der Nutzen ist größer als die Kosten, dann gilt die Wirtschaftlichkeit des „modernisierten" Netzwerks im Vergleich zum „Altsystem" als erwiesen. *[Ab- und Aufzinsung]*

**Nicht-monetäre Wirtschaftlichkeitsanalyse:** Diese Analyse stellt eine Nutzwertanalyse dar und kann auch als *Punktwert-* bzw. *Punktbewertungsanalyse* bezeichnet werden. Sie basiert darauf, dass die Indikatoren (Kriterien) nicht in Geldeinheiten berechnet, sondern mit Punkten aus einem von vornherein festgelegten Bereich bewertet werden; d.h., jeder Indikator wird damit mit einer Punktzahl benotet – siehe die Abbildungen 7.3-1, -2 und -3. *[Nicht-monetäre Wirtschaftlichkeitsanalyse als Nutzwertanalyse]*

---

[3] Siehe bspw.: `http://www.rechnungswesen-verstehen.de/investition-finanzierung/Kapitalwertmethode.php` für Näheres über die Kapitalwertmethode.

Die Nutzwertanalyse ermittelt den in Zahlen ausgedrückten subjektiven Wert von Lösungen und/oder Maßnahmen in Bezug auf die Zielvorgaben. Durch diese Nutzenzuweisung können die verschiedenen Alternativen miteinander verglichen werden.

Da Netzwerkprojekte als IT-Projekte zu betrachten sind, können einige Ideen und Verfahren zur Wirtschaftlichkeitsanalyse der IT-Projekte auch bei Netzwerkprojekten angewandt werden. Für Näheres über die Wirtschaftlichkeit von IT-Projekte seien Kapitel 10 in [WiME 11] und Abschnitt 3.4 in [KaKü 07] empfohlen.

### 7.1.3 Aufwandschätzung beim Netzwerkprojekt

*Kosten im Verlauf des Projekts*

Bei jedem Netzwerkprojekt sollte man alle bereits getätigten und noch zu erwartenden finanziellen Aufwendungen als Kosten ermitteln. Die Ermittlung von Aufwendungen hat das Ziel, sich eine Übersicht über alle Kosten im Verlauf des Projekts zu verschaffen. Bei der Durchführung von Netzwerkprojekten entstehen in den einzelnen Phasen verschiedene Arten von Kosten. Abbildung 7.1-6 illustriert einige dieser Kosten und soll darauf verweisen, dass die „Überwachung" der Wirtschaftlichkeit des Netzwerkprojekts in all seinen Phasen erfolgen sollte.

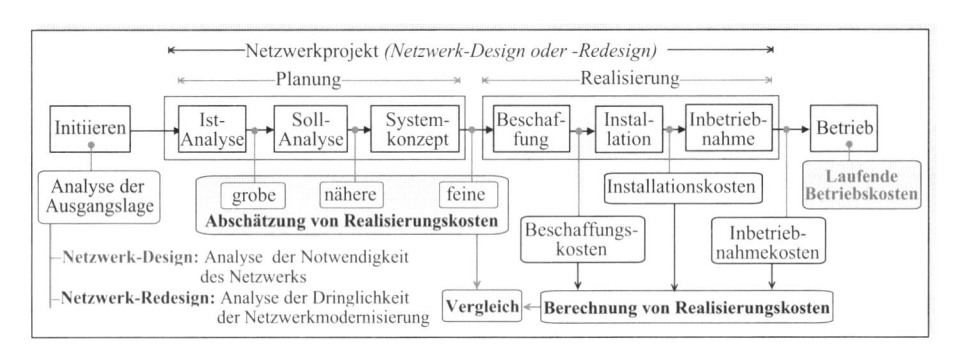

**Abb. 7.1-6:** Aufwendungen bei Netzwerkprojekten – Arten von Kosten

*Wirtschaftlichkeitsfrage bei der Initiierung des Projekts*

Bereits bei der Initiierung des Netzwerkprojekts stellt sich die Frage: Wird das zu initiierende Projekt wirtschaftlich sein oder nicht? Die Antwort auf diese Frage hängt davon ab, ob es sich um ein Netzwerk-Design- oder ein Netzwerk-Redesign-Projekt handelt; demnach gilt:

- *Netzwerk-Design*: Soll ein Netzwerk z.B. in einem neu gegründeten Unternehmen, einer neuen Institution oder in einem neuen Gebäude aufgebaut werden, also auf einer „grünen Wiese", dann ist die Dringlichkeit für die Umsetzung aufgrund der Relevanz des Netzwerks für den Unternehmenserfolg heutzutage zweifellos hoch. Die mit dem Netzwerkprojekt verbundenen finanziellen Aufwendungen als Investitionskosten müssen daher in Kauf genommen werden.

*Analyse der Dringlichkeit*

- *Netzwerk-Redesign*. Man sollte die Dringlichkeit des Projekts für ein Netzwerk-Redesign nicht nur wirtschaftlich, sondern auch mit funktionellen, strategischen, qualitativen und gesetzlichen Argumenten begründen. Für diese Zwecke benötigt man einen kombinierten Dringlichkeitsindikator für das Netzwerk-Redesign, um u.a. wirtschaftliche, funktionelle, qualitative, gesetzliche und strategische Aspekte als Kriterien zu berücksichtigen (s. Abb. 7.1-4b). Die für die Wirtschaftlichkeitsanalyse im öffentlichen Bereich realisierter IT-Projekte entwickelte Methode WiBe liefert mehrere Kriterien, damit man bei der Ermittlung der Dringlichkeit von IT-Projekten verschiedene Aspekte berücksichtigen kann (s. Abb. 7.3-1).

Wurde ein Netzwerkprojekt bereits initiiert, sollte eine Abschätzung von Kosten für die Netzwerkrealisierung während aller Phasen der Netzwerkplanung erfolgen.

## Kostenschätzung während der Netzwerkplanung

Wie Abbildung 7.1-6 zum Ausdruck bringt, erfolgt bereits während der Planungsphase eine Schätzung der Kosten der Netzwerkrealisierung; demnach kann

- während der Ist-Analyse nur eine *grobe Kostenschätzung* durchgeführt werden,
- während der darauffolgenden Soll-Analyse kann die Kostenschätzung aus der Ist-Analyse präzisiert werden, sodass eine *nähere Kostenschätzung* erstellt werden kann,
- und während der Entwicklung des Systemkonzepts die Kostenschätzung aus der Soll-Analyse noch weitergehend verfeinert werden.

Die Möglichkeiten der Kostenschätzung während aller Phasen der Netzwerkplanung möchten wir jetzt näher erläutern.

**Ist-Analyse:** Wie bereits in Abschnitt 2.1.3 dargestellt wurde, besteht die Aufgabe der Ist-Analyse u.a. in der Erfassung und Spezifikation von neuen Zielvorstellungen, die nach der Durchführung des Netzwerkprojekts erreicht werden sollen, sowie von existierenden zu behebenden Schwachstellen. Wie in Abbildung 2.1-3 zum Ausdruck gebracht wurde, muss dabei auch eine grobe Kostenabschätzung für das Netzwerk-Design oder -Redesign erfolgen. Bei der Spezifikation sowohl von neuen Zielvorstellungen (s. Abb. 2.2-3) als auch von zu behebenden Schwachstellen (s. Abb. 2.2-4) werden alle denkbaren Ansätze/Möglichkeiten – also *Lösungsvarianten* in Form von Systemlösungen, Maßnahmen, Ideen etc. – aufgelistet. Dabei sollte man für jede denkbare Lösungsvariante auch die minimalen und maximalen Kostengrenzen für deren Realisierung angeben, also in der Form von ... (min) bis ... (max) – vgl. hierzu Tabelle 2.2-4.

*Grobe Kostenschätzung – Vorgehensweise*

Dank dieser Vorgehensweise kann man dann für jeden Netzwerkfunktionsbereich (s. Abb. 2.2-1) eine Tabelle mit der Auflistung aller Zielvorstellungen und Schwachstellen einrichten, in der für jede Zielvorstellung und jede Schwachstelle die Kostengrenzen für alle denkbaren Lösungsvarianten angegeben werden. Abbildung 7.1-7 zeigt eine Tabelle für eine grobe Kostenschätzung für die „Realisierung" eines Netzwerkfunktionsbereichs während der Ist-Analyse.

*Tabelle zur Kostenschätzung für einen Netzwerkfunktionsbereich*

Nach der Ist-Analyse entsteht daher eine grobe Abschätzung der Kosten und damit eine Richtgröße für die erwarteten Kosten. Diese Richtgröße kann als Ausgangsbasis für zu erwartende Mehrkosten während der Realisierung des Netzwerkprojekts dienen, aber insb. bei Netzwerkfunktionsbereichen und Wunschanforderungen mit hohen maximalen Kosten auch Anhaltspunkte für Kosteneinsparungen ermitteln.

| Netzwerkfunktions-bereich | Wunschan-forderungen | Lösungsvarianten | Kosten *minimal* | | Kosten *maximal* | |
|---|---|---|---|---|---|---|
| **Internetdienste** | Internetzugang mit hoher Zuverlässigkeit | Lösung *1*: .... | ... | ⎱min | ... | ⎱max |
| | | Lösung *m*: .... | | | | |
| | ⋮ | ⋮ | ⋮ | a | ⋮ | p |
| | Hochverfügbarer E-Mail-Service mit Archivierung | Lösung *1*: .... | ... | ⎱min | ... | ⎱max |
| | | Lösung *n*: .... | | | | |
| | | Kostenspektrum: von | a + ...+ c | c | p + ...+s | s bis |

**Abb. 7.1-7:** Beispiel für eine Tabelle zur groben Kostenschätzung während der Ist-Analyse

Grobe Kostenschätzung wird näher präzisiert

**Soll-Analyse:** Während der Soll-Analyse werden, wie in Abschnitt 3.1 erläutert, die im Rahmen der Ist-Analyse festgestellten Wunschanforderungen unter Berücksichtigung der Einflussfaktoren (vgl. Randbedingungen, IT-Compliance etc.) auf das Netzwerkprojekt in einen Katalog von konkreten Projektanforderungen überführt. Basierend auf der zuvor genannten Kostenschätzung im Rahmen der Ist-Analyse können die in Abbildung 7.1-7 gezeigten Lösungsvarianten anhand der Einflussfaktoren gewichtet und somit näher spezifiziert werden. Da einige Lösungsvarianten bereits während der Soll-Analyse abgelehnt oder ausgewählt sein können, lässt sich die in Form der in Abbildung 7.1-7 gezeigten Tabelle erfasste grobe Kostenschätzung näher präzisieren. Somit kann die hier gezeigte Tabelle zur näheren Kostenschätzung während der Soll-Analyse entsprechend angepasst werden.

„Feine" Kostenabschätzung bestimmt den Kostenrahmen für die Ausschreibung

**Entwicklung des Systemkonzepts:** Im Systemkonzept werden die konkreten Umsetzungsmaßnahmen im Netzwerkprojekt definiert. Sie werden dabei auf Teilkonzepte bzw. Komponenten des Systemkonzepts (Netzstruktur, IP-Kommunikationssystem usw.) aufgeteilt. Bei der Erstellung des jeweiligen Teilkonzepts werden in Bezug auf die Wirtschaftlichkeitsbetrachtung die während der Soll-Analyse ermittelten Kosten für die jeweilig präferierte Lösungsvariante detailliert ermittelt, sodass eine „feine" Kostenschätzung während der Entwicklung des Systemkonzepts erstellt werden kann.

In dieser Projektphase werden häufig anhand der Anforderungen (insb. bei Ausschreibungen) vergleichende Angebote eingeholt, um die zu erwartenden Kosten der Netzwerkrealisierung besser abschätzen zu können. Die Angebotsstellung oder Ausschreibung erfordert dabei eine genaue Nennung der gewünschten Funktionalität, die im jeweiligen Teilkonzept zukünftig erreicht werden soll. Die während der Entwicklung des Systemkonzepts ermittelte Kostenschätzung ermöglicht eine Kostenlimitierung festzulegen, sodass ein *Kostenrahmen* für die Ausschreibung (Beschaffung) auf dieser Basis bestimmt werden kann. Der festgelegte Kostenrahmen ist ein wichtiger Faktor bei der Zuschlagsentscheidung nach der Ausschreibung – für Näheres siehe Abschnitt 8.3.

## Kostenermittlung während der Netzwerkrealisierung

Nach der Planungsphase sollten während der Realisierungsphase die Kosten für das Projekt kontinuierlich erfasst und überwacht werden. Dies wird häufig im Rahmen eines Projektcontrollings realisiert. Nach den einzelnen Schritten der Realisierungsphase werden hierbei die tatsächlichen Realisierungskosten mit den ursprünglich geplanten Realisierungskosten sowie dem erwarteten Nutzen verglichen und ggf. korrigierende Maßnahmen ergriffen. Die während der Realisierung eines Netzwerks entstehenden Kosten lassen sich kurz wie folgt charakterisieren:

**Beschaffungskosten:** Nach der Entwicklung des Systemkonzepts erfolgt die Beschaffung von notwendigen Systemkomponenten. Oft wird hierfür, wie in Abschnitt 8.1 näher erläutert, eine Ausschreibung durchgeführt. Spätestens in dieser Phase der Netzwerkrealisierung sind vergleichende Angebote, wie bereits für die Kostenschätzung im Rahmen der Erstellung des Systemkonzepts erläutert wurde, einzuholen. Durch Auswahl der angebotenen Komponenten und des jeweils günstigsten Angebots entstehen die Kosten für die Beschaffung. Sie bilden somit vorrangig Anschaffungs- sowie Logistikkosten.

*Ausschreibung und Beschaffungskosten*

**Installationskosten:** Nach der Beschaffung von Systemkomponenten (u.a. L2- und L3-Switches, Server) muss zuerst eine Grundlage in Form einer universellen Verkabelung dafür gelegt werden, diese Systemkomponenten im Unternehmen bzw. innerhalb der Institution installieren zu können. Unabhängig davon, ob die Verlegung der Verkabelung und die danach erfolgende Installation von Systemkomponenten durch die unternehmenseigenen Mitarbeiter oder durch einen externen Partner als Dienstleistung erbracht wurden, entstehen hierbei die sog. *Installationskosten*. Diese bilden insbesondere Personalkosten sowie ggf. Stundensätze von externen Dienstleistern.

*Verkabelungskosten als Bestandteil von Installationskosten*

**Inbetriebnahmekosten:** Nachdem die neuen Netzwerkkomponenten installiert wurden, steht am Übergang zum späteren regulären Betrieb deren formale Inbetriebnahme. Diese kann als Abschluss der Installation durch einen externen Dienstleister in Form der Abnahme der Netzwerkinstallation definiert werden. Häufig gehört zur Inbetriebnahme auch die Planung des späteren Betriebs. Die Ergebnisse dieser Planung sollen in Form eines *Betriebshandbuchs* verfasst werden (s. Abschnitt 8.6.4), das alle notwendigen Angaben, Informationen und Handlungsanweisungen enthält, damit man den reibungslosen Netzwerkbetrieb aufrecht erhalten kann. Im Rahmen der Inbetriebnahme sollte auch die Schulung der Mitarbeiter (Administratoren, Helpdesk etc.) erfolgen.

*Kosten für: Erstellung eines Betriebshandbuchs, Schulung, ...*

Auch nach Abschluss des Netzwerkprojekts entstehen durch dessen Betrieb laufende Kosten – die sog. *Betriebskosten*. Diese werden im Rahmen des *IT-Controllings*[4] kontinuierlich erfasst. Überhöhte Betriebskosten aber auch neu ermittelte Schwachstellen

---

[4] In [Krcm 05] wird das IT-Controlling wie folgt definiert: „*IT-Controlling* ist das Controlling der IT im Unternehmen. Das IT-Controlling soll die Formalziele Effizienz und Effektivität sowie Sachziele Qualität, Funktionalität und Termineinhaltung der Informationsverarbeitung sicherstellen. Es wird hierbei nicht nur als reine Überwachungsfunktion verstanden, sondern hat eine Koordinationsfunktion für das gesamte Informationsmanagement".

im Laufe des Betriebs können hierbei auch Auslöser für ein zukünftiges Netzwerk-Redesign sein.

### 7.1.4 WiBe – eine Einführung

Das bereits erwähnte (s. Abschnitt 7.1.1), als WiBe (*Wirtschaftlichkeitsbetrachtung*) bezeichnete Vorgehensmodell für die Durchführung der Wirtschaftlichkeitsanalyse von in öffentlichen Institutionen geplanten und realisierten IT-Projekten liefert auch wertvolle Ideen zur Wirtschaftlichkeitsanalyse von Netzwerkprojekten im Bereich der Privatwirtschaft. Abbildung 7.1-8 stellt die allgemeine logische Struktur der WiBe dar.[5]

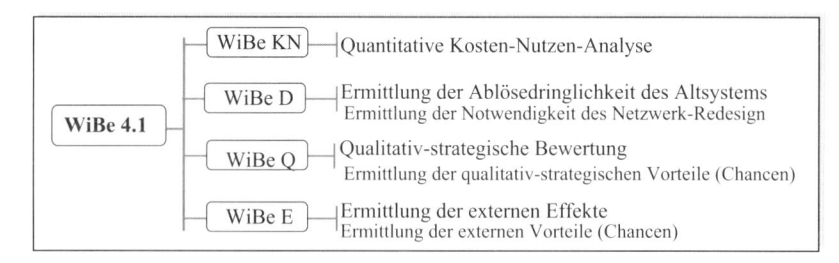

```
                    ┌── WiBe KN ──┤ Quantitative Kosten-Nutzen-Analyse
                    │
                    ├── WiBe D ───┤ Ermittlung der Ablösedringlichkeit des Altsystems
         WiBe 4.1 ──┤             │ Ermittlung der Notwendigkeit des Netzwerk-Redesign
                    ├── WiBe Q ───┤ Qualitativ-strategische Bewertung
                    │             │ Ermittlung der qualitativ-strategischen Vorteile (Chancen)
                    └── WiBe E ───┤ Ermittlung der externen Effekte
                                  │ Ermittlung der externen Vorteile (Chancen)
```

**Abb. 7.1-8:** Analyse der Wirtschaftlichkeit mit der WiBe unter mehreren Aspekten – bzw. in mehreren Nutzwertdimensionen

*WiBe – ein multidimensionales Verfahren*

Die WiBe ist eine Kombination von Verfahren zur monetären und nicht-monetären Wirtschaftlichkeitsanalyse. Es verwendet die *Kapitalwertmethode* für monetäre Wirtschaftlichkeitsanalysen und die *Nutzwertanalyse* für nicht-monetäre Wirtschaftlichkeitsanalysen. Die WiBe ist daher ein *multidimensionales Verfahren*, das sowohl quantitative Nutzeffekte (monetäre Wirtschaftlichkeit) unter Verwendung der Kapitalwertbetrachtung analysiert, als auch qualitative Nutzeffekte in mehreren Nutzwertdimensionen (qualitativ-strategische Bedeutung und externe Auswirkungen/Effekte) mithilfe einer Nutzwertanalyse evaluiert sowie die Dringlichkeit für die Ablösung des Altsystems „formal" ermittelt.

Die WiBe enthält die folgenden vier Hauptkomponenten:

*Kosten/Nutzen-Analyse*

- *WiBe KN*: Diese Komponente spezifiziert vor allem die Kriterien für die monetäre Wirtschaftlichkeitsanalyse. Diese Analyse stellt eine quantitative Kosten/Nutzen-Analyse dar und wird somit als *WiBe KN* bezeichnet – s. hierzu die Abbildungen 7.3-2 und -3. Hierbei kommt auch die Kapitalwertmethode als dynamisches Investitionsrechnungsverfahren zur Anwendung. Alle monetären, also geldlich bewertbaren Nutzeffekte werden für einen bestimmten Betrachtungszeitraum erfasst und mit den in diesem Zeitraum entstandenen Kosten verglichen. Es wird aber betont, dass dabei alle zukünftig zu erwartenden monetären Vorgänge auf den Stichtag der Analyse abgezinst und alle monetären Nutzeffekte aus der Vergangenheit auf diesen

---

[5] Unter http://www.wibe.de kann die WiBe 4.1 (2007) kostenlos heruntergeladen werden.

Stichtag aufgezinst werden müssen. Somit erhält man einen Kapitalwert, der den monetären Wert von Kosten und Nutzen darstellt.

Bei der Betrachtung der Kosten kann im Rahmen der WiBe unterschieden werden zwischen: *haushaltswirksamen Kosten*, die nur infolge des Netzwerkprojekts entstehen, und *nicht-haushaltswirksamen* Kosten, die mit dem Netzwerkprojekt zusammenhängen, die aber sowieso auch ohne das Projekt in gleicher Höhe entstehen würden (z.B. durch die Beteiligung des eigenen Personals am Projekt).

- *WiBe D*: Nach den meisten Investitionen im IT-Bereich nimmt die Wirtschaftlichkeit nicht nur aus geldlichen Einsparungen zu, sondern auch aus nicht-geldlichen Vorteilen, d.h. aus qualitativen, nicht-monetären Nutzeffekten. Solche Nutzeffekte entstehen oft nach der Ablösung eines Altsystems resultierend aus der Behebung von dessen Schwachstellen. Daher liefert die Komponente WiBe D, um die Notwendigkeit der Ablösung des Altsystems ermitteln zu können, entsprechende Kriterien hierfür. Dies sind die *Dringlichkeitskriterien*, damit man die Notwendigkeit eines Netzwerk-Redesign-Projekts „transparent" ermitteln und demzufolge begründen kann – s. Abbildung 7.3-1.

  *Dringlichkeitsanalyse*

- *WiBe Q*: Diese Komponente beschreibt die nicht-monetäre Wirtschaftlichkeitsanalyse nach qualitativ-strategischen Kriterien (s. Abb. 7.3-2), damit man IT-Projekte im Hinblick auf ihre qualitativen und strategischen Nutzeffekte wirtschaftlich bewerten kann.

  *qualitativ-strategische Nutzeffekte*

- *WiBe E*: Diese Komponente ermöglicht eine nicht-monetäre Wirtschaftlichkeitsanalyse infolge externer Effekte (s. Abb. 7.3-3). Dadurch lassen sich externe Nutzeffekte von IT-Projekten – wie etwa bessere Kundenzufriedenheit, Imageverbesserung etc. – wirtschaftlich untersuchen. Mit dieser Komponente können die Nutzeffekte, die man dank der besseren Kommunikation z.B. mit externen Kunden, Partnern und Verwaltungen/Niederlassungen erreichen kann, berechnet werden.

  *externe Nutzeffekte*

Eine Wirtschaftlichkeitsanalyse gemäß dem WiBe-Konzept (nach der Version WiBe 4.1) wird im Allgemeinen in den folgenden drei Schritten durchgeführt:[6]

*Vorgehensweise bei der WiBe*

1. Zuerst erfolgt die Auswahl von Kriterien (Einflussgrößen) aus WiBe KN, WiBe D, WiBe Q und WiBe E, die für das betreffende IT-Projekt bzw. Netzwerkprojekt relevant sind.

2. Nachdem die relevanten Kriterien ausgewählt wurden, muss eventuell für deren Bewertung eine Datenerhebung durchgeführt werden.

3. Wurden alle ausgewählten, für das Projekt relevanten Kriterien aus WiBe KN, WiBe D, WiBe Q und WiBe E bewertet (s. die Abbildungen 7.2-2 und -3 sowie 7.3-1, -2 und -3), dann können die Indikatoren für die Wirtschaftlichkeit ermittelt werden. Dies sind die folgenden Indikatoren: der Kapitalwert von Nutzen (N) und Kosten (K) bei der Ermittlung der monetären Wirtschaftlichkeit nach WiBe KN und die

---

[6] Diese Schritte sind auch in der Software WiBE abgebildet. Diese kann heruntergeladen werden unter: http://www.wibe.de/software/software.html

Nutzwerte von Indikatoren D, Q und E bei der Ermittlung der nicht-monetären Wirtschaftlichkeit entsprechend nach WiBe D, WiBe Q und WiBe E.

## 7.2 Wirtschaftlichkeitsanalyse im monetären Sinne

Die Analyse der monetären Wirtschaftlichkeit des Netzwerkprojekts während der Phase der Netzwerkplanung und -realisierung sowie die Analyse der Wirtschaftlichkeit während des Netzwerkbetriebs sind von fundamentaler Bedeutung. Diese Wirtschaftlichkeitsanalysen sind Kosten/Nutzen-Analysen; es empfiehlt sich, während dieser beiden Analysen sollen möglichst alle monetär quantifizierbaren Kosten und Nutzeffekte in Betracht zu ziehen.

Kosten/Nutzen-Analyse in zwei Phasen

Da die Kostenkategorien während der Netzwerkplanung und -realisierung anders sind als Kostenkategorien während des Netzwerkbetriebs, ist es aus diesem Grund auch einfacher, wie Abbildung 7.2-1 illustriert, die zwei Kosten/Nutzen-Teilanalysen getrennt durchzuführen, nämlich die Wirtschaftlichkeit des Netzwerkprojekts während der Phase der Netzwerkplanung und -realisierung und die Wirtschaftlichkeit während des Netzwerkbetriebs.

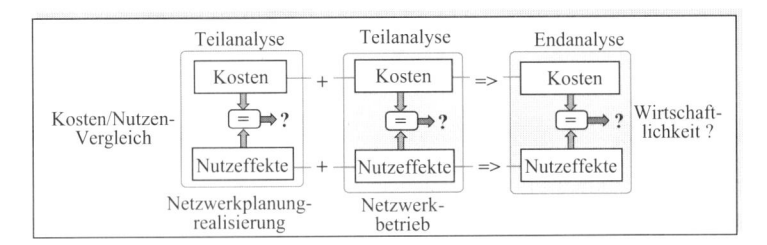

**Abb. 7.2-1:** Monetäre Wirtschaftlichkeit – als Kosten/Nutzen-Analyse

Addiert man einerseits die aus den beiden Teilanalysen resultierenden Kosten und andererseits die monetären Nutzeffekte, kann erst nach dem Vergleich der gesamten Kosten und Nutzeffekte eine Aussage über die erreichte Wirtschaftlichkeit getroffen werden. Diese beiden in der Abbildung 7.2-1 dargestellten Teilanalysen – während der Netzwerkplanung und -realisierung sowie während des Netzwerkbetriebs – möchten wir jetzt getrennt in zwei Abschnitten 7.2.1 und 7.2.2 anhand der WiBe KN näher erläutern.

### 7.2.1 Monetäre Wirtschaftlichkeit der Netzwerkplanung und -realisierung

Eine Analyse der monetären Wirtschaftlichkeit des Netzwerkprojekts während der Netzwerkplanung und -realisierung stellt eine Kosten/Nutzen-Analyse dar, in der alle <u>im Zeitraum der Netzwerkplanung und -realisierung</u> entstandenen Kosten einerseits

## 7.2 Wirtschaftlichkeitsanalyse im monetären Sinne

und andererseits alle geldlich bewertbaren Nutzeffekte erfasst und verglichen werden. Um diese Analyse anschaulich erläutern zu können, zeigt Abbildung 7.2-2 die aus der WiBe KN entnommene Auflistung der bei der Netzwerkplanung und -realisierung entstehenden Kostenarten. Die Nutzeffekte in diesem Zeitraum können eventuell aus der Ablösung des Altsystems (Netzwerks) in Form von Kosteneinsparungen oder als einmalige Erlöse (z.B. aus dem Verkauf einiger Systemkomponenten) erzielt werden.

| | | Planung | | | Realisierung | | |
|---|---|---|---|---|---|---|---|
| | | IA | SA | SK | Be | Inst | Inb |
| **1 Entwicklungskosten und Entwicklungsnutzen** | | | | | | | |
| 1.1 Entwicklungskosten | | | | | | | |
| 1.1.1 Planungs-und Entwicklungskosten | | | | | | | |
| 1.1.1.1 Personalkosten (eigenes Personal) | | * | * | * | * | * | * |
| 1.1.1.2 Kosten externer Beratung | | * | * | * | * | * | * |
| 1.1.1.3 Kosten der Entwicklungsumgebung | | | | * | | | |
| 1.1.1.4 Kosten für Sach- und Hilfsmittel | | * | * | * | * | * | * |
| 1.1.1.5 Reisekosten (eigenes Personal) | | * | * | * | | | |
| 1.1.2 Systemkosten | | | | | | | |
| 1.1.2.1 Hardwarekosten | | | | * | * | * | |
| 1.1.2.2 Softwarekosten | | | | * | * | * | * |
| 1.1.2.3 Installationskosten | | | | | | * | * |
| 1.1.3 Kosten der Systemeinführung | | | | | | | |
| 1.1.3.1 System- und Integrationstests | | | | | | * | * |
| 1.1.3.2 Übernahme von Datenbeständen | | | | | | * | * |
| 1.1.3.3 Erstschulung Anwender und IT-Personal | | | | | | | * |
| 1.1.3.4 Einarbeitungskosten Anwender und IT-Personal | | | | | | | * |
| 1.1.3.5 Sonstige Umstellungskosten | | | | | * | * | * |
| 1.2 Entwicklungsnutzen aus der Ablösung des alten Verfahrens Σ | | | | | | | |
| 1.2.1 Einmalige Kosteneinsparung | | | Nutzeffekte | | | | |
| 1.2.2 Einmalige Erlöse | | | | | | | |

\* evtl. Kosten

(Struktur der Kriterien der WiBe KN)

**Abb. 7.2-2:** Ermittlung der monetären Wirtschaftlichkeit während der Netzwerkplanung und deren Realisierung – Kosten und Nutzen nach WiBe KN
I/SA: Ist-/Soll-Analyse, SK: Systemkonzept (Systementwicklung), Be: Beschaffung (Ausschreibung), Inst: Installation, Inb: Inbetriebnahme

Abbildung 7.2-2 zeigt zwei Tabellen entsprechend für die Planungs- und Realisierungsphase, die als Excel-Tabellen erstellt werden können, in denen die einzelnen Kosten aus dem links dargestellten Katalog in allen Projektphasen eingetragen werden sollten. Der Stern an einer Stelle in der Tabelle verweist darauf, dass hier eventuell Kosten entstehen und somit betrachtet werden sollten. Der Vergleich der Summe von sämtlichen Kosten aus der Planungs- und Realisierungsphase mit der Summe von monetären Nutzeffekten kann als Ergebnis der Kosten/Nutzen-Teilanalyse betrachtet werden (vgl. Abb. 7.2-1). Wie Abbildung 7.1-4 zeigt, sind die Aufwendungen, also die Kosten während der Projektdauer – in der Planungs- und Realisierungsphase, sowohl beim Netzwerk-Design als auch beim Netzwerk-Redesign – in der Regel größer als die in diesem Zeitraum erreichbaren monetären Nutzeffekte.

*Ermittlung der monetären Wirtschaftlichkeit*

Es ist hervorzuheben, dass der in Abbildung 7.2-2 gezeigte Katalog mit Kostenarten und Nutzeffekten von der WiBe KN <u>nur als Beispiel</u> dienen soll. Dieser Katalog kann an die Gegebenheiten jedes Netzwerkprojekts in der Privatwirtschaft angepasst werden.

## 7.2.2 Monetäre Wirtschaftlichkeit des Netzwerkbetriebs

Ebenso wie während der Netzwerkplanung und -realisierung stellt die Analyse der monetären Wirtschaftlichkeit auch während des Netzwerkbetriebs eine Kosten/Nutzen-Analyse dar. Abbildung 7.2-3 zeigt die aus der WiBe KN stammende Auflistung von während des Netzwerkbetriebs entstehenden Kostenarten und Nutzeffekten.

Die hier gezeigten Tabellen für die Eintragung von Kosten und monetären Nutzeffekten können als Excel-Tabellen erstellt werden. Der Vergleich der Summe der Kosten mit der Summe monetärer Nutzeffekte kann als Ergebnis der Kosten/Nutzen-Analyse während des Netzwerkbetriebs betrachtet werden – vgl. hierzu Abbildung 7.2-1. Ziel jedes Netzwerkprojekts ist, dass die monetären Nutzeffekte – wie Abbildung 7.1-4 zeigt – während des normalen Netzwerkbetriebs größer als die Kosten sind.

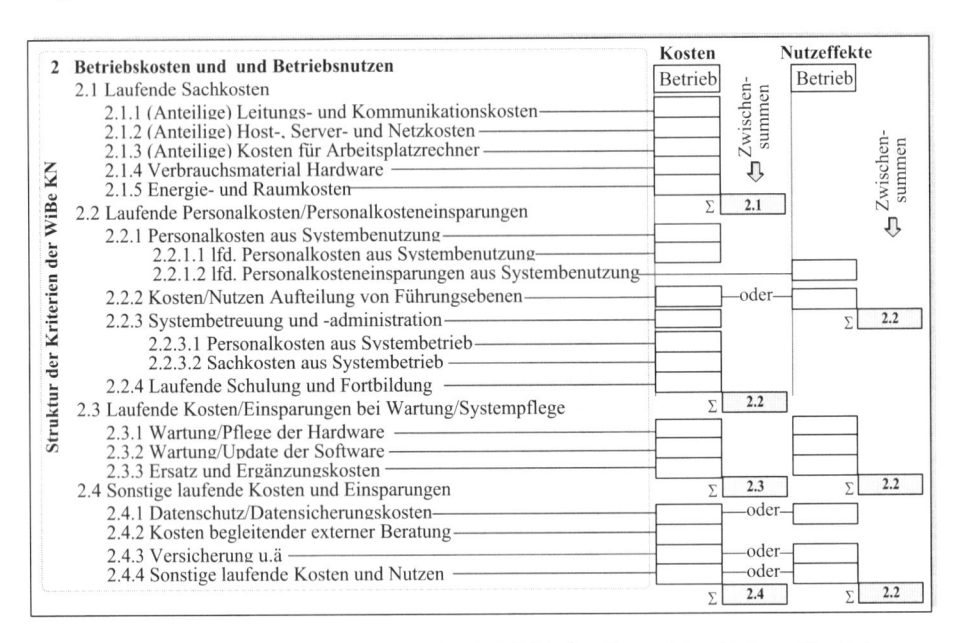

```
Struktur der Kriterien der WiBe KN

2  Betriebskosten und und Betriebsnutzen                            Kosten      Nutzeffekte
   2.1 Laufende Sachkosten                                          Betrieb     Betrieb
       2.1.1 (Anteilige) Leitungs- und Kommunikationskosten
       2.1.2 (Anteilige) Host-, Server- und Netzkosten
       2.1.3 (Anteilige) Kosten für Arbeitsplatzrechner
       2.1.4 Verbrauchsmaterial Hardware
       2.1.5 Energie- und Raumkosten
                                                                   Σ  2.1
   2.2 Laufende Personalkosten/Personalkosteneinsparungen
       2.2.1 Personalkosten aus Systembenutzung
             2.2.1.1 lfd. Personalkosten aus Systembenutzung
             2.2.1.2 lfd. Personalkosteneinsparungen aus Systembenutzung
       2.2.2 Kosten/Nutzen Aufteilung von Führungsebenen ————oder————
       2.2.3 Systembetreuung und -administration                                Σ  2.2
             2.2.3.1 Personalkosten aus Systembetrieb
             2.2.3.2 Sachkosten aus Systembetrieb
       2.2.4 Laufende Schulung und Fortbildung
                                                                   Σ  2.2
   2.3 Laufende Kosten/Einsparungen bei Wartung/Systempflege
       2.3.1 Wartung/Pflege der Hardware
       2.3.2 Wartung/Update der Software
       2.3.3 Ersatz und Ergänzungskosten
                                                                   Σ  2.3      Σ  2.2
   2.4 Sonstige laufende Kosten und Einsparungen
       2.4.1 Datenschutz/Datensicherungskosten
       2.4.2 Kosten begleitender externer Beratung ————oder————
       2.4.3 Versicherung u.ä                     ————oder————
       2.4.4 Sonstige laufende Kosten und Nutzen  ————oder————
                                                                   Σ  2.4      Σ  2.2
```

**Abb. 7.2-3:** Ermittlung der monetären Wirtschaftlichkeit während des Netzwerkbetriebs – Kosten und Nutzen nach WiBe KN

Anzumerken ist, dass der in Abbildung 7.2-3 gezeigte, von der WiBe KN stammende Katalog mit Kostenarten und Nutzeffekten <u>nur als Beispiel</u> dienen soll. Dieser Katalog kann an die Gegebenheiten jedes Netzwerkprojekts individuell angepasst werden.

Geht man so vor, wie in Abb. 7.2-1 gezeigt wurde, berücksichtigt man also die Ergebnisse beider Kosten/Nutzen-Teilanalysen, d.h. Netzwerkplanung und -realisierung sowie den Netzwerkbetrieb betreffende Analysen, kann erst bei der Endanalyse eine endgültige Aussage über die Wirtschaftlichkeit getroffen werden.

### 7.2.3 TCO-Analyse und ihre Bedeutung

Unter TCO (*Total Cost of Ownership*) versteht man die Gesamtkosten für ein technisches System (bzw. für eine technische Einrichtung) unter Berücksichtigung aller direkten und indirekten Kosten, die über einen festgelegten Zeithorizont (z.B. von 3 Jahren) entstehen, in dem das System eingesetzt wird. In diesem Zusammenhang spricht man auch vom *TCO-Modell*. Darunter wird ein *Referenzvorgehensmodell* zur Ermittlung/Schätzung von monetären Gesamtkosten für ein technisches System verstanden.[7]

*TCO: Gesamtkosten für ein technisches System*

Die TCO-Analyse eines Netzwerks anhand eines TCO-Modells ermöglicht es somit, die monetären Gesamtkosten für das Netzwerk über einen festgelegten Zeithorizont zu ermitteln. Dabei werden die Investitionskosten, d.h. die während der Netzwerkplanung und -realisierung entstandenen Kosten, die laufenden Betriebskosten sowie alle sonstigen, mit dem Netzwerk verbundenen Kosten in die TCO-Analyse mit einbezogen.

*TCO-Analyse führt zur Ermittlung von Gesamtkosten*

Die typischen Kosten einer IT/Netzwerk-Infrastruktur, die eine TCO-Analyse berücksichtigt, werden bereits im TCO-Modell festgelegt und sind:

*Herangezogene Kostenarten*

- *direkte, budgetierte Kosten*, die in der jeweiligen IT-Abteilung direkt entstehen wie etwa:
  - *direkte Festkosten* – initiale Investitionskosten (entstanden während der Netzwerkplanung- und Realisierung): Projekt-, Beschaffungs-, Installations- und Inbetriebnahmekosten, ...
  - *direkte laufende Netzwerkbetriebskosten*: Abschreibungen der Hardware- und Software, Personalkosten, Wartungskosten, ...
- *indirekte, unbudgetierte Kosten*, hierzu gehören insbesondere die Kosten, die durch ineffiziente bzw. effizienzhemmende Vorgänge bei der Nutzung der IT/Netzwerk-Infrastruktur verursacht werden können, d.h. als Folge von sog. *Soft-Faktoren*. Die indirekten Kosten sind häufig schwer monetär zu erfassen.

Die TCO-Analyse eines Netzwerks kann daher helfen, Antworten auf die folgenden Fragen zu geben: Wie hoch ist der Kostenaufwand für das Einrichten des Netzwerks? Mit welchen Gesamtkosten muss man tatsächlich rechnen?

Mithilfe einer TCO-Analyse können auch die Kosten für bestimmte, wie etwa in Tabelle 2.2.1 aufgelistete Netzwerkbereiche ermittelt werden; dadurch lassen sich die Kosten pro Netzwerksteckdose und die Kosten pro IT-Arbeitsplatz etc abschätzen.

Für die Durchführung von TCO-Analysen werden verschiedene Software-Tools angeboten.[8] Bei der Nutzung von solchen Tools besteht die TCO-Analyse hauptsächlich in der Eingabe von Kosten, die den Netzwerkbetrieb betreffen. Während einer TCO-

*TCO-Software-Tools*

---

[7] Der amerikanische IT-Analyst Gartner Group gilt als Erfinder von TCO. Es gibt bereits andere konkurrierende Modelle zur Schätzung von Gesamtkosten, wie etwa RCO (*Real Costs of Ownership*) von der Meta Group und das TCO-Modell von Forrester Research.

[8] Siehe z.B. http://www.tcotool.org oder http://sourceforge.net/projects/tcotool

Analyse mithilfe eines Software-Tools werden jedoch sukzessive alle Kosten (direkte feste und laufende sowie indirekte) im Einzelnen erfasst.

*TCO ermöglichen Kosten-Nutzen-Vergleich*

Die TCO-Analyse liefert keine Aussagen über wirtschaftliche Nutzungseffekte, was als Nachteil der TCO-Analyse zu betrachten ist. Nutzt man aber die in Abbildung 7.2-3 gezeigte Tabelle zur Ermittlung von monetären Nutzeffekten und ermittelt mithilfe der TCO-Analyse die Gesamtkosten, kann ein Kosten-Nutzen-Vergleich durchgeführt werden. Die TCO-Analyse kann auch jährlich durchgeführt werden. Die jährlich für einige Netzwerkbereiche abgeschätzten TCOs würden sich gut dazu eignen, alternative Systemlösungen hinsichtlich ihrer potenziellen Kosten zu vergleichen.

*Empfehlungen aus den TCO-Analysen*

Aus den TCO-Analysen ergeben sich allgemeine Empfehlungen – als *TCO-Maßnahmen* bezeichnet – zur Senkung von TCO und folglich zur Verbesserung der Wirtschaftlichkeit. Typische TCO-Empfehlungen sind:

- die Nutzung standardisierter Hardware- und Softwaresysteme,
- einheitliche Systemkonfigurationen im Client-Bereich (Desktop-Bereich); dadurch lassen sich die Wartungskosten von Client-Rechnern reduzieren lassen,
- die Reduzierung der TCO durch Virtualisierung unterschiedlicher Serversysteme,
- regelmäßige Durchführung von Softwareupdates, ggf. Hardware-Modernisierung.

Es sei abschließend hervorgehoben, dass die Standardisierung, Vereinfachung und transparente Lösungen „der beste Weg" zur Reduzierung von Gesamtkosten sind.

Für weiterführende Informationen über TCO wird auf [WiHE 00] verwiesen.

## 7.3 Nicht-monetäre Wirtschaftlichkeitsanalysen

*Nutzwertanalysen*

Um ein Netzwerkprojekt im Hinblick auf alle nicht-monetären Nutzeffekte bewerten zu können, muss seine nicht-monetäre Wirtschaftlichkeit unter Berücksichtigung mehrerer Aspekte analysiert werden, die als *Nutzkategorien* zu betrachten sind. In Anlehnung an die WiBe (s. Abschnitt 7.1.4) möchten wir in diesem Abschnitt kurz auf die folgenden Analysen der nicht-monetären Wirtschaftlichkeit eingehen:

- Analyse der Dringlichkeit des Netzwerk-Redesign,
- Analyse der qualitativ-strategischen Wirtschaftlichkeit,
- Analyse der Wirtschaftlichkeit infolge externer Effekte.

Diese Analysen sind sog. *Nutzwertanalysen*, in denen einzelne, nicht-monetäre Kriterien und Nutzeffekte mit Punkten im Bereich von 0 bis 10 bewertet werden. An dieser Stelle sei hervorgehoben, dass die WiBe 4.1 die einzelnen Kriterien und Nutzeffekte genau erläutert und ebenfalls eine Bewertung anhand einer Punkteskala vorschlägt.[9]

---

[9] Siehe: WiBe 4.1, Empfehlung zur Durchführung von Wirtschaftlichkeitsbetrachtungen in der Bundesverwaltung, insbesondere beim Einsatz der IT, Band 92, Januar, 2007

## 7.3.1 Analyse der Dringlichkeit von Netzwerk-Redesign

Falls sich ein Netzwerk langsam seiner „Altersgrenze" nähert, sind die eingesetzten Systemkomponenten oft nicht mehr genügend leistungsfähig sowie auch nicht betriebssicher, demzufolge zeigt dessen Wirtschaftlichkeit eine abnehmende Tendenz. Diese kann allerdings nicht alleine durch verschiedene geldliche Einsparungen drastisch verbessert werden. Folglich muss das ganze Netzwerk modernisiert werden. Es muss also eine Ablösung des „Altsystems" erfolgen. Hierfür ist aber ein Projekt für das Netzwerk-Redesign nötig. Die Dringlichkeit dieses Vorhabens muss auf eine entsprechende Art und Weise transparent analysiert und auch bewiesen werden. Eine solche Analyse möchten wir jetzt darstellen. Hierfür zeigt Abbildung 7.3-1 die aus der WiBe D entnommene Auflistung von *Dringlichkeitskriterien*. Die hier gezeigte Liste von Kriterien dient nur <u>als Beispiel</u> und sollte an die jeweiligen Gegebenheiten eines Netzwerkprojekts angepasst werden.

Notwendigkeit der Dringlichkeitsanalyse

Die Analyse der Dringlichkeit eines Netzwerkprojekts ist eine Nutzwertanalyse. Während dieser Analyse werden die einzelnen Kriterien in Punkten bewertet, d.h., jedes Kriterium wird mit einer Punktzahl „benotet". Da nicht alle Kriterien gleich wichtig sind, muss deren Wichtigkeit festgelegt werden. Die in Abbildung 7.3-1 gezeigte, mit der Gewichtung G zum Ausdruck gebrachte Wichtigkeit soll nur als Beispiel dienen. Um die sog. *Nutzwerte* von einzelnen Kriterien zu bestimmen, werden jeweils für jedes Kriterium dessen Punktzahl und die ihm zugewiesene Wichtigkeit (G) multipliziert.

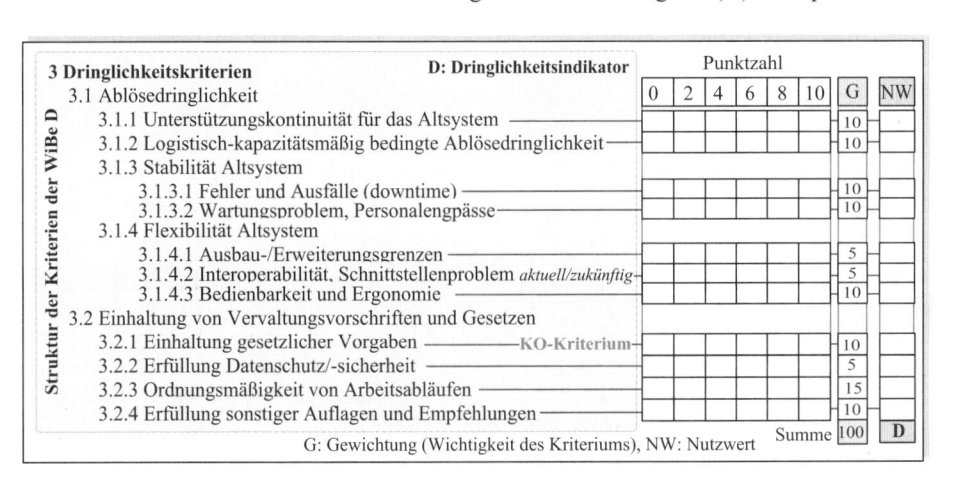

| Struktur der Kriterien der WiBe D | 3 Dringlichkeitskriterien | D: Dringlichkeitsindikator | Punktzahl | | | | | | G | NW |
|---|---|---|---|---|---|---|---|---|---|---|
| | | | 0 | 2 | 4 | 6 | 8 | 10 | | |
| | 3.1 Ablösedringlichkeit | | | | | | | | | |
| | 3.1.1 Unterstützungskontinuität für das Altsystem | | | | | | | | 10 | |
| | 3.1.2 Logistisch-kapazitätsmäßig bedingte Ablösedringlichkeit | | | | | | | | 10 | |
| | 3.1.3 Stabilität Altsystem | | | | | | | | | |
| | 3.1.3.1 Fehler und Ausfälle (downtime) | | | | | | | | 10 | |
| | 3.1.3.2 Wartungsproblem, Personalengpässe | | | | | | | | 10 | |
| | 3.1.4 Flexibilität Altsystem | | | | | | | | | |
| | 3.1.4.1 Ausbau-/Erweiterungsgrenzen | | | | | | | | 5 | |
| | 3.1.4.2 Interoperabilität, Schnittstellenproblem *aktuell/zukünftig* | | | | | | | | 5 | |
| | 3.1.4.3 Bedienbarkeit und Ergonomie | | | | | | | | 10 | |
| | 3.2 Einhaltung von Verwaltungsvorschriften und Gesetzen | | | | | | | | | |
| | 3.2.1 Einhaltung gesetzlicher Vorgaben — KO-Kriterium | | | | | | | | 10 | |
| | 3.2.2 Erfüllung Datenschutz/-sicherheit | | | | | | | | 5 | |
| | 3.2.3 Ordnungsmäßigkeit von Arbeitsabläufen | | | | | | | | 15 | |
| | 3.2.4 Erfüllung sonstiger Auflagen und Empfehlungen | | | | | | | | 10 | |
| | G: Gewichtung (Wichtigkeit des Kriteriums), NW: Nutzwert | | | | | | | Summe | 100 | D |

**Abb. 7.3-1:** Ermittlung der Dringlichkeit des Netzwerk-Redesign – Dringlichkeitskriterien nach WiBe D; die Gewichtungswerte sollen hier nur als Beispiel dienen

**Bemerkung:** Das Kriterium „Einhaltung von gesetzlichen Vorgaben" ist ein sog. *KO-Kriterium* (*Muss-Kriterium*). Werden die geltenden Rechtsnormen nicht eingehalten, muss – gemäß WiBe 4.1 – dieses Kriterium mit 10 Punkten bewertet und die betreffende IT-Maßnahme somit auf jeden Fall umgehend durchgeführt werden. Es sei angemerkt, dass dies

**Dringlichkeits-indikator D**

nur als Empfehlung für den öffentlichen Bereich gilt. Allerdings gelten auch in der Privatwirtschaft u.a. im Umfeld der IT-Compliance[10] entsprechende Anforderungen.

Um eine Aussage über die Dringlichkeit der Ablösung des Altsystems zu treffen, werden die Nutzwerte von einzelnen Kriterien aufsummiert. Die so entstandene Summe kann bereits als Indikator für die Dringlichkeit – kurz als *Indikator D* bezeichnet – betrachtet werden. Um den Wert des Indikators D immer im Bereich von 0 bis 1 zu halten und folglich eine transparente, von der Anzahl der Kriterien unabhängige Bewertung zwischen 0 und 1 (bzw. in Prozenten) zu erreichen, kann die Summe der Nutzwerte aller Kriterien durch die maximal erreichbare Summe dividiert werden.

Die Dringlichkeit des Netzwerk-Redesign kann, sobald sich das Netzwerk langsam seiner maximalen „Altersgrenze" nähert, während des Netzwerkbetriebs in bestimmten Zeitabständen untersucht werden. Es ist zu erwarten, dass der Indikator D ähnlich der in Bild 7.1-4b gezeigten Kurve verläuft.

## 7.3.2 Analyse der qualitativ-strategischen Wirtschaftlichkeit

Wie bereits in Abschnitt 7.1.1 erwähnt und in den Abbildungen 7.1-1 und -2 veranschaulicht wurde, werden von jedem Netzwerk auch nicht-monetär bewertbare Nutzeffekte erbracht. Diese müssen auch im Hinblick auf qualitativ-strategische Kriterien bewertet werden. Demzufolge ist eine Analyse der qualitativ-strategischen Wirtschaftlichkeit nötig. Wie diese erfolgen kann, zeigen wir am Beispiel von Kriterien der WiBe D (s. Abschnitt 7.1.4). Abbildung 7.3-2 zeigt hierfür die Auflistung von qualitativ-strategischen Kriterien mit deren Wichtigkeit (als Gewichtung).

| Struktur der Kriterien der WiBe Q | 4 Qualitativ-strategische Kriterien | Punktzahl | | | | | | G | NW |
|---|---|---|---|---|---|---|---|---|---|
| | | 0 | 2 | 4 | 6 | 8 | 10 | | |
| | 4.1 Priorität der IT-Maßnahme | | | | | | | | |
| | 4.1.1 Bedeutung innerhalb des IT-Rahmenkonzepts | | | | | | | 5 | |
| | 4.1.2 Einpassung in den IT-Ausbau | | × | × | × | × | | 10 | |
| | 4.1.3 Pilot-Projekt-Charakter des IT-Investitionsvorhabens | | | | | | | 5 | |
| | 4.1.4 Nutzung bereits vorhandener Technologien | | × | × | × | × | | 5 | |
| | 4.1.5 Plattform-/Herstellerunabhängigkeit | | × | × | × | × | | 5 | |
| | 4.2 Qualitätszuwachs bei der Aufgabenerledigung | | | | | | | | |
| | 4.2.1 Qualitätsverbesserung bei der Ausgabenabwicklung | | | | | | | 15 | |
| | 4.2.2 Beschleunigung von Arbeitsabläufen und -prozessen | | | | | | | 10 | |
| | 4.2.3 Vereinheitlichung der Verwaltung/Administration | | | | | | | 10 | |
| | 4.2.4 Imageverbesserung | | | | | | | 5 | |
| | 4.3 Informationssteuerung der administrativ-politischen Ebene | | | | | | | | |
| | 4.3.1 Informationsbereitstellung *für Entscheidungsträger und Controlling* | | | | | | | 10 | |
| | 4.3.2 Unterstützung des Entscheidungsprozesses/Führungsvorgangs | | | | | | | 10 | |
| | 4.4 Mitarbeiterbezogene Effekte | | | | | | | | |
| | 4.4.1 Attraktivität der Arbeitsbedingungen | | | | | | | 5 | |
| | 4.4.2 Qualifikationssicherung-/erweiterung | | | | | | | 5 | |
| | G: Gewichtung (Wichtigkeit), NW: Nutzwert | | | | | Summe | | 100 | Q |

**Abb. 7.3-2:** Analyse der qualitativ-strategischen Wirtschaftlichkeit – Qualitativ-strategische Kriterien nach WiBe Q; die Gewichtungswerte sollen hier nur als Beispiel dienen

---

[10] IT-Compliance beschreibt die Einhaltung der gesetzlichen, unternehmensinternen und vertraglichen Regelungen im IT-Bereich – s. http://de.wikipedia.org/wiki/IT-Compliance

Die hier gezeigte Wichtigkeit soll nur als Beispiel betrachtet werden. In der Regel muss sie an die aktuellen Gegebenheiten des Netzwerkprojekts angepasst werden.

qualitativ-strategischer Indikator Q

Die Analyse der qualitativ-strategischen Wirtschaftlichkeit – ebenso wie die in Abbildung 7.3-1 gezeigte Analyse der Dringlichkeit der Ablösung des Altsystems – ist auch eine Nutzwertanalyse. Somit werden die einzelnen Kriterien mit Punkten bewertet, danach werden die Punktzahlen der einzelnen Kriterien mit der ihnen zugewiesenen Gewichtung multipliziert. Dadurch entstehen Nutzwerte einzelner Kriterien, die summiert werden. Die entstandene Summe, dividiert durch die maximal erreichbare Summe von Nutzwerten, bildet den *Indikator Q* für die qualitativ-strategische Wirtschaftlichkeit. Dessen Wert liegt immer im Bereich von 0 bis 1 und kann auch auf einer Prozentskala dargestellt werden. Es ist zu erwarten, dass der Indikator Q im Laufe des Netzwerkbetriebs, wie in Bild 7.1-4b gezeigt, verläuft.

### 7.3.3 Analyse der Wirtschaftlichkeit infolge externer Effekte

Die Wirtschaftlichkeit eines Netzwerks sollte nicht nur in Bezug auf die rein internen Nutzeffekte analysiert werden, sondern auch auf externe Nutzeffekte wie etwa im Hinblick auf die Qualitäts- und Leistungssteigerung der Kommunikation mit Geschäftspartnern, Imageverbesserung etc. Diese Nutzeffekte lassen sich monetär kaum bewerten, sodass hierfür eine nicht-monetäre Analyse der durch externe Effekte erzielten Wirtschaftlichkeit durchgeführt werden muss. Wie eine solche nicht-monetäre Analyse durchgeführt werden kann, möchten wir jetzt am Beispiel der Liste von externen Effekten der WiBe E (s. Abschnitt 7.1.4) zeigen. Sowohl die hier gezeigte Auflistung von externen Effekten als auch die hier gezeigte Wichtigkeit bildet nur ein Beispiel.

| Struktur der Kriterien der WiBe E | Punktzahl 0 | 2 | 4 | 6 | 8 | 10 | G | NW |
|---|---|---|---|---|---|---|---|---|
| **5 Externe Effekte** | | | | | | | | |
| 5.1 Ablösedringlichkeit aus Perspektive des Kunden | | | | | | | | |
| 5.1.1 Dringlichkeit aus Nachfrage(intensität) | | | | | | | 10 | |
| 5.2 Benutzerfreundlichkeit aus Sicht des Kunden | | | | | | | | |
| 5.2.1 Realisierung eines einheitlichen Zugangs | | | | | | | 10 | |
| 5.2.2 Erhöhung der Verständlichkeit und Nachvollziehbarkeit | | | | | | | 5 | |
| 5.2.3 Hilfefunktionen zur Unterstützung des Kunden | | | | | | | 10 | |
| 5.2.4 Nutzen aus der aktuellen Verfügbarkeit der Information | | | | | | | 5 | |
| 5.3 Externe wirtschaftliche Effekte | | | | | | | | |
| 5.3.1 Unmittelbarer wirtchaftlicher Nutzen für den Kunden | | | | | | | 5 | |
| 5.4 Qualitäts- und Leistungssteigerungen | | | | | | | | |
| 5.4.1 Folgewirkungen für den Kommunikationspartner | | | | | | | 10 | |
| 5.4.2 Extern wirksame Beschleunigung von Verwaltungsentscheidungen | | | | | | | 10 | |
| 5.4.3 Vereinfachung/Förderung der übergreifenden Zusammenarbeit | | | | | | | 10 | |
| 5.4.4 Vergrößerung des Dienstleistungsangebots | | | | | | | 20 | |
| 5.5 Synergien | | | | | | | | |
| 5.5.1 Nachnutzung von Projektergebnissen für vergleichbare Projekte | | | | | | | 5 | |
| | | | | | | Summe | 100 | |

G: Gewichtung (Wichtigkeit), NW: Nutzwert

**Abb. 7.3-3:** Ermittlung der nicht-monetären Wirtschaftlichkeit infolge externer Effekte – nach WiBe E; die Gewichtungswerte sollen hier nur als Beispiel dienen

# 7 Analyse der Wirtschaftlichkeit von Netzwerkprojekten

**Indikator E als Maß für die Bedeutung externer Nutzeffekte**

Die Analyse der Wirtschaftlichkeit eines Netzwerks infolge externer Effekte ist – ebenso wie die in den Abbildungen 7.3-1 und 2 dargestellten Analysen – eine Nutzwertanalyse. Während dieser Analyse werden die einzelnen externen Effekte mit Punkten bewertet, anschließend werden deren Punktzahlen mit der Gewichtung multipliziert; so entstehen die Nutzwerte von externen Effekten, welche summiert werden. Die Summe der Nutzwerte wird durch die maximal erreichbare Summe dividiert und das Ergebnis bildet einen *Indikator E* für die Wirtschaftlichkeit infolge externer Effekte; dessen Wert liegt immer im Bereich von 0 bis 1. Es ist zu erwarten, dass der Indikator E im Laufe des Netzwerkbetriebs, wie in Bild 7.1-4b gezeigt, verläuft.

## 7.4 Abschließende Bemerkungen

Die Forderungen nach „Schaffung einer Kostentransparenz bei Netzwerkprojekten" und „Erhöhung von deren Wirtschaftlichkeit" werden immer lauter. Aus diesem Grund sollte man bei jedem Netzwerkprojekt zumindest eine grobe Vorstellung haben: über die zu erwartenden Kosten, über quantitativ messbare Nutzeffekte, über qualitative und strategische Nutzeffekte und darüber hinaus auch über externe Nutzeffekte. Falls die Lebenszeit eines Netzwerks aber langsam zu Ende geht, muss auch die Dringlichkeit von dessen Modernisierung auf eine transparente Art und Weise „bewiesen" werden. Alle diese Anforderungen verlangen verschiedene Wirtschaftlichkeitsanalysen sowohl monetärer als auch nicht-monetärer Art. Wie diese durchgeführt werden können, wurde in diesem Kapitel in einer kompakten Form dargestellt. Abschließend möchten wir u.a. Folgendes noch kurz hervorheben:

**Wirtschaftlichkeit von Investitionen in Netzwerke**

- *Return on Investment (ROI) und Amortisationsdauer:* Wenn man ein Netzwerkprojekt und die damit verbundene Investition hinsichtlich deren Wirtschaftlichkeit untersucht, sollte man auch versuchen eine Antwort auf die Frage zu erhalten, welcher konkrete monetäre Nutzen in Form positiver monetärer Rückflüsse nach der Investition entsteht und ab wann man mit diesem Nutzen rechnen könnte. Um diese Frage zu beantworten, sollte man die folgenden zwei Kenngrößen ermitteln:
  - *ROI*,[11] um eine Aussage darüber zu erhalten, ob die geplante/getätigte Investition insgesamt im monetären Sinne wirtschaftlich ist – also, ob sich die Investition rentiert/lohnt;
  - *Amortisationsdauer*,[12] um zu erfahren, ab wann man mit einem monetären Nutzen dank der Investition überhaupt rechnen kann – also, ab wann man das Geld, das man ausgegeben hat, schrittweise wieder zurückerhält.

---

[11] Einfach ausgedrückt ist ROI das Verhältnis vom kumulierten, monetären Gewinn (G) aus der Investition zu den gesamten Investitionskosten (IK), d.h. ROI [%] = G/IK, wobei G = („kumulierter monetärer Nutzen" – IK). Zur Ermittlung von ROI vom Netzwerkprojekt können die als TCO abgeschätzten Gesamtkosten der Netzwerkplanung und -realisierung (de facto als IK) genommen werden – und zwar: $ROI_{TCO}$ [%] = GW/TCO, wobei GW = („kumulierter monetärer Nutzen" – TCO).

## 7.4 Abschließende Bemerkungen

Die Amortisationsdauer hat bei heutigen, technischen Investitionen eine enorm große Bedeutung. Anhand der Amortisationsdauer kann eine Aussage über das wirtschaftliche Risiko jedes technischen Projekts – und damit auch jedes Netzwerkprojekts – getroffen werden. Sollte die Amortisationsdauer einer Investition in ein technisches System länger als seine, durch die Technologiezyklen bedingte Lebenszeit sein, dann ist die Investition als <u>unwirtschaftlich</u> zu beurteilen. Dies bezieht sich jedoch <u>nur auf eine rein „monetäre" Betrachtung!</u> In diesem Fall besteht das wirtschaftliche Risiko darin, dass das System sich nie amortisieren wird.

*Amortisationsdauer und Lebensdauer technischer Systeme*

Da jedes Netzwerk heutzutage in jedem Unternehmen und jeder anderen Institution als dessen „Lebensnerv" betrachtet werden kann und die Netzwerkdienste hauptsächlich zur Unterstützung der Geschäftsprozesse dienen sowie folglich zur Steigerung der Produktivität beitragen (s. die Abbildungen 7.1-1 und -2), liegen die aus dem Netzwerk erzielbaren Nutzungseffekte <u>nicht nur im monetären</u> Bereich, sondern hauptsächlich <u>in nicht-monetären</u> Bereichen. Aus diesem Grund sollte man das wirtschaftliche Risiko eines Netzwerkprojekts nicht nur nach den „rein monetären" Kenngrößen *ROI* und *Amortisationsdauer* beurteilen – sondern auch nach den nicht-monetären Indikatoren Q und E (s. Abb. 7.1-5).

*Bedeutung der nicht-monetären Indikatoren Q und E*

- *Feingranulares IT-Controlling der Kosten von Netzwerkprojekten*: In Anlehnung an die WiBe wurden in diesem Kapitel die Beispiele für verschiedene Arten von Kosten dargestellt – und zwar sowohl während der Netzwerkplanung und -realisierung (Abb. 7.2-2) als auch während des Netzwerkbetriebs (Abb. 7.2-3). Geht man so vor, wie in Abschnitt 1.4 dargestellt (s. hierzu auch Abschnitt 2.2), bzw. dekomponiert man das ganze Systemkonzept auf mehrere Netzwerkfunktionsbereiche, können die hier aufgelisteten Kostenarten im Rahmen der Netzwerkprojekte auch einzelnen Netzwerkfunktionsbereichen zugeordnet werden. Dadurch lassen sich die Aufwendungen separat für einzelne Netzwerkfunktionsbereiche detaillierter erfassen und dank dieser Vorgehensweise auch die Kostenstellen differenzieren. Somit ist ein feingranulares IT-Controlling der Kosten des Netzwerkprojekts möglich.

*Ermittlung von Kosten für einzelne Netzwerkfunktionsbereiche*

- *Sprungfixe Kosten*: Es ist zu beachten, dass – insbesondere während des Netzwerkbetriebs – sich sog. sprungfixe Kosten ergeben können. Derartige Kosten entstehen oft dann, wenn eine bzw. mehrere teure Systemkomponenten erweitert werden müssen. Die Ausfälle sowie der Ausbau von zentralen, teuren Netzwerkkomponenten – insbesondere im Core-Netzwerk – und die Notwendigkeit, diese neu beschaffen zu müssen, führen zu sprungfixen Kosten. Es können in Netzwerken aber auch andere Fälle vorkommen, die sprungfixe Kosten verursachen können.

*Teure Komponenten können sprungfixe Kosten verursachen*

- *Wirtschaftlichkeitsanalyse und IT-Outsourcing*: In Abschnitt 9.8 werden verschiedene Möglichkeiten von IT-Outsourcing vorgestellt. Dabei handelt es sich um sog.

---

[12] Als *Amortisationsdauer* (*Wiedergewinnungsdauer*) versteht man die Zeit, in der die Investitionskosten aus den jährlich, infolge der Investition generierten Gewinnen (Rückflüssen) zurückgewonnen werden können, d.h., ab dieser Zeit beginnt die sog. Gewinnzone. Da jährliche Rückflüsse aus Netzwerkinvestitionen nicht konstant sind, wird zur Ermittlung der Amortisationsdauer die <u>kumulative Methode</u> (eine dynamische Amortisationsrechnung) angewandt – s. [EiET 12].

*Make-or-Buy-Entscheidungen* (s. Abschnitt 3.3.1), d.h. ob die gewünschte Dienstleistung in einem Unternehmen mit internen und eigenen Mitteln (Make) oder diese durch einen externen Dienstleister (Buy) erbracht werden soll. Um eine derartige Entscheidung zu treffen, sollte sowohl eine SWOT-Analyse (s. Abschnitt 3.3.2) als auch eine besondere, „IT-Outsourcing-spezifische" Wirtschaftlichkeitsanalyse im Voraus durchgeführt werden. Für Näheres über diese besondere Analyse verweisen wir auf die Literatur [KaKü 07, Abs. 5.5] und [Tiem 13, Abs. 7.5].

> Referenzmodelle zur Verbesserung der qualitativ-strategischen Wirtschaftlichkeit

■ *Verbesserung der qualitativ-strategischen Wirtschaftlichkeit dank CMMI*: In letzter Zeit wird die *Capability Maturity Model Integration* (CMMI) als Maßnahme zur Qualitätsverbesserung im IT-Bereich häufig diskutiert und weltweit in zahlreichen Firmen angewendet. CMMI bildet eine Sammlung von Referenzmodellen mit bewährten Praktiken und Prozessen zur qualitativ-strategischen Verbesserungen der Fähigkeiten von Organisationen (Unternehmen, Institutionen) mit bestimmten Profilen. Daher kann CMMI als Alternative bzw. Ergänzung zu ITIL (s. Abschnitt 1.8.1) angesehen werden. Im Vordergrund stehen die folgenden Referenzmodelle:

- *CMMI for Development* für Verbesserungen in Organisationen, die Software, Systeme oder Hardware entwickeln.
- *CMMI for Services* für Verbesserungen von Organisationen, die Dienstleistungen oder Services anbieten – wie z.B. IT-Services, Beratungsunternehmen.
- *CMMI for Acquisition* zur Verbesserung von Organisationen, die Software, Systeme oder Hardware einkaufen.

Diese drei Varianten können frei kombiniert werden und lassen sich dadurch an die Bedürfnisse der jeweiligen Organisation anpassen. Für Näheres über CMMI s. `http://de.wikipedia.org/wiki/Capability_Maturity_Model_Integration`

> WiBe steht kostenfrei zur Verfügung

■ *Kostenfreie Nutzung der WiBe*: Für die Untersuchung der Wirtschaftlichkeit von IT-Projekten mithilfe der WiBe kann die von der Bundesstelle für Informationstechnik (BIT) kostenfrei zur Verfügung gestellte WiBe-Software verwendet werden. Unter `http://www.cio.bund.de/DE/Architekturen-und-Standards/Wirtschaftlichkeitsbetrachtungen/Software/software_node.html` lässt sich diese herunterladen.

> Weitere Literatur

■ Jedes Netzwerkprojekt kann auch als IT-Projekt betrachtet werden. Die Untersuchungen der Wirtschaftlichkeit von IT-Projekten werden bereits umfassend in der Literatur präsentiert. Daher möchten wir hier für weitere Informationen auf [Tiem 09], [HeLe 05] und [Krcm 05] verweisen. Dort findet man auch eine detaillierte Betrachtung von Kosten/Nutzen-Analysen, die über die in diesem Kapitel vorgestellte exemplarische Adaptierung der WiBe hinausgeht und diese in das IT-Controlling in Unternehmen integriert.

# 8 Phasen der Netzwerkrealisierung

Nach der Entwicklung des Systemkonzepts für ein unternehmensweites Netzwerk folgt anschließend dessen Realisierung. Auf dem Weg zum Netzwerkbetrieb, d.h. während der *Netzwerkrealisierung*, müssen aber mehrere voneinander abhängige Aktivitäten durchgeführt werden – oft ist eine Ausschreibung nötig und dann folgt die Installation des Netzwerks und dessen Inbetriebnahme. Diese Aktivitäten werden in der Regel in einigen aufeinanderfolgenden Phasen realisiert und dabei sind verschiedene Aspekte zu beachten. Insbesondere bei der Netzwerkinstallation und -inbetriebnahme muss eine technische Überprüfung des Netzwerks durchgeführt werden.

*Ausschreibung, Installation und Inbetriebnahme als Phasen der Netzwerkrealisierung*

Das Netzwerk eines Unternehmens ist heute dessen „Lebensnerv", von dem dessen Geschäftsprozesse und folglich auch dessen Existenz abhängen. Die Abhängigkeit von Netzwerken und deren steigende Komplexität führen dazu, dass unerwünschte Ereignisse wie Ausfälle von wichtigen Systemkomponenten, bösartige Angriffe, Feuer, extreme Wetterereignisse oder Terrorismus große Auswirkungen verursachen können. Aus diesem Grund ist das sog. *Notfallmanagement* während des Netzwerkbetriebs von sehr großer Bedeutung, um die das Überleben eines Unternehmens gefährdenden Risiken frühzeitig zu erkennen, Maßnahmen dagegen zu planen und diese umzusetzen.

*Sehr große Bedeutung von Notfallmanagement*

Dieses Kapitel gibt eine fundierte Darstellung von allen wichtigen Aktivitäten, die nach der Entwicklung des Systemkonzepts auf dem Weg zum Netzwerkbetrieb durchgeführt werden müssen. Abschnitt 8.1 erläutert die Vorgehensweise bei der Netzwerkrealisierung. Welche Angaben ein Lastenheft mit der Spezifikation von Anforderungen an die Realisierung enthalten soll, beschreibt Abschnitt 8.2. Dem Konzept und der Durchführung einer Ausschreibung widmet sich Abschnitt 8.3 und Abschnitt 8.4 beschreibt die Bedeutung des Pflichtenheftes. Die Vorgehensweise wie auch die Aufgaben bei der Netzwerkinstallation und -inbetriebnahme erläutert Abschnitt 8.5. Den wesentlichen Problemen während des Netzwerkbetriebs widmet sich Abschnitt 8.6. Abschließende Bemerkungen in Abschnitt 8.7 runden dieses Kapitel ab.

*Überblick über das Kapitel*

Dieses Kapitel gibt u.a. Antworten auf die folgenden Fragestellungen:

*Ziel dieses Kapitels*

- Wie geht man bei der Netzwerkrealisierung vor und was ist dabei zu beachten?
- Welche Bedeutung und Inhalte haben Lastenheft und Pflichtenheft?
- Wie soll eine Ausschreibung eines Netzwerks durchgeführt werden?
- Wie geht man bei der Installation eines Netzwerks und dessen Inbetriebnahme vor und welche Aspekte müssen dabei berücksichtigt werden?
- Wie soll eine technische Überprüfung des Netzwerks erfolgen?
- Welche Struktur und Bestandteile hat ein Notfallversorgungskonzept?
- Wie wird ein Betriebshandbuch strukturiert und was muss es beinhalten?

## 8.1 Vorgehensweise bei der Netzwerkrealisierung

Sämtliche organisatorische und technische, bei der Realisierung eines Netzwerks zu erledigenden, Aufgaben einerseits und andererseits die technische Realisierung des Netzwerks selbst können auf eine Reihe zusammenhängender Aktivitäten aufgeteilt werden. Diese Aktivitäten müssen dann in mehreren aufeinanderfolgenden Schritten realisiert werden. Abbildung 8.1-1 zeigt die allgemeine Vorgehensweise bei der Netzwerkrealisierung und bringt hierbei zum Ausdruck, dass die „Endergebnisse" der Netzwerkplanung – und zwar: *Spezifikation des Systementwurfs* und das sog. *Lastenheft* – als Basis für die *Netzwerkrealisierung* dienen.

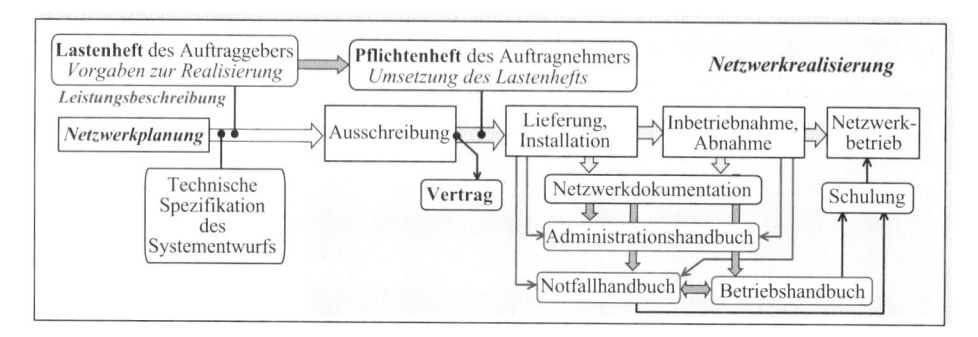

**Abb. 8.1-1:** Netzwerkrealisierung – allgemeine Vorgehensweise und Aufgaben

**Lastenheft – Bedeutung**

Das Lastenheft[1] (*Requirements Specification*) – als Spezifikation von sämtlichen Vorgaben zur Netzwerkrealisierung – spezifiziert seitens des Auftraggebers alle an das zu realisierende Netzwerk verbindlich gestellten Anforderungen und verschiedene Rahmenbedingungen, dient als Grundlage für die Ausschreibung und liefert den potenziellen Anbietern die Basis für die Angebotserstellung. Das Lastenheft ist somit in der Regel auch Bestandteil des Vertrags zwischen Auftraggeber und Auftragnehmer – s. hierzu Abbildung 8.3-4. Die Struktur des Lastenheftes präsentiert Abschnitt 8.2 detaillierter.

**Schritte bei der Netzwerkrealisierung**

Die einzelnen Aktivitäten während der Netzwerkrealisierung sind kurz wie folgt zu charakterisieren:

**Ausschreibung:** Das Ziel dieser Aktivität ist es (s. Abb. 8.3-1), die Ausschreibungsunterlagen zu erstellen, diese an potenzielle Auftragnehmer zu versenden, möglichst einen einzelnen Anbieter nach festgelegten Kriterien auszuwählen und mit ihm, als *Auftragnehmer*, einen Vertrag abzuschließen. Auf der Grundlage der Spezifikation des

---

[1] Nach DIN 69901-5 beschreibt das Lastenheft als die Gesamtheit der Forderungen an die Lieferungen und Leistungen eines Auftragnehmers innerhalb eines (Projekt-)Auftrags. In der im öffentlichen Bereich geltenden Richtlinie UfAB (*Unterlage für Ausschreibung und Bewertung von IT-Leistungen*) wird statt Lastenheft der Begriff „*Leistungsbeschreibung*" verwendet. Im Bereich „Bau und Anlagenbau" wird das Lastenheft als *Leistungsverzeichnis* bezeichnet.

Systementwurfs und des Lastenhefts wird dann vom Auftragnehmer der Verlauf der Realisierung des Netzwerks spezifiziert und in einem sog. *Pflichtenheft*[2] (s. Abb. 8.4-1) verfasst. Auf die Durchführung einer Ausschreibung geht Abschnitt 8.3 näher ein.

**Lieferung, Installation:** Wurde ein Vertrag mit einem Auftragnehmer abgeschlossen, dann werden die Systemkomponenten von ihm geliefert und installiert. Die wichtigsten Konfigurationsangaben werden während der Installation dokumentiert. Die Konfigurationsparameter, die für die Netzwerkadministration und/oder für die Wiederherstellung des Systems nach einem Notfall (z.B. Hardwaredefekt, Feuer, Überschwemmung) von Bedeutung sind, werden entsprechend im *Administrationshandbuch* und im *Notfallhandbuch* (s. die Abschnitte 8.6.3 und 8.6.4) eingetragen. Wie Abbildung 8.1-1 verdeutlicht, können diese beiden Bücher – Administrationshandbuch und Notfallhandbuch – hauptsächlich auf der Grundlage der Netzwerkdokumentation erstellt werden. Die wichtigsten Aspekte der Installation eines Netzwerks präsentiert Abschnitt 8.5.1.

**Inbetriebnahme, Abnahme:** Wurden die Systemkomponenten geliefert und installiert, erfolgt die Inbetriebnahme des Netzwerks. In dieser Phase müssen zahlreiche Tests und Messvorgänge durchgeführt werden. Deren Ergebnisse können auch zur Änderung einiger Konfigurationsparameter führen (s. Abschnitt 8.5.2). Folglich können dadurch einige Änderungen sowohl im Administrationshandbuch auch im Notfallhandbuch notwendig werden. Nach der gelungenen Netzwerkinstallation muss eine formale Abnahme des gesamten Netzwerks erfolgen. Abschnitt 8.5.3 erläutert dies näher.

**Schulung:** Über die besonderen Nutzungsmöglichkeiten des neuen bzw. modernisierten Netzwerks sollte man alle Benutzer in Form einer Schulung unterrichten. Insbesondere sollten alle Netzwerkbenutzer über sie betreffende, organisatorische Maßnahmen informiert werden – und zwar über die Maßnahmen, die zur Erhöhung der Netzwerksicherheit eingeführt wurden und über solche, die nach verschiedenen Notfällen ergriffen werden müssen, damit alle Netzwerkbenutzer zur Wiederherstellung des Netzwerkbetriebs beitragen können – s. hierzu Abbildung 8.5-1. Alle Benutzer müssen somit für einige sicherheitsrelevante Ereignisse im Netzwerk sensibilisiert werden; darauf geht Abschnitt 8.6.3 näher ein.

## 8.2 Struktur des Lastenhefts

Wie bereits erwähnt wurde und in Abbildung 8.1-1 ersichtlich ist, liefert das Lastenheft die Vorgaben des Auftraggebers zur Netzwerkrealisierung und enthält alle relevanten Anforderungen an das Netzwerk sowie zusätzliche Angaben, die man zur Realisierung des Netzwerks benötigt. Beim Netzwerk-Redesign – <u>im privaten Bereich</u> – kann es sich auch um einen *Folgeauftrag* handeln – d.h.: die Modernisierung des Netzwerks, damit man die volle Kompatibilität der neuen Systemkomponenten mit alten noch betriebsfä-

---

[2] Das Pflichtenheft ist mit dem Lastenheft nicht gleichzusetzen. Nach DIN 69901-5 sind im Pflichtenheft die vom <u>Auftragnehmer erarbeiteten Realisierungsvorgaben</u> enthalten. Das Pflichtenheft beschreibt seitens des Auftragsnehmers <u>die Art und Weise der Umsetzung von im Lastenheft seitens des Auftraggebers spezifizierten Anforderungen</u>.

**Inhalt des Lastenhefts**

higen garantieren kann, sollte die Modernisierung vom gleichen Netzwerkdienstanbieter als Auftragnehmer erfolgen. In diesem Fall wird das Lastenheft vom Auftraggeber oft in Abstimmung mit dem Auftragnehmer erarbeitet und diese Vorgehensweise ist für beide Seiten vorteilhaft, nämlich: der Auftragnehmer kann die von ihm zu erbringende Leistung besser definieren; der Auftraggeber minimiert hierbei das Risiko, dass die vom Auftragnehmer erbrachte, vertraglich vereinbarte Leistung nicht genau seine Anforderungen erfüllt.

Abbildung 8.1-1 zeigt die Struktur des Lastenhefts. Wie hier zum Ausdruck gebracht wurde, bilden die funktionellen und nicht-funktionellen Anforderungen an alle Netzwerkfunktionsbereiche seinen Kern.

**Lastenheft des Auftraggebers** *Vorgaben zur Realisierung*
- Ausgangssituation und Zielsetzung
- Allgemeine Vorstellung des Netzwerkprojekts
- Funktionelle und nicht-funktionelle Anforderungen an das Netzwerk
  *an einzelne Netzwerkfunktionsbereiche:*
  (Beschreibung der zu erbringenden Leistung)
  - 1: Physikalische Netzwerkstruktur
  - 2: IP-Kommunikationssystem
  - 3: Sprachkommunikation
  - 4: Internetdienste
  - 5: Netzwerk- und Systemmanagement
  - 6: Netzwerksicherheit
  - 7: Datensicherung
- Lieferungsumfang und Abnahmekriterien
- Realisierungsbedingungen für alle Netzwerkfunktionsbereiche
- Erfüllung von Gesetzen, Normen, Richtlinien und anderen Auflagen
- Voraussetzungen für die Nachverfolgbarkeit (Traceability)

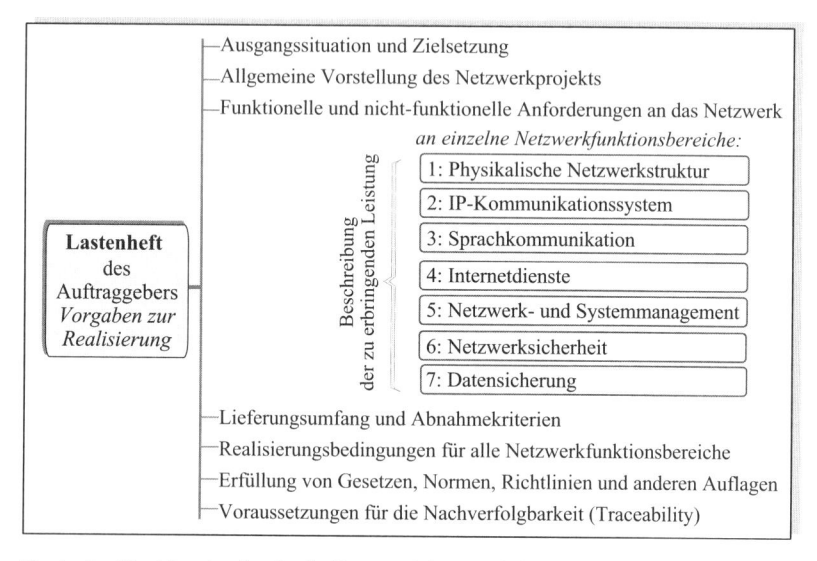

**Abb. 8.2-1:** Typische Struktur des Lastenhefts – und dessen Inhalt

**Angaben im Lastenheft**

Die einzelnen Angaben im Lastenheft sind:

- *Ausgangssituation und Zielsetzung:* Hier werden die Ausgangssituation (Projektumfeld) im Unternehmen bzw. in einer anderen Institution und wesentliche Ziele des Netzwerkprojekts kurz dargestellt.

- *Allgemeine Vorstellung des Netzwerkprojekts:* Um die im nächsten Punkt spezifizierten Anforderungen an die Realisierung präziser erläutern zu können, sollte das Netzwerkprojekt kurz und übersichtlich präsentiert werden.

**Muss-, Soll- und Kann-Anforderungen**

- *Funktionelle und nicht-funktionelle Anforderungen:* Diese Anforderungen bilden den Kern des Lastenhefts und können für die einzelnen, in Abschnitt 1.4.1 festgelegten, Netzwerkfunktionsbereiche getrennt – quasi als einzelne Abschnitte – dargestellt werden. Als nicht-funktionelle Anforderungen sind z.B. die Qualität betreffende Anforderungen zu betrachten. Alle Anforderungen müssen so verfasst werden, dass sie die Realisierung eines Netzwerks eindeutig bestimmen und für dessen

Endabnahme gut geeignet sind. Insbesondere müssen die Anforderungen eindeutig, vollständig, erfüllbar und stabil sein.[3] Jede Anforderung sollte man so präzise spezifizieren, dass der potenzielle Auftragnehmer in die Lage versetzt sein wird, die den Anforderungen optimal angepasste Netzwerkinfrastruktur zu konzipieren und zu realisieren. Die Anforderungen im Lastenheft können in Muss-, Soll- und Kann-Anforderungen unterteilt werden. Die Muss-Anforderungen können dann bei der Bewertung der Angebote in sog. *KO-Kriterien* umgesetzt werden.

- *Lieferumfang und Abnahmekriterien:* Das Lastenheft muss spezifizieren, welche Systemkomponenten und wie viele von ihnen geliefert werden müssen (Lieferumfang) und welche Anforderungen diese Systemkomponenten erfüllen müssen (Abnahmekriterien). Sind die Abnahmekriterien nicht erfüllt, ist der Auftraggeber zur Abnahme der Lieferung nicht verpflichtet.
- *Realisierungsbedingungen:* Das Lastenheft muss alle die Realisierung des Netzwerks betreffenden Rahmenbedingungen – wie Termine, besondere technische Einschränkungen etc. – spezifizieren.
- *Erfüllung von Gesetzen, Normen, Richtlinien und anderen Auflagen:* In jedem Netzwerkprojekt wird die „Erfüllung von Gesetzen, Normen, Richtlinien und anderen Auflagen" gefordert. Die Anforderungen dieser Art sollten im Lastenheft entsprechend aufgelistet werden, damit deren Erfüllung einfach überprüft werden kann.
- *Voraussetzungen für die Nachverfolgbarkeit:* Es muss spezifiziert werden, wie die relevanten Änderungen im Netzwerk nachverfolgt (dokumentiert) werden sollen, damit das sog. *Change Management* (z.B. im Rahmen des IT-Servicemanagements nach ITIL vgl. Abschnitt 1.8.1) reibungslos realisiert werden kann. Die funktionellen und nicht-funktionellen Anforderungen sollten daher so aufbereitet sein, dass sowohl das Change Management als auch die Nachverfolgbarkeit von Änderungen möglich sein sollte.

In Anhängigkeit vom Projekt kann ein Lastenheft auch weitere Vorgaben enthalten.

## 8.3 Ausschreibung – Konzept und Durchführung

Die Ausschreibung eines Netzwerks stellt einen komplexen, formalen Vorgang dar. Da verbindliche Aussagen: über funktionelle, technische und gesetzliche Anforderungen, über geforderte Termine und Qualität sowie über Kosten in jeder Ausschreibung gemacht werden müssen, muss jede Ausschreibung genau durchdacht und geplant werden. Bei den Ausschreibungen sind auch einige gesetzliche und betriebliche Regelungen zu beachten. Beispielsweise gibt es in der Privatwirtschaft oft betriebliche, den Inhalt von Ausschreibungen und Verträgen betreffende Regelungen. Eine bereits veröf-

*Sorgfältige Vorbereitung der Ausschreibung ist ein Muss*

---

[3] Vergleiche die in Abschnitt 3.1.3 dargestellte SMART-Eigenschaft von Projektanforderungen.

fentlichte Ausschreibung im öffentlichen Bereich kann beispielsweise wegen des falsch ermittelten und folglich zu knappen Budgets nicht mehr zurückgezogen werden. Aus diesem Grund ist es sehr wichtig, das verfügbare Budget für den geplanten Auftrag immer genau zu überprüfen.

**Durchführung einer Ausschreibung**

Wünschenswert wäre es, die benötigten Systemkomponenten von einem Anbieter zu erhalten – also *„Alles aus einer Hand"*. Da sich das typische Unternehmensnetzwerk aus einem breiten Spektrum von unterschiedlichen Systemkomponenten zusammensetzt, kommt oft der Fall „Alles aus einer Hand" nicht in Frage. Somit müssen die Systemkomponenten für einige Netzwerkfunktionsbereiche getrennt angeschafft werden. Sollte der Fall vorkommen, dass „Alles aus einer Hand" nicht möglich ist, müssen die Systemkomponenten und deren Inbetriebnahme für einige Netzwerkfunktionsbereiche getrennt ausgeschrieben werden – d.h. es sind quasi mehrere Ausschreibungen parallel nötig. Es ist hierbei auch sinnvoll, ein Netzwerk auf die folgenden Funktionsbereiche aufzuteilen – s. hierzu Abschnitt 1.4.1: physikalische Netzwerkstruktur, IP-Kommunikationssystem, Sprachkommunikation, Internetdienste Netzwerk- und Systemmanagement, Netzwerksicherheit und Datensicherung.

**Vorgehensweise bei der Ausschreibung**

Abbildung 8.3-1 illustriert die allgemeine Vorgehensweise bei der Ausschreibung. Wie hier zum Ausdruck gebracht wurde, dient das Lastenheft (s. Abb. 8.2-1) als Grundlage für die Durchführung einer Ausschreibung.

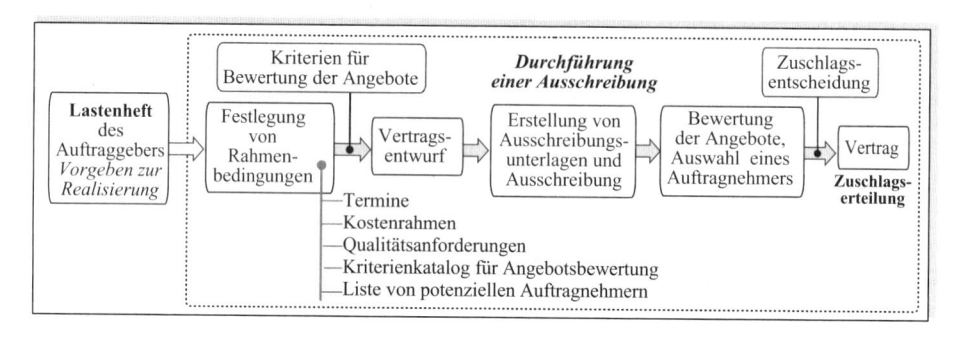

**Abb. 8.3-1:** Vorgehensweise bei der Ausschreibung – vom Lastenheft zum Vertrag

Es sei hervorgehoben, dass das Ausschreibungskonzept davon abhängig ist, ob es sich um einen *privaten Auftraggeber* (private Wirtschaft) oder um einen im *öffentlichen Auftraggeber* (öffentlicher Bereich) handelt. Die Ausschreibungen öffentlichen Bereich unterliegen verschiedenen Gesetzen, Richtlinien und Verordnungen. Diese definieren, wann und in welcher Form eine Ausschreibung durchgeführt werden muss und wie der zeitliche Ablauf sein soll. Dagegen kann ein privater Auftraggeber sogar Angebote einholen, ohne eine Ausschreibung durchführen zu müssen.

**Bemerkung:**[4] Im öffentlichen Bereich sind die folgenden Vorschriften zu beachten: UfAB (*Unterlage für Ausschreibung und Bewertung von IT-Leistungen*), VgV (*Vergabeverord-*

---

[4] Unter `http://www.bit.bund.de` kann UfAB und WiBe heruntergeladen werden.

*nung*), GWB (*Gesetz gegen Wettbewerbsbeschränkungen*), VOL (*Vergabe- und Vertragsordnung für Leistungen*), VOF (*Vergabeordnung für freiberufliche Leistungen*), EVB-IT (*Ergänzende Vertragsbedingungen für die Lieferung eins IT-Systems*) und WiBe (*Empfehlung zur Durchführung von Wirtschaftlichkeitsberechnungen in der Bundesverwaltung, insbesondere beim Einsatz der IT*).

Die Richtlinie UfAB beschreibt ausführlich die Vorgehensweise bei der Ausschreibung im öffentlichen Bereich und geht auf die einzelnen Aufgaben detailliert ein. Sie kann aber auch für die Durchführung von Ausschreibungen im privaten Bereich herangezogen werden.

## 8.3.1 Festlegung von Rahmenbedingungen

Die Durchführung einer Ausschreibung muss gründlich vorbereitet werden. Insbesondere müssen hierbei verschiedene Rahmenbedingungen, vor allem die Art und Weise der Durchführung der Ausschreibung, also das *Ausschreibungskonzept*, festgelegt werden. Folglich sollte die erste „große" Aktivität bei der Ausschreibung zur Festlegung von Rahmenbedingungen führen. Diese Aktivität ist aber davon abhängig, ob die Ausschreibung im privaten oder im öffentlichen Bereich stattfindet. Im privaten Bereich (Privatwirtschaft) muss zuerst über die *Art der Ausschreibung* entschieden werden, d.h., wie diese stattfinden soll – und zwar: als offener Wettbewerb oder eine interne Vorauswahl potentieller Auftragnehmer.

*Entscheidung über die Art der Ausschreibung*

Nachdem über die Art der Ausschreibung entschieden wurde, müssen u.a. die folgenden Festlegungen getroffen werden:

*Typische Festlegungen*

- Festlegung der Termine,
- Bestimmung des Kostenrahmens,
- Festlegung von Qualitätsanforderungen,
- Festlegung eines Kriterienkatalogs für die Angebotsbewertung,
- Erstellung einer Liste von potenziellen Auftragnehmern – insbesondere von solchen, mit denen in der Vergangenheit gute Erfahrungen gemacht wurden, bzw. die ein hohes Ansehen haben etc.

Zum Kriterienkatalog für die Angebotsbewertung gehören vor allem die aus dem Lastenheft abgeleiteten Kriterien, um die Erfüllung der im Lastenheft spezifizierten Anforderungen zu überprüfen. Es ergeben sich nach der UfAB zwei Arten von Kriterien – nämlich: *Ausschlusskriterien* (*A-Kriterien*) und *Bewertungskriterien* (*B-Kriterien*). Falls im Lastenheft bestimmte Anforderungen unverzichtbar sind, müssen die ihnen entsprechenden Kriterien als *A-Kriterien* – auch *KO-Kriterien* genannt – definiert werden. Die A-Kriterien werden bewertet als „*erfüllt*" oder „*nicht erfüllt*" bzw. mit „*ja*" oder „*nein*" und erhalten somit eine binäre Benotung 0 oder 1. Aus den Anforderungen im Lastenheft, deren Erfüllung nicht unbedingt 100-prozentig sein muss, werden „normale" Bewertungskriterien (*B-Kriterien* genannt) abgeleitet und diese erhalten eine

*Kriterienkatalog zur Angebotsbewertung*

nicht binäre Bewertung – typischerweise zwischen 0 und 10. Im öffentlichen Bereich gehört der Kriterienkatalog zu den Ausschreibungsunterlagen und aus diesem Grund darf er nach der Veröffentlichung der Ausschreibung nicht mehr geändert werden.

*Entwurf eines Vertrags*

Wurden alle Rahmenbedingungen für den Auftraggeber festgelegt und entsprechend dokumentiert, sollte bereits anschließend der Entwurf eines Vertrags zwischen Auftragnehmer und Auftraggeber verfasst werden, in dem alle gegenseitigen Verpflichtungen präzise spezifiziert sind.

### 8.3.2 Ausschreibungsunterlagen

Die Ausschreibungsunterlagen richten sich danach, ob das ganze Leistungsspektrum – d.h. die Realisierung aller Netzfunktionsbereiche (s. Abb. 1.4-1) – von einem Auftragnehmer übernommen werden kann oder nicht. Müssen mehrere Auftragnehmer involviert werden, sind de facto mehrere „parallele" Ausschreibungen nötig – im äußersten Fall für jeden einzelnen Netzfunktionsbereich.

Die Ausschreibungsunterlagen für einen Netzfunktionsbereich sollten u.a. die folgenden Angaben enthalten:[5]

- *Selbstdarstellung*: Aufgaben, Organisation des Unternehmens
- *Vorstellung des Projekts:* Beschreibung des gesamten Projekts, Begründung des Projekts, ...
- *Lastenheft* – als Kern der Ausschreibungsunterlagen
- *Verschiedene Rahmenbedingungen* – wie z.B.:
  - *Termin- und Fristenangabe*: Hierzu gehören u.a.: die Frist zur Angebotsabgabe, die Bindefrist für die Angebote, Lieferungstermine, Termine für die Verfügbarkeit einzelner Netzwerkdienste etc.
  - *Abnahmebedingungen,*
  - *Garantie für Systemkomponenten*: Welche Garantie wird angeboten? Wie schnell erfolgt die Reaktion bei einem Garantiefall?
- *Wartungskonzept:* Man erwartet in der Regel vom Anbieter Vorschläge, wie die Wartung seinerseits durchgeführt und von welchem Standort aus sie betrieben wird. Folgende Punkte sollten mindestens erfragt oder eventuell festgelegt werden: Ist der Auftraggeber an einem Wartungsvertrag interessiert? Welche Reaktionszeiten kann der Auftraggeber garantieren?
- *Schulungskonzept:* Das Schulungskonzept sollte sich nach dem Kenntnisstand des Auftraggebers/Anwenders richten.

---

[5] Eine detaillierte Strukturierung von Ausschreibungsunterlagen, die man im öffentlichen Bereich verwendet sollte, findet man in der UfAB; siehe: http://www.bit.bund.de

- *Sonstiges:* Hierzu gehört z.B. die Festlegung von Konventionalstrafen. Der Auftraggeber sollte festlegen, welchen Betrag er für einen eventuellen Verzug des Projekts ansetzt.

### 8.3.3 Bewertung der Angebote

Die Bewertung aller eingegangenen Angebote dient der Auswahl eines Auftragnehmers, der den Zuschlag bekommen soll. Dieses Ergebnis beruht auf der Bewertung der Angebote anhand der Kriterien aus dem Katalog, welcher zur Angebotsbewertung während der Festlegung von Rahmenbedingungen verfasst wurde (s. Abb. 8.3-1). Die eingehenden Angebote werden einer meist mehrstufigen Bewertung unterzogen. Abbildung 8.3-2 illustriert eine zweistufige Bewertung.

*Mehrstufige Bewertung*

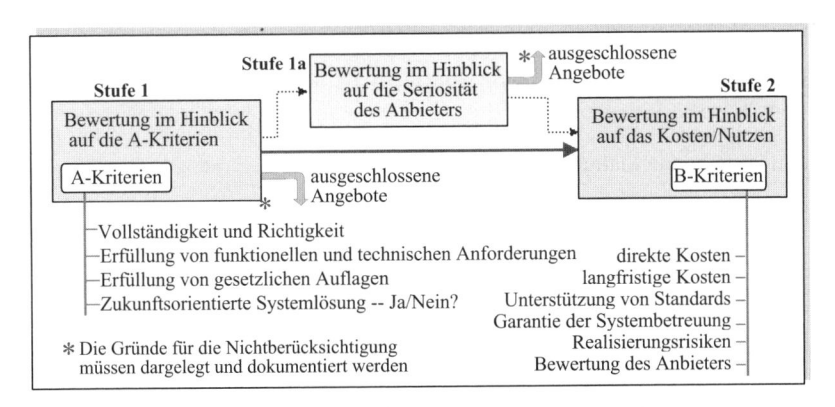

**Abb. 8.3-2:** Beispiel für eine Vorgehensweise bei der zweistufigen Angebotsbewertung

Auf der ersten Prüfungsstufe werden alle Angebote zuerst – nach den Ausschlusskriterien (A-Kriterien) – einer formalen Prüfung und dann, falls sie nicht ausgeschlossen werden, einer Eignungsprüfung unterzogen. Bei der formalen Prüfung wird jedes Angebot insbesondere auf die Erfüllung der folgenden Kriterien überprüft:

*Stufe 1: Formale Prüfung und Eignungsprüfung*

- *Vollständigkeit und Richtigkeit:* Nimmt das Angebot zu allen Teilen der Ausschreibung jeweils korrekt Stellung?
- *Erfüllung von funktionellen und technischen Anforderungen:* Erfüllt das Angebot alle im Lastenheft spezifizierten funktionellen und technischen Anforderungen?
- *Erfüllung von gesetzlichen Anforderungen:* Erfüllt das Angebot alle im Lastenheft spezifizierten gesetzlichen Anforderungen?
- *Zukunftsorientierte Systemlösung?:* Entspricht die im Angebot dargestellte Systemlösung dem aktuellen Stand der Technik und ist somit zukunftsorientiert?

Angebote, die nicht alle A-Kriterien erfüllen, werden aus dem weiteren Wettbewerb ausgeschlossen.

| | |
|---|---|
| Seriosität des potenziellen Auftragnehmers? | Im öffentlichen Bereich sollte man immer noch zusätzlich alle Angebote nach deren A-Kriterien im Hinblick auf die Seriosität des potenziellen Auftragnehmers bewerten (in Abb. 8.3-2, Stufe 1a). Es wird hierbei insbesondere geprüft, ob der Auftragnehmer überhaupt geeignet ist, den Auftrag durchzuführen. Dabei sollte man u.a. berücksichtigen: Ansehen, Leistungsfähigkeit und Zuverlässigkeit. |
| Stufe 2: Wirtschaftlichkeitsprüfung | Auf der zweiten Prüfungsstufe werden alle noch verbleibenden Angebote nach den „normalen" Bewertungskriterien (B-Kriterien) einer Preis-Leistungs-Prüfung unterzogen. Man spricht hier auch von einer *Wirtschaftlichkeitsprüfung*, weil die Angebote jetzt de facto nach wirtschaftlichen Gesichtspunkten (wie Kosten, Nutzen, Chancen, Risiken) bewertet werden. Nach dem Eingehen der Angebote sollten sie nach bestimmten B-Kriterien verglichen werden. Hierfür sollten vorher *Bewertungskriterien* für die Auswertung der Angebote festgelegt werden. |
| Bewertungsmatrix | Abbildung 8.3-3 zeigt die typische Struktur einer Bewertungsmatrix mit B-Kriterien. Verwendet man die hier die vorgeschlagenen Gewichtungen von B-Kriterien – also $a_1 + a_2 + ... + a_n = 10$ – und die Skala von 0 bis 10 für die Benotung einzelner Angebote bei allen B-Kriterien, dann variiert die Endbenotung der Angebote zwischen 0 und 100. |

| B-Kriterium / Angebot | $K_1$ | $K_2$ | $K_3$ | $K_4$ | $K_5$ | ... | $K_n$ | Endbenotung |
|---|---|---|---|---|---|---|---|---|
| | $a_1$ | $a_2$ | $a_3$ | $a_4$ | $a_5$ | ... | $a_n$ | |
| $AN_1$ | $x_1$ | $x_2$ | $x_3$ | $x_4$ | $x_5$ | ... | $x_n$ | $a_1 x_1 + a_2 x_2 + ... + a_n x_n$ |
| $AN_2$ | $y_1$ | $y_2$ | $y_3$ | $y_4$ | $y_5$ | ... | $y_n$ | $a_1 y_1 + a_2 y_2 + ... + a_n y_n$ |
| ⋮ | ⋮ | ⋮ | ⋮ | ⋮ | ⋮ | ... | ⋮ | ⋮ |

**Abb. 8.3-3:** Beispiel für eine Bewertungsmatrix – bei der Angebotsbewertung
$a_1, a_2, ..., a_n$: Gewichtung von Kriterien – bspw., dass $a_1 + a_2 + ... + a_n = 10$
x, y, ... : Benotung einzelner Angebote nach allen B-Kriterien – z.B. zwischen 0 und 10

Die Bewertungsmatrix zur Ermittlung des wirtschaftlichsten Angebots – d.h. mit der besten Endbenotung – sollte u.a. die folgenden B-Kriterien enthalten:

- *kostenrelevante Kriterien* mit einer Unterteilung nach Kostenarten – wie etwa: Anschaffungskosten (feste Kosten), laufende Kosten, ...
- *Einsparmöglichkeiten* während des Netzwerkbetriebs
- *Realisierungsrisiken* – technische Risiken, negative Nutzungseffekte (Gefahren), Sicherheitsrisiken, technische Realisierbarkeit im vorgesehenen Zeitraum, ...
- *Chancen als positive Effekte* – bspw. bessere Gestaltung der Geschäftsprozesse
- *zeitbezogene Kriterien* – Termine, Zeitpläne, ...
- *verschiedene Aspekte* – strategische Aspekte, Leistungs-, Qualitäts- und Sicherheitsaspekte
- *verschiedene Vorgaben* – Standards, Infrastrukturvorgaben etc.

Zur Ermittlung des wirtschaftlichsten Angebots kommen verschiedene Bewertungsmethoden infrage – wie etwa: *Leistungs-/Preismethode*, *einfache Richtwertmethode* oder *erweiterte Richtwertmethode*.[6]

### 3.3.4 Vertrag und Vertragszusätze

Nach der Bewertung der Angebote und der Auswahl eines Auftragsnehmers wird mit diesem ein Vertrag ausgehandelt. Wie Abbildung 8.3-4 veranschaulicht, bilden die Ausschreibungsunterlagen des Auftraggebers und das Angebot des potentiellen Auftragsnehmers die Grundlagen für die Aushandlung des Vertrags. Während der Aushandlung können eventuell noch einige „kleine" Änderungen in Anforderungen oder anderen Vorgaben vorgenommen werden.[7]

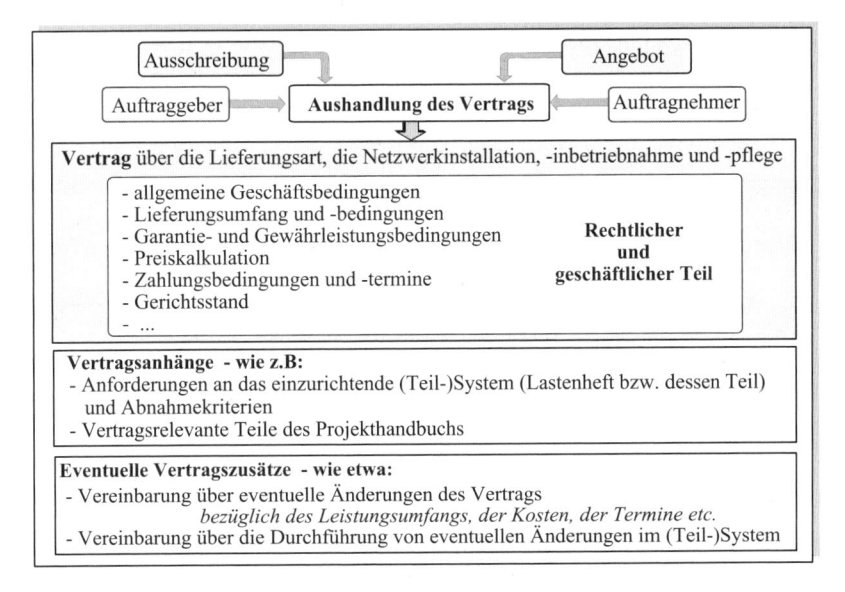

**Abb. 8.3-4:** Typische Struktur und Inhalte des Vertrags

Der ausgehandelte und angeschlossene Vertrag – *über die Lieferungsart, die Netzwerkinstallation, -inbetriebnahme und -pflege* – stellt die rechtliche Grundlage zur Erbringung von sämtlichen, zur Inbetriebnahme eines Netzwerks führenden, Leistungen seitens des Auftragnehmers und von finanziellen Leistungen seitens des Auftraggebers dar und regelt die Zusammenarbeit zwischen ihnen.

---

[6] Als Hilfe sind die folgenden Module in der *Unterlage für Ausschreibung und Bewertung von IT-Leistungen* (UfAB V) zu empfehlen: 4.20 (Bewertungsmatrix) und 4.21 (Bewertungsmethoden).
[7] Für Auftraggeber im öffentlichen Bereich gibt es vorgefertigte Vertragsbedingungen – wie z.B. EVB-IT und BVB, s. hierzu http://www.cio.bund.de/DE/IT-Beschaffung/EVB-IT-und-BVB/evb-it_bvb_node.html

Wie Abbildung 8.3-4 zeigt, enthält der Vertrag einen rechtlichen und geschäftlichen Teil sowie in der Regel einige Anhänge und eventuell auch Vertragszusätze. Falls nach dem Vertragsabschluss einige Änderungen (z.B. am Leistungsumfang) gewünscht werden, die über den Vertragsrahmen hinausgehen, ist in der Regel ein Vertragszusatz erforderlich. Eine vereinbarte Änderung des Vertrags kann somit in einem Vertragszusatz spezifiziert werden. Der Vertragszusatz wird normalerweise vom Auftragnehmer initiiert und mit dem Auftraggeber ausgehandelt.

## 8.4 Pflichtenheft für die Netzwerkrealisierung

*Was ist ein Pflichtenheft?*

Wurde einem Auftragnehmer der Zuschlag erteilt und ein Vertrag mit ihm abgeschlossen, dann liefert er dem Auftraggeber in Form eines sog. *Pflichtenhefts* die von ihm erarbeitete Umsetzung des Lastenhefts. Das Pflichtenheft ist daher ein Dokument, in dem die Aufgaben, welche bei der Realisierung des erstellten Netzwerkkonzepts (Systemkonzepts) gemäß dem Lastenheft erledigt werden müssen, mitsamt deren Bedeutung, der Reihenfolge von deren Erledigung und mit der Angabe der zuständigen Personen präzise, vollständig und nachvollziehbar dokumentiert sind. Wie dies bereits in Abbildung 8.1-1 zum Ausdruck gebracht wurde, kann das Pflichtenheft als Gegenstück auf der Auftragnehmerseite zum Lastenheft mit den vom Auftraggeber spezifizierten Vorgaben zur Netzwerkrealisierung angesehen werden.[8]

Die technische Realisierung eines Unternehmensnetzwerks ist eine derart komplizierte Aufgabe, dass sie sich oft nicht in Form eines einzigen Pflichtenhefts übersichtlich darstellen lässt. Aus diesem Grund kann es sinnvoller sein, die Realisierung eines „großen" Netzwerks in Form eines Strukturplans – wie dies in Abschnitt 3.2.2 erläutert wurde (s. Abb. 3.2-2) – auf eine Reihe von Teilprojekten aufzuteilen und für jeden von diesen Teilen ein separates Pflichtenheft zu erstellen. Abbildung 8.4-1 zeigt, wie die Struktur des Pflichtenhefts für einen Netzwerkfunktionsbereich aussehen könnte.

| **Pflichtenheft** - Teilprojekt/Netzwerkfunktionsbereich ................................................. | | | |
|---|---|---|---|
| Erstellt durch                                                                  am | | | |
| ***Aufgabenbereich*** | | | |
| Nr. | Aufgaben in der Reihenfolge (von... bis...) ihrer Erledigung/Bedeutung | Zuständig | Bemerkungen Art der Erledigung |
| 1 |  |  |  |
| 2 |  |  |  |
| ⋮ | ⋮ | ⋮ | ⋮ |
| Bemerkungen/Erläuterungen: | | | |
| Unterschrift(en) | | | |

**Bild 8.4-1**: Beispiel für die Struktur des Pflichtenhefts für einen Netzwerkfunktionsbereich

---

[8] Es sei angemerkt, dass der Begriff *Pflichtenheft* in der UfAB nicht verwendet wird.

## 8.5 Netzwerkinstallation und -inbetriebnahme

Die einzelnen Aufgabenbereiche können sich auf die Realisierung mehrerer Teilsystemkonzepte beziehen – wie z.B. auf:

- Realisierung der physikalischen Netzinfrastruktur: Verlegung der Verkabelung und Installation von Netzwerkkomponenten),
- Beschaffung, Installation und Inbetriebnahme von Datenservern, Arbeitsplatzrechnern und -software,
- Realisierung des IP-Kommunikationssystems: Beschaffung, Installation und Inbetriebnahme u.a. von DHCP-, DNS-, RADIUS-Servern und die Konfiguration von L3-Switches.
- Bereitstellung der Internetdienste: Beschaffung, Installation und Inbetriebnahme von Komponenten – u.a. einer DMZ.

Um den Zeitaufwand abzuschätzen, können ergänzend zum Pflichtenheft die einzelnen Aufgabenbereiche – wie in Abbildung 8.4-2 gezeigt – in Form von zeitorientierten Diagrammen von Aufgaben und Zuständigkeiten dargestellt werden. Die hier gezeigte Darstellung stellt eine vereinfachte Form eines Projektplans dar. Häufig werden hierfür die sog. Gantt-Charts[9] verwendet.

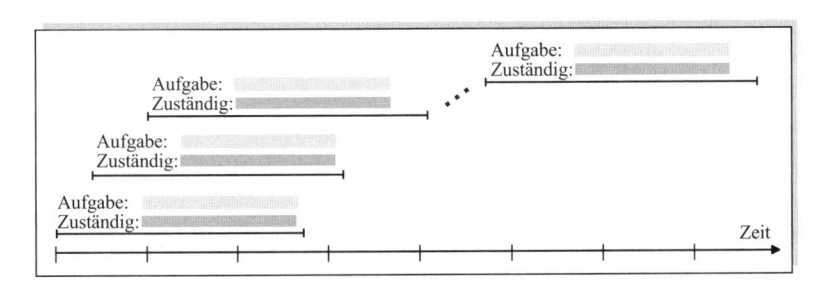

**Abb. 8.4-2:** Diagramm der Aufgaben und Zuständigkeiten

Das Pflichtenheft – eventuell aus mehreren Teilen bestehend – und die zeitorientierten Diagramme mit Aufgaben und Zuständigkeiten stellen somit die Basis für die technische Netzwerkrealisierung dar.

## 8.5 Netzwerkinstallation und -inbetriebnahme

Wurde der Vertrag mit einem Auftragnehmer abgeschlossen, dann werden von ihm die Systemkomponenten geliefert, installiert und anschließend das Netzwerk in Betrieb genommen. Abbildung 8.5-1 illustriert den Weg vom Vertrag zum Netzwerkbetrieb nä-

*Phasen der Netzwerkrealisierung*

---

[9] Unter http://de.wikipedia.org/wiki/Gantt-Diagramm findet man eine Beschreibung von Gantt-Charts.

her. Wie hier zum Ausdruck gebracht wurde, sind die folgenden drei Phasen der Netzwerkrealisierung zu unterscheiden:

1. *Lieferung*: In dieser Phase erfolgt die Lieferung von Systemkomponenten seitens des Auftragnehmers – und diese müssen formal vom Auftraggeber abgenommen werden. Die beiden an der Netzwerkrealisierung Beteiligten – Auftraggeber und Auftragnehmer – können aber auch vertraglich vereinbaren, dass einige Systemkomponenten vom Auftraggeber selbst angeschafft werden – d.h. als *eigene Beschaffung*.

2. *Installation*: In dieser Phase werden die Systemkomponenten installiert und getestet. Die durchgeführte Installation muss formal vom Auftraggeber abgenommen werden. Hierbei muss insbesondere auf die Verkabelung geachtet werden (Abnahme der Verkabelung).

3. *Inbetriebnahme*: Nachdem die Systemkomponenten installiert und getestet wurden, sind de facto die physikalische Netzwerkstruktur und das IP-Kommunikationssystem „fertig", sodass verschiedene Software-Komponenten installiert werden können, damit die weiteren Netzwerkfunktionsbereiche (s. Abb. 1.4-1) fertiggestellt werden. Während dieser als *Inbetriebnahme* bezeichneten Phase werden somit die restlichen „feinen" Arbeiten – wie etwa: Einrichten von Client-Rechnern und Servern, Software-Installation, Sicherheitsüberprüfung, Testen der Datensicherung etc. – durchgeführt, um alle Netzwerkfunktionsbereiche fertigzustellen.

Im Folgenden wird auf die Phasen der Netzwerkrealisierung näher eingegangen.

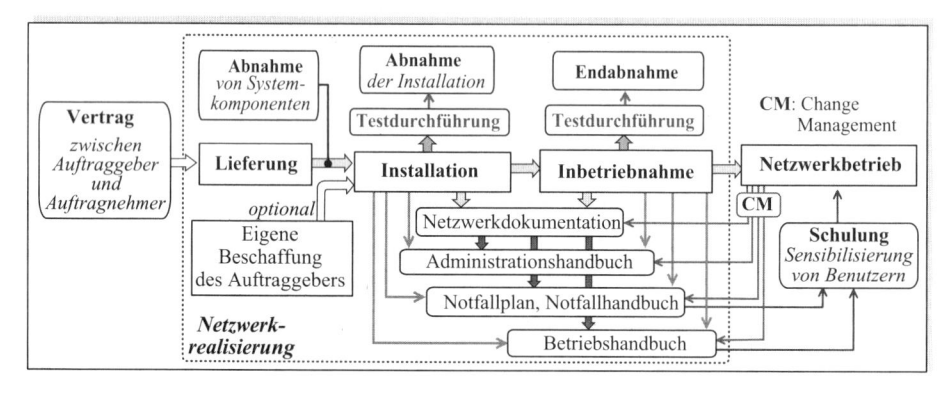

**Abb. 8.5-1:** Netzwerkrealisierung – der Weg vom Vertrag zum Netzwerkbetrieb

Lieferung und Abnahme

Die Lieferung von Systemkomponenten durch den Auftragnehmer ist ein formaler Akt; dieser besteht aus den im Vertrag zusammengestellten Liefergegenständen. Diese sind bei der Netzwerkrealisierung bspw. verschiedene Hardware- und Software-Systemkomponenten wie etwa Switches, Router, Racks und Netzwerkbetriebssysteme. Der Liefergegenstand ist in Art und Umfang im Vertrag präzise zu spezifizieren. Die Funktionalität und Konfiguration der Liefergegenstände müssen aus den Lieferpapieren ersichtlich sein, damit der Auftraggeber die entsprechende Abnahmeerklärung (Abnahmeprotokoll) ausstellen und die Lieferung formal abnehmen kann. Der Auftraggeber kann in der Abnahmeerklärung sein Einverständnis mit der vom Auftragnehmer erbrachten Lieferung abgeben oder die Lieferung ablehnen. Mit der Abnahme der Lieferung kann bereits die Fälligkeit vereinbarter Zahlungen seitens des Auftraggebers verbunden sein.

### 8.5.1 Aktivitäten bei der Netzwerkinstallation und -inbetriebnahme

Wurden die Systemkomponenten vom Auftragnehmer geliefert bzw. auch teilweise vom Auftragnehmer selbst angeschafft, müssen diese installiert und anschließend das Netzwerk in Betrieb genommen werden. Außer der Installation des Netzwerks und dessen Inbetriebnahme, müssen weitere Aktivitäten durchgeführt werden. Abbildung 8.5-2 illustriert, um welche es sich handelt.

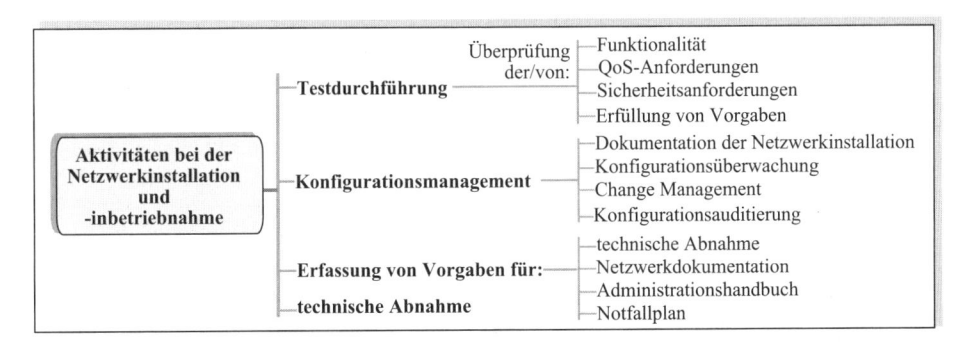

**Abb. 8.5-2**: Wichtige Aktivitäten bei der Netzwerkinstallation und -inbetriebnahme

Die hier aufgelisteten, bei der Netzwerkinstallation und -inbetriebnahme durchzuführenden Aktivitäten lassen sich wie folgt kurz charakterisieren:

**Testdurchführung:** Sowohl während der Installation von Netzwerkkomponenten als auch während der Inbetriebnahme des Netzwerks müssen zahlreiche Tests durchgeführt werden. Insbesondere sollten dadurch die folgenden Ziele erreicht werden: *(Was soll überprüft werden?)*

- *Überprüfung der Funktionalität*: Hierfür soll u.a. die Verfügbarkeit aller geplanten Netzwerkdienste und deren Qualität überprüft werden.
- *Überprüfung der qualitätsrelevanten Anforderungen (Performance Requirements)*: Zu dieser Kategorie gehört z.B. die Überprüfung der Parameter (z.B. der Signaldämpfung) von Installationsstrecken, bzw. ob diese im „grünen" Bereichen liegen.
- *Überprüfung von Sicherheitsanforderungen*: Diese Überprüfung kann mithilfe bestimmter Penetrationstests durchgeführt werden – s. Abschnitt 6.2.4.
- *Überprüfung der Erfüllung von Vorgaben*: Es handelt sich hier bspw. um die Überprüfung von Standards, Infrastrukturvorgaben, Compliance-Anforderungen etc.

**Bedeutung von Konfigurationsmanagement**

**Konfigurationsmanagement:** Darunter ist eine Managementtätigkeit zu verstehen, die dafür sorgt, den einwandfreien Betrieb des Netzwerks während dessen gesamten Lebenszyklus möglichst aufrechtzuerhalten. Um dies zu unterstützen, sind u.a. die folgenden Aktivitäten nötig:

- *Dokumentation der Netzwerkinstallation*: Um den einwandfreien Netzwerkbetrieb möglichst bei allen unerwünschten Ereignissen – wie etwa: Störungen, Hardwaredefekte etc. – gewährleisten zu können, ist die aktuelle Dokumentation der Netzwerkinstallation notwendig.

- *Konfigurationsüberwachung*: Die wichtigen Konfigurationsparameter – wie etwa IP-Adressen von Ports in Layer-3-Switches/Routern, die als Default Gateways für Rechnern dienen, müssen „besonders" dokumentiert werden, damit deren Veränderung schnell/direkt nachvollziehbar sind – bspw. sollten die von einem Angreifer durchgeführten bösartigen Veränderungen schnell erkennbar sein. Zur Konfigurationsüberwachung gehört auch eine entsprechende *Konfigurationsbuchführung*, damit man immer schnell nachvollziehen kann: welche Änderungen wurden vorgeschlagen, welche akzeptiert/abgelehnt und welche realisiert?

- *Change Management (Änderungsmanagement)*: Im Laufe des Netzwerkbetriebs werden oft einige Änderungen vorgenommen – z.B. als Folge einer Erweiterung des Netzwerks. Die Netzwerkdokumentation soll ermöglichen, die Änderungen zu planen, durchzuführen und diese zu überwachen – also das Change Management unterstützen.

- *Konfigurationsauditierung*: Jedes Netzwerk muss jederzeit einige Bestimmungen erfüllen – insbesondere gehören hierzu gesetzliche Anforderungen und Compliance-Anforderungen. Die Erfüllung von diesen Bestimmungen können einige Konfigurationsparameter beeinflussen und diese müssen besonders „markiert" werden, sodass man das sog. *Auditing* jederzeit durchführen kann, um die Erfüllung von diesen besonderen Bestimmungen leicht nachweisen zu können.

**Welche Vorgaben sollen gemacht werden?**

**Erfassung von Vorgaben:** Während der Netzwerkrealisierung – insbesondere der Installation und Inbetriebnahme – sollte man die Konfigurationsparameter bzw. andere Konfigurationsangaben nach deren Wichtigkeit differenzieren (klassifizieren). Und zwar gibt es einige Konfigurationsparameter und -angaben, die stark den Netzwerkbetrieb und die Netzwerkwirksamkeit beeinflussen, sodass sie übersichtlich, präzise dokumentiert und gegebenenfalls auch in das Administrationshandbuch übernommen werden müssen. Es gibt aber auch solche Konfigurationsparameter und -angaben, die im Notfallplan eingetragen werden müssen, damit man bspw. nach einem Desaster im Netzwerk dessen regulären Betrieb wiederherstellen kann. Bei der Netzwerkrealisierung sollen daher die folgenden Vorgaben gemacht werden.

- *Vorgaben für die Netzwerkdokumentation*: Bereits während der Installation sämtlicher für den Netzwerkbetrieb notwendigen Systemkomponenten soll die Netzwerkdokumentation entsprechend den an sie gestellten Anforderungen teilweise erstellt werden – s. Abbildung 1.5-2. Insbesondere sollten bei der Verkabelung alle Kabelstrecken überprüft und gemessen werden. Die Messergebnisse sind entsprechend zu dokumentieren – bspw. bei der Spezifikation von Netzwerksteckdosen, wie in Abbildung 5.2-2 gezeigt wurde.

- *Vorgaben für das Administrationshandbuch*: Konfigurationsparameter und Angaben, die man nach den typischen Störungsfällen im Netzwerk benötigt, damit man die negativen Auswirkungen von Störungen schnell „beseitigen" kann, sollte man entsprechend im Administrationshandbuch eintragen.

- *Vorgaben für den Notfallplan*: Konfigurationsparameter und Angaben, die man nach den typischen Notfällen im Netzwerk benötigt, damit man die negativen Auswirkungen von Störungen schnell „beseitigen" kann, sollte man entsprechend im Administrationshandbuch eintragen.

**Technische Abnahme:** Wurde die Netzwerkrealisierung in Auftrag gegeben und der Auftragnehmer hat bereits die Verkabelung und die Netzwerkkomponenten installiert, sollte eine formale, technische Abnahme der Netzwerkinstallation erfolgen – also eine Teilabnahme. Insbesondere sind hierbei die bei der Abnahme gemessenen Parameter der Verkabelungsstrecken zu dokumentieren. Der Schwerpunkt der technischen Abnahme bezieht sich auf die Überprüfung, ob sämtliche im Lastenheft spezifizierte Anforderungen – insbesondere den Netzwerkbetrieb betreffende – erfüllt sind. Hierbei ist eine sog. *Abdeckungsmatrix* von großer Bedeutung – s. hierzu Abschnitt 8.5.3.

*Was soll überprüft werden?*

## 8.5.2 Technische Überprüfung des Netzwerks

Nach der Installation von Systemkomponenten und während der Inbetriebnahme des neu eingerichteten bzw. modernisierten Netzwerks muss eine technische Überprüfung stattfinden, um feststellen zu können, ob alle an das Netzwerk gestellten Anforderungen erfüllt sind – und somit die Voraussetzungen für die Endabnahme vorliegen. Eine technische Überprüfung des Netzwerks kann somit als dessen *Usability Test* betrachtet werden. Abbildung 8.5-3 illustriert die allgemeine Vorgehensweise bei der technischen Überprüfung des Netzwerks.

*Usability Test des Netzwerks*

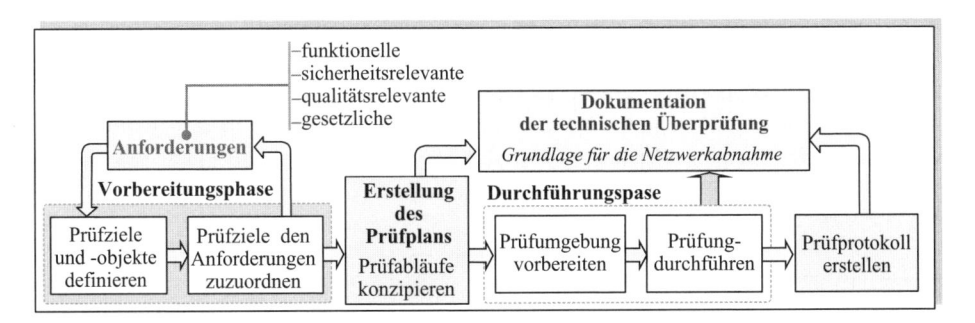

**Abb. 8.5-3:** Vorgehensweise bei der technischen Überprüfung des Netzwerks

Wie hier zum Ausdruck gebracht wurde, ist das Ziel der technischen Überprüfung des Netzwerks, feststellen zu können, ob alle an das Netzwerk gestellten Anforderungen erfüllt worden sind. Bei den Anforderungen, die an das Netzwerk gestellt werden, handelt es sich in der Regel um verschiedene Kategorien von Anforderungen – nämlich um: funktionelle, sicherheitsrelevante, qualitätsrelevante und gesetzliche Anforderungen.[10]

Die einzelnen Phasen bei der technischen Überprüfung des Netzwerks lassen sich wie folgt kurz charakterisieren:

*Abdeckungsmatrix als Basis für technische Abnahme*

**Vorbereitungsphase:** Aus den Anforderungen, die an das Netzwerk gestellt worden sind, müssen in dieser Phase zuerst bestimmt werden:

- die Prüfziele/Testziele – d.h. „Was muss geprüft werden?" – und
- die Objekte, auf denen geprüft werden muss oder kann, ob die Anforderungen erfüllt sind, sowie
- die Stellen, wo die technischen Prüfungen/Tests stattfinden sollen oder müssen.

Wurden die Prüfziele/Tests bestimmt, so müssen sie anschließend den betreffenden Anforderungen – in Form einer *Abdeckungsmatrix* (s. Abb. 8.5-4) – zugeordnet werden, um dadurch u.a. feststellen zu können: „Welche Anforderungen durch welche Tests überprüft wurden?" sowie „In welchen Bereichen die Prüfergebnisse „liegen" müssen/sollen?" Dies sollte außerdem ermöglichen, die Entscheidungen zu treffen: „Welche Tests positiv und welche negativ zu bewerten sind?" und dementsprechend „Welche Anforderungen erfüllt sind und welche nicht?"

**Erstellung des Prüfplans:** Nach der Vorbereitungsphase müssen die Prüfabläufe (Prüfstrategien) für alle Prüfziele und für alle zu prüfenden Objekte/Stellen im Netzwerk konzipiert werden. Die Dokumentation (Beschreibung) dieser Prüfabläufe bildet einen *Prüfplan* – auch als *Prüfspezifikation* bezeichnet.

**Durchführungsphase:** Wurde der Prüfplan erstellt, wird er in der Durchführungsphase realisiert. Bei Bedarf müssen hierfür zuerst noch einige Vorbereitungen gemacht werden. Oft bedeutet dies, dass eine Prüfumgebung für die Durchführung eines Tests vorbereitet werden muss. Jede durchgeführte Prüfung sollte man entsprechend protokollieren. Abschließend werden alle Prüfprotokolle – zu einer Dokumentation der technischen Überprüfung – zusammengefasst.

Auf Basis der Ergebnisse der technischen Überprüfung, kann dann entschieden werden, ob das Netzwerk die technische Prüfung „bestanden" hat oder nicht – und folglich, ob es formal abgenommen werden soll oder nicht.

---

[10] Als gesetzliche Anforderungen gelten die Bestimmungen im Hinblick auf EMV (*ElektroMagnetische Verträglichkeit*). Die EMV-Richtlinien können kostenlos heruntergeladen – unter: `http://www.ce-zeichen.de/klassifizierung/emv-richtlinie.html`

## 8.5.3 Vorgehensweise bei der Abnahme

Die Annahmevorgänge bei der Netzwerkrealisierung sind formale komplexe Vorgänge, mit denen eine große Verantwortung verbunden ist, sodass diese sorgfältig durchdacht werden müssen. Um hierfür eine Hilfe zu liefern, zeigt Abbildung 8.5-4 eine systematische Vorgehensweise bei der Abnahme der Lieferung, der Installation und des Netzwerksbetriebs.

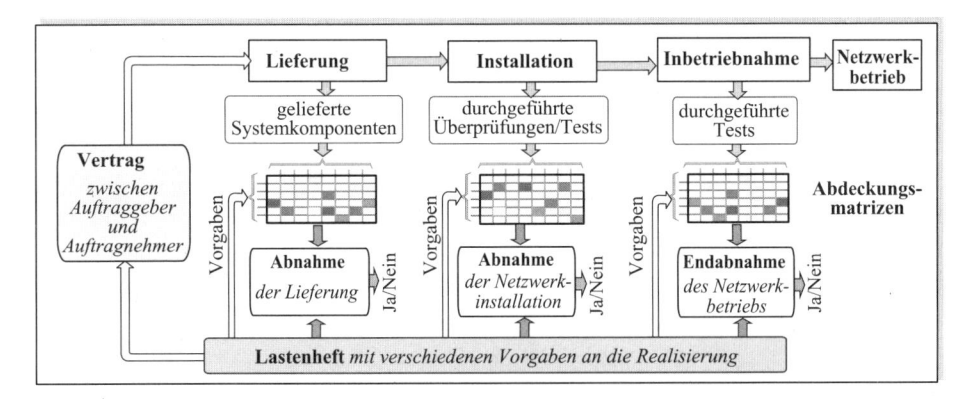

**Abb. 8.5-4:** Abnahme der Lieferung, der Installation und des Netzwerksbetriebs

Wie hier veranschaulicht wurde, liegt das Lastenheft mit verschiedenen Vorgaben – damit sind auch verschiedene Anforderungen gemeint – den Abnahmen in den einzelnen Phasen der Netzwerkrealisierung zugrunde. Um diese Abnahmen systematisch und vollständig durchführen zu können, sollte man hierfür sog. *Abdeckungsmatrizen* vorbereiten – nämlich:

*Abdeckungsmatrizen – ihre Bedeutung*

- *Abdeckungsmatrix für die Abnahme der Lieferung*: Diese Abdeckungsmatrix gibt an, welche Vorgaben (die Zeilen in der Matrix) aus dem Lastenheft den einzelnen Systemkomponenten (die Spalten in der Matrix) zuzuordnen sind. In den zutreffenden Feldern der Matrix – in Abbildung 8.5-4 markierte Felder – wird eingetragen, wie weit die einzelnen Systemkomponenten die Anforderungen/Bedingungen aus dem Lastenheft erfüllen.

- *Abdeckungsmatrix für die Abnahme der Installation*: Diese Abdeckungsmatrix enthält die Zuordnung von Vorgaben aus dem Lastenheft zu einzelnen, bei/nach der Installation von Netzwerksystemkomponenten durchgeführten Überprüfungen/Tests und beschreibt in zutreffenden Feldern der Matrix, wie weit die Ergebnisse von einzelnen Tests die Anforderungen erfüllen.

- *Abdeckungsmatrix für die Endabnahme*: Diese Abdeckungsmatrix gibt an, welche Vorgaben aus dem Lastenheft zu einzelnen, bei der Inbetriebnahme des Netzwerks durchgeführten Tests gehören. Zutreffende Felder der Matrix enthalten Informationen darüber, ob die Ergebnisse von einzelnen Tests die Anforderungen erfüllen oder nicht.

396  8 Phasen der Netzwerkrealisierung

Abnahme-
protokoll

Auf der Grundlage von diesen Abdeckungsmatrizen kann der Auftraggeber eine entsprechende Entscheidung fundiert treffen und demzufolge im Abnahmeprotokoll – auch *Abnahmenerklärung* genannt – sein Einverständnis zu der vom Auftragnehmer erbrachten Lieferung sowie dessen Leistung (bei der Installation und der Inbetriebnahme) erklären – d.h. seine Leistungen formal annehmen oder diese ablehnen. Die Ablehnung der Abnahme kann – falls bestimmte Vertragsstrafen vereinbart wurden – für beide Seiten erheblichen Folgen haben. Durch präzise erstellte und gründlich ausgefüllte *Abdeckungsmatrizen* ist der Auftragnehmer in der Lage, die Ablehnung der Abnahme dem Auftragnehmer nachzuweisen.

## 8.6 Netzwerkbetrieb und Notfallmanagement

Die zunehmende Bedeutung der Netzwerke für Unternehmen und andere Institutionen sowie deren steigende Komplexität führen dazu, dass unerwünschte Ereignisse wie bspw. Ausfälle von wichtigen Systemkomponenten, bösartige Angriffe (Schadprogramme), Feuer, extreme Wetterereignisse, Überschwemmungen oder Terrorismus große, existenzbedrohende Auswirkungen verursachen können. Aus diesem Grund müssen diese Ereignisse als Notfälle betrachtet werden und ein der Gefährdung entsprechendes *Notfallmanagement* ist somit unabdingbar.

Bedeutung
des Notfall-
managements

Das *Notfallmanagement* während des Netzwerkbetriebs ist ein Managementprozess mit dem Ziel, die infolge von verschiedenen Notfällen entstandenen, das Überleben eines Unternehmens, einer Institution, gefährdenden Risiken frühzeitig zu erkennen, Maßnahmen dagegen zu planen und diese erfolgreich umzusetzen. Das wesentliche Ziel des Notfallmanagements ist somit, zu gewährleisten, dass wichtige Netzwerkdienste während der kritischen Zeit nach einem Notfall mit eingeschränktem Netzwerkbetrieb möglichst nur gering beeinträchtigt werden, damit keine großen negativen Auswirkungen auf die Existenz des Unternehmens, bzw. der Institution, entstehen.

### 8.6.1 Notfallmanagement – Ziele und Bestandteile

Der Verbund sämtlicher Rechner in einem Unternehmen – also dessen Netzwerk – ist sein Lebensnerv, von dem auch die Existenz des Unternehmens und folglich seine Geschäftsprozesse abhängig sind. Wie bereits in Abbildung 1.8-1 zum Ausdruck gebracht wurde und in Abbildung 8.6-1 noch näher verdeutlicht, wird ein Netzwerk mit dem Ziel aufgebaut, verschiedene Netzwerkdienste zu erbringen, damit man bestimmte IT-Services zur Unterstützung der Geschäftsprozesse einrichten kann. Die gut funktionierende Netzwerkinfrastruktur ist folglich eine wichtige Grundlage für die Aufrechterhaltung der Geschäftsprozesse.

Kontinuitäts-
management

In jedem Unternehmen, wie auch in jeder anderen Institution, ist daher ein Konzept für das *Notfallmanagement* nötig. Damit eventuelle Notfälle möglichst geringe Schaden verursachen, sind einige *Vorsorgemaßnahmen* im Voraus zu ergreifen wie auch ein

*Bewältigungsplan (Wiederherstellungsplan, Recovery Plan)* zu erarbeiten, um nach dem Auftreten eines Notfalls den Netzwerkbetrieb möglichst ununterbrochen fortsetzen zu können. In diesem Zusammenhang spricht man von *Kontinuitätsmanagement (Continuity Management)*. Wie Abbildung 8.6-1 illustriert, sollte man das entsprechende Kontinuitätsmanagement auf drei Levels – Business, IT-Services und Netzwerk – realisieren, um einen *Notfallplan* zu entwickeln, sodass verschiedene Notfälle möglichst geringe Schäden verursachen können. Jeder Notfallplan muss einen *Notfallbewältigungsplan (Disaster Recovery Plan)*, auch als *Notfallbewältigungskonzept* bezeichnet, beinhalten, damit man nach verschiedenen Notfällen, falls das Netzwerk nicht mehr funktioniert und IT-Services sowie Geschäftsprozesse lahmgelegt sind, die richtigen Maßnahmen zur Bewältigung des Notfalls ergreifen kann, um entstandene Schäden möglichst schnell beseitigen zu können.

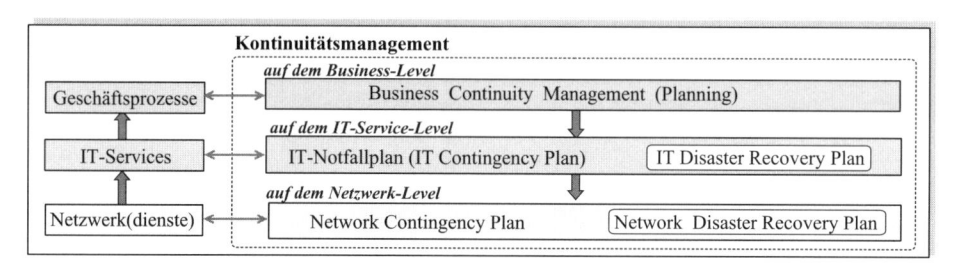

**Abb. 8.6-1:** Notfallmanagement – als Teilaufgabe des Kontinuitätsmanagements

Da Netzwerkdienste und IT-Services als Grundlage für Geschäftsprozesse dienen, soll ein *Business Continuity Management* (BCM)[11] die Vorgehensweise nach dem Auftreten eines Notfalls im Netzwerk bestimmen. Unter BCM versteht man im Allgemeinen die Entwicklung von Strategien, Plänen und Handlungen für verschiedene Notfälle, um Geschäftsprozesse, deren Unterbrechung ernsthafte Schäden oder vernichtende Verluste verursachen würden, aufrechtzuerhalten und gegebenenfalls nach deren Unterbrechung ihre Wiederherstellung (Recovery) zu ermöglichen. Zu den Aufgaben von BCM gehört u.a. die Entwicklung der Notfallpläne, um zu ermöglichen, sowohl IT-Services als auch die Netzwerkdienste nach verschiedenen Notfälle aufrechtzuerhalten bzw. wiederherzustellen.

Business Continuity Management – Aufgaben

Ein *Notfallplan* ist ein Katalog von diversen Handlungsanweisungen, Maßnahmen und Anweisungen, die man vor/bei/nach Notfällen umgehend ergreifen muss. Hierzu gehört auch ein *Notfallvorsorgekonzept*, das die Vorsorgemaßnahmen spezifiziert, die man im Voraus ergreifen soll, damit eventuelle Notfälle möglichst geringe Schäden verursachen können. Jeder Notfallplan soll auch ein Notfallbewältigungskonzept enthalten, welches die Vorgehensweise bei der Wiederherstellung des Netzwerkbetriebs und von IT-Services beschreibt. In jedem Notfallplan sollen somit nicht nur die Pläne zur Auf-

Notfallplan und dessen Bestandteile

---

[11] Die Begriffe *Business Continuity Management* und *Business Continuity Planning* werden oft als Synonyme verwandt.

rechterhaltung der Betriebsbereitschaft des Netzwerkbetriebs enthalten sein, sondern auch zur Aufrechterhaltung der Betriebsbereitschaft von wichtigen IT-Services. Im Einzelnen – wie Abbildung 8.6-1 zeigt – handelt es sich um die folgenden Pläne:

- *IT Contingency Plan:* Plan zur Aufrechterhaltung der Betriebsbereitschaft von wichtigen IT-Services vor/bei/nach verschiedenen Notfällen,
- *IT Disaster Recovery Plan:* Plan zur Wiederherstellung von wichtigen IT-Services nach einem Katastrophenfall oder nach ähnlichen Ereignissen,
- *Network Contingency Plan:* Plan zur Aufrechterhaltung des Netzwerkbetriebs vor/bei/nach verschiedenen Notfällen.
- *Network Disaster Recovery Plan:* Plan zur Wiederherstellung des Netzwerkbetriebs nach einem Katastrophenfall oder nach ähnlichen Ereignissen. Als *Network Disaster Recovery Plan* wird somit ein *Notfallbewältigungsplan, (Notfallwiederherstellungsplan)* bezeichnet, der alle Maßnahmen spezifiziert und beschreibt, die nach einem Notfall im Netzwerk ergriffen werden müssen, damit der ursprüngliche Netzwerkbetrieb schnellstmöglich wiederhergestellt werden kann.

*Schutzvorkehrungen im Notfallvorsorgekonzept*

Um den Netzwerkbetrieb möglichst vor negativen Auswirkungen infolge von eventuellen Notfällen zu schützen, damit diese keine bedeutende, negative Relevanz auf die wirtschaftliche Existenz des Unternehmens, bzw. einer Institution, haben können, müssen im Notfallplan – in Form eines *Notfallvorsorgekonzepts* – entsprechende Schutzvorkehrungen spezifiziert werden.

Dem Notfallmanagement sind bereits mehrere Standards und Richtlinien gewidmet. An dieser Stelle ist insbesondere zu verweisen auf:

- BSI-Standard 100-4: Notfallmanagement[12]
- ISO-Standards: 2700x, x = 1, 2, 3, 4, 5, 6 und 7 – für weitere Informationen siehe: `http://en.wikipedia.org/wiki/ISO/IEC_27000-series`
- ITIL IT Service Continuity Management

Aus allen diesen Standards geht das in Abbildung 8.6-2 dargestellte Modell des Notfallmanagements hervor.

### 8.6.2 Notfallmanagement als kontinuierlicher Prozess

Das Notfallmanagement ist ein komplexer und kontinuierlicher Prozess, um einen solchen organisieren, durchführen und verbessern zu können, ist eine strukturierte, gut durchdachte Vorgehensweise notwendig. Wie Abbildung 8.6-2 illustriert, lässt sich diese Vorgehensweise als PDCA-Zyklus anschaulich darstellen. Die hier gezeigten, einzelnen Phasen lassen sich wie folgt kurz charakterisieren:

---

[12] Unter `https://www.bsi.bund.de/cae/servlet/contentblob/471456/publicationFile/30746/standard_1004.pdf` kann dieser Standard heruntergeladen werden.

## 8.6 Netzwerkbetrieb und Notfallmanagement

**Initiierung:** Mit dem Notfallmanagement kann man ohne gründliche Vorbereitung nicht beginnen. Daher ist eine als *Initiierung* bezeichnete Vorbereitungsphase nötig. In dieser Phase werden zuerst verschiedene Rahmenbedingungen geklärt, einige Leitlinien erstellt und organisatorische Voraussetzungen geschaffen.

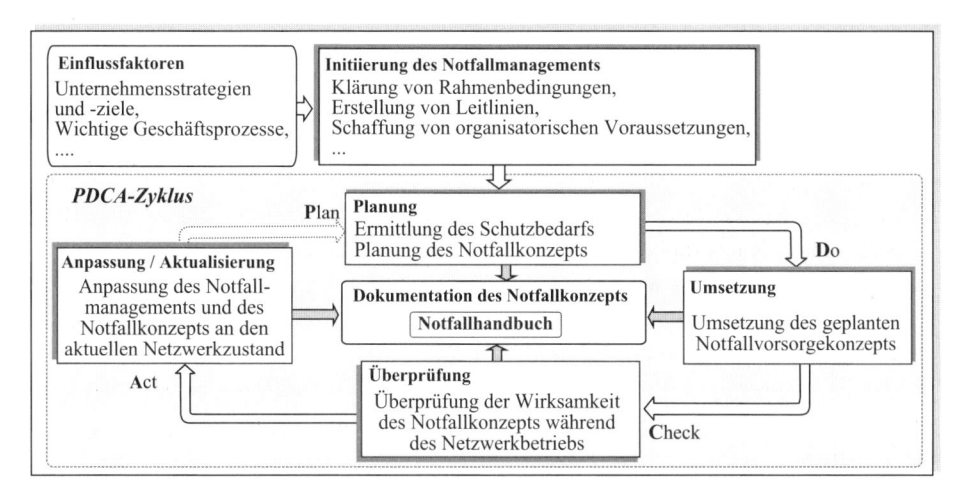

**Abb. 8.6-2:** Notfallmanagement als kontinuierlicher Prozess – und dessen Bestandteile

**Planung:** Nach der Initiierung des Notfallmanagements erfolgt dessen Planung. Diese Phase beginnt mit der Ermittlung des Schutzbedarfs für das Netzwerk bei verschiedenen Notfällen. Hierfür muss die sog. *Business Impact Analyse* (BIA)[13] „lückenlos" durchgeführt werden, um u.a. die folgenden Abhängigkeiten feststellen zu können (vgl. hierzu Abb. 8.6-1):

*Ermittlung von Notfallschwachstellen*

- Von welchen Software-/Hardware-Netzwerkkomponenten ist die Verfügbarkeit von IT-Services stark abhängig?
- Welche IT-Services gelten als Voraussetzung für den reibungslosen Ablauf wichtiger/kritischer Geschäftsprozesse?

Die BIA-Ergebnisse können in Form von zwei Abhängigkeitsmatrizen präzise dargestellt werden – und zwar als: *Netzwerkkomponenten-IT-Services-Abhängigkeitsmatrix* und *IT-Services-Geschäftsprozess-Abhängigkeitsmatrix*. Netzwerkkomponenten, von denen die kritischen Geschäftsprozesse stark abhängig sind, gelten als potenzielle Notfallschwachstellen. Während der BIA werden auch die Mindestanforderungen für einen eventuellen Netzwerknotbetrieb – oft einen *eingeschränkten Netzwerkbetrieb* – ermittelt, damit man die einzelnen kritischen Geschäftsprozesse eventuell noch in einer „verminderter Form" durchführen kann.

---

[13] Siehe hierzu http://de.wikipedia.org/wiki/Business_Impact_Analyse und auch das Kapitel 5 in BSI-Standard 100-4: Notfallmanagement.

## 8 Phasen der Netzwerkrealisierung

**Wo sind die Notfallschwachstellen?**

Um möglichst alle Notfallschwachstellen ermitteln zu können, müssen hierzu insbesondere die folgenden Bereiche – im Hinblick auf ihre Wirksamkeit (Funktionalität) Robustheit[14] und Resilienz[15] bei verschiedenen Notfällen – überprüft werden:

- die Klimatisierung für Netzwerkkomponenten und Endsysteme (Server),
- der Brandschutz in IT-Bereich(en),
- die Stromversorgung (u.a. unterbrechungsfreie Stromversorgung).

Nachdem alle potenziellen Notfallschwachstellen erfasst wurden und die Analyse von eventuell möglichen Schäden durchgeführt wurde, sollte man anschließend möglichst für jede Schwachstelle zwei Arten von Maßnahmen konzipieren – und zwar:

**Datensicherung als Vorsorgemaßnahme**

- *die Vorsorgemaßnahmen*, um die entsprechende Notfallschwachstelle gegen einen Notfall (z.B. Brand) robust zu machen und, um dadurch negative Auswirkungen (Schaden) infolge des Notfalls zu reduzieren. Als eine besondere Vorsorgemaßnahme ist die Datensicherung zu betrachten. Der Datensicherungsplan gehört daher auch zur Dokumentation des Notfallkonzepts.

- *die Wiederherstellungsmaßnahmen*, dass man die entsprechende Netzwerkkomponente – die vorher als potenzielle Notfallschwachstelle galt – nach einem Notfall möglichst problemlos wiederherstellen bzw. gegebenenfalls auch ersetzen kann.

Die Ergebnisse der Planungsphase sind u.a. die folgenden zwei wesentlichen Bestandteile des Notfallkonzepts: ein Notfallvorsorgekonzept (auch Notfallvorsorgeplan genannt) und ein Notfallwiederherstellungsplan (Disaster Recovery Plan).

**Umsetzung:** In dieser Phase wird festgelegt, wie die Umsetzung des geplanten Notfallvorsorgekonzepts durchgeführt, begleitet und überwacht werden soll/kann. Da für die Umsetzung des Notfallvorsorgekonzepts oft nur beschränkte Möglichkeiten (Budget, Personal) vorhanden sind, ist daher das Ziel dieser Phase, eine möglichst wirksame und wirtschaftliche Umsetzung des geplanten Notfallvorsorgekonzepts zu erreichen. Die hierbei gewonnenen Erkenntnisse werden im Notfallkonzept dokumentiert

**Übungen als Tests des Notfallkonzepts**

**Überprüfung:** Das geplante und bereits umgesetzte Notfallvorsorgekonzept muss unbedingt überwacht werden, damit man dessen Wirkung, Effizienz und Aktualität sicherstellen kann. Aus diesem Grund muss das Notfallvorsorgekonzept regelmäßig auf dessen Wirksamkeit hin „getestet" und eventuell in Übungen überprüft werden. Insbesondere lässt sich erst durch die Übungen feststellen, wie weit die Dokumentation des Notfallvorsorgekonzepts in Form des Notfallhandbuchs nutzbar ist – vor allem der Alarmierungsplan (s. Abb. 8.6-3) – und, ob die Notfallkoordinatoren die ihnen zugeteilten Aufgaben auch wahrnehmen können. Für Näheres über die Art und Weise der Überprüfung des Notfallvorsorgekonzepts sei auf das Kapitel 8 in BSI-Standard 100-4 verwiesen.

---

[14] Als *Robustheit* bezeichnet die Fähigkeit eines Systems, den in seinem Umfeld auftretenden Veränderungen standzuhalten, ohne dieses hierfür anpassen zu müssen.

[15] Als *Resilienz* bezeichnet man die Fähigkeit eines Systems unterschiedliche auftretende Störungen zu kompensieren, und den einwandfreien Betriebszustand möglichst schnell wiederherzustellen.

**Anpassung/Aktualisierung:** Alle relevanten Veränderungen im Netzwerk – insbesondere dessen Erweiterungen – führen dazu, dass nicht nur das Notfallkonzept mit dem Notfallvorsorgeplan und dem Notfallwiederherstellungsplan immer an Veränderungen im Netzwerk angepasst/aktualisiert werden sollte, sondern auch das Notfallmanagement als Prozess selbst regelmäßig auf dessen Wirksamkeit und Effizienz hin überprüft werden muss. Damit man die Effektivität des Notfallmanagements und des umgesetzten Notfallkonzepts aufrechterhalten kann, sollte dies kontinuierlich überwacht, gesteuert und aktualisiert werden. Hierfür wird oft ein spezielles Auditing durchgeführt.

Eine große Bedeutung beim Notfallmanagement hat die Dokumentation des Notfallkonzepts – und insbesondere der Teil *Notfallhandbuch*.

### 8.6.3 Notfallhandbuch – Struktur und typische Angaben

Wie Abbildung 8.6-2 zum Ausdruck bringt, bildet der wesentliche Teil der Dokumentation des Notfallkonzepts das *Notfallhandbuch* mit allen zur Notfallbewältigung benötigten Plänen, Organisationsstrukturen, Angaben sowie erforderlichen Maßnahmen, die nach Eintritt eines Notfalles zur Wiederherstellung des normalen Netzwerkbetriebs ergriffen werden müssen. Abbildung 8.6-3 zeigt ein Beispiel für die Struktur des Notfallhandbuchs.

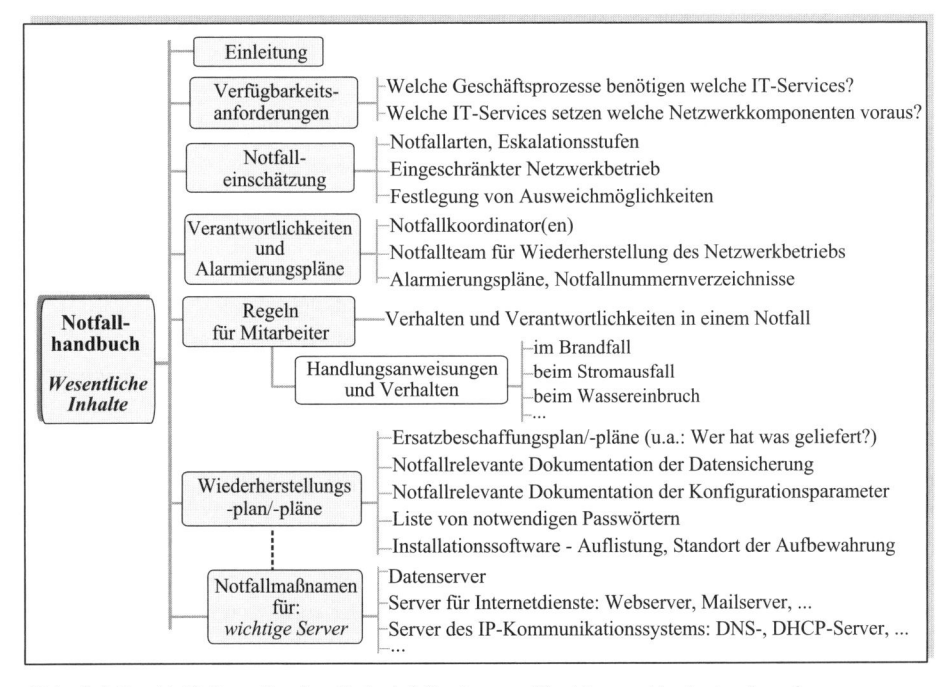

**Abb. 8.6-3:** Notfallhandbuch – Beispiel für dessen Struktur und typische Angaben

Die einzelnen Teile des Notfallhandbuchs enthalten folgende Angaben, die aussagekräftig und für die jeweilige Zielgruppe verständlich sein müssen:

**Einleitung:** Hier wird die Struktur des Notfallhandbuches kurz erläutert.

*Welche Systemkomponenten sind besonders wichtig?*

**Verfügbarkeitsanforderungen:** Verschiedene Störungen und Notfälle müssen nach ihrer Bedrohungsstufe – d.h. nach ihren negativen Auswirkungen – differenziert werden. Im Notfallhandbuch muss ersichtlich sein, welche Systeme und Daten besonders geschäftskritisch sind. Demzufolge müssen präzise und übersichtlich u.a. die folgenden Verfügbarkeitsanforderungen aufgelistet werden:

- welche Geschäftsprozesse welche IT-Services benötigen und
- welche IT-Services von welchen Hardware-/Software-Netzwerkkomponenten abhängig sind.

Wie bereits erwähnt wurde, werden die Verfügbarkeitsanforderungen während der Planungsphase (s. Abb. 8.6-2) mithilfe der *Business Impact Analyse* ermittelt und in Form der Abhängigkeitsmatrizen *Netzwerkkomponenten-IT-Services-* und *IT-Services-Geschäftsprozess* dargestellt. Auf der Grundlage von Verfügbarkeitsanforderungen kann die Gefährdung durch einen auftretenden Notfall einer sog. *Eskalationsstufe* zugeordnet werden.

*Notfallart und Eskalationsstufe*

**Notfalleinschätzung:** Auf der Basis von Verfügbarkeitsanforderungen kann die Eskalationsstufe des Notfalls abgeschätzt werden. Die Notfallart (z.B. Brandfall, Stromausfall) und die Eskalationsstufe bestimmen dann den Alarmierungsplan und folglich auch die weitere Vorgehensweise. In diesem Teil sollte man eventuell zusätzlich angeben:

- wie weit ein eingeschränkter Netzwerkbetrieb notwendig und möglich ist,
- welche internen oder externen *Ausweichmöglichkeiten* verfügbar sind – z.B. durch das Umschalten auf interne Systeme oder externe, die an anderen Standorten installiert sind und als Redundanzsysteme bereitgehalten werden. Diese bezeichnet man oft auch als *(Hot-/Cold-)Standby-Systeme*.

*Kapazitätsanforderungen*

Im Hinblick auf Ausweichmöglichkeiten sollten im Notfallhandbuch die Kapazitätsanforderungen geschäftskritischer Anwendungen und gegebenenfalls wichtiger Geschäftsprozesse spezifiziert werden – und zwar die notwendige: Rechnerleistung, Speicherkapazität, Netzwerkanbindung und Übertragungsgeschwindigkeit etc.

*Notfallkoordinator, Notfallteam, Alarmierungspläne*

**Verantwortlichkeiten und Alarmierungspläne:** Im Notfallhandbuch muss spezifiziert werden, wer für was während des Notfalls verantwortlich ist. Hierfür muss ein *Notfallkoordinator* benannt werden, damit er eine rechtzeitige Einleitung von Notfallmaßnahmen initiieren kann. Der Notfallkoordinator steuert dann rund um die Notfallbewältigung alle Aktivitäten des Notfallteams, zu dem u.a. die Netzwerkadministratoren gehören. Um die Bewältigung verschiedener Notfallarten zu koordinieren, sind entsprechende Alarmierungspläne nötig – darunter auch Notfallnummerverzeichnisse. Ein Alarmierungsplan beschreibt die Meldemöglichkeiten (oft per Telefon, SMS), d.h., wie die hierfür zuständigen Personen bei Eintritt eines Notfalls informiert werden.

**Regeln für Mitarbeiter:** Die Bewältigung jedes Notfalls betrifft – ohne Ausnahme – alle Mitarbeiter, sodass sie durch eine entsprechende Schulung im Hinblick auf das Verhalten und ihre Verantwortlichkeiten in einem Notfall informiert und sensibilisiert werden sollten. Die Regeln mit Anweisungen für das Verhalten von Mitarbeiter bei verschiedenen Notfällen sollten in Form von Leitlinien verfasst und bekannt gemacht werden. Jeder Einzelne sollte dann durch sein verantwortungsbewusstes Verhalten im Notfall dazu beitragen, Schäden möglichst zu vermeiden.

**Wiederherstellungsplan/-pläne:** Die für die Wiederherstellung des normalen Netzwerkbetriebs bzw. in einigen Fällen eingeschränkten Betriebs notwendigen Maßnahmen und Informationen bilden einen *Wiederherstellungsplan* (*Recovery Plan*). In der Regel benötigt man mehrere Wiederherstellungspläne, die den verschiedenen Notfallarten und Eskalationsstufen angepasst sind. Die zur Wiederherstellung des Netzwerkbetriebs benötigten Schritte müssen ebenso im Wiederherstellungsplan aufgezeigt werden – und sind im Allgemeinen:

- Aufbau und Installation von notwendigen Netzwerkkomponenten,
- Installation der Netzwerkbetriebssysteme und danach der Anwendungssoftware,
- Wiederanlauf des Netzwerkbetriebs.

Im Notfallhandbuch sollten aber auch die zur Wiederherstellung des Netzwerkbetriebs benötigten Informationen enthalten sein – und insbesondere: *Ersatzbeschaffungsplan* für das schnellstmöglichste Ersetzen von beschädigten Netzwerkkomponenten, notfallrelevante Dokumentation der Datensicherung, notfallrelevante Dokumentation der Konfigurationsparameter, Liste der notwendigen Passwörter, Angaben über Installationssoftware (Auflistung, Standort der Aufbewahrung) etc. – s. hierzu Abbildung 5.1-8.

**Notfallmaßnahmen für wichtige Server:** Damit man wichtige Server – wie etwa einige Datenserver, Server für Internetdienste (insbesondere Webserver, Mailserver, VoIP-Server/Proxy), alle Server des IP-Kommunikationssystems (u.a. DNS-, DHCP-, RADIUS-Server) – möglichst schnell ersetzen kann, sollte das Notfallhandbuch Notfallmaßnahmen spezifizieren, die man bei der Installation dieser Server ergreifen muss. Diese Notfallmaßnahmen können auch als Bestandteil des Wiederherstellungsplans angesehen werden.

Die folgenden Aspekte bezüglich des Notfallhandbuches sind hierbei hervorzuheben:

*Notfallhandbuch muss aktuell sein*

- *Aktualität des Notfallhandbuchs*: Insbesondere ist die Aktualität von Angaben im Notfallhandbuch von grundlegender Bedeutung (z.B. Alarmierungspläne). Aus diesem Grund sollte das Notfallhandbuch regelmäßig aktualisiert werden, sodass alle Änderungen erfasst und nachvollzogen werden können.

- *Formen des Notfallhandbuchs*: Das Notfallhandbuch muss nicht immer in Papierform vorliegen. Einige seiner Teile können auch elektronisch in einem einfachen und gängigen Format (z.B. als PDF-Dateien) bereitgestellt werden, sollten aber so gehalten werden, dass ihre Verfügbarkeit auch im Notfall (bspw. beim Stromausfall, bei Brandschaden) garantiert werden kann. Es ist zu empfehlen, zumindest eine Kopie vom Notfallhandbuch an einer „sicheren" Stelle aufzubewahren.

- *Sicherheit und Datenschutz*: Im Notfallhandbuch sind sehr sensitive Daten über ein Unternehmen, bzw. eine Institution, und ggf. auch personenbezogene Daten enthalten. Daher muss die Sicherheit und der Schutz von diesen Daten gewährleistet werden.

### 8.6.4 Betriebshandbuch – Ziel, Struktur und Inhalt

*Bedeutung der Schulung am Ende des Netzwerkprojekts*

Am Ende jedes Netzwerkprojekts, noch während der Netzwerkinbetriebnahme und kurz vor die Übergabe des neuen Netzwerks, ist eine umfassende Schulung sowohl von Mitarbeitern auch eventuell des Betriebspersonals nötig. Die Lerninhalte sollen die für die Wartung und den Betrieb des Netzwerks verantwortlichen Personen befähigen, das Netzwerk erfolgreich zu betreiben, zu pflegen und zu warten. Während der Schulung sollen alle Teilnehmer die Bedeutung, die Strukturierung und dabei auch die besonders wichtigen Bestandteile der für die Garantie des Netzwerkbetriebs relevanten „Dokumenten" kennen lernen. Zu diesen Dokumenten sollen unbedingt gehören: eine Netzwerkdokumentation, ein *Betriebshandbuch* und ein Notfallhandbuch. Das Betriebshandbuch zum Netzwerk – kurz als *BHB* bezeichnet – ist zur Gewährleistung eines reibungslosen Netzwerkbetriebs in jedem Unternehmen und in jeder anderen Organisation unabdingbar.

*Wozu dient ein Betriebshandbuch?*

Im BHB sollen ausführlich, übersichtlich und präzise alle technischen Informationen/Angaben und ebenso auch verschiedene organisatorische Rahmenbedingungen – wie etwa: Verantwortlichkeitsbereiche, Betriebszeiten etc. – spezifiziert werden, welche alle Netzwerkverantwortlichen, insbesondere das Betriebspersonal des Datacenters (Rechenzentrums), benötigen, damit sie einen reibungslosen, stabilen und sicheren Netzwerkbetrieb aufrecht erhalten und diesen dauerhaft garantieren können. Das BHB soll vor allem eine an die Belange des Betriebs angepasste Übersicht über das ganze Netzwerk als eine Gesamtheit liefern, damit man während dessen Betriebs in allen gewöhnlichen und außergewöhnlichen Situationen – insbesondere während der verschiedenen Stör- und Notfälle – schnell, gezielt und korrekt agieren kann. Das BHB soll dazu beitragen, dass das ganze Netzwerk samt dessen Betreuern ein gut harmonisierendes „System" bildet.

*Hauptbestandteile des BHB*

Es ist hervorzuheben, dass zahlreiche Angaben zum BHB aus der Netzwerkdokumentation und aus dem Notfallhandbuch abgeleitet (entnommen) werden. Anderseits werden im BHB auch die Verweise auf die zur Aufrechterhaltung des Netzwerkbetriebs relevanten Informationen/Angaben in der Netzwerkdokumentation, im Administrationshandbuch und im Notfallhandbuch gemacht. Abbildung 8.6-4 bringt diese Abhängigkeiten zwischen allen „Netzwerkdokumenten" zum Ausdruck und zeigt die typischen Hauptbestandteile des BHB mit deren Inhalten.

Im BHB sollen die sämtlichen Regelungen für alle Mitarbeiter, welche für die Aufrechterhaltung des Netzwerkbetriebs verantwortlich sind, klar und eindeutig – um keinen Interpretationsspielraum zuzulassen – dargestellt werden, wofür die einzelnen netzwerkbetreuenden Personen verantwortlich sind, welche Leistungen im Rahmen ihrer Tätigkeit zu erbringen sind und wie müssen/sollen sie in verschiedenen Stör-/Notfallsituationen handeln. Im BHB müssen aber auch alle mit dem Netzwerkbetrieb verbundenen administrativen Aufgaben und Rahmenbedingungen übersichtlich aufgelistet und beschrieben werden.

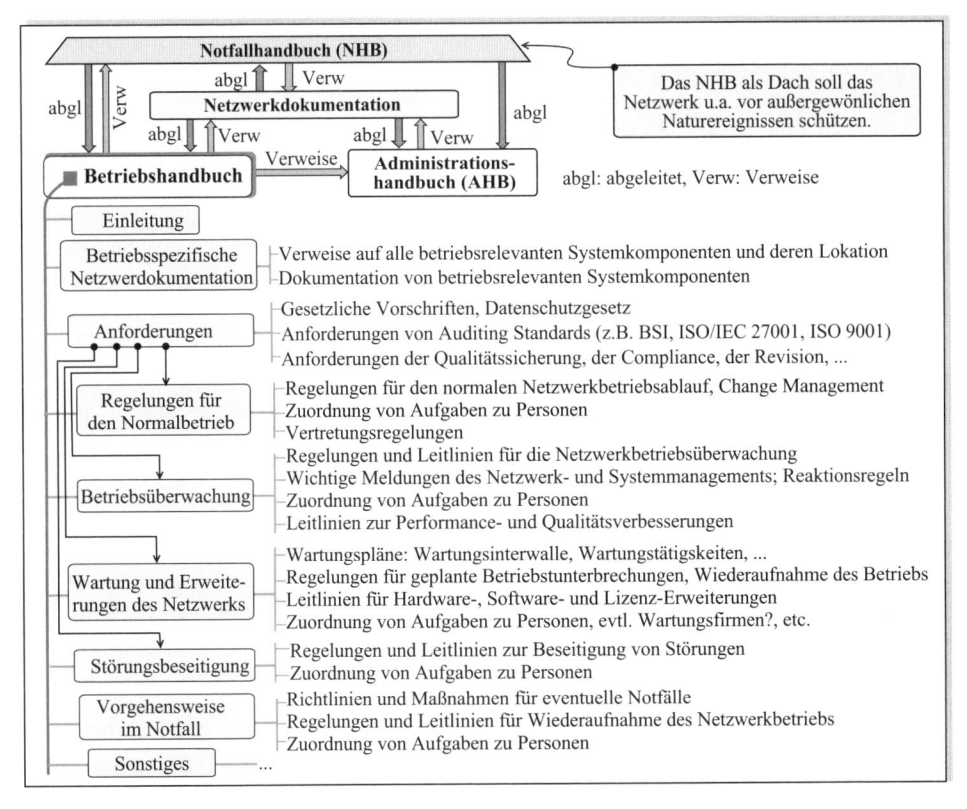

**Abb. 8.6-4:** Betriebshandbuch – dessen typische Hauptbestandteile und Inhalte

Die einzelnen Hauptbestandteile des BHB lassen sich kurz wie folgt charakterisieren:

**Einleitung:** Hier wird die Struktur des BHB kurz erläutert.

**Betriebsspezifische Netzwerkdokumentation:** Das BHB sollte eine übersichtliche Beschreibung der bestehenden physikalischen und logischen Netzwerkstruktur enthalten, in der auf alle betriebsrelevanten Hardware- und Software-Systemkomponenten und deren Lokation im Netzwerk (d.h. deren Standort) verwiesen wird. Das BHB muss entweder selbst eine Dokumentation von betriebsrelevanten Systemkomponenten – insbesondere deren relevanten Konfigurationsparameter – enthalten oder eindeutig auf die entsprechenden Bestandteile der Netzwerkdokumentation verweisen. Dieser Teil im

BHB soll eine Unterstützung während der Überwachung, Wartung und Verbesserung des Netzwerkbetriebs liefern.

**Anforderungen:** An das Netzwerk werden verschiedene Arten von Anforderungen gestellt, damit man während des Netzwerkbetriebs überwachen muss, ob alle Anforderungen erfüllt sind. Aus diesem Grund sollte das BHB eine kompakte, aber übersichtliche und präzise Auflistung von Anforderungen für das für die Netzwerkbetreuung verantwortlichen Personal enthalten. Es handelt sich hierbei insbesondere um Folgende Arten von Anforderungen:

- gesetzliche Vorschriften u.a. BDSG (*Bundesdatenschutzgesetz*)
- verschiedene Anforderungen von Auditing Standards[16]
- der Qualitätssicherung, der IT-Compliance,[17] der Revision, ...

**Regelungen für den Normalbetrieb:** Das BHB dient insbesondere dazu, den täglichen Netzwerkbetrieb zu regeln. Hierzu muss das BHB – als Informationsquelle zur Unterstützung des Netzwerkbetriebs – eine klare Beschreibung der Netzwerkbetriebsabläufe sowie eine Zuordnung von Aufgaben zu Personen beinhalten. Das BHB soll auch das sog. *Change Management* (*Veränderungsmanagement*) spezifizieren; d.h., wie die Konfigurationsänderungen in Netzwerkkomponenten während des Netzwerkbetriebs dokumentiert werden sollen. Die Vertretungsregelungen sollten auch im BHB festgelegt werden.

**Betriebsüberwachung:** Das BHB sollte die Regelungen und verschiedene Leitlinien für kontinuierliche Überwachung des Netzwerkbetriebs enthalten, um zu bestimmen – wie soll erfolgen:

- aktive Prüfung der Systeme (Fehler, Auslastung, Performance etc.),
- die Überprüfung der vom Netzwerkmanagement generierten Informationen, Warnungen und Alarmmeldungen,
- die Erstellung von Reports als Basis für Systemverbesserung, weitere Planung etc.,
- die Analyse von Störungen sowie die Art und Weise deren Behebung (von Ort bzw. per Fernwartung),
- die Behandlung außergewöhnlicher Probleme – Analyse von Ursachen, Entwicklung von Ideen und Erarbeitung von Vorschlägen zur Behebung dieser Probleme.

**Wartung und Erweiterung des Netzwerks:** Jedes Netzwerk, um es am „Laufen" dauerhaft zu halten, muss auch gewartet werden. Hierfür sollte man bestimmte Wartungspläne erstellen (wie etwa Wartungsintervalle festlegen). Die Wartungspläne, die typischen Wartungstätigkeiten und die Zuordnung von Personen zu diesen Tätigkeiten müssen im BHB dokumentiert werden. Zu einigen Wartungstätigkeiten können gegebenenfalls auch externe Wartungsfirmen abgebunden werden. Das BHB soll die Leitli-

---

[16] Es sei hervorgehoben, dass alle Auditing Standards ein BHB verlangen.
[17] T-Compliance beschreibt die Einhaltung der gesetzlichen, unternehmensinternen und vertraglichen Regelungen im IT-Bereich – s. http://de.wikipedia.org/wiki/IT-Compliance

nien zur typischen Hardware-, Software und Lizenz-Erweiterungen enthalten. Hierbei sollte auch die Vorgehensweise bei den Änderungen von Systemparametern und beim Einspielen von Sicherheitsupdates festgelegt werden. Das Prinzip von Lizenzmanagement[18] soll auch im BHB festgelegt werden.

**Störungsbeseitigung:** Das BHB soll auch als Informationssammlung zur schnellen Beseitigung von typischen Störungen dienen. Hierfür muss das BHB einige Regelungen und Leitlinien zur Beseitigung von typischen Störungen im Netzwerk festlegen sowie eine Zuordnung von mit der Störungsbeseitigung verbundenen Aufgaben zu Personen bestimmen. Im BHB sollte man in Form eines Reaktionskatalogs mit konkreten Anweisungen zur raschen Beseitigung von typischen Störungen und zur Wiederherstellung des Regelbetriebs.

**Vorgehensweise im Notfall:** Im BHB müssen auch einige Regelungen und Maßnahmen für eventuelle Notfälle spezifiziert werden. Aus diesem Grund müssen die im BHB festgelegten Regelungen und Maßnahmen mit denen entsprechenden Regelungen und Maßnahmen im Notfallhandbuch (NHB) „abgestimmt" werden. Somit müssen die beiden Bücher BHB und NHB zueinander angepasst werden. Aus diesem Grund sollte man auf bestimmte Regelungen und Maßnahmen im NHB verweisen.

Die im BHB enthaltenen Informationen müssen schnell zugänglich sein. Daher könnte man das BHB so vorbereitet, dass man es in einem Webbrowser oder in einem PDF-Viewer betrachtet werden kann. Auf jeden Fall sollte das BHB – zur Absicherung vor dem Datenverlust – ausgedruckt in der Papierform vorliegen und ebenso auf einem externen Speichermedium gespeichert sein.

## 8.7 Abschließende Bemerkungen

Nachdem das Konzept für das Netzwerk entwickelt wurde, müssen danach auf dem Weg zum Netzwerkbetrieb mehrere voneinander abhängige Aktivitäten – wie Ausschreibung, Installation und Inbetriebnahme sowie die Konzeption des Notfallmanagements – durchgeführt werden. Aufgrund des begrenzten Umfangs des Kapitels wurden diese Aktivitäten hier in einer sehr kompakten Form dargestellt.

Abschließend möchten wir noch Folgendes hervorheben:

**Richtlinien für Ausschreibungen und Beschaffungen im Internet:** Für die Durchführung von Ausschreibungen und Beschaffungen im öffentlichen Bereich findet man unter `http://www.bit.bund.de` hilfreiche Richtlinien. Sie geben Hinweise darauf, wie der Ausschreibungstext formuliert werden sollte, ab welchem Investitionsvolumen welche Ausschreibungsform und -reichweite gewählt werden sollte und wie diese zu veröffentlichen ist. Für die Privatwirtschaft können diese Vorgaben adaptiert werden.

*Vorgaben für Ausschreibungen und Beschaffungen*

---

[18] Als *Lizenzmanagement* bezeichnet man einen Prozess, der den legalen und effizienten Umgang mit proprietärer Software absichert – s. `http://de.wikipedia.org/wiki/Lizenzmanagement`

| | |
|---|---|
| Business Continuity Management Werkzeuge | **Software-Tools zur Unterstützung des Notfallmanagements:** Im Internet werden verschiedene Software-Tools zur Unterstützung des Notfallmanagements angeboten. Diese werden zwar hauptsächlich für das Business Continuity Management konzipiert, können aber auch einige Bereiche des Notfallmanagement-Prozesses im Netzwerkbereich „abdecken". |
| Ausfallsicherheit durch Virtualisierung an verschiedenen Standorten | **Virtualisierung und LISP als Heilmittel bei verschiedenen Notfällen:** Ein wesentlicher Bestandteil jedes Notfallkonzepts ist eine gut durchdachte Datensicherung. Insbesondere sollte man zumindest zwei Kopien von allen geschäftskritischen Daten z.B. in einem auf zwei Standorte verteilten SAN bzw. auf zwei Standorte verteilte Bandarchive (Offline-Storage) sichern, wobei bewusst mindestens eine Kopie an einem externen Standort „deponiert" werden sollte. Bei der Virtualisierung von Servern sollte man ebenso zumindest zwei Kopien von virtuellen Servern mit geschäftskritischen Applikationen/Daten auf zwei verschiedene Standorte „verteilen". Ein physikalischer Wirt-Server kann auch ein virtuelles Netzwerk – als Cloud – mit mehreren IP-Adressen enthalten. Dank Konzepten wie z.B. LISP (*Locator/ID Separation Protocol*) entsteht die Möglichkeit, mehrere Kopien eines virtuellen Netzwerks – sogar mit den gleichen IP-Adressen – an verschiedenen Standorten „laufen" zu lassen.[19] Diese Möglichkeit wird zukünftig die logische Netzwerkstrukturierung und insbesondere die Strategien zur Wiederherstellung der Netzwerke nach verschiedenen Notfällen stark beeinflussen. |
| Projektreporting | **Erstellung von Projektberichten:** Über den gesamten Verlauf der Realisierung eines Netzwerkprojekts sollten am Ende der in Abbildung 8.5-1 dargestellten Phasen *Lieferung*, *Installation* und *Inbetriebnahme* kurze Projektberichte erstellt werden. In der Regel werden zu Beginn des Projekts mit der Geschäftsführung bzw. dem Management des Unternehmens konkrete Zeiträume für die Abgabe von Projektberichten vereinbart. Dadurch wird die Unternehmensführung über den Fortschritt des Projekts und etwaige Probleme frühzeitig informiert, und kann auf die Steuerung des Projekts Einfluss nehmen. Durch die regelmäßige Erstellung entsprechender Berichte kann der Status des Projekts z.B. die Abnahme der Lieferung oder Installation kurz und knapp präsentiert werden. Es bietet sich hierbei an dem Bericht eine kurze Zusammenfassung für das Management (sog. *Management Summary*) voranzustellen. |
| Projektreviews | **Durchführung von Projektreviews:** Im Verlauf des Netzwerkprojekts und Netzwerkbetriebs können Projektberichte für interne und externe Reviews genutzt werden. Dabei wird der Fortschritt des Netzwerkprojekts in den einzelnen Phasen begutachtet. Dies kann durch interne Mitarbeiter, z.B. im Auftrag des Managements durch das IT-Controlling oder durch externe Sachverständige übernommen werden. Projektreviews sind ein wirkungsvolles Mittel, um innerhalb der Phasen der Netzwerkrealisierung und des Netzwerkbetriebs alternative Lösungen zu finden oder Probleme im Idealfall zu erkennen und zu vermeiden, bevor diese entstehen. Die Erfahrungen externer Gutachter aus früheren Projekten können hier eine wertvolle Hilfe sein. |

---

[19] Für Näheres darüber s. LISP in [Schu 13] oder `http://www.competence-site.de/it-virtualisierung/LISP-Locator-ID-Separation-Protocol`

# 9 Aktuelle Netzwerktechnologien und Trends

In den letzten Jahren hat sich die Netzwerkwelt sehr stark verändert und ändert sich noch weiter, sodass immer neue Herausforderungen beim Netzwerk-Design bzw. Redesign bewältigt werden müssen. Es haben sich in den letzten Jahren aber einige Trends herauskristallisiert: Der Siegeszug von Ethernet als Netzwerktechnologie und der des Internetprotokolls IP sind nicht zu bremsen. Das klassische Routing und die IP-Subnetze werden von Layer-3-Switching und von VLANs abgelöst. Die Virtualisierung im Netzwerkbereich und die Nutzung von virtuellen Servern stellt neue Anforderungen an Netzwerke – insbesondere an Netzwerke in Datacentern.

*Etablierung von Ethernet, IP, VLANs und Switching*

Neue Konzepte wurden entwickelt, um diesen Anforderungen gerecht zu werden. Beispielsweise ermöglicht BPE (*Bridge Port Extension*), Loop-freie Netzwerke in Form von Baumstrukturen einzurichten und Switching zu zentralisieren. Die Konzepte TRILL (*Transparent Interconnection of Lots of Links*) und SPB (*Shortest Path Bridging*) liefern neue Möglichkeiten, VLANs einzurichten und folglich Netzwerke logisch flexibel zu strukturieren. Damit man aus virtuellen Servern bestehende und beliebig verteilte VLANs einrichten kann, steht das Konzept VXLAN (*Virtual Extensible LAN*) zur Verfügung. Eine flexible und rasche Bereitstellung verschiedener Netzwerkdienste ist zukünftig dank SDN (*Software Defined Networking*) möglich.

*Neue Konzepte*

Dieses Kapitel liefert wichtige Grundlagen, die man bei Netzwerkprojekten benötigt, und einen Überblick über neue Konzepte. Hierfür gibt Abschnitt 9.1 eine Übersicht über alle relevanten Ethernet-Varianten. Abschnitt 9.2 erläutert die Prinzipien von Layer-2- und Layer-3-Switching. Dem Konzept BPE widmet sich Abschnitt 9.3. Auf TRILL und SPB gehen die Abschnitte 9.4 und 9.5 ein. Die Idee von VXLANs erläutert Abschnitt 9.6. Das Konzept und den Einsatz von SDN präsentiert Abschnitt 9.7. Auf Möglichkeiten von IT-Outsourcing geht Abschnitt 9.8 ein. Abschließende Bemerkungen in Abschnitt 9.9 runden dieses Kapitel ab.

*Überblick über das Kapitel*

In diesem Kapitel werden u.a. folgende Fragen beantwortet:

*Ziel dieses Kapitels*

- Welche Varianten von Ethernets mit 100 Mbit/s sowie für 1, 10, 40 und 100 Gigabit Ethernets gibt es und für welche Zwecke eignen sie sich?
- Wie funktionieren Layer-2- und Layer-3-Switches, was ist bei deren Einsatz zu berücksichtigen und welche Generationen von Switches gibt es?
- Welche Bedeutung können die Konzepte BPE, TRILL, SPB und VXLAN haben?
- Worin besteht eine große Bedeutung von SDN in zukünftigen Netzwerken?
- Wann können einzelne Arten von IT-Outsourcing in Frage kommen?
- Welche Trends zeichnen sich für die Entwicklung von Netzwerktechnologien ab?

## 9.1 Ethernet-Standards

Seit dem Beginn der Ära von Networking haben Entwickler, Planer und Administratoren der Netzwerke immer davon „geträumt", über eine einzige Netzwerktechnik zu verfügen, die verschiedene Übertragungsgeschwindigkeiten garantiert, um mit ihrer Hilfe sog. *MAC-Frames* mit immer gleicher Struktur für die Übermittlung von Daten nutzen zu können. Nachdem die Ethernet-Technik Ende der 90er Jahre endgültig die übrigen Netztechnologien – wie Token Ring, FDDI oder ATM – „besiegt" hatte, ist dieser Traum Wirklichkeit geworden. Heute werden Netzwerke ausschließlich auf Basis von verschiedenen Ethernet-Technologien gebaut; diese werden in einer Vielzahl von IEEE-Standards spezifiziert.[1]

Abbildung 9.1-1 bietet eine Übersicht über die wichtigsten Ethernet-Standards. Den dort verwendeten Bezeichnungen von Standards liegt das folgende Schema zugrunde:
<Bitrate> <Base> <Segmentlänge oder Angabe zum Kabeltyp/Übertragungsmedium>

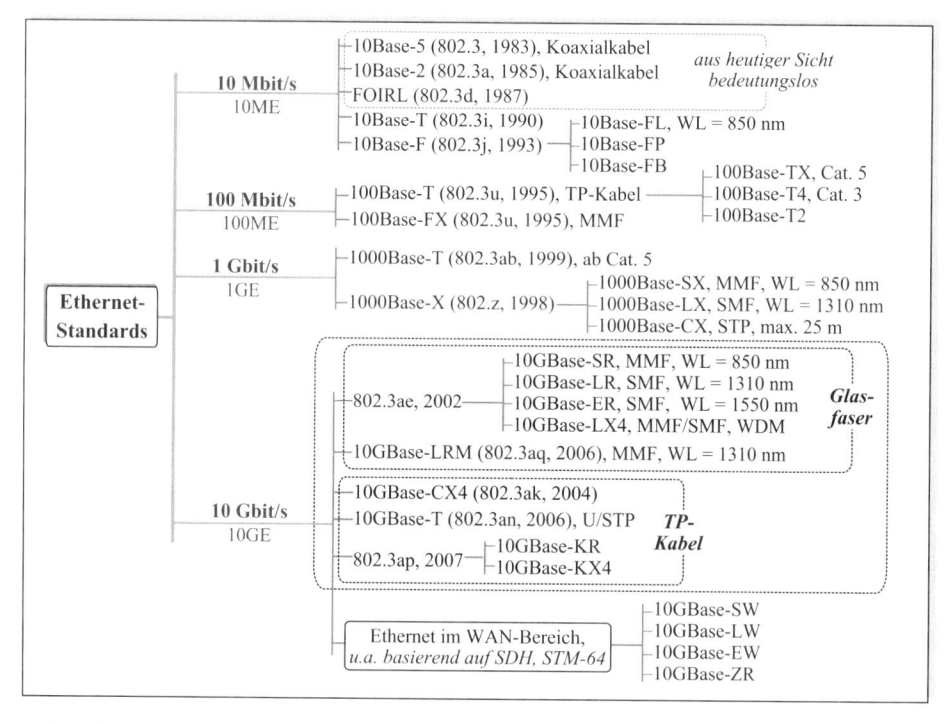

**Abb. 9.1-1:** Zusammenstellung von IEEE-Standards für Ethernets bis 10 Gbit/s
EFM: Ethernet in the First Mile, SDH: Synchronous Digital Hierarchy (Synchrone Digitale Hierarchie), STM: Synchronous Transport Module, WL: Wellenlänge

---

[1] Siehe http://www.ieee802.org/3/

Abbildung 9.1-1 zeigt die bereits geltenden Standards für Ethernets lediglich bis zur Übertragungsgeschwindigkeit von 10 Gbit/s, d.h. bis zu 10 Gigabit Ethernet (kurz *10GE*). Die Entwicklung von Ethernet wird aber weiter vorangetrieben, sodass im IEEE-Standard 802.3ba bereits Lösungen für 40GE und 100GE spezifiziert existieren – s. hier Abschnitt 9.1.4.

Eine Arbeitsgruppe mit der Aufgabe, das Konzept für *Terabit Ethernets* zu entwickeln, wurde bei der IEEE bereits gebildet, auch die Ideen für Terabit-Ethernets, die auf der WDM-Technik basieren, sind vorhanden. Somit ist es nur eine Frage der Zeit, wann Terabit-Ethernet kommt und wann wir Übertragungsgeschwindigkeiten in vollkommen neuen Dimensionen erreichen.[2]

*Terabit-Ethernets im Kommen*

Im Folgenden möchten wir u.a. die Antwort darauf geben, warum die Ethernet-Technologie die anderen Netzwerktechnologien verdrängt hat.

### 9.1.1 Kompatibilität von Ethernet-Generationen

Ethernet war die erste Technologie zum Aufbau von lokalen Netzwerken – von sog. *LANs*. Die ersten Ideen von Ethernet stammen aus der zweiten Hälfte der 70er Jahre. In den 80ern und bis Mitte der 90er Jahre waren auch andere Netzwerktechnologien wie Token Ring, FDDI und ATM im Einsatz. Diese haben sich im Laufe der Zeit aber nicht etabliert. Folglich verwendet man heute zum Aufbau von Netzwerken ausschließlich verschiedene Ethernet-Varianten. Man fragt sich aber: Aus welchem Grund?

*Warum Ethernet?*

Die Ethernet-Technologie besitzt einige sehr bedeutende Eigenschaften, die diesen Siegeszug begründen. Sie ist relativ einfach, im sog. *Vollduplex-Modus* hat man keine Kollisionen mehr, alle vier Generationen von Ethernets – also klassisches Ethernet mit der Bitrate von 10 Mbit/s, Fast-Ethernet, GE, 10GE und auch 40GE sowie 100GE – sind miteinander kompatibel und können somit in einem Netzwerk nebeneinander eingesetzt werden.[3] Die anderen, eben erwähnten Netztechnologien wie z.B. Token Ring konnten diese Eigenschaften nicht vorweisen und haben sich aus diesem Grund nicht etabliert.

*Wichtige Eigenschaften*

Abbildung 9.1-2 veranschaulicht, wie man sich die Koexistenz mehrerer Ethernet-Generationen in einem einzigen Netzwerk vorstellen kann. Hier wird beispielsweise gezeigt, dass ein Verbund von vier Ethernet-Switches (d.h. von Layer-2-Switches), von denen jeder einer Ethernet-Generation entspricht, als ein System funktionieren kann. Dabei wird auch gezeigt, über welche Ethernet-Varianten und über welche Entfernung die mit A, B, ..., H bezeichneten Endeinrichtungen – wie etwa Rechner und Server – an die Switches angebunden werden können.

*Ethernet-Switch = Layer-2-Switch*

---

[2] Der Bedarf nach *Terabit Ethernet* (TE) wird von der IEEE P802.3ba u.a. gezeigt unter: http://www.ethernetalliance.org/blog/2012/06/19/looking-beyond-100-gigabit-ethernet

[3] Ein vier Generationen von Ethernets enthaltendes Netzwerk könnte man sich wie ein Haus vorstellen, in dem vier Generationen einer Familie friedlich zusammenleben – und zwar: Urgroßeltern (10ME), Großeltern (100ME), Eltern (GE) und Kinder (10GE).

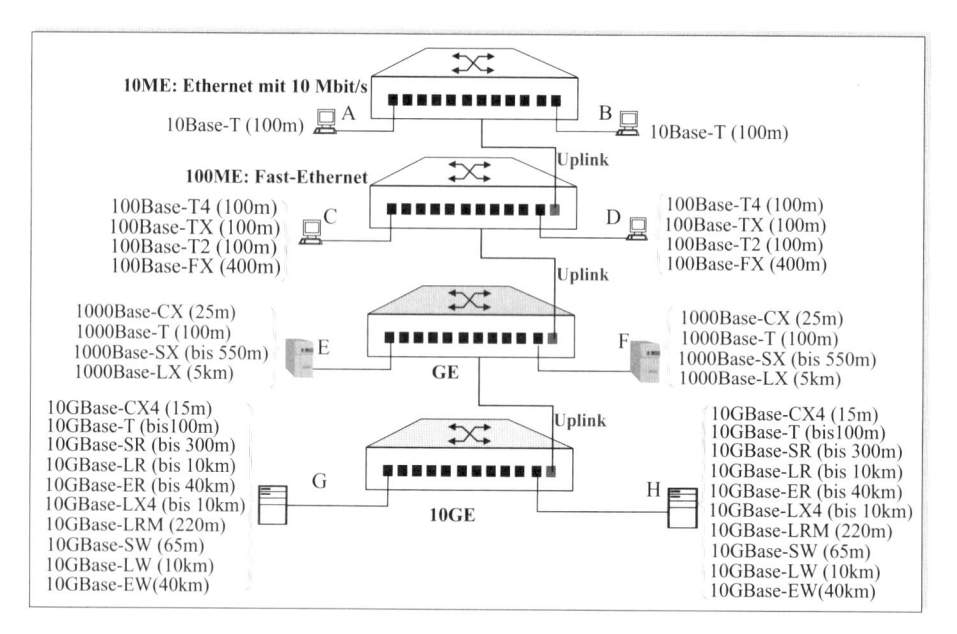

```
┌─────────────────────────────────────────────────────────────┐
│        10ME: Ethernet mit 10 Mbit/s    ▲▲▲                  │
│   10Base-T (100m)  ▄A ▬▬▬▬▬▬▬▬▬▬ B▄ 10Base-T (100m)         │
│                                    Uplink                    │
│          100ME: Fast-Ethernet    ▲▲▲                        │
│   100Base-T4 (100m)                        100Base-T4 (100m)│
│   100Base-TX (100m) ▄C ▬▬▬▬▬▬▬▬▬ D▄ 100Base-TX (100m)       │
│   100Base-T2 (100m)                        100Base-T2 (100m)│
│   100Base-FX (400m)              Uplink    100Base-FX (400m)│
│                                                              │
│   1000Base-CX (25m)            ▲▲▲        1000Base-CX (25m) │
│   1000Base-T (100m)                       1000Base-T (100m) │
│   1000Base-SX (bis 550m) ▄E ▬▬▬▬▬▬ F▄ 1000Base-SX (bis 550m)│
│   1000Base-LX (5km)         GE            1000Base-LX (5km) │
│                                                              │
│   10GBase-CX4 (15m)            Uplink     10GBase-CX4 (15m) │
│   10GBase-T (bis100m)                     10GBase-T (bis100m)│
│   10GBase-SR (bis 300m)         ▲▲▲       10GBase-SR (bis 300m)│
│   10GBase-LR (bis 10km)                   10GBase-LR (bis 10km)│
│   10GBase-ER (bis 40km) ▄G ▬▬▬▬▬▬ H▄ 10GBase-ER (bis 40km)  │
│   10GBase-LX4 (bis 10km)    10GE          10GBase-LX4 (bis 10km)│
│   10GBase-LRM (220m)                      10GBase-LRM (220m)│
│   10GBase-SW (65m)                        10GBase-SW (65m)  │
│   10GBase-LW (10km)                       10GBase-LW (10km) │
│   10GBase-EW(40km)                        10GBase-EW(40km)  │
└─────────────────────────────────────────────────────────────┘
```

**Abb. 9.1-2:** Koexistenz von mehreren Ethernet-Generationen
M/GE: Mega/Gigabit Ethernet

Falls Switches aller Ethernet-Generationen die sog. *Autonegotiation*[4] unterstützen, kann jeder Ethernet-Switch mit einem Switch der nächsten Generation verbunden werden. In der Regel erfolgt – wie in Abbildung 9.1-2 dargestellt – eine solche Verbindung über einen sog. *Uplink*. Auf diese Art und Weise können z.B. angebunden werden:

- ein 10ME-Switch über seinen Uplink mit 100Mbit/s an einen 100ME-Switch,
- ein 100ME-Switch über seinen Uplink mit 1Gbit/s an einen GE-Switch und
- ein GE-Switch über seinen Uplink mit 10Gbit/s an einen 10GE-Switch.

Die in Abbildung 9.1-2 gezeigte Koexistenz verschiedener Ethernet-Generationen in einem Netzwerk garantiert u.a. den Investitionsschutz und die Zukunftssicherheit von Netzwerken auf der Basis von Ethernets.

### 9.1.2 Klassische Ethernets mit 10 Mbit/s

10Base-5 – dickes Ethernet

Der erste IEEE-Standard 802.3 (aus dem Jahr 1983) spezifizierte das als *10Base-5* bezeichnete Ethernet mit einer Übertragungsgeschwindigkeit von 10 Mbit/s in Form eines Shared Media LAN-Segments mit einer Länge von bis zu 500 m. In diesem LAN wurde ein dickes Koaxialka-

---

[4] Nähere Informationen darüber siehe: http://de.wikipedia.org/wiki/Autonegotiation und http://www.ethermanage.com/ethernet/pdf/dell-auto-neg.pdf

bel⁵ RG-8 – mit dem Durchmesser von ca. 1 cm – als Übertragungsmedium verwendet. Aus diesem Grund wurde 10Base-5 auch *dickes Ethernet* (*Thick Ethernet*) genannt.

Der darauffolgende Standard 802.3a aus dem Jahr 1985 – Ethernet *10Base-2* genannt – spezifizierte ein Shared Media LAN-Segment mit einer Länge von bis zu 200 m und als Übertragungsmedium war bereits ein dünneres Koaxialkabel RG-58 vorgesehen. 10Base-2 wurde als *dünnes Ethernet* (*Thin Ethernet*) bezeichnet und auch *Cheapernet* genannt.

10Base-2 – dünnes Ethernet

In 10Base-5 und 10Base-2 waren die Ethernet-Ideen aus der ersten Hälfte der 80er Jahre verankert und diese beiden Standards spezifizierten *kollisionsbehaftete Netzwerke mit dem berühmten Zugriffsverfahren CSMA/CD* (*Carrier Sence Multiple Access / Collision Detection*). Weil die Ethernets nach 10Base-5 und 10Base-2 als LAN-Segmente auf der Basis von Koaxialkabeln (als shared Medium bzw. Bus-Topologie) konzipiert wurden, hat man diese LANs nur in den 80er Jahren installiert, als Skalierbarkeit und Erweiterbarkeit von Netzwerken noch keine Rolle spielten.⁶ Das ist der Hauptgrund dafür, warum heute die Ethernets 10Base-5 und 10Base-2 nur noch eine historische Bedeutung haben.

10Base-5 und 10Base-2 sind heute bedeutungslos

Bereits in der zweiten Hälfte der 80er Jahre wurde die eben erwähnte Schwäche von LANs auf der Basis von Koaxialkabeln erkannt. Mit dem Ziel, TP-Kabel (*Twisted Pair*) nutzen zu können, wurde wenig später eine neue Ethernet-Version mit 10 Mbit/s entwickelt. Diese Ethernet-Variante mit der Bezeichnung *10Base-T* wurde im Jahr 1990 als Ethernet-Standard 802.3i spezifiziert. 10Base-T wird in Form eines als *Repeater* bezeichneten Moduls aufgebaut, an den die mit Ethernet-Adapterkarten ausgestatteten Rechner angeschlossen werden können. Eine solche Systemlösung ermöglicht es, Netzwerke so zu bauen, dass man die Skalierbarkeit und Erweiterbarkeit – sogar beim laufenden Netzwerkbetrieb – garantieren kann.

10Base-T als erstes Ethernet über TP-Kabel

Um räumlich weit voneinander entfernte 10Base-5 und 10Base-2 Ethernets über sog. *Sternkoppler* miteinander zu verbinden, wurde im Jahr 1993 „Ethernet over Fiber" als IEEE-Standard 802.3j – *10Base-F* genannt – spezifiziert. Bei 10Base-F handelt es sich um eine optische Übertragungsstrecke, auf der man Ethernet-Frames transportieren kann. Es entstanden drei Varianten von 10Base-F, und zwar:

10Base-F bedeutungslos

- 10Base-FB zur Vernetzung passiver Sternkoppler (*Passive Star*),
- 10Base-FA zur Vernetzung aktiver Sternkoppler (*Active Star*),
- 10Base-FL als sog. FOIRL (*Fiber Optic Inter Repeater Link*).⁷

Als Ethernets mit 10Base-5 und 10Base-2 an Bedeutung verloren, ist auch die Ethernet-Familie 10Base-F bedeutungslos geworden. Von den klassischen Ethernets mit 10 Mbit/s ist heute – wenn überhaupt – nur noch die Ethernet-Variante 10Base-T relevant.

---

⁵ Siehe http://de.wikipedia.org/wiki/Koaxialkabel
⁶ Die Skalierbarkeit und Erweiterbarkeit von Netzwerken hat bereits zu Beginn der 90er Jahre an Bedeutung gewonnen. Demzufolge hatten die auf Koaxialkabeln basierenden LANs an Bedeutung verloren. Folglich wurde das Medium *Koaxialkabel* bereits in der ersten, aus dem Jahr 1993 stammenden, Version des Standards für eine universelle Verkabelung nicht mehr erwähnt.
⁷ FOIRL wurde (1987) als Standard IEEE 802.3d spezifiziert, um 10Base-5 Ethernets über optische Links zu koppeln.

## 9.1.3 Ethernets mit 100 Mbit/s

**Fast Ethernets**

Den nächsten Schritt in der Entwicklung von Ethernet stellt die als *Fast Ethernet* bezeichnete Variante mit 100 Mbit/s dar. Nachdem aus klassischen Ethernet-Varianten mit 10 Mbit/s nur noch 10Base-T übrig geblieben war, wurde 10Base-T zu 100 Mbit/s weiterentwickelt. Folglich wurden im IEEE-Standard 802.3u (1995) die Ethernet-Varianten 100Base-T4, 100Base-TX und 100Base-FX spezifiziert. 1998 kam noch 100Base-T2 als IEEE-Standard 202.3y hinzu. Tabelle 9.1-1 zeigt eine Zusammenstellung von Ethernets mit 100 Mbit/s.

**Tab.9.1-1:** Gegenüberstellung von Fast Ethernets (FEs) – d.h. von Ethernets mit 100 Mbps

| Fast Ethernet | Kabeltyp | Reichweite | Sonstiges |
|---|---|---|---|
| **100Base-T4** FE über 4 Leitungspaare des TP-Kabels | 4-paariges, zumindest ungeschirmtes TP (UTP) der Kategorie 3 | 100 m | Die Datenübermittlung erfolgt über drei Leitungspaare, ein Paar wird zur Kollisionsmeldung verwendet |
| **100BaseTX** FE über 2 Adernpaare | 2-paariges TP-Kabel, zumindest UTP der Kategorie 5 | 100 m | Ein Leitungspaar pro Richtung wird benutzt; die oft verwendete Variante von Fast Ethernet |
| **100Base-T2** FE im Vollduplex-Modus[8] über 2 Adernpaare | 2-paariges TP-Kabel, zumindest der Kat. 3 | 100 m | Diese Technik findet man heute im Gigabit Ethernet 1000Base-T; es gibt kaum Produkte mit 100Base-T2 |
| **100Base-FX** FE über Multimode-Faser (MMF) | MMF mit einem Kerndurchmesser von 50 oder 62,5 μm | 400 m, mit Repeatern bis 2000 m | Die Variante wurde früher zwischen Switches eingesetzt. |

Fast Ethernet kommt heute teilweise noch für die Anbindung von Clients zum Einsatz, wird jedoch vermehrt durch Gigabit Ethernet ersetzt. Im Server-Bereich wird nahezu ausschließlich Ethernet im Gigabit-Bereich verwendet.

## 9.1.4 Varianten von Gigabit Ethernets

**GE als Vollduplex-Ethernet**

Beim *Gigabit Ethernet* (GE) – also beim Ethernet mit Übertragungsgeschwindigkeit von 1 Gbit/s – handelt es sich *hauptsächlich* um ein Ethernet im Vollduplex-Modus, d.h. um ein kollisionsfreies Ethernet, weshalb es als *Vollduplex-Ethernet* bezeichnet wird. Tabelle 9.1-2 zeigt die Varianten von GE,[9] die zum Aufbau von LANs konzipiert wurden.

---

[8] Im Vollduplex-Modus finden bei Ethernet keine Kollisionen statt. Demzufolge handelt es sich um ein kollisionsfreies Netzwerk, in dem nur Ethernet-Frames übermittelt werden und das klassische Zugriffsverfahren CSMA/CD keine Bedeutung mehr hat, also de facto abgeschaltet bleibt.

[9] Für weitere Informationen darüber siehe den IEEE-Standard *802.3-2008-Sektion 3*; unter http://standards.ieee.org/getieee802/802.3.html kann dieser kostenlos heruntergeladen werden.

**Tab.9.1-2:** Gegenüberstellung von Gigabit Ethernets – für den Aufbau von LANs
BLP: Bandbreitenlängenprodukt, C: Copper, LX: Long Wavelength, MMF: Multimode Faser,
SMF: Singlemode Faser, SX: Short Wavelength

| GE | Kabeltyp | Reichweite | Sonstiges |
|---|---|---|---|
| **1000Base-T** GE über TP-Kabel | 4-paariges UTP-Kabel zumindest der Kategorie 5 | 100 m | Vollduplex-Übertragung mit 250 Mbit/s über jedes Leitungspaar |
| **1000Base-SX** GE mit kurzer Reichweite über LWL-Kabel | MMF Wellenlänge 850 nm | Hängt vom BLP wie folgt ab: 50μm-MMF mit BLP: – 400 MHz • km bis 500 m – 500 MHz • km bis 550 m 62.5μm-MMF mit BLP: – 160 MHz • km bis 220 m, – 200 MHz • km bis 275 m | |
| **1000Base-LX** GE mit langer Reichweite über LWL | MMF bzw. SMF | Hängt vom BLP wie folgt ab: 50μm-MMF mit BLP: 400 MHz • km bis 500 m 62.5μm-MMF mit BLP: 500 MHz • km bis 220 m 10μm-SMF bis 5000 m | |
| **1000Base-CX** GE über Kupferkabel | STP-Kabel mit dem Wellenwiderstand von 150 Ohm | bis 25 m | Eignet sich für Endgerätenanschlüsse, Leitungscodierung 8B/10B[10] |

Für den Zugang zum Internet – d.h. für sog. EFM (*Ethernet in the First Mile*), wurden zusätzlich drei Varianten von GE mit einer Reichweite von bis zu 10 km über Singlemode-Faser spezifiziert. Im Internetzugangsbereich unterscheidet man beim Einsatz von sog. *passiven optischen Splittern* zwischen Punkt-zu-Punkt- und Punkt-zu-Mehrpunkt-Verbindungen, an die mehrere Teilnehmer angeschlossen werden können.

*Gigabit Ethernets für Internetzugang*

Für die Punkt-zu-Punkt-Verbindungen wurden folgende GE-Varianten vorgesehen:

*Ethernets für Punkt-zu-Punkt-Verbindungen*

- **1000Base-BX10**: Um in beide Richtungen zu übertragen, nutzt diese Variante die WDM-Technik mit zwei Wellenlängen von 1310 nm und 1490 nm über eine Singlemode-Faser.
- **1000Base-LX10**: Um eine Vollduplex-Übertragung zu ermöglichen, nutzt diese Variante zwei entgegengerichtete Fasern. Dabei können folgende Reichweiten erzielt werden: von 550 m über eine Multimode-Faser und 10 km über eine Singlemode-Faser.

Für die Übertragung über Punkt-zu-Mehrpunkt-Verbindungen wurden 1000Base-PX10 und 1000Base-PX20 spezifiziert. Diese GE-Varianten nutzen eine Singlemode-Faser und verwenden die WDM-Technik mit zwei Wellenlängen von 1310 nm und 1490 nm, um eine Vollduplex-Übertragung zu realisieren. Die Reichweite beträgt 10 km mit 1000Base-PX10 und 20 km mit 1000Base-PX10.

*Ethernet für Punkt-zu-Mehrpunkt-Verbindungen*

---

[10] 8B/10B bedeutet, dass jeweils eine zu sendende Folge von 8 Bits zur Übertragung auf einen Block von 10 Bits umcodiert wird. Dadurch entstehen zusätzliche, für die Kontrolle der Übertragung notwendige Symbole.

## Arten von 10 Gigabit Ethernets

**10GE nur als Vollduplex-Ethernet**

Beim 10 Gigabit Ethernet (kurz 10GE oder 10GbE) wird nur der Vollduplex-Modus unterstützt. Die relevanten Standards für die Realisierung von Ethernet mit 10 Gbit/s wurden bereits in Abbildung 9.1-1 aufgelistet.[11] 10GE kann auf der Basis sowohl von Glasfasern als auch von TP-Leitungen realisiert und in allen Netzbereichen, d.h. in LANs, MANs und WANs verwendet werden. Man spricht in Bezug auf die Verwendung von Ethernet im MAN- und WAN-Bereich auch von *Metro Ethernet* oder *Carrier Grade Ethernet*. Der ursprünglich rein für die Verwendung in LANs geplante Ethernet-Standard musste hierfür u.a. um die Unterstützung von Operations, Administration und Maintenance auf Weitverkehrsstrecken ergänzt werden.

**10GE über Glasfaser**

Tabelle 9.1-3 zeigt einzelne Varianten von 10GE auf der Basis von Glasfasern.

**Tab.9.1-3:** Gegenüberstellung von Gigabit Ethernets (GE) auf der Basis von Glasfasern
CWDM: Coarse WDM, LR: Long Range, LRM: Long Reach Multimode, LX: Long Wavelength, MMF: Multimode Faser, SMF: Singlemode Faser, SR: Short Range, WDM: Wavelength Division Multiplexing, WWDM: Wide WDM

| 10GE | Kabeltyp | Reichweite | Sonstiges |
|---|---|---|---|
| **10GBase-SR** GE mit kurzer Reichweite | MMF: typisch OM3, Wellenlänge 850 nm | Hängt vom MMF ab; z.B. über 50µm-MMF der Kategorie:[12] - OM1 bis 33 m - OM2 bis 86 m - OM3 bis 300 m - OM4 bis 550 m | IEEE 802.3ae (2002), Leitungscodierung 64B/66B, VCSEL (*Vertical Cavity Surface Emitting Laser*) kann eingesetzt werden. |
| **10GBase-LR** GE mit langer Reichweite | SMF: Wellenlänge 1310 nm | Bis zu 10 km | IEEE 802.3ae, Leitungscodierung 64B/66B, Einsatz von *Fabry-Pérot-Lasern* |
| **10GBase-ER** GE mit extra langer Reichweite | SMF: Wellenlänge 1550 nm | Bis zu 40 km | IEEE 802.3ae, Codierung 64B/66B, kompatibel mit CWDM-Systemen |
| **10GBase-LX4** GE auf Basis von WDM | MMF oder SMF, Wellenlängen 1275, 1300, 1325 und 1350 nm | Hängt vom Kabeltyp ab: - über MMF bis 300 m - über SMF (6.2 µm) bis 10 km | IEEE 802.3ae, Einsatz von WWDM mit 4 Wellenlängen |
| **10GBase-LRM** | 50/62.5µm-MMF, Wellenlänge 1310 nm | Bis zu 220 m | IEEE 802.3aq (2006) |

In lokalen Netzwerken – also in sog. LANs – erreichen die Ethernets 10GBase-SR und 10GBase-LR dank der Verfügbarkeit zahlreicher Produkte insb. im Server-Bereich eine steigende Verbreitung.

---

[11] Siehe: http://en.wikipedia.org/wiki/10_Gigabit_Ethernet
[12] Ähnlich wie TP-Kabel werden auch Glasfasern nach Qualität in Kategorien eingestuft. Die einzelnen Kategorien von Multimode-Fasern mit 50/125µm bzw. 62.5/125µm sind: OM1, OM2, OM3 und OM4. Die Bezeichnung OM bedeutet *Optical Multimode*. OM4 wurde für 40GE und 100GE vorgesehen – siehe: http://de.wikipedia.org/wiki/Lichtwellenleiter

10GE kann auch über TP-Kabel realisiert werden. Tabelle 9.1-4 zeigt eine Auflistung von 10GE-Varianten auf der Basis von TP-Kabeln.

*10GE über TP-Kabel*

**Tab.9.1-4:** Gegenüberstellung von GEs auf der Basis von TP-Kabeln
IB: InfiniBand

| 10GE | Kabeltyp | Reichweite | Sonstiges |
|---|---|---|---|
| 10GBase-CX4 | Spezielles IB4X-Kabel mit 8 Adernpaaren | Bis zu 15 m | IEEE 802.3ak (2004); parallele Übertragung für InfiniBand über vier Leitungspaare mit 3.125 Gbit/s je Leitungspaar; Einsatz in Racks zur Anbindung von Servern an ToR-Switches |
| 10GBase-T[13] 10GE über TP-Kabel | UTP oder STP[14] mit der Kategorie 6 bzw. 7 | Sie hängt vom Kabeltyp ab – s. Tab. 9.1-5 | IEEE 802.3an (2006); parallele Übertragung über vier Leitungspaare mit 2.5 Gbit/s je Leitungspaar |

Allerdings wurde 10GBase-CX4 durch 10GBase-T verdrängt.

Tabelle 9.1-5 zeigt, welche Reichweiten mit Ethernets 10GBase-T in Abhängigkeit von der Qualität des TP-Kabels – d.h. von der TP-Kabelkategorie – erreichbar sind.

*Backplane 10GE*

**Tab. 9.1-5:** Reichweite von 10GBase-T bei verschiedenen TP-Kabeltypen

| TP-Kabeltyp | max. Linklänge | Grenzfrequenz |
|---|---|---|
| Kat. 5e, U/UTP | 22 m | 100 MHz |
| Kat. 6, S/FTP | 55 m | 250 MHz |
| Kat. 6a, U/UTP | 100 m | 625 MHz |
| Kat. 6e, U/UTP | 55 m | 500 MHz |
| Kat. 7[15], S/FTP | 100 m | 600 MHz |

Um Anbindung von Servern, die als Einschubmodule in Racks untergebracht werden, an sog. *ToR-Switches* (s. Abb. 4.3-4) zu ermöglichen, wurden zwei 10GE-Varianten, die sog. *Backplane Ethernets* entwickelt und im IEEE-Standard 802.3ap (im Jahr 2007) spezifiziert. Diese als **10GBase-KR** und **10GBase-KX4** bezeichneten *Backplane Ethernets* garantieren eine Reichweite bis zu 1 m. Bei 10GBase-KR findet eine serielle Datenübertragung statt, 10GBase-KX4 realisiert hingegen eine parallele Übertragung über vier Links.

Die SDH-Technik, d.h. *die Technik aus dem WAN-Bereich*, kann auch eingesetzt werden, um 10GE zu realisieren. Über die SDH-Schnittstelle STM-64[16] mit der Übertragungsgeschwindigkeit von 10 Gbit/s können auch Ethernet-Frames transportiert werden. Diese Art der Nutzung einer SDH-Übermittlungsstrecke führt zur Entstehung einer Punkt-zu-Punkt-Variante von 10GE.

*10GE über SDH*

---

[13] Diese 10GE-Variante würde der 1GE-Variante 1000Base-CX entsprechen. Auch 1000Base-CX wurde durch 1000 Base-T verdrängt.
[14] Für weitere Informationen siehe z.B.: http://www.ieee802.org/3/10GBT/public/nov03/10GBASE-T_tutorial.pdf
[15] Die Umrüstung auf neue Steckverbinder ist nötig.
[16] Die Schnittstelle STM-64 von SDH wird bei SONET als OC-192- bezeichnet.

Varianten für die Verwendung von 10GE im WAN sind z.B. im Standard IEEE 802.3ak spezifiziert. Im Einzelnen handelt es sich hier um folgende 10GE-Varianten:

- **10GBase-SW** (S: Short, W: WAN): 10GE über Multimode Faser mit dem Kerndurchmesser von 50 µm, Wellenlänge 850 nm, Reichweite: 33 m über OM1-Faser, 86 m über OM2-Faser, 300 m über OM3-Faser und 550 m über OM4-Faser
- **10GBase-LW** (L: Long, W: WAN): 10GE über Singlemodefaser mit dem Kerndurchmesser von 9 µm, Wellenlänge 1310 nm, Reichweite 10 km
- **10GBase-EW** (E: Extra long wavelength, W: WAN): 10GE über Singlemodefaser mit dem Kerndurchmesser von 9 µm, Wellenlänge 1550 nm, Reichweite 40 km

## 40 und 100 Gigabit Ethernets

Ebenso wie bei Ethernet mit 10 Gbit/s wird bei Ethernets mit 40 und 100 Gbit/s, kurz als *40GE* und *100GE* bezeichnet, *nur der Vollduplex-Modus* auf den Punkt-zu-Punkt-Verbindungen, die als *40/100GE-Links* zu betrachten sind, unterstützt. Die Spezifikationen dieser Gigabit Ethernets sind im IEEE-Standard 802.3ba enthalten.[17] Tabelle 9.1-6 zeigt eine Auflistung aller Standards für *40GE* und *100GE*.[18]

**Bemerkung:** In den Bezeichnungen von 40GE- und 100GE-Varianten verweist der Buchstabe R auf die Leitungscodierung 64B/66B, K auf Backplane, C auf Kupferkabel (Copper), S auf Short Reach, L auf Long Reach. Mit der Ziffer 4 oder 10 wird die Anzahl paralleler Übertragungskanäle – im IEEE-Standard 802.3ba als *PCS Lane* (*Physical Coding Sublayer*) bezeichnet – auf einem 40/100GE-Link angegeben.

**Tab. 9.1-6:** Standards für Ethernets mit 40 und 100 Gbit/s im Überblick
MMF: Multimode-Faser, SMF: Singlemode-Faser

| 40GE | 100GE | Reichweite |
|---|---|---|
| 40GBase-KR4 | | 1m über Kupfer-Backplane |
| 40GBase-CR4 | 100GBase-CR10 | bis 7 m über Kupfer-Twinax-Kabel |
| 40GBase-SR4 | 100GBase-SR10 | min. 100 m über OM3 MMF bzw. 120 m über OM4 MMF |
| 40GBase-LR4 | 100GBase-LR4 | min. 10 km über SMF |
| | 100GBase-ER4 | min. 40 km über SMF |

Die einzelnen 40GE-Varianten sind wie folgt zu charakterisieren:

- **40GBase-KR4**: Parallele Übertragung auf Backplane über 4 Kupferleitungspaare, 10 Gbit/s pro Leitungspaar, Reichweite 1 m
- **40GBase-CR4**: 40GE über Twinax-Kabel, minimale Reichweite 10 m

---

[17] Unter http://standards.ieee.org/about/get/802/802.3.html kann der Standard 802.3ba kostenlos heruntergeladen werden; s. auch: http://www.ieee802.org/3/ba
[18] Siehe: http://www.jdsu.com/ProductLiterature/100GE-Grundlagen-white_paper.pdf

- **40GBase-SR4**: 40GE über Multimode-Faser mit einem Kerndurchmesser von 50 µm, WDM mit vier Wellenlängen im Bereich von 850 nm, 10 Gbit/s pro Wellenlänge, Reichweite: 100 m über OM3-Faser bzw. 120 m über OM4-Faser
- **40GBase-LR4**: 40GE über Singlemode-Faser, Einsatz von WDM, vier Wellenlängen im Bereich von 1310 nm im Kanalabstand von 20 nm, 10 Gbit/s pro Wellenlänge, minimale Reichweite 10 km

Im Einzelnen handelt es sich hier um folgende 100GE-Varianten:

*100GE-Varianten*

- **100GBase-CR10**: 100GE über Twinax-Kabel, minimale Reichweite 10 m
- **100GBase-SR10**: 100GE über Multimode-Faser mit dem Kerndurchmesser von 50 µm, WDM mit zehn Wellenlängen im Bereich von 850 nm, 10 Gbit/s pro Wellenlänge, minimale Reichweite: 100 m über OM3-Faser bzw. 120 m über OM4-Faser
- **100GBase-LR4**: 100GE über Singlemode-Faser, WDM mit vier Wellenlängen im Bereich von 1310 nm mit dem Kanalabstand von 4.5 nm, 25 Gbit/s pro Wellenlänge, minimale Reichweite 10 km
- **100GBase-ER4**: 100GE über Singlemode Faser, WDM mit vier Wellenlängen im Bereich von 1310 nm mit dem Kanalabstand von 4.5 nm, 25 Gbit/s pro Wellenlänge, minimale Reichweite 40 km

40GE und 100GE können auf der Basis von Glasfasern realisiert werden und eignen sich für den Einsatz in Datacentern – insbesondere für die Realisierung des Konzepts EoR (s. Abb. 4.3-7) und für den Einsatz von FCoE (*Fibre Channel over Ethernet*) zur Anbindung von Servern an Speichersysteme – sowie im MAN- und WAN-Bereich für die Kopplung von „Netzwerkinseln" über Singlemode-Fasern bis zur Entfernung von 40 km (vgl. hierzu Metro/Carrier Ethernet).

## 9.2 Layer-2/3-Switches – Funktionsweise, Einsatz

Moderne Netzwerke besitzen eine Multilayer-Architektur, vgl. hierzu Abbildung 4.2-2, in der verschiedene Arten von Switches eingesetzt werden, und zwar:

- *Layer-2-Switches – kurz L2-Switches – als Access Switches* für die Anbindung an das Netzwerk sowohl von Rechnern im Client-LAN als auch von Servern in Server-LAN und
- *Layer-2/3-Switches* – auch *Multilayer-Switches* genannt – als Distribution Switches im Client-LAN und als Aggregation Switches im Server-LAN. Die Multilayer-Switches können auch im Core- und im Internet-Access-Bereich eingesetzt werden.

Bei der logischen Strukturierung moderner IP-Netzwerke werden IP-Subnetze heute häufig in VLANs (*Virtual Local Area Networks*) unterteilt, die dann die Verteilung eines IP-Subnetzes über mehrere LAN-Segmente ermöglicht. Und die Aufgaben der eben genannten Switches dabei sind:

- Layer-2-Switches dienen als Ethernet-Switches, die MAC-Frames über mehrere LAN-Segmente von Eingangs- zu Ausgangs-Ports weiterleiten können.
- Layer-3-Switches bilden logisch die Funktion von Routern, die IP-Pakete zwischen mehreren IP-Subnetzen weiterleiten können. Auf diese Art und Weise können z.B. mehrere VLANs oder unterschiedliche IP-Subnetze miteinander verbunden werden.

### 9.2.1 Layer-2-Switches

Als Access-Switches in Netzwerken (s. Abb. 4.2-2) setzt man in der Regel die sog. *Layer-2-Switches* – kurz *L2-Switches*[19] – ein. Deren Struktur und Funktionsweise möchten wir jetzt mithilfe von Abbildung 9.2-1 kurz erläutern.

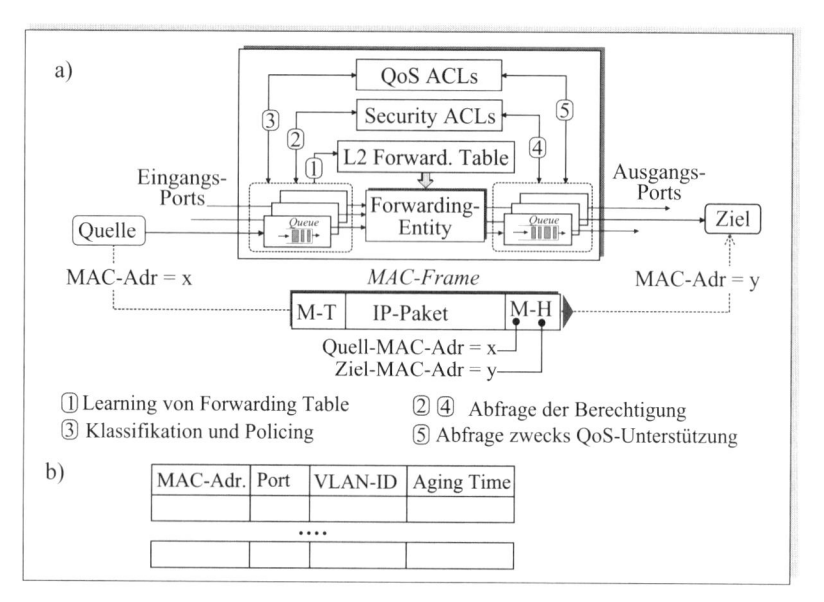

**Abb. 9.2-1:** Funktionsweise von L2-Switches: a) logische Struktur, b) L2 Forwarding Table
M-H: MAC-Header, M-T: MAC-Trailer, QoS: Quality of Service

**L2 Forwarding Table**

Im Allgemeinen hat ein L2-Switch die Aufgabe, jeden empfangenen Ethernet-Frame aufgrund seiner Ziel-MAC-Adresse an einen seiner Ausgangsports weiterzuleiten. Jeder L2-Switch muss daher wissen, welche MAC-Adressen über jeden seiner Ausgangsports zu erreichen sind. Hierfür enthält er eine L2-Weiterleitungstabelle – als *L2 Forwarding Table* bezeichnet – mit den Zuordnungen: MAC-Adresse ⇨ Portnummer.

**Bildung von VLANs**

Hervorzuheben ist aber, dass die an einen L2-Switch angeschlossenen Rechner so gruppiert werden können, dass sie verschiedenen Gruppen angehören. *Diese Gruppen*

---

[19] Die L2-Switches sind Ethernet-Switches und stellen eine Weiterentwicklung von *transparenten Multiport-Bridges* dar. Im Gegensatz zu Bridges können L2-Switches in der Regel mehrere Frames gleichzeitig weiterleiten, so dass eine parallele Kommunikation stattfindet – siehe z.B. [BaHK 04].

bilden *Virtual LANs* (VLANs) und werden in der Regel als *IP-Subnetze* eingerichtet. Jedem VLAN wird eine eindeutige Identifikation zugeordnet – die sog. *VLAN-ID*.[20] Damit der L2-Switch die Bildung von VLANs unterstützen kann, muss in seiner L2 Forwarding Table zusätzlich – durch die Eintragung von VLAN-IDs – die Zugehörigkeit jedes Ports zu einem VLAN angegeben werden (vgl. Abb. 9.2-1b).

**Bemerkung:** In einfachen L2-Switches ohne Unterstützung der Bildung von VLANs enthalten seine L2 Forwarding Tables keine Spalte mit VLAN-ID.

## Weiterleitung von MAC-Frames

Abbildung 9.2-2 zeigt, welche Aufgaben jeder Switch bei der Weiterleitung jedes empfangenen MAC-Frames in der Regel „erledigen" muss.

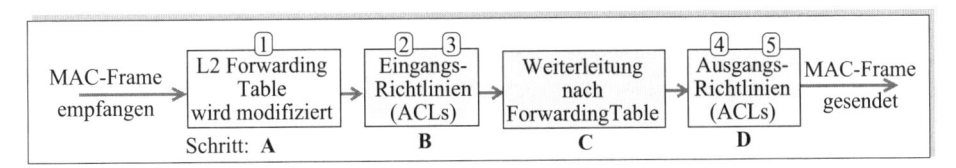

**Abb. 9.2-2:** Schritte im L2-Switch bei der Weiterleitung eines MAC-Frames
1,2,3,4 und 5 wie in Abbildung 9.2-1

Bei der Weiterleitung jedes MAC-Frames werden im L2-Switch die in Abbildung 9.2-2 aufgelisteten Aufgaben 1, 2, 3, 4 und 5 als Schritte A, B, C und D durchgeführt:

*Schritte bei der Weiterleitung*

**A:** *Learning von Forwarding Table*: Nach Empfangen jedes MAC-Frames wird die Forwarding Table entsprechend modifiziert.

**B:** *Einhaltung von Eingangsrichtlinien*: Bei der Weiterleitung von Frames müssen in der Regel bestimmte Richtlinien eingehalten werden. Diese werden oft *Access Control Lists*[21] *(ACLs)* genannt. Beispielsweise können in Security ACLs sicherheitsrelevante Berechtigungen einzelner Rechner gespeichert werden. In QoS-relevanten ACLs können Angaben gemacht werden, um empfangene MAC-Frames zu klassifizieren und ihnen verschiedene Prioritäten zuzuordnen, z.B. einem Frame mit Sprache eine höhere Priorität. Gemäß der Priorität werden die MAC-Frames vor der Weiterleitung in Queues (Warteschlangen) abgespeichert und später, zu gegebenen Zeitpunkten, weitergeleitet.

**C:** *Weiterleitung nach der Forwarding Table*

**D:** *Einhaltung von Ausgangsrichtlinien*: Auch vor Absenden von Frames müssen oft einige Richtlinien eingehalten werden. Beispielsweise werden die Frames gemäß deren Prioritäten in Queues am Ausgangsport vor der Leitung eingereicht.

---

[20] Die Zugehörigkeit eines MAC-Frames zu einem VLAN wird durch die Eintragung der VLAN-ID im MAC-Header (gemäß dem Standard IEEE 802.1Q bzw. dessen Erweiterung des MAC-Headers) angegeben – siehe hierzu http://de.wikipedia.org/wiki/IEEE_802.1q

[21] Für Näheres siehe: http://de.wikipedia.org/wiki/Access_Control_List

## 9 Aktuelle Netzwerktechnologien und Trends

**Learning von Forwarding Table**

Der L2-Switch ist in der Lage, seine Forwarding Table selbständig zu erstellen und zu aktualisieren. Hierfür wird die Quell-MAC-Adresse in jedem empfangenen Frame gelesen und die Forwarding Table wie folgt modifiziert:

- Ist diese MAC-Adresse *noch nicht* in der Forwarding Table *eingetragen*, notiert der Switch in einer neuen Zeile diese MAC-Adresse, den Port, auf dem der Frame empfangen wurde, die VLAN-ID und die *Aging Time*[22].

- Ist diese MAC-Adresse in der Forwarding Table *bereits vorhanden*, setzt der Switch nur die Aging Time auf einen von vornherein festgelegten Anfangswert. Auf diese Weise wird eine Aktivität des Rechners „vermerkt".

**Prinzip der Weiterleitung**

Um einen MAC-Frame mit einer Unicast-MAC-Adresse weiterzuleiten, vergleicht der L2-Switch dessen Zieladresse mit den bereits in seiner Forwarding Table eingetragenen MAC-Adressen. Dort – in der ersten Spalte (Abb. 9.2-1b) – sind alle bekannten MAC-Adressen mit dem zugehörigen Ausgangsport gespeichert. Findet der L2-Switch dort eine Zeile mit der MAC-Zieladresse, leitet er den empfangenen Frame direkt über den in dieser Zeile angegebenen Port als Ausgang weiter.

Findet der L2-Switch in seiner Forwarding Table die MAC-Zieladresse aus dem empfangenen MAC-Frame aber *nicht*, dann verschickt er den Frame über alle Ports, die in den Zeilen *mit derselben VLAN-ID* wie die, die im weiterzuleitenden Frame enthalten ist, eingetragen sind. In einem solchen Fall spricht man von *„unknown unicast flooding"* bzw. kurz von *flooding*.

Abschließend sei hervorgehoben, dass im MAC-Frame – d.h. im Ethernet-Frame – während der Weiterleitung im L2-Switch keine Angabe verändert wird.

### Betriebsarten von Layer-2-Switches

Abhängig davon, wann der L2-Switch die Weiterleitung von Frames beginnt, unterscheidet man zwischen den folgenden zwei Betriebsarten von L2-Switches:

- *Store-&-Forward-Modus*: Ein Switch in diesem Modus wartet so lange, bis der komplette MAC-Frame empfangen wurde, dann überprüft er mit Hilfe einer Prüfsequenz im MAC-Trailer, ob der Frame fehlerfrei ist, und erst danach leitet er diesen weiter, *falls er fehlerfrei ist*.

- *Cut-Through-Modus*: In diesem Modus wartet der Switch lediglich bis der MAC-Header so weit empfangen wurde, dass die Ziel-MAC-Adresse vom Frame abgelesen werden kann. Daraufhin leitet der Switch den Frame sofort weiter.

---

[22] Mit Hilfe von *Aging Time – Lebensdauer–* wird die Aktivität des betreffenden Rechners überwacht. Mit Aging Time wird angegeben, wie lange eine Zeile mit einer MAC-Adresse in der Forwarding Table bestehen soll. Ist ein Rechner während der Aging Time nicht aktiv, d.h. empfängt der L2-Switch während dieser Zeitdauer keinen Frame von diesem, geht er davon aus, dass der Rechner entweder „umgezogen" oder ausgefallen ist, woraufhin die ihm entsprechende Zeile aus der Forwarding Table entfernt wird. Für Näheres dazu siehe z.B. [BaHK 94], US Patent 7400634 *„MAC address learning apparatus"* und US Patent 6829651 *„Local MAC address learning in layer 2 frame forwarding"*

Bei L2-Switching kommen oft die zwei Begriffe vor: *Port-Switching* und *Segment-Switching*. Unter Port-Switching versteht man den Fall, dass nur eine MAC-Adresse – also nur ein Rechner – über einen Switch-Port erreichbar ist. Sind mehrere MAC-Adressen über einen Switch-Port erreichbar, spricht man von Segment-Switching.

*Port- und Segment-Switching*

### 9.2.2 Layer-3-Switches

Als Distribution-Switches in großen Netzwerken (s. Abb. 4.2-2) werden oft *Layer-3-Switches* – kurz *L3-Switches* – verwendet. Ein L3-Switch stellt eine Router-Variante dar, bei der die Weiterleitung von IP-Paketen hauptsächlich auf der Hardware-Ebene durchgeführt wird. Daher kann L3-Switching auch als hardwarebasierte Beschleunigung des Routing angesehen werden. Abbildung 9.2-3 veranschaulicht die Aufgabe und logische Struktur von L3-Switches.

*Layer-3-Switching als hardwarebasiertes Routing*

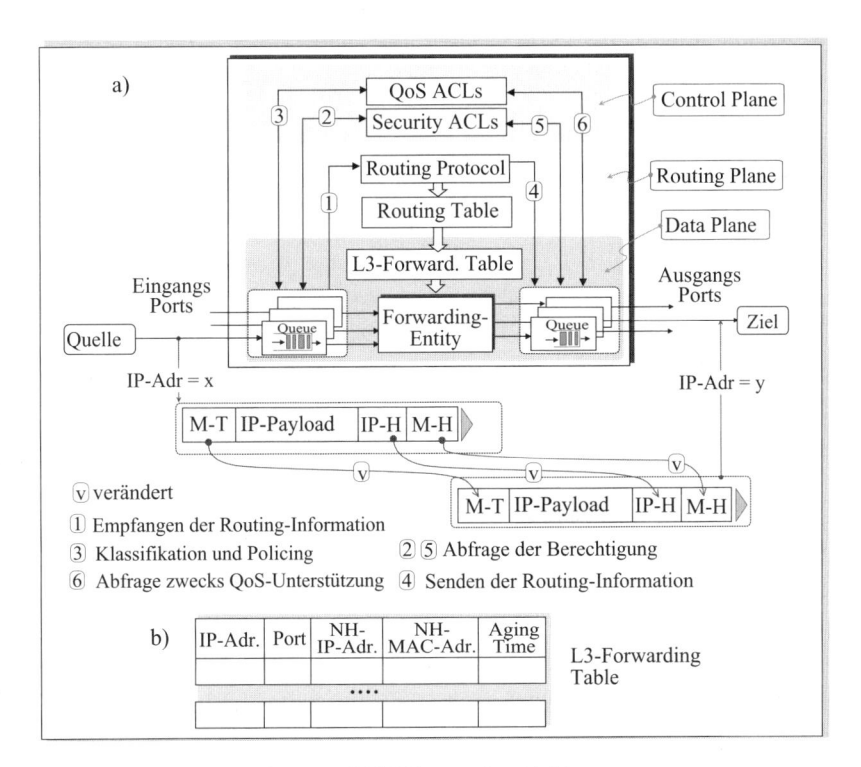

**Abb. 9.2-3:** L3-Switch: a) logische Struktur, b) L3 Forwarding Table
IH: IP-Header, NH: Next Hop, Weitere Abkürzungen wie in Abbildung 9.2-1

Ein L3-Switch ist somit ein Router zur Kommunikation zwischen mehreren, z.B. in VLANs definierten IP-Subnetzen und hat keine Schnittstelle zu einem privaten WAN oder zum Internet. Ein herkömmlicher Router leitet IP-Pakete, die normalerweise in MAC-Frames enthalten sind, anhand einer IP-Routing-Tabelle weiter. Allgemein gesagt besteht auch die Aufgabe von L3-Switches in der Weiterleitung von IP-Paketen, aber anhand einer sog. *L3 Forwarding Table,* die eine vereinfachte Routing-Tabelle darstellt, und die der L3-Switch selbst aus seiner Routing-Tabelle ableiten kann.

Die Realisierung der Routing-Funktion im L3-Switch hat einige Vorteile. Vor allem in großen Netzwerken, die in kleinere IP-Subnetze in Form von VLANs unterteilt werden, ermöglichen L3-Switches die Kommunikation zwischen Rechnern, die zu verschiedenen IP-Subnetzen gehören – vgl. hierzu die Abbildungen 4.4-9, -10 und -11.

Logische Struktur:

Wie Abbildung 9.2-3 zum Ausdruck bringt, sind in der logischen Struktur eines L3-Switches folgende drei Ebenen – die sog. *Planes* – zu unterscheiden:

Data Plane

- Innerhalb der ersten Ebene – der *Data Plane* – mit einer Forwarding Entity (Weiterleitungsinstanz) und einer L3 Forwarding Table erfolgt die Weiterleitung von Daten in Form von in MAC-Frames eingekapselten IP-Paketen.

Routing Plane

- Die L3 Forwarding Table wird aus der Routing Table abgeleitet, die innerhalb der *Routing Plane* nach einem Routing-Protokoll[23] aufgebaut wird.

Control Plane

- Bei der Weiterleitung von IP-Paketen sowie MAC-Frames (Abb. 9.2-1a) müssen bestimmte Eingangs- und Ausgangsrichtlinien eingehalten werden. Daher werden verschiedene ACLs im L3-Switch gespeichert. Sie werden mit Hilfe des Netzwerkmanagementsystems erstellt. Man könnte neben den ACLs auch das Lernen der Forwarding Table der *Control Plane* zuordnen.

Erstellen der L3 Forwarding Table

*Router und L3-Switch besitzen mindestens eine IP-Adresse und eine MAC-Adresse.* Daher kann ein L3-Switch IP-Pakete sowohl mit der Routing-Information von benachbarten L3-Switches bzw. von Routern erhalten, um seine Routing-Tabelle selbst zu generieren, als auch IP-Pakete von Rechnern zum Weiterleiten an andere IP-Subnetze empfangen.

Abhängig davon, welche IP-Adresse das empfangene IP-Paket enthält, also die eines L3-Switches oder eines Zielrechners, unterscheidet man folgende zwei Fälle, und zwar:

- Enthält ein empfangenes IP-Paket die IP-Adresse vom L3-Switch, dann stammt das IP-Paket in der Regel[24] von einem anderen L3-Switch und enthält Routing-Informationen. Somit wird dieses IP-Paket im L3-Switch interpretiert, um die Routing-Tabelle zu aktualisieren.

- Enthält aber ein empfangenes IP-Paket *nicht* die IP-Adresse des L3-Switches, sondern die eines Zielrechners, dann handelt es sich um ein IP-Paket, das lediglich weitergeleitet werden muss.

Wie Abbildung 9.2-3a zum Ausdruck bringt, wird die L3 Forwarding Table – kurz L3-FT – aus der Routing-Tabelle abgeleitet und enthält somit die gleichen Spalten wie die

---

[23] Weil über L3-Switches überwiegend Kommunikation zwischen lokalen, als IP-Subnetze definierten VLANs erfolgt, kommt hier oft RIP (*Routing Information Protocol*) als Routing-Protokoll zum Einsatz; für Näheres über RIP siehe [BaHo 07].

[24] Ein IP-Paket kann auch von einem Rechner stammen und den Zweck haben, einen L3-Switch zu konfigurieren.

Routing-Tabelle. Der L3-Switch ist daher in der Lage, seine Forwarding Table selbständig zu erstellen. Bei der Weiterleitung jedes empfangenen IP-Paketes wird seine Ziel-IP-Adresse gelesen und die Forwarding Table wie folgt modifiziert:

- Wurde die Ziel-IP-Adresse *noch nicht* in die L3-FT *eingetragen*, dann ist dieses IP-Paket das erste aus einem Datenstrom; es wird daher normal *geroutet* d.h. zu diesem Zweck wird die Routing-Tabelle gelesen. Gleichzeitig werden dabei die Angaben aus den Spalten *IP-Adresse*, *Port* und *Next-Hop-IP-Adresse* aus der Zeile in der Routing-Tabelle, die der Ziel-IP-Adresse im zu routenden IP-Paket entspricht, in die L3-FT übernommen. Zusätzlich wird dabei mithilfe des Protokolls ARP (*Address Resolution Protocol*) die der Ziel-IP-Adresse entsprechende MAC-Adresse ermittelt und diese in die Spalte *Next-Hop-MAC-Adresse* der L3-FT eingetragen[25], wobei noch die Angabe *Aging Time*[26] der L3-FT aktualisiert wird.

  *Zeile in L3-FT neu erstellt*

- Ist die Ziel-IP-Adresse in der L3-FT *bereits eingetragen*, aktualisiert der L3-Switch nur die Aging Time, um dadurch die Aktivität des Rechners zu „vermerken".

  *Zeile in L3-FT wird nur aktualisiert*

## Weiterleitung von IP-Paketen

Um ein IP-Paket weiterzuleiten, vergleicht der L3-Switch dessen Ziel-IP-Adresse mit den bereits in der ersten Spalte seiner Forwarding Table eingetragenen IP-Adressen (Abb. 9.2-3b). Findet er dort eine Zeile mit derselben Ziel-IP-Adresse, dann leitet er das IP-Paket über den in dieser Zeile angegebenen Port als Ausgangs-Port weiter. Hierbei sind aber zwei Fälle zu unterscheiden:

1. Befindet sich der Zielrechner in einem *direkt* an den L3-Switch „angebundenen" IP-Subnetz, dann wird das IP-Paket direkt an den Zielrechner übermittelt – d.h. die Next-Hop-MAC-Adresse ist die MAC-Adresse des Zielrechners und wird als Ziel-MAC-Frame im MAC-Frame mit dem zu sendenden IP-Paket gesetzt.

2. Befindet sich der Zielrechner *nicht* in einem *direkt* an den L3-Switch „angebundenen" IP-Subnetz, dann wird das IP-Paket an einen Router bzw. einen L3-Switch übermittelt – d.h. die Next-Hop-MAC-Adresse ist die MAC-Adresse eines Routers bzw. eines L3-Switches.

Bei der Weiterleitung jedes IP-Pakets müssen sowohl im IP-Header als auch im MAC-Header und -Trailer des MAC-Frames mit dem eingekapselten IP-Paket einige Angaben geändert werden. In diesem Zusammenhang spricht man von *Frame Rewriting*. Auf diese Veränderungen wurde bereits in Abbildung 9.2-3a hingewiesen. Diese sind im Einzelnen:

*Frame Rewriting*

---

[25] Die Spalte mit der *Next-Hop-MAC-Adresse* ist in der Routing-Tabelle nicht vorhanden. Demzufolge muss beim Absenden jedes IP-Pakets mit Hilfe von ARP die der Ziel-IP-Adresse im IP-Paket entsprechende MAC-Adresse, die im MAC-Header einzutragen ist, ermittelt werden – und das „kostet" Zeit. Um die zur Weiterleitung benötigte Zeit zu reduzieren, ist es sinnvoll, die sog. Next-Hop-MAC-Adresse immer bereit zu haben – also in der L3-FT parat zu halten.

[26] Aging Time in der L3-FT hat die gleiche Bedeutung wie Aging Time in Forwarding Table des L2-Switches (vgl. Abb. 9.2-1b).

- *Im MAC-Header* wird als Quell-MAC-Frame die MAC-Adresse vom L3-Switch und als Ziel-MAC-Frame die Next-Hop-MAC-Adresse neu gesetzt.
- *Im IP-Header* wird TTL (*Time to Live*) um 1 erhöht und die Checksum danach neu berechnet.
- *Im MAC-Trailer* wird die Checksum neu berechnet.

**Arten von L3-Switching**

Bei L3-Switching unterscheidet man zwischen den folgenden zwei Switching-Arten:

- *Topologiebasiertes Switching* (*Topology based Switching*): Diese Switching-Art basiert auf der L3-Forwarding Table, die der in Abbildung 9.2-3b dargestellten entspricht. Somit betrifft die in dieser Abbildung dargestellte Switching-Idee das topologiebasierte L3-Switching.[27]
- *Fluss-basiertes Switching* (*Flow based Switching*): Diese Switching-Art realisiert im Grunde genommen das MPLS-Konzept – siehe hierzu bspw. [BaHo 97].

**Realisierungsarten von L3-Switching**

L3-Switching kann entweder zentral oder verteilt realisiert werden; man unterscheidet somit zwischen den folgenden zwei Realisierungsarten:

- *Zentralisiertes Switching*: Diese Art von L3-Switching basiert auf einer zentralen L3-Forwarding Table. Eine solche Realisierungsart zeigt z.B. Abbildung 9.2-3.
- *Verteiltes Switching*: Diese Art von L3-Switching basiert auf mehreren L3-Forwarding Tables, die auf einzelne, sog. *Line Cards* (*Input/Output Cards, I/O Cards*) verteilt sind, welche in der Regel mehrere Switch-Ports enthalten.

### Generationen von Layer-3-Switches

Heute kann man bereits von drei Generationen von L3-Switches sprechen. Diese werden im Folgenden kurz vorgestellt.

**Erste Generation von L3-Switches**

Die erste Generation von L3-Switches realisiert das zentralisierte Switching. Abbildung 9.2-4 zeigt deren physikalischen Aufbau und logische Struktur.

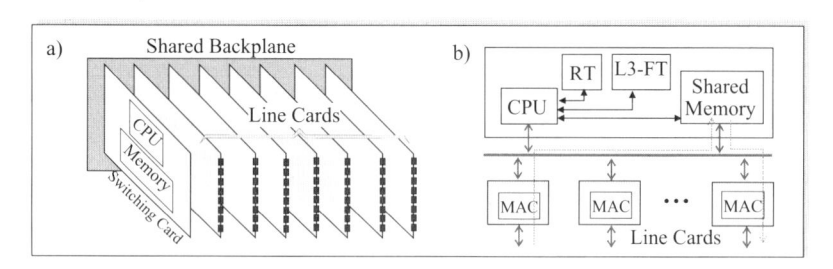

**Abb. 9.2-4:** L3-Switch der ersten Generation: a) physikalischer Aufbau, b) logische Struktur
CPU: Central Processing Unit, MAC: Media Access Control – Bearbeitung von MAC-Frames,
RT: Routing Table, L3-FT: Layer-3 Forwarding Table

---

[27] Topologiebasiertes Switching wird bei der Fa. Cisco als Express Forwarding Switching bezeichnet.

## 9.2 Layer-2/3-Switches – Funktionsweise, Einsatz

Die wichtigste Besonderheit von L3-Switches der ersten Generation besteht darin, dass alle Cards, d.h. Switching Card mit CPU und Line Cards mit Anschlussports, ihre Daten über eine *Shared Backplane* – z.B. in Form eines gemeinsamen Busses (s. Abb. 9.2-4b) – untereinander austauschen. In solchen L3-Switches ist die Switching-Geschwindigkeit insbesondere durch den gemeinsamen Speicher (Shared Memory) auf der Switching Card begrenzt. Deswegen lässt sich eine summarische Switching-Kapazität von lediglich ein Paar Gbit/s erreichen.

In der zweiten Generation von L3-Switches realisiert man zwar das verteilte Switching, aber der physikalische Aufbau entspricht noch dem Aufbaukonzept der ersten Generation von L3-Switches. Abbildung 9.2-5 zeigt die logische Struktur von L3-Switches der zweiten Generation.

*Zweite Generation von L3-Switches*

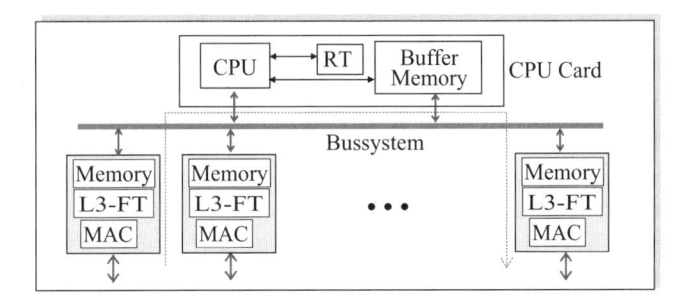

**Abb. 9.2-5:** Logische Struktur vom L3-Switch der zweiten Generation
Abkürzungen wie in Abbildung 9.3-4

Die Besonderheit von L3-Switches der zweiten Generation ist, dass alle Cards – genauso wie in L3-Switches der ersten Generation – über eine Shared Backplane untereinander ihre Daten austauschen. Jede Line Card besitzt jetzt aber eigene L3-Forwarding Table. In L3-Switches der zweiten Generation ist bereits eine summarische Switching-Kapazität von bis zu 10 Gbit/s erreichbar.

In der dritten Generation von L3-Switches wird ein verteiltes Switching realisiert. Genauso wie in der zweiten Generation hat jede Line Card eine eigene L3-Forwarding Table. Alle Cards tauschen ihre Daten über eine *Switched Backplane* untereinander aus; Abbildung 9.2-6 illustriert dies.

*Dritte Generation von L3-Switches*

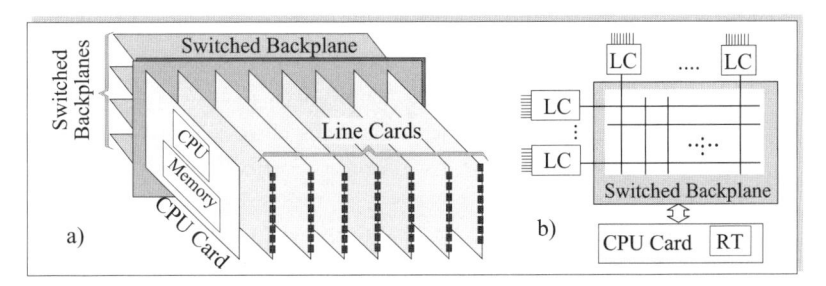

**Abb. 9.2-6:** L3-Switch der dritten Generation: a) physikalischer Aufbau, b) logische Struktur
CPU: Central Processing Unit, LC: Line Card, RT: Routing Table

428    9   Aktuelle Netzwerktechnologien und Trends

Switched Backplane als Koppelfeld

Eine Switched Backplane koppelt die Line Cards und wird oft als sog. *Switching Fabric* implementiert. Diese stellt ein Koppelfeld dar, welches weitgehend nach dem gleichen Konzept wie jedes Koppelfeld – auch *Crossbar Switch* genannt – in den Vermittlungsstellen der klassischen Telefonnetze funktioniert. In großen L3-Switches der dritten Generation lässt sich eine summarische Switching-Kapazität bis zu einer Größenordnung von Tbit/s erreichen.

## 9.3   Switch/Bridge Port Extension

Aggregation und Deaggregation von Datenströmen

Heutige Netzwerke basieren auf der Ethernet-Technologie, verwenden das Protokoll IP und sind, wie in Abbildung 4.2-2 gezeigt wurde, in Form einer Multilayer-Architektur aufgebaut. Die Kommunikation zwischen den als *Clients* bezeichneten Arbeitsplatzrechnern und Servern führt dazu, dass die Aufgabe von L2-Switches hauptsächlich darin besteht, zuerst auf der Sendeseite die Ströme von Ethernet-Frames zu bündeln und dann diese gebündelten Ströme auf der Empfangsseite wiederum auf kleinere Ströme von Ethernet-Frames aufzuspalten. Diese Funktionen – also zuerst Bündelung (Aggregation) und dann Aufspaltung (Deaggregation/Distribution) von Datenströmen – können in Netzwerken effektiv mithilfe von Netzwerkkomponenten, die auf dem Prinzip der *Aggregation/Deaggregation* aufbauen, realisiert werden. Diese Idee wird im unter der Regie von IEEE entwickelten Konzept von *Bridge Port Extension* – kurz BPE – verwirklicht und als Standard 802.1Qbh spezifiziert.

### 9.3.1   Konzept von BPE nach IEEE 802.1Qbh

Idee von BPE

Im Allgemeinen besteht BPE darin, dass man einige L2-Switches im Anschlussbereich von Arbeitsplatzrechnern und Servern durch sog. *Port Extender* (PE) ersetzt. Infolgedessen entstehen einfachere, baumförmige Netzwerkstrukturen, also Loop-freie Netzwerkstrukturen, in denen das Protokoll STP/RSTP (s. Abschnitt 4.2.3), um Loops zu vermeiden, nicht mehr nötig ist. Abbildung 9.3-1 illustriert die grundlegende Idee von BPE und zeigt, wie ein Netzwerk im Hinblick auf die Client/Server-Kommunikation strukturiert werden kann. Insbesondere zeigt dies, dass die PEs so kaskadiert werden können, dass eine Bumsstruktur jeweils im Clientbereich (im Client-LAN) und im Serverbereich (im Server-LAN) entsteht.

> **Bemerkung:** In allen aktuell entwickelten, L2-Switches betreffenden IEEE-Standards werden die Hauptbegriffe aus den älteren Standards übernommen; insbesondere wird statt *L2-Switch* weiterhin der Begriff *Bridge* verwendet.[28] Folglich ist „*Bridge Port Extension*" mit

---

[28] Ende der 80er Jahre verwendete man in Ethernet-basierten Netzwerken die sog. *Transparent Bridges* (kurz *Bridges*), um mehrere Ethernet-Segmente miteinander zu koppeln. Der Einsatz mehrerer Prozessoren in Multiport-Bridges führte später zur Entstehung von L2-Switches – also von *Ethernet-Switches*. Somit entspricht ein L2-Switch der Funktion nach einer Multiport-Bridge.

"Switch Port Extension" gleichzusetzen. Auch in diesem Buch wird – nur an Stellen, die sich direkt auf den IEEE-Standard beziehen – von einer *Bridge* gesprochen.

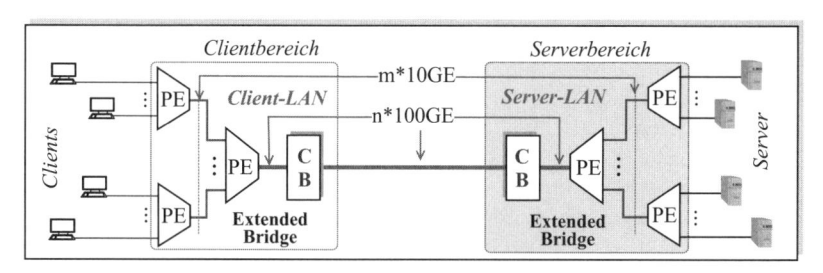

**Abb. 9.3-1:** Grundlegende Idee von Switch/Bridge Port Extension
CB: Controlling Bridge (L2-Switch), PE: Port Extender

Wie hier ersichtlich ist, setzt sich der ganze Clientbereich aus einer hochleistungsfähigen *Controlling Bridge*[29] (CB) und mehreren, eine hierarchische Struktur bildenden PEs zusammen. Die Ports, über die der Anschluss von Clientrechner erfolgt, können als ausgelagerte Ports der CB, d.h. als deren *Remote Ports* – betrachtet werden. Demzufolge kann der ganze Clientbereich – also das ganze Client-LAN – quasi als eine verteilte, zum Server-LAN führende Bridge angesehen werden. Eine solche Bridge wird bei BPE als *Extended Bridge* bezeichnet. Der Serverbereich und folglich auch das Datacenter werden ähnlich strukturiert.

<small>Zwei Extended Bridges bilden ein Netzwerk</small>

Aus Abbildung 9.3-1 ist ersichtlich, dass die von einzelnen Clients stammenden und in Richtung des Server-LAN verlaufenden Ströme von Ethernet-Frames zuerst im Client-LAN – de facto von den die Extended Bridge bildenden PEs – gebündelt (aggregiert) werden. Die so gebündelten Ströme von Ethernet-Frames werden danach durch die zur CB im Server-LAN gehörenden PEs zu den einzelnen Servern verteilt. Andererseits werden die von einzelnen Servern stammenden und in Richtung von Clientrechnern verlaufenden Ströme von Ethernet-Frames dementsprechend zuerst im Server-LAN gebündelt und dann im Client-LAN zu den einzelnen Clients verteilt.

### 9.3.2 Modell der BPE-basierten Netzwerke

Aus den eben dargestellten Überlegungen geht hervor, dass in einem BPE-basierten Netzwerk eine Aggregation und Deaggregation der Ströme von Ethernet-Frames stattfindet und jede Extended Bridge quasi als Aggregator/Deaggregator fungiert. Diese Festlegung lässt sich in Form des in Abbildung 9.3-2 dargestellten Modells zum Ausdruck bringen, das als *Aggregations/Deaggregations-Modell* der BPE-basierten Netzwerke betrachtet werden kann.

<small>Extended Bridge als Aggregator/ Deaggregator</small>

---

[29] Es handelt sich hier eigentlich um einen hochleistungsfähigen L2-Switch, dessen Ports mithilfe der Multiplexer/Demultiplexer-Systeme, die als Port Extender dienen, zu den Clients ausgelagert sind. Folglich kann man statt *Controlling/Extended Bridge* von *Controlling/Extended L2-Switch* sprechen.

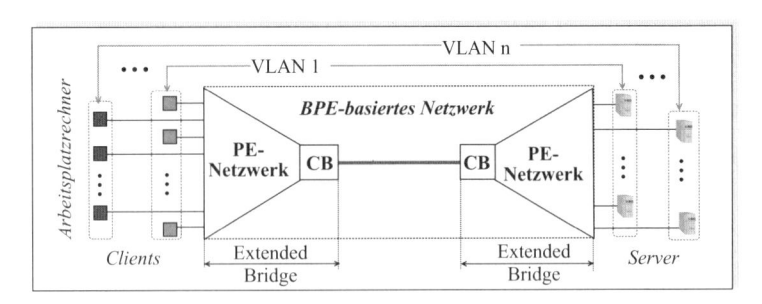

**Abb. 9.3-2:** Allgemeines Modell der BPE-basierten Netzwerke

Die Vernetzung einer CB mit PEs, deren Ports als ausgelagerte Ports der CB betrachtet werden können, stellt eine Baumstruktur mit der CB als sog. *Root* (Wurzel) dar. Diese Baumstruktur wird in der Spezifikation von BPE als *Extended Bridge* bezeichnet.

**Netzwerk als verteilter Layer-2-Switch**

Das in Abbildung 9.3-2 gezeigte Modell bringt vor allem zum Ausdruck, dass das ganze Netzwerk eine verteilte Layer-2-Networking-Komponente darstellt – d.h., das ganze Netzwerk kann als *verteilter Layer-2-Switch* betrachtet werden. Dank dieser Besonderheit ist es möglich, die zu einem VLAN (*Virtual Local Area Network*) gehörenden Rechner im Netzwerk beliebig zu verteilen. Folglich können einige Clients und Server zum gleichen VLAN gehören und demnach auch ein IP-Subnetz bilden. Auf diese Art und Weise kann eine unternehmensweite Layer-2-Netzwerkstruktur aufgebaut werden.

**MAC-in-MAC-Encapsulation**

Abbildung 9.3-3 illustriert das Prinzip der Übermittlung von IP-Paketen zwischen zwei Rechnern aus einem VLAN über ein BPE-basiertes Netzwerk. Dem hier dargestellten Prinzip liegt das Konzept von *MAC-in-MAC-Encapsulation* zugrunde, nach dem ein MAC-Frame für dessen Übermittlung über ein Transitnetzwerk in einen anderen MAC-Frame eingebettet wird.

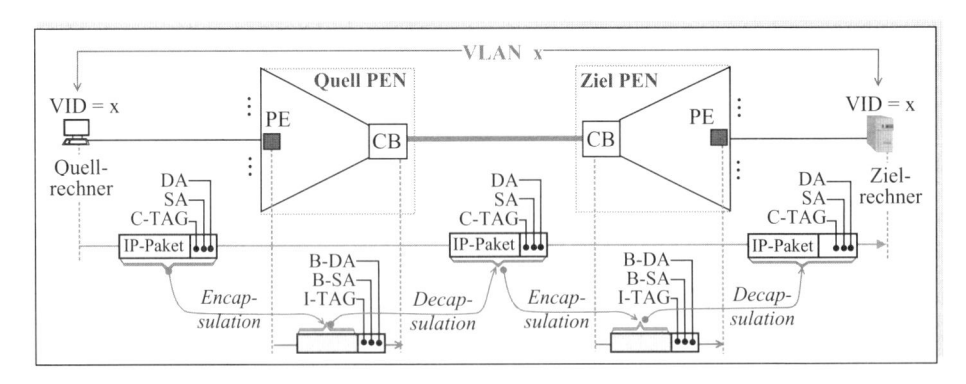

**Abb. 9.3-3:** Prinzip der Übermittlung von IP-Paketen über PE-Netzwerke
D/SA: Destination/Source MAC Address, PEN: PE-Netzwerk

Über ein BPE-basiertes Netzwerk werden normalerweise IP-Pakete von Rechnern aus verschiedenen VLANs übermittelt. Um die von einem Rechner stammenden IP-Pakete einem VLAN zuordnen zu können, wird den in MAC-Frames übermittelten IP-Paketen ein spezieller VLAN Tag – der sog. *C-Tag* (C: Customer)[30] – vorangestellt. Im C-Tag wird u.a. die *VLAN-Identifikation* (VID) eingetragen.[31]

Bei der Übermittlung von MAC-Frames über eine Extended Bridge – als *PE-Netzwerk* (PEN) bezeichnet – wird das Prinzip MAC-in-MAC-Encapsulation angewandt. Dieses Prinzip besteht darin, dass ein IP-Paket mit dem C-Tag und mit den Ziel- und Quell-MAC-Adressen am Eingang zum PEN quasi in einen neuen äußeren MAC-Frame mit dem I-Tag[32] und mit B-SA und B-DA als Quell- und Ziel-MAC-Adressen eingekapselt und beim Verlassen des PEN aus dem äußeren MAC-Frame wieder herausgenommen wird. Die Übermittlung über ein PEN findet immer zwischen einem PE und einer CB statt. Jedes PEN hat eine Baumstruktur, in der die PEs der CB als Blätter und die CB – in der Tat ein hochleistungsfähiger Layer-2-Switch – als Root fungieren.

PEN hat eine Baumstruktur

### Einsatz von BPE in privaten Netzwerken

Abbildung 9.3-4 zeigt, wie ein Netzwerk in Form eines BPE-basierenden Netzwerks „aufgebaut" werden kann – vgl. hierzu auch Abbildung 4.2-1. Hieraus geht hervor, dass Netzwerke beim Einsatz von BPE auf eine elegante Art und Weise baumartig strukturiert werden können.

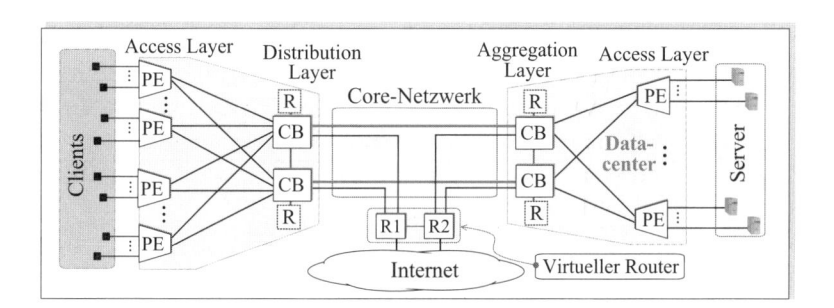

Zentralisierung von Switching beim BPE-Einsatz

**Abb. 9.3-4:** Einsatz von BPE in privaten Netzwerken – führt zu Baumstrukturen
R: Router

Abbildung 9.3-4 bringt zum Ausdruck, wie das in Abbildung 4.2-1 gezeigte Netzwerk (s. auch Abb. 4.2-2) zu einem BPE-basierten Netzwerk „umgebaut" werden kann, und zwar wie folgt: Die Access Switches werden sowohl im Client- als auch Server-LAN durch PEs ersetzt, die Distributions- und die Aggregations-Switches realisieren CBs.

---

[30] C-Tag wurde für den Einsatz im Metro-Ethernet-Bereich eingeführt, um die Zugehörigkeit von Rechnern zu VLANs von Kunden (also von Customers) eintragen zu können; damit ist die Bezeichnung C-Tag zu begründen.
[31] Das sog. *Tagging* erfolgt nach dem IEEE-Standard 802.1Q. Neben der VID enthält ein Tag noch die Angabe der Priorität des Ethernet-Frames – s. hierzu z.B.: http://de.wikipedia.org/wiki/IEEE_802.1Q
[32] I-Tag spezifiziert der IEEE-Standard 802.1ah; Abbildung 9.3-5 illustriert die Bedeutung von I-Tag.

## Idee der Auslagerung von Ports eines L2-Switches

Abbildung 9.3-5 illustriert das Konzept, nach dem bei BPE die Ports eines Layer-2-Switches ausgelagert werden können. Der Layer-2-Switch wird hier um einige Funktionen so erweitert, dass er eine sog. *Controlling Bridge* (CB) bildet. Diese ist über einen Vollduplex Ethernet Link mit einem PE verbunden. Auf diese Weise entsteht eine einfache Extended Bridge – s. hierzu auch Abbildung 9.3-3.

Weil oft auch eine Routing-Funktion von Distributions- und Aggregations-Switches erbracht werden muss, können hierfür bei Bedarf CBs mit Routern ergänzt werden.[33]

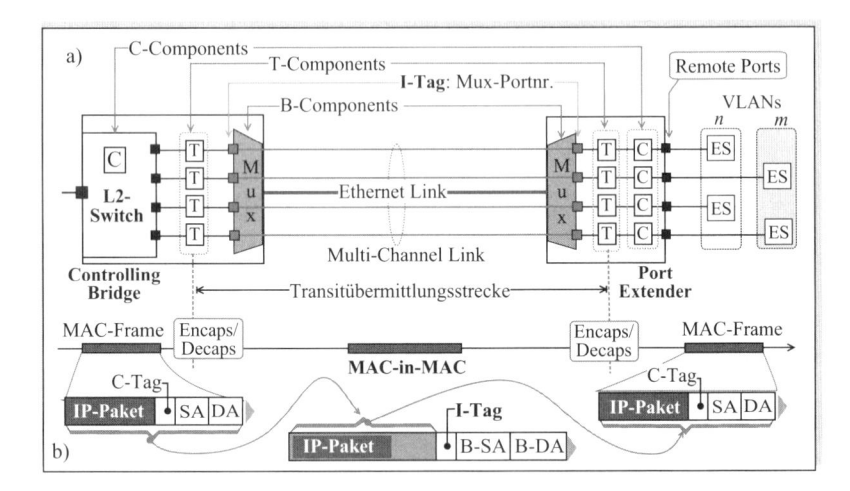

**Abb. 9.3-5:** Auslagerung von Ports eines Layer-2-Switches: a) grundlegende Idee, b) Prinzip der MAC-in-MAC-Encapsulation bei der Übermittlung von IP-Paketen
C/T/I: Customer/Transport/Instance-Component, D/SA: Destination/Source MAC Address, B-D/SA: Backbone D/SA

Eine CB und ein PE enthalten folgende Funktionskomponenten:

- *C-Components:* Diese Funktionskomponenten interpretieren im Layer-2-Switch innerhalb der CB und im PE die Angaben im C-Tag, folglich u.a. die VLAN-Identifikation. Im PE wird aber jedem Port eine C-Component-Instanz zugeordnet.

- *T-Components:* Sowohl in der CB als auch im PE wird jedem Port eine T-Component-Instanz zugeordnet. Alle anderen „unterwegs liegenden" Komponenten zwischen den beiden, dem gleichen Port zugeordneten T-Components – entsprechend in der CB und im PE – können als *Transitübermittlungsstrecke* angesehen werden, über die ursprüngliche MAC-Frames in anderen MAC-Frames eingekapselt übermittelt werden. Die T-Components besitzen MAC-Adressen – als *Backbo-*

---

[33] Es ist zu erwarten, dass die Layer-2/3-Switches zukünftig auch um die Funktionalität von Controlling Bridges (CBs) bzw. die CBs um die Routing-Funktion erweitert werden; also werden Layer-2/3-Switches CB-fähig oder CB Routing-fähig.

*ne MAC Address* bezeichnet – und realisieren die sog. *MAC-in-MAC-Encapsulation* (vgl. dazu Abb. 9.3-3).

- *B-Components:* Diese Komponenten in der CB und im PE interpretieren die Angaben im I-Tag und ermöglichen es, über einen Ethernet-Link zwischen CB und PE mehrere logische Kanäle – das sog. *Multi-Channel(ling)* – zu realisieren. Die B-Components in der CB und im PE stellen im Grunde genommen die Multiplex-Funktion zur Verfügung. Die Identifikation der Mux-Ports ist im I-Tag enthalten.

Das im IEEE-Standard 802.1Qbh spezifizierte Konzept BPE beruht auf der Zentralisierung von Switching und führt zur Verwendung eines als Controlling Bridge bezeichneten, hochleistungsfähigen L2-Switches, statt eine Vernetzung mehrerer Switches zu vollziehen. Der Einsatz von PEs statt von klassischen L2-Switches, vereinfacht die Netzwerkinfrastruktur auf merkliche Weise und wird in Zukunft mit Sicherheit auch zur Reduzierung von Investitionskosten führen.

<small>Zukünftige Bedeutung von BPE</small>

## 9.4 Konzept und Bedeutung von TRILL

Werden in einem Netzwerk mehrere L2-Switches eingesetzt, um eine hohe Verfügbarkeit seiner Dienste zu erreichen, und einige von ihnen oder auch einige Links sind redundant, können im Netzwerk unerwünschte Effekte entstehen. Insbesondere dann, wenn mehrere redundante Wege zu einem Zielrechner führen, kann dieser mit mehreren Kopien ein und desselben Ethernet-Frames überflutet werden oder es droht sogar eine Zirkulation von Frames im Netzwerk; so können sich also sog. *Loops* (logische Schleifen) bilden.[34] Solche Ereignisse im Netzwerk ziehen möglicherweise verschiedene negative Auswirkungen nach sich; deren Folgen lassen sich nicht im Voraus abschätzen lassen. Besonders die Virtualisierung im Netzwerkbereich, d.h. der Einsatz von zahlreichen virtuellen Maschinen (VM) und ihre Nutzung als Server, stellt neue Anforderungen an Netzwerke. Um diesen gerecht zu werden und gleichzeitig die negativen Auswirkungen infolge der soeben geschilderten eventuellen unerwünschten Ereignisse in Netzwerken zu vermeiden, steht das Konzept TRILL (*TRansparent Interconnection of Lots of Links*) zur Verfügung.[35]

<small>Ziel von TRILL</small>

TRILL liefert neue Ideen zur Integration von Layer-2-Switching mit Routing. Sein Konzept besteht darin, dass optimale und Loop-freie Routen zur Übermittlung von Ethernet-Frames in hochverfügbaren Netzwerkinfrastrukturen mit redundanten Komponenten dynamisch bestimmt werden können. Mit Unterstützung von TRILL in L2-Switches entstehen keine Loops und damit können sämtliche Netzwerkkomponenten (Switches, Links) effektiv ausgenutzt werden, ohne einige von ihnen (wie bei STP/RSTP, Abb. 4.2-14) blockieren zu müssen.

<small>Integration von Layer-2-Switching mit Routing</small>

---

[34] Für Näheres darüber siehe Abschnitt 4.2.3 und insbesondere die Abbildungen 4.2-1, -11 und -12.
[35] Die Entwicklung von TRILL wird von der gleichnamigen Working Group der IETF koordiniert; siehe http://datatracker.ietf.org/wg/trill

## 9.4.1 Bedeutung von TRILL in Datacentern

Am Beispiel der Kommunikation zwischen Servern aus einem VLAN illustriert Abbildung 9.4-1 die Bedeutung von TRILL in Datacentern und vergleicht die TRILL-basierte Lösung mit dem Einsatz von STP/RSTP (s. Abschnitt 4.2.3).

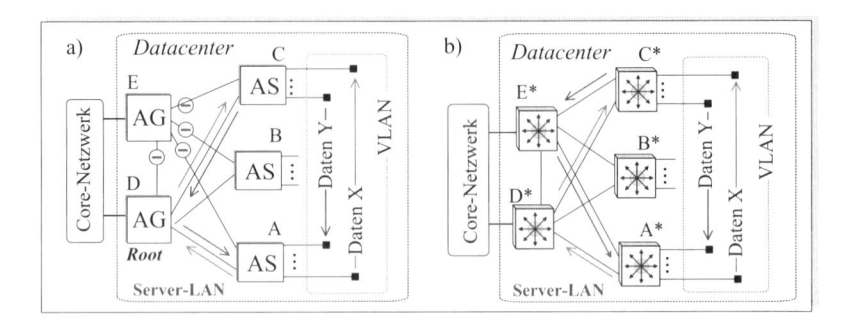

**Abb. 9.4-1:** Bedeutung von TRILL – Datenströme verlaufen: a) über einen einzigen Pfad beim Einsatz von STP/RSTP; b) über mehrere Pfade bei TRILL
A, B, C: Server Access Switches (Layer-2-Switches); D, E: Aggregation Switches (Layer-2/3-Switches); A*, B*, C*, D*, E*: RBridges

**Ohne TRILL: ein Datenpfad**

Wie aus Abbildung 9.4-1a ersichtlich ist, werden beim Einsatz von STP/RSTP alle zum Switch E führenden Links als redundante Links betrachtet und gesperrt, um eine Loop-freie Baumtopologie mit dem Switch D als sog. *Root-Switch* der aktiven Baumtopologie zu erzeugen. Daher verlaufen alle Datenströme beim Datentransfer zwischen den an die Switches A, B und C angeschlossenen Server über den Switch D, also nur über einen einzigen Datenpfad. Dies führt zu einer schlechten Ausnutzung der Netzwerkressourcen; ein Aggregation Switch ist beispielsweise gesperrt, während ein anderer eine „Doppelleistung" erbringen muss.

**Mit TRILL: mehrere Datenpfade (Multipathing)**

Ein L2-Switch mit TRILL-Unterstützung stellt eine Mischform von Bridge und Router dar und wird als *Routing Bridge,* kurz *RBridge,* bezeichnet. Der Vorteil von TRILL im Vergleich zum Einsatz von STP/RSTP besteht, wie Abbildung 9.4-1b eben zeigt, darin, dass keine redundante und intakte Netzwerkkomponente gesperrt wird, sondern zwischen jeweils zwei RBridges – d.h. auf dem Layer 2 (MAC-Layer) – mehrere Loop-freie Routen als Datenpfade zur Übermittlung von Ethernet-Frames zwischen ihnen bestimmt werden. Zwischen zwei RBridges sind daher mehrere Datenpfade möglich, sodass man von *Multipathing* sprechen kann. Aus Abbildung 9.4-1b geht klar hervor, dass alle hier funktionierenden Netzwerkkomponenten ihre Leistung erbringen und die Datenströme somit parallel übermittelt werden können.

**Einsatz von IS-IS**

Die Bestimmung von Datenpfaden zwischen Quell- und Ziel-RBridges erfolgt nach dem Routing-Protokoll ISIS (*Intermediate System to Intermediate System*).[36]

---

[36] ISIS wurde bereits in den 80er Jahren für den Einsatz in den sog. OSI-Umgebungen (*Open System Interconnection*) entwickelt, zuerst als Standard ISO 8473 spezifiziert und später auch als RFC 1142

## 9.4.2 Übermittlung von Ethernet-Frames bei TRILL

Das Prinzip der Datenübermittlung bei TRILL besteht darin, dass man eine Art „*MAC-in-MAC Encapsulation*" realisiert, d.h. „*Ethernet-Frame in Ethernet-Frame Encapsulation*". Abbildung 9.4-2 veranschaulicht dieses Konzept innerhalb einer nach den geltenden Regeln aufgebauten, hochverfügbaren Netzwerkstruktur (s. Abb. 4.2-9) am Beispiel der Übermittlung eines Ethernet-Frames von einem Client zu einem Server.

MAC-in-MAC Encapsulation bei TRILL

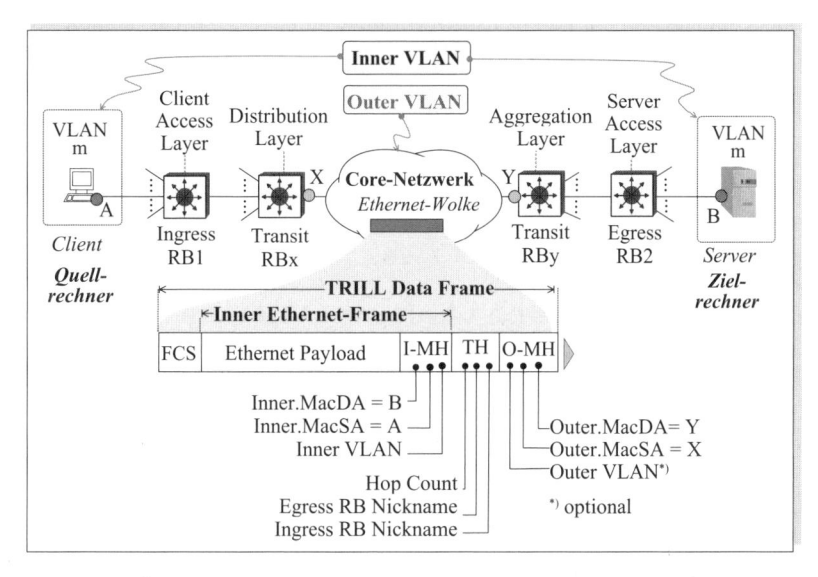

**Abb. 9.4-2:** Prinzip der Übermittlung von Ethernet-Frames bei TRILL – am Beispiel der in Abbildung 4.2-9 dargestellten Netzwerkstruktur
FCS: Frame Check Sequence, I/O-MH: Inner/Outer MAC-Header, MacD/SA: MAC Destination/Source Address, RB: RBridge (Routing Bridge), TH: TRILL Header

Es sei hervorgehoben, dass man bei TRILL während der Übermittlung eines Ethernet-Frames vom Quell- zum Zielrechner zwischen *Ingress* (Eingangs-), *Transit* und *Egress* (Ausgangs-) RBridges unterscheidet.

Vergleicht man die Abbildungen 4.2-9 und 9.4-2, so wird deutlich, dass das Konzept von TRILL an die Besonderheiten der Strukturen moderner Netzwerke angepasst ist und die Kommunikation zwischen zwei Rechnern aus einem VLAN über eine beliebig „große" Ethernet-Wolke (Ethernet Cloud) ermöglicht. Die Ethernet-Wolke als Core-Netzwerk symbolisiert ein beliebiges Ethernet bzw. ein als IP–Subnetz definiertes VLAN. Sie kann im Sonderfall aber auch eine Punkt-zu-Punkt-Verbindung darstellen.

Core-Netzwerk als Outer-VLAN

Dem vom Quell- zum Zielrechner übermittelten Original-Ethernet-Frame wird in der Ingress RBridge RB1 zuerst ein TRILL-Header und dann ein Outer-MAC-Header vor-

---

veröffentlicht. Der Einsatz von ISIS in Netzwerken mit dem Internetprotokoll IP wird in RFC 1195 beschrieben – siehe http://datatracker.ietf.org/wg/isis

angestellt. Auf diese Art und Weise entsteht ein TRILL Data Frame, in dem der Original-Ethernet-Frame eingekapselt und demzufolge als Inner-Frame bezeichnet wird. Im TRILL-Header werden u.a. die sog. *Nicknames* der Ingress und Egress RBridges eingetragen – also die Identifikation der beiden Endpunkte der Route. Der Outer MAC-Header enthält die MAC-Adressen der beiden Transit RBridges RBx und RBy sowie den Outer VLAN Tag mit der Identifikation des Transit-VLAN, zu dem sie gehören.

*VLAN over VLAN bei TRILL*

Da die Identifikation des VLANs, zu dem die beiden kommunizierenden Rechner (hier Client und Server) gehören, in der Angabe Inner VLAN Tag enthalten ist, realisiert TRILL das Konzept *VLAN over VLAN* (auch *Nested VLAN* genannt). Dadurch besteht bei TRILL die Möglichkeit, die Rechner aus einem IP-Subnetz als VLAN im Netzwerk fast beliebig zu „verteilen" – vgl. dazu Abbildung 9.4-3. Bei der in Abbildung 9.4-2 gezeigten Client-Server-Kommunikation gehört beispielsweise eine Transit RBridge zum Distribution Layer auf der Seite des Clients und die andere zum Aggregation Layer auf der Seite des Servers.[37]

### 9.4.3 Bedeutung von VLAN over VLAN mit TRILL

*VLAN-Trunking bei TRILL*

Die in Abschnitt 4.4.2 dargestellte Idee von VLAN-Tagging wird ebenso bei TRILL verwendet. VLAN-Tagging bietet die Möglichkeit, einen physikalischen Link als Trunk mit mehreren virtuellen Kanälen, die den einzelnen VLANs zugeordnet sind, zu realisieren. Wie Abbildung 9.4-3 zeigt, können als sog. *VLAN-Trunks* insbesondere die Links zwischen Ingress/Egress-RBridges und Transit-RBridges realisiert werden. Logisch gesehen ermöglicht dies die Realisierung eines VLAN durch die Kopplung solcher logischen Kanäle, und zwar sogar über ein Transit-VLAN, d.h. nach dem Prinzip *VLAN over VLAN*.

*Flexibilität bei der logischen Strukturierung*

Durch VLAN-Trunking entsteht die Möglichkeit, auf mehrere Standorte verteilte VLANs so einzurichten, dass einige Rechner vom Client-LAN zu einem VLAN-Teil und der andere Teil des gleichen VLAN zu den Rechnern im Server-LAN (im Datacenter) gehört. Diese Möglichkeit bietet Flexibilität bei der logischen Strukturierung von Netzwerken auf dem Layer-2. Abbildung 9.4-3 illustriert die gerade erwähnte Flexibilität näher, insbesondere dass Clients und Server zu ein und demselben VLAN gehören und dass die Kommunikation zwischen Clients und Servern innerhalb eines auf zwei Standorte verteilten VLAN quasi über eine virtuelle (durch die Kopplung entsprechender Ports in RBridges entstandene) Layer-2-Verbindung verläuft.

Außerdem geht aus Abbildung 9.4-3 hervor, dass das ganze physikalische Netzwerk – d.h. Ingress/Egress-, Transit-RBridges und Core – als Layer-2-Switching-Netzwerk be-

---

[37] Bei der Server-Server-Kommunikation würden beide Transit RBridges zum Aggregation Layer gehören (s. Abb. 9.4-1b). Es sei aber auch hervorgehoben, dass die Route von einer Ingress RBridge zu einer Egress RBridge über mehr als zwei Transit RBridges verlaufen kann. Deren maximale Anzahl wird seitens der Ingress RBridge durch die Angabe `Hop Count` im TRILL-Header bestimmt. Im Sonderfall kann es auch nur eine Transit RBridge sein.

trachtet werden können, in dem die Kommunikation zwischen Clients und Server über virtuelle Layer-2-Verbindungen quasi als Routen verlaufen.

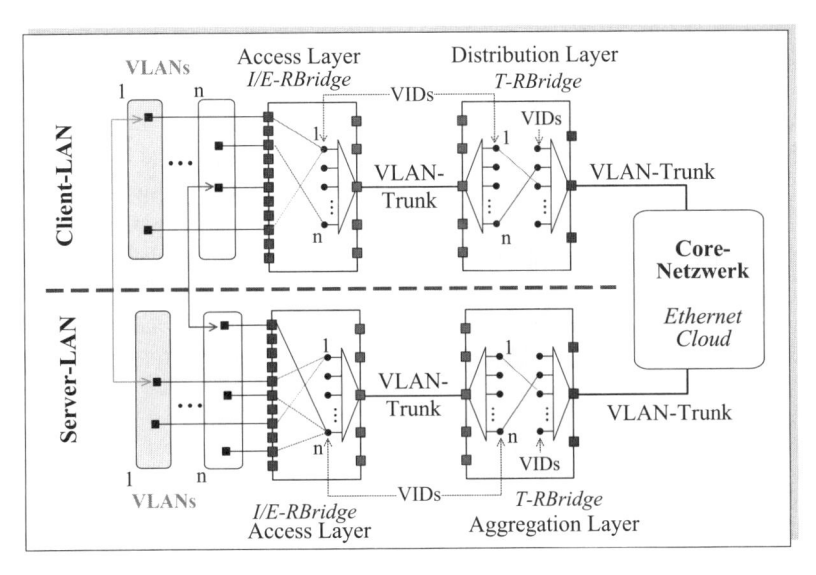

**Abb. 9.4-3:** Prinzip von VLAN over VLAN mit TRILL – beispielsweise in der in Abbildung 9.4-2 dargestellten Netzwerkstruktur
I/E/T: Ingress/Egress/Transit, VID: VLAN Identification.

Das Hauptziel von TRILL – mehrere kürzeste Datenpfade in Netzwerken mit L2-Switches parallel nutzen zu können (Multipathing zu realisieren) – ist auch das Ziel vom im IEEE-Standard 802.1aq spezifizierten Konzept SPB (*Shortest Path Bridging*).

## 9.5 Idee und Einsatz von Shortest Path Bridging

Von modernen Netzwerken erwartet man vor allem hohe Flexibilität, Betriebssicherheit und Effizienz. Dies betrifft insbesondere Datacenter mit virtualisierten Servern. In redundant ausgelegten Netzwerken auf Basis von GEs, in denen als Knoten Layer-2-Switches (L2-Switches) – in IEEE-Standards als *Bridges* bezeichnet – fungieren, müssen automatisch kürzeste Datenpfade (sog. Paths) zur Datenübermittlung eingerichtet werden. Um dies zu erreichen, wurde *Shortest Path Bridging* (SPB) entwickelt. Sein Konzept wird im Standard IEEE 802.1aq beschrieben.

*Ziel von SPB*

In einem sog. *SPB-Netzwerk*, das eine Vernetzung von SPB-fähigen L2-Switches (kurz von *SPB-Switches*) darstellt, ist es möglich, kürzeste Datenpfade zur Übermittlung von Ethernet Frames zwischen SPB-Switches am Rande des Netzwerks dynamisch zu bestimmen. Solche Datenpfade stellen eine Art von Routen auf dem Layer 2 dar und werden mithilfe des klassischen Routing-Protokolls ISIS (*Intermediate System-to-*

*Layer-2-Routing bei SPB*

*Intermediate System*) ermittelt und eingerichtet. Demzufolge kann SPB als eine Art von Layer-2-Routing in Switch-basierten Netzwerken betrachtet werden.

### 9.5.1 Grundlegende Idee von SPB

Wie Abbildung 9.5.1 illustriert, unterscheidet man in einem SPB-Netzwerk zwischen *Edge Switches* am Rande und *Core Switches* im Inneren. Im hier gezeigten Beispiel sind die Switches $S_A$, $S_B$, $S_C$ und $S_D$ Edge Switches und die Switches $S_1$, $S_2$, $S_3$ und $S_4$ Core Switches. Jeder dieser Switches hat mehrere Ports (Nummer 1, 2, ..., 5), über die er wiederum mit benachbarten Switches verbunden ist. Das hier gezeigte SPB-Netzwerk verbindet zwei Segmente A und B desselben Netzwerks X.

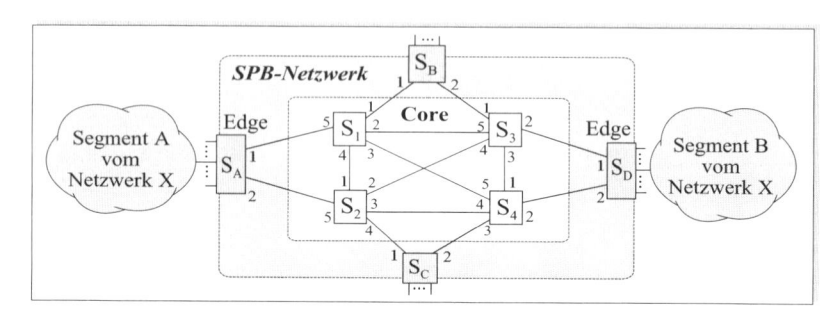

**Abb. 9.5-1:** Ein SPB-Netzwerk bilden ein Core-Netzwerk und mehrere Edge-Switches
S: SPB-fähigen L2-Switch (SPB-Switch)

**Idee von SPB**

Die grundlegende Idee von SPB besteht darin, dass von jedem Edge Switch zu allen anderen Edge Switches im gleichen SPB-Netzwerk mithilfe des Protokolls ISIS kürzeste Datenpfade (Paths) eingerichtet werden.[38] Dies könnte man sich so vorstellen, als ob jeder Edge Switch einen Verteilbaum mit gerichteten, allerkürzesten Datenpfaden (genauer Layer-2-Routen) zur Übermittlung von Ethernet Frames an alle anderen Edge Switches hätte. Ein solcher Verteilbaum wird kurz *Shortest Path Tree* (SPT) genannt.

**Bedeutung von SPTs**

Abbildung 9.5-2 zeigt die SPTs einzelner Edge Switches des in Abbildung 9.5-1 gezeigten SPB-Netzwerks. Hierbei sei hervorgehoben, dass jeder Edge Switch die als *Root* bezeichnete Wurzel seines SPT darstellt und die restlichen Edge Switches im SPB-Netzwerk als mögliche Datensenken, dessen Blätter (Leaves) sind. Jeder SPT definiert somit die kürzesten Datenpfade eines als Root fungierenden Edge Switch zu allen anderen Edge Switches in demselben SPB-Netzwerk. Die kürzesten Datenpfade vom Edge Switch $S_A$ zu den anderen Edge Switches beispielsweise im $SPT_A$ sind:

$S_A \Rightarrow S_1 \Rightarrow S_B$, $S_A \Rightarrow S_2 \Rightarrow S_C$ und $S_A \Rightarrow S_1 \Rightarrow S_3 \Rightarrow S_D$[39]

---

[38] Die Länge des Datenpfades wird in der Anzahl von Data Links (also von sog. *Hops*), aus denen sich der Pfad zusammensetzt, angegeben.

[39] Zwischen zwei Edge Switches können mehrere kürzeste Datenpfade mit der gleichen Länge verlaufen – der andere kürzeste Datenpfad vom Switch $S_A$ zum Switch $S_D$ ist z.B.: $S_A \Rightarrow S_2 \Rightarrow S_4 \Rightarrow S_D$

## 9.5 Idee und Einsatz von Shortest Path Bridging

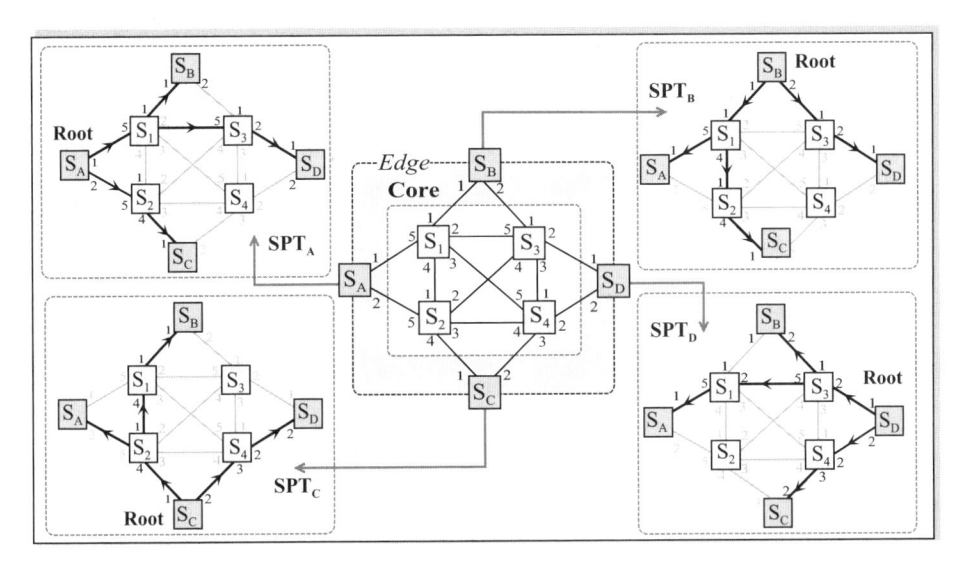

**Abb. 9.5-2:** Verteilbäume (SPTs) von Edge Switches – jeder von ihnen hat eigene SPTs
SPT: Shortest Path Tree: gerichteter Verteilbaum mit kürzesten Pfaden

Aus Abbildung 9.5-2 lässt sich u.a. Folgendes ersehen:

- *Symmetrie der kürzesten Datenpfade*: Die entgegengerichteten Datenpfade zwischen zwei Edge Switches sind symmetrisch in dem Sinne, dass sie über die gleichen Core Switches verlaufen und somit gleich lang sind. Die entgegengerichteten unidirektionalen Datenpfade zwischen zwei Edge Switches als Paar bilden einen bidirektionalen Datenpfad zwischen ihnen; so ist z.B. $S_A - S_1 - S_3 - S_D$ der unidirektionale Datenpfad zwischen $S_A$ und $S_D$.

- *Mehrere kürzeste Datenpfade über Core Switches:* Über jeden Core Switch verlaufen oft mehrere kürzeste Datenpfade aus den SPTs verschiedener Edge Switches.

Die SPTs einzelner Edge Switches müssen ermittelt und sowohl in den Edge Switches als auch in den Core Switches auf entsprechende Weiterleitungstabellen (im Folgenden Forwarding Tables, FTs) abgebildet und dort gespeichert werden. Im SPB-Netzwerk wird jeder Ethernet Frame nur entlang eines Datenpfades aus dem SPT eines Edge Switch übermittelt. Somit muss der im SPB-Netzwerk übermittelte Ethernet Frame die Identifikation des betreffenden SPT in einer Form enthalten, mittels der er die Core Switches, die als Transit Switches dienen, auf den richtigen SPT und somit auf den richtigen Datenpfad hinweisen kann.

In Abhängigkeit davon, zu welchem Zweck die SPTs von Edge Switches eingerichtet werden – ob z.B. zur Übermittlung von Ethernet Frames nur einer Gruppe von VLANs (etwa im Datacenter eines Unternehmensnetzes) oder verschiedener Gruppen von VLANs (bspw. über ein Metro-Ethernet) – und außerdem davon, auf welche Weise in Ethernet Frames auf den betreffenden SPT verwiesen wird, unterscheidet man zwischen folgenden Modi von SPB:

*SPT eines Edge-Switch bestimmt die kürzesten Datenpfade zu anderen Edge-Switches*

*SPTs werden in FTs gespeichert*

*Modi von SPB*

- **SPBV** (*SPB VID*) insbesondere für den Einsatz in Datacentern (Abb. 9.5-3 und -4): In diesem SPB-Modus wird der Verweis auf den betreffenden SPT – und folglich auf den Datenpfad – in den übermittelten Ethernet Frames als SPVID (*Shortest Path VID*) entweder im Q- oder im S-Tag eingetragen; auf den Datenpfad wird also mit VID verwiesen.

- **SPBM** (*SPB MAC*) für den Einsatz in Datacentern und in Provider-Netzen: Bei SPBM wird der Verweis auf den betreffenden SPT in den übermittelten Ethernet Frames als B-VID (*Backbone VLAN Identifier*) im B-Tag, d.h. im vorangestellten B-Header eingetragen; somit wird mit B-VID auf den Datenpfad verwiesen (Abb. 9.5-5). Hervorzuheben ist aber, dass die modifizierte MAC-Adresse eines Quell-Edge-Switch als Multicast-Adresse zur Verteilung von Multicasts dieses Switch verwendet wird; diese wird im B-Header als B-DA eingetragen.

### 9.5.2 SPB-Variante SPBV

*SPVID im Q-Tag*

In Anlehnung an das in Abbildung 9.5-1 gezeigte SPB-Netzwerk soll nun die Idee von SPBV näher erläutert werden. Wie bereits erwähnt wurde, kann bei SPBV die Identifikation des SPT in Form von SPVID sowohl im Q-Tag (IEEE 802.1Q) als auch im S-Tag (IEEE 802.1ad) anstelle der Angabe VID stehen. Abbildung 9.5-3 illustriert die Idee von SPBV für den Fall, dass SPVID im Q-Tag enthalten ist.

*Nur ein VLAN am SPB-Netzwerk*

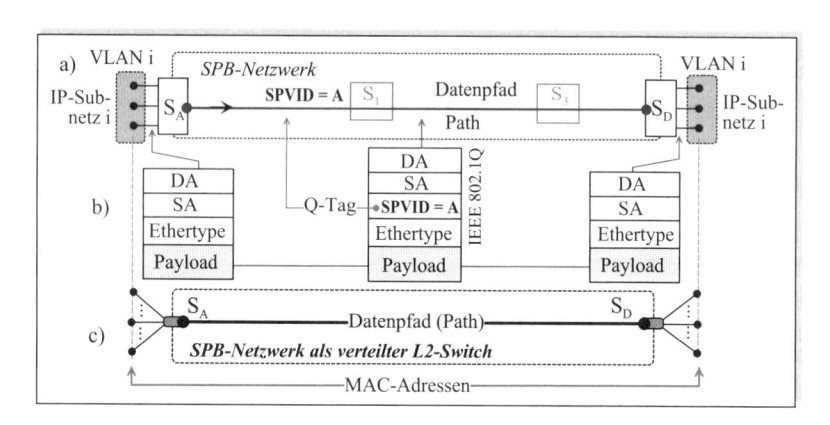

**Abb. 9.5-3:** Idee von SPBV – SPVID im Q-Tag: a) Verbund von Rechnern aus nur einem IP-Subnetz, b) Erweiterung von Ethernet Frames um ein Q-Tag, c) Konnektivität über einen Datenpfad
DA: Destination Address (Ziel-MAC-Adresse), SA: Source Address (Quell-MAC-Addresse)

Weil ein Datenpfad (Path) über ein SPB-Netzwerk als Data Link zu betrachten ist, handelt es sich hier um eine Vernetzung von Rechnern aus <u>nur</u> einem als IP-Subnetz definierten VLAN. Im Quell-Switch $S_A$ wird dem Ethernet Frame ein Q-Tag mit SPVID hinzugefügt und diese Angabe wird dann bei der Weiterleitung des Ethernet Frame von den Switches auf dem Datenpfad interpretiert.

Die in Abbildung 9.5-3c gezeigte Konnektivität soll verdeutlichen, dass ein SPB-Netzwerk der Funktion nach als verteilter L2-Switch angesehen werden kann und dass, falls SPVID im Q-Tag eingetragen wird, dieser Switch nur die Kommunikation zwischen Rechnern aus einem VLAN ermöglicht. Um die Kommunikation aber zwischen Rechnern aus mehreren VLANs über ein SPB-Netzwerk zu ermöglichen, muss die SPBV-Variante SPVID *im S-Tag* eingesetzt werden. Abbildung 9.5-4 zeigt deren Idee.

*SPB-Netzwerk als verteilter L2-Switch*

*Mehrere VLANs am SPB-Netzwerk*

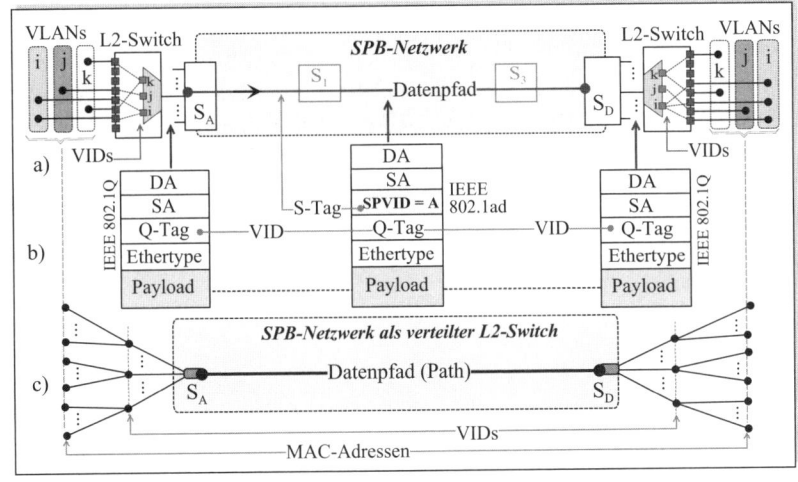

**Abb. 9.5-4:** Idee von SPBV – SPVID im S-Tag: a) Verbund von Rechnern aus verschiedenen VLANs, b) Erweiterung von Ethernet Frames um Q- und S-Tag, c) Konnektivität über einen Datenpfad
Abkürzungen wie in Abbildung 9.5-3

Werden an den Edge Switch mehrere VLANs angeschlossen, so wie es hier der Fall ist, enthalten die zu übermittelnden Ethernet Frames bereits den Q-Tag. Im Quell-Switch wird dann zusätzlich ein S-Tag mit SPVID hinzugefügt und auf diese Weise wird die als SPVID *im S-Tag* bezeichnete SPBV-Variante realisiert. Aufgrund dieses Mappings von VLANs (802.1Q) spricht man in Bezug auf SPBV auch von *Q-in-Q*.

*SPVID im S-Tag*

Die in Abbildung 9.5-4c gezeigte Konnektivität verdeutlicht, dass beim Einsatz der SPBV-Variante SPVID im S-Tag über das SPB-Netzwerk Rechner aus verschiedenen VLANs untereinander kommunizieren können. Es sei aber darauf hingewiesen, dass die jeweils zwei kommunizierenden Rechner nur zu einem VLAN gehören können. Das SPB-Netzwerk realisiert lediglich L2-Switching und deshalb ist keine Vernetzung von VLANs untereinander möglich.

Die in den Abbildungen 9.5-3c und -4c dargestellte Konnektivität veranschaulicht, dass sich ein SPB-Netzwerk mit SPBV als verteilter L2-Switch verhält und dass er die mit einem SPB-Netzwerk erfasste Region – die sog. *SPB-Region* – abdeckt.

**Bemerkung:** Wie bereits erwähnt wurde und auch aus Abbildung 9.5-2 ersichtlich ist, besteht zwischen den Datenpfaden von $S_A$ zum $S_D$ und von $S_D$ zum $S_A$ volle Symmetrie; d.h.

sie verlaufen über die Core Switches $S_1$ und $S_3$ nach den gleichen Prinzipien. Das in den Abbildungen 9.5-3 und -4 dargestellte Prinzip von SPBV gilt folglich in beide Richtungen: von $S_A$ zu $S_D$ und von $S_D$ zu $S_A$. Dies wurde bei der Darstellung der Konnektivität in den Abbildungen 9.5-3c und -4c bereits vorausgesetzt; der Datenpfad ist dort bidirektional.

### 9.5.3 SPB-Variante SPBM

Die Idee von SPBM erläutert Abbildung 9.5-5 in Anlehnung an das in Abbildung 9.5-1 gezeigte SPB-Netzwerk. Im Gegensatz zu SPBV wird bei SPBM das SPB-Netzwerk als *Backbone* angesehen. Deswegen bezeichnet man in IEEE 802.1aq Edge Switches als *Backbone Edge Bridges* (BEBs) und Core Switches als *Backbone Core Bridges* (BCBs). In Abbildung 9.5-5 sind die Edge Switches $S_A$ und $S_D$ BEBs und die Core Switches $S_1$, $S_2$, $S_3$ und $S_4$ repräsentieren BCBs.

Hierarchische VLAN-Strukturen am SPB-Netzwerk

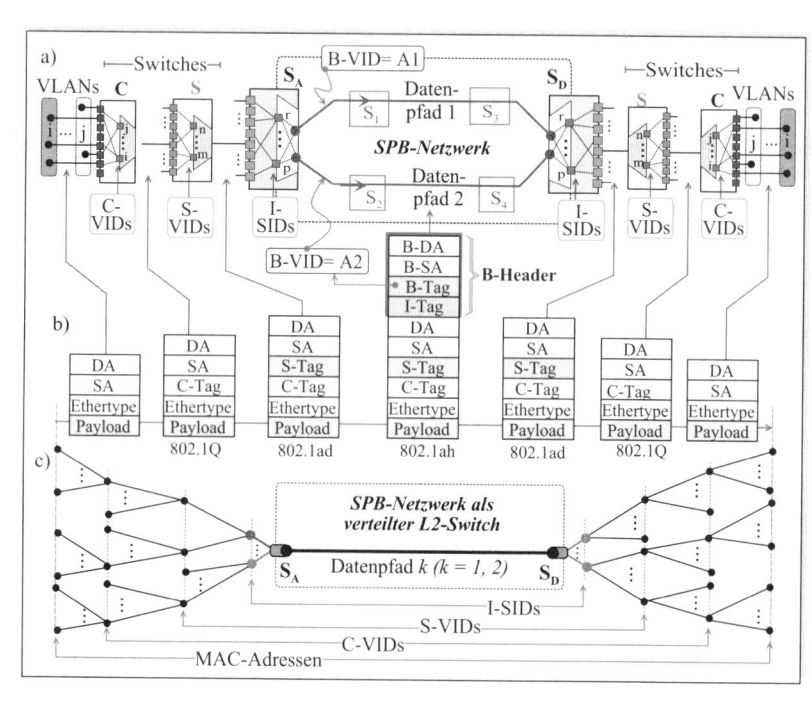

**Abb. 9.5-5:** Idee von SPBM: a) Verbund hierarchischer VLAN-Strukturen, b) Struktur von Ethernet Frames, c) Konnektivität über einen Datenpfad
B-DA: Backbone Destination MAC Address, B-SA: Backbone Source MAC Address, B/C/S-Tag: Backbone/Customer/ Service Tag, B/C/S-VID: Backbone/Customer/ Service VLAN Identifier, I-SID: Backbone Service Instance Identifier, I-Tag: Backbone Service Instance Tag

Tunneling-Prinzip bei SPBM

SPBM verwendet das Tunneling-Prinzip. Ein gerichteter Datenpfad zwischen zwei BEBs über das SPB-Netzwerk stellt also einen Tunnel dar, über den die Ethernet Frames im Original, d.h. so wie sie bei der Quell-BEB angekommen sind, an die Ziel-BEB übermittelt werden. Hierfür wird ein zusätzlicher Header – als *B-Header* bezeichnet –

den zu übermittelnden Ethernet Frames vorangestellt (Abb. 9.5-5b). Der B-Header enthält die Quell- und Ziel-MAC-Adressen als Endpunkte des Datenpfades über das SPB-Netzwerk und die zwei Tags B und I. Man spricht aufgrund der Verschachtelung von MAC-Headern in Bezug auf SPBM auch von *MAC-in-MAC*.

Im B-Tag, auch *Backbone Tag* genannt, wird als Angabe `B-VID` die Identifikation des SPT der Quell-BEB – wie z.B. $S_A$ in Abbildung 9.5-5 – eingetragen. Daher wird im B-Tag ein SPT der Quell-BEB und folglich der Datenpfad von Quell- zu Ziel-BEB bestimmt.[40] Da die Angabe `B-VID` – im Gegensatz zu SPBV – außerhalb des SPB-Netzwerks in keiner Weise mit VIDs von VLANs zusammenhängt, ist es bei SPBM möglich, zwischen zwei BEBs über das SPB-Netzwerk als Backbone parallele, über verschiedene BCBs verlaufende Datenpfade wie z.B. die Datenpfade 1 und 2 in Abbildung 9.5-5 zu verwenden. Diese Möglichkeit bei SPBM kann als großer Vorteil im Vergleich zu SPBV angesehen werden.

> Bedeutung des B-Tag: parallele Datenpfade

Im Hinblick auf Abbildung 9.5-5b sei angemerkt, dass der B-Tag die Angabe `B-VID = A2` enthält und der Ethernet Frame somit über den Datenpfad 2 übermittelt wird.

Der I-Tag, auch *Backbone Service Instance Tag* genannt, hat eine wichtige Funktion: Er enthält den Identifikator `I-SID` (*Backbone Service Instance Identifier*). Wie aus der in Abbildung 9.5-5c gezeigten Konnektivität hervorgeht, dient `I-SID` als Zugangspunkt zum im B-Tag durch `B-VID` – angegebenen Datenpfad, an den eine mithilfe von C- und S-Tags nach IEEE 802.1ad gestapelte VLAN-Struktur angebunden werden kann.[41] Da für jeden Datenpfad – also für jeden `B-VID` – mehrere `I-SID`s definiert werden können, ist es möglich, an nur einen Datenpfad verschiedene VLAN-Strukturen anzubinden und die zu ihnen gehörenden Rechner über das SPB-Netzwerk kommunizieren zu lassen. Diese Möglichkeit bringt auch die in Abbildung 9.5-5c gezeigte Konnektivität zum Ausdruck.

> Bedeutung des I-Tag: hierarchische VLAN-Strukturen am SPB-Netzwerk

## 9.5.4 Einsatz von SPB in Datacentern

Wie bereits in Abschnitt 4.2.3 erwähnt wurde (s. Abb. 4.2-15), ist die Situation in Datacentern beim Einsatz von STP/RSTP, d.h. bei nur einem zentralen Verteilbaum und der Blockierung intakter Switches sehr verbesserungswürdig; u.a. aus diesem Grund wurde SPB entwickelt. In einem SPB-Netzwerk wird für jeden Edge Switch ein eigener SPT-Verteilbaum eingerichtet. Auf diese Weise werden beim Einsatz von beiden SPB-Varianten – also bei SPBV und bei SPBM – keine intakten Switches mehr blockiert, sondern alle leisten ihre Arbeit und tragen dazu bei, dass mehrere Datenpfade über das SPB-Netzwerk verlaufen. Dies wird als *Multipathing* bezeichnet; durch dieses kann der Datenverkehr im SPB-Netzwerk besser verteilt werden.

> Multipathing bei SPBV und SPBM

---

[40] In SPB-Netzwerken kann eine BEB mehrere SPTs und demzufolge auch mehrere kürzeste Datenpfade gleicher „Länge" haben. Beispielsweise gibt es in Abbildung 9.5-1 zwischen $S_A$ und $S_D$ zwei kürzeste Datenpfade mit drei Hops: $S_A$–$S_1$–$S_3$–$S_D$ und $S_A$–$S_2$–$S_4$–$S_D$.

[41] Hierbei spricht man von *VLAN-in-VLAN*, von *VLAN-Stacking* bzw. auch von *VLAN-Tunneling*.

## 9 Aktuelle Netzwerktechnologien und Trends

**Load Sharing bei SPBM**

Da bei SPBM – wie Abbildung 9.5-5a zum Ausdruck bringt – über das SPB-Netzwerk mehrere Datenpfade zwischen zwei Edge Switches (BEBs genannt) so eingerichtet werden können, dass der Datenverkehr zwischen den an die BEBs angebundenen VLAN-Strukturen auf mehrere Datenpfade verteilt ist, ermöglicht dies, auch den Verkehr auf mehrere Datenpfade zu verteilen und folglich *Load Sharing* zu realisieren.

**Konnektivität in Datacentern**

Wie bereits in den Abbildungen 9.5-3c, -4c und -5c veranschaulicht wurde, kann ein SPB-Netzwerk – aber nur im Hinblick auf die Konnektivität – auch als verteilter L2-Switch angesehen werden. Abbildung 9.5-6 zeigt die Konnektivität beim Einsatz beider SPB-Varianten in Datacentern.

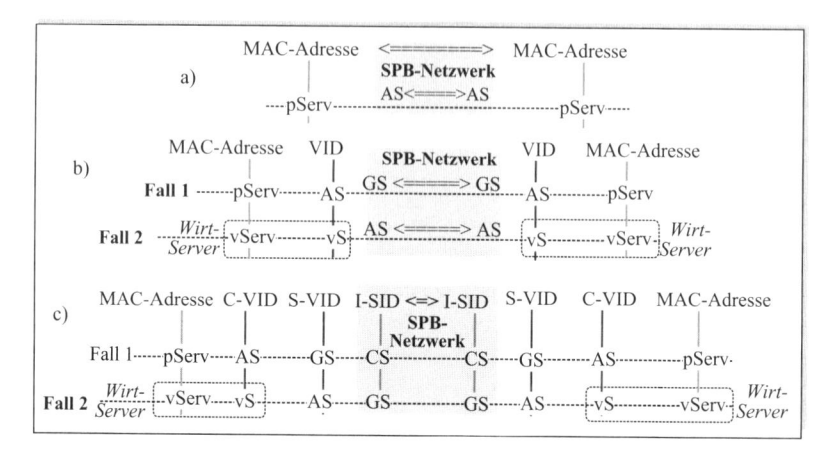

**Abb. 9.5-6:** Konnektivität in Datacentern beim Einsatz von: a) SPBV mit SPVID im Q-Tag, b) SPBV mit SPVID im S-Tag, c) SPBM
A/C/GS: Access/ Core/ Aggregation Switch, pServ: physischer Server,
VID: VLAN Identifier, vServ: virtueller Server

Diese kann kurz wie folgt charakterisiert werden:

- *Einsatz von SPBV mit SPVID im Q-Tag* (Abb. 9.5-6a): Über das SPB-Netzwerk, in dem die Access Switches (ASs) als Edge Switches fungieren, können physikalische Server aus einem VLAN bzw. daher häufig aus einem IP-Subnetz untereinander verbunden werden.

- *Einsatz von SPBV mit SPVID im S-Tag* (Abb. 9.5-6b): Über das SPB-Netzwerk können aus demselben VLAN untereinander verbunden werden:
  - Access Switches (ASs) mit den an sie angeschlossenen physikalischen Servern, wenn die Aggregation Switches (GSs) als Edge Switches im SPB-Netzwerk fungieren – wie im Fall 1;
  - virtuelle Switches (vSs) mit den an sie angeschlossenen virtuellen Servern, wenn die ASs als Edge Switches im SPB-Netzwerk fungieren – wie im Fall 2.

- *Einsatz von SPBM* (Abb. 9.5-6c): Über das SPB-Netzwerk können hierarchische VLAN-Strukturen (vgl. Abb. 9.5-5c) verbunden werden: GSs mit angebundenen ASs wie im Fall 1 oder ASs mit angebundenen Wirt-Servern wie im Fall 2.

Abschließend ist hervorzuheben, dass es sich bei SPB um ein revolutionäres Konzept im Netzwerkbereich handelt, das zukünftig sowohl die Strukturen von Datacentern als auch verschiedene Backbone-Netze stark beeinflussen kann. Bemerkenswert ist, dass als Grundlage von SPB alte, noch aus den 70er- und 80er-Jahren stammende, aber gut bewährte Ideen[42] dienen. Die wesentliche Bedeutung von SPB besteht darin, dass IP-Subnetze in Form von VLANs zerlegt (partitioniert), standortübergreifend verteilt und deren Teile über SPB-Netzwerke untereinander vernetzt werden können, also grenzenloses IP-Subnetting möglich wird.

*Zukünftige Bedeutung von SPB*

## 9.6 VXLAN – eine besondere Art von VLAN

Heutzutage kann man sich kaum noch ein Datacenter im Netzwerk eines Unternehmens vorstellen, in dem keine virtuellen Server – als sog. VMs (*Virtual Machines*) – eingerichtet werden. In Datacentern großer Unternehmen bzw. Anbieter verschiedener Cloud Services ist es oft sogar nötig, die auf verschiedenen, unter Umständen weltweit verteilten physischen Wirt-Servern eingerichteten VMs so zu gruppieren, dass voneinander isolierte, einem VLAN in herkömmlichen Netzwerken entsprechende Gruppen von VMs entstehen. Eine solche Gruppierung von VMs führt zur Bildung von *Virtual eXtensible Local Area Networks* – kurz *VXLANs*.[43]

Unter einem *VXLAN* versteht man eine isolierte Gruppe von auf verschiedenen physikalischen Wirt-Servern eingerichteten VMs, wobei diese Gruppe von VMs sich so verhält, dass eine MAC-Broadcast-Domain[44] (*Media Access Control*) – d.h. eine Domain, wie man sie in herkömmlichen Ethernet-basierten Netzwerken vorfindet – nachgebildet wird. Somit stellt VXLAN eine in der Regel räumlich über mehrere Standorte verteilte, eine MAC-Broadcast-Domain bildende Gruppe von VMs dar. Diese kann sogar weltweit verteilt sein und als IP-Subnetz eingerichtet werden.

*VXLAN als isolierte Gruppe von VMs*

Die Notwendigkeit, ein VXLAN einzurichten, entsteht beispielsweise dann, wenn eine verteilte Applikation mehrere an verschiedenen Standorten als VMs implementierte Server (z.B. einen Webserver und einen bzw. mehrere Datenbankserver) nutzt, oder wenn ein virtueller Server von einem Standort auf einen anderen „verschoben" werden muss und dabei weder dessen MAC- noch seine IP-Adresse geändert werden darf.

*Bedarf an VXLANs*

---

[42] Hierzu gehören u.a. die Ermittlung der kürzesten Pfade nach dem Dijkstra-Algorithmus bzw. die Protokolle ISIS (*Intermediate System to Intermediate System*) oder STP (*Spanning Tree Protocol*).
[43] Um die VXLAN betreffenden Entwicklungen weiter voranzutreiben, hat sich bei der IETF die Working Group „*Network Virtualization Overlays*" – kurz als nvo3 bezeichnet – etabliert; für weitere Informationen darüber s. http://datatracker.ietf.org/wg/nvo3/charter
[44] Eine MAC-Broadcast-Domain repräsentiert eine isolierte Gruppe von Rechnern, in der jeder Rechner die Möglichkeit hat, an alle zur Gruppe gehörenden Rechner einen MAC-Frame (d.h. einen Ethernet-Frame) mit der einzigen Broadcast-MAC-Adresse zu schicken.

## 9.6.1 Vom VLAN zum VXLAN

**Idee von VXLAN**

Wie bereits erwähnt wurde, repräsentiert VXLAN eine Gruppe von auf verschiedenen Wirt-Servern eingerichteten VMs, die weitgehend einer als VLAN anzusehenden Gruppe physikalischer Rechner im herkömmlichen IP-Netzwerk entspricht. Worin bestehen aber die Unterschiede zwischen VLAN und VXLAN? Diese zeigt Abbildung 9.6-1 und bringt zum Ausdruck, dass ein VXLAN ein VLAN auf der Basis mehrerer, auf eine besondere Weise über ein IP-Netzwerk verbundener virtueller L2-Switches darstellt. Anzumerken ist, dass es sich in diesem Fall um ein VXLAN auf der Basis von nur zwei virtuellen L2-Switches handelt. VXLANs können jedoch auch auf der Basis von einer Vielzahl virtueller L2-Switches eingerichtet werden. Virtuelle L2-Switches in einem VXLAN – d.h. VXLAN-fähige L2-Switches – werden im Weiteren *VXLAN-Instanzen* genannt.

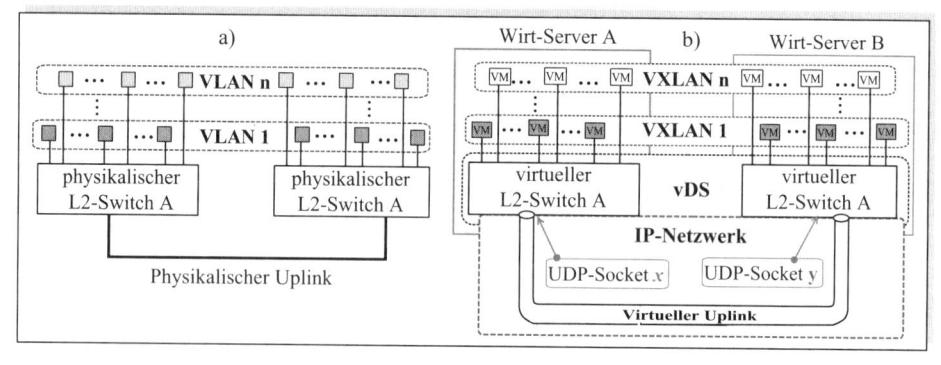

**Abb. 9.6-1:** L2-Switch-übergreifende VLANs auf der Basis: a) von physikalischen, mit einem Uplink verbundenen L2-Switches, b) von virtuellen, mit einem über ein IP-Netzwerk eingerichteten MAC-in-UDP-Tunnel verbundenen L2-Switch
MAC: Media Access Control, UDP: User Datagram Protocol, vDS: virtual Distributed Switch

**Besonderheiten von VXLANs**

In Abbildung 9.6-1 ist ersichtlich, dass ein VXLAN ein besonderes auf der Basis von mehreren virtuellen, in verschiedenen Wirt-Servern enthaltenen L2-Switches eingerichtetes VLAN darstellt.[45] Im VXLAN sind folgende Besonderheiten hervorzuheben:

- Die virtuellen L2-Switches sind mit einem virtuellen Uplink in Form eines *MAC-in-UDP-Tunnels* verbunden; dessen Endpunkte werden mit zwei UDP-Sockets adres-

---

[45] Beim Einsatz z.B. der Komponenten VEMs (*Virtual Ethernet Moduls*) – aus der „Cisco Nexus 1000V Series Switches" – als virtuelle L2-Switches in Wirt-Servern (z.B. in ESX Hosts von VMware) können bis zu 64 VEMs in einem vDS vorkommen. Nutzt man aber VEMs als VXLAN-Instanzen, könnte man dann die zu einem VXLAN gehörenden VMs sogar auf den 64 verschiedenen Wirt-Servern installieren – s.: http://www.cisco.com/en/US/prod/collateral/switches/ps9441/ps9902/guide_c07-702975.html

siert. Die mit dem Tunnel verbundenen virtuellen L2-Switches verhalten sich so, als ob sie einen virtuellen verteilten Switch (*vDS, virtual Distributed Switch*) bilden würden.

- Im VXLAN fungieren VMs als Endsysteme, wobei nur VMs aus einem VXLAN untereinander kommunizieren können; es findet also keine Kommunikation zwischen VXLANs statt.[46]

Oberhalb einer Gruppe virtueller L2-Switches, die einen virtuellen verteilten Switch (vDS, s. Abb. 9.6-1) bilden, können quasi parallel mehrere VXLANs eingerichtet werden. Jedes von ihnen hat eine Identifikation, die sog. VNI (*VXLAN Network Identifier*). Hervorzuheben ist, dass jedes VXLAN ebenso wie jedes herkömmliche VLAN eine MAC-Broadcast-Domain (kurz *MAC-BD*) bilden muss.

Ein VXLAN kann als virtuelles Overlay-L2-Netzwerk (*Virtual Overlay Network*) oberhalb eines physischen IP-Netzwerks angesehen werden.

## 9.6.2 VXLANs oberhalb Layer-3-Netzwerke

Wird ein VXLAN oberhalb eines L3-Netzwerks – also oberhalb mehrerer VLANs, welche verschiedene, über L3-Switches bzw. über Router vernetzte IP-Subnetze darstellen – eingerichtet, dann bilden die dem VXLAN zugrunde liegenden VLANs nicht eine einzige das ganze VXLAN erfassende MAC-BD, wie man sie bei VXLAN benötigt, sondern stellen mehrere voneinander getrennte MAC-BDs dar. Jedes VXLAN muss aber eine MAC-BD repräsentieren. Damit man ein VXLAN als MAC-BD oberhalb eines IP-Netzwerks realisieren kann, also um ein MAC-Frame (Ethernet-Frame genannt) von einer VM an alle in anderen Wirt-Servern implementierten Remote-VMs aus dem gleichen VXLAN – quasi in einem Zug – verschicken zu können, wird die MAC-BD eines VXLANs oberhalb des IP-Netzwerks als IP-Multicast-Domain nachgebildet. Somit muss jedem VXLAN eine IP-Multicast-Adresse zugeordnet werden.

*MAC-Broadcast mithilfe von IP-Multicast*

Um über ein IP-Netzwerk einen MAC-Frame mit einer MAC-Broadcast-Adresse von einer VM an alle anderen VMs im gleichen VXLAN zu verschicken, wird der MAC-Frame in ein IP-Paket mit der dem betreffenden VXLAN zugewiesenen IP-Multicast-Adresse als Ziel-IP-Adresse eingekapselt. Ein solches, von einer VXLAN-Instanz stammendes Multicast-IP-Paket wird zuerst – also im ersten Schritt – von dieser VXLAN-Instanz an den Rendezvous-Point, d.h. an die Wurzel (Root) vom IP-Multicast-Verteilbaum übergeben. Von dort wird das Multicast-IP-Paket wie in einem Zug an die restlichen VXLAN-Instanzen verschickt. Im Endeffekt kann man den IP-Multicast-Verteilbaum in einem IP-Netz der Funktion nach als ein virtuelles Broadcast-Medium (*virtual Broadcast Media* betrachten. Abbildung 9.6-2 zeigt dies. Ein derarti-

*L3-Netzwerk als virtuelles Broadcast-Medium*

---

[46] Sind VXLANs als IP-Subnetze eingerichtet, kann die Kommunikation zwischen ihnen über L3-Switches (de facto Router) verlaufen.

**IP-Multicast-Verteilbaum als virtuelles Broadcast-Medium dargestellt**

ges Broadcast-Medium könnte man in Form eines virtuellen Bussystems[47] darstellen, und so ließe sich dessen Broadcast-Eigenschaft näher verdeutlichen.

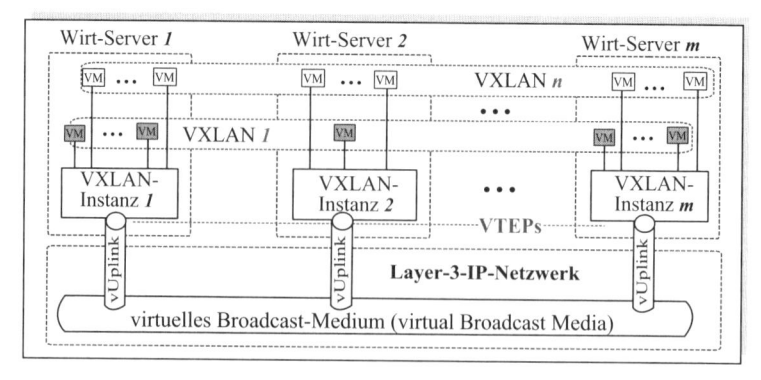

**Abb. 9.6-2:** Layer-3-IP-Netzwerk dient bei VXLAN als virtuelles Broadcast-Medium
VTEP: VXLAN Tunnel End Point – Ende und/oder Beginn des Tunnels

**VTEPs als Adressen am virtuellen Broadcast-Medium**

Die einzelnen VXLAN-Instanzen müssen am virtuellen Broadcast-Medium identifiziert – de facto adressiert – werden und hierfür dienen die sog. VTEPs (*VXLAN Tunnel End Points*); diese stellen UDP-Sockets[48] dar (vgl. Abb. 9.6-1). Folglich ist jede VXLAN-Instanz faktisch eine UDP-Applikation. Wie aus Abbildung 9.6-2 hervorgeht, könnte man die VTEPs als „Anschlusspunkte" von VXLAN-Instanzen am virtuellen Broadcast-Medium und die Tunnel zu diesen „Anschlusspunkten" als *virtuelle Uplinks* (*vUplinks*) interpretieren.[49]

Die einzelnen, an eine VXLAN-Instanz angebundenen VMs können aber verschiedenen, mithilfe von VNIs (*VXLAN Network Identifiers*) identifizierten VXLANs angehören. Um dies zu ermöglichen, kann – wie Abbildung 9.6-3 illustriert – an mehrere virtuelle Broadcast-Medien eine VXLAN-Instanz angebunden werden; folglich kann eine VXLAN-Instanz seitens des IP-Netzwerks über mehrere VTEPs „erreichbar" sein.

Weil VNI mit 24 Bits kodiert ist, könnte man theoretisch oberhalb eines physischen IP-Netzwerks bis zu $2^{24}$ VXLANs einrichten. Dies hat in großen Datacentern eine enorme Bedeutung denn: in einem großen, auf mehrere Standorte verteilten Datacenter, der als öffentliche Cloud (Public Cloud) mit virtuellen Servern als VMs fungiert, könnte man zur Bereitstellung diverser Cloud Services bis zu $2^{24}$ private Clouds z.B. für Kunden bzw. mehrere Mandanten in Form von VXLANs einrichten.

---

[47] Das in Abbildung 9.6-2 gezeigte virtuelle Bussystem – einschließlich dessen gelber Farbe – soll an das erste, aus dem Jahr 1982 stammende Ethernet-Konzept 10Base-5 auf der Basis des dicken, gelben Koaxialkabels erinnern. 10Base-5 hat nach dem Broadcast-Prinzip funktioniert.

[48] Ein UDP-Socket bildet das Paar (UDP-Port, IP-Adresse) und stellt den Endpunkt einer verbindungslosen Kommunikation nach UDP dar.

[49] Die in Abbildung 9.6-2 gezeigte virtuelle Struktur ähnelt dem „Virtual Chassis Model" der Fa. Cisco – und zwar entspricht das virtuelle Broadcast-Medium dem „virtual Chassis", ein virtueller Uplink einem Line Card und eine VXLAN-Instanz repräsentiert ein *Virtual Ethernet Modul* (VEM).

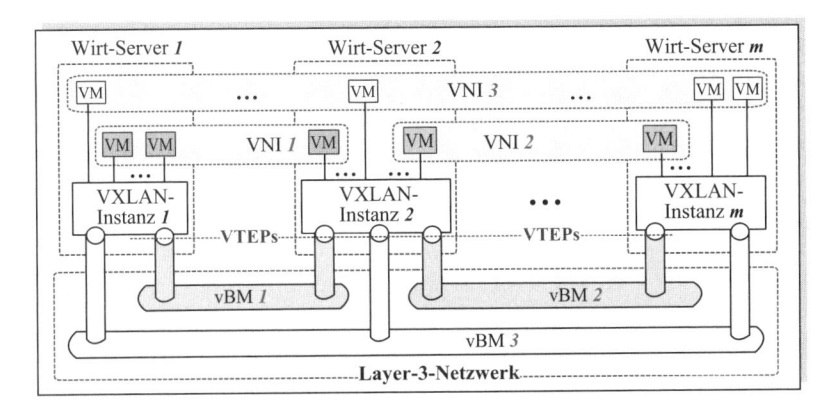

**Abb. 9.6-3:** Mehrere Tunnel können zu einer VXLAN-Instanz führen
vBM: virtuelles Broadcast-Medium, VNI: VXLAN Network Identifier,
VTEP: VXLAN Tunnel End Point – Ende und/oder Beginn des Tunnels

*Multi-VXLAN-Fähigkeit von VXLAN-Instanzen*

Abschließend sei hervorgehoben, dass die Idee von VXLANs es ermöglicht, weltweit beliebig verteilte virtuelle Rechner so zu gruppieren, dass sie voneinander isolierte MAC-Broadcast Domains, d.h. als IP-Subnetze definierte VXLANs, bilden. Folglich ist es möglich, eine Gruppe virtueller Rechner als ein einziges VXLAN, z.B. über ein privates IP-Netz, weltweit zu vernetzen. Dadurch wird die Isolation mehrerer Kunden bzw. Mandanten (multi-tenants) in virtuellen Netzen über mehrere Standorte hinweg ermöglicht. Für weitere Informationen über VXLAN sei verwiesen auf das Thema VXLAN in [Schu 13].

*Bedeutung von VXLANs*

## 9.7 SDN – Software Defined Networking

Die Virtualisierung von Rechnern und der zunehmende Bedarf an flexiblen, spontanen und an Geschäftsprozesse angepassten IT-Diensten führt zu einem Bedarf an neuen Ideen zur flexiblen und raschen Bereitstellung von Netzwerkdiensten; *Software-Definiertes Networking* (SDN) ist eine solche Idee. Sie ermöglicht die Bereitstellung universeller und programmierbarer Netzwerkknoten zur Weiterleitung von Daten. Diese Netzwerkknoten können fast alle denkbaren Netzwerkfunktionen erbringen wie bspw. verschiedene Switching-Arten und dies sogar parallel für unterschiedliche Netzwerkprotokolle (vgl. IPv4 und IPv6 in Abb. 9.7-6). Dadurch können bei SDN verschiedene programmierbare Netzwerkdienste realisiert werden. Folglich kann man bei SDN sogar von *Netzwerkprogrammierbarkeit* sprechen und von dieser Möglichkeit haben Netzwerkentwickler bereits seit langem geträumt.

*Programmierbare Netzwerkdienste mit SDN*

SDN ist eine revolutionäre Idee, der eine neue Netzwerkarchitektur zugrunde liegt. Diese Idee besteht darin, dass die Steuerung von den für den Datentransport verantwortlichen Funktionsmodulen in Netzwerkkomponenten (in Switches, Routern, ...) von diesen entkoppelt ist, also an einer anderen Stelle im Netzwerk platziert und mithilfe eines bzw. mehrerer spezieller Controller sowie eines speziellen Protokolls zwischen

*SDN – eine revolutionäre Idee*

**Software-definiertes Netzwerk**

Controllern und Netzwerkkomponenten realisiert wird. Beispielsweise besitzen die SDN-fähigen Switches fast keine „eigene" Steuerung mehr, sondern werden von einer ausgelagerten Stelle einprogrammiert – quasi fern angesteuert.

Bei SDN können innerhalb einer physikalischen Netzwerkstruktur mehrere, den Geschäftsprozessen angepasste virtuelle Netzwerke bei Bedarf spontan für eine bestimmte, ggf. sogar nur kurze, Zeit eingerichtet werden. Bei SDN kann somit ad hoc ein software-definiertes Netzwerk (*Software Defined Network*) aufgebaut werden. So ermöglicht SDN es beispielsweise einem Service Provider, in seinem Datacenter für Kunden mehrere virtuelle Datacenter (*Virtual Data Center*, *VDC*) so einzurichten, dass man wie bei VXLAN von *Multi-Tenancy* – also von *Mandantenfähigkeit* – sprechen kann.

> **Bemerkung:** Die hier dargestellten Ideen, die Konzepte für SDN und deren Anwendungsmöglichkeiten basieren auf dem Framework *OpenFlow* von der *Open Networking Foundation* (ONF), der alle namhaften und auf dem Gebiet Networking tätigen Firmen angehören (https://www.opennetworking.org).[50]

**Das grundlegende Konzept von SDN**

Bei SDN wird vorausgesetzt, dass jede Netzwerkkomponente zur Übermittlung von Daten – so wie etwa ein Switch – folgende Bestandteile enthält: eine Hardware zur Übermittlung (Weiterleitung) von Daten – als *(Data) Forwarding Hardware* bezeichnet – und eine Software, die sich aus mehreren Applikationen und einem Betriebssystem zusammensetzt. Das grundlegende Konzept von SDN basiert darauf, die Software in Netzwerkkomponenten zur Übermittlung von Daten möglichst von deren Hardware zu trennen und sie dann zu einer bzw. zu mehreren zentralen, als *Controller* bezeichneten Steuerungskomponenten auszulagern. Demzufolge werden die Netzwerkkomponenten zur Übermittlung von Daten vereinfacht und zentral gesteuert. Diese Idee liefert neue Möglichkeiten, diverse Netzwerkdienste zu entwickeln, sie also de facto zu programmieren – und sie in Netzwerken mit vereinfachten Hardware-Komponenten zu verwirklichen.

### 9.7.1 Allgemeines SDN-Konzept

SDN ist vor allem in Datacentern von großer Bedeutung. Aus diesem Grund soll hier die Idee von SDN am Beispiel von dessen Einsatz in Datacentern erläutert werden. Hierfür betrachten wir zuerst die in Abbildung 9.7-1a gezeigte, sehr stark vereinfachte Struktur der Vernetzung von Switches in Datacentern, d.h. die Vernetzung von Access Switches zur Anbindung von Servern mit Aggregation Switches.

Um die bereits geschilderte logische Betrachtung von Netzwerkkomponenten bei SDN näher zum Ausdruck zu bringen, zeigt Abbildung 9.7-1b die logische Struktur von Access und Aggregation Switches der in Abbildung 9.7-1a dargestellten Vernetzung.

---

[50] Unter https://www.opennetworking.org/sdn-resources/onf-specifications können alle ONF-Dokumente kostenlos heruntergeladen werden.

## 9.7 SDN – Software Defined Networking

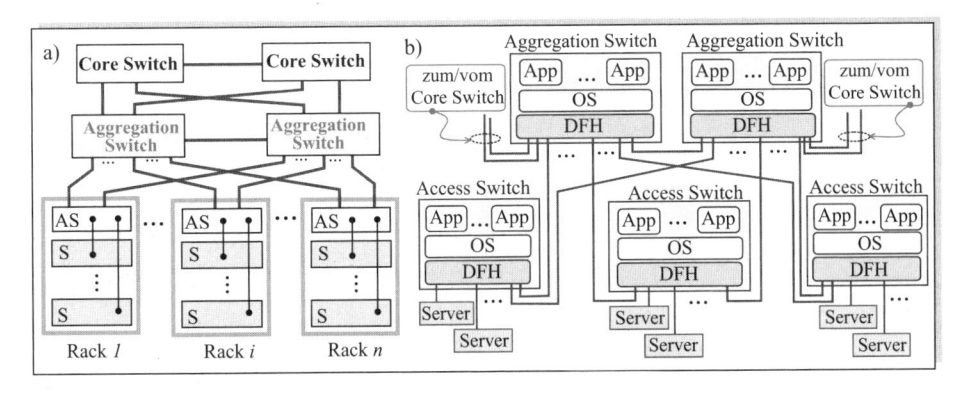

**Abb. 9.7-1:** Beispiel für eine Vernetzung von Switches in Datacentern:
a) allgemeine physikalische Struktur, b) vereinfachte logische Struktur
A/GS: Access/Aggregation Switch, App: Application (Realisierung einer Switch-Funktion),
DFH: Data Forwarding Hardware bildet eine (Data) Forwarding Plane, OS: Operation System
bildet eine Control Plane

Im Allgemeinen wird bei SDN angenommen, dass die Hardware in den zur Übermittlung von Daten dienenden Netzwerkkomponenten – wie z.B. in Switches – eine *(Data) Forwarding Plane* bildet. Es sei aber angemerkt, dass jede Forwarding Plane die Daten in Form von in Ethernet-Frames eingekapselten Paketen übermittelt (weiterleitet).

Ähnlich wie bei der Hardware kann auch die Software jeder der Übermittlung von Daten dienenden Netzwerkkomponente in Form von zwei funktionellen Planes dargestellt werden, nämlich das Betriebssystem als *Control Plane* und alle Applikationen als *Application Plane*.

*Funktionelle Planes bei SDN*

Die grundlegende Idee von SDN besteht darin, die kontroll- und anwendungsspezifische Software von der Hardware in Netzwerkkomponenten zur Übermittlung von Daten möglichst so zu entkoppeln, dass diese von der Hardware entfernt in einem zentralen Controller – bzw. in mehreren Controllern – untergebracht werden kann. Abbildung 9.7-2 illustriert diese Idee.

*Bedeutung von Controllern*

Wie hier ersichtlich ist, führt SDN dazu, dass die zur Übermittlung von Daten dienenden Netzwerkkomponenten hautsächlich die Hardware als Forwarding Plane benötigen – sie müssen also weder eine Control Plane noch eine Application Plane besitzen. Diese beiden Software-Planes werden in einem zentralen Controller untergebracht und von dort aus werden die um die Control und Application Plane „reduzierten" Switches mithilfe eines speziellen Protokolls wie bspw. *OpenFlow* (OF) angesteuert.[51]

*OpenFlow – Protokoll bei SDN*

An dieser Stelle sei hervorgehoben, dass die SDN-konformen Netzwerkkomponenten zur Übermittlung von Daten nur eine *Data Forwarding Hardware* (DFH) – also de facto nur die Forwarding Plane – besitzen und, damit sie von einem Controller mithilfe von OpenFlow angesteuert werden können, OpenFlow-fähig sein müssen. Ein O-

*OpenFlow Switch*

---

[51] Es sei angemerkt, dass es sich hier nur um SDN auf Basis des von der ONF konzipierten Frameworks *OpenFlow* handelt. Es existieren auch andere SDN Lösungen.

penFlow-fähiger Switch wird auch *OpenFlow Switch* genannt und kurz als *OF-Switch* oder als *OFS* bezeichnet.

ASs und GSs bilden eine vom entfernten Controller konfigurierbare L2-Fabric

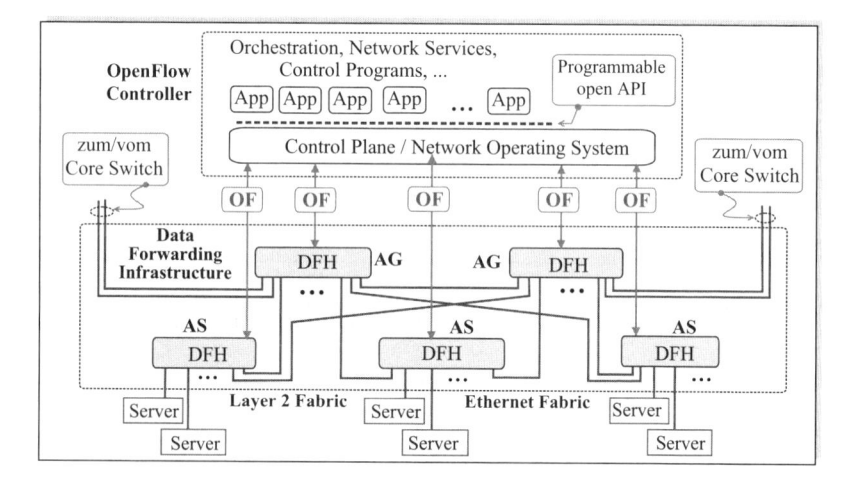

**Abb. 9.7-2:** Bedeutung von SDN bei der Vernetzung von Switches in Datacentern
API: Application Programming Interface, A/GS: Access/Aggregation Switch, OF: OpenFlow Protocol, weitere Abkürzungen wie in Abbildung 9.7-1

**Bemerkung:** Unter *Flow* – genauer: *Data Flow, Datenfluss* – versteht man eine Folge von Ethernet-Frames mit den gleichen Angaben in einigen Feldern im Protokoll-Overhead; zu diesem gehören insb. die folgenden Header: Ethernet-, IPv4-/IPv6- und TCP-/UDP-Header. Den Datenfluss einer TCP-Verbindung markieren beispielsweise die Angaben: IP Source Address, TCP Source Port, IP Destination Address, TCP Destination Port. Die Bezeichnung „Open" in OpenFlow verweist darauf, dass der Datenfluss beliebig sein kann (s. Abb. 9.7-6).

Ethernet Fabric = Vernetzung von OF-Switches

Betrachtet man die in Abbildung 9.7-2 gezeigte Vernetzungsstruktur näher, so erkennt man, dass die Vernetzung von SDN-konformen Access und Aggregation Switches zu einer besonderen „*Data Forwarding Infrastructure*" führt; diese könnte man als *Distributed Layer 2 Fabric* bzw. als *Ethernet Fabric* mit programmierbaren OF-Switches betrachten. Abbildung 9.7-3a bringt dies näher zum Ausdruck und zeigt dabei, dass die in Abbildung 9.7-3b dargestellte Struktur der Vernetzung von Switches in Datacentern auch bei SDN weiter erhalten bleibt, wobei jetzt alle Switches OF-Switches sind.

DFI ist programmierbar

Innerhalb der „*Data Forwarding Infrastructure*" – kurz DFI – werden die in Ethernet-Frames (also in Layer-2-Frames) eingekapselten IP-Pakete übermittelt und die DFI kann von einem Controller mithilfe des OF-Protokolls so angesteuert werden, dass sie gewünschte Netzwerkdienste zur Verfügung stellt. Um welche Netzwerkdienste es sich handelt, bestimmen die Applikationen am Controller (s. Abb. 9.7-4). Diese greifen über eine standardisierte Software-Schnittstelle – als API bezeichnet – auf die Control Plane zu und sind damit in der Lage, die OF-Switches in der DFI bei Bedarf so zu programmieren (zu konfigurieren), dass die erwünschten Netzwerkdienste von der DFI erbracht werden können.

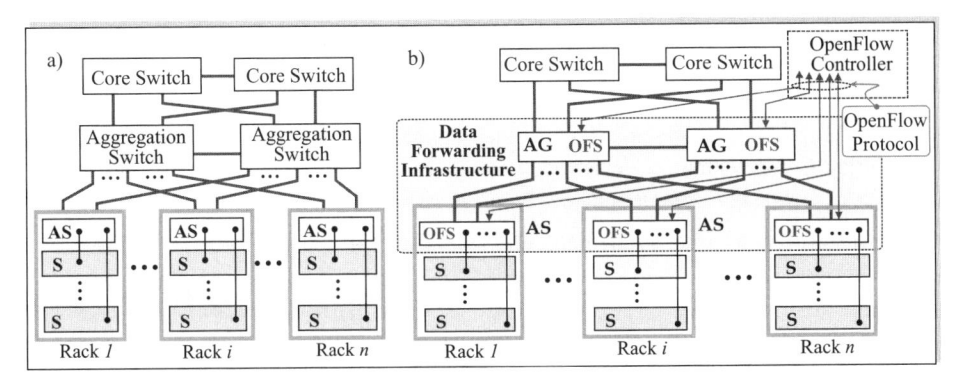

**Abb. 9.7-3:** Datacenter: a) mit herkömmlichen Switches, b) mit OF-Switches
A/GS: Access/Aggregation Switch, OFS: OpenFlow-Switch, S: Server

In Abbildung 9.7-3 erkennt man sofort den Vorteil von SDN, und zwar kann man bei SDN kann man die Data-Forwarding-Infrastrukturen (Ethernet Fabrics) von einer zentralen Stelle aus flexibel gestalten und hierbei verschiedene Netzwerkdienste – z.B. dem aktuellen Bedarf angepasste virtuelle Netzwerke – auch nur für kurze Zeit einrichten.

Vorteil von SDN

## 9.7.2 Grundlegende SDN-Architektur

Im Allgemeinen kann SDN auch als Framework zur Programmierung von Netzwerkdiensten angesehen werden; Abbildung 9.7-4a zeigt dessen logische Architektur. Diese geht insbesondere aus Abbildung 9.7-2 hervor. Abbildung 9.7-4b soll zusätzlich zum Ausdruck bringen, dass die logische Architektur von SDN sehr der logischen Architektur eines Servers ähnelt. Hierbei entsprechen Ethernet-Adapterkarten (sog. NICs) der Forwarding Plane, das Operating System (Betriebssystem) der Control Plane und die Applikationen in der Application Plane.

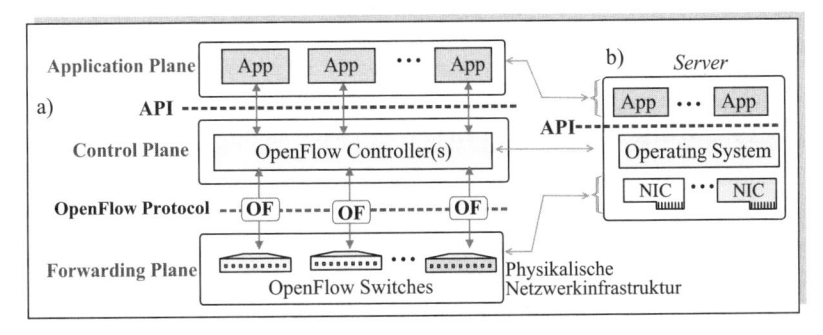

**Abb. 9.7-4:** Vergleich der logischen SDN-Architektur (a) mit der Serverarchitektur (b)
API: Application Programming Interface, App: Application, NIC: Network Interface Controller

Die als Planes bezeichneten, funktionellen Schichten der logischen SDN-Architektur sind wie folgt zu charakterisieren:

| | |
|---|---|
| Forwarding Plane als Ethernet Fabric | **Forwarding Plane:** Diese verteilte Plane repräsentiert eine Vernetzung von OF-Switches; d.h. von Switches, die hauptsächlich nur eine Hardware zur Übermittlung (Weiterleitung) von Daten – also eine (Data) Forwarding Plane – enthalten und das OF-Protokoll unterstützen. Dadurch können sie von der ausgelagerten, in einem Controller realisierten Control Plane angesteuert werden. Die Forwarding Plane als physikalische Netzwerkinfrastruktur könnte man als *Ethernet Fabric* betrachten |

**Control Plane:** Zu dieser Plane gehören Controller. Sie setzen von Applikationen generierte Anweisungen (Richtlinien, Policies) in entsprechende, an OF-Switches übermittelte, Nachrichten des OF-Protokolls um. Dadurch können OF-Switches innerhalb der Forwarding Plane von einem entfernten Controller angesteuert werden. Diese Ansteuerung führt dazu (s. Abb. 9.7-5), dass die sog. *Flow Tables* in OF-Switches entsprechend den seitens der Applikation generierten Anweisungen programmiert (konfiguriert) werden. In einigen Flow Tables können beispielsweise neue Einträge (sog. *Flow Table Entries*) hinzugefügt oder alte geändert bzw. gelöscht werden. Auf diese Art und Weise kann innerhalb einer aus OF-Switches bestehenden Netzwerkinfrastruktur ein Netzwerkdienst (z.B. VLAN) ad hoc eingerichtet werden.

**Application Plane**: In dieser Plane werden verschiedene, als SDN-Applikationen bezeichnete Tools zur Programmierung der Netzwerkdienste angesiedelt; diese dienen der Erstellung von Anweisungen, die daraufhin als sog. *Entries* in Flow Tables abgespeichert werden (s. Abb. 9.7-6), um die OF-Switches anzusteuern. Die API (*Application Programming Interface*) als offene Software-Schnittstelle soll eine einheitliche Programmierung der Netzwerkdienste ermöglichen.

### 9.7.3 OF-Switch – logische Struktur und Funktionsweise

Die physikalische Infrastruktur von *Software Defined Networks* wird durch die Vernetzung von OF-Switches gebildet und in der SDN-Architektur *Forwarding Plane* genannt. Bei SDN kann daher ein OF-Switch als physikalischer, programmierbarer Netzknoten angesehen werden. Um die Funktionsweise eines OF-Switches anschaulich erläutern zu können, illustriert Abbildung 9.7-5 seine logische Struktur.

| | |
|---|---|
| Wie funktioniert ein OF-Switch? | Jeder OF-Switch besitzt die folgenden drei Funktionskomponenten: |

**Kommunikationsinstanz vom/zum Controller:** Über diese Instanz – in der „OF-Switch Specification" *OpenFlow Channel* genannt – erfolgt die Kommunikation zwischen dem OF-Switch und einem Controller nach dem OF-Protokoll; sie wird nach dem Sicherheitsprotokoll TLS (*Transport Layer Security*) gesichert. Über diese Kommunikationsinstanz kann der OF-Switch dem aktuellen Bedarf entsprechend programmiert (konfiguriert) und auch überwacht werden. Die Anweisungen (Befehle) übermittelt der Controller an den OF-Switch in den Nachrichten des OF-Protokolls.

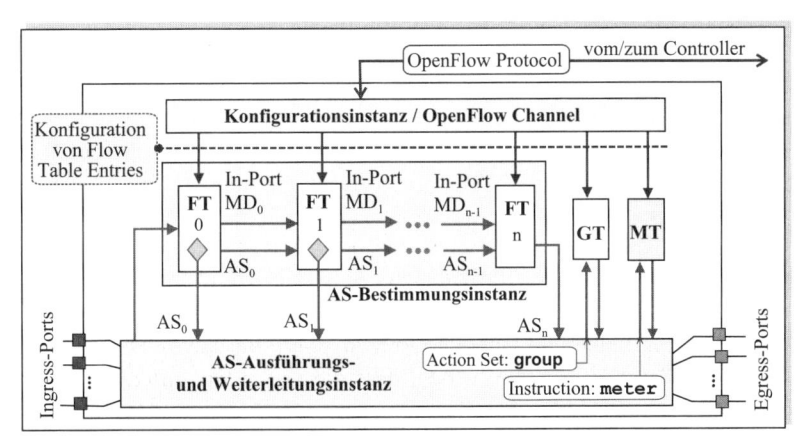

**Abb. 9.7-5:** Vereinfachte logische Struktur des OF-Switches mit mehreren Flow Tables
AS: Action Set – eine Liste von Aktionen zum Ausführen, In-/Eg-Port: Ingress / Egress Port,
F/G/MT: Flow / Group / Meter Table, MD: Metadata

**Action-Set-Bestimmungsinstanz (AS-Bestimmungsinstanz):** Diese Instanz enthält eine Reihe von *Flow Tables*, in denen jeweils mehrere sog. *Flow Table Entries* enthalten sind, die vom Controller mit dem OF-Protokoll konfiguriert werden (s. Abb. 9.7-6). Eine Flow Table wird verwendet, um zu bestimmen, welche Aktion (Operation) in einem empfangenen Ethernet-Frame vor dessen Weiterleitung ausgeführt wird und wie er weitergeleitet werden muss – z.B. über welchen Ausgangs-Port. Zur Bestimmung der Aktion wird ein Abgleich (Matching) von Angaben im Protokoll-Overhead mit den sog. *Match Fields* aller Entries der Flow Fable durchgeführt (vgl. Abb. 9.7-6). Der Abgleich bezieht sich hierbei auf die Ethernet-, IPv4-, IPv6- und TCP/UDP-Header. Findet beim Abgleich in einer Entry eine Übereinstimmung statt, bestimmt das Feld *Instructions* der Entry die auszuführende Aktion. Findet aber keine Übereinstimmung statt, bestimmt die Aktion die sog. *Table-miss Flow Entry*[52].

<small>Interpretation von Flow Tables</small>

Damit man auch „multifunktionelle" Netzwerkdienste (z.B. „Firewall mit Layer-4-Switching", „Layer-3-Switching mit NAPT") realisieren kann, muss eine Reihe von Aktionen, die einen *Action Set* bilden, ausgeführt werden. Um einen Action Set bei Netzwerkdiensten dieser Art zu bestimmen, wird eine Kette von Flow Tables – die sog. *Pipeline* – verwendet. Zwischen den Flow Tables müssen bestimmte Daten – *Metadata (MD)* genannt – übergeben werden.

<small>Flow Tables bestimmen das Action Set</small>

**Action-Set-Ausführungsinstanz (AS-Ausführungsinstanz):** In dieser Instanz wird der Action Set ausgeführt. Dabei werden auch einige Felder im Protokoll-Overhead des Ethernet-Frames vor dessen Übergabe an einen Ausgangsport modifiziert.

---

[52] Die *Table-miss Flow Entry*, d.h. die Entry einer Flow Table, die dann (und nur dann) interpretiert wird, wenn keine Übereinstimmung in der Flow Table gefunden wurde, hat eine wichtige Rolle. Sie wird z.B. immer dann interpretiert, wenn der erste Ethernet-Frame aus einem Datenfluss im OF-Switch empfangen wurde, aber die Route im Netz für diesen Datenfluss noch nicht eingerichtet worden war. Die Table-miss Flow Entry kann in einem solchen Fall dazu verwendet werden, das Einrichten einer Route bzw. einen Broadcast zu initiieren. Für Näheres darüber SDN in [Schu 13].

Jeder OF-Switch besitzt zwei besondere Tabellen, nämlich eine *Group Table* (GT), damit er u.a. Multicast, Link Aggregation und Multipathing unterstützen kann, und eine *Meter Table* (MT), die er bei der QoS-Unterstützung (*Quality of Service*) benötigt.[53]

Enthält ein OF-Switch mehrere Flow Tables als Pipeline, so kann er bei der Weiterleitung von Datenflüssen eine aufeinanderfolgende Reihe von Funktionen realisieren.

### 9.7.4 OF-Switch-Funktionen – auf Basis nur einer Flow Table

Abbildung 9.7-6 illustriert, welche Funktionen man in einem OF-Switch mit nur einer einzigen Flow Table programmieren kann.

Ein OF-Switch ist fast beliebig konfigurierbar

Eine Flow Table ist fast beliebig konfigurierbar.

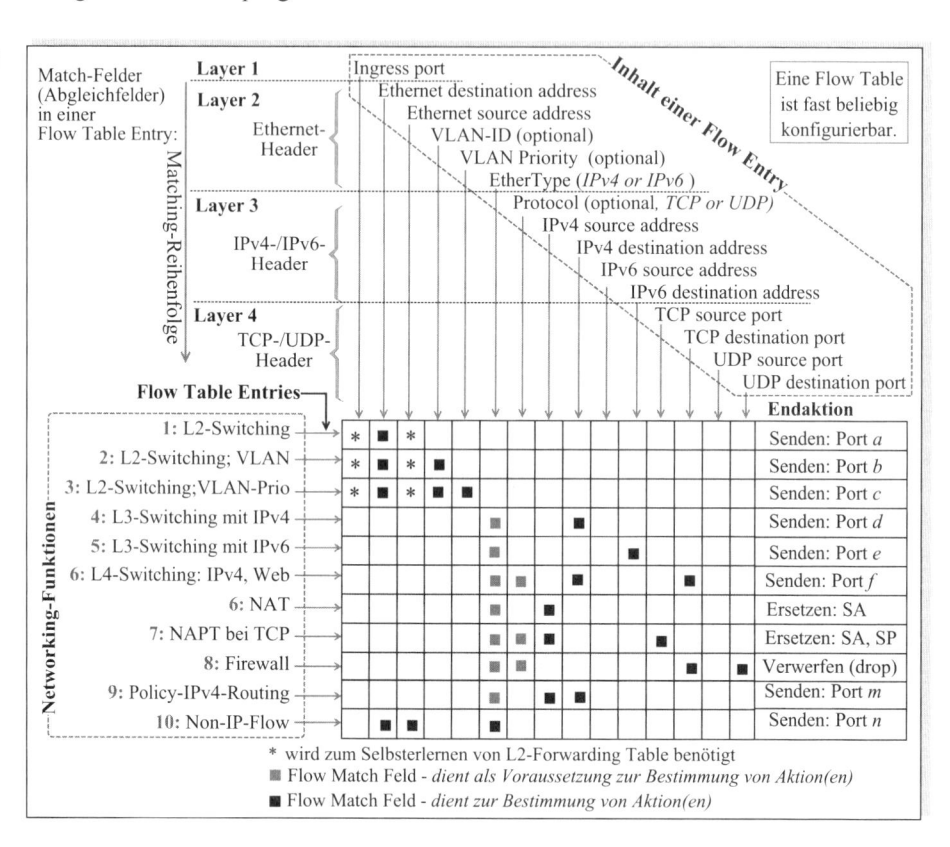

**Abb. 9.7-6:** Beispiel für die Funktionen eines OF-Switches mit nur einer Flow Table
ID: Identifier, NA(P)T: Network Address (Port) Translation, SA: Source Address,
SP: Source Port, VLAN: Virtual Local Area Network – de facto ein IP-Subnetz

Flow Table Entry

Jede Flow Table enthält eine Reihe von strukturierten, als *Flow Table Entries* bezeichneten Zeilen, wobei eine Flow Table Entry – kurz *FT-Entry* – sich nur auf einen Daten-

---

[53] Für Näheres über die Nutzung von Tabellen GT und MT sei auf SDN in [Schu 13] verwiesen.

fluss bezieht und beschreibt, wie alle zu diesem Datenfluss gehörenden Ethernet-Frames mit IP-Paketen während deren Weiterleitung im OF-Switch „bearbeitet" werden müssen. Weil jede FT-Entry sich nur auf einen einzigen Datenfluss bezieht, wird bei der Weiterleitung jedes Ethernet-Frames aus einem Datenfluss zuerst „herausgefiltert", welche FT-Entry diesem Datenfluss entspricht, und dann wird aus dieser FT-Entry abgelesen, wie der Ethernet-Frame im OF-Switch „bearbeitet" werden muss.[54]

In Abbildung 9.7-6 wurden alle Match-Felder aufgelistet, welche in FT-Entries von OF-Switches enthalten sein müssen und welche optional sind. Hierbei ist ersichtlich, dass eine Flow Table zur Bereitstellung verschiedener Netzwerkdienste durch die Konfiguration einzelner Flow Entries sehr flexibel programmiert werden kann.

*Bereitstellung verschiedener Netzwerkdienste*

Zu betonen ist jedoch, dass einige Match-Felder nur als Voraussetzung für andere Match-Felder dienen – diese sind sog. *Match Field Prerequisites*. Eine solche Aufgabe haben beispielsweise das Match-Feld `EtherType` im Ethernet-Header und das Feld `Protocol` im IPv4-Header.

> **Beispiel:** Nehmen wir an, dass ein OF-Switch (s. Abb. 9.7-5) nur eine Flow Table hat und diese von einem Remote Controller programmiert werden kann, er also ein *Software Defined Switch* ist. Einen solchen OF-Switch – wie in Abbildung 9.7-6 – könnte man so programmieren, dass er die folgenden Funktionen erbringen soll:
> 
> **Layer-2-Switch**: Die Flow Table enthält eine *L2 Switching Entry* und die AS-Ausführungsinstanz leitet Ethernet-Frames nach dieser Entry weiter.
> 
> **Layer-3-Switch**: Die Flow Table enthält eine *L3 Switching Entry* L3 – in der Tat eine Art *Routing Entry* – und die AS-Ausführungsinstanz realisiert die Weiterleitung (Routing) von IP-Paketen gemäß dieser Entry.
> 
> **Layer-4-Firewall:** Die Flow Table enthält eine *Firewall Entry* und die AS-Ausführungsinstanz realisiert z.B. die Anweisung, dass IP-Pakete mit dem Zielport 80 im TCP-Header nicht weitergeleitet werden dürfen, also verworfen (dropped) werden müssen.

Mithilfe von Abbildung 9.7-6 wurde zum Ausdruck gebracht, dass SDN als revolutionärer Schritt in der Entwicklung von Networking bewertet werden kann und dass OpenFlow-Switches in der Forwarding Plane von den in der Control Plane untergebrachten und entfernt platzierten Controllern „fast beliebig" programmiert (konfiguriert) werden können.

*SDN als revolutionärer Schritt*

## 9.8 IT-Outsourcing – Arten und Möglichkeiten

In jedem Unternehmen ist das Einrichten einer eigenen Netzwerkinfrastruktur, um bestimmte IT-Dienste wie z.B. Web- und E-Maildienste in eigener Regie zu erbringen, von vornherein mit ge-

---

[54] Anzumerken ist, dass beim Routing ein ähnlicher Vorgang durchgeführt wird. Jede Zeile in der Routing-Tabelle bezieht sich nur auf eine Route (also auf einen Datenfluss). Somit muss im Router bei der Weiterleitung jedes IP-Paketes zuerst ermittelt werden, welche Zeile in der Routing-Tabelle der betreffenden Route entspricht, und dann wird in dieser Zeile abgelesen, wie das IP-Paket „bearbeitet" und weitergeleitet werden muss.

wissen Investitionen verbunden, die zu einer Kapitalbindung führen. Insbesondere ist dies für mittelständische und junge Unternehmen nicht ohne Bedeutung. Daher stellt sich die Frage, ob es für ein Unternehmen vornehmlich aus betriebswirtschaftlichen Gründen nicht günstiger wäre, einige IT-Dienste von einem externen Anbieter zu beziehen, also diese IT-Dienste an ihn auszulagern, um die einzurichtende eigene Netzwerkinfrastruktur zu vereinfachen und damit die Investitionskosten zu reduzieren.[55] Diese Auslagerung einiger IT-Dienste zu einem externen Dienstleister ist eine Art *IT-Outsourcing*. Schon während der Ist-Analyse müssen daher unbedingt die Nutzungsmöglichkeiten von IT-Outsourcing berücksichtigt werden, um dementsprechend die angestrebten Zielvorstellungen zu definieren. Deshalb verfolgt dieser Abschnitt das Ziel, eine Übersicht über die Möglichkeiten der Realisierung von IT-Outsourcing zu geben.

*Begriff IT-Outsourcing*

Der Begriff *Outsourcing* umfasst alle Aktivitäten, die zu einer Auslagerung (Verlagerung) von Systemkomponenten, Dienstleistungen oder Herstellungsprozessen zu externen Dienstleistern führen. Unternehmen nutzen Outsourcing meist aus einem der drei folgenden Gründe: geringe strategische Bedeutung des ausgelagerten Dienstes, eigene Kapazitätsengpässe oder eigenes zu geringes technologisches Know-how. Das Wort *Outsourcing* wird von **Out**side **re**sourcing bzw. von **Out**side **resour**ce **using** abgeleitet. Unter *IT-Outsourcing* wird insbesondere die Auslagerung von IT-Systemkomponenten und -Diensten eines Unternehmens zu externen Anbietern verstanden, damit die auslagerten Dienste von ihnen entgeltlich zur Verfügung gestellt werden. Dadurch erhofft man sich in der Regel einige wirtschaftliche Vorteile (z.B. Kostensenkung), größere Flexibilität und höhere Effizienz.

Die Idee von IT-Outsourcing ist nicht neu. Die zunehmende Globalisierung, die steigende Komplexität von Netzwerkinfrastrukturen in Unternehmen, hohe Investitionen in die technologisch moderne Netzwerkinfrastruktur und die Tatsache, dass produzierende Unternehmen sich hauptsächlich auf ihr Kerngeschäft konzentrieren wollen, tragen dazu bei, dass die Idee von IT-Outsourcing attraktiv ist. Man darf sie auch bei Netzwerkprojekten nicht außer Acht lassen.

Durch die technologische Entwicklung von IP-Netzen – insbesondere durch steigende Übertragungsgeschwindigkeit und ausreichende Sicherheit – sind in den letzten Jahren neue Möglichkeiten von IT-Outsourcing entstanden – Cloud Computing Services sind nur ein Beispiel dafür.

### 9.8.1 Realisierungsarten von IT-Outsourcing

*Was bestimmt die Art des IT-Outsourcing?*

Im Allgemeinen wird die Realisierung von IT-Outsourcing durch die folgenden zwei Faktoren bestimmt – s. Abbildung 9.8-1:

- **Standort der Diensterbringung:** Der IT-Dienst kann entweder auf dem Gelände des betreffenden Unternehmens, als *Anwenderunternehmen* bezeichnet, oder im Rechenzentrum eines externen IT-Dienstleisters erbracht werden.

- **Dienstbetreuung:** Den IT-Dienst kann entweder das Anwenderunternehmen selbst (*eigene Betreuung*) oder ein externer IT-Dienstleister (*fremde Betreuung*) betreuen.

---

[55] Diese Frage kann mit der Überlegung verglichen werden, ob es nicht günstiger wäre, ein Haus zu mieten, um nicht investieren zu müssen.

## 9.8 IT-Outsourcing – Arten und Möglichkeiten

Unter Berücksichtigung dieser beiden Faktoren ergeben sich diverse Möglichkeiten der Realisierung von IT-Outsourcing. Man spricht in diesem Zusammenhang beispielsweise von Managed Services, Hosting Services, Co-Location Services bzw. von Cloud Computing Services.

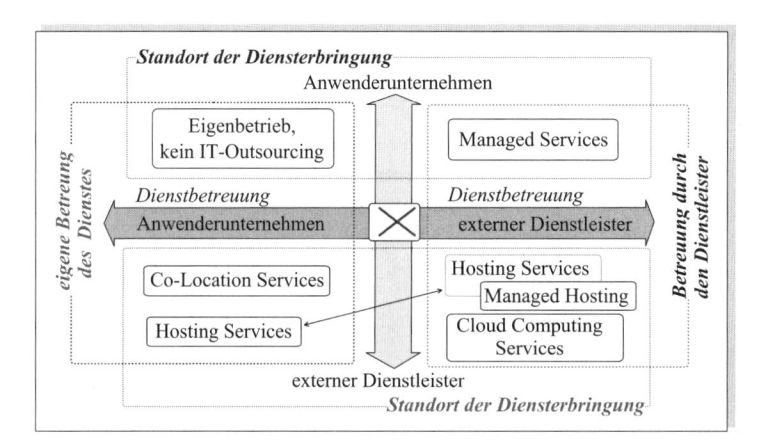

**Abb. 9.8-1:** IT-Outsourcing – Klassifizierung von Möglichkeiten der Realisierung

Wird ein IT-Dienst – z.B. ein VoIP-Service – in einem Anwenderunternehmen durch die auf seinem Gelände von ihm installierten Systemkomponenten (etwa VoIP-Server) erbracht und das Anwenderunternehmen ist für die Betreuung dieses IT-Dienstes auch selbst zuständig, handelt es sich um eigene Bereitstellung und eigene Betreuung der Diensterbringung – also um den Eigenbetrieb. In diesem Fall findet kein IT-Outsourcing statt.

Wird ein IT-Dienst eines Unternehmens bei einem externen Dienstleister erbracht, also *zu ihm ausgelagert* – und dort eventuell auch von ihm betreut oder wird der IT-Dienst auf dem Gelände des Unternehmens erbracht, aber dabei von einem externen Dienstleister betreut, kann von einer Art IT-Outsourcing gesprochen werden. Abbildung 9.8-2 zeigt eine Auflistung von grundlegenden Arten des IT-Outsourcing.

*Arten des IT-Outsourcing*

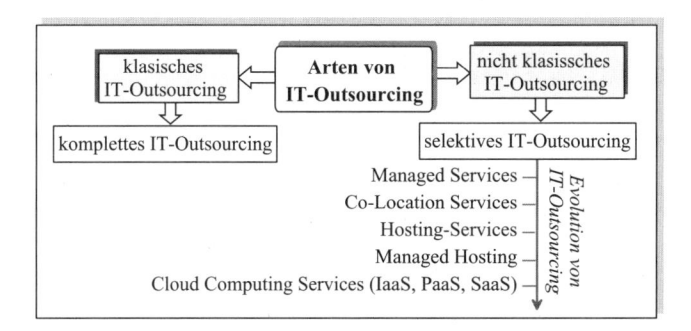

**Abb. 9.8-2:** Grundlegende Arten des IT-Outsourcing und seine Evolution

Beim klassischen IT-Outsourcing lagert z.B. ein Unternehmen seinen IT-Dienst zu einem externen Anbieter aus, wobei die für den ausgelagerten IT-Dienst zuständigen Mitarbeiter und Syste-

*Klassisches IT-Outsourcing*

me des Unternehmens arbeitsvertraglich in der Regel auch zum externen Anbieter übergehen; also findet hier ein Personal- und ein Asset-Transfer[56] statt. Umfang und Qualität der zu erbringenden Leistungen werden hierbei in Form von *Service-Level-Agreements* (SLAs) definiert. Klassisches, komplettes IT-Outsourcing bedeutet im Zusammenhang mit Netzwerken, dass die Verantwortung sowohl für das Einrichten der Netzwerkinfrastruktur – und damit die Verantwortung für die Planung und Durchführung des betreffenden Netzwerkprojekts – als auch für die Betreuung ihres Betriebs vom externen Anbieter übernommen wird.

**Selektives IT-Outsourcing**

Dank der Virtualisierung von Rechnern, Netzwerkkomponenten und IT-Basisinfrastrukturen herrscht bereits seit einigen Jahren die Tendenz zum *selektiven* oder *partiellen IT-Outsourcing*. Dies bedeutet, dass einzelne IT-Dienste – wie z.B. einzelne Systemkomponenten (Webserver, IP-TK-Anlage, ...) bis hin zu ganzen Geschäftsapplikationen und sogar bis zu ganzen Netzwerkinfrastrukturen – an einen externen IT-Dienstleister ausgelagert werden können. Dabei wird von ihm auch oft das zuständige Personal übernommen (Personal-Transfer). In diesem Zusammenhang hat sich der Begriff *Multi-Sourcing* etabliert. Erfolgt beim selektiven IT-Outsourcing aber kein Personal-Transfer an den externen IT-Dienstleister, spricht man auch von *Outtasking*. Beim selektiven IT-Outsourcing kann es sich um folgende Arten handelt: *Managed Services*, *Co-Location Services*, *Hosting Services*, *Managed Hosting* und *Cloud Computing*. Diese Arten des selektiven IT-Outsourcing werden im Folgenden kurz erläutert.

### 9.8.2 Managed Services – fremde Systembetreuung

**Managed Service: kein Personal- und Asset-Transfer**

Unter einem *Managed Service* wird ein Dienst verstanden, der durch die IT-Infrastruktur erbracht wird, die ein externer Dienstleister hierfür speziell beim Anwenderunternehmen installiert. Der externe Dienstleister übernimmt auch die Verantwortung für die Betreuung – also für den Betrieb und die Wartung – dieser IT-Infrastruktur. Hierbei geht man davon aus, dass kein Personal-Transfer und kein Asset-Transfer vom Anwenderunternehmen zum externen Dienstleister stattfindet. Der externe Dienstleister garantiert dem Anwenderunternehmen gemäß dem zwischen ihnen abgeschlossenen SLA die vereinbarte Dienstqualität und Verfügbarkeit des auf dem Gelände des Anwenderunternehmens betriebenen Dienstes. Hierbei nutzt das Anwenderunternehmen die für den Dienst installierte Infrastruktur allein – so wie dies beim Eigenbetrieb der Fall ist. Abbildung 9.8-3 zeigt, welche Managed Services beispielsweise erbracht werden können.

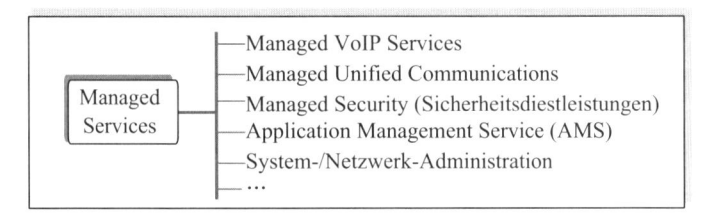

```
                    ┌─ Managed VoIP Services
                    ├─ Managed Unified Communications
   Managed ─────────┼─ Managed Security (Sicherheitsdiestleistungen)
   Services         ├─ Application Management Service (AMS)
                    ├─ System-/Netzwerk-Administration
                    └─ ...
```

**Abb. 9.8-3:** Beispiele für Managed Services – beim partiellen IT-Outsourcing

---

[56] Unter Asset Transfer beim IT-Outsourcing versteht man einen Übergang von IT-Vermögenswerten – also von Asset(s) – wie z.B. von Hard-/Software, von IT-Know-how oder des Rechenzentrums eines Kunden in das Eigentum eines externen Dienstleisters.

### 9.8 IT-Outsourcing – Arten und Möglichkeiten

Ein IT-Dienstleister, der Managed Services zur Verfügung stellt und diese während des Betriebs überwachen kann, wird oft als *Managed Services Provider* (MSP) bezeichnet. Ein produzierendes Unternehmen kann sich dank der Nutzung von Managed Services hauptsächlich auf sein Kerngeschäft konzentrieren und muss sich nicht um die technische Realisierung sowie die Betreuung bestimmter Netzwerkdienste kümmern. Darüber hinaus können einige IT-Dienste – dank der Konzentration eines MSP auf spezielle Netzwerkdienste (z.B. Webhosting, VoIP-Services) und der Kostenverteilung auf mehrere Kunden – von einem spezialisierten MSP zu geringeren Kosten verfügbar gemacht werden als diese von einem Unternehmen selbst. Bei Netzwerkprojekten sollte man daher die Möglichkeiten der Bereitstellung von Managed Services durch spezialisierte MSPs entsprechend berücksichtigen. *(Managed Services Providers)*

Die Vorteile durch die Nutzung von Managed Services können zu folgenden Punkten zusammengefasst werden: *(Vorteile von Managed Services)*

- *Kostenvorteile:* Da die wesentlichen Systemkomponenten für die Erbringung des betreffenden Netzwerkdienstes, z.B. VoIP-Server bei Managed VoIP Services, vom externen Dienstleister gemietet werden können, lassen sich die hierfür notwendigen Investitionen einsparen. Somit entstehen keine hohen Fixkosten und keine Kapitalbindung, auch der administrative Aufwand ist oft geringer. Folglich führt dies zur deutlichen Senkung der TCO (*Total Costs of Ownership*) und zum schnellen ROI (*Return on Investment*).

- *Technische Flexibilität*: Dank der Professionalität des beauftragten externen Dienstleisters können notwendige Anpassungen des Dienstes an neue Anforderungen des Unternehmens schneller vorgenommen werden, als es das Unternehmen selbst könnte.

Mit der Nutzung von Managed Services sind auch einige Risiken verbunden; hierzu gehören u.a.: *(Risiken bei Managed Services)*

- *Erschwerter Wechsel des Dienstleisters:* Sollte es dazu kommen, dass der Dienstleister gewechselt werden muss, kann die Umstellung von Managed Services aufwändig sein.

- *Vorsicht bei sicherheitsrelevanten Geschäftsprozessen:* Da die Administration von Managed Services – die oft im Rechenzentrum des Anwenderunternehmens erbracht werden – von fremdem Personal durchgeführt wird, ist im Anwenderunternehmen eine große Vorsicht geboten, damit die Geschäftsdaten nicht in „fremde Hände" gelangen.

## 9.8.3 Co-Location Services

Als *Co-Location Service* bezeichnet man eine Realisierungsart von IT-Outsourcing, bei der die Netzwerksystemkomponenten (oft verschiedene Server) eines Anwenderunternehmens im Rechenzentrum eines externen Dienstleisters untergebracht sind und dort vom Anwenderunternehmen selbst betrieben werden (vgl. Abb. 9.8-1). *(Co-Location Services)*

Mit einem Co-Location Service stellt ein Dienstleister dem Kunden den Raum in seinem Rechenzentrum mit zusätzlichen Komponenten – wie z.B. unterbrechungsfreie Stromversorgung (USV), Klimatisierung, Zugangskontrolle, Brandschutz – entgeltlich zur Verfügung. Die von Dienstleistern so bereitgestellten Räume in Rechenzentren werden auch oft *Co-Location Center* genannt. Co-Location Services bestehen hauptsächlich in der Vermietung der Fläche in Rechenzentren, sie werden auch als *Housing Services* bezeichnet. Eine häufige Art von Co-Location Services ist das *Server Housing*.

**Server Housing**

Beim *Server Housing* mietet ein Unternehmen bei einem externen Dienstleister in dessen Rechenzentrum einen kleinen Raum oft in Form eines Netzwerkschranks mit Internetanschluss als sog. *IP-Rack*, um in diesem Netzwerkschrank seinen eigenen Server z.B. für seinen Web- bzw. E-Mailserver aufzustellen und an das Internet anzuschließen. Dadurch erspart sich das Unternehmen die eigene Anbindung des Servers zum Internet, denn für den Anschluss des Servers an das Internet sorgt der externe Dienstleister. Mietet ein Unternehmen bei einem externen Dienstleister in dessen Rechenzentrum einen Raum, um dort seinen Webserver aufzustellen und an das Internet anzubinden, spricht man von *Webserver Housing*.

**Vorteile von Co-Location Services**

Die wesentlichen Vorteile der Nutzung von Co-Location Services sind:

- *Systemkonzept nach eigenen Vorstellungen:* Das Systemkonzept für die Unterbringung von Netzwerksystemkomponenten eines Anwenderunternehmens im Rechenzentrum eines externen Dienstleisters kann vollständig nach Vorstellungen des Anwenderunternehmens realisiert werden. Hierbei kann das Anwenderunternehmen die Hard- und Softwarelieferanten auch selbst auswählen.

- *Betriebsicherheit und Notfallmaßnahmen:* Dank der zusätzlichen Möglichkeiten im modernen Rechenzentrum wie u.a. der Klimatisierung, unterbrechungsfreier Stromversorgung, der Gaslöschanlage und der Zugangssicherung kann sowohl der reibungslose Betrieb von ausgelagerten Systemkomponenten gewährleistet als auch im Notfall (z.B. beim Brand) der Verlust von Daten vermieden werden.

**Nachteile bei Co-Location Services**

Bei der Nutzung von Co-Location Services entstehen auch einige Nachteile wie etwa:

- *Eigenes Betreuungspersonal erforderlich:* Das Anwenderunternehmen als Systembetreiber von seinen im fremden Rechenzentrum untergebrachten Netzwerksystemkomponenten muss in der Regel eigenes Betreuungspersonal – oft sogar als 24/7-Bereitschaft – organisieren, um eine entsprechend hohe Systemverfügbarkeit zu garantieren. Demzufolge verlangt dies oft auch die räumliche Nähe zum Anbieter von Co-Location Services.

- *Systemadministration kann erschwert werden:* Da die Systemadministration wie bspw. Monitoring und Support des Betriebssystems bzw. der Anwendung bei Co-Location Services in der Regel nicht durch den Dienstleister übernommen wird, sondern durch das Anwenderunternehmen als Kunde selbst, sind hierfür oft kundenspezifische Lösungen für Remote-Administration erforderlich.

### 9.8.4 Hosting Services – Bereitstellung einzelner Dienste

**Hosting Services**

Die Möglichkeit, auf leistungsfähigen Wirt-Servern andere Rechner oft in Form von sog. *virtuellen Maschinen* (VM) einzurichten und diese dann als Server zu nutzen – also de facto Server zu virtualisieren, hat zur Entstehung von Hosting Services geführt. Unter einem *Hosting Service* ist ein Dienst zu verstehen, der einem Anwenderunternehmen auf einem Rechner – also auf einem sog. *Host* – eines externen Dienstleisters bereitgestellt wird. Als eine Outsourcing-Art wird bei einem Hosting Service eine Anwendung oder eine virtualisierte Systemkomponente – z.B. Webserver – auf einem oder sogar auf mehreren Hosts im Rechenzentrum eines externen Dienstleisters erbracht und einem Anwenderunternehmen als Dienst verfügbar gemacht. Abbildung 9.8-4 zeigt einige Beispiele für Hosting Services.

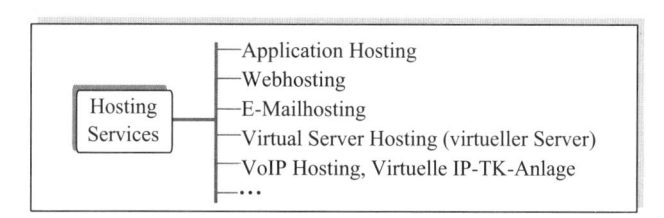

```
                    ┌─ Application Hosting
                    ├─ Webhosting
  Hosting           ├─ E-Mailhosting
  Services          ├─ Virtual Server Hosting (virtueller Server)
                    ├─ VoIP Hosting, Virtuelle IP-TK-Anlage
                    └─ ...
```

**Abb. 9.8-4:** Beispiele für Hosting Services

Die Verantwortung für die Betreuung, also für den Betrieb und die Wartung eines Hosting Service kann sowohl vom Anwenderunternehmen selbst als auch von einem externen Dienstleister übernommen werden. Dies ist aber oft vom konkreten Hosting Service abhängig, insbesondere davon, ob die Service-Administration über das Internet durch das Anwenderunternehmen möglich ist. Diese Tatsache wurde dementsprechend in Abbildung 9.8-1 zum Ausdruck gebracht.

Beim *Application Hosting* – auch *Application-Outsourcing* genannt – als Hosting Service ist die Softwarelizenz im Besitz eines Anwenderunternehmens, die Applikation läuft aber auf einem Server des externen Dienstleisters. Auf die Applikation greift das Anwenderunternehmen in der Regel über eine oder mehrere über ein IP-Netz eingerichtete und entsprechend gesicherte virtuelle Verbindungen zu – also über ein VPN (*Virtual Private Network*). In diesem Fall ist dieses Unternehmen selbst für die Wartung und Aktualisierung der Applikation verantwortlich. Der externe Dienstleister betreut aber den Serverbetrieb und garantiert seine hohe Verfügbarkeit.     Application Hosting

Unter *Webhosting* – auch als *Webserver-Outsourcing* bezeichnet – versteht man die Unterbringung (Hosting) von Webseiten z.B. eines mittelständischen Anwenderunternehmens, auf dem Webserver eines externen Anbieters, der als *Webhoster* bezeichnet wird. Der beim Webhoster „gemietete" Speicherplatz für die Abspeicherung der Webinhalte stellt einen *Webspace*[57] (*Webraum*) dar. Ein Anwenderunternehmen kann auf diese Art und Weise einen virtuellen Webserver mit seiner Internet-Präsenz auf einem physischen bzw. auf einem virtuellen Server bei einem Webhoster einrichten lassen und dann seine Webseiten selbst über das Internet warten, z.B. mit Hilfe von FTP (*File Transfer Protocol*). In der Regel umfasst Webhosting eine ganze Reihe hilfreicher Dienstleistungen wie z.B. Reservieren des Domainnamens, Hilfe bei der Verwaltung und Gestaltung von Webseiten etc.     Webhosting

Ein Anwenderunternehmen kann einen Server bei einem externen Dienstleister mieten, um nicht einen eigenen Server bei sich einrichten und später warten zu müssen. Hierbei kann es sich sowohl um einen physischen Server als auch um einen virtuellen Server handeln. Wird ein virtueller Server beim externen Dienstleister zur Verfügung gestellt, d.h. auf einem Host bei ihm virtua-     (Virtual) Server Hosting

---

[57] *Webspace* stellt einen Speicherplatz für Dateien auf einem Server dar, auf den über das Internet zugegriffen werden kann. Webspace wird von ISPs angeboten, um Kunden zu ermöglichen, ihre Dateien (u.a. Musikdateien) und Webseiten zu speichern und diese im Internet zu veröffentlichen.

lisiert, so spricht man oft von *virtual Server Hosting* bzw. kurz von *Server Hosting*. Webhosting ist beispielsweise oft nur eine Art von virtual Server Hosting.

Stellt aber der externe Dienstleister einem Anwenderunternehmen in seinem Rechenzentrum einen physischen Server zur Verfügung, dann handelt es sich um einen Co-Location Service, der als *Server Housing* bezeichnet wird.

In der Regel teilen sich beim virtual Server Hosting mehrere Unternehmen die Kapazitäten eines Großrechners bei einem externen Dienstleister. Immer mehr Dienstleister nutzen heute die Virtualisierung von Rechnern, um auf diese Weise virtuelle Server zur Verfügung zu stellen.

Während bei Webhosting nur Webspace auf einem physischen Server des Dienstleisters bereitgestellt wird, erhält man bei Server Hosting einen ganzen virtuellen Server, auf dem sowohl die Webseiten untergebracht als auch andere Dienste – wie z.B. E-Mail-Dienste – realisiert werden können.

VoIP Hosting

Will ein Unternehmen VoIP einsetzen, besteht die Möglichkeit, die VoIP-Dienste eines externen Dienstleisters so zu nutzen, dass die IP-TK-Anlage auf Basis eines virtuellen VoIP-Servers bei ihm untergebracht werden kann. Hierbei spricht man von *VoIP Hosting*. Daher hat ein Anwenderunternehmen nach der Einführung von VoIP und der Auslagerung seiner IP-TK-Anlage de facto keine IP-TK-Anlage mehr „im Haus" und damit keine Probleme mit der lästigen Konfiguration und Wartung der TK-Anlage. Um Telefondienste auf diese Art und Weise auszulagern, also VoIP Hosting zu realisieren, kommt oft *eine virtuelle IP-TK-Anlage* – auch als *virtual IP PBX* (*Private Branch Exchange*) bezeichnet – in mittelständischen und produzierenden Unternehmen in Frage.

Virtuelle IP-TK-Anlage

Eine virtuelle IP-TK-Anlage bedeutet, dass ein Anwenderunternehmen sich einen virtuellen Server – z.B. einen SIP-Server (*Session Initiation Protocol*) bzw. einen Asterisk-Server – bei einem externen Dienstleister entgeltlich einrichten lässt.[58] Mit diesem virtuellen Server wird ihm die Funktionalität einer TK-Anlage zur Verfügung gestellt – also auf diese Art emuliert. Das Management virtueller IP-TK-Anlage selbst liegt nicht in der Zuständigkeit des Anwenderunternehmens als Kunde, hierfür ist der externe Dienstleister verantwortlich. Der Kunde wird von der Wartung seiner virtuellen TK-Anlage befreit. In der Regel kann er aber über ein Webinterface die IP-TK-Anlage selbst konfigurieren – beispielsweise Rufnummern zuweisen, neue Anschlüsse bzw. spezielle Leistungsmerkmale (z.B. Anrufweiterschaltung) einrichten.

Es ist zu bemerken, dass eine derartig realisierte virtuelle IP-TK-Anlage in Bezug auf das IT-Outsourcing nichts anderes als eine Art von Virtual Server Hosting ist.

Vorteile durch Hosting Services

Die wesentlichen Vorteile der Nutzung von Hosting Services sind:

- *Senkung von Kosten und größerer Spielraum für das Kerngeschäft:* Die vertrauensvolle Zusammenarbeit mit dem externen Dienstleister kann zur Reduzierung sowohl der Komplexität eigener Netzwerkinfrastruktur als auch der Kosten für die Erbringung von Hosting Services

---

[58] Dieser VoIP-Server wird auf einem virtuellen Rechner realisiert und die IP-TK-Anlage beim Einsatz des Signalisierungsprotokolls SIP entspricht weitgehend der Funktionalität eines SIP-Proxy – für Näheres siehe [Bada 10].

führen. Der Handlungsspielraum für das Kerngeschäft des Unternehmens kann hierbei spürbar erweitert werden.

- *Höhere Verfügbarkeit, bessere Flexibilität:* Ein spezialisierter Dienstleister kann einerseits seine Hosting Services schneller an sich verändernde Anforderungen anpassen (*Flexibilität*) und andererseits auch eine höhere Verfügbarkeit von Services garantieren.

Bei Hosting Services können auch einige Risiken entstehen und zwar:

Risiken bei Hosting Services

- *Risiko bei der Auswahl eines externen Dienstleisters:* Bei der Auswahl eines externen Dienstleisters sollte z.B. genau geprüft werden, ob die geographische Reichweite und technologische Offenheit des Dienstleisters die Anforderungen des Anwenderunternehmens langfristig erfüllen können.

- *Risiken bei der Service-Administration über das Internet:* Sollte das Anwenderunternehmen beabsichtigen, seinen Hosting Service über das Internet zu administrieren, so müssen einige Sicherheitsmaßnahmen ergriffen werden, um die Vertraulichkeit (durch das Abhören) oder die Integrität von Konfigurationsdaten (als Folge einer bösartigen Manipulation von Konfigurationsdaten durch Angreifer) nicht zu verlieren.

## 9.8.5 Managed Hosting – Bereitstellung mehrerer Dienste

Über Managed Hosting wird zwar viel gesprochen, aber es ist noch nicht genau definiert. Unter *Managed Hosting* wird hier das Mieten einer IT-Dienstleistung für anspruchsvolle Internetanwendungen bei einem externen Dienstleister verstanden, wobei die notwendige Systemadministration und -wartung bei der Erbringung gemieteter IT-Dienstleistung auch vom Dienstleister übernommen wird. Somit wird beim Managed Hosting das Funktionieren der gesamten gemieteten Netzwerkinfrastruktur einschließlich des Betriebssystems vom Dienstleister gemäß dem vereinbarten SLA garantiert. Die Dienstleistungen bei Managed Hosting sind in der Regel umfangreicher als bei einem Hosting Service – wie z.B. Web-, E-Mailhosting – und umfassen mehr als die Bereitstellung einer Applikation oder eines Servers. Dazu gehören oft mehrere und verschiedene Server (z.B. Web-, E-Mail- und Datenbankserver), Switches, Firewalls sowie spezielle Dienste wie Monitoring oder Load Balancing.

Was ist Managed Hosting?

Als Managed Hosting kann beispielsweise der sog. *IP-Centrex* betrachtet werden. Der Begriff *Centrex* als eine Lösung für die Bereitstellung der Dienste für die Sprachkommunikation in Unternehmen ist bereits seit vielen Jahren gut bekannt. Beim klassischen Centrex handelt es sich um eine öffentliche Vermittlungsstelle, wo die Möglichkeit angeboten wird, geschlossene Benutzergruppen einzurichten. Hierbei können zu einer Benutzergruppe alle Telefonanschlüsse eines Unternehmens gehören. Einer solchen geschlossenen Benutzergruppe kann eine eigene Vorwahl zugewiesen werden. Das Centrex-Konzept wurde durch den Einsatz von VoIP in den letzten Jahren neu belebt und ist attraktiv geworden. Man spricht hierbei auch von *IP-Centrex*.

Centrex-Konzept

Managed Hosting richtet sich insbesondere an Unternehmen, die anspruchsvolle Netzwerkanwendungen zu nutzen beabsichtigen, aber auch an solche, die die hierfür benötigte technisch komplexe und hochverfügbare Netzwerkinfrastruktur nicht selbst betreiben wollen oder können.

**Vorteile durch Managed Hosting**

Durch die Nutzung von Managed Hosting ergeben sich u.a. folgende Vorteile

- *Betriebswirtschaftliche Vorteile:* Durch die Nutzung von Managed Hosting kann ein Unternehmen umfangreiche Vorinvestitionen in technische Netzwerkinfrastruktur vermeiden. Insbesondere bei jungen, mittelständischen Unternehmen verringert dies das unternehmerische Risiko. Vorteile von Managed Hosting ergeben sich zusätzlich dadurch, dass der externe Dienstleister eine anspruchsvolle IT-Dienstleistung wesentlich effizienter liefern kann als z.B. ein produzierendes Unternehmen für sich selbst. Die produzierenden Unternehmen können mit Managed Hosting ihre IT-Kosten – hier insbesondere die Kosten für Netzwerkbetrieb und -betreuung – senken. Zudem werden sie von Aufgaben und Arbeiten befreit, die nicht zu ihrem Kerngeschäft gehören.

- *Technische Flexibilität:* Weil der externe Dienstleister bei Managed Hosting die zeit-, kosten- und personalintensiven Arbeiten für die Bereitstellung der vereinbarten Dienstleitung übernimmt, kann er bei Bedarf auch schnell reagieren, um den Dienst zu aktualisieren oder an neue Anforderungen anzupassen. Somit sind die Netzwerkanwendungen auf der Basis von Managed Hosting flexibel und individuell skalierbar und können daher mit den wachsenden Anforderungen des Anwenderunternehmens auch mitwachsen.

**Nachteile bei Managed Hosting**

Bei Managed Hosting ergeben sich auch einige Nachteile und zwar:

- *Risiko bei der Auswahl eines externen Dienstleisters:* Ebenso wie bei anderen Arten von IT-Outsourcing sollte man bei der Auswahl des externen Dienstleisters genau überprüfen, ob er langfristig die Anforderungen des Anwenderunternehmens erfüllen kann.

- *Geringere Flexibilität für eigene Ideen:* Die Systemlösung bei Managed Hosting kann oft nur mittels der vom Dienstleister angebotenen Hardware- und Softwarekomponenten realisiert werden. Folglich hat das Anwenderunternehmen eine geringere Flexibilität für die Realisierung von individuellen Konzepten.

### 9.8.6 Cloud Computing – Dienstleistung aus der Steckdose

**Entstehung von Cloud Computing Services**

Die beiden Trends – einerseits die Virtualisierung von Rechnern und von Netzwerkkomponenten und andererseits das IT-Outsourcing als Beziehen von IT-Dienstleistungen von externen Dienstleistern – haben zur Entstehung von *Cloud Computing* geführt. Abbildung 9.8-5 illustriert den Evolutionspfad von Co-Location Services über Hosting Services und Managed Services zum Cloud Computing – also zu einer *Rechnerwolke*. Die Idee von Cloud Computing, die de facto dazu führt, *eine Dienstleistung aus der Steckdose zu beziehen* – ist ohne Zweifel einer der wichtigsten aktuellen Trends im IT-Bereich.

**Was sind Cloud Computing Services?**

Beim *Cloud Computing* handelt es sich nicht um eine einheitliche neue Technologie, sondern vielmehr um ein modernes Konzept von IT-Outsourcing, bei dem die in Rechenzentren von spezialisierten Dienstleistern virtualisierte Rechner, Netzwerksystemkomponenten und auch ganze IT-Infrastrukturen zusammen mit verschiedenen Applikationen als Software externen Benutzern, zu denen verschiedene Unternehmen, Institutionen und ebenfalls private Personen gehören können, über das Internet oder über private IP-Netze entgeltlich zur Verfügung gestellt werden. Mit Cloud Computing Services ist es möglich, eine IT-Dienstleistung den Kunden über IP-Netze –

selbstverständlich auch über das Internet – zur Verfügung zu stellen, damit sie diese IT-Dienstleistung „aus der Steckdose" beziehen können. Die für die Dienstnutzung anfallenden Entgelte oder Gebühren können nach verschiedenen Modellen, z.B. nach der Nutzungszeit, per Click oder als Pauschale (Flatrate), abgerechnet werden.

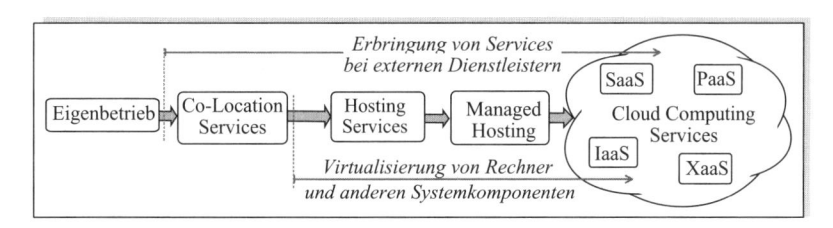

**Abb. 9.8-5:** Evolutionspfad beim IT-Outsourcing führt zu Cloud Computing Services

Cloud Computing basiert auf Virtualisierung, sodass die Anwendungen, mit denen die Services für Kunden erbracht werden, nicht auf einem separaten Server laufen, sondern auf einem physikalischen Wirt-Server als virtuelle Maschinen. Weil die physikalischen Wirt-Server bei „großen" IT-Dienstleistern oft weltweit verteilt und miteinander vernetzt sind, können „virtuelle IT-Infrastrukturen" über die ganze Welt verstreut sein und diese demzufolge als eine Rechnerwolke – d.h. als *Cloud Computing* – angesehen werden. Die Idee, „virtuelle IT-Infrastrukturen" in vernetzten Rechnern bei Bedarf – also *On-Demand* – einzurichten und ihre Leistung über „Internetsteckdosen" zu mieten, liegt den Cloud Computing Services zugrunde. Die Idee ist schön und viel versprechend, aber sie bringt auch neue Sicherheitsrisiken mit sich.

Virtualisierung als Basis für Cloud Computing

Abbildung 9.8-5 soll auch zum Ausdruck bringen, dass Cloud Computing eine Wolke mit verschiedenen Klassen von IT-Dienstleistung als Services darstellen kann. Die grundlegenden Arten von *Cloud Computing Services* sind:

- *SaaS (Software as a Service):* Unter SaaS versteht man eine IT-Dienstleistung, die in der Bereitstellung von Software besteht. Hierbei handelt es sich um das Geschäftsmodell, die Software nicht als Lizenz an einen Benutzer zu verkaufen, sondern die Benutzung von Software als Service über das Internet zur Verfügung zu stellen bzw. zu vermieten.

- *PaaS (Platform as a Service):* Unter PaaS versteht man die technischen Möglichkeiten, eine virtuelle Plattform in Form einer Entwicklungsumgebung als IT-Dienstleistung zur Verfügung zu stellen. Der Idee von PaaS liegt somit das Geschäftsmodell zugrunde, die Plattformen nicht an einen Benutzer zu verkaufen, sondern diese in Form von Services über das Internet zur Verfügung zu stellen.

- *IaaS (Infrastructure as a Service):* Unter IaaS versteht man die Idee, eine IT-Infrastruktur (z.B. eine über Switches und Router mit Firewalls an das Internet angebundene Server-Farm) in Form einer Vernetzung von virtuellen Rechnern als IT-Dienstleistung zur Verfügung zu stellen. Bei IaaS handelt es sich somit um das Geschäftsmodell, IT-Infrastrukturen nicht als „physikalische Gebilde" an einen Benutzer zu verkaufen, sondern diese als Vernetzung von virtuellen Maschinen über IP-Netze zur Verfügung zu stellen, damit der Benutzer diese bei Bedarf entgeltlich mieten kann.

| | |
|---|---|
| XaaS, EaaS | Um darauf hinzuweisen, dass unterschiedliche IT-Dienstleistungen als Cloud Computing Services aus der Steckdose bezogen werden können, wird der Begriff *Everything as a Service*, kurz als *XaaS* bzw. auch als *EaaS* bezeichnet, geprägt. Damit soll auch zu Ausdruck gebracht werden, dass „fast alles" als IT-Dienstleistung über das Internet zur Verfügung gestellt werden kann. |

## 9.9 Abschließende Bemerkungen

Ziel dieses Kapitel war es, wichtige technische Grundlagen, die man bei Netzwerkprojekten benötigt, zu liefern und einen Überblick über neue Konzepte zur Gestaltung der Netzwerke zu geben. Aus Platzgründen konnten wir hier nicht alle neuen technischen Konzepte darstellen. Abschließend ist u.a. noch Folgendes hervorzuheben:

**SPB versus TRILL:** Die hier kurz präsentierten beiden Konzepte SPB und TRILL ermöglichen, vergleichbare Ziele zu erreichen, und zwar als VLANs definierte IP-Subnetze aufzuteilen und deren einzelne Teile standortübergreifend zu verteilen (also grenzloses IP-Subnetting). Vergleicht man aber diese Konzepte im Hinblick auf Komplexität und Funktionalität, so ist SPB dem TRILL-Konzept überlegen. Vor allem hat man bei SPB dank der Varianten SPBV und SPBM mehr Flexibilität.

**SPB und BPE ein Traumpaar**: Die beiden Konzepte SPB und BPE ergänzen sich gegenseitig ideal. SPB eignet sich besonders gut, um die sog. *Extended Bridges* bei BPE mit den an ihnen angebundenen Baumstrukturen mit PEs (s. Abb. 9.3-1) über die im Core-Netzwerk verlaufenden Datenpfade nach SPB zu vernetzen. Eine Symbiose von SPB und BPE würde Netzwerkstrukturen dann mit virtualisierten Servern sehr stark vereinfachen.

**SDN als revolutionärer Schritt:** SDN ist ein Meilenstein in der Entwicklung des Networking. Bei SDN können Komponenten der Forwarding Plane wie z.B. OpenFlow-Switches von den in der Control Plane untergebrachten und entfernt platzierten Controllern fast beliebig programmiert (konfiguriert) werden. SDN kann auch gut zusammen mit SPB eingesetzt werden. SDN ist insb. in großen Datacentern, in denen die Netzwerkressourcen virtualisiert werden, von erheblicher Bedeutung und wird mit Sicherheit die Konzepte für *Next Generation Data Center Networks* bestimmen.

| | |
|---|---|
| LISP als revolutionäre Idee | **Bedeutung von LISP:** In Netzwerken wird heutzutage noch das aus den 70er Jahren stammende Adressierungsprinzip nach dem Protokoll IP verwendet. Dieses ermöglicht keine elegante Strukturierung, führt zu einem großen Aufwand beim Routing und erschwert erheblich die Unterstützung der Mobilität von Rechnern. Die als LISP (*Locator/ID Separation Protocol*) bezeichnete Idee soll „diesen Zustand" ändern. Sie besteht darin, dass ein Rechner am Internet nicht nur mit einer IP-Adresse adressiert wird, sondern mit zwei IP-Adressen: RLOC (*Routing Locator*) und EID (*Endpoint Identifier*). Somit wird die Adresse des Rechners als Paar (RLOC, EID) dargestellt und dadurch entstehen vollkommen neue Möglichkeiten – s. LISP in [Schu 13] oder `http://www.competence-site.de/it-virtualisierung/LISP-Locator-ID-Separation-Protocol`. |

# Literatur, Web-Adressen

## Literatur

[Ande 08]   *Anderson, R.*: Security Engineering: A Guide to Building Dependable Systems, Wiley & Sons, 2008

[Bada 10]   *Badach, A.*: VoIP – Die Technik, Grundlagen, Protokolle, Anwendungen, Migration, Sicherheit, 4. Auflage, Hanser, 2010

[BaHK 94]   *Badach, A., Hoffmann, E., Knauer, O.*: High Speed Internetworking, Addison-Wesley, 1994

[BaHo 07]   *Badach, A., Hoffmann, E.*: Technik der IP-Netze, TCP/IP incl. IPv6, 2. Auflage, Hanser, 2007

[BaRS 03]   *Badach, A, Rieger, S., Schmauch, M.*: Web-Technologien: Architekturen, Konzepte, Trends, Hanser, 2003

[Bart 08]   *Barth, W.*: Nagios: System- und Netzwerk-Monitoring, Open Source Press, 2008

[BaSc 07]   *Badertscher, K., Scheuring, J.*: Wirtschaftsinformatik: Entwicklung und Implementation eines Informations- und Kommunikationssystems, Compendio, 2007

[Bött 10]   *Böttcher, R.*: IT-Service-Management mit ITIL®V3, Heise, 2010

[DiHa 08]   *Dinger, J., Hartenstein, H.*: Netzwerk- und IT-Sicherheitsmanagement, KIT Scientific Publishing, 2008

[Ebel 07]   *Ebel, N.*: PRINCE2 – Projektmanagement mit Methode, Addison-Wesley, 2007

[Eber 03]   *Eberlein, D.*: DWDM Dichtes Wellenlängenmultiplex, Dr. M. Siebert GmbH, 2003

[Ecke 11]   *Eckert, C.*: IT-Sicherheit: Konzepte – Verfahren – Protokolle, 7. Auflage, Oldenbourg, 2011

[EiET 12]   *Eilenberger, G., Ernst, D., Toebe, M.*: Betriebliche Finanzwirtschaft, Einführung in Investition und Finanzierung, Finanzpolitik und Finanzmanagement von Unternehmungen, Oldenbourg, 2012

[Elsä 06]   *Elsässer, W.*: ITIL einführen und umsetzen: Leitfaden für effizientes IT-Management durch Prozessorientierung, Hanser, 2006

[EMCE 12]   *EMC Education Services*: Information Storage and Management, 2. Auflage, Wiley & Sons, 2012

[HeLe 05]   *Heinrich, L. J., Lehner, F.*: Informationsmanagement – Planung, Überwachung und Steuerung der Informationsinfrastruktur, 8. Auflage, Oldenbourg, 2005

[HeNA 00]   *Hegering, H.-G., Neumair, B., Abeck, S.*: Integriertes Management vernetzter Systeme, dpunkt, 1999

[HoBe 08]   *Hope, P., Ben, W.*: Web Security Testing Cookbook: Systematic Techniques to Find Problems Fast, O'Reilly Media, 2008

[Jenn 01]   *Jenny, B.*: Projektmanagement in der Wirtschaftsinformatik, 3. Auflage, Vdf Hochschulverlag, ETH Zürich, 2001

[Jenn 09]   *Jenny, B.*: Projektmanagement: Das Wissen für eine erfolgreiche Karriere, 3. Auflage, Vdf Hochschulverlag, ETH Zürich, 2009

[JoKo 08]   *de Jong, A., Axel Kolthof, A.*: Foundations of IT Service Management Basierend auf ITIL V3: Einführung, Band 3, Van Haren Publishing, 2008

[KaKü 07]   *Kargl, H., Kütz, M.*: IV-Controlling. Oldenbourg Wissenschaftsverlag, 2007

[KiKW 04]   *Kiery, H.-J., Köhler, R.-D., Wilhelm, A.*: SaaS: IT-Verkabelungssysteme, FOSSIL-Verlag, 2004

[KlSK 11]   *Klett G., Schröder K.-W., Kersten H.*: IT-Notfallmanagement mit System, Springer Verlag, 2011

[Koch 07]   *Koch, F.*: IT-Projektrecht, Springer, 2007

[Köhl 06]   *Köhler, P. T.*: PRINCE 2: Das Projektmanagement-Framework, Springer, 2006

[Köhl 10]   *Köhler-Schute, Ch. (Hrsg.)*: SaaS: Strategien, Konzepte, Lösungen und juristische Rahmenbedingungen, Ks-Energy-Verlag, 2010

[Köni 06]   *Königs, H.-P.*: IT-Risiko-Management mit System: Von den Grundlagen bis zur Realisierung – Ein praxisorientierter Leitfaden, Vieweg+Teubner, 2006

[Krcm 05]   *Krcmar, H.*: Informationsmanagement, Springer, 2005

[Lauß 09]   *Laußer, G.*: Nagios – Das Praxisbuch: Open Source-Monitoring im Unternehmen, Addison-Wesley, 2009

[Mezl 07]   *Mezler, Ch.*: Identity Management – eine Einführung. Grundlagen, Technik, wirtschaftlicher Nutzen, dpunkt, 2007

[Münc 03]   *Münch, P.*: Technisch-Organisatorischer Datenschutz. Leitfaden für Praktiker, DATAKONTEXT, 2003

| | |
|---|---|
| [PoRu 09] | *Pohl, K., Rupp, Ch.*: Basiswissen Requirements Engineering, dpunkt, 2009 |
| [ReRe 10] | *Reiss, M., Reiss, G.*: Praxisbuch IT-Dokumentation: Betriebshandbuch, Projektdokumentation und Notfallhandbuch im Griff, Addison-Wesley, 2010 |
| [Rich 08] | *Richter, M* : Identity Management: Integration der Benutzerverwaltung in einer heterogenen Systemlandschaft, Vdm Verlag Dr. Müller, 2008 |
| [Rieg 07] | *Rieger, S.*: Einheitliche Authentifizierung, Cuvillier, E, 2007 |
| [Rupp 07] | *Rupp, Ch.*: Requirements-Engineering und -Management. Hanser, 2007 |
| [Schu 13] | *Schulte, H. (Hrsg.)*: Protokolle und Dienste der Informationstechnologie. WEKA Verlag, 2013, ISBN: 978-3824540662 – s. BPE, DCB, Distributed FCF, Distributed FC Switch, EVB, FC-IFR, FC SAN, RSTP, SPB, TRILL, VRRP und VSAN |
| [Schw 05] | *Schwenker, T.*: Sicheres Netzwerkmanagement: Konzepte, Protokolle, Tools, Springer, 2005 |
| [Tiem 09] | *Tiemeyer, E. (Hrsg.)*: Handbuch IT-Management, Hanser, 2009 |
| [Tiem 10] | *Tiemeyer, E. (Hrsg.)*: Handbuch IT-Projektmanagement. Hanser, 2010 |
| [Tiem 13] | *Tiemeyer, E. (Hrsg.)*: Handbuch IT-Management, Hanser, 2013 |
| [TrEM 07] | *Troppens, U., Erkens, R., Müller, W.*: Speichernetze. Grundlagen und Einsatz von Fibre Channel SAN, NAS, iSCSI und InfiniBand, dpunkt, 2007 |
| [WeVe 02] | *Weischedel, G., Versteegen, G.*: Konfigurationsmanagement, Springer, 2002 |
| [WiHe 00] | *Wild, M., Herges, S.*: Total Cost of OWnership (TCO) – Ein Überblick, in: Arbeitspapiere WI, Nr. 1/2000, Hrsg.: Lehrstuhl für All. BWL und Wirtschaftsinformatik, Johannes Gutenberg-Universität: Mainz, 2000; |
| [WiMe 11] | *Wieczorek, H.-W., Mertens, P.*: Management von IT-Projekten, Springer, 2011 |
| [Wind 05] | *Windley, P., J.*: Digital Identity, O'Reilly Media, 2005 |
| [WüEm 07] | *Würtz, A, Ems, G.(Hrsg.)*: Die 15 meistgenutzten Checklisten im Datenschutz, Vnr-Verlag Deutsche Wirtschaft, 2007 |
| [Zahr 08] | *Zahrnt, Ch.*: IT-Projektverträge: Rechtliche Grundlagen, dpunkt, 2008 |

## Web-Adressen – Standards, Gremien, Wissensportale, etc.

| | | |
|---|---|---|
| [Web Bada] | Competence Site – Wissensportal von Prof. Dr. A. Badach | |
| | http://www.competence-site.de/Anatol-Badach | |
| [Web BSI] | BSI-Publikationen | |
| | https://www.bsi.bund.de/cln_165/DE/Publikationen/publikationen_node.html | |
| [Web FCoE] | FCoE (Fibre Channel over Ethernet) – FCoE- betreffende Standards | |
| | http://fcoe.com/ | |
| [Web Grem] | Gremien: IETF, 3GPP ETSI – Protokolle, Dokumente, Grundlagen | |
| | http://www.in2eps.com/ | |
| [Web IANA] | Die (Konfigurations-)Parameter aller Internetprotokolle | |
| | http://www.iana.org/protocols | |
| [Web IEEE] | IEEE 802 LAN/MAN Standards Committee | |
| | http://www.ieee802.org | |
| [Web InDok] | Internet Dokumente – RFC Index, alle Internet Drafts | |
| | http://www.potaroo.net/ietf/html | |
| [Web InEnt] | Eine Übersicht über die Entwicklung von Internet | |
| | http://datatracker.ietf.org/wg/ | |
| | http://www.in2eps.com/x0/tk-ietf.html | |
| [Web Krypt] | Cryptography Basics – verständlich dargestellt | |
| | http://www.in2eps.com/fo-crypto/tk-fo-crypto-basics.html | |
| [Web NeSo] | Network Sorcery – Information über alle Internetprotokolle | |
| | http://www.networksorcery.com/ | |
| [Web RFCs] | Datenbank mit allen RFCs – als Internetstandards | |
| | http://www.rfc-editor.org/search/rfc_search.php | |
| [Web SIP] | SIP – dessen Abläufe gut dargestellt | |
| | http://www.in2eps.com/fo-sip/tk-fo-sip-ex3261.html | |
| [Web T11] | T11 Document Register – alles über Fibre Channel, SANs, etc. | |
| | http://www.t11.org/t11/docreg.nsf | |
| [Web Verk] | Informationen über Verkabelungsparameter | |
| | http://www.weydemeyer-koeln.de/download/CAT5Normen.pdf | |
| | http://www.ekewiki.tsn.at/upload_docs/Verkabelung.pdf | |
| | http://www.2was.de/nw/keig.pdf | |

# Abkürzungsverzeichnis

## A

| | |
|---|---|
| ACR | Attenuation Crosstalk Ratio |
| AES | Advanced Encryption Standard |
| AG | Aggregation Switch |
| ARP | Address Resolution Protocol |
| AS | Access Switch |
| ASN | Autonomous System Number |
| ATM | Asynchronous Transfer Mode |

## B

| | |
|---|---|
| BCM | Business Continuity Management |
| BD | Buiding Distributor, Gebäudeverteiler |
| BDSG | Bundesdatenschutzgesetz |
| BHB | Betriebshandbuch |
| BIA | Business Impact Analyse |
| BPE | Bridge Port Extension |
| B&R | Backup&Recovery |
| BSI | Bundsamt für Sicherheit in der Informationstechnik |

## C

| | |
|---|---|
| CAFM | Computer-Aided Facility Management |
| CB | Controlling Bridge |
| CD | Campus Distributor, Standortverteiler |
| CEE | Converged Enhanced Ethernet |
| CHAP | Challenge Handshake Authentication Protocol |
| CMDB | Configuration Management Database |
| CNA | Converged Network Adapter |
| CS | Core Switch |
| CTI | Computer Telephony Integration |

## D

| | |
|---|---|
| DCB | Data Center Bridging |
| DFCS | Distributed FC Switch |
| DG | Default Gateway |
| DHCP | Dynamic Host Configuration Protocol |
| DIN | Deutsches Institut für Normung |
| DMZ | DeMilitarisierte Zone, Demilitarized Zone |
| DNS | Domain Name System |
| DoS | Denial of Service |
| DS | Distribution Switch |
| DSTM | Dual Stack Transition Mechanism |
| DTLS | Datagram Transport Layer Security |

## E

| | |
|---|---|
| EAP | Extensible Authentication Protocol |
| ED | Equipment Distributor |
| EEDC | Enhanced Ethernet for Data Center |
| ELFEXT | Equal Level FEXT |
| EFM | Ethernet in the First Mile |
| EMV | Elektromagnetische Verträglichkeit |
| EoR | End of Row |
| ERP | Enterprice Resource Planning |

| | | | |
|---|---|---|---|
| eTOM | Enhanced Telecom Operations Map | IEC | International Electrotechnical Commission |
| EVB | Edge Virtual Bridging | IEEE | Institute of Electrical and Electronics Engineers |

**F**

| | | | |
|---|---|---|---|
| FC | Fibre Channel | IETF | Internet Engineering Task Force |
| FCAPS | Fault, Configuration, Accounting, Performance, Security | IMAP | Internet Message Acceess Protocol |
| | | I/O | Input/Output |
| FCF | FCoE Forwarder | IP | Internet Protocol |
| FCDF | Fibre Channel Data Forwarder | IPAM | IP Adress Management |
| FD | Floor Distributor, Etagenverteiler | IPS | Intrusion Prevention System |
| | | IPsec | IP Security |
| FDF | FCoE Data Forwarder | iSCSI | internet Small Computer System Interface |
| FCoE | Fibre Channel over Ethernet | | |
| FCS | Fibre Channel Switch | ISO | International Standard Organisation |
| FEXT | Far End Crosstalk | | |
| FTP | File Transfer Protocol | ISP | Internet Service Provider |
| FTTO | Fiber to the Office | IT | Information Technology (auch Information und Telekommunikation) |
| FTTD | Fiber to the Desk | | |
| | | ITIL | IT Infrastructure Library |
| | | ITSM | IT-Servicemanagement |

**G**

| | | | |
|---|---|---|---|
| GE | Gigabit Ethernet | ITU | International Telecommunications Union |
| GMPLS | Generalized MPLS | | |

**H**

**L**

| | | | |
|---|---|---|---|
| HBA | Host Bus Adapter | L2/3/7 | Layer 2/3/7 |
| HSRP | Hot Standby Router Protocol | L2/3-FT | L2/3 Forwarding Table |
| HTTP | Hypertext Transfer Protocol | L2/3/7-S | L2/3/7-Switch |
| HTML | Hypertext Markup Language | LAN | Local Area Network |
| HTTPS | Secure HTTP, HTTP over TLS | LDAP | Lightweight Directory Access Protocol |

**I**

| | | | |
|---|---|---|---|
| ID | Identifikation | LISP | Locator/ID Separation Protocol |
| IDS | Intrusion Detection System | LWL | Lichtwellenleiter |

**M**

| | |
|---|---|
| MAC | Media Access Control |

| | | | |
|---|---|---|---|
| MD | Main Distributor, Hauptverteiler | PSACR | Power Sum ACR |
| ME | Megabit Ethernet | PSFEXT | Power Sum FEXT |
| MITM | Man-in-the-middle | PSNEXT | Power Sum NEXT |

## Q

| | |
|---|---|
| MIP | Mobile Internet Protocol |
| MMF | Multimode Faser |
| MoR | Middle of Row |
| MPLS | Multi-Protocol Label Switching |
| MSTP | Multiple STP |

QoS — Quality of Service

## R

R — Router
RADIUS — Remote Authentication Dial-In User Service
RAID — Redundant Array of Independent Disks
RAS — Remote Access Service
ROI — Return on Investment
RSA — Rivest-Shamir-Adleman
RSTP — Rapid STP

## N

| | |
|---|---|
| NAT | Network Address Translation |
| NAPT | Network Address Port Translation |
| NEXT | Near End Crosstalk |
| NIC | Network Interface Controller/Card |
| NIP | Network Intrusion Prevention |
| NSM | Netzwerk- und Systemmanagement |

## S

S — Server
SAN — Storage Area Network
SDH — Synchronous Digital Hierarchy, Synchrone Digitale Hierarchie
SDN — Software Defined Network(ing)
SIIT — Stateless IP/ICMP Translation Algorithm
SIP — Session Initiation Protocol
SIPS — Secure SIP
SLA — Service Level Agreement
SMART — Spezifisch, Messbar, Anspruchsvoll, Realistisch, Terminiert
SMF — Singlemode Faser
SMS — Short Message Service
SN — Subnetz

## O

| | |
|---|---|
| OF | OpenFlow |
| OFS | OpenFlow Switch |
| OM | Optical Multimode |
| QoS | Quality of Service |

## P

| | |
|---|---|
| PAP | Projektablaufplan |
| PAT | Port Address Translation |
| PDCA | Plan-Do-Check-Act |
| PE | Port Extender |
| PKI | Public Key Infrastructure |
| POP | Post Office Protocol |
| PoE | Power over Ethernet |
| PP | Patchpanel |

| | |
|---|---|
| SNMP | Simple Network Management Protocol |
| SPB | Shortest Path Bridging |
| SPOF | Single Point of Failure |
| SpS | Speichersystem |
| SPT | Shortest Path Tree |
| SR-IOV | Single Root I/O Virtualisation |
| SRTP | Secure Real-time Transport Protocol |
| SSL | Secure Socket Layer |
| STM | Synchronous Transport Module |
| STP | Spanning Tree Protocol |
| STP | Shielded Twisted Pair |
| STUN | Simple Transversal of UDP through NAT |
| SWOT | Strengths, Weaknesses, Opportunities and Threats |

## T

| | |
|---|---|
| TA | Informationstechnischer Anschluss |
| TCO | Total Cost of Ownership |
| TCP | Transmission Control Protocol |
| TK | Telekommunikation |
| TKG | Telekommunikationsgesetz |
| TLS | Transport Layer Security |
| TMG | Telemediengesetz |
| TMN | Telecommunication Management Network |
| ToR | Top of Rack |
| TP | Twisted Pair |
| TRILL | Transparent Interconnection of Lots of Links |
| TURN | Traversal Using Relay NAT |

## U

| | |
|---|---|
| UDP | User Datagram Protocol |
| URI | Uniform Resource Identifier |
| URL | Uniform Resource Locator |
| USV | Unterbrechungsfreie Stromversorgung |

## V

| | |
|---|---|
| VEB | Virtual Ethernet Bridge |
| VEPA | Virtual Ethernet Port Aggregator |
| VID | VLAN Identifier |
| VIP | Virtual IP Address, virtuelle IP-Adresse |
| VM | Virtual Machine |
| VMAC | Virtuelle MAC-Adresse |
| VoIP | Voice over IP |
| VPN | Virtual Private Network |
| VLAN | Virtual LAN |
| VRRP | Virtual Router Redundancy Protocol |
| vS | virtueller Server |
| VSAN | Virtual Storage Area Network |
| VTEP | VXLAN Tunnel End Point |
| vSw | virtueller Switch |
| VXLAN | Virtual Extensible LAN |

## W

| | |
|---|---|
| WAN | Wide Area Network |
| WDM | Wavelength Division Multiplexing |
| WiBe | Wirtschaftlichkeitsbetrachtung |
| WL | Wellenlänge |
| WLAN | Wireless LAN |

## X

| | |
|---|---|
| XML | eXtensible Markup Language |

# Index

10GE  180, 212, 416
40GE  180, 211, 411, 418
100GE  211, 229, 411, 416, 418
4-W-Planung  27
5-Schichten-Netzwerkmodell  90
6to4  240, 241, 242

## A

A-Kriterien  383, 385
Abdeckungsmatrix  393, 394, 395
Abhängigkeitsmatrix  114, 145, 168, 354, 399
– von Projektanforderungen  127, 146
– zwischen Teilaufgaben  146
– zwischen Wunschanforderungen  127
Ablauf der Datensicherung  293
Ablaufplanung  44
Abnahme  42, 44, 379
– der Verkabelung  42
Abnahmekriterien  31, 381
Abnahmeerklärung  390, 396
Abnahmeprotokoll  42, 391, 396
Access Control Lists  s. ACLs
Access Switch(es)  178, 179, 187, 188, 211, 221, 276, 287, 419
ACLs  302, 342, 421, 424
ACR-Wert  294
Adaptierbarkeit  15
Address Resolution Protocol  s. ARP
Address Spoofing  330
Administrationshandbuch  48, 379

Adressierungsplan  50
AES  52
Aging Time  422, 425
Aggregation Layer  178, 190, 228
Aggregation Rack  206
Aggregation Switch  179, 189, 204, 206, 208, 217, 218, 221, 224, 231, 232, 234, 236, 276, 284, 289, 419
Alarmierungsplan  400, 402
Amortisation  16
Amortisationsdauer  374, 375
Analyse
– der Datensicherung  98
– der Dringlichkeit  370
– der Internetdienste  102
– der Machbarkeit  130
– der Netzwerkbetreuung  97
– der Netzwerkdokumentation  85, 86, 98, 102
– der Netzwerksicherheit  98
– der Realisierbarkeit  130
– des Schutzbedarfs  308, 331
– von Schwachstellen  128
– der Wirtschaftlichkeit  356
Änderungsmanagement  109, 392
Anforderungskatalog  26
Anforderungsanalyse  71, 110
Anschlussdose  185, 186
Application Hosting  463
Application Level Gateway  342

Application Plane 451
Application-Outsourcing 463
Arbeitspaket(e) 40, 63, 141
ARP 222, 226, 250, 425
AS  s. autonomes System
AS Path Prepending 252
ASN 252
Audits 25, 322
Audit-Trails 324
Auditing 32, 33, 43, 325, 392, 401
Ausfallsicherheit 15, 17
Ausgangsschnittstelle 40
Ausgangsvorgaben 40
Ausschlusskriterien 383, 385
Ausschreibung 169, 377, 378, 381, 382, 383, 407
Ausschreibungskonzept 382, 383
Ausschreibungsunterlagen 384
Ausweichmöglichkeiten 402
Authentication 108
Authentifizierung 92, 108, 300, 304
Authentifizierungsprotokoll 92
Authentizität 111, 300, 328, 344
– der Daten 300
autonomes System 252
Autonomous System Number  s. ASN
Autonegotiation 412

## B

B-Kriterien 383, 386
Backplane Ethernet 417
Backup-Daten 207, 208, 210, 218
Backup&Recovery 108
Backup-Server 108
Balanced Scorecard 55

Bandbreite 9
Bandbreitenbedarf 18, 20
BCM 397, 408
BDSG 19, 102, 406
Bedarf an IPv6 105
Bedeutung von VLAN Tagging 224
Bedrohung(en) 69, 325, 327, 328, 332
Bedrohungsanalyse 51, 69, 87, 325
Bedrohungsmatrix 335
Bedrohungstyp 329
Benutzermobilität 10
Benutzerprofile und -rechte 270, 302
Benutzerverwaltung 109
Beschaffung 30, 32, 41, 44, 169, 316
Beschaffungskosten 363
Beschreibung der Nachbarschaft 282
Betriebshandbuch (BHB) 363, 404, 407
Betriebskosten 363
betriebsspezifische Netzwerkdokumentation 405
Bewältigungsplan 397
Beweismaterial 324
Beweissicherung 322
Bewertungskriterien 383, 386
BGP-4 78, 259
BIA 399, 400
Border-Router 247, 250, 252, 304
BPE 228, 263, 409, 428, 468
BPE-basiertes Netzwerk 430, 431
Bridge 193, 428
Bridge Port Extension  s. BPE
Building Distributor 181
Bundesdatenschutzgesetz  s: BDSG

Business Continuity Management  *s. BCM*

Business Impact Analyse  *s. BIA*

## C

C-Tag  431

Capability Maturity Model Integration (*CMMI*)  376

Carrier Sence Multiple Access / Collision Detection  *s. CSMA/CD*

CDN  258

CEE  212, 214, 215

CEE-Switch  213, 214, 215

Change Management  87, 106, 381, 392, 406

CHAP  94

Client Access Layer  177, 178

Client-LAN  177, 187, 189, 218, 221, 224, 226, 231, 234, 246, 271, 274, 275, 279, 428

Client-Rechner  176, 179, 272, 276

Client-Server-Anwendungen  90, 91

Client-Server-Kommunikation  176, 271, 272, 273

Cloud  408

Cloud Computing  466, 467

Cloud Computing Services  459

CMDB  16

CNA  203, 212, 215

CNA-Adapter  213, 215

Collaboration-Applikation  96

Collaboration Services  91, 104, 243

Co-Location Services  459, 461, 462

Compliance-Management  17

Content Delivery Network  *s. CDN*

Content-aware Web-Switching  256, 257

Continuity Management  397

Controlling Bridge  263, 429, 432, 433

Controlling FC Switch  211

Controlling FCF  213, 214

Controlling FCoE Forwarder  264

Controlling Switch  263

Converged Enhanced Ethernet  *s. CEE*

Converged Networking  211

Converged Switch  213, 214

Cookie  257

Core-IP-Subnetz  236

Core-Netzwerk  177, 178, 180, 181, 273, 275

Core Switch  276, 438

Core-VLAN  242, 258

CSMA/CD  413

CTI  11, 93

Cut-Through-Modus  422

## D

Datacenter  177, 204, 206, 211, 216, 217, 221, 228, 236, 264, 272, 274, 279, 284

Data Center Bridging  *s. DCB*

Data Flow  452

Data Forwarding Infrastructure  452

Datenbedrohungsmatrix  262

Datenintegrität  299

DCB  211, 264

Datenschutz  19, 47, 100

Datenschutzanforderungen  338

Datensicherungsplan  86, 270, 293

Deduplizierung von Backup-Daten 108
Default Gateway 222, 224, 226, 227, 231, 232, 234, 246, 247, 250, 290
Dekomposition 7, 169
– des Systemkonzepts 38
DeMilitarisierte Zone s. DMZ
Denial of Service s. DoS
Design Structure Matrix 115
DHCP 220, 237
DHCP-Forwarder 237
DHCP-Server 218, 237
digitale Signatur 300
direkte Festkosten 369
direkte laufende Netzwerkbetriebskosten 369
Disaster 67, 68
Disaster Recovery 22
Disaster Recovery Plan 67, 86, 87, 270, 397, 398, 400
Distributed FC Switch 211, 263
Distributed FCF 213, 214, 264
Distributed Layer 2 Fabric 452
Distribution Layer 177, 178, 189, 197, 200, 225
Distribution Rack 217
Distribution Switch(es) 178, 179, 181, 188, 189, 197, 224, 226, 246, 289, 276, 279, 419
DMZ 41, 83, 84, 173, 177, 204, 218, 247, 248, 260, 269, 272, 296, 304, 305, 342
DMZ-Rack 218
DNS 177, 204, 218, 236, 244, 253, 254, 255, 257
DNS Round Robin 255, 256, 258

Dokumentation
– der Datensicherung 102, 293
– von Installationsstrecken 50, 280
– der Internetanbindung 292
– der Netzwerkinstallation 392
– von Sicherheitsmaßnahmen 294
– von Software-Lizenzen 270
– der Soll-Analyse 137, 168
– des Systemkonzepts 139
DoS 300, 329
DoS-Attacken 172, 300, 329, 330
Dringlichkeitskriterien 365, 371
DSTM 248, 250
DTLS 52, 95
Dual-Port-CNA 216

# E

EaaS 468
EAP 94
Edge Switch 438
eingeschränkter Netzwerkbetrieb 399
Eignungsprüfung 385
Einflussmatrix 127
Eingangsschnittstelle 40
Eingangsvorgaben 40
Einsatz
– von SPBM 445
– von SPBV 444
E-Maildienst(e) 173, 259, 260
E-Mail-Proxies 260
E-Mailserver 205, 217, 260
E-Mailserver-Cluster 260
Embedded Switches 229
EMV 394
EN 50173 17

EN 50173-5  202, 216, 217
EN 55 022  17
End of Row  s. EoR
Endabnahme  395
erwartete Nutzeffekte  6
EoR  205, 217
EoR-Architektur  205, 208, 217
EoR-Rack  210, 217
EoR-Switch  273
Ergiebigkeitsprinzip  359
Ermittlung des Schutzbedarfs  318, 325, 326, 399
Ersatzbeschaffungsplan  403
erwartete Nutzeffekte  6
Erweiterbarkeit  15, 95, 175, 413
erweiterte Wirtschaftlichkeitsanalyse  358
Eskalationsstufe  402
Etagenverkabelung  180, 184
Etagenverteiler  49, 180, 183, 184, 185, 273, 279, 280, 282
Ethernet Fabric  452, 453, 454
Ethernet-Switch  193
externe Kommunikation  90, 91
externe Nutzeffekte  353
externe Wirtschaftlichkeitsanalyse  353
Extended Bridge  429, 430, 432, 468

# F

Fast Ethernet  414
FC  203, 204, 211, 213, 263, 272
FC-IFR  263
FC SAN  263
FC-Switch  207, 211, 213, 214, 263
FCIP  263

FCoE  203, 211, 212, 213, 215, 263
FCoE Data Forwarder  213, 214
FDF  213, 214
feingranulares IT-Controlling  375
Festlegung von Sicherheitsanforderungen  318, 335
Fibre Channel  s. FC
Fibre Channel over Ethernet  s. FCoE
Firewall(s)  12, 15, 52, 83, 85, 238, 260, 304, 305, 306, 302, 321, 342, 346
Flow  452
Flow Tables  454, 455
Flow Table Entries  454
Forwarding Plane  451
Frame Rewriting  425
funktionales Netzwerkmodell  90
funktionelle Analyse  68, 89, 93
funktionelle Schwachstellen  67
funktionsrelevante Strategien  95

# G

Gantt-Diagramm  44, 55, 389,
Garantie
– der Integrität  99, 337
– der Vertraulichkeit  99, 337
Gebäudeverteiler  181, 183, 185, 186, 273, 279
Geschäftsprozess  67
Grundsatz der Wirtschaftlichkeit  359
Grundschutz-Katalog  341

# H

harte Migration  8
Hash-Wert  299
Hauptverteiler  273, 284, 285

Hijacking 92, 330
Hosting Service(s) 459, 462
Hot Standby Router Protocol s. HSRP
Housing Services 462
HSRP 77, 80, 83, 190, 200, 250

**I**

IaaS 467
IMAP4 259
Inbetriebnahme 30, 377, 379, 390, 407
Identitätsmanagement 107, 270
Identity Management 107
Indikator D 357, 358, 372
Indikator E 355, 357, 374
Indikator KN 355
Indikator Q 355, 373
IMAP4 92, 104
Initiierung
– des Netzwerkprojekts 25, 28
– der Netzwerkrealisierung 30
– des Projekts 28
Installation 42, 44, 390, 407
– und Abnahme 30, 31, 32
Installations- und Konfigurationsplan 86, 270
Installationskosten 363
Installationsstrecke 49, 50, 280
Instant Messaging 104
Integrität 299, 312, 313, 328, 337, 344
Intermediate System to Intermediate System s. ISIS
interne Kommunikation 90, 91
interne Nutzeffekte 353
Internetzugang 83, 172, 177, 190, 218, 247, 251

Inter-VLAN-Kommunikation 224, 225
Inter-VLAN-Routing 227, 232, 233, 234, 235
Intra-VLAN-Kommunikation 225, 228, 233, 235
Intrusion Detection 343
Intrusion Prevention Systeme 343
Investitionskosten 3, 374
Investitionsschutz 1, 16, 17, 412
investitionsschutzrelevante Strategien 94
Investitionsverschwendung 4
I/O-Konsolidierung 203, 211
I/O-Virtualisierung 229
IP-Adresse 50
IP-Adressierungsplan 86, 117, 171, 219, 234, 235, 269, 288
IP-Adresskonzept 11
IP-Adressmanagement s. IPAM
IP-Broadcast 220
IP-Centrex 465
IP-Header-Translation 243
IP-Kommunikationssystem 102, 119, 171, 218, 219, 255, 236
IP-Multicast-Adresse 447
IP-Multicast-Domain 447
IP Spoofing 330
IP-Subnetz(e) 171, 195, 220, 221, 225, 247, 269, 421
IP-Telefonie 11, 249
IPsec 52, 343
IPv6-in-IPv4-Tunnel 241, 243
IPv4 über IPv6 243
ISATAP 241
ISIS 434, 437, 438

ISP 78, 81

Ist-Analyse 7, 13, 14, 26, 29, 35, 36, 65, 66, 68, 69, 71, 75, 79, 82, 84, 117, 121, 122, 167, 268, 361

IT 2, 4, 5

IT-Compliance 17, 99, 104, 135, 362, 372, 406

IT-Compliance-Anforderungen 99, 100, 104, 107

IT Contingency Plan 398

IT-Controlling 352, 363

IT-Dienste 56

IT-Grundschutzhandbuch 309

IT-Infrastruktur 2, 3, 9, 29, 56

IT-Outsourcing 65, 77, 79, 94, 148, 149, 152, 167, 458

IT-Projekt 61, 125

IT-Revision 323

IT-Risk Management 353

IT-Service 56, 57

IT-Servicemanagement 5 6, 57

ITIL 58

ITSM 56, 58

## K

Kabelmanagement 268

Kapitalwertmethode 352, 359, 364

Katalog
– von Abhängigkeiten 114
– von Arbeitspaketen 142, 144
– von Projektanforderungen 123, 124, 127, 129, 134, 144, 167, 168
– von Sicherheitsanforderungen 52, 53
– von Systemanforderungen 29, 134, 169
– von Wunschanforderungen 112, 127

Kategorien von Nutzeffekten 354

Klassisches NAT 238

KO-Kriterien 371, 381, 383

Konfigurationsauditierung 392

Kommunikationsmanagement 54

Konfigurationspläne 270

Konfigurationsüberwachung 392

Konfigurationsvorgaben 31

Kontinuitätsmanagement 397

Koordination 39, 41, 54, 145, 148, 168

Koordinationsangaben 144

Kostenabschätzung 73

Kostenanalyse 87

Kostenkategorien 103

Kostenmanagement 55

Kosten/Nutzen-Analyse 30, 351, 355, 359, 366, 368

Kosten/Nutzen-Indikator 355

Kostenvorgaben 40

## L

L2 Forwarding Table 190, 191, 196, 225, 420

L2-Switch(es) 178, 188, 191, 197, 225, 305, 419, 420, 432

L2/3-Switch(es) 179, 191, 173, 224, 419, 423

L3 Forwarding Table 197, 225, 424

L3-Switch(es) 197, 200, 423, 425

L3 Switching Entry 457

L3-Switching-Instanz 227, 231, 232, 289

Layer 2 Multipathing 198, 199

Layer-2-Switching-Netzwerk 436

Layer-2/3-Switch 181, 182, 191, 221, 222, 224, 237

Layer-3-Switching mit NAPT 455
Layer-4-Firewall 457
Layer-7-Switch 261
LAN und SAN-Konvergenz 211, 264
Lastenheft 124, 378, 379, 382, 384, 388, 393, 395
Lastverteilung 251, 254, 255, 257, 259
LDAP-Server 343
Lebenszeit des Netzwerks 23
Lebenszyklus
– von IT-Services 56, 57
– eines Netzwerks 24, 57, 59
Leistungsvorgabe 40
LISP 264, 408, 468
Lizenzmanagement 407
Load Balancing 254, 259, 261
Location-Server 245, 247
Locator/ID Separation Protocol
    s. LISP
logische Netzwerkstruktur 86, 288
Loop-freies Netzwerk 197, 409, 428

# M

MAC-Broadcast 220
MAC-Broadcast-Domain 445, 447
MAC-in-MAC Encapsulation 430, 435
MAC-in-UDP-Tunnel 446
Machbarkeit 125
Make-or-Buy Entscheidung 149, 167
Malware 12
Malware-Scanner 347
Managed Service(s) 459, 460, 461
Megaziel 7, 9, 12, 13, 14, 15, 16, 20, 28, 56, 73, 75, 141

Migration 7
Mini Switch(es) 182, 185, 186
MIP 96
Mobilität von Benutzern 98
Modell
– der Behebung einer Sicherheitsschwachstelle 339
– einer Schwachstelle 78, 82, 126
– einer Sicherheitsschwachstelle 25, 326, 336
– eines Teilsystemkonzepts 145, 147
– der Wirtschaftlichkeitsanalyse 358
– einer Zielvorstellung 79, 126, 336
Modellierung der Ist-Analyse 74
monetäre Indikatoren 352
monetäre Wirtschaftlichkeit 355
Monitoring 32, 33, 42, 105, 317
– und Security 325
Monitoringsystem 25, 308
MoR-Architektur 205, 210, 217
MoR-Rack 217
Multifunktionelle Netzwerkdienste 455
Multilayer-Struktur 189, 221, 228, 230, 231
Multilayer-Switch(es) 179, 196, 221, 224, 419
multimediale Kommunikation 15
Multipathing 434, 437, 443
Multi-Sourcing 460
Multi-Tenancy 450
Muss-Kriterium 371

# N

Nachbarschaften 276, 277, 284

Nachbarschaftsmatrizen 277

Nachverfolgbarkeit 381

NAT 41, 237, 238, 247, 255

NAT-PT 240, 241, 243

NAPT 238

Nested VLAN 436

Network Address Translation *s. NAT*

Network Contingency Plan 398

Network Disaster Recovery Plan 398

Netzwerkadministration 10, 33, 46

Netzwerkbetrieb 42, 60

Netzwerk- und Systemmanagement *s. NSM*

Netzwerk-Design 9, 14, 34, 71, 75, 110, 189

Netzwerkdienst(e) 13, 57

Netzwerkdokumentation 29, 41, 45, 47, 48, 50, 63, 85, 98, 265, 274, 275, 278, 281, 311, 379, 404, 405

Netzwerkfunktionsbereich 112

Netzwerkinfrastruktur 67, 170

Netzwerkmanagement 61

Netzwerk-Management-System 10

Netzwerkmodell 271, 273, 280, 305

Netzwerkobjekte 275

Netzwerkplanung 74

Netzwerkprogrammierbarkeit 449

Netzwerkprojekt 1, 4, 5, 6, 7, 9, 12, 25, 37, 38, 61, 63, 66, 125, 137, 144

Netzwerkprozess 24

Netzwerkrealisierung 25, 30, 41, 60, 63, 377, 378, 390

Netzwerk-Redesign 7, 8, 9, 10, 11, 12, 13, 25, 34, 35, 36, 78, 84, 109, 268, 311

Netzwerksicherheit 14, 15, 21, 29, 33, 41, 50, 52, 85, 98, 108, 295

Netzwerksicherheitsprozess 307, 309

Netzwerksicherheitsziele 296

Netzwerksteckdose 49, 183, 272, 280

Netzwerkstrukturanalyse 85, 87, 309, 310, 311

Netzwerktopologieplan 86, 268, 311

Next Generation Data Center Networks 468

nicht-monetäre Nutzeffekte 370

nicht-monetäre Wirtschaftlichkeit 355, 358, 370

Notfallbewältigungsplan 397, 398

Notfalleinschätzung 402

Notfallhandbuch 294, 379, 401, 404, 407

Notfallkonzept 400

Notfallkoordinator 402

Notfallmanagement 354, 377, 396, 397, 398, 407, 408

Notfallplan 21, 31, 42, 44, 86, 270, 316, 392, 397

Notfallschwachstellen 400

Notfallvorsorgekonzept 397, 398, 400

Notfallwiederherstellung 87

Notfallwiederherstellungsplan 87, 398, 400

NSM 15, 22, 97, 105

NSM-System 106

Nutzkategorien 358

Nutzwert 355, 358, 371

Nutzwertanalyse 352, 355, 358, 359, 364, 371, 373, 374

## O

objektorientiertes Netzwerkmodell 275
OF 450, 451
OF-Switch(es) 452, 454, 456, 468
OF-Switch-Funktionen 456
öffentlicher Schlüssel 382
offizieller Socket 428
OpenFlow *s. OF*
Open Networking Foundation 450
OpenVAS 324
organisatorische Analyse 68, 85, 97
organisatorische Randbedingungen 103
organisatorische Schwachstellen 67

## P

PaaS 467
Paketfilter 342
Parameter der Installationsstrecke 281
Patchfeld 49, 184, 273
Patchpanel 49, 184, 268, 272, 280, 282, 287
PDCA-Zyklus 24, 25, 262, 308, 398
PE 209, 210, 433
Penetrationstest 321, 325, 349
Performance-Analyse 105
Performance-Management 107
Performance-Schwachstelle 105
Pflege von Konfigurationsdaten 98
Pflichtenheft 29, 30, 125, 379, 388, 389
Phasen der Netzwerkrealisierung 63
Phasenablaufplan 44
Phishing 330
physikalische Netzwerkstruktur 122, 175

Planung
– des Netzwerks 25
– der Netzwerksicherheit 51, 53, 84, 295
Planungsphase 41
PoE 187, 246
POP3 94, 259
Port-Extender 203, 208, 209, 215, 428, *s.PE*
Port-Switching 423
Post Office Protocol *s. POP3*
potenzielle Schwachstelle(n) 66, 71, 72, 77, 78 113
potenzielle Sicherheitsschwachstelle 94
Power over Ethernet *s. PoE*
Presence Services 99, 107
Primärbereich 181, 183
Primärverkabelung 183, 184
PRINCE2 61
Problem- und Anforderungsanalyse 60, 65, 70, 74, 76, 79, 84, 109, 110, 121, 122
programmierbare Netzwerkdienste 449
Projektabhängigkeiten 145
Projektanforderung(en) 73, 123, 124, 126, 127, 133, 134, 136, 142, 167, 168
Projektberichte 408
Projektmanagement 54, 61
Projektmanagement Framework 58
Projektorganisation 54
Projektphase 23, 36, 44
Projektstrukturplan 139, 140, 168
Projektziel(e) 126, 127, 129, 133, 136, 137, 141, 142, 167, 168

Protokollierung 32, 33, 42, 100, 322, 325
Prozessmodell 56
Prozessmodellierung 56
Prüfplan 394
Prüfspezifikation 394
Prüfung der Realisierbarkeit 133
Punktbewertungsanalyse 359
Puzzleprinzip 38, 139
Pyramidenmodell 145, 146

# Q

Q Tagging 231, 440
Q-in-Q Tagging 231, 421
QoS-Unterstützung 102
qualitative Nutzeffekte 358
qualitativ-strategische Wirtschaftlichkeit 370, 373
Qualitätsanforderungen 134
Qualitätsmanagement 358
Qualitätsvorgabe 40

# R

Rack 180, 205
RADIUS 218, 303, 343
Rahmenbedingungen 17, 21, 28, 40
RAID-System 177
Randbedingungen 129, 137, 139, 167
Rapid Spanning Tree Protocol *s. RSTP*
RAS 90, 92, 218, 303
RAS-Server 94
RBridge 434
Realisierbarkeit 70, 122
Realisierbarkeitsanalyse 131

Realisierung der Netzwerksicherheit 308
rechnergestützte Netzwerkdokumentation 50
Rechtsverbindlichkeit 300
Recovery Plan 397, 403
Remote Access (Service) *s. RAS*
Reporting 106
Resilienz 400
Ressourcenmanagement 54
Restricted Cone NAT 238, 239
Return on Investment *s. ROI*
Reverse Proxy 255
Revision 317
Revisionsdaten 323
Revisionssicherheit 300
Risiko/Risiken 17, 21, 34, 38, 52, 129, 332
Risikoabschätzung 333
Risikoanalyse 51, 52, 128, 319, 325, 332
Risikofaktor(en) 7, 19, 20, 21
Risikomanagement 19, 21, 22
Robustheit 400
ROI 16, 374
Router 221, 225, 227, 237
Routing Bridge *s. RBridge*
Routing-Tabelle 197, 225, 424
RSA 52
RSTP 194, 195, 198, 203

# S

SaaS 467
SAN 190, 203, 211, 270, 272
SAN-Rack 288

sanfte Migration 8
Schulung 30, 32, 42, 44
Schutzbedarf 10, 14, 51, 68, 85, 99, 305, 313, 317, 318, 325, 334, 336, 337
Schutzbedarfsanalyse 85, 330
Schutzbedarfserfassung 51
Schutzbedarfsermittlung 62, 317, 319, 326
Schutzbedarfsfeststellung 51, 318
Schutzbestimmung 51, 53, 336
Schwachstelle 9, 13, 24, 26, 34, 36, 66, 69, 70, 71, 75, 82, 129, 135
Schweizer-Käse-Modell 1, 24, 34, 35, 36, 74, 127, 317, 319, 326
SDH-Technik 417
SDN 409, 449, 450, 468
Security Auditing 323, 324
Security Engineering 348
Security-Management 107
Segment-Switching 423
Sekundärbereich 181, 183
Sekundärverkabelung 180, 181, 183, 184
Sensibilisierung 301
Server Access Layer 228
Server Access Switch 230
Server Hosting 464
Server Housing 462
Serverkonsolidierung 202
Server-LAN 179, 211, 221, 228, 230, 231, 232, 272, 273, 274, 275, 279, 284, 287, 289, 428
Server-Rack(s) 205, 207, 265, 272, 286, 287

Servervirtualisierung 202, 203, 221, 228, 231
Service-Level-Agreements  s. SLAs
Service Lifecycle 58
Shortest Path Bridging  s. SPB
Shortest Path Tree  s. SPT
Sicherheitsanalyse 69, 87
Sicherheitsanforderungen 51, 52, 134
Sicherheitsanforderungskatalog .338
Sicherheits-Audits 308
sicherheitsbezogenes Netzwerkmodell 310, 314
Sicherheitskonzept 63
Sicherheitsmaßnahme(n) 51, 52, 53, 318
Sicherheitsmaßnahmenkatalog 340
Sicherheitsproblembereiche 301, 310
Sicherheitsprotokoll(e) 52
Sicherheitsrisiken 11, 328
Sicherheitsschwachstelle 6, 14, 51, 52, 69, 77, 79, 85, 301, 310, 313, 317, 319, 327, 339
Sicherheitsverfahren 52
Sicherheitsziele 298, 307, 308, 328
Single Points of Failure 10, 255, 260
Single Root I/O Virtualization 229
Single Sign-On 110
SIP 238, 243 249
SIP-Proxy 244 245
SIP-Trapezoid 244
SIP-URI 244
SIPS 93
Skalierbarkeit 15, 97, 175, 183, 413
SLAs 292, 460
SMART-Eigenschaft 114, 130

SMTP 259

SNMP 106

Socket 237

Soft-Faktoren 369

Software-Definiertes Network(ing)
    s. SDN

Soll-Analyse 26, 29, 35, 36, 40, 60, 62, 70, 72, 123, 124, 128, 160, 167, 318, 336, 361
– einer Schwachstelle 136

Spam-Filter 83, 84

Spanning Tree Protocol s. STP

Sparsamkeitsprinzip 359

SPB 199, 409, 437, 444, 468

SPB-Netzwerk 437, 438, 439, 442

SPB-Switch 437

SPB VID 440

SPBM 440, 442, 443, 468

SPBV 440, 443, 468

Speicher-Rack 206

Spezifikation
– von Abhängigkeiten 120
– des Schutzbedarfs 335
– von Schwachstellen 128
– der Zielvorstellungen 132

Spoofing 92, 330

Sprach-VLAN 102, 243

sprungfixe Kosten 375

SPT 438

SRTP 52, 91, 247

SSL 92, 104, 258, 259, 261

SSL-VPN 104

Stakeholder 54, 137, 138

Standortverteiler 280, 284

Stateful Packet Inspection 342

Store-&-Forward-Modus 422

STP 193, 194, 195, 198

strategische Analyse 68, 93

strategische Indikatoren 352

strategische Schwachstellen 67

Strukturplan 112, 388

Subnetting 105

Switch Port Extension 203, 209, 429

SWOT-Analyse 148, 152, 155, 158, 167, 356

SWOT-Matrix 154

Symmetric NAT 238, 239

Systemanforderungen 35, 126, 129, 134, 136

Systemkonzept 7, 35, 63

Systemmanagement 174

Systemverfügbarkeit 300

## T

Tagging 231, 431

TCO 369

TCO-Analyse 370

TCO-Maßnahmen 370

TCO-Modell 369

TCP Splicing 257

technische Analyse 68, 101

technische Randbedingungen 12

technische Schwachstellen 67

technologische Adaptierbarkeit 95

Teilkonzept 29

Teilprojekt(e) 7, 26, 140

Teilsystemkonzept 35, 38, 40, 41, 43, 169

Telearbeit 11

Terabit Ethernet 411

Teredo 241

Terminplan 44

Terminvorgaben 40

Tertiärbereich 181, 184, 186

Tertiärverkabelung 180, 187

Testdurchführung 391

TKG 99

TLS 92, 93, 104, 259, 343, 344, 454

TLS-VPN 107

Top-of-Rack 205, 209

ToR-Architektur 205, 206, 207, 208

ToR-Modell 209

Topologie 102, 192, 194, 294, 311, 413

Total Cost of Ownership *s. TCO*

TP-Kabel 184, 186

Translation IPv4 o IPv6 241

TRansparent Interconnection of Lots of Links *s. TRILL*

Transport Layer Security *s. TLS*

TRILL 199, 409, 433, 468

Trunking 223

Tunnel Broker 241

TURN 248

## U

Übertragungsrate 9

Überwachung
- des Netzwerkbetriebs 61
- der Netzwerksicherheit 308

Unified Communications 11, 91, 96, 104

Unified Messaging 172, 243

Uniform Resource Locator 304

Uplink 186, 225, 231, 412

Usability Test 393

User Account Management 106

User Management 106

## V

VEB 229, 231

VEPA 229, 231

Veränderungsmanagement 406

Verbindlichkeit 300

Verbindungsmatrix 277

Verfügbarkeit 10, 18, 89, 97, 108, 134, 312, 313, 328, 337

Verkabelungsparameter 42, 185

Verkettung der Nutzeffekte 354

Verlust
- der Authentizität 29
- der Datenintegrität 78, 125, 329
- der (System-)Verfügbarkeit 78, 125, 329
- der Vertraulichkeit 78, 125

Verschlüsselung 303

Verschlüsselungsverfahren 52

verteilter L2-Switch 439, 441, 444

Vertragszusatz 388

Vertraulichkeit 88, 99, 299, 312, 313, 328, 337

Vertraulichkeitsverlust 326

Verwaltung von Benutzerkonten 109

Verweismatrix 119
- auf die Abhängigkeiten 114, 145

VID 223, 231, 421, 422, 431

VIP 227, 250, 255

Virenscanner 84, 104, 135, 300, 302, 304, 321

Virtual Bridge Layer 230

virtual Broadcast Media 447

Virtual Data Center  450
virtual Distributed Switch  447
Virtual eXtensible LAN  *s. VXLAN*
virtual IP PBX  464
Virtual LAN  *s. VLAN*
Virtual Overlay Network  447
Virtual Router Redundancy Protocol  *s. VRRP*
virtual Server Hosting  464
virtualisierter Web-Server  256
virtuelles Broadcast-Medium  447
virtuelle Datacenter  450
virtuelle IP-Adresse  *s. VIP*
virtuelle IP-TK-Anlage  464
virtueller L2/3-Switch  200
virtueller Link  223
virtuelles Netzwerk  228, 408
virtuelle Rufnummer  248
virtueller Router  190, 197, 200, 227, 250, 251
virtueller L2-Switch  446
virtueller Server  202, 231, 286
virtueller Switch  190, 197, 276, 286
virtuelle Uplinks  448
virtueller verteilter Switch  447
virtueller VoIP-Server  158
virtueller Web-Proxy  255
virtueller Webserver  255, 357
virtueller Web-Switch  258, 260
VLAN  46, 55, 86, 171, 194, 195, 219, 220, 223, 224, 225, 230, 234, 269, 286, 288, 289, 341, 409, 419, 430, 435
VLAN over VLAN  431, 436
VLAN Identification  *s. VID*

VLAN-Stacking  443
VLAN Tag  223, 431, 436
VLAN Tagging  221, 224, 436
VLAN Trunking  223, 436
VM-Mobilität  446
V-Modell XT  64
VoIP  2, 8, 15, 16, 55, 91, 96, 102, 103, 218, 243, 269
VoIP-Adressierungsplan  172, 269
VoIP-DMZ  247, 248
VoIP-Gateway  218, 291
VoIP Hosting  158, 464
VoIP-Server  244, 245, 247, 291
VoIP-Sicherheitskonzept  172
VoIP-Signalisierungsprotokoll  243
VoIP-Systemlösung  172
VoIP-VLAN  246
Vollduplex-Modus  411, 414
Vorgaben für
– das Administrationshandbuch  393
– die Netzwerkdokumentation  392
– den Notfallplan  393
Vorsorgemaßnahmen  400
VPN  2, 259, 292
VRRP  77, 80, 83, 190, 200, 227, 249, 250, 251, 255
VSAN  263
vSwitch  286
VTEP  448
Vulnerability-Scanner  322, 324, 344, 346
VXLAN  233, 256, 409, 445, 446, 449
VXLAN-Instanz  446
VXLAN Tunnel End Points  *s. VTEP*

## W

Wartungskonzept  384

Wartungspläne  406

Wasserfallmodell  37

WDM-Technik  411

Webdienste  173

Webhosting  463

Web-Proxy  255, 257, 260

Web-Sicherheit  258

Web-Switch  255, 256, 257

Web-Switching  257, 258

Webserver  205, 254, 255, 256

Webserver-Cluster  255, 258

Webserver Housing  462

Webserver Outsourcing  463

WebVPN  104

WiBe  355, 356, 361, 364, 383

WiBe D  365, 371, 372

WiBe E  365, 373

WiBe KN  364, 367, 368

WiBe Q  365, 372

Wiederherstellungsmaßnahmen  400

Wiederherstellungsplan  397, 403

Wirksamkeit  4, 10, 13, 14, 25, 26, 32, 400, 401

Wirkungsketten  353

Wirtschaftlichkeit  351, 371

– infolge externer Effekte  374

– des Netzwerkprojekts  357

Wirtschaftlichkeitsanalyse  351, 352 354

Wirtschaftlichkeitsbetrachtung  355, 364, s. auch WiBE

Wirt-Server  202, 228, 229, 230, 233, 256, 286

WLAN  10, 154, 177, 178, 180

Wunschanforderung(en)  70, 72, 74, 79, 82, 109, 110, 111, 112, 113, 114, 118, 120, 126, 127, 135, 167, 168

## X

XaaS  468

## Z

Zeitmanagement  5

Zeitplanung  45

Zentralisierung von Switching  210, 433

Zertifikat  300

Zielvorstellung  24, 26, 29, 34, 35, 57, 67, 70, 71, 73, 75, 76, 77, 79, 80, 82, 110, 132, 327

Zugriffsschutzverfahren  303

Zukunftssicherheit  5, 16, 97, 412

Zuverlässigkeit  13, 15, 98, 105

zweistufige Bewertung  385